智能财会丛书

高等学校经济管理类主干课程教材·审计系列

大数据审计

— 第2版 —

陈 伟 编著

BIG DATA AUDITING

中国人民大学出版社
·北京·

前 言

习近平总书记在2018年5月23日召开的中央审计委员会第一次会议上指出："要坚持科技强审，加强审计信息化建设。"① 党的二十大报告提出要加快建设数字中国。大数据时代的到来为各行业带来了机遇，也带来了挑战，大数据审计成为目前审计领域研究与应用的热点问题。早在2013年12月，时任审计署审计长刘家义在全国审计工作会议上指出，积极跟踪国内外大数据分析技术的新进展、新动态，探索在审计实践中运用大数据技术的途径，为推动大数据背景下的审计信息化建设做好准备。创新审计技术方法是实现审计全覆盖的一个重要手段，2015年12月，中共中央办公厅、国务院办公厅印发的《关于实行审计全覆盖的实施意见》指出，构建大数据审计工作模式，提高审计能力、质量和效率，扩大审计监督的广度和深度。国际上也高度关注大数据在审计中的应用，世界审计组织大数据工作组于2016年12月成立，并每年召开一次会议。国际内部审计师协会2017年发布了《理解与审计大数据》指南。

大数据、云计算、人工智能等新技术的发展给传统的文科专业带来了挑战，新文科背景下要求审计、会计、财务管理等相关专业学生必须掌握新技术环境下的审计理论与方法。因此，高校需要积极推进审计、会计、财务管理等相关专业人才培养方案的修订以及课程改革等工作，开设审计信息化相关课程，培养适应新时代需求的新文科人才。建设好审计信息化相关教材成为培养新文科审计人才的关键，然而，目前尚缺少面向新文科审计人才培养的大数据审计教材。

20多年来，本书作者一直致力于审计信息化、大数据审计方向的科研、教学与社会服务工作，主持完成国家级、省部级审计信息化相关项目20余项，出版《审计信息化》《计算机审计》《信息系统审计》《智能审计》《大数据审计》《电子数据审计模拟实验》《联网审计技术方法与绩效评价》等多部著作。根据大数据审计的需要，出版学术专著《大数据审计理论、方法与应用》，以及侧重于大数据审计基础的《计算机辅助审计原理及应用——大数据审计基础（第四版）》。近千次受邀为国内外政府审计机关、大型企事业单位、银行、会计师事务所等讲授审计信息化，相关著作已被国内数百所

① 习近平：加强党对审计工作的领导 更好发挥审计在党和国家监督体系中的重要作用.（2018-05-24）. 中国共产党新闻网.

高校选作教材。根据审计实务应用现状和高校开设“大数据审计”课程的需要，《大数据审计》第1版于2021年出版，目前已多次印刷，并被众多高校选作教材。大数据、人工智能大模型等现代信息技术的发展，数字经济时代的到来，审计实务的变化，新文科建设与思政进课堂等要求本书不断更新。本书力求与时俱进，对第1版的内容进行及时更新。

内容

本书基于理论研究和审计实践，紧密结合审计实务，以通俗的语言、丰富的案例、翔实的程序代码和操作步骤、可行的操作，系统地讲解大数据审计理论与操作应用，并增加了大模型工具在大数据审计中的应用，目的是让没有较多专业知识和审计实务经验的读者也能轻松地掌握大数据审计理论和应用操作。在内容安排上，第1章首先概述了大数据审计产生的背景、国内外大数据审计的相关研究与应用现状等；第2章介绍了大数据审计原理；第3章介绍了大数据审计工具；在此基础上，第4～7章分别从R语言及Python等大数据审计工具基础应用、大数据可视化分析技术、大数据多数据源综合分析技术、大数据智能分析技术等方面分析了大数据审计技术及其审计应用；最后，为了更好地让读者理解大数据审计的应用，培育大数据审计思维，培养大数据审计能力，第8章给出了更多的大数据审计应用案例。

特色

本书不仅有系统的大数据审计理论，还有丰富的审计实务案例和详细的操作过程，并配有相应的实验数据、程序代码、实验设计等教学资源。本书通俗易懂、实战性强，配套教学资源丰富，并免费提供实验数据和实验软件，很好地满足了大数据审计相关课程开设的需要。另外，本书增加了Python在大数据审计中的丰富应用案例和实验设计等教学内容，以及大模型工具在大数据审计中的应用，旨在更好地满足各高校开设大数据审计课程的需要。

本书的内容紧扣审计实务的现状和需要，书中的应用案例源自审计实务项目，书中相关案例、实验数据均为作者根据所承担的实际审计项目脱密后加工而成。本书作者已为国内外政府审计机关、大型企事业单位、金融机构、会计师事务所等讲授大数据审计数百场，相关内容也在研究生和本科生的教学中广泛应用。

作者还出版了多本大数据审计著作，《大数据审计理论、方法与应用》系统地研究大数据审计理论，《计算机辅助审计原理及应用——大数据审计基础（第四版）》侧重于大数据审计基础。本书侧重于大数据审计实践操作，这三本书形成了大数据审计“理论—基础—实践”的知识体系。

对象

本书可作为新文科背景下高等学校审计、会计、财务管理等专业的教材，供本科生、研究生、专科生等多个层次的读者使用，同时可作为审计从业人员的专业培训教材和业务学习资料，以及审计专业人士、审计科技工作者的参考书。

致谢

在本书的写作过程中，审计署等审计实务部门的有关领导和专家对本书的指导思想和框架结构提出了许多中肯的意见，并对本书相关内容的研究与应用提供了诸多帮助。

本书相关成果的研究先后得到了国家自然科学基金（项目编号：71572080，70971068，70701018）、国家社会科学基金（项目编号：20FGLB058）、教育部人文社会科学研究项目（项目编号：14YJAZH006，08JC630045）、教育部留学回国人员科研启动基金（项目编号：教外司留〔2012〕940号）、中国博士后科学基金（项目编号：20060390281）、江苏省社会科学基金（项目编号：13GLC016）、江苏省“六大人才高峰”高层次人才项目（项目编号：2014-XXRJ-015）、江苏省高校“青蓝工程”中青年学术带头人项目（项目编号：苏教师〔2010〕27号）以及江苏省“333工程”等项目的资助。

中国人民大学出版社对本书的出版给予了大力支持，在此一并表示感谢！

本书的相关实验数据、程序代码、实验设计等教学资源，可与本书作者联系(chenweinau@qq.com）获取。本书不足之处，恳请读者不吝赐教，作者将在下一版中进一步完善。

陈　伟

目　录

第 1 章

大数据审计概述

本章学习目标

- 理解开展大数据审计的重要性
- 熟悉大数据审计产生的背景
- 熟悉国外大数据审计应用情况
- 熟悉国内大数据审计应用情况

1.1 引 言

审计作为一种独立的经济监督活动，一直受到各国政府和社会的重视。传统手工环境下，审计人员常用的审计方法包括检查法、观察法、询问法、外部调查法、重新计算法、重新操作法、分析法、鉴定法等。随着信息技术的发展，被审计单位的运行越来越依赖信息化环境，审计对象的信息化使得审计信息化成为必然。信息化环境下，审计工作发生了巨大的变化，传统的手工审计技术方法遇到了挑战，利用信息技术开展审计工作成为必然。审计信息化对审计人员和审计工作的开展提出了更高的要求。我国高度重视审计信息化工作，为了适应审计信息化建设的需要，审计署已经成功开展“金审工程”一期和二期的建设工作，“金审工程”三期正在建设中。为了探索适合我国国情的联网审计实施方案以及数据采集与分析方法，审计署成功开展了两期国家高技术研究发展计划（863 计划）项目，并依托国家“十二五”科技支撑计划项目开展审计信息化的研发及应用示范工作。

党的二十大报告提出要加快建设数字中国。随着信息技术的发展，大数据（big data）时代的到来使审计工作将不得不面对被审计单位的大数据环境，如果不研究大数据环境下如何开展审计工作，审计人员将再次面临无法胜任审计工作的困境。时任审计署审计长刘家义在 2013 年 12 月的全国审计工作会议上指出，积极跟踪国内外大数据分析技术的新进展、新动态，探索在审计实践中运用大数据技术的途径，为推动大数据背景下的审计信息化建设做好准备。创新审计技术方法是实现审计全覆盖的一个重要手段，2015 年 12 月 8 日，中共中央办公厅、国务院办公厅印发的《关于实行审计全覆盖的实施意见》指出，构建大数据审计工作模式，提高审计能力、质量和效率，扩大审计监督的广度和深度。2017 年 3 月，中共中央办公厅、国务院办公厅印发的《关于深化国有企业和国有资本审计监督的若干意见》提出，创新审计理念，完善审计监督体制机制，改进审计方式方法。2018 年 1 月召开的全国审计工作会议指出，积极推进大数据审计。习近平总书记在 2018 年 5 月 23 日召开的中央审计委员会第一次会议上指出："要坚持科技强审，加强审计信息化建设。"① 2019 年 4 月 25 日，审计署办公厅印发的《2019 年度内部审计工作指导意见》提出，积极创新内部审计方式方法，加强审计信息化建设，强化大数据审计思维，增强大数据审计能力，综合运用现场审计和非现场审计方式，提升内部审计监督效能。对于社会审计，中国注册会计师协会 2017 年提出了研究大数据、人工智能等先进信息技术在注册会计师行业的落地应用，促进会计师事务所信息化。2021 年 4 月 8 日，中国注册会计师协会发布的《注册会计师行业信息化建设规划（2021—2025 年）》提出："大型会计师事务所要综合运用大数据、人工智能、云计算和区块链等前沿信息技术，围绕数据采集、底稿编辑、风险评估、审计策略、审计计划、审计抽样、审计测试、审计报告复核等审计环节，打造全流程的智能审计作业平台及辅助工具，实现远程审计、大数据审计和智能审计。"2021 年 7 月 30 日，国务院办公厅印发的《关于进一步规范财务审计秩序 促进注册会计师行业健康发展的意见》提出，"加强财会监督大数据分析，对财务造假进行精准打击"。2021 年 12 月 30 日，财政部印发的《会计信息化发展规划（2021—2025 年）》指出，"鼓励会计师事务所积极探索全流程的智能审计作业平台及辅助工具，逐步实现远程审计、大数据审计和智能审计"。

国际实务界也高度关注大数据在审计中的应用，世界审计组织（International Organization of Supreme Audit Institutions，INTOSAI）大数据工作组于 2016 年 12 月成立，国际内部审计师协会 2017 年发布了《理解与审计大数据》指南。

综上所述，大数据审计（big data auditing）的研究与应用已成为目前审计领域的热点问题，学习大数据审计的必要性日益增加。

知识拓展

世界审计组织

世界审计组织成立于 1953 年，由联合国成员国及其专门机构成员的最高审计机关组成。世界审计组织是一个独立自治的非政府组织，为各成员国最高审计机关提供交流合作的平台。世界审计组织由世界审计组织大会、理事会、秘书处、地区组

① 习近平：加强党对审计工作的领导 更好发挥审计在党和国家监督体系中的重要作用．（2018-05-24）．中国共产党新闻网．

织、委员会等机构组成，其秘书处常设在奥地利审计院，由奥地利审计院院长担任秘书长。

1.2　大数据审计产生的背景

1.2.1　审计信息化

1. 信息化环境给传统审计带来挑战

在我国，20 世纪 80 年代，以查账为主要手段的审计职业遇到了来自信息技术（IT）的挑战。金融、财政、海关、税务、民航、铁道等重要行业开始广泛运用计算机、数据库、网络等现代信息技术进行管理，国家机关、企事业单位的信息化趋向明显。信息技术与组织业务的关系可简单描述为图 1－1。可见，信息技术对一个组织的运行起着至关重要的作用。以银行为例，目前银行的业务运行都离不开信息技术的支持，银行现有的相关信息系统包括存款系统、贷款系统、资金交易系统、国际业务系统、身份证识别系统、理财资产管理系统、信用风险管理系统、信用卡审批影像平台等，以及近年流行的手机银行系统、直销银行系统、微信银行系统等。

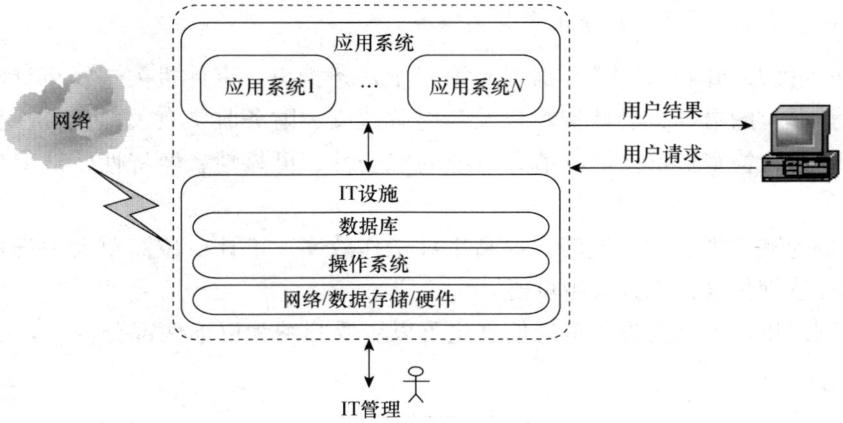

图 1－1　信息技术与组织业务的关系

不难发现，信息化环境下审计工作发生了巨大的变化。审计对象的信息化客观上要求审计单位必须及时对审计方式做出相应的调整，运用信息技术全面检查被审计单位的经济活动，发挥审计监督的应有作用。因此，利用信息技术开展审计工作成为必然。

2. 审计信息化的内容

如前所述，传统手工环境下，审计人员可以采用检查法、观察法、询问法、外部调查法、重新计算法、重新操作法、分析法、鉴定法等收集审计证据。信息化环境下，审计证据的获取更多是通过采用计算机技术对被审计电子数据进行分析来完成的，也就是说，通过对被审计数据进行分析，发现可疑数据，并通过对可疑数据进行确认，最终获取审计证据。因此，信息化环境下，电子审计证据成为一种重要的证据形式。电子审计证据（electronic audit evidence，EAE）是指任何生成的、传递的、经过处理的、记录的以及（或者）以电子形式保存的用来支持审计报告内容的信息，这些信息仅能通过使用合适的设备和技术（例如计算机、软件、打印机、扫描仪、传感器或磁质媒介等）来获得。电子审计证据包括会计记录、原始文档、日记账和总账、支持性文件和其他任何形式的以电子形式存在的可被审计使用的数据或信息。

此外，信息化环境下，除了通过审计电子数据获得审计证据之外，审计被审计单位的信息系统，即信息系统审计（information system auditing，ISA），也是目前开展审计工作的一项重要内容。例如，《中华人民共和国国家审计准则》（2010）第六十二条和第七十六条指出了信息系统审计的重要性。

> 第六十二条　审计人员可以从下列方面调查了解被审计单位信息系统控制情况：
>
> （一）一般控制，即保障信息系统正常运行的稳定性、有效性、安全性等方面的控制；
>
> （二）应用控制，即保障信息系统产生的数据的真实性、完整性、可靠性等方面的控制。
>
> 第七十六条　审计人员认为存在下列情形之一的，应当检查相关信息系统的有效性、安全性：
>
> （一）仅审计电子数据不足以为发现重要问题提供适当、充分的审计证据；
>
> （二）电子数据中频繁出现某类差异。

《中华人民共和国审计法》（2021）第三十六条指出，审计机关进行审计时，有权检查被审计单位的财务、会计资料以及与财政收支、财务收支有关的业务、管理等资料和资产，有权检查被审计单位信息系统的安全性、可靠性、经济性，被审计单位不得拒绝。

另外，为减少纸质文件流转，提高审计工作效率，审计单位需要大力推进无纸化办公，审计管理信息化也越来越重要。

分析到这里，不难发现，审计信息化可以主要归纳为以下两部分内容，如图1-2所示。

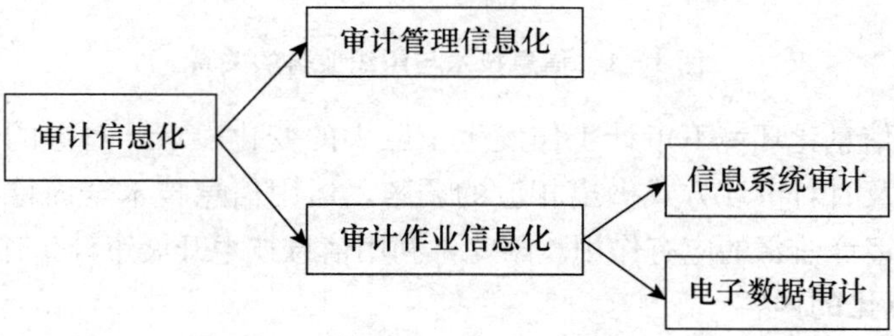

图1-2　审计信息化的主要内容

（1）审计管理信息化。

（2）审计作业信息化。通常也称计算机审计，主要包括信息系统审计和电子数据审计。

3. 审计管理信息化

审计管理一般包括审计公文与文书处理、被审计单位资料信息管理、审计人员信息管理、项目资料管理、项目计划管理、经费安排、法律法规管理、人员培训等，除审计作业外，都可以归入审计管理系统。信息化环境下，审计管理信息化势在必行。办公自动化（office automation，OA）是目前管理信息化的重要实现方式，办公自动化主要是为了改变传统复杂、低效的手工办公方式，推行一种无纸化办公模式，它面向单位的日常运作和管理，采用互联网/移动互联网技术，使单位内部工作人员可以方便快捷地共享信息，高效协同工作，从而实现迅速、全方位的信息采集、处理，为单位管理和决策提供科学依据。办公自动化对审计单位的管理工作同样重要，审计单位开展审计管理信息化可以借助办公自动化，提升审计行政管理水平，实现公文办理等全过程的数字化。

概括来说，审计管理信息化的意义主要表现为：

(1) 审计管理信息化可以减少审计单位的纸质文件流转，实现审计管理的数字化转型。

(2) 建立科学的审计管理系统，实现审计单位管理信息化，可以有效促进审计管理规范化、层次化。

(3) 审计管理信息化可以加强审计单位的审计管理，规范电子文件的流转处理程序。

(4) 审计管理信息化可以为审计单位提供风险评估、审计计划制订、审计项目实施、审计整改跟踪、档案管理等方面的全过程规范化管理，从而提高审计单位的管理效率。

以审计署“金审工程”开发的审计管理系统为例，审计管理系统是审计机关管理审计业务和行政办公的信息系统，其登录界面如图1-3所示。

图1-3 审计管理系统示例

4. 信息系统审计

信息系统审计也是目前常用的概念，一般理解为对计算机系统的审计。信息系统审计的国际权威组织——国际信息系统审计协会对信息系统审计的定义是：信息系统审计是收集和评估证据，以确定信息系统与相关资源能否适当地保护资产、维护数据完整、提供相关和可靠的信息、有效完成组织目标、高效率地利用资源并且存在有效的内部控制，以确保满足业务、运作和控制目标，在发生非期望事件的情况下，能够及时地阻止、检测或更正的过程。

我国对信息系统审计也非常重视，在这方面所做的主要工作如下：

1999年2月，财政部发布了《中国注册会计师独立审计准则》，其中包括《独立审计具体准则第20号——计算机信息系统环境下的审计》；2006年2月，财政部发布了《中国注册会计师审计准则第1633号——电子商务对财务报表审计的影响》。

2009年1月，中国内部审计协会（China Institute of Internal Audit，CIIA）发布的《内部审计具体准则第28号——信息系统审计》开始施行；2013年8月，中国内部审计协会发布了新修订的《中国内部审计准则》，其中包括《第2203号内部审计具体准则——信息系统审计》；为了进一步完善内部审计准则体系，指导信息系统审计实践，2020年12月，中国内部审计协会发布了《第3205号内部审计实务指南——信息系统审计》。

2012年2月，审计署发布了《信息系统审计指南——计算机审计实务公告第34号》。

相关行业也高度重视信息系统审计的应用：

中国银行业监督管理委员会于2009年3月发布了《商业银行信息科技风险管理指引》，同时废止了2006年8月发布的《银行业金融机构信息系统风险管理指引》。

中国保险监督管理委员会于2008年3月发布了《保险业信息系统灾难恢复管理指引》。

中国证券监督管理委员会于2014年12月发布了金融行业推荐性标准《证券期货业信息系统审计规范》，于2016年11月发布了金融行业推荐性系列标准《证券期货业信息系统审计指南 第1部分：证券交易所》《证券期货业信息系统审计指南 第2部分：期货交易所》《证券期货业信息系统审计指南 第3部分：证券登记结算机构》《证券期货业信息系统审计指南 第4部分：其他核心机构》《证券期货业信息系统审计指南 第5部分：证券公司》《证券期货业信息系统审计指南 第6部分：基金管理公司》《证券期货业信息系统审计指南 第7部分：期货公司》。

出于信息系统安全保护的需要，2008年6月19日，国家标准化管理委员会发布了《信息安全技术 信息系统安全等级保护基本要求（GB/T 22239—2008）》。随着大数据、云计算、移动互联等技术的发展与应用，为了满足新型网络系统的安全保护要求，2019年5月10日，国家标准化管理委员会发布了新修订的《信息安全技术 网络安全等级保护基本要求》，在标准名称、保护对象、章节结构、控制措施等部分进行了修改和更新，其中，《信息安全技术 信息系统安全等级保护基本要求》改名为《信息安全技术 网络安全等级保护基本要求》，同时将基础信息网络（广电网、电信网等）、信息系统（采用传统技术的系统）、网络和信息系统（大数据平台、云计算平台、移动互联、物联网和工业控制系统等）作为等级保护对象，是对除传统信息系统之外的新型网络系统安全防护能力提升的有效补充，该等级保护基本要求被很多人称为“等保2.0”。《信息安全技术 网络安全等级保护基本要求》在原有通用安全要求的基础上新增了安全扩展要求。安全扩展要求主要针对云计算、移动互联、物联网和工业控制系统提出了特殊安全要求，进一步完善了信息安全保护工作的标准。

5. 电子数据审计

电子数据审计（electric data auditing）是目前审计工作的一个重要方面。在实际的审计工作中，为了避免影响被审计单位信息系统的正常运行，并保持审计的独立性、规避审计风险，审计人员在开展电子数据审计时，一般不直接使用被审计单位的信息系统进行查询分析和检查，而是将所需的被审计单位的电子数据采集到审计人员的计算机中，利用相关软件对其进行分析，其原理如图 1-4 所示。

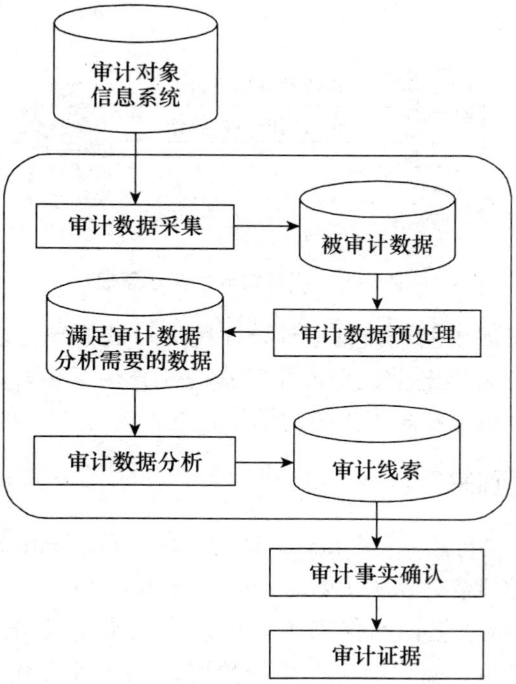

图 1-4 电子数据审计原理

一般来说，开展电子数据审计需要如下几个关键步骤：

(1) 审计数据采集。采集审计对象信息系统中的数据。

(2) 审计数据预处理。根据对这些数据的分析和理解，将其转换为满足审计数据分析需要的数据形式。

(3) 审计数据分析。采用通用软件或专门的审计软件对采集到的电子数据进行分析处理，从而发现审计线索，获得审计证据。

由图 1-4 不难发现，目前电子数据审计工作中，数据对审计人员来说非常重要，审计的过程就是一个“用数据说话、用数据决策”的过程。

对于电子数据审计，目前还没有明确的定义。根据目前对该术语的使用情况，电子数据审计一般可以理解为对被审计单位的电子数据进行采集、预处理以及分析，从而发现审计线索，获得审计证据的过程。

6. 远程联网电子数据审计——持续审计

审计人员根据审计任务的需要，到被审计单位现场采集电子数据，然后对这些电子数据进行预处理并完成数据分析，获得审计证据，这种方式可称为现场电子数据审计，是目前电子数据审计的主要方式。信息技术的发展使得审计信息化朝持续、动态、实时的方向发展，持续审计（或连续审计）（continuous auditing，CA）成为审计信息化的一个重要发展方向。目前常用的联网审计（online auditing）也是持续审计的一种方式，其原理可概括为图1-5。

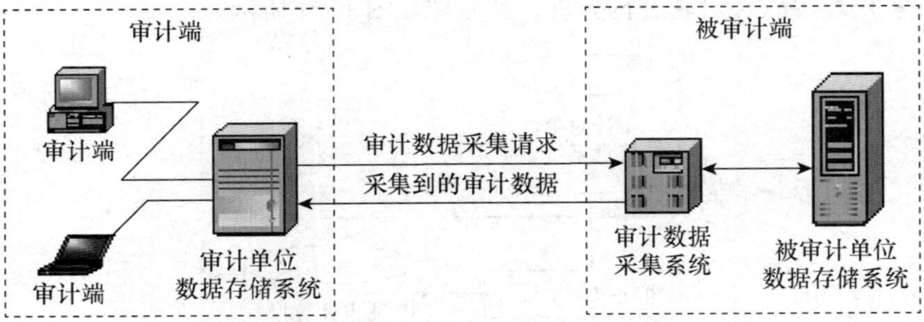

图1-5 联网审计的实现原理

不难发现，相对于现场电子数据审计，联网审计的原理可以看成是一个采用远程联网方式从被审计单位采集电子数据，并对其进行分析，获取审计证据的过程。联网审计技术的应用为审计单位积累了大量的电子数据，这为开展大数据审计提供了条件。

1.2.2 大数据时代到来

2008年9月4日，《自然》（*Nature*）杂志上的“Big Data Special”大数据专题论文中首次提出大数据的概念，认为大数据有三个来源：（1）天体物理和粒子物理。这些领域的研究产生大量数据，不仅来不及处理，也来不及分类，更谈不上再利用。（2）生物科学。包括基因、蛋白研究产生的数据。（3）社会社交网。社交网产生巨量的数据，而且这些数据属于非结构化数据，尚无较好的数据库存储。

高德纳咨询公司（Gartner）对大数据的定义是：大数据是需要新处理模式才能具有更强的决策力、洞察发现力和流程优化能力的海量、高增长率和多样化的信息资产。我国工业和信息化部2021年发布的《“十四五”大数据产业发展规划》指出，大数据是数据的集合，以容量大、类型多、速度快、精度准、价值高为主要特征，是推动经济转型发展的新动力，是提升政府治理能力的新途径，是重塑国家竞争优势的新机遇。

大数据时代的到来为各行业带来了机遇和挑战。目前，大数据的研究和应用已经成为国内外的热点。世界各国均高度重视大数据相关问题的研究与探索，并从国家战略层面推出研究规划以应对大数据带来的机遇和挑战。

1.2.3 大数据审计的内涵

目前，被审计单位信息化程度越来越高，信息系统越来越复杂，需要采集的数据量越来越大，数据类型较多，不仅包括数据库中的结构化电子数据，还包括一些与被审计单位相关的办公会通知、会议记录、会议决议、办公文件、业务介绍、部门年度工作总结、风险分析报告、相关审计报告、政策文件、内部控制手册、信息系统使用手册等非结构化数据。因此，审计工作与大数据已经密不可分。大数据环境对审计工作来说既是机遇又是挑战，大数据环境下，需要考虑如何利用大数据技术审计电子数据，如何审计大数据环境下的电子数据，如何利用大数据技术审计信息系统，如何审计大数据环境下的信息系统等，大数据审计与审计信息化的关系可概括为图 1－6。

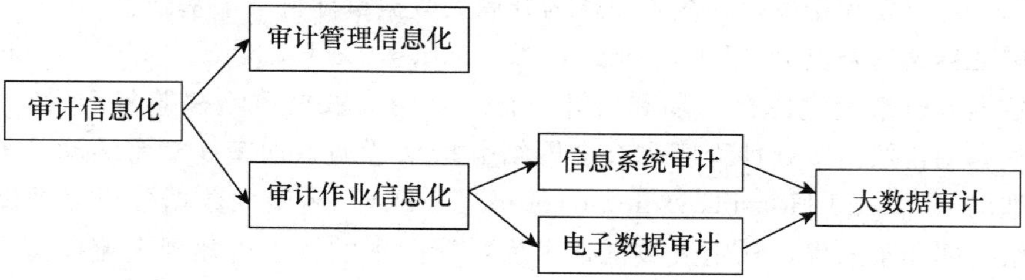

图 1－6　大数据审计与审计信息化的关系

综上所述，大数据审计是随着大数据时代的到来以及大数据技术的发展而产生的一种新的计算机审计（审计作业信息化）方式，其内容包括大数据环境下的电子数据审计（利用大数据技术审计电子数据，审计大数据环境下的电子数据）和大数据环境下的信息系统审计（利用大数据技术审计信息系统，审计大数据环境下的信息系统）两方面。大数据审计的主要内容可简要归纳为图 1－7。

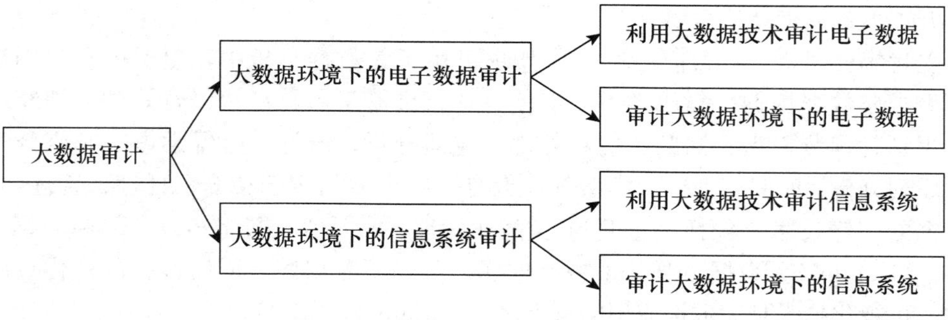

图 1－7　大数据审计的主要内容

1.3　国外大数据审计应用情况

1.3.1　国外实务界应用情况

国外审计实务界高度关注大数据在审计中的应用，国际内部审计师协会（Institute of Internal Auditors，IIA）2011 年 8 月发布全球技术审计指南（global technology audit guide，GTAG）《数据分析技术》，分析了审计数据分析技术，如分类分析、重号分析、断号分析、Benford 定律等。大数据审计得到了美国注册会计师协会（American

Institute of Certified Public Accountants，AICPA）的重视，美国注册会计师协会于2014年8月发布一份名为《在数字世界里重构审计》（*Reimagining Auditing in a Wired World*）的白皮书，分析了大数据环境对审计工作的影响，并指出，可以将相关大数据作为实际被审计数据的辅助数据，通过数据分析技术，识别和发现被审计数据中的关联，从而发现审计线索。例如，报表、会计欺诈、破产或持续经营问题等与从公司的文件和数据源得到的指标是有关联的，因此，通过分析从公司获得的一些文件和数据源，可以发现相关审计线索。这为开展大数据审计打下了基础。

美国证券交易委员会（United States Securities and Exchange Commission，SEC）使用大数据分析来确定内幕交易和会计欺诈，运用大数据策略来监督金融市场活动，例如，它利用自然语言处理程序和社会网络分析来帮助识别违规交易活动。美国联邦住房管理局（Federal Housing Administration，FHA）运用大数据分析来帮助预测违约率、偿还率和索赔率，利用大数据技术为可能出现的场景构建现金流模型，以确定维持正向现金流所需的保费。美国社会保障局（The United States Social Security Administration，SSA）利用大数据技术来分析海量的非结构化伤残索赔数据，通过更快、更高效地处理医学分类和预期诊断，重塑整个决策过程，更好地识别可疑的不实索赔。

普华永道会计师事务所2015年2月在“数据驱动：学生在快速变化的商业世界中取得成功需要什么”中指出，高校应该为审计、会计专业的学生提供大数据审计方面的课程，为相关审计人员提供大数据审计方面的培训工作，教会他们使用大数据分析程序语言与工具（如R语言、Python、Java等）、数据可视化分析工具，从而满足审计人员开展大数据审计的需要。

麦肯锡公司认为，目前已有经典技术可用于大数据分析中，包括关联规则挖掘、数据聚类、数据挖掘、集成学习、遗传算法、机器学习、自然语言处理、神经网络、模式识别、预测模型、回归、信号处理、空间分析、统计、监督学习、非监督学习、时间序列分析、时间序列预测模型等；也有一些可专门用于整合、处理、管理和分析大数据的关键技术，包括Big Table、商业智能、云计算、Hadoop、HBase、MapReduce、Mashup、元数据、非关系型数据库、关系型数据库、R语言、可视化技术等，其中，可视化技术是大数据应用的重点之一（Manyika，2011）。

1.3.2 国外政府开展大数据审计情况

2017年4月18日，世界审计组织大数据工作组第一次会议在中国南京召开。来自中国、美国、英国、印度、巴西、奥地利、挪威、俄罗斯、泰国、印度尼西亚等多个国家的代表分别介绍了本国开展大数据审计的情况。相关情况概括如下：

英国国家审计署（National Audit Office，NAO）的大数据审计重点是增加价值，减少成本。目前借助开源工具R语言、Shiny软件和可视化软件，应用统计、机器学习、文本挖掘和可视化等技术开展大数据审计。

印度审计署（Comptroller and Auditor General of India，CAG）于2016年9月设立了数据管理和分析中心，广泛使用来自审计署内部、被审计单位和第三方的各类数据，采用统计、可视化等技术开展大数据审计。

巴西联邦审计署（Tribunal de Contas da União，TCU）审计信息管理办公室自2006年以来一直注重审计数据的采集与应用工作，目前，已采集巴西56个最重要的政府部门相关数据库，汇总了7TB的审计数据，供审计部门根据需要使用这些数据开展审计。审计人员可以使用SQL、审计软件ACL、R语言等软件与工具开展数据分析。

奥地利审计院（Austrian Court of Audit，ACA）对简单的数据分析使用Microsoft Excel，对于复杂的数据分析、建模和大数据审计则采用R语言，对文本分析采用标签云（词云）分析技术。

厄瓜多尔审计署（The Office of the General Comptroller of Ecuador）从民政局，全国选举委员会，劳动部，财产登记、国内收入服务、社会保障国家机构等部门收集信息，并采用数据挖掘技术和开发相关App利用收集到的大数据。

尽管爱沙尼亚审计署（National Audit Office of Estonia，NAOE）在审计中没有使用大数据分析的经验，但该国的一些大学和科研机构正在开展大数据方面的应用研究。

芬兰国家审计署（National Audit Office of Finland，NAOF）高度重视大数据审计的应用，目前所有国家部门和机构都使用相同的会计系统，会计数据已电子化，审计人员已系统地使用计算机辅助审计技术（computer assisted audit techniques，CAATs），相关分析工具开展电子数据审计，审计的对象包括传统的财务数据、电子邮件、社交媒体、视频、声音等。今后计划把机器人技术、可视化技术应用于审计。

印度尼西亚设计了CRISP-DM系统来开展大数据审计，利用该系统进行数据分析的步骤为：业务理解、数据理解、数据准备、建模、评价、部署。

挪威审计署（Office of the Auditor General of Norway，OAG）采用IDEA、Microsoft Excel等工具开展数据审计，目前主要分析结构化数据，下一步准备对非结构化数据进行分析；现在正在强化数据科学和数据分析的能力，今后将使用微软的数据仓库技术（SQL Server Analysis Services）、可视化技术、开源工具R语言、Shiny等开展大数据审计。

泰国目前采用审计软件ACL来分析从被审计单位采集的电子数据。

2018年4月19日至20日，世界审计组织大数据工作组第二次会议在美国华盛顿举行。本次会议的主题是“大数据审计在实现国家可持续发展目标中的作用”。来自大数据工作组20个成员国最高审计机关和国际组织的43名代表参加了此次会议。大数据工作组主席、中国审计署审计长胡泽君在致辞中指出，随着互联网、大数据等信息技术深入发展，运用大数据提升国家治理现代化水平，提高对风险因素的感知、预测、防范能力已是共识。中国审计署始终坚持科技强审理念，革新传统审计方法，加强审计信息化建设，积极推进大数据审计，提高审计监督的质量和效率。大数据工作组将致力于促进各国最高审计机关积极运用大数据技术提升履职能力，促进公开、透明、高效的国家治理，助力实现各国可持续发展。

2019年4月25日至26日，世界审计组织大数据工作组第三次会议在丹麦哥本哈根举行。来自工作组24个成员的51名代表参加了此次会议。

2020年9月24日，世界审计组织大数据工作组在线召开第四次会议，来自工作组

32 个成员国和 3 个观察员国的 100 余位代表参加会议。

2021 年 9 月 29 日，世界审计组织大数据工作组在线召开第五次会议，来自 35 个工作组成员国和观察员国的 100 余名代表参加了本次会议。

2022 年 7 月 25 日，世界审计组织大数据工作组在线召开第六次会议，27 个国家最高审计机关和 1 个国际组织的 80 余名代表参加了本次会议。

2023 年 9 月 13 日至 15 日，世界审计组织大数据工作组第七次会议在埃及开罗召开。会议审议了工作组 2022 年工作报告，研究了未来工作计划，并围绕“大数据审计应用”展开交流研讨。来自 26 个国家最高审计机关和国际审计组织的 60 多名代表参加会议。

2024 年 9 月 10 日至 12 日，世界审计组织大数据工作组第八次会议在越南宁平召开。会议审议了工作组 2023 年工作报告，并围绕“提升数据治理质量、发展审计新质生产力”这一主题展开交流研讨，来自 25 个国家最高审计机关和国际审计组织的 50 多名代表参加会议。

1.4 国内大数据审计应用情况

如前所述，根据目前大数据技术的发展，我国审计署指出，积极跟踪国内外大数据分析技术的新进展、新动态，探索在审计实践中运用大数据技术的途径，为推动大数据背景下的审计信息化建设做好准备。2015 年 8 月 31 日，国务院印发《促进大数据发展行动纲要》。2015 年 12 月 8 日，中共中央办公厅、国务院办公厅印发的《关于实行审计全覆盖的实施意见》指出，创新审计技术方法是实现审计全覆盖的一个重要手段，要求构建大数据审计工作模式，提高审计能力、质量和效率，扩大审计监督的广度和深度。2017 年 3 月 31 日，中共中央办公厅、国务院办公厅印发的《关于深化国有企业和国有资本审计监督的若干意见》指出，创新审计理念，完善审计监督体制机制，改进审计方式方法。审计署在 2018 年 1 月召开的全国审计工作会议上指出，积极推进大数据审计。习近平总书记 2018 年 5 月 23 日下午主持召开中央审计委员会第一次会议，并指出：“要坚持科技强审，加强审计信息化建设。”① 对于社会审计，中国注册会计师协会 2017 年提出了研究大数据、人工智能等先进信息技术在注册会计师行业的落地应用，促进会计师事务所信息化。更多的国内大数据审计应用情况将在后续章节中进行分析。

阅读材料

《关于实行审计全覆盖的实施意见》

① 习近平：加强党对审计工作的领导 更好发挥审计在党和国家监督体系中的重要作用.（2018-05-24）. 中国共产党新闻网.

1.5　本书的内容与结构

为了使读者更清晰地理解本书的内容以及各章之间的逻辑关系，将本书的内容与结构总结为图 1－8。在后面的章节中，将按这一结构进行分析。

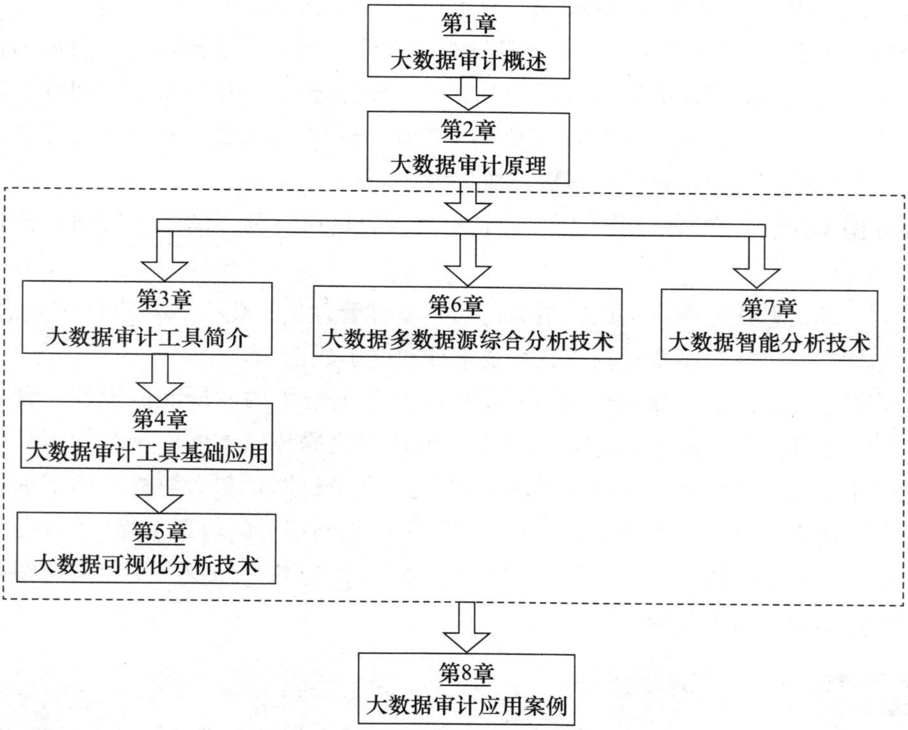

图 1－8　本书的内容与结构

1.6　本章小结

为什么要学习大数据审计？本章根据审计信息化的研究与应用现状，分析了学习大数据审计的重要性；介绍了大数据审计产生的背景，包括大数据审计与审计信息化的关系，以及大数据审计的内涵；在此基础上，系统地分析了国内外大数据审计的相关研究与应用情况，并给出本书的内容与结构。

审计作为一种独立的经济监督活动，一直受到国内外政府和社会的重视。

信息化环境下，审计工作发生了巨大的变化，传统的手工审计技术方法遇到了挑战，利用信息技术开展审计工作成为必然。

随着信息技术的发展，大数据时代的到来使审计工作将不得不面对被审计单位的大数据环境，如果不研究大数据环境下如何开展审计工作，审计人员将再次面临无法胜任审计工作的困境。

国内外高度重视大数据在审计中的应用。

创新审计技术方法是实现审计全覆盖的一个重要手段，2015年印发的《关于实行审计全覆盖的实施意见》指出，构建大数据审计工作模式，提高审计能力、质量和效率，扩大审计监督的广度和深度。习近平总书记2018年在主持召开的中央审计委员会第一次会议上指出："要坚持科技强审，加强审计信息化建设。"

美国注册会计师协会于2014年8月发布《在数字世界里重构审计》白皮书，分析了大数据环境对审计工作的影响。国际内部审计师协会2017年发布了《理解与审计大数据》指南。世界审计组织大数据工作组于2016年12月成立，并每年召开会议。目前，世界上的很多国家都在积极开展大数据审计。

大数据审计的研究与应用成为目前审计领域的热点问题，学习大数据审计越来越重要。

目前审计信息化的内容可以归纳为：(1) 审计管理信息化；(2) 审计作业信息化，通常也称计算机审计，主要包括信息系统审计和电子数据审计。

大数据审计是随着大数据时代的到来以及大数据技术的发展而产生的一种新的计算机审计（审计作业信息化）方式，其内容包括大数据环境下的电子数据审计（利用大数据技术审计电子数据，审计大数据环境下的电子数据）和大数据环境下的信息系统审计（利用大数据技术审计信息系统，审计大数据环境下的信息系统）两方面。

通过学习本章的内容，可以快速掌握大数据审计的基本知识，从而为后续章节深入分析大数据审计打下基础。

素养提升

坚持科技强审，加强审计信息化建设

习近平指出，要深化审计制度改革，解放思想、与时俱进，创新审计理念，及时揭示和反映经济社会各领域的新情况、新问题、新趋势。要坚持科技强审，加强审计信息化建设。要加强对全国审计工作的领导，强化上级审计机关对下级审计机关的领导，加快形成审计工作全国一盘棋。要加强对内部审计工作的指导和监督，调动内部审计和社会审计的力量，增强审计监督合力。

资料来源：习近平主持召开中央审计委员会第一次会议强调 加强党对审计工作的领导 更好发挥审计在党和国家监督体系中的重要作用. (2018-05-23). http://tv.cctv.com/2018/05/23/VIDE5VK8f9ZUVHB6BloMBOlF180523.shtml.

全面贯彻落实习近平总书记关于科技强审的要求，加强审计技术方法创新，充分运用现代信息技术开展审计，提高审计质量和效率。

——提升信息化支撑业务能力。推动金审工程三期项目建设应用和持续优化，完成国产化技术改造和部署。完善审计业务网络，实现与副省级以上地方审计机关

数据分析网联通。建设完善电子数据备份中心。完善网络安全管理制度，建立健全网络安全责任、统一的网络安全防护标准、协调联动的网络安全协作等体系，开展网络安全常态化检查，持续提升网络安全防御和应急处置能力。

——提升数据管理水平。健全数据采集和定期报送机制，推动被审计单位统一数据接口，认真履行国内外标准化组织技术机构秘书处职责，持续推进数据标准化。健全数据集中管理制度规范，保障数据安全。推动提高省级审计数据分中心的数据存储、处理和分析能力，实现署、省两级审计机关集中管理审计业务数据。

——加强数据资源分析利用。坚持以用为本，完善数据管理制度规范。充分利用地方政府数据平台，扎实开展业务数据与财务数据、单位数据与行业数据以及跨行业、跨领域数据的综合比对和关联分析，促进审计工作从现场审计为主向后台数据分析和现场审计并重转变。加强数据和分析模型共享共用。

资料来源：中央审计委员会办公室、审计署关于印发《“十四五”国家审计工作发展规划》的通知.（2021-06-28）. http://www.gov.cn/zhengce/zhengceku/2021-06/28/content_5621230.htm.

思考题

1. 为什么要学习大数据审计?
2. 审计信息化与大数据审计的关系是什么?
3. 什么是大数据审计?
4. 谈一谈国内对大数据审计的重视情况。
5. 谈一谈国外大数据审计的应用情况。

第2章

大数据审计原理

本章学习目标

- 掌握审计的基础知识
- 掌握信息化环境下开展审计的主要流程与步骤
- 掌握大数据审计原理
- 熟悉大数据审计的关键步骤，如大数据审计数据采集、大数据审计数据预处理、大数据审计数据分析等

2.1 引 言

由上一章可知，大数据审计是随着大数据时代的到来以及大数据技术的发展而产生的一种新的计算机审计（审计作业信息化）方式。为了更好地掌握大数据审计知识，本章分析大数据审计的原理，从而为后面深入学习大数据审计打下基础。

2.2 审计与审计证据

2.2.1 审计简介

根据审计实施主体和审计监督权来源的不同，一般可以将审计划分为三大类：国家审计、内部审计和社会审计。

国家审计是由审计机关依法对公共资金、国有资产、国有资源管理、分配、使用的真实合法效益，以及领导干部履行经济责任和自然资源资产及生态保护责任情况所

进行的独立监督活动。①

内部审计是一种重要的审计类型。国际内部审计师协会于1947年第一次提出内部审计定义，并在2001年给出最新的第七次定义：内部审计是一种独立、客观的确认和咨询活动，旨在增加价值和改善组织的运营。它通过应用系统的、规范的方法，评价并改善风险管理、控制和治理程序的效果，帮助组织实现其目标。中国内部审计协会2023年修订的《内部审计基本准则》将内部审计定义为：内部审计是一种独立、客观的确认和咨询活动，它通过运用系统、规范的方法，审查和评价组织的业务活动、内部控制和风险管理的适当性和有效性，以促进组织完善治理、增加价值和实现目标。②

社会审计（注册会计师审计或独立审计）是指注册会计师依法接受委托、独立执业、有偿为社会提供专业服务的活动。

概括来说，审计的过程实质上是不断收集、鉴定和综合运用审计证据的过程。

2.2.2 审计证据

审计证据是指审计机关和审计人员获取的用以说明审计事项真相，形成审计结论基础的证明材料。要实现审计目标，必须收集和评价审计证据。

一般来说，审计证据有下列几种：

（1）书面证据，即以书面形式存在并证明审计事项的证据。

（2）实物证据，即以实物形式存在并证明审计事项的证据。

（3）电子审计证据，即以录音录像或者计算机存储、处理的证明审计事项的视听或电子数据资料。

（4）口头证据，即与审计事项有关的人员提供的口头证据。

（5）专门机构或者专门人员的鉴定结论和勘验笔录。

（6）其他证据。

2.2.3 电子审计证据

具体来说，电子审计证据是指任何生成的、传递的、经过处理的、记录的以及（或者）以电子形式保存的用来支持审计报告内容的信息。这些信息仅能通过合适的设备和技术（例如计算机、软件、打印机、扫描仪、传感器或磁质媒介等）来获得。电子审计证据包括会计记录、原始文档、日记账和总账、支持性文件和其他任何形式的以电子形式存在的可被审计使用的数据或者信息。与传统的审计证据相比，电子审计证据具有以下特点：

（1）电子审计证据是一种以数字形式存在，逻辑结构与信息本身相分离的信息。

（2）信息的来源、目的地、发出和接收的日期都没有与电子文档或其他信息格式集成在一起，因此，电子审计证据的来源更加难以确定，相关授权人员的批准以及签

① http://www.audit.gov.cn/n6/n37/c130297/content.html.

② http://www.ciia.com.cn/cndetail.html?id=35589.

名本身的真实性也更加难以确定。

2.2.4 传统审计方法简介

传统手工审计是通过对账簿的检查来实现的。一般来说，审计人员常用的审计方法包括以下几种：

（1）检查法。检查法是指对纸质、电子或者以其他介质形式存在的文件、资料进行审查，或者对有形资产进行审查。

（2）观察法。观察法是指察看相关人员正在从事的活动或者执行的程序。

（3）询问法。询问法是指以书面或者口头方式向有关人员了解关于审计事项的信息。

（4）外部调查法。外部调查法是指向与审计事项有关的第三方进行调查。

（5）重新计算法。重新计算法是指以手工方式或者使用信息技术对有关数据计算的正确性进行核对。

（6）重新操作法。重新操作法是指对有关业务程序或者控制活动独立进行重新操作验证。

（7）分析法。分析法是指研究财务数据之间、财务数据与非财务数据之间可能存在的合理关系，对相关信息做出评价，并关注异常波动和差异。

（8）鉴定法。鉴定法是指对某些审计事项进行检查所需的技能超出审计人员的正常业务范围，聘请专门人员运用专门方法进行检测以获取审计证据的一种审计技术。鉴定法是一种证实问题的方法，不是审计的专门技术，但是必不可少的技术。鉴定法大多用于涉及较多专门技术问题的领域，以及难以判别真实情况的一般审计事项。

2.2.5 审计取证

如前所述，传统环境下，审计人员可以采用检查法、观察法、询问法、外部调查法、重新计算法、重新操作法、分析法、鉴定法等收集审计证据。不同的审计证据可用来实现不同的审计目标。审计人员形成任何审计结论和意见，都必须以合理、充分的审计证据为基础。由此可见，审计证据对审计人员而言事关重大，它贯穿独立审计的全过程，是形成审计意见的依据。因此，审计人员必须重视审计证据的获取，保证审计质量，降低审计风险。

信息化环境下，审计证据的获取大多是通过采用信息技术对被审计电子数据的分析来完成的，也就是说，通过对被审计数据的分析，发现可疑数据，并通过对可疑数据的审计判断，最终获取审计证据。审计取证的一般过程可概括为：集中分析、发现线索、分散核查、系统研究。

在审计数据分析的过程中，审计人员需要将被审计单位提供的原始电子数据、使用的电子数据的数据库系统名称、电子数据的具体数据表名称、分析处理方法、数据分析的详细过程以及产生的分析结果等妥善保存，以便作为审计取证单的附件材料归档。

由于在审计数据的采集、预处理和分析过程中难免出现人为处理错误等情况，在可能的情况下，应先将审计数据分析的明细结果交给被审计单位征求意见，经双方认定后，就可以将分析结果具体化为纸质资料，由被审计单位签字确认，作为审计取证资料。

如果审计数据分析的结果仅仅是揭示问题的线索，不能直接发现和核实问题，则应根据线索进行延伸审计，获取审计证明材料。

2.3 信息化环境下开展审计的主要流程与步骤

2.3.1 信息化环境下开展审计的主要流程

信息化环境下的审计与手工审计相比，审计目标是相同的，但审计技术和方法、审计作业方式发生了根本性变化。目前，信息化环境下开展审计的一般流程如图2-1所示。由图2-1可知，“审计实施”是整个流程的关键环节，这一环节就是电子数据审计的内容。

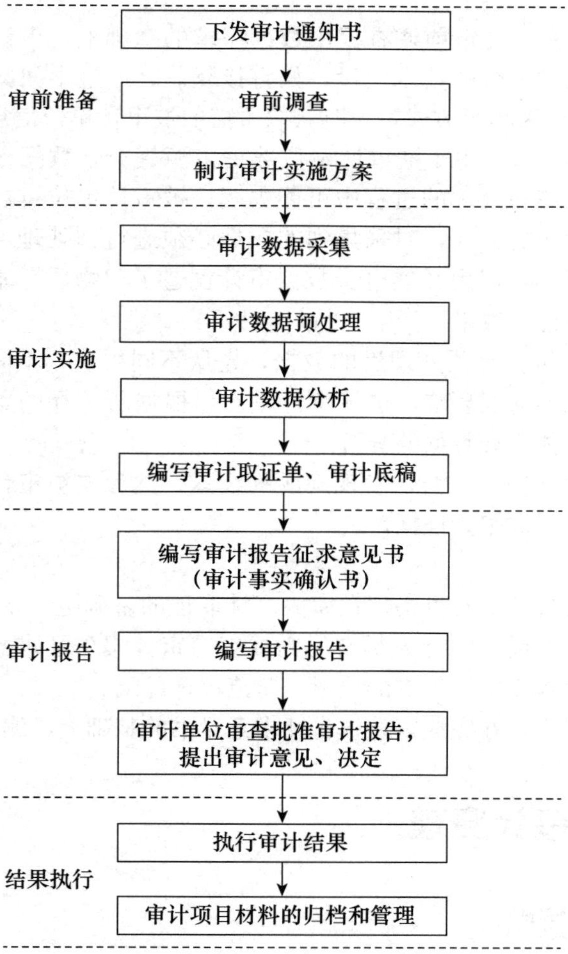

图2-1 信息化环境下开展审计的一般流程

2.3.2 信息化环境下开展审计的关键步骤分析

1. 审前准备

（1）下发审计通知书。在开始到被审计单位开展审计之前，需要向被审计单位下发审计通知书。

（2）审前调查。在对被审计单位实施审计前，应在对其组织结构进行调查的基础上，掌握信息系统在组织内的分布和应用的总体情况。然后，根据审计的目的和信息系统的重要性确定需要深入调查的子系统，进行全面和详细的了解，内容应包括软硬件系统、应用系统的开发情况和有关技术文档情况、系统管理员的配置情况、系统的功能、系统数据库的情况等。通过审前调查，审计人员应全面了解被审计单位信息系统的概况，对信息系统中与审计相关的数据要有全面、详细、正确的认识，提出可行的、满足审计需要的数据需求，确定数据采集的对象及方式。

（3）制订审计实施方案。在审前调查的基础上，需要根据审计项目情况，制订审计实施方案。

2. 审计实施

（1）审计数据采集。在审前调查提出数据需求的基础上，审计人员在被审计单位的配合和支持下，通过可行的技术手段，如直接复制、通过中间文件和通过开放数据库互联（ODBC）接口采集等方式，及时获取所需的被审计单位信息系统中的数据。

（2）审计数据预处理。由于被审计单位数据来源繁杂，数据格式不统一，信息表示代码化，数据在采集和处理的过程中可能失真，被审计单位可能有意更改、隐瞒数据真实情况等诸多影响的存在，对采集到的数据必须进行预处理，使得采集来的数据能为审计所用。数据预处理为开展电子数据审计创造了“物质”基础，其工作的质量直接影响电子数据审计的效果。

（3）审计数据分析。对预处理后的数据，先从不同层次、不同角度进行分析，从总体上把握情况，找准薄弱环节，选择审计重点，根据所选择的重点问题，采用合适的审计方法完成对具体审计数据的分析。

通过对被审计数据进行分析，发现问题的线索，然后与被审计单位对这些问题进行确认和沟通，最终形成审计证据。

3. 审计报告

（1）编写审计报告征求意见书。在完成审计取证的基础上，基于获得的审计证据，在发布正式审计报告之前，审计人员有时需要编写审计报告征求意见书，并与被审计单位进行沟通，从而提高审计报告的质量，防范审计风险。

（2）编写审计报告。在完成审计报告征求意见书的基础上，编写审计报告。

2.4 大数据审计原理

2.4.1 大数据的特点

概括来说，大数据主要具有以下特点：

(1) 大量(volume)。数据量大，非结构化数据增长比结构化数据增长快10～50倍。

(2) 多样性(variety)。数据的形式多种多样，如文本、图像、视频、机器数据等。

(3) 快速(velocity)。一方面，数据量增长速度快；另一方面，大数据要求实时分析，处理速度快。

(4) 真实性(veracity)。数据必须是准确的、可靠的、一致的，具有可追溯性。

(5) 可视化(visualization)。大数据分析结果往往难以解释。通过可视化分析工具将大数据转换成易于理解、易于呈现的图形和图表，对于用户理解大数据以及大数据分析结果非常重要。另外，通过大数据可视化分析，还可能对大数据以及大数据分析结果有额外的、更好的探索和结果发现。

国际内部审计师协会在2017年发布的《理解与审计大数据》指南中，也把可视化作为大数据的一个重要特点。

2.4.2 大数据审计发展机遇和面临的挑战

1. 大数据审计发展机遇

大数据时代的到来为各行业带来了机遇和挑战。目前，大数据的研究和应用已经成为国内外的热点。世界各国均高度重视大数据相关问题的研究与探索，并从国家战略层面推出研究规划以应对大数据带来的机遇和挑战。其中，大数据时代的到来为审计提供的机遇主要表现如下：

(1) 审计取证更充分。如前所述，随着被审计单位财务和业务数据的电子化，获取被审计单位的电子数据，开展电子数据审计，已经成为审计的重要方式。联网审计技术也使得审计单位获取被审计单位电子数据的范围扩大，频率增加。大数据环境下，被审计单位提供更多、更全面的数据，审计单位可以充分利用采集来的各方面数据，建立集中统一的被审计单位数据中心。在此基础上，借助大数据分析技术，构建审计大数据分析平台和使用更智能的大数据分析技术，分析“从数据入口到数据库平台”的更大范围的数据来源，可以对被审计单位的电子数据进行系统、全面的分析，以及跨部门的综合分析，从而弥补目前数据分析局限于查找单个问题的缺陷，获得更充分的审计证据，更好地发挥审计的作用。

(2) 大数据可视化技术更有助于审计数据的分析。可视化技术是大数据应用的重点之一，可视化审计分析方式能够帮助审计人员快速有效地交互分析大量的数据，所提供的洞察力有助于审计人员更快、更准确地从复杂的被审计数据中发现审计线索。

(3) 审计大数据的实时处理和快速分析将得以实现。随着云计算、人工智能等技术的发展与应用，审计大数据的实时处理和快速分析将得以实现。

(4) 审计结论更科学。大数据环境下，审计证据的获取、审计报告的形成、审计意见的决策等都可以基于对审计大数据的分析。只有数据可靠，审计结论才有可能可靠，这使得审计结论更科学。

2. 大数据审计面临的挑战

尽管大数据技术给审计信息化带来了机遇，但进入大数据时代，开展审计面临着一些挑战，主要表现如下：

(1) 审计大数据的真实性。大数据环境下，影响数据真实性的因素很多，为了得到正确、可靠的审计证据，防止大数据环境下的“假账真审”，必须保证被审计的数据是真实的，防范与控制大数据环境带来的审计风险非常重要，其中，审计大数据质量控制是一个关键问题。

(2) 审计大数据的控制和保护。大数据环境下，为了获得全面、可靠的审计证据，需要从众多被审计单位采集大量敏感和重要的数据来分析，这些审计大数据常常会含有一些详细的、潜在的、能够反映被审计单位机密的信息，如银行客户的用户名、密码等。这些采集来的数据集中存储在审计单位的数据中心，一般以分布的方式存储，如采用云计算平台方式存储。来自网络的攻击会影响审计大数据的安全，一些对审计数据中心的恶意进攻则会造成更严重的后果，这就需要审计大数据拥有合适的贯穿审计数据采集、审计数据传输、审计数据存储、审计数据维护、审计数据分析等整个数据生命周期的控制和保护，以降低审计风险。

(3) 审计大数据分析风险。审计大数据的复杂性给数据分析带来了一定困难。一方面，大数据环境下，数据信息全面，隐藏或未知的信息较多，采集来的大量数据为审计数据分析提供了基础，为了做到事中审计或者实时审计，需要强大、高效、实时的审计数据分析方法。另一方面，大数据环境下，数据复杂性也急剧增长。审计单位现有的计算机系统和审计软件不能应对急剧增长、种类众多的被审计数据，审计大数据的复杂性给数据分析带来了一定困难，造成审计数据分析存在一定的风险。因此，大数据环境下，如果不采用大数据技术实现从传统的审计数据分析向审计大数据分析的过渡，必将影响审计数据分析结果和分析效率，造成一定的审计风险。

(4) 审计大数据的全面性。大数据环境下，审计单位需要访问第三方数据来源，并将自身信息与外部信息进行集成以充分发挥大数据的潜力。然而，目前尚未建立起数据访问与数据共享机制，这为充分获得大数据产生的价值带来障碍，影响了审计取证的查全率，造成了一定的审计风险。

(5) 审计大数据的存储。大数据环境下，已有的审计数据存储技术不能完全满足大数据环境的需要，被审计单位的大数据向审计数据的存储提出了挑战，研究与应用适合大数据环境的审计数据存储技术成为开展大数据审计的一项重要任务。

2.4.3 大数据审计方法原理

根据前面的分析，大数据审计方法原理如图 2-2 所示，简述如下。

1. 审计大数据集成

审计大数据集成的目的是把从不同被审计单位或同一被审计单位采集的不同数据源中的各种不同数据整合在一起，这些数据往往涉及诸多数据源，并且其数据模式也可能不同。因此，大数据环境下，在对审计大数据进行分析时，需要先对这些数据进行采集和数据预处理，从而满足审计大数据分析的需要。

(1) 数据来源。数据的来源多种多样，主要包括：

1) 审计交易数据。这些数据是传统的、结构化的、通过关系型数据库进行管理和访问的静态、历史数据。

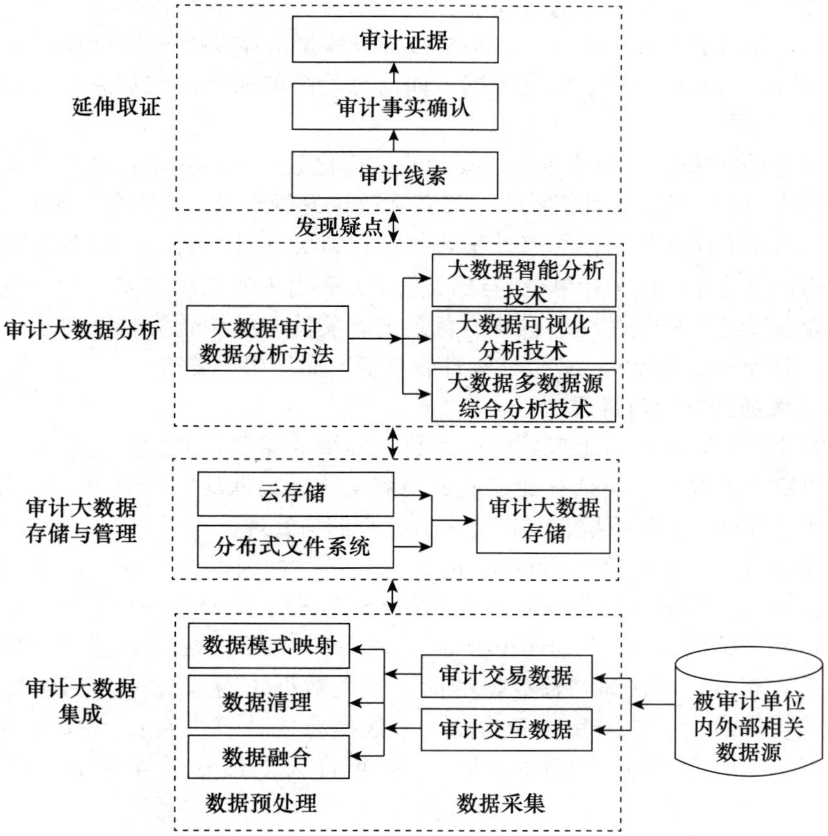

图 2-2 大数据审计方法原理

2）审计交互数据。这些数据源于社交媒体数据，包括传感器信息、海量图像文件、Web 文本、电子邮件等。

对于审计来说，大数据环境下，采集审计所需要的数据是开展大数据审计的必要步骤，概括来说，采集数据的来源主要包括以下四个方面：

1）上级审计部门数据中心提供的数据。这类数据由上级审计部门根据审计项目的需要，提供给下级开展审计项目的审计部门，下级审计部门一般可通过查询方式使用上级审计部门提供的数据。

2）审计部门定期采集并上传至上级审计部门或本部门数据中心的各类数据。在开展相关审计项目时，审计部门可以充分利用这些平时积累的数据。

3）在审计项目实施过程中根据需要采集的各类数据。在开展相关审计项目时，审计部门可以根据项目的需要，从被审计单位依法采集所需要的相关审计数据。

4）通过大数据工具从互联网上抓取的公开数据。审计人员还可以通过一些大数据工具从互联网上抓取所需要的相关公开数据，或者实现自动搜索互联网上一些关于被审计单位公开报道的风险信息，从而便于审计人员进行全方位的大数据分析。

（2）数据采集的类型。大数据环境下，数据采集的类型可分为结构化数据和非结构化数据，具体包括：

1）结构化数据。一般来说，采集的结构化数据主要包括：被审计单位共性数据，如报表、财务、产权、投资、供应商管理、合同管理、采购和销售等数据；被审计单位个性数据，如用于决策、审批、签批等的决策数据，体现经济运行和行业特点的业务数据；与信息系统有关的结构化数据，如信息系统的操作用户信息、用户操作日志等方面的相关数据。

2）非结构化数据。一般来说，采集的非结构化数据主要包括：被审计单位基本情况、历史沿革、组织结构、部门职责、经营和改革发展状况、存在的主要问题和风险；被审计单位内部审计报告、社会审计报告、审计机关审计报告等，以及对上述报告所发现问题的整改情况；被审计单位与经营管理决策相关的党组（委）会、董事会、总经理办公会会议纪要和会议记录；与信息系统有关的非结构化数据，如信息系统的开发、测试、运行、安全管理、业务连续性管理等方面的相关文档。

2. 审计大数据存储与管理

目前的数据存储技术不能满足审计大数据环境的需要，大数据环境下，审计数据的存储方法发生了改变，包括存储设施、存储架构、数据访问机制等。因此，可借助云计算平台或分布式文件系统进行审计大数据存储与管理。

以云计算为例，云计算（cloud computing）是一种数据分析技术，其三个层次的服务模式包括软件服务（Software as a Service，SaaS）、平台服务（Platform as a Service，PaaS）和设施服务（Infrastructure as a Service，IaaS）。云计算能够充分利用物理设施的弹性，获得处理快速增长数据的能力。大数据本身就是一个问题集，而云计算为大数据提供存储、访问和计算功能。大数据有云计算平台作为基础架构，才得以顺畅运营。云计算提供了基础架构平台，审计大数据分析等应用在这个平台上运行。

3. 审计大数据分析

常用的审计大数据分析方法主要包括：大数据可视化分析技术、大数据多数据源综合分析技术、大数据智能分析技术。另外，大数据环境下，常用的审计数据分析方法，如数据查询、统计分析、数值分析等，仍可以根据审计工作的实际情况使用，例如与大数据技术组合使用、对被审计大数据中的部分数据进行分析等。

4. 延伸取证

审计大数据分析可以帮助审计人员发现可疑的审计线索。在这些审计线索的基础上，可以对相关数据做进一步的分析，并与被审计单位进行确认和沟通，最终获得审计证据。

2.4.4 大数据审计方法与目前电子数据审计方法比较

如前所述，信息化环境下，审计证据的获取大多是通过采用信息技术对被审计数据的分析来完成的。随着大数据时代的到来，被审计单位的大数据环境向电子数据审计提出了挑战，由大数据的特点可知，信息化环境下现有的电子数据审计方法已不能完全满足需要，因此，大数据环境下需要新的电子数据审计方法。

综合对现有文献的分析，大数据审计方法与目前电子数据审计方法的比较如表2-1所示。

表 2-1　大数据审计方法与目前电子数据审计方法的比较

比较内容	目前电子数据审计方法	大数据审计方法
数据来源	主要是被审计单位的内部数据，特别是结构化数据	被审计单位内外部各种类型的相关数据，不仅包括结构化数据，还包括非结构化数据，如文本文件数据、图片数据等
数据采集方法	常用的审计数据采集方法主要有直接复制、通过中间文件采集、通过 ODBC 接口采集、通过专用模板采集以及远程联网数据采集等	大数据环境下，除了采用现有审计数据采集方法之外，一些专门针对大数据的采集方法也可用于审计大数据采集。例如，对于非结构化数据的采集，可以采用网络数据采集方法，这种方法通过网络爬虫等方式从网站上获取审计数据信息；对于系统日志数据的采集，可以采用 Hadoop 的 Chukwa，Facebook 的 Scribe 等
数据预处理方法	一般针对采集来的结构化数据进行审计数据预处理，主要是解决不完整的数据、不一致的数据、不正确的数据、重复的数据等问题，其中，名称转换、数据类型转换、代码转换、横向合并、纵向合并、空值处理等是目前电子数据审计数据预处理过程中常用的方法	不仅包括对结构化数据的预处理，有时还需要把非结构化数据通过预处理转化成结构化数据，或直接把非结构化数据预处理为可以方便分析的非结构化数据
数据分析方法	常用的审计数据分析方法主要包括账表分析、数据查询、审计抽样、统计分析、数值分析等	常用的审计大数据分析方法主要包括大数据可视化分析技术、大数据多数据源综合分析技术、大数据智能分析技术。另外，大数据环境下，常用审计数据分析方法，如数据查询、统计分析、数值分析等，仍可以根据审计工作的实际情况使用，例如与大数据技术组合使用、对被审计大数据中的部分数据进行分析等。随着人工智能技术的发展，目前大模型技术也可以应用于审计大数据分析
数据存储方法	大多采用一般服务器来存储数据；联网审计环境下，可以在审计单位构建联网审计的海量数据存储系统，或建立审计数据中心系统	目前的数据存储技术不能满足审计大数据环境的需要，审计大数据的存储方法发生改变，包括存储设施、存储架构、数据访问机制等。可借助云计算平台进行审计数据存储，但这同时带来了审计大数据的存储安全问题

2.5　大数据审计数据采集

2.5.1　审计数据采集简介

如何把被审计单位的电子数据采集过来，是开展电子数据审计的关键步骤。2006 年第一次修正后的《中华人民共和国审计法》（简称《审计法》（2006））对审计数据采集做了更具体的规定。《审计法》（2006）第三十一条规定，审计机关有权要求被审计单位按照审计机关的规定提供预算或者财务收支计划、预算执行情况、决算、财务会计报告，运用电子计算机储存、处理的财政收支、财务收支电子数据和必要的电子计算机技术文档，在金融机构开立账户的情况，社会审计机构出具的审计报告，以及其他与财政收支或者财务收支有关的资料，被审计单位不得拒绝、拖延、谎报。被审计单位负责人对本单位提供的财务会计资料的真实性和完整性负责。

2021年第二次修正后的《中华人民共和国审计法》（简称《审计法》（2021））[①]对审计数据采集做了进一步的规定。《审计法》（2021）第三十四条规定，审计机关有权要求被审计单位按照审计机关的规定提供财务、会计资料以及与财政收支、财务收支有关的业务、管理等资料，包括电子数据和有关文档。被审计单位不得拒绝、拖延、谎报。被审计单位负责人应当对本单位提供资料的及时性、真实性和完整性负责。

本节介绍审计数据采集的原理、特点及主要步骤。

1. 审计数据采集的原理

简单地讲，审计数据采集就是审计人员为了完成审计任务，在进行电子数据审计时，按照审计需求从被审计单位的信息系统或其他来源获得相关电子数据的过程。其原理如图2-3所示。

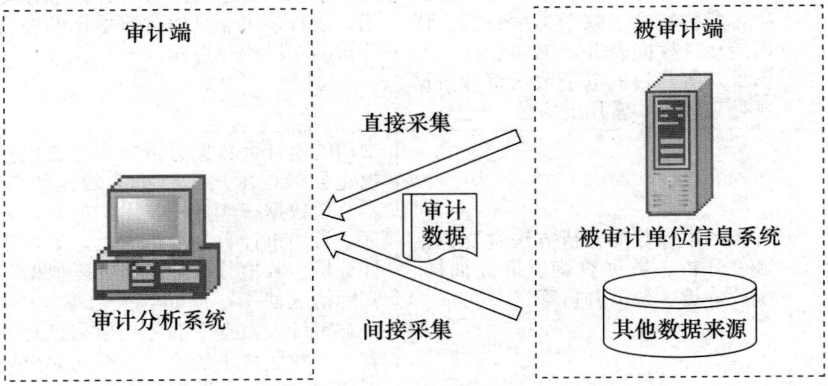

图2-3 审计数据采集的原理

审计数据采集的对象一般是被审计单位信息系统中的电子数据，或数据库中的备份数据。大数据环境下，审计人员也可以从其他来源获得与被审计单位相关的审计数据，例如从工商、税务等部门获得相关审计数据。

2. 审计数据采集的特点

一般来说，审计数据采集具有以下特点：

（1）选择性。选择性是指审计人员在进行审计数据采集时只采集与审计需求相关的数据。审计人员在进行审计数据采集工作之前，必须认真分析和研究本次审计工作方案中明确的审计范围、审计内容以及审计重点，结合审前调查所提出的数据需求，确认本次审计数据采集的范围、内容以及重点，特别是在不能完全采集电子数据的情况下。例如，当审计人员面对海关、银行、税务等被审计单位海量的电子数据时，审计数据采集必须做到有的放矢，减少盲目性，提高审计效率，降低审计风险。

（2）目的性。目的性是指审计数据采集是为进行审计数据分析，发现审计线索，获取审计证据做基础数据准备的。如前所述，为了完成电子数据审计，首先需要采集

① https://www.audit.gov.cn/n6/n36/n10083637/c10191187/content.html.

审计对象信息系统中的数据，即审计数据采集；然后，根据对这些数据的分析和理解，将其转换为满足审计数据分析需要的数据形式，即审计数据预处理；最后，采用通用软件或专门的审计软件对采集到的电子数据进行分析，从而发现并获得审计线索，即审计数据分析。由此可见，审计数据采集是开展电子数据审计的首要步骤，具有一定的目的性。

（3）可操作性。可操作性是指审计人员在进行审计数据采集时，需要根据被审计单位的实际情况选择最合适的审计数据采集方案。后面将会介绍到，实现审计数据采集的技术和方法多种多样，因此，在完成审计数据采集任务时，需要根据被审计单位的具体情况，采取最佳的审计数据采集方案，以降低审计成本和审计风险。

（4）复杂性。信息化环境下，被审计单位的信息化程度差异较大，规模小的单位多采用自己开发的应用软件，数据库系统也一般采用单机的，如 Microsoft Access，Foxpro 等。而一些重要的单位，如银行等，信息化程度高，采用的应用软件和数据库系统层次也较高，多数采用 Oracle 数据库。被审计单位信息化程度的差异性使审计人员在审计数据采集过程中不能采用同一种审计数据采集方法，必须根据被审计单位的实际情况，选择合适的审计数据采集方法，从而造成审计数据采集的复杂性。

3. 审计数据采集的主要步骤

在实际的电子数据审计过程中，审计数据采集一般可以归纳为以下几个主要步骤，如图 2－4 所示。

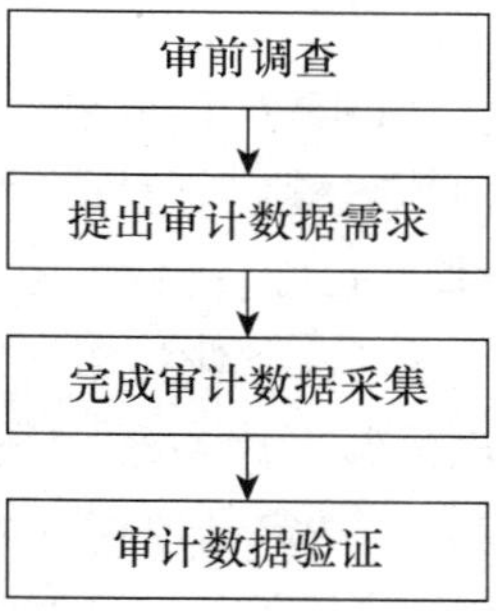

图 2－4 审计数据采集的主要步骤

（1）审前调查。如前所述，开展电子数据审计之前，应在对被审计单位的组织结构进行调查的基础上，掌握被审计单位计算机信息系统在组织内的分布和应用的总体情况。然后，根据审计目的和被审计单位计算机信息系统的重要性确定需要深入调查的子系统，进行全面详细的了解。通过审前调查，对被审计单位信息系统的相关情况进行了解。

（2）提出审计数据需求。在审前调查的基础上，应该能顺利提出书面的数据需求，指定采集的系统名称（必要时还应指定数据库中具体的表名称）、采集的具体方式、数据传递格式、所需数据的时间段、交接方式、数据上报期限和注意事项等内容。

（3）完成审计数据采集。根据审计数据需求，从被审计单位获得所需要的审计数据。

（4）审计数据验证。对获得的审计数据进行检查，以保证审计数据采集的真实性和完整性，从而降低审计风险。

需要指出的是，在审计数据采集过程中，由于电子资料比纸质资料更容易被篡改，并且篡改的痕迹难以发现，为了降低开展电子数据审计的风险，必须建立电子数据承诺制，即被审计单位必须保证所提供电子数据的真实性和完整性。

2.5.2 常用审计数据采集方法

在审计数据采集过程中，审计人员常用的审计数据采集方法主要有以下五种：

(1) 直接复制。当被审计单位的数据库系统与审计人员使用的数据库系统相同时，只需直接将审计对象的数据复制到审计人员的计算机中即可。

(2) 通过中间文件采集。通过中间文件采集是指被审计单位按照审计要求，将原本不符合审计软件要求的数据转换成审计软件能读取的格式（如 TXT 格式、XML① 格式等）提供给审计人员。

对于一些比较敏感的系统，审计人员可能不便于直接接触其系统和相关资料，可以在审计人员的监督下，由被审计单位技术人员将其数据转换为标准格式或审计人员指定格式，交给审计人员。

在数据采集的实际应用中，很多情况下采用文本文件作为约定的格式。这主要是因为大多数据库管理系统都能导出、导入文本文件，应用范围广泛。审计人员在电子数据审计的实践中，经常会通过文本文件导入数据，所以掌握文本文件的导入是十分必要的。

(3) 通过 ODBC 接口采集。通过 ODBC 接口采集数据是指审计人员通过 ODBC 数据访问接口直接访问被审计单位信息系统中的数据，并把数据转换成审计所需的格式。

(4) 通过备份/恢复的方式采集。通过备份/恢复的方式采集是指审计人员首先将被审计单位数据库系统中的数据备份（或者让被审计单位将本单位数据库系统中的数据备份），然后把该备份数据在自己的数据库系统中恢复成数据库格式的数据，最后就可以在自己的数据库系统中对采集来的被审计单位的数据进行审计数据分析。

(5) 通过专用模板采集。一些审计软件针对不同的被审计信息系统设计了相应的专用采集模板，审计人员在进行审计数据采集时，通过选择相应的模板，可以自动实现数据的采集，这种方法称为通过专用模板采集。这种方法的优点是使用简单，自动化程度高，对审计人员的技术水平要求不高；缺点是审计软件必须为每一类审计对象的应用软件（包括该软件的不同版本）设计一个专用采集模板。由于目前被审计单位所使用的应用软件各种各样，很难为每一类应用软件以及相应的各种版本设计专用模板，因此专用模板采集法的成本相对较高。审计人员在实际工作中，应根据被审计单位的实际情况，在有采集模板时选择专用模板采集法，在没有采集模板时选择其他数据采集方法。

国内的审计软件 AO 就采用了这种专用模板采集法，以 AO2011 为例，其专用模板采集法的界面如图 2-5 所示。

---

① 可扩展标记语言（extensible markup language，XML）。

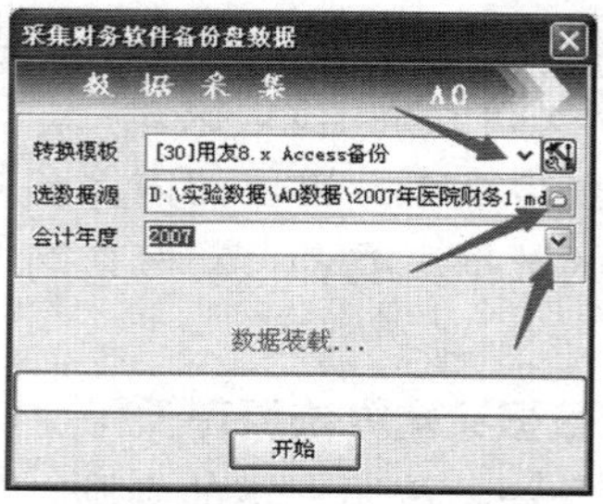

图 2-5　AO的专用模板采集法界面

五种常用数据采集方法的优缺点分析如表 2-2 所示。

表 2-2　五种常用数据采集方法的优缺点分析

数据采集方法	影响使用的因素				
	动态还是静态	对被审计信息系统的影响	专业知识需求	对被审计单位的依赖性	灵活程度
直接复制	静态	小	不需要	不依赖	一般
通过中间文件采集	静态	小	不需要	依赖	一般
通过 ODBC 接口采集（从被审计单位信息系统中采集）	动态	大	需要	不依赖	高
通过备份/恢复的方式采集	静态	小	需要	如果请被审计单位备份，则依赖	一般
通过专用模板采集（从备份数据中采集）	静态	小	不需要	不依赖	低

2.5.3　大数据审计数据采集方法示例

如前所述，大数据环境下，采集数据的来源主要包括以下四个方面：

（1）上级审计部门数据中心提供的数据。

（2）审计部门定期采集并上传至上级审计部门或本部门数据中心的各类数据。

（3）在审计项目实施过程中根据需要采集的各类数据。

（4）通过大数据工具从互联网上抓取的公开数据。

大数据环境下，数据采集的类型包括结构化数据和非结构化数据。

大数据环境下，为了采用相关大数据分析工具对采集来的相关结构化数据和非结构化数据进行分析，需要把被审计单位的相关数据采集到大数据分析工具中。如何采用大数据分析工具分析相关审计数据，将在后面进行详细介绍。

大数据环境下，为了采集与被审计单位相关的数据，除了采用现有审计数据采集方法之外，还有一些专门针对大数据的采集方法。下面将介绍如何采用网络爬虫技术采集网上公开数据。

1. 目前常用数据采集方法的不足

审计大数据的全面性尚不够。例如，大数据环境下，审计单位需要获得第三方数据来源，并将被审计单位数据与外部其他数据进行集成分析，以充分发挥大数据的潜力。然而，目前尚未建立起数据访问与数据共享机制，这限制了大数据审计的效果，影响了审计取证的查全率，造成了一定的审计风险。另外，对于地方审计机关或内部审计或社会审计来说，目前很难获得所需要的全部财政、税务、工商等数据。

因此，除了通过以上方法获得被审计单位的内部和外部数据之外，审计人员还可以通过一些软件工具抓取网上的数据，或者自动搜索网上关于被审计单位的公开报道的风险信息。

2. 基于网络爬虫技术的大数据采集方法原理

网络爬虫（web crawler）是一种按照一定的规则，自动抓取万维网信息的程序或者脚本。开展大数据审计需要各类相关数据，因此，网络爬虫技术对获得开展大数据审计所需的相关数据非常有帮助。

基于网络爬虫技术的大数据审计方法主要是充分利用被审计单位外部的公共数据，通过对这些数据和从被审计单位以及其他单位获得的相关数据进行对比分析，更充分地发现相关审计线索。相比目前常用的方法，这种方法的优点是能够扩展数据分析范围，更充分地发现相关审计线索。采用网络爬虫技术获取相关数据的过程如下：

（1）确定目的。确定抓取目标网站哪些网页上的哪些数据。

（2）分析页面结构。为了抓取上述数据，需要对相应的网页页面进行分析。

（3）实现爬虫，获得所需数据。根据以上分析，采用相关网络爬虫软件，如R语言、Python等，实现以上数据的抓取功能。

（4）对获得的数据进行分析。采用网络爬虫技术获取相关数据之后，审计人员可以针对获得的数据，在完成审计大数据预处理的基础上，采用大数据审计技术与工具对相关数据进行分析，从而发现异常数据，获得审计线索。在此基础上，通过对这些结果数据做进一步的延伸审计和审计事实确认，最终获得审计证据。

综上分析，基于网络爬虫技术的大数据审计数据采集方法原理如图2-6所示。

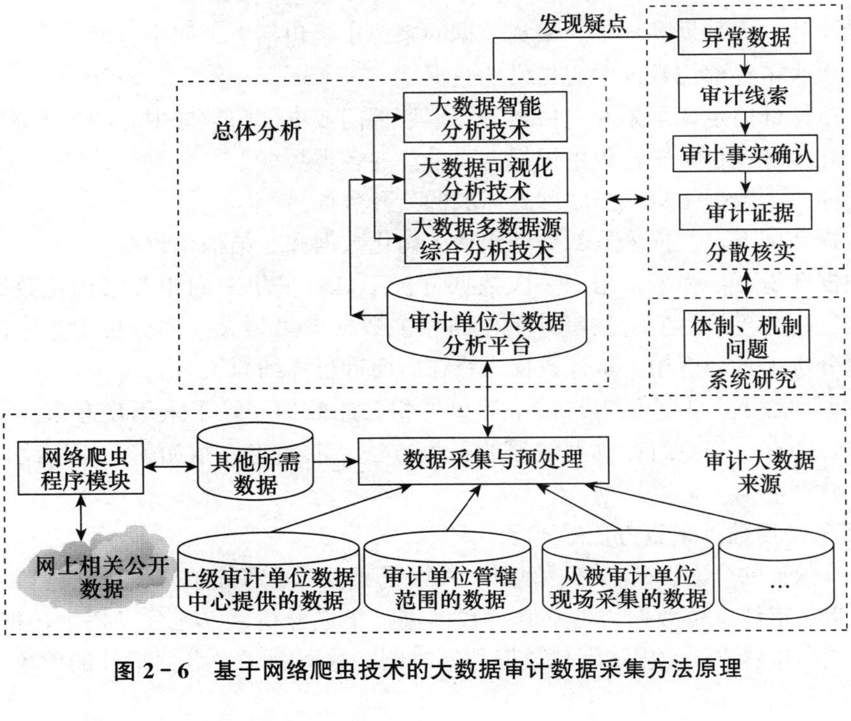

图2-6 基于网络爬虫技术的大数据审计数据采集方法原理

3. 基于网络爬虫技术的外部数据采集示例

本节以 R 语言为例，介绍网络爬虫技术在外部数据采集中的基本应用。

【例 2-1】 现有某扶贫审计公告数据，其中某一数据如图 2-7 所示。

www.audit.gov.cn/n5/n25/c123562/content.html

145个贫困县扶贫审计结果

（2018年6月20日公告）

审计署以习近平新时代中国特色社会主义思想为指导，全面贯彻党的十九大和十九届二中、三中全会精神，认真落实习近平总书记对脱贫攻坚工作的重要指示和“十三五”脱贫攻坚规划要求，把扶贫审计作为重中之重持续推进。2018年1月至3月，审计署组织各级审计机关重点对20个省（自治区、直辖市）的145个国家扶贫开发工作重点县（含集中连片特殊困难地区县，以下简称贫困县）2017年扶贫政策措施落实和扶贫资金管理使用情况，以及部分东部省份落实东西部扶贫协作相关政策情况进行了审计。审计中抽查扶贫资金625.85亿元，涉及1159个乡镇、4013个行政村和2603个单位，并入户走访了1.52万个贫困家庭。现将审计情况公告如下：

总体上看，地方各级党委和政府认真贯彻落实党中央、国务院精准扶贫精准脱贫决策部署，脱贫攻坚责任层层压实，政策措施进一步落实，深度贫困地区攻坚力度加大，东西部扶贫协作和定点帮扶资金投入分别是2016年的2倍和1.57倍，脱贫攻坚取得明显成效。据国务院扶贫办提供的数据，145个贫困县中已有7个县和2580个村脱贫摘帽，贫困人口减少173.19万人，贫困发生率平均下降3.89个百分点，贫困地区生产生活条件明显改善，贫困群众获得感明显增强。此次审计共查出违纪违法、损失浪费、管理不规范等问题金额39.75亿元，占抽审资金的6.35%，较2016年下降1.6个百分点。

一、部分地方脱贫攻坚规划和计划难落实，涉农资金统筹整合不够到位

一是11个市县未充分考虑当地实际，脱贫攻坚规划或计划投资规模过大、反复调整等，导致有关建设任务难以落实。二是18个县财政涉农资金统筹整合政策落实不到位，涉及资金19.12亿元。其中，12.1亿元实际仍由原主管部门按原途径安排使用，7.02亿元未按规定纳入整合范围。此外，由于项目进展缓慢等原因，39个县的6.7亿元扶贫资金闲置1年以上，其中2.23亿元闲置2年以上。

二、部分地方落实教育、健康、产业、金融等精准扶贫政策措施不够到位

一是43个市县由于教育、卫生、扶贫等部门工作不够衔接、数据共享不充分等原因，导致30.4万贫困人口（户）未享受教育、健康扶贫政策。其中，27个市县的1.66万人（次）贫困家庭学生未能按规定享受国家助学金等补贴1557.38万元；27个县的28.74万贫困人口（户）未能享受新型农村合作医疗个人缴费补贴等健康扶贫政策，涉及资金6916.01万元。此外，由于未开展村医培训、卫生室器械配备不足等原因，6个县312个卫生室建成后未发挥效用。

二是1个省和10个县由于项目配套设施不全、后续扶持及资金未落实等原因，有1.3万多贫困人口（户）存在“搬不出，留不住，难致富”的困难，有605贫困人口（户）未能享受危房改造补贴1386.74万元。

三是36个县在产业扶贫等项目中垒大户、简单发钱发物等，未能有效激发贫困户内生动力，涉及资金12.29亿元。其中，9个县将3.16亿元产业扶贫等“造血”资金直接发放给贫困户；18个县将8.92亿元扶贫资金直接投向企业、合作社或大户，但未

图 2-7　某扶贫审计公告数据示例

该扶贫审计公告数据的网址分别为：

http://www.audit.gov.cn/n5/n25/c123562/content.html；

http://www.audit.gov.cn/n5/n25/c97001/content.html；

http://www.audit.gov.cn/n5/n25/c84959/content.html。

假设审计人员想把查询结果以文本文件格式保存到 C 盘“大数据审计”文件夹中，并把文件命名为“扶贫资金审计结果采集示例”（要求将以上三个扶贫审计公告数据采集到同一个文本文件中）。

现以 R 语言为例，编写网络爬虫代码抓取以上扶贫审计公告数据，其代码如下：

```
install.packages("rvest")   #若已安装 rvest 包,则可以省略该行代码
    library(rvest)
    url1<-'http://www.audit.gov.cn/n5/n25/c123562/content.html'
    url2<-'http://www.audit.gov.cn/n5/n25/c97001/content.html'
```

```
url3<-'http://www.audit.gov.cn/n5/n25/c84959/content.html'
web1<-read_html(url1)
web2<-read_html(url2)
web3<-read_html(url3)
title1<-web1%>%html_nodes('div.con-article-txt-box')%>%html_text()
title2<-web2%>%html_nodes('div.con-article-txt-box')%>%html_text()
title3<-web3%>%html_nodes('div. con-article-txt-box')%>%html_text()
text_data<-data. frame(title1,title2,title3)
write. csv(text_data,file="C:/大数据审计/扶贫资金审计结果采集示例. txt")
```

在 R 中运行以上代码，如图 2-8 所示。

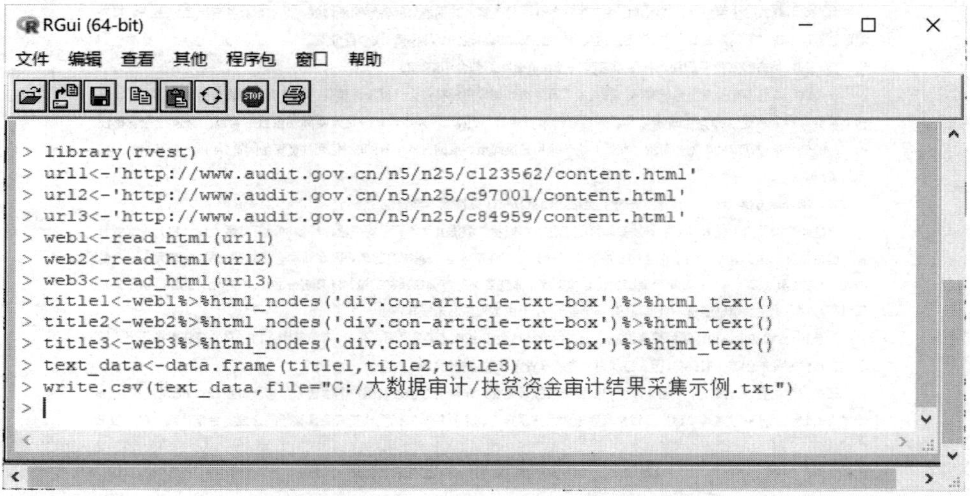

图 2-8　基于 R 的网络爬虫运行情况示例

数据抓取的结果如图 2-9 和图 2-10 所示。

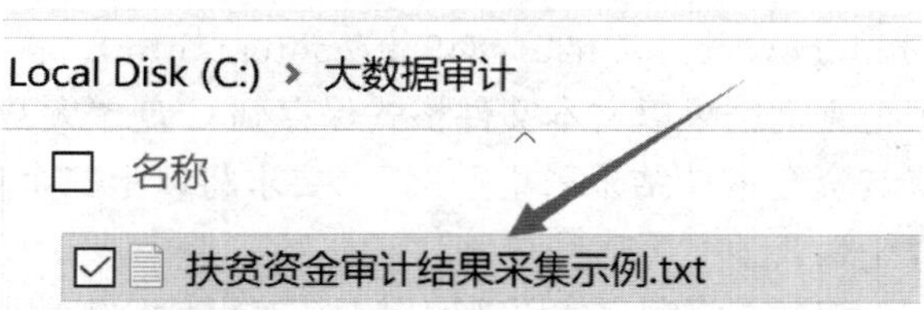

图 2-9　基于网络爬虫的数据抓取结果示例一

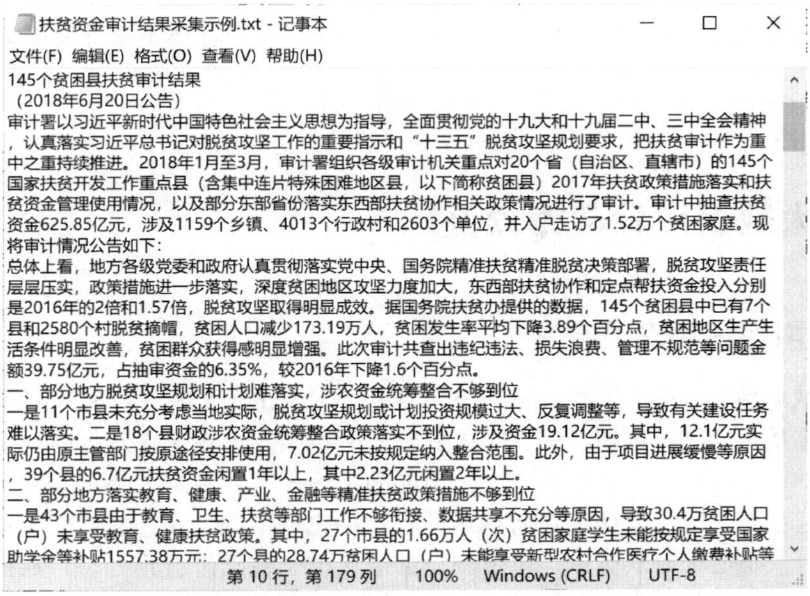
扶贫资金审计结果采集示例.txt - 记事本
文件(F) 编辑(E) 格式(O) 查看(V) 帮助(H)
145个贫困县扶贫审计结果
（2018年6月20日公告）
审计署以习近平新时代中国特色社会主义思想为指导，全面贯彻党的十九大和十九届二中、三中全会精神，认真落实习近平总书记对脱贫攻坚工作的重要指示和“十三五”脱贫攻坚规划要求，把扶贫审计作为重中之重持续推进。2018年1月至3月，审计署组织各级审计机关重点对20个省（自治区、直辖市）的145个国家扶贫开发工作重点县（含集中连片特殊困难地区县，以下简称贫困县）2017年扶贫政策措施落实和扶贫资金管理使用情况，以及部分东部省份落实东西部扶贫协作相关政策情况进行了审计。审计中抽查扶贫资金625.85亿元，涉及1159个乡镇、4013个行政村和2603个单位，并入户走访了1.52万个贫困家庭。现将审计情况公告如下:
总体上看，地方各级党委和政府认真贯彻落实党中央、国务院精准扶贫精准脱贫决策部署，脱贫攻坚责任层层压实，政策措施进一步落实，深度贫困地区攻坚力度加大，东西部扶贫协作和定点帮扶资金投入分别是2016年的2倍和1.57倍，脱贫攻坚取得明显成效。据国务院扶贫办提供的数据，145个贫困县中已有7个县和2580个村脱贫摘帽，贫困人口减少173.19万人，贫困发生率平均下降3.89个百分点，贫困地区生产生活条件明显改善，贫困群众获得感明显增强。此次审计共查出违纪违法、损失浪费、管理不规范等问题金额39.75亿元，占抽审资金的6.35%，较2016年下降1.6个百分点。
一、部分地方脱贫攻坚规划和计划难落实，涉农资金统筹整合不够到位
一是11个市县未充分考虑当地实际，脱贫攻坚规划或计划投资规模过大、反复调整等，导致有关建设任务难以落实。二是18个县财政涉农资金统筹整合政策落实不到位，涉及资金19.12亿元。其中，12.1亿元实际仍由原主管部门按原途径安排使用，7.02亿元未按规定纳入整合范围。此外，由于项目进展缓慢等原因，39个县的6.7亿元扶贫资金闲置1年以上，其中2.23亿元闲置2年以上。
二、部分地方落实教育、健康、产业、金融等精准扶贫政策措施不够到位
一是43个市县由于教育、卫生、扶贫等部门工作不够衔接、数据共享不充分等原因，导致30.4万贫困人口（户）未享受教育、健康扶贫政策。其中，27个市县的1.66万人（次）贫困家庭学生未能按规定享受国家助学金等补贴1557.38万元；27个县的28.74万贫困人口（户）未能享受新型农村合作医疗个人缴费补贴等
第10行，第179列 100% Windows (CRLF) UTF-8

图 2-10 基于网络爬虫的数据抓取结果示例二

阅读材料

其他常见网络爬虫软件简介

目前除了R语言之外，比较成熟的网络爬虫软件还有上百种，其他常见的开源网络爬虫软件主要有：

（1）Python，如 Scrapy，PyRailgun，QuickRecon 等。

（2）Java，如 Ex-Crawler，Arachnid，crawlzilla，Heritrix，ItSucks，heyDr，JSpider，jcrawl，webmagic 等。

（3）C++，如 Methabot，larbin 等。

（4）C#，如 Sinawler，NWebCrawler，WebCrawler 等。

（5）PHP，如 ThinkUp，OpenWebSpider，PhpDig 等。

五种常见网络爬虫软件的主要优缺点分析如表2-3所示。

表 2-3 五种常见网络爬虫软件的主要优缺点

网络爬虫软件	优点	缺点
Python	能实现各种爬虫框架，方便高效地下载网页；多线程、进程模型成熟稳定，能优化程序效率，提升整个系统的下载和分析能力	对于不规范的HTML，适应能力差
Java	对于开发一个复杂的爬虫系统非常好用	重构成本较高，相比脚本语言，开发更有难度
C++	运行效率很高，性能很强	
C#	使用简单	
PHP	PHP语言比较简单；各种功能模块齐全，如网页下载、文档解析等	并发处理能力较弱，对多线程、异步支持不够好

审计人员在应用网络爬虫技术采集外部数据时，可以根据需要选择合适的网络爬虫软件。

2.6 大数据审计数据预处理

2.6.1 审计数据预处理简介

审计数据预处理是电子数据审计中的重要环节，由于采集来的被审计数据往往会有许多数据质量问题，例如，有些数据字段的值不确定，在采集数据时，无法得到该数据字段的值，从而造成数据不完整，不能满足后面审计数据分析的需要。这些问题的存在将直接影响后续审计工作所得出的审计结论的准确性。因此，完成审计数据采集后，审计人员必须对从被审计单位获得的原始电子数据进行预处理，从而使其满足后面审计数据分析的需要。大数据环境下，数据质量问题更为严重。

1. 数据质量

（1）数据质量的概念。为了更好地理解审计数据预处理的必要性，首先介绍数据质量的相关概念。

目前，数据质量问题已引起广泛的关注。什么是数据质量？数据质量问题并不仅仅是指数据错误。根据国家标准《信息技术 数据质量评价指标》（GB/T 36344—2018），数据质量是指，在指定条件下使用时，数据的特性满足明确的和隐含的要求的程度。

（2）可能存在的数据质量问题。当建立一个信息系统的时候，即使进行了良好的设计和规划，也不能保证在所有情况下，信息系统中数据的质量都能满足用户的要求。用户录入错误、单位合并以及单位环境随着时间的推移而改变，都会影响所存放数据的质量。信息系统中可能存在的数据质量问题有很多种，总结起来主要包括：

1）重复的数据。重复的数据是指在一个数据源中存在表示现实世界同一个实体的重复信息，或在多个数据源中存在表示现实世界同一个实体的重复信息。

2）不完整的数据。由于录入错误等原因，字段值或记录未记入数据库，造成信息系统数据源中应该有的字段或记录缺失。

3）不正确的数据。录入错误，数据源中的数据未及时更新，或计算不正确等，会导致数据源中的数据过时，或者一些数据与现实实体中字段的值不相符。

4）无法理解的数据值。无法理解的数据值是指由于某些原因，数据源中的一些数据难以解释或无法解释，如伪值、古怪的格式、密码数据等。

5）不一致的数据。数据不一致包括多种问题，例如，从不同数据源获得的数据很容易发生不一致；同一数据源的数据也会因位置、单位以及时间不同产生不一致。

在以上这些问题中，前三种问题在数据源中出现得最多。

2. 审计数据质量问题实例

为了便于理解审计数据的数据质量问题，以采集来的某税收征收电子数据（数据表名为“征收表”）为例，其可能存在的部分数据质量问题分析如下：

（1）不完整的数据。如图 2 - 11 所示，“实纳税额”字段中存在部分空值；如图 2 - 12所示，最后几条记录为空记录。空值并不等同于“0”，因而在进行数据分析时，不能参加诸如查询、筛选、汇总等数据分析，在审计数据分析过程中会被遗漏，所以必须对“征收表”中的空值进行处理。

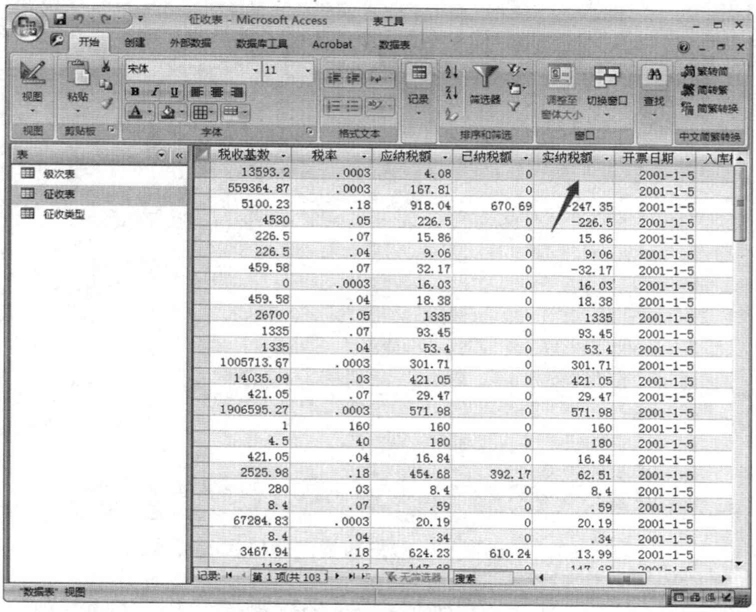

图 2 - 11　字段中存在空值数据质量问题的税收征收数据

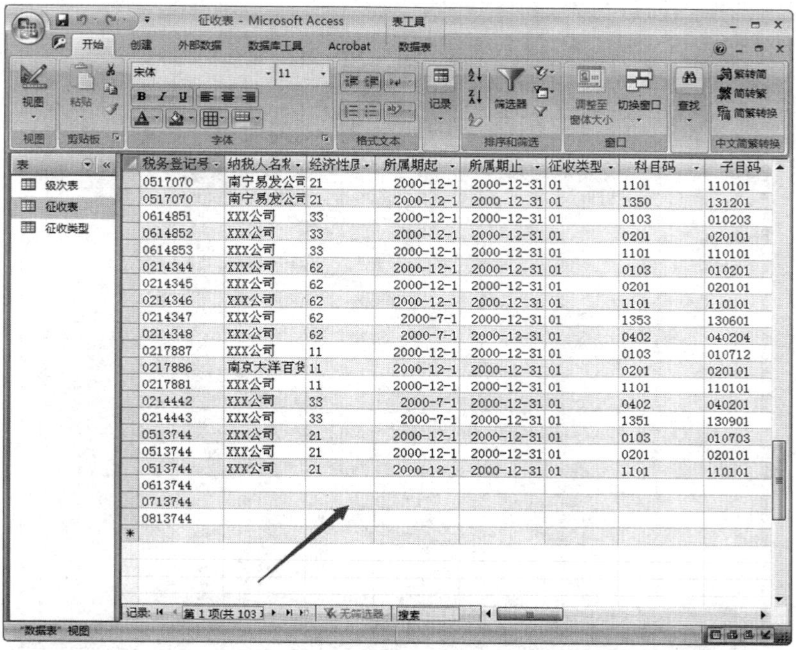

图 2 - 12　记录中存在空值数据质量问题的税收征收数据

（2）不一致的数据。如图 2－13 所示，“级次”字段中存在不一致的数据，即该字段中有的数据值为代码，有的数据值为实际的值，为方便进行后面的审计数据分析，需要转化成统一的格式来表示。

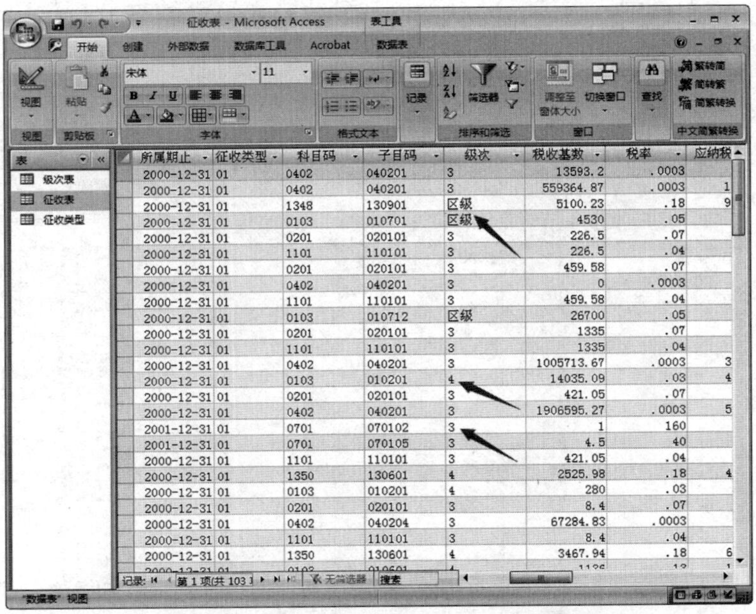

所属期止	征收类型	科目码	子目码	级次	税收基数	税率
2000-12-31	01	0402	040201	3	13593.2	.0003
2000-12-31	01	0402	040201	3	559364.87	.0003
2000-12-31	01	1348	130901	区级	5100.23	.18
2000-12-31	01	0103	010701	区级	4530	.05
2000-12-31	01	0201	020101	3	226.5	.07
2000-12-31	01	1101	110101	3	226.5	.04
2000-12-31	01	0201	020101	3	459.58	.07
2000-12-31	01	0402	040201	3	0	.0003
2000-12-31	01	1101	110101	3	459.58	.04
2000-12-31	01	0103	010712	区级	26700	.05
2000-12-31	01	0201	020101	3	1335	.07
2000-12-31	01	1101	110101	3	1335	.04
2000-12-31	01	0402	040201	3	1005713.67	.0003
2000-12-31	01	0103	010201	4	14035.09	.03
2000-12-31	01	0201	020101	3	421.05	.07
2000-12-31	01	0402	040201	3	1906595.27	.0003
2001-12-31	01	0701	070102	3	1	160
2001-12-31	01	0701	070105	3	4.5	40
2000-12-31	01	1101	110101	3	421.05	.04
2000-12-31	01	1350	130601	4	2525.98	.18
2000-12-31	01	0103	010201	4	280	.03
2000-12-31	01	0201	020101	3	8.4	.07
2000-12-31	01	0402	040204	3	67284.83	.0003
2000-12-31	01	1101	110101	3	8.4	.04
2000-12-31	01	1350	130601	4	3467.94	.18

图 2－13 存在不一致数据质量问题的税收征收数据

（3）不正确的数据。如图 2－14 所示，“实纳税额”字段中有的数据值为负值，这些数据可能是错误的，为方便进行后面的审计数据分析，需要审计人员对该值进行确认，并对错误的数据值进行处理。

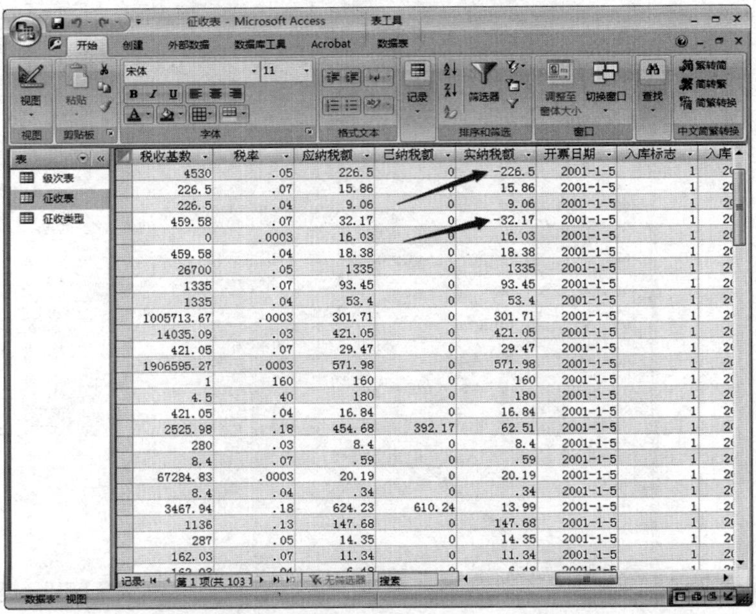

税收基数	税率	应纳税额	已纳税额	实纳税额	开票日期	入库标志
4530	.05	226.5	0	-226.5	2001-1-5	1
226.5	.07	15.86	0	15.86	2001-1-5	1
226.5	.04	9.06	0	9.06	2001-1-5	1
459.58	.07	32.17	0	-32.17	2001-1-5	1
0	.0003	16.03	0	16.03	2001-1-5	1
459.58	.04	18.38	0	18.38	2001-1-5	1
26700	.05	1335	0	1335	2001-1-5	1
1335	.07	93.45	0	93.45	2001-1-5	1
1335	.04	53.4	0	53.4	2001-1-5	1
1005713.67	.0003	301.71	0	301.71	2001-1-5	1
14035.09	.03	421.05	0	421.05	2001-1-5	1
421.05	.07	29.47	0	29.47	2001-1-5	1
1906595.27	.0003	571.98	0	571.98	2001-1-5	1
1	160	160	0	160	2001-1-5	1
4.5	40	180	0	180	2001-1-5	1
421.05	.04	16.84	0	16.84	2001-1-5	1
2525.98	.18	454.68	392.17	62.51	2001-1-5	1
280	.03	8.4	0	8.4	2001-1-5	1
8.4	.07	.59	0	.59	2001-1-5	1
67284.83	.0003	20.19	0	20.19	2001-1-5	1
8.4	.04	.34	0	.34	2001-1-5	1
3467.94	.18	624.23	610.24	13.99	2001-1-5	1
1136	.13	147.68	0	147.68	2001-1-5	1
287	.05	14.35	0	14.35	2001-1-5	1
162.03	.07	11.34	0	11.34	2001-1-5	1

图 2－14 存在不正确数据质量问题的税收征收数据

（4）重复的数据。如图 2－15 所示，“税务登记号”为“0517070”的数据存在多条，这些数据可能是重复的，为了保证审计数据分析结果的准确性，需要审计人员对这些重复的数据进行确认，找出重复的原因，并对重复的数据进行处理。

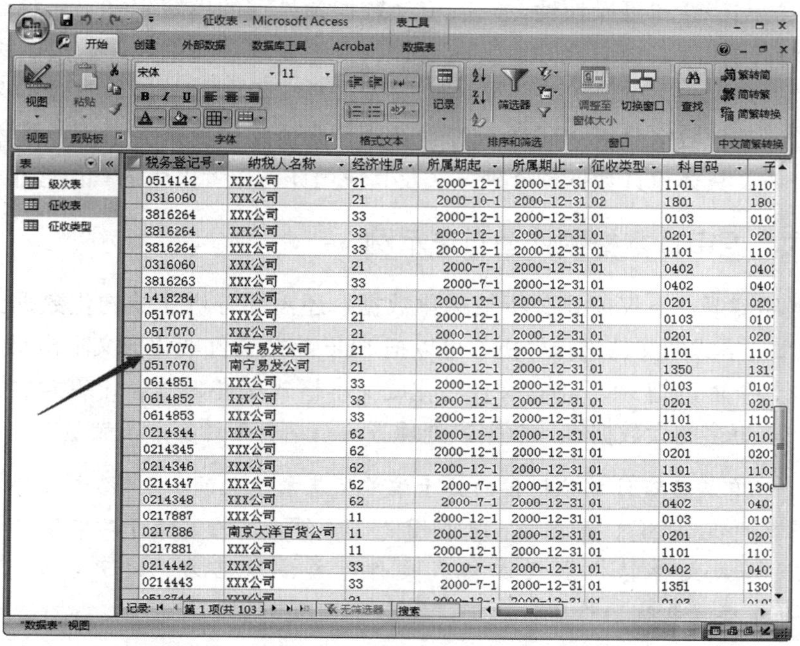

图 2－15　存在重复数据质量问题的税收征收数据

3. 审计数据预处理的意义

由以上分析可知，正是由于采集来的被审计数据存在上述数据质量问题，因此需要对采集来的电子数据进行预处理。处理有数据质量问题的数据，可以为后续的审计数据分析打下基础。概括起来，进行审计数据预处理的意义如下：

（1）为下一步的审计数据分析做准备。采集来的被审计数据不一定能完全满足审计数据分析的需要，因此，对有质量问题的被审计数据进行预处理，能够为后续的审计数据分析做好准备。

（2）帮助发现隐含的审计线索。对被审计数据进行预处理，可以有效地发现被审计中不符合质量要求的数据。但是，审计人员不能简单地把有质量问题的数据删除，因为这些数据中可能隐藏着审计线索。需要做的是：对发现的审计数据质量问题进行分析，找出质量问题的原因，发现隐藏的审计线索。

（3）降低审计风险。有质量问题的被审计数据会影响审计数据分析结果的正确性，造成一定的审计风险。因此，对有质量问题的审计数据进行审计数据预处理，能够降低审计风险。

（4）更改命名方式便于数据分析。通过名称转换这一审计数据预处理操作，可以把采集来的数据表以及字段名称转换成直观的名称，便于审计人员进行审计数据分析。

2.6.2 常用的审计数据预处理方法

目前，根据一般审计人员的技术能力和审计工作中的具体要求，考虑到审计数据预处理方法的经济性和可操作性，一般审计数据预处理的内容包括：名称转换、数据类型转换、代码转换、横向合并、纵向合并、空值处理等。例如，通过名称转换这一审计数据预处理操作，可以把采集来的数据表以及字段名称转换成直观的名称，便于审计人员进行审计数据分析；同样，其他审计数据预处理也是为了便于审计人员进行审计数据分析。具体审计数据预处理方法及其应用详见作者出版的其他著作。

2.6.3 大数据审计数据预处理方法示例

大数据环境下，不仅需要分析结构化数据，还需要分析非结构化数据。例如，为了便于对PDF格式的文件进行分析，可以把PDF格式文件转化成文本格式文件。根据审计的需要，下面以把PDF格式文件转化成文本格式文件为例，介绍大数据审计数据预处理方法，更多的大数据审计数据预处理方法请结合审计实际需要选择。

【例2-2】 现有某被审计单位提供的关于该单位基本情况的PDF格式文件数据“江开县扶贫办基本情况.pdf”，如图2-16和图2-17所示。为了便于后续审计使用，现需要将该PDF格式文件转化成文本格式文件，文件命名为“江开县扶贫办基本情况.txt”，并保存到电脑D盘中。

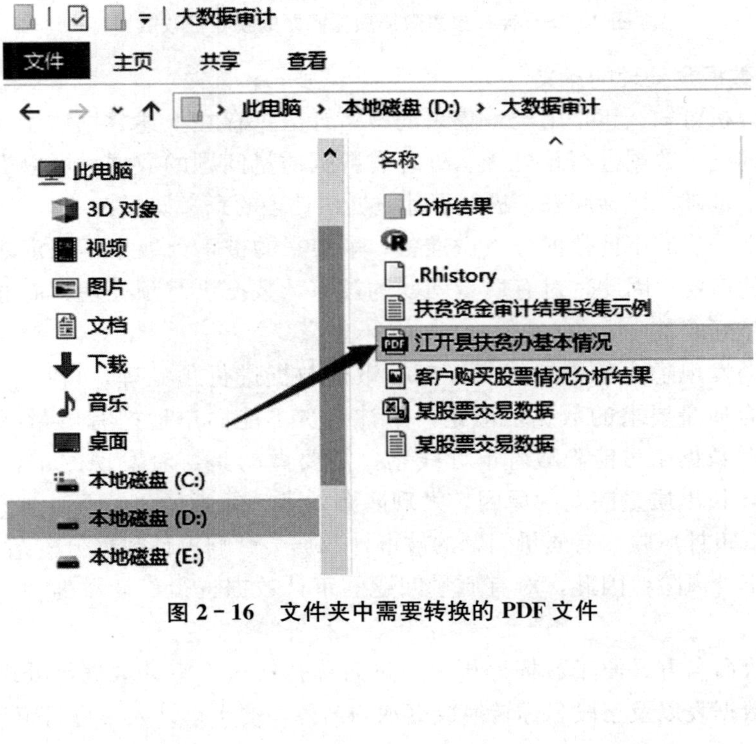

图2-16 文件夹中需要转换的PDF文件

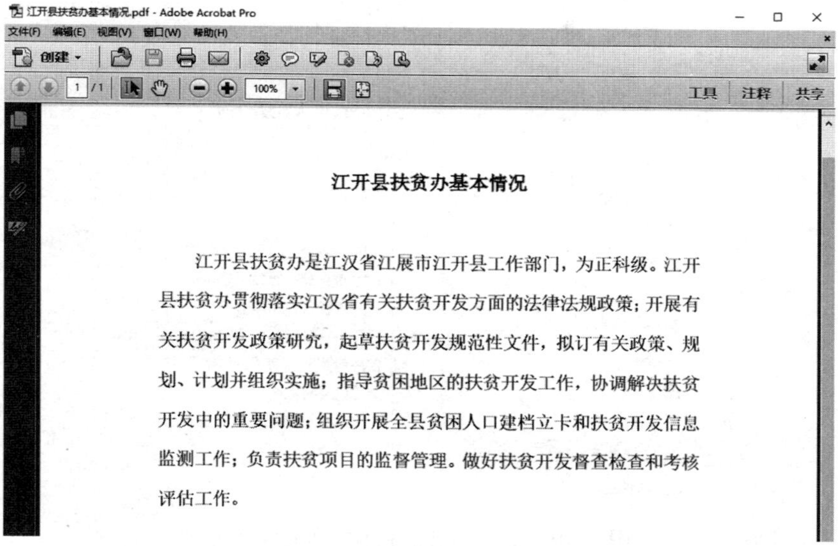

图 2-17 需要转换的PDF文件示例

以R语言为例，其代码示例如下：

```
install.packages("pdftools")#若已安装 pdftools 包,则可以省略该行代码
    library(pdftools)
    txt<-pdf_text("江开县扶贫办基本情况.pdf")
    write.csv(txt,file = "江开县扶贫办基本情况.txt")
```

在R中运行以上代码，如图2-18所示。

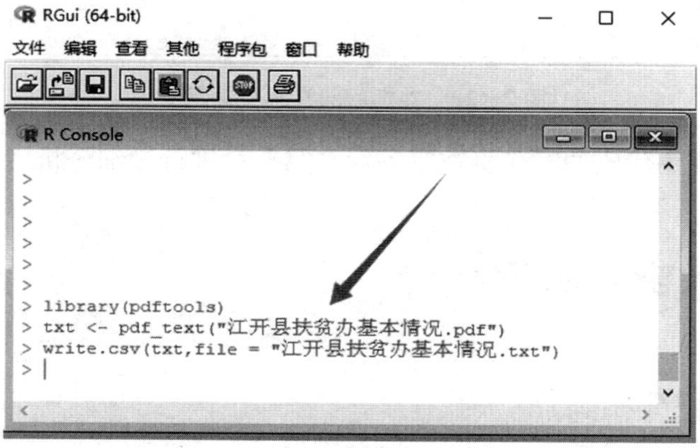

图 2-18 基于R的转换操作示例

运行结果如图2-19和图2-20所示。

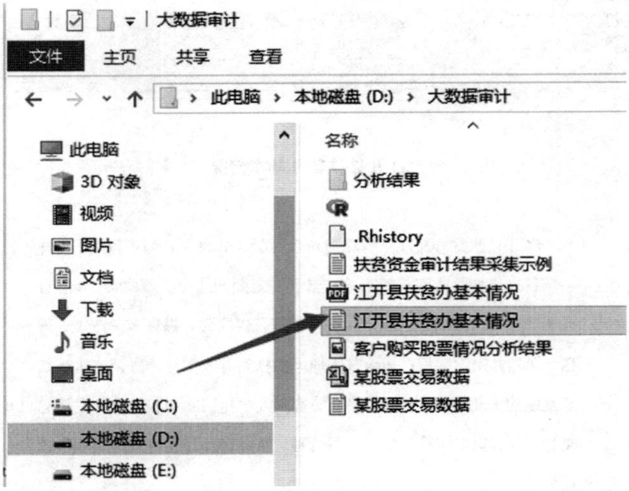

图 2-19　D 盘中转换后的文本文件示例

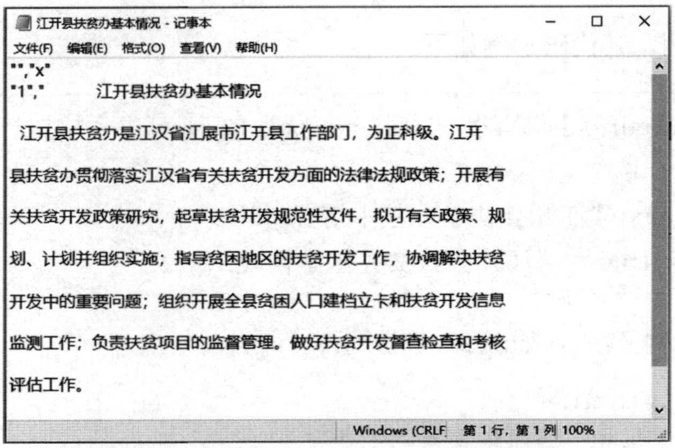

图 2-20　转换后的文本文件示例

以上 R 语言程序代码的意义将在第 4 章和第 5 章进行详细分析。

2.7　大数据审计数据分析

2.7.1　审计数据分析简介

审计数据采集和审计数据预处理的目的是为审计数据分析做准备。通过审计数据分析，发现审计线索，获得审计证据，形成审计结论是审计的最终目的。因此，审计的过程实质上就是不断收集、鉴定和综合运用审计证据的过程。要实现审计目标，必须收集和评价审计证据。

审计数据分析的目的是对采集来的电子数据进行分析，获取审计证据。因此，如何对采集来的数据进行分析是审计人员面临的重要问题，本节介绍常用的审计数据分析方法以及大数据审计数据分析技术。

2.7.2　常用的审计数据分析方法

在信息化环境下，审计的对象是电子数据，因此，审计证据的获取大多是通过采用信息技术分析被审计数据来完成的。一般来说，常用的审计数据分析方法主要包括：数据查询、审计抽样、统计分析、数值分析等。其中，数据查询的应用最为普遍。通过采用这些方法对被审计数据进行分析，可以发现审计线索，获得审计证据。信息化环境下常用的审计数据分析方法介绍如下。

1. 数据查询

数据查询是目前电子数据审计中最常用的审计数据分析方法。数据查询是指审计人员针对实际的审计对象，根据自己的经验，按照一定的审计分析模型，在通用软件（如 Microsoft Access，SQL Server 等）或审计软件中采用 SQL 语句分析采集来的电子数据，或采用一些审计软件，通过运行各种各样的查询命令，以某些预定义的格式来检测被审计单位的电子数据。这种方法既提高了审计的全面性与准确性，也使审计人员从冗长乏味的计算工作中解放出来，告别以前手工翻账的作业模式。另外，运用 SQL 语句的强大查询功能，构建一些复杂的 SQL 语句，可以实现模糊查询以及多表之间的交叉查询等功能，从而完成复杂的审计数据分析。

目前，除了借助通用软件应用数据查询之外，多数审计软件都提供这种审计数据分析方法。国内的审计软件有现场审计实施系统和电子数据审计模拟实验室软件等；国外的审计软件有 IDEA，ACL 等。

2. 审计抽样

审计抽样是指审计人员在实施审计程序时，从审计对象总体中选取一定数量的样本进行测试，并根据样本测试结果，推断总体特征的一种方法。它是随着经济的发展、被审计单位规模的扩大以及内部控制的不断健全与完善，逐渐被广泛应用的审计方法。

根据决策所依据方法的不同，审计抽样可以分为两大类：统计抽样和非统计抽样。统计抽样是在审计抽样过程中，应用概率论和数据统计的模型和方法来确定样本量、选择抽样方法、对样本结果进行评估并推断总体特征的一种审计抽样方法。非统计抽样也称判断抽样，由审计人员根据专业判断来确定样本量、选取样本和对样本结果进行评估。一方面，审计人员可能不知不觉地将个人的“偏见”体现在样本的选取中，使样本不能客观地反映总体的真实情况。另一方面，可以有效地利用审计人员的经验和直觉，更有效地发现和揭露问题或异常。因此，非统计抽样只要设计得当，也可以达到与统计抽样相同的效果。

在审计中应用统计抽样和非统计抽样方法一般包括如下四个步骤：

（1）根据具体审计目标确定审计对象的总体。

（2）确定样本量。

（3）选取样本并审查。

（4）评价抽样结果。

目前，很多审计软件都开发了审计抽样模块，如现场审计实施系统（auditor office，AO）、电子数据审计模拟实验室软件、IDEA等，这使得以前烦琐的数学计算、随机数生成等工作可以轻松完成，且可以保证抽样工作的准确性和合法性。审计人员只要按照抽样向导的提示，输入相应的参数即可。这对审计人员规避审计风险、提高审计工作质量起到了很大的作用。

3. 统计分析

在电子数据审计中，统计分析的目的是探索被审计数据内在的数量规律性，以发现异常现象，快速寻找审计突破口。一般来说，常用的统计分析方法包括一般统计、分层分析和分类分析等，在不同的审计软件中，统计分析方法的叫法略有不同。常用的统计分析方法介绍如下：

（1）一般统计常用于具体分析之前，旨在对数据有一个大致的了解，它能够快速地发现异常现象，为后续的分析工作确定目标。一般统计对数值字段提供下列统计信息：全部字段以及正值字段、负值字段和零值字段的个数，某类数据的平均值、绝对值以及最大或最小的若干个值等。

（2）分层分析是通过数据分布来发现异常的一种常用方法。其原理一般为：首先选取一个数值类型的字段作为分层字段，然后根据其值域将这一字段划分为若干个相等或不等的区间，通过观察对应的其他字段在分层字段的各个区间的分布情况来确定需要重点考察的范围。

（3）分类分析是通过数据分布来发现异常的另一种常用方法。其原理一般为：首先选择某一字段作为分类字段，然后通过观察其他对应字段在分类字段各个取值点上的分布情况来确定需要重点考察的对象。分类分析的思路类似于"分类汇总"，它是一种简单而常用的数据分析手段。与分层分析不同的是，分类分析中用作分类的某一字段不一定是数值型，可以是其他类型的数据，而分层分析中用作分层的某一字段一定是数值型数据。

对于统计分析，很多审计软件都具有这一功能，如现场审计实施系统、电子数据审计模拟实验室软件、IDEA等审计软件。统计分析一般和其他审计数据分析方法配合使用。

4. 数值分析

数值分析是根据被审计数据记录中某一字段具体数据值的分布情况、出现频率等指标，对该字段进行分析，从而发现审计线索的一种审计数据分析方法。这种方法是从微观的角度对电子数据进行分析的，审计人员在使用时无须考虑具体的审计对象和具体的业务。在完成数值分析之后，针对分析出的可疑数据，再结合具体的业务进行审计判断，从而发现审计线索，获得审计证据。相比其他方法，这种审计数据分析方法易于发现被审计数据中的隐藏信息。常用的数值分析方法主要有重号分析、断号分析和Benford定律，一些方法目前已应用于IDEA、电子数据审计模拟实验室软件等审计软件。

（1）重号分析。重号分析用来查找被审计数据某个字段（或某些字段）中重复的数据。例如，检查一个数据表中是否存在相同的发票被重复多次记账的情况。

(2) 断号分析。断号分析主要是分析被审计数据中的某字段在数据记录中是否连续。

(3) 基于 Benford 定律的数值分析方法。

1) Benford 定律原理。1881 年，美国天文学家西蒙·纽康伯（Simon Newcomb）在所发表的一篇论文中描述了一种奇异的数字分布规律：在图书馆的对数表手册中，包含较小数字的页码比那些包含较大数字的页码明显磨损严重，而且磨损的程度和数字大小呈递减关系。透过这个现象，他推断研究人员在查阅对数表时，查阅以“1”开头的数字的机会比以“2”开头的多，以“2”开头的比以“3”开头的多，以此类推。在这个推断的基础上，他得出以下结论：以“1”开头的数字比以其他数字开头的多。1938 年，通用电气公司的科学家弗兰克·本福德（Frank Benford）同样注意到其对数表手册的特殊磨损现象，通过进一步研究，他得出了与纽康伯同样的结论：人们处理较小数字开头的数值的频率较高。为了证明他的假设，本福德收集了 20 229 类不同的数据集合，这些数据来源千差万别，例如河流的面积、不同元素的原子质量、杂志和报纸中出现的数字。通过分析，这些数字呈现同样的特点：首位数字出现较小数字的可能性比出现较大数字的可能性大。后来，人们以他的名字命名了这条定律，这就是 Benford 定律（Benford's Law）。概括来说，Benford 定律是指数字及数字序列在一个数据集中遵循一种可预测的规律。

美国国家标准与技术研究院（National Institute of Standards and Technology，NIST）给出了 Benford 定律的定义：在不同种类的统计数据中，首位数字是数字 d 的概率为 $\log_{10}(1+1/d)$。其中，数据的首位数字是指左边的第一位非零数字。例如数据 5 678，5.678，0.567 8 的首位数字均为 5。

根据 Benford 定律，可以计算出数据各位数字出现的概率。

根据以上分析可以得出：如果被分析的审计数据不符合 Benford 定律的标准概率分布曲线，则表明被分析的审计数据中可能含有异常的数据。

2) Benford 定律适用条件。由以上分析可以看出：Benford 定律提供了一种审计数据分析方法，通过采用 Benford 定律对被审计数据进行分析，可以识别出其中可能的错误、潜在的欺诈或其他不规则事物，从而发现审计线索。然而，Benford 定律并不适用于所有被审计数据，尼格里尼（Nigrini）对 Benford 定律的适用条件进行了研究，他认为 Benford 定律适用的三个经验条件如下：

第一，被审计数据量具备一定规模，能够代表所有样本。一般而言，应用 Benford 定律进行分析的数据集规模越大，分析结果越精确。这特别适用于我国大数据环境下的电子数据审计。

第二，被审计数据没有人工设定的最大值和最小值范围。例如，一般单位的固定资产台账数据就可能不适合 Benford 分布规律，因为按照财务制度，只有在一定金额之上的固定资产才被登入台账。

第三，要求目标数据受人为因素的影响较小。例如，用 Benford 定律对会计数据中的价格数据进行分析就可能不符合分布规律，因为价格受人为因素的影响较大。

2.7.3 大数据审计数据分析技术

大数据环境下，常用的审计数据分析方法，如数据查询、统计分析、数值分析等，仍可以根据审计工作的实际情况使用，例如，与大数据技术组合使用、对被审计大数据中的部分数据进行分析等。随着对大数据审计的需要日益增长，目前，大数据审计数据分析技术一般可以归纳为以下三类。

1. 大数据可视化分析技术

人类非常擅长通过视觉获取有用信息，现代数据分析也日益依赖通过呈现图形来揭示含义和表达结果。通过可视化分析技术与工具将大数据转换成易于理解、易于呈现的图形和图表，对于用户理解大数据以及大数据分析结果非常重要。

通俗地讲，大数据可视化分析技术就是采用可视化分析技术与工具对被审计大数据进行分析，并将分析结果形成易于理解、易于呈现的图形和图表，从而使审计人员能更好地从被审计大数据中获得审计线索。大数据可视化分析技术是目前大数据审计应用比较成熟和主流的方法之一。

2. 大数据多数据源综合分析技术

大数据多数据源综合分析技术是通过对采集来的各行各业的各类大数据，采用数据查询等常用方法或其他大数据技术方法进行相关数据的综合比对和关联分析，发现更多隐藏的审计线索。大数据多数据源综合分析技术也是目前审计领域应用大数据比较成熟和主流的方法之一。

由于大数据环境下数据量较大，审计人员一般采用 Oracle 数据库系统开展相关大数据的综合比对和关联分析。

3. 大数据智能分析技术

通俗地讲，大数据智能分析技术就是采用各种高性能数据处理算法、人工智能与挖掘算法等手段对被审计大数据进行分析，从而使审计人员能更好地从被审计大数据中获得审计线索。这是大数据分析领域的研究主流，它从计算机的视角出发，强调计算机的计算能力和人工智能。目前关于大数据智能分析技术的研究在审计领域的应用仍不成熟，大多停留在理论研究层面。

相关大数据审计数据分析技术将在后面进行详细分析。

2.8 本章小结

大数据审计是随着大数据时代的到来以及大数据技术的发展而产生的一种新的计算机审计（审计作业信息化）方式。本章分析了大数据审计的原理。

审计的过程实质上是不断收集、鉴定和综合运用审计证据的过程。

要实现审计目标，必须收集和评价审计证据。各种审计证据可用来实现各种不同的审计目标，审计人员形成任何审计结论和意见，都必须以合理、充分的审计证据为基础。

传统环境下，审计人员可以采用检查法、观察法、询问法、外部调查法、重新计算法、重新操作法、分析法、鉴定法等收集审计证据。信息化环境下，审计证据的获取多是通过采用信息技术对被审计电子数据的分析来完成的，也就是说，通过对被审计数据的分析，发现可疑数据，并通过对可疑数据的审计判断，最终获取审计证据。

信息化环境下的审计与手工审计相比，审计目标是相同的，但审计技术和方法、审计作业方式发生了根本性变化。

大数据主要具有大量、多样性、快速、真实性、可视化等特点。

大数据技术给审计信息化带来了机遇和挑战，大数据审计成为目前审计领域研究与应用的热点。

相比现有的电子数据审计方法，大数据审计的目标不变，但其在审计数据来源、审计数据采集方法、审计数据预处理方法、审计数据分析方法、审计数据存储方法等方面发生了变化。

大数据审计数据分析技术一般可以归纳为三类：大数据可视化分析技术、大数据多数据源综合分析技术、大数据智能分析技术。

通过本章的内容，可以掌握大数据审计的原理，以及开展大数据审计的关键步骤，为后面深入学习大数据审计打下基础。

素养提升

创新审计技术方法，构建大数据审计工作模式

中共中央政治局于 2017 年 12 月 8 日下午就实施国家大数据战略进行第二次集体学习。中共中央总书记习近平在主持学习时强调，大数据发展日新月异，我们应该审时度势、精心谋划、超前布局、力争主动，深入了解大数据发展现状和趋势及其对经济社会发展的影响，分析我国大数据发展取得的成绩和存在的问题，推动实施国家大数据战略，加快完善数字基础设施，推进数据资源整合和开放共享，保障数据安全，加快建设数字中国，更好服务我国经济社会发展和人民生活改善。

资料来源：习近平在中共中央政治局第二次集体学习时强调 审时度势精心谋划超前布局力争主动 实施国家大数据战略加快建设数字中国.（2017－12－09）. https://tv.cctv.com/2017/12/09/VIDEkA16AVXeFxGucgx7bwjw171209.shtml.

构建大数据审计工作模式，提高审计能力、质量和效率，扩大审计监督的广度和深度。有关部门、金融机构和国有企事业单位应根据审计工作需要，依法向审计机关提供与本单位本系统履行职责相关的电子数据信息和必要的技术文档，不得制定限制向审计机关提供资料和开放计算机信息系统查询权限的规定，已经制定的应予修订或废止。审计机关要建立健全数据定期报送制度，加大数据集中力度，对获取的数据资料严格保密。适应大数据审计需要，构建国家审计数据系统和数字化审计平台，积极运用大数据技术，加大业务数据与财务数据、单位数据与行业数据以及跨行业、跨领域数据的综合比对和关联分析力度，提高运用信息化技术查核问题、评价判断、宏观

分析的能力。探索建立审计实时监督系统，实施联网审计。

资料来源：中共中央办公厅 国务院办公厅印发《关于完善审计制度若干重大问题的框架意见》及相关配套文件.（2015-12-08）. https://www.gov.cn/gongbao/content/2015/content_2978252.htm.

思考题

1. 谈一谈信息化环境下开展审计的主要流程与步骤。
2. 谈一谈大数据审计的原理。
3. 审计人员为什么需要利用网络爬虫技术采集网上公开数据？
4. 大数据审计数据分析技术包括哪三类？
5. 谈一谈大数据审计方法与目前电子数据审计方法的异同。

第3章

大数据审计工具简介

本章学习目标

- 了解常见的大数据审计工具
- 熟悉 R 和 RStudio
- 了解 Python 的基本功能与应用
- 了解 Tableau 的基本功能与应用
- 了解 Power BI 的基本功能与应用

3.1 引言

开展大数据审计需要一定的软件工具。数据可视化是大数据研究与应用的重要内容。为了更好地学习与应用大数据审计，本章以数据可视化技术为主，分析几种常见的大数据审计软件工具，从而为后面学习大数据审计，以及今后研究与应用大数据审计打下基础。

3.2 数据可视化及其工具概述

简单地讲，数据可视化就是通过图形化手段，将复杂的数据模型表达出来，从而清晰有效地表达数据中的信息，用户通过数据可视化可以洞察数据中的规律。数据可视化技术的基本思想是将数据库中的每一个数据项作为单个图元元素表示，大量的数据集构成数据图像，同时将数据的各个属性值以多维数据的形式表示，可以从不同的维度观察数据，从而实现对数据更深入的观察和分析。数据可视化起源很早，在计算机刚刚出现的时候，就有计算机图形学。在大数据的推动下，数据可视化的内涵和外延都有了明显的变化，逐渐由单纯的呈现演变为报表、分析和展现的综合体。

数据可视化技术可以更简洁地表达大数据环境下海量的被审计数据信息，审计人员通过数据可视化技术，能够洞察被审计数据信息中内在因素的模式和关联，快速地发现问题。

目前，数据可视化工具主要包括：

（1）开源的、可编程的工具，如 R，Python，D3. js，Processing. js 等。

（2）商业化产品，如 Power BI，Tableau，Qlikview，SAS，SAP Business Object 水晶易表，IBM Cognos，Microsoft Excel 等。其中，Power BI，Tableau 等都是比较简单的数据可视化工具软件，它们实现了数据运算与美观图表的完美结合，不需要编写复杂的程序代码，就能创建好所需要的各种图表。

3.3 常用大数据审计工具简介

3.3.1 R 语言

1. R 语言简介

R 语言在统计领域得到了广泛应用，它是诞生于 1980 年左右的 S 语言的一个分支，可以认为 R 语言是 S 语言的一种实现。S 语言是由 AT&T 贝尔实验室开发的一种用来进行数据探索、统计分析和作图的解释型语言。最初 S 语言的实现版本主要是S-PLUS。S-PLUS是一个商业软件，它基于 S 语言，并由 MathSoft 公司的统计科学部进一步完善。后来，新西兰奥克兰大学的罗斯·伊哈卡（Ross Ihaka）和罗伯特·杰特曼（Robert Gentleman）开发了 R 语言，由于两人名字的首字母都是 R，因此该语言称为 R 语言。

R 语言作为一种统计分析软件，集统计分析与图形显示于一体，是一个免费的开源软件，它提供了广泛的统计分析和可视化分析技术，包括线性和非线性模型、统计检验、时间序列、分类、聚类等方法。它有 Unix，Linux，MacOS 和 Windows 版本，都可以免费下载和使用。R 语言的主要优点概述如下：

（1）使用方便。R 语言是一款开源的大数据可视化分析软件，目前广泛应用于数据分析与统计等领域，是最受欢迎的数据分析和可视化软件之一；R 语言（如 R，RStudio 等）安装方便，所占计算机内存小；相比其他编程语言，其操作难度低很多。这些特点为审计人员应用 R 语言提供了便利。

（2）数据采集功能强大。R 语言能读取各种不同类型的被审计数据，例如 Microsoft Excel，SPSS，SAS 等，并能从网页上抓取数据，完全可以满足审计人员开展大数据审计工作的需要。

（3）数据分析功能强大。R 语言包含众多不同功能的函数、程序包，可满足审计人员的需要；作为免费开源软件，用户还在不断创建新的包来更新和丰富 R 语言的使用功能；R 语言作为大数据分析软件，能够对大量数据进行分析。

（4）数据可视化功能强大。R语言强大的数据可视化功能可以满足审计人员在可视化分析方面的各种需求。利用关联、聚类等建模手段，通过可视化手段直观分析被审计数据间隐藏的各种关联信息，可以方便审计人员对分析结果进行宏观观察、分析，从而帮助审计人员从被审计大数据中发现审计线索及其规律。

2. R语言开发工具简介

常见的R语言开发工具如下：

（1）R。R是一个免费的软件，它有Windows，Unix，Linux和MacOS版本，R可以从R综合典藏网（Comprehensive R Archive Network，CRAN）（http://cran.r-project.org）免费下载，这个网站集合了R的执行档下载版、源代码、说明文件和用户撰写的软件包，审计人员可以根据所选择的平台安装和使用。关于R的更多信息和应用将在后面详细分析。

（2）RStudio。RStudio是一个R语言集成开发环境（integrated development environment，IDE）。主界面分为四个部分：默认左上角是一个代码编辑窗口，左下角是一个控制台（console）和终端，右侧包含多个可选的功能标签，包括环境、命令历史、文件目录、绘图、数据源连接、包管理、帮助窗口等。在RStudio中可以直接运行代码，支持绘图、历史命令显示、代码调试和工作空间管理等功能。关于RStudio的更多信息和应用将在后面详细分析。

（3）其他工具。R Commander，Rattle，StatET，Tinn-R（只用于Windows）等也是比较常见的R语言开发工具。例如，Rattle（the R Analytical Tool to Learn Easily）是一个基于R语言的可视化数据挖掘工具，它适用于R语言数据分析的学习。

3. 基于R语言开发工具的数据采集

在采用R语言开发工具进行大数据审计时，需要把相关数据采集到R语言开发工具中。R语言开发工具可以采集多种类型的数据，如统计软件SAS，SPSS，Stata；文本文件ASCII，XML，CSV，Web抓取数据（网上抓取数据）；数据库数据Oracle，Microsoft Access，MySQL；电子表格数据Microsoft Excel等，能很好地满足大数据审计的需要。R语言开发工具能采集的数据类型如图3-1所示。

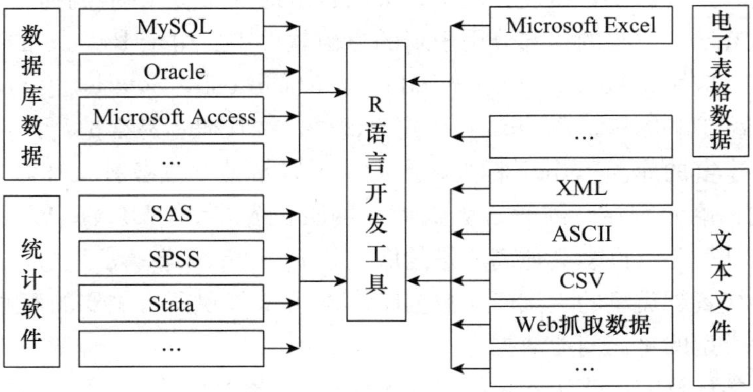

图3-1 R语言开发工具能采集的数据类型

R 语言开发工具的数据采集功能强大，详细内容将在第 4 章进行分析。

4. 基于 R 语言开发工具的数据分析

R 语言开发工具的数据分析功能强大，借助 R 语言开发工具，审计人员可以做数据查询、文件分析、数据可视化分析等数据分析，从而发现审计线索。详细内容将在第 4 章进行分析。

3.3.2 Python

1. Python 简介

Python 的创始人是荷兰人吉多·范·罗苏姆（Guido van Rossum），Python 是一种面向对象、解释型、动态数据类型的高级程序设计语言。吉多·范·罗苏姆曾参加设计了一种教学语言 ABC，这种语言非常优美和强大，是专门为非专业程序员设计的。但是，ABC 语言并没有成功，吉多·范·罗苏姆认为是其非开放造成的。1989 年在阿姆斯特丹，吉多·范·罗苏姆决心开发一个新的脚本解释程序，作为由其参加设计的教学语言 ABC 的延续。由于吉多·范·罗苏姆是喜剧团体 Monty Python 的爱好者，因此，他选中 Python（含义为大蟒蛇）作为该编程语言的名字。

Python 第一个公开发行版发行于 1991 年。由于 Python 语法简洁、清晰，功能强大、简单易学，并且具有丰富和强大的类库，是一种不受限制、跨平台的开源编程语言，因此，自诞生至今，Python 语言得到了广泛应用和支持。在国外用 Python 做科学计算的研究机构也日益增多，一些知名大学，如卡耐基-梅隆大学、麻省理工学院等，已经采用 Python 来教授程序设计课程。众多开源的科学计算软件包都提供了 Python 的调用接口。Python 语言及其众多的扩展库所构成的开发环境十分适合工程技术、科研人员处理实验数据、制作图表，甚至开发科学计算应用程序。商用软件 Matlab 的大部分常用功能都可以在 Python 中找到相应的扩展库。

概括来说，Python 具有以下特点：

（1）简单易学。Python 的关键字相对较少，结构简单；有明确定义的语法，学习起来简单。

（2）免费、开源和可移植性。使用者可以自由地发布 Python 的拷贝，阅读它的源代码，对其做改动，把它的一部分用于新的自由软件中。由于 Python 的开源性，它能够在不同平台上应用，包括 Linux，Windows，Macintosh，Solaris，OS/2 等。

（3）易于维护和阅读。Python 代码定义清晰，源代码容易维护。

（4）具有丰富的库。Python 标准库庞大，可以帮助处理各种工作，包括正则表达式、文档生成、单元测试、线程、数据库、网页浏览器、GUI（图形用户界面）等。除了标准库以外，还有许多其他高质量的库，如 Python 图像库等。

（5）可连接各种类型的主流商业数据库。Python 提供所有主要的商业数据库接口，可以连接各种类型的主流商业数据库。

（6）在科学计算方面优于 Matlab。Matlab 是一款商用软件，而 Python 完全免费；与 Matlab 相比，Python 能让用户编写出更易读、易维护的代码；Matlab 主要专注于工程和科学计算，而 Python 有着丰富的扩展库，可以轻易完成各种高级任务，开发者可以用 Python 实现完整应用程序所需的各种功能。

2. Python 开发工具简介

Python 集成开发环境（IDE）工具有很多，审计人员可以使用最基本的文本编辑器进行 Python 编程，也可以用功能丰富的 Python 集成开发环境工具进行 Python 编程。常见的 Python 开发工具如下：

（1）Anaconda。Anaconda 是一个用于科学计算的开源的 Python 版本，包含 Python 和相关的配套工具，提供包管理与环境管理的功能。

（2）Spyder Python。Spyder Python 是一个开源、免费的 Python 集成开发环境，非常适合进行科学计算方面的 Python 开发，它可以运行于 Windows，MacOS，Linux 等操作系统。

（3）Spyder。Spyder（Scientific Python Development Environment）是一个强大的交互式 Python 语言开发环境，提供高级的代码编辑、交互测试、调试等特性，支持 Windows，Linux 和 MacOS 系统。与其他的 Python 开发环境相比，Spyder 最大的优点是可以很方便地观察和修改数组的值。

（4）PyCharm。PyCharm 是专业的全功能 Python 集成开发环境，它来自 JetBrains 公司。PyCharm 有两个版本，一个是免费的社区版本，另一个是面向企业开发者的专业版本。

（5）PyDev。PyDev 是一个运行在 eclipse 上的开源插件，是免费、功能强大、使用普遍的 Python 集成开发环境，提供很多强大的功能来支持高效的 Python 编程。

（6）PTVS。PTVS（Python Tools for Visual Studio）是开源、免费的 Python 集成开发环境，它集成在 Visual Studio 中，将 Visual Studio 变成了一个功能强大、丰富的 Python 集成开发环境。

（7）其他工具。Eric，Wing IDE 等也是比较常见的 Python 开发工具。

3. 基于 Python 开发工具的数据采集

在采用 Python 开发工具进行大数据审计时，需要把相关数据采集到 Python 开发工具中。Python 开发工具可以采集多种类型的数据，如文本文件 CSV，Web 抓取数据；数据库数据 Oracle，Microsoft Access，MySQL 等；电子表格数据 Microsoft Excel 等，能很好地满足大数据审计的需要。例如，在 Python 中，可以使用 xlrd（excel read）来读取 Excel 文件。

4. 基于 Python 开发工具的数据分析

基于 Python 工具，审计人员可以实现各种大数据分析，如社会网络分析等大数据智能分析；文本数据分析；条形图、折线图、饼图、散点图、气泡图、雷达图、地区分布图、树地图、热力图等分析。

以某股票交易数据分析为例，根据股票内幕交易的基本特征，为了从整体上了解被审计单位是否存在内幕交易的违规现象，借助 Python 工具进行建模，以购买股票获利金额的多少定义气泡形状的大小，按交易单位计算所有股票交易的获利情况，并以气泡图的形式展示出来，其结果如图 3－2 所示。详细内容将在第 4 章展开。

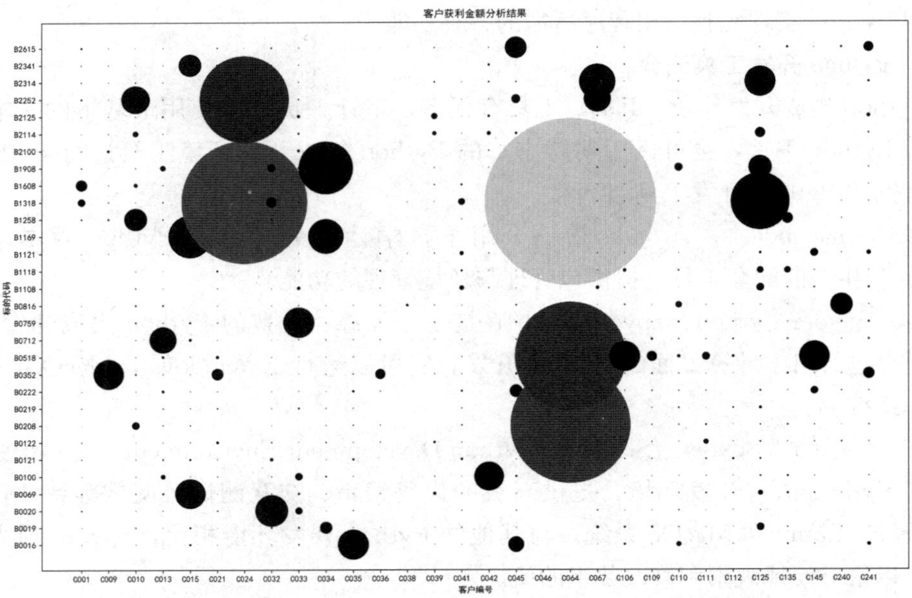

图 3-2　基于 Python 的股票交易数据气泡图分析结果示例

3.3.3　Tableau

1. Tableau 简介

常见的商业化数据可视化工具软件有很多，如 Power BI，Tableau，Qlikview，SAS，SAP Business Object 水晶易表，IBM Cognos，Microsoft Excel 等。其中，Tableau 是一款较为简单的数据可视化工具软件，它实现了数据运算与美观图表的完美结合，用户只需要将大量数据拖放到数字“画布”上，就能创建所需要的各种图表，如气泡图、条形图、热力图、折线图、饼图、散点图等。

Tableau 分为 Desktop 版和 Server 版。Desktop 版又分为个人版和专业版，个人版只能连接到本地数据源，专业版还可以连接到服务器上的数据库；Server 版主要用来处理仪表盘，上传仪表盘数据，进行共享，各个用户通过访问同一个 Server 就可以查看其他同事处理的数据信息。

审计人员可以采用 Tableau 连接各种类型的被审计数据，包括所有主流数据库，以及 Hadoop 等数据库。以 Desktop 版 Tableau 为例，其数据采集方法如图 3-3 所示。

在完成数据采集之后，即可进行数据可视化分析。

2. Tableau 应用案例

（1）案例简介。假设现有某人社局失业保险数据，文件名为“失业金实际发放表.mdb”，现需要查找同月重复发放失业金的人员。

（2）基于数据可视化技术的审计方法。根据前面的分析，本案例借助大数据工具 Tableau，基于数据可视化技术的电子数据审计方法的分析过程如下。

根据要分析的问题，对其进行建模，即以身份证号、姓名、发放月份三个字段为一组，计算同时符合这一条件的数据的个数，选取合适的展示图形对数据进行分析，从

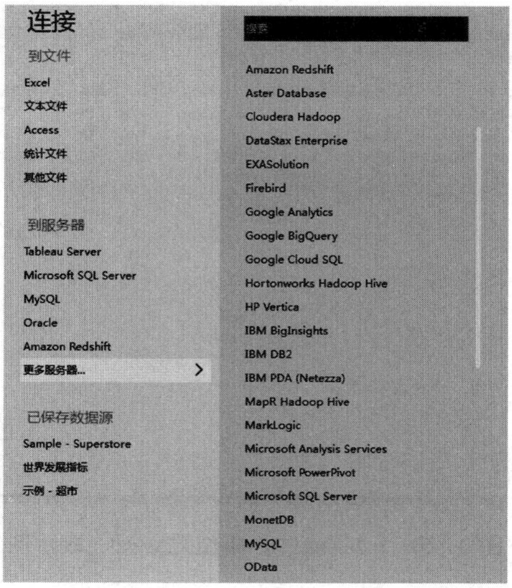

图 3-3　Tableau 的数据采集方法示例

而使结果更形象化地展示出来。

以 Desktop 版 Tableau 为例，假设该数据已被采集到 Tableau 中，根据查找“同月重复发放失业金人员”数据这一审计问题，首先采用 Tableau 的树地图进行分析，其结果如图 3-4 所示。基于图 3-4 的分析结果，根据颜色和方块的大小，审计人员可以快速地发现异常数据。对于异常数据，审计人员可以提取查看，并保存这些分析结果（如图 3-5 所示），然后做进一步的延伸审计。

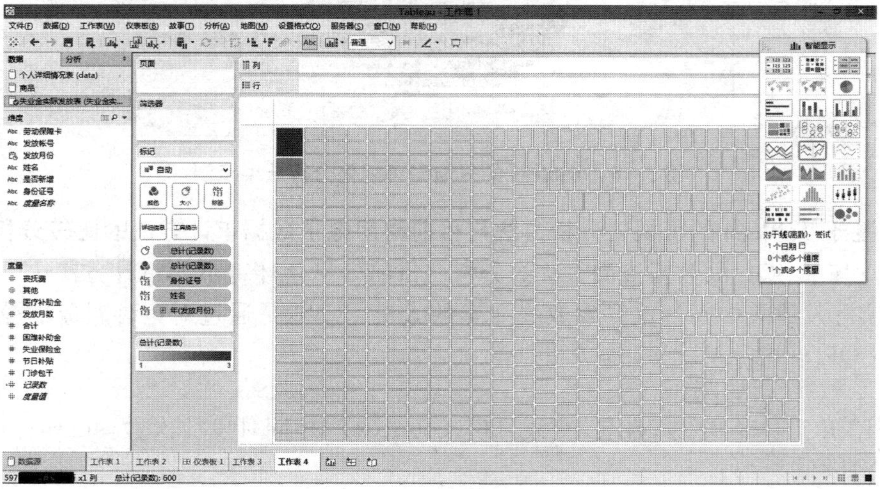

图 3-4　Tableau 的树地图可视化分析结果示例

对于本案例，也可以采用 Tableau 的气泡图来分析，其结果如图 3-6 所示。在图 3-6 的分析结果中，根据气泡的大小，审计人员可以快速地发现异常数据。对于异常数据，审计人员可以提取查看，并保存这些分析结果，然后做进一步的延伸审计。

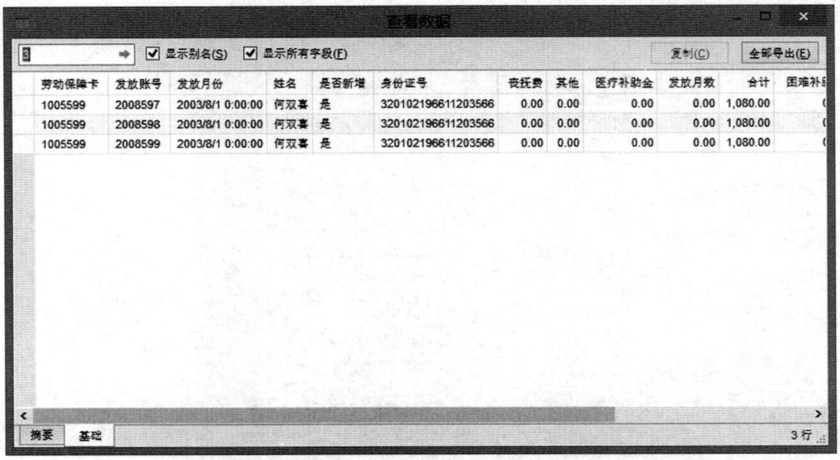

图 3－5　Tableau 的分析结果数据提取示例

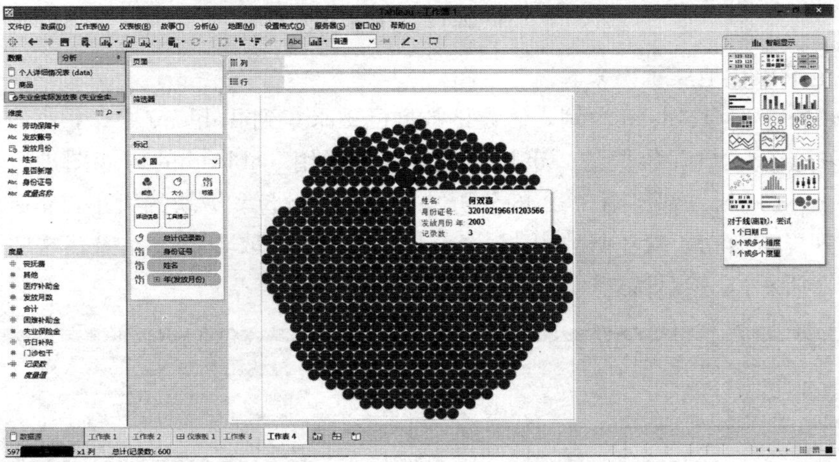

图 3－6　Tableau 的气泡图可视化分析结果示例

3. 基于 Tableau 的可视化分析方法与目前常用电子数据审计方法的比较分析

（1）基于 SQL 的数据查询方法的分析。目前信息化环境下的审计方法中，要检查失业金实际发放表中同月重复发放失业金的人员，一般是通过对审计对象的分析，构建如下 SQL 语句：

```
SELECT 身份证号,姓名,发放月份,count(*)AS 同月发放次数,sum(合计)AS 发放合计
FROM 失业金实际发放表
GROUP BY 身份证号,姓名,发放月份
HAVING count( * )>=2
ORDER BY count( * )DESC;
```

然后，在一些数据库工具（如 Microsoft Access，SQL Server 等）或审计软件中运

行以上 SQL 语句，可以很容易地查找出失业金实际发放表中同月重复发放失业金的人员。

以 SQL Server 为例，假设该数据已被采集到 SQL Server 中，查找“同月重复发放失业金人员”数据的操作过程为：在 SQL Server 数据库管理工具的“查询（Q）”窗口中输入相应的 SQL 语句，然后单击“执行（X）”按钮，即可得到审计人员所要查找的“同月重复发放失业金人员”数据，其查询结果如图 3－7 所示。

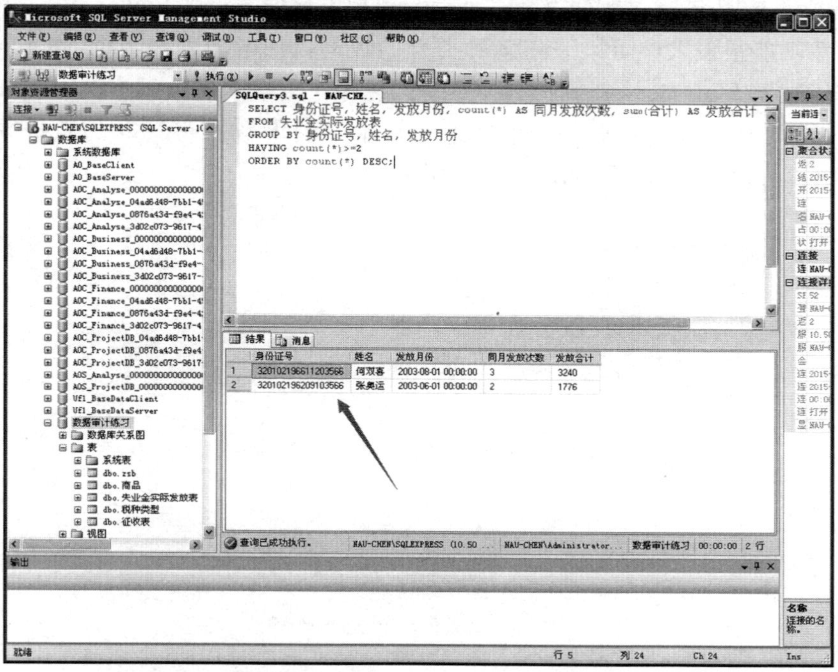

图 3－7　SQL Server 中同月重复发放失业金人员分析结果界面

（2）两种方法的比较分析。两种方法的比较分析如表 3－1 所示。

表 3－1　两种审计方法的优缺点分析

数据审计方法	需要的分析工具	对审计人员是否有较高的专业技术要求	分析结果的易理解性	方法的灵活程度	用户对分析结果的接受程度
基于 SQL 的数据查询方法	可以采用专门的审计软件，也可以采用通用软件	是	差	高	低
基于数据可视化技术的审计方法	需要专门的可视化分析软件	否，快速、简单，没有烦琐的 SQL 语句编写	很好	高	高

3.3.4　Power BI

1. Power BI 简介

Microsoft Power BI 是微软公司为其 Office 组件提供的一套商业智能工具软件，于

2017 年正式发布，其功能是在 Microsoft Excel 的基础之上增加了查询增强版（Power Query）、建模增强版（Power Pivot）、视图增强版（Power View）、地图增强版（Power Map）。Power BI 可以对相关数据进行分析，并生成可视化的分析结果。审计人员不需要强大的信息技术背景，只需要掌握 Excel 这样简单的电子表格工具就能进行数据可视化分析。微软公司提供了免费的 Power BI Desktop 版本，这为审计人员使用该工具开展审计数据可视化分析提供了方便。

采用 Power BI 进行大数据审计时，需要把相关数据采集到 Power BI 中。Power BI 的数据采集功能很强大，可以采集多种类型的数据，如电子表格数据 Microsoft Excel 等，数据库数据 SQL Server，Oracle，MySQL 等，文本文件数据 CSV，XML 等，以及从 Web 网页上抓取的数据等，很好地满足了开展大数据审计时的数据采集需求。Power BI 可以采集的数据类型如图 3－8 所示。

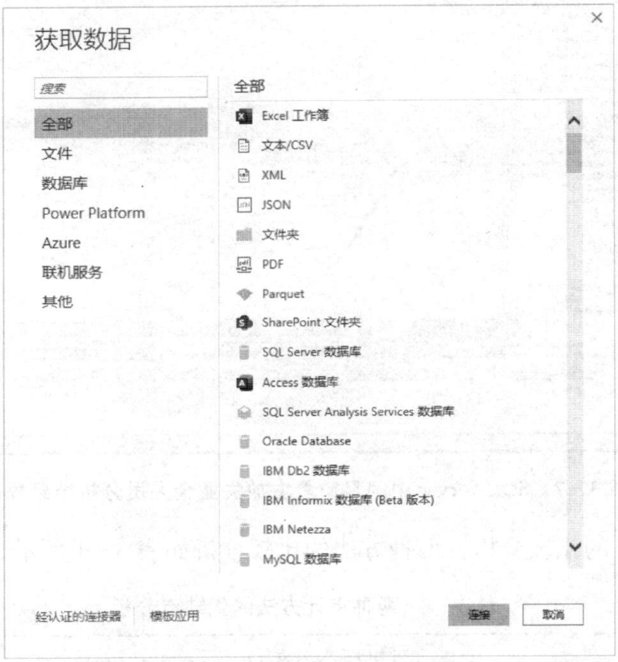

图 3－8　Power BI 可以采集的数据类型

在完成数据采集之后，即可进行数据预处理和数据可视化分析。

2. Power BI 应用案例

Power BI 具有操作简单、功能强大的数据可视化分析功能，提供了“可视化”“筛选器”等快捷功能。借助这些快捷功能，审计人员可以很方便地对采集到的审计数据进行可视化分析。

对于一些简单问题的可视化分析，可以直接基于 Power BI 应用柱状图、散点图、条形图、折线图、直方图等方法进行数据可视化分析，审计人员不需要编写任何代码，就可以轻松完成。以上述某股票交易数据分析为例，审计人员通过对该股票交易数据进行条形图分析，可以判断该股票交易数据中客户购买股票的类型是否比较单一。

基于以上分析，直接采用 Power BI 进行条形图分析的结果示例如图 3-9 所示。

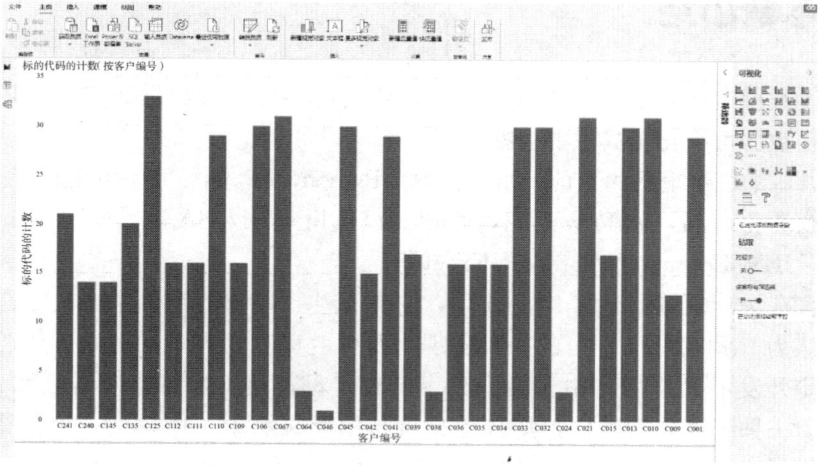

图 3-9 基于 Power BI 的股票交易数据条形图分析结果示例

在图 3-9 中，纵轴表示被审计股票交易数据中客户所购买的股票类型总数，横轴表示被审计股票交易数据中的客户编号。由图 3-9 可以很容易地看出客户编号为 C024、C038、C046、C064 条形高度较低，这意味其代表的客户购买股票的类型比较单一，符合股票内幕交易违规的特征之一，这类客户比较可疑，是审计人员关注的重点。

采用 Power BI 开展数据可视化分析时，除了其基本功能外，还可以借助 R 语言、Python 等增强 Power BI 的审计数据分析功能。

以上述某股票交易数据分析为例，审计人员可以通过组合应用 Power BI 和 R 语言实现对客户购买股票及获利金额大小情况的气泡图分析，其结果示例如图 3-10 所示。在图 3-10 中，横轴表示被分析股票交易数据中的客户编号字段，纵轴表示被分析股票交易数据的客户所购买股票的代码字段。

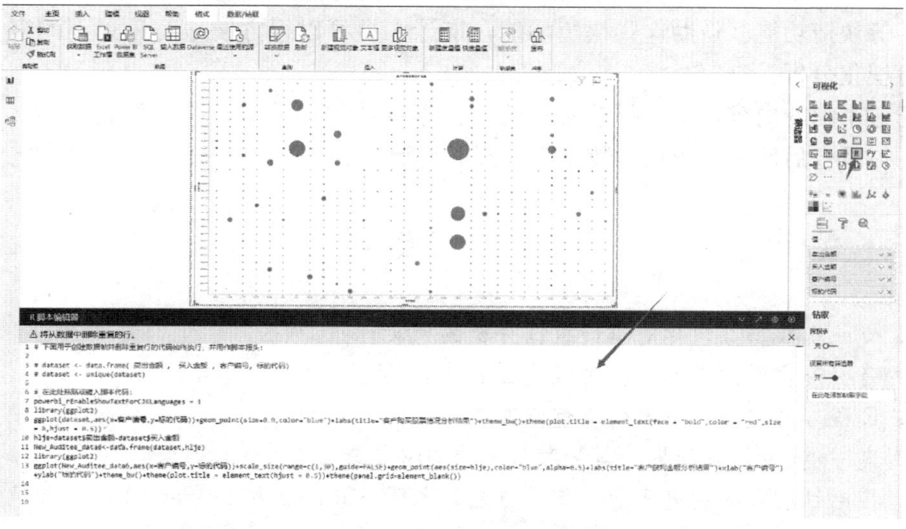

图 3-10 组合应用 Power BI 和 R 语言的股票交易数据气泡图分析结果示例

3.4 本章小结

开展大数据审计需要一定的软件工具。数据可视化是大数据研究与应用的重要内容。目前，数据可视化工具主要包括：

（1）开源的、可编程的工具，如R语言，Python，D3. js，Processing.js等。

（2）商业化产品，如Power BI，Tableau，Qlikview，SAS，SAP Business Object水晶易表，IBM Cognos，Microsoft Excel等。

R语言在统计领域得到了广泛使用，它是诞生于1980年左右的S语言的一个分支，可以认为R语言是S语言的一种实现。新西兰奥克兰大学的罗斯·伊哈卡和罗伯特·杰特曼开发了R语言，由于两人名字的首字母都是R，因此该语言称为R语言。R语言作为一种统计分析软件，集统计分析与图形显示于一体，是一个免费的自由软件，它提供了广泛的统计分析和可视化分析技术。它有Unix，Linux，MacOS和Windows版本，都可以免费下载和使用。

常见的R语言开发工具主要有R和RStudio，另外，R Commander，Rattle，StatET，Tinn-R（只用于Windows）等也是比较常见的R语言开发工具。

Python的创始人为荷兰人吉多·范·罗苏姆，Python是一种面向对象、解释型、动态数据类型的高级程序设计语言。由于吉多·范·罗苏姆是喜剧团体Monty Python的爱好者，因此，他选中Python（含义为大蟒蛇）作为该编程语言的名字。

常见的Python开发工具主要有PyCharm，Spyder Python，Spyder，PyDev，PTVS，Anaconda等。

Tableau是桌面系统中最简单的数据可视化工具软件，它实现了数据运算与美观图表的完美结合，用户只需要将大量数据拖放到数字“画布”上，就能创建所需要的各种图表，如气泡图、条形图、热力图、折线图、饼图、散点图等。

Power BI具有操作简单、功能强大的数据可视化分析功能，提供了“可视化”“筛选器”等快捷功能。借助这些快捷功能，审计人员可以很方便地对采集到的审计数据进行可视化分析。

通过本章的内容，了解目前常见的大数据审计软件工具，可以为后面学习大数据审计，以及今后研究与应用大数据审计打下基础。

思考题

1. 谈一谈数据可视化对审计数据分析的意义。
2. 谈一谈你所知道的数据可视化工具。
3. R语言开发工具具有什么优点？
4. 谈一谈Python开发工具的数据采集与分析功能。
5. 相比目前常用的电子数据审计方法，基于Tableau和Power BI的可视化分析方法有何优点？

第4章

大数据审计工具基础应用

本章学习目标

- 掌握R语言常用的工具R和RStudio的安装
- 熟悉R语言常用的工具R和RStudio的基本功能
- 借助R语言常用的工具R和RStudio，掌握R语言的基本语法应用
- 掌握Python开发工具的安装以及Python基本语法应用
- 熟悉如何应用R，RStudio，Python进行数据采集、数据预处理和数据分析

4.1 引　言

如前所述，R语言常用的工具包括R，RStudio等，Python常用的工具包括PyCharm等。为了掌握R语言和Python，本章对R语言和Python的基本语法以及相关工具的安装和使用进行简单分析。需要指出的是：不同版本的R，RStudio，PyCharm等工具功能相似，在安装使用时可选择最新版本的工具。通过对本章的学习，能够为后面学习大数据审计方法的应用打下基础。

4.2 R安装与应用

4.2.1 R安装

(1) 登录R的官方网站 https://www.r-project.org/，其主页如图4-1所示。

(2) 点击"CRAN"，进入如图4-2所示的界面。在图4-2所示的界面可以下载

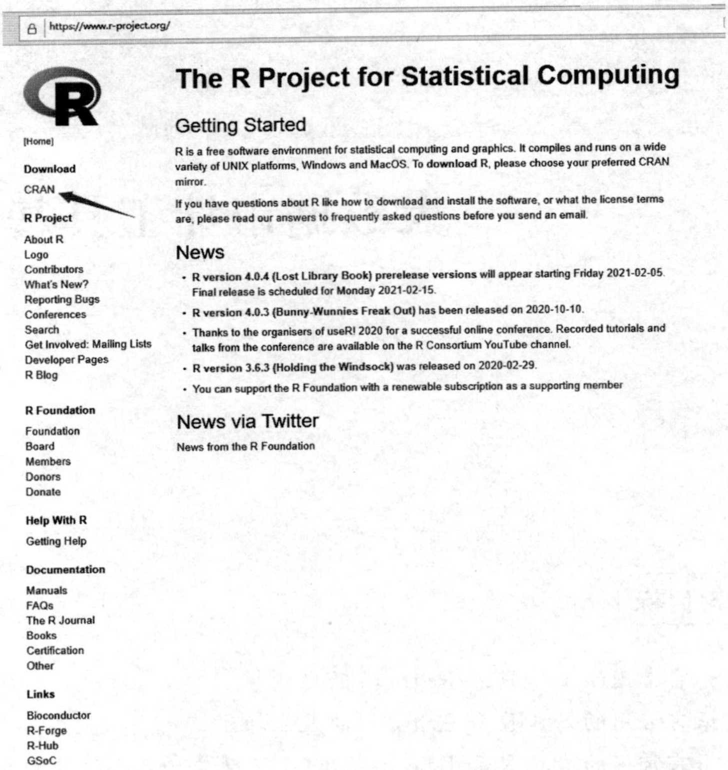

图 4-1　R 官方网站主页示例

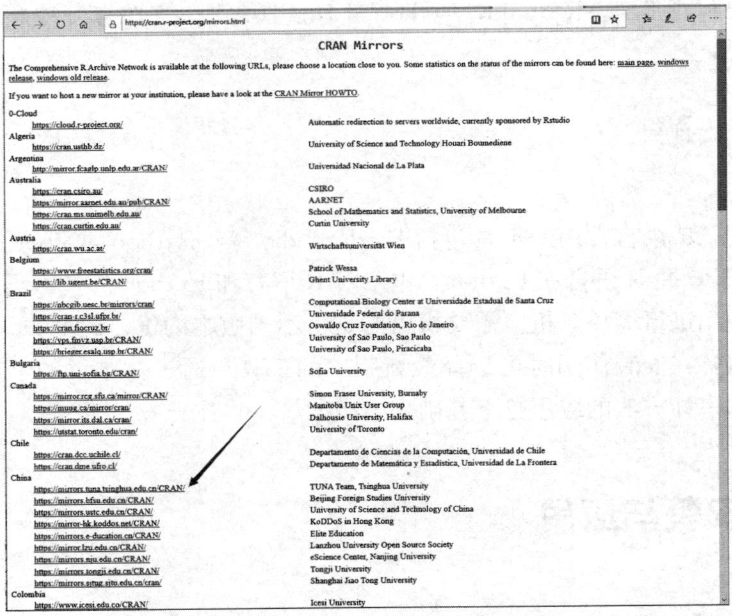

图 4-2　R 的 CRAN Mirrors 界面示例

R。例如，进入 https://mirrors. tuna. tsinghua. edu. cn/CRAN/，如图 4-3 所示。在图 4-3 所示的界面可以下载最新版本的 R。

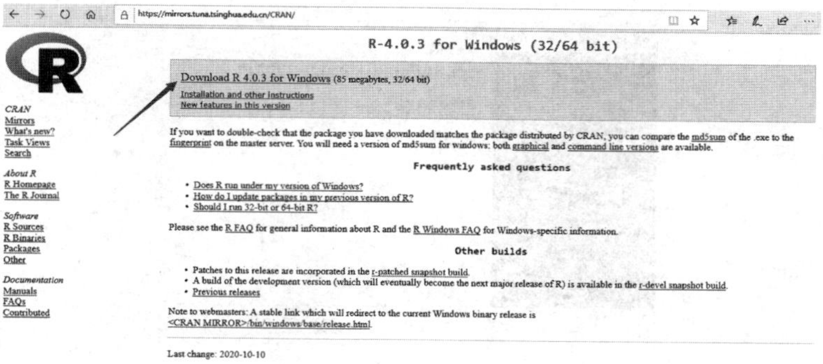

图 4-3　R 下载界面示例

（3）运行所下载的 R，进入如图 4-4 所示的安装语言选择界面。

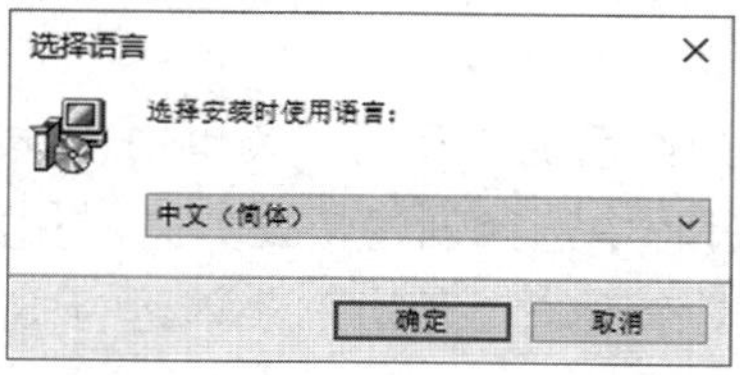

图 4-4　安装语言选择界面示例

（4）选择“中文（简体）”安装语言，点击“确定”按钮，进入如图 4-5 所示的安装向导界面。

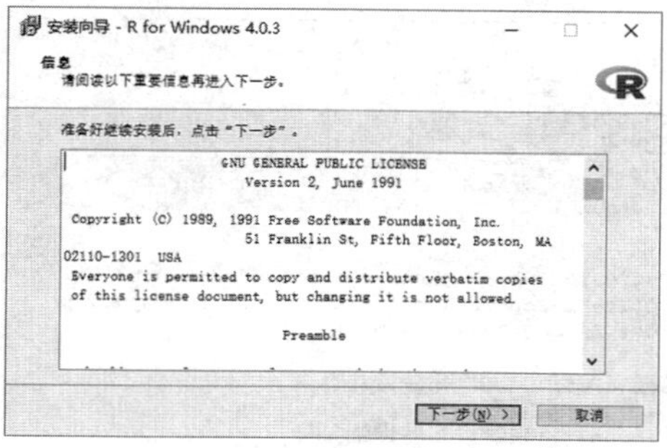

图 4-5　安装向导界面示例

（5）根据安装向导的提示，完成 R 的安装，如图 4-6 和图 4-7 所示。

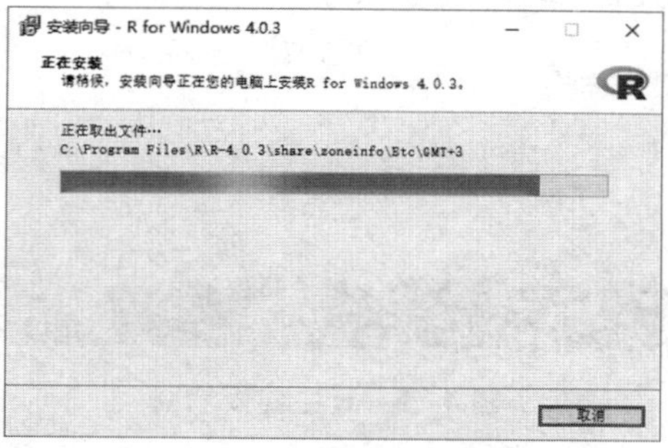

图 4-6　安装过程界面示例

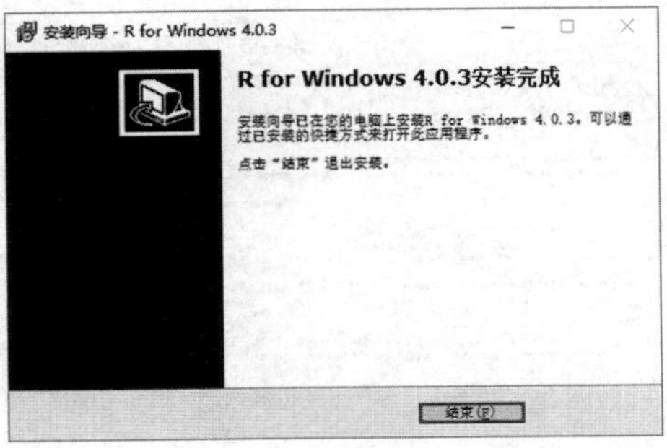

图 4-7　安装完成界面示例

4.2.2　R基本功能简介

1. R 主界面

在 R 安装完成后，会在操作系统“开始”菜单中创建 R 程序组并在桌面上创建 R 主程序的快捷方式（在安装过程中选择创建快捷方式时创建，也可以选择不创建）。通过快捷方式运行 R，或通过操作系统“开始”菜单运行 R，即可打开 R 的主窗口，其主界面如图 4-8 所示。

由图 4-8 可以发现，R 的界面简单，只有几个菜单和快捷按钮。

R 的命令输入窗口（主窗口）在快捷按钮下面，主窗口上方的文字是初始运行 R 时出现的一些说明和提示。

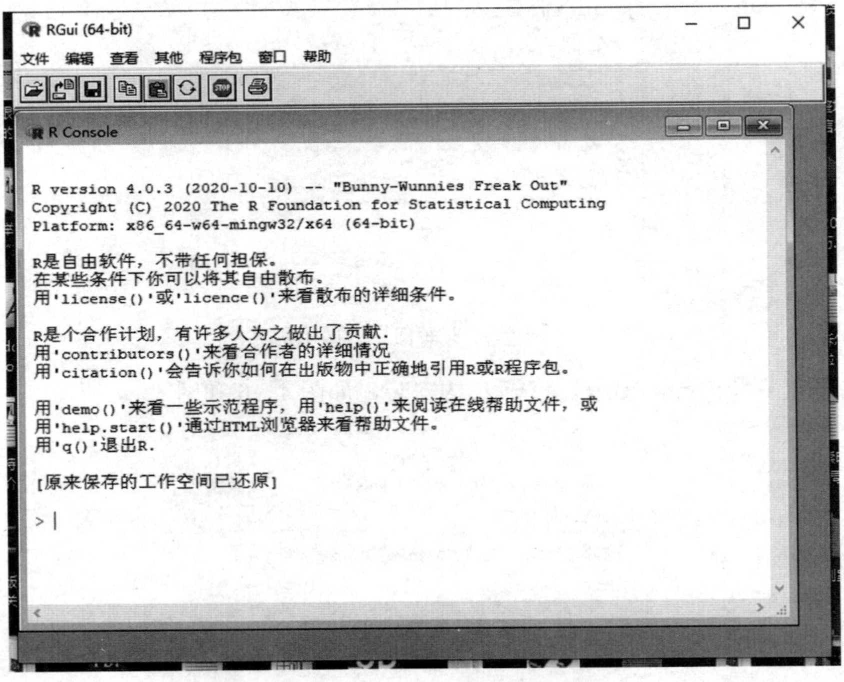

图 4-8　R 主界面示例

R 一般采用交互方式工作，文字下的“>”符号是 R 的命令提示符，在“>”符号后的是光标。在“>”命令提示符后输入命令，按回车键后就会输出结果。主窗口同时也是部分运算结果的输出窗口，有些运算结果会输出在新建的窗口中。

R 语句由函数和赋值构成。R 使用“<-”，而不是传统的“=”作为赋值符号。

注释由符号“#”开头。在“#”之后出现的任何文本都会被 R 解释器忽略。

尽管 R 界面简单，但其功能强大。

2. 工作空间

工作空间（workspace）是指 R 当前的工作环境，它存储着用户定义的对象（向量、矩阵、函数、数据框、列表）。当一个 R 会话结束时，审计人员可以将当前工作空间保存到一个镜像中，并在下次启动 R 时自动载入。

3. 工作目录

工作目录（working directory）是 R 用来读取文件和保存结果的默认目录。

（1）设定当前的工作目录。审计人员可以使用命令 setwd("") 设定当前的工作目录。例如，设置当前的工作目录为“D:/大数据审计”，则可以使用以下代码：

```
setwd("D:/大数据审计")
```

注意：在 setwd("") 命令中路径使用斜杠“/”。

在 R 中运行以上代码，其运行结果示例如图 4-9 所示。

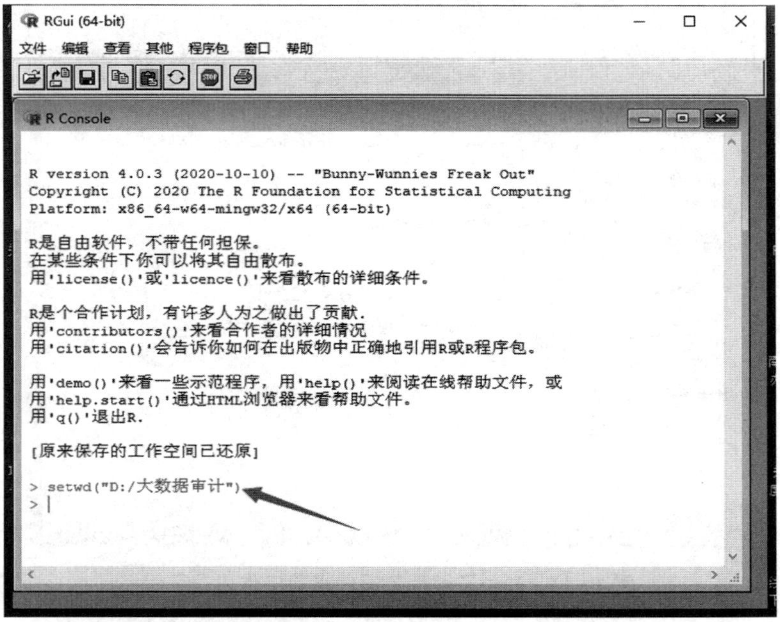

图 4-9　R 中使用函数设置当前工作目录示例

命令函数 setwd("") 不会自动创建一个不存在的目录，因此，如果所设置的工作目录在计算机中不存在，就会出现出错提示“无法改变工作目录”，如图 4-10 所示。

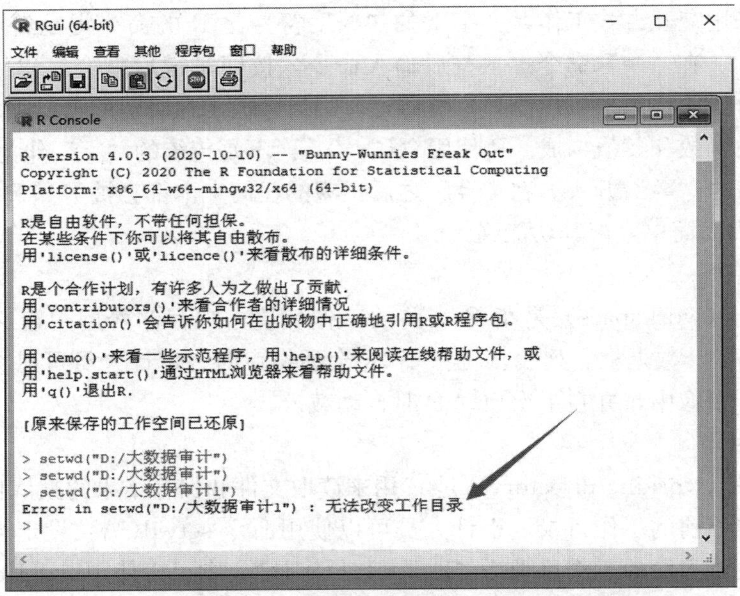

图 4-10 R 中使用函数设置当前工作目录时出错提示示例

审计人员也可以通过 R 的菜单“文件”→“改变工作目录…”来设置当前的工作目录，如图 4-11 所示。

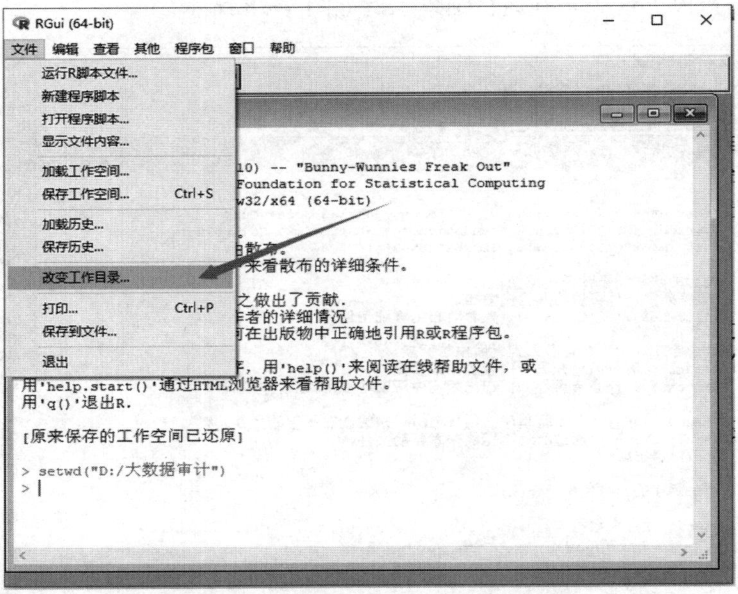

图 4-11 R 中通过菜单设置当前工作目录示例

（2）查看当前的工作目录。审计人员如果想知道当前的工作目录，可以使用函数 getwd() 来查看。在 R 中运行函数 getwd() 的结果示例如图 4-12 所示。

如果用户需要读入一个不在当前工作目录下的文件，则需在调用语句中写明完整的路径。需要注意的是，这些目录名和文件名前后需要使用引号。

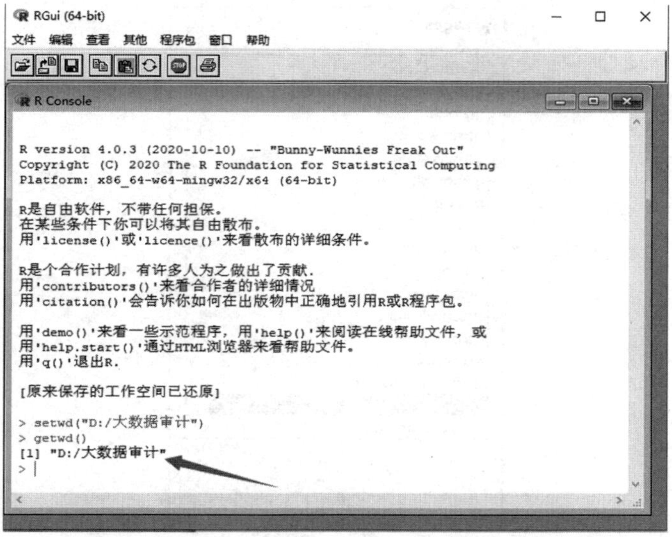

图 4-12　R 中查看当前工作目录示例

注意，在运行本书中所有案例的程序代码时，可以先设置工作目录为“D:/大数据审计”，并把实验数据放到该目录中。

4. 包

(1) 包的安装。包是 R 函数、数据、预编译代码以一种定义完善的格式组成的集合。包的安装是指从某个 CRAN 镜像站点下载所需要的包，并将其放入库中的过程。

当需要安装某一个包时，可以使用命令 install. packages()。如果不加参数直接执行 install. packages()，将显示一个 CRAN 镜像站点的列表，如图 4-13 所示。审计人员选择某一个镜像站点之后，将能看到所有可用包的列表，审计人员可以从中选择所需要的包进行下载和安装，其示例如图 4-14 所示。

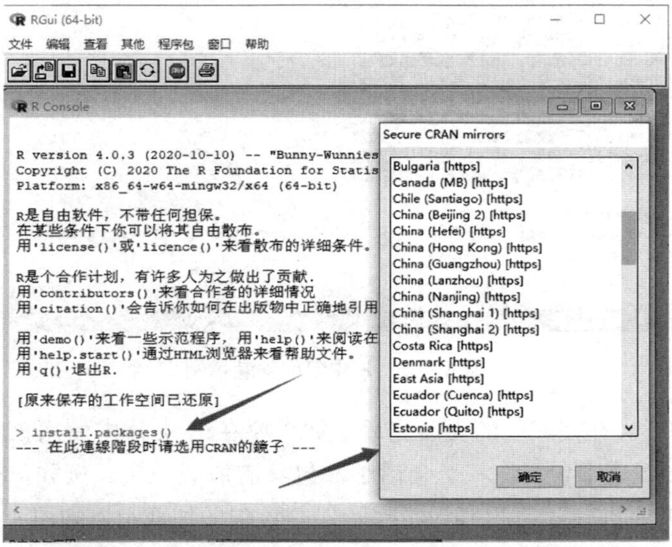

图 4-13　R 中执行 install. packages() 结果示例

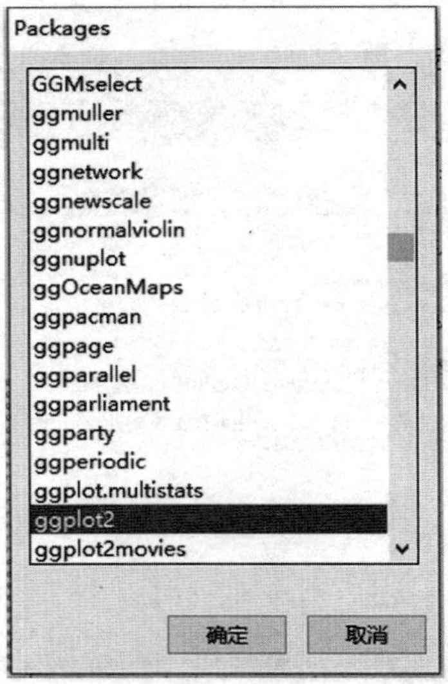

图 4-14　R 中待选包示例

以 R 语言中的绘图软件包 ggplot2 为例，在 R 中安装后的示例如图 4-15 所示。

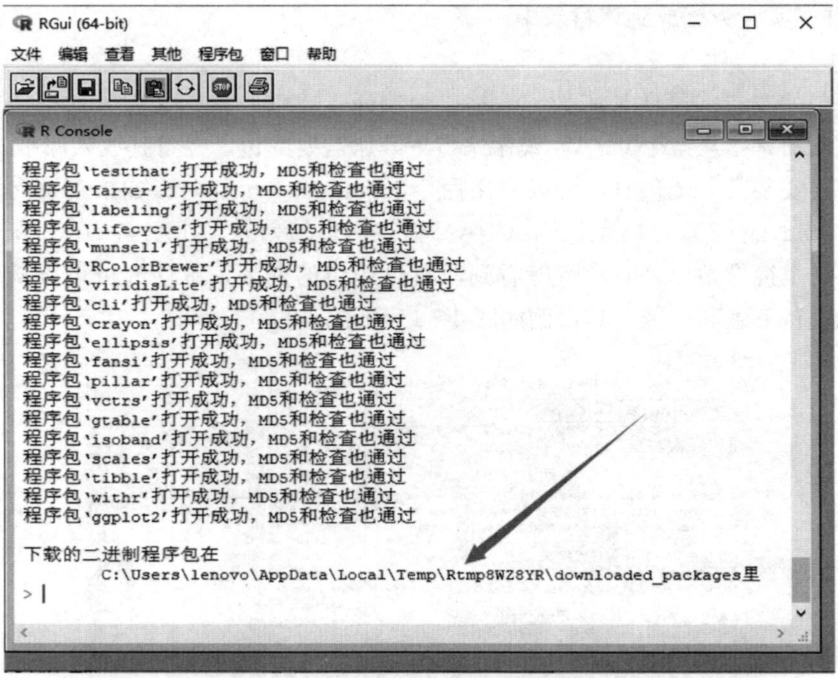

图 4-15　R 中包的安装示例

（2）包的加载。在完成包的安装之后，如果要在 R 会话中使用该包，还需要使用 library() 命令加载这个包。在一个会话中，包只需加载一次。例如，要使用绘图软件包 ggplot2，则需要执行命令 library(ggplot2)，该包的加载示例如图 4-16 所示。需要注意的是，在加载一个包之前必须已经安装这个包。

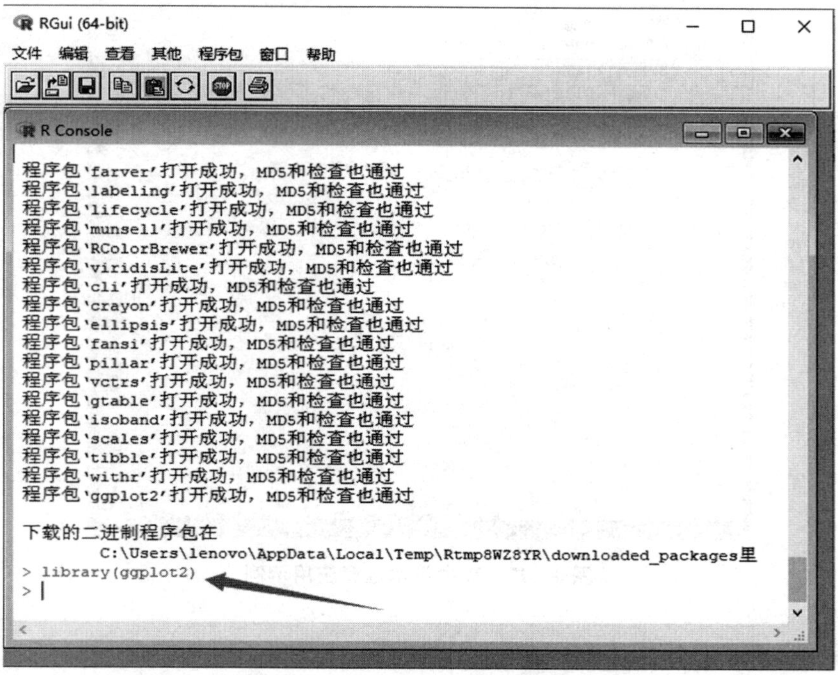

图 4-16　R 中包的加载示例

4.2.3　R 软件环境下 R 语言的基本应用

本部分结合 R 语言的语法，介绍 R 软件的基本应用。

1. 基本数学运算

(1) 算术运算。在 R 语言中，基本的算术运算包括：+（加）、-（减）、*（乘）、/（除）、^（乘方）、x%%y（求余）、x%/%y（整除）等。

```
7+3
7-3
7*3
7/3
7^3
9%%2
9%/%2
```

在 R 中运行以上代码，其结果示例如图 4-17 所示。

(2) 比较运算。在 R 语言中，基本的比较运算包括：>(大于)、<(小于)、>=(大于等于)、<=(小于等于)、==(恒等于)、!=(不等于) 等。

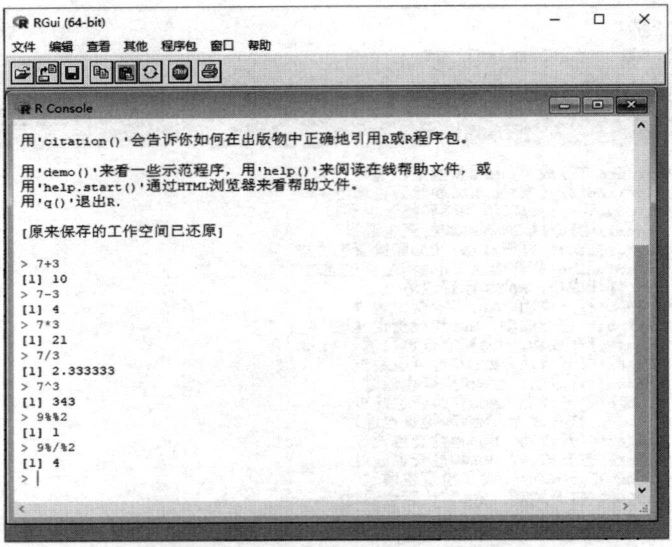

图 4-17　R 中算术运算应用示例

```
2＞5
2＜5
2＜＝5
2＞＝5
2＝＝5
2！＝5
```

在 R 中运行以上代码，其结果示例如图 4-18 所示。

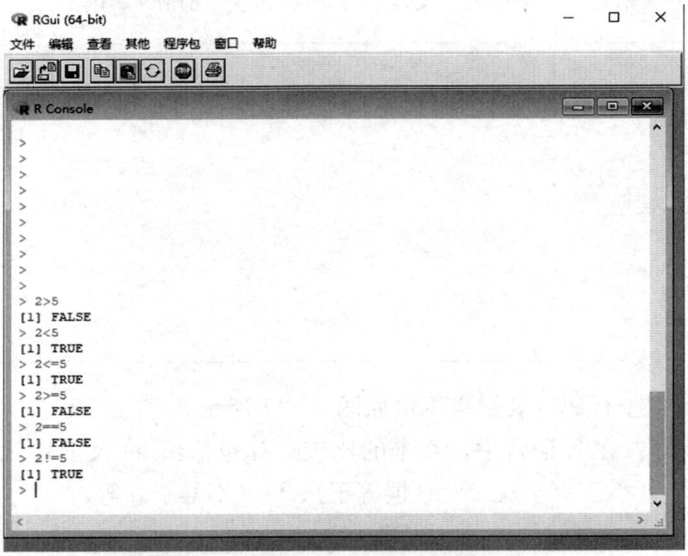

图 4-18　R 中比较运算应用示例

（3）数学函数。在 R 语言中，基本的数学函数包括：abs(绝对值)、sqrt(平方根)、exp(以 e 为底的指数函数)、log(对数函数)、log10(以 10 为底的对数函数)、log2(以 2 为底的对数函数)、三角函数 sin(正弦)、cos(余弦)、tan(正切)、asin(反正弦)、acos(反余弦)、atan(反正切）等。

以下为部分数学函数应用示例。

```
abs(－9)
sqrt(9)
exp(5.2306)
log10(10)
log2(100)
```

在 R 中运行以上代码，其结果示例如图 4 - 19 所示。

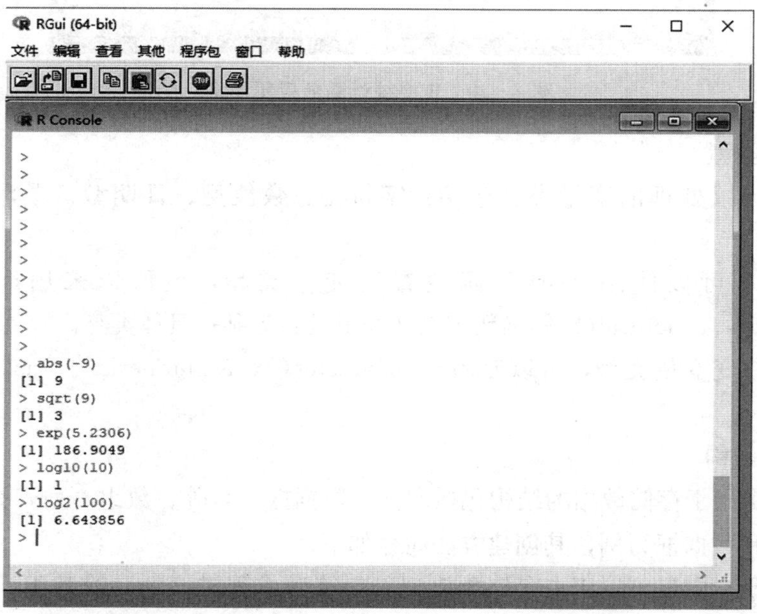

图 4 - 19　R 中数学函数应用示例

（4）统计函数。在 R 语言中，基本的统计函数包括：mean(平均数)、median(中位数)、sd(标准差)、var(方差)、sum(求和)、min(最小值)、max(最大值)、scale(标准化）等。

```
x<－c(11,21,32,44,51,65,72,81)
max(x)
mean(x)
sum(x)
```

在R中运行以上代码，其结果示例如图4-20所示。

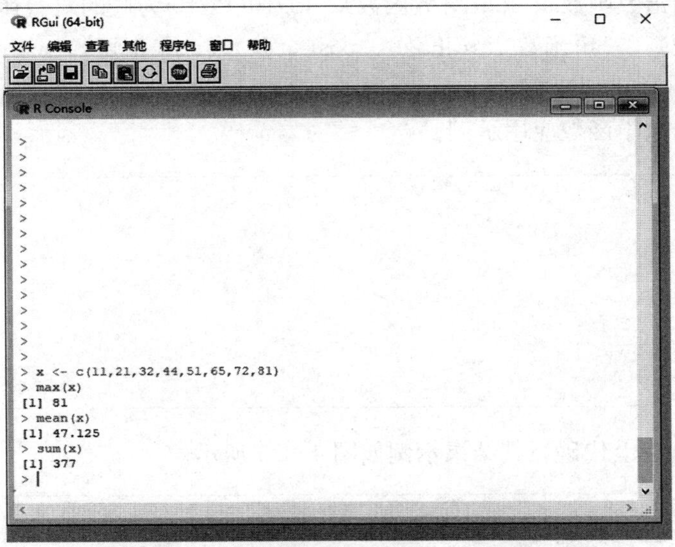

图4-20 R中统计函数应用示例

2. 数据类型

R语言可以处理的变量类型包括：字符型、数值型、日期型、逻辑型（TRUE/FALSE）。

审计人员可以使用class()函数查看变量类型，也可以采用is.numeric()，is.character()，is.logical()等函数来判断变量是否为某一具体类型。

如果要改变变量类型，可以使用as.character()，as.numeric()，as.logical()等函数来完成。

3. 数据结构

R语言中用于存储数据的结构包括向量、数据框、矩阵、数组、列表等。

以向量和数据框为例，其创建方法简介如下。

（1）向量。向量可以用来存储数值型、字符型或逻辑型的一维数组。单个向量中的数据类型需要一致。

审计人员可以使用c()函数来创建向量。（#表示注释，#后的文本不会被执行。）

例如，创建相关向量，其代码如下：

```
Auditee_data<-c(1028,20382,30934,1409,53702)  #创建数值型向量
Auditee_data
Auditee_data<-c("买入金额","卖出金额","获利金额")  #创建字符型向量
Auditee_data
Auditee_data<-c(TRUE,FALSE,TRUE)  #创建逻辑型向量
Auditee_data
```

在 R 中运行以上代码，其结果示例如图 4－21 所示。

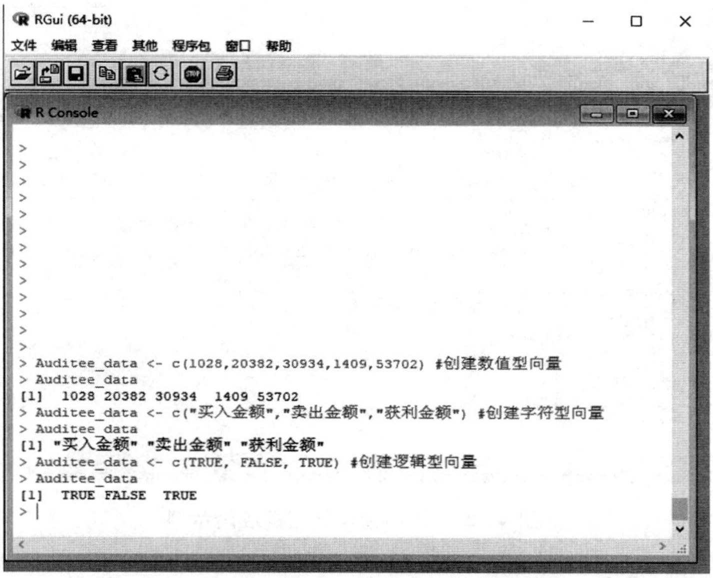

图 4－21 R 中创建向量应用示例

（2）数据框。数据框是 R 中最常使用的数据存储结构。数据框中不同的列可以包含不同类型数据，每一列的数据类型需要一致。

审计人员可以使用 data.frame() 函数来创建数据框。$ 表示选取数据框的某一部分。

创建数据框、查看变量类型、判断变量类型的示例的代码如下：

```
客户编号<-c("C101","C102","C103","C104")
客户名称<-c("江东省仙湖有限公司","沈后明","南信期货 8 号资产管理计划","大京沃本控股有限公司")
标的代码<-c("B0016","B0012","B0013","B0014")
标的名称<-c("汉东农业","汉东股份","数发股份","数据股份")
买入金额<-c(49225,49434,14858,27512)
卖出金额<-c(109225,309434,204858,597512)
股票交易数据<-data.frame(客户编号,客户名称,标的代码,标的名称,买入金额,卖出金额)
股票交易数据
股票交易数据$卖出金额
class(客户名称)
is.logical(客户名称)
is.character(客户名称)
```

在R中运行以上代码，其结果示例如图4-22所示。

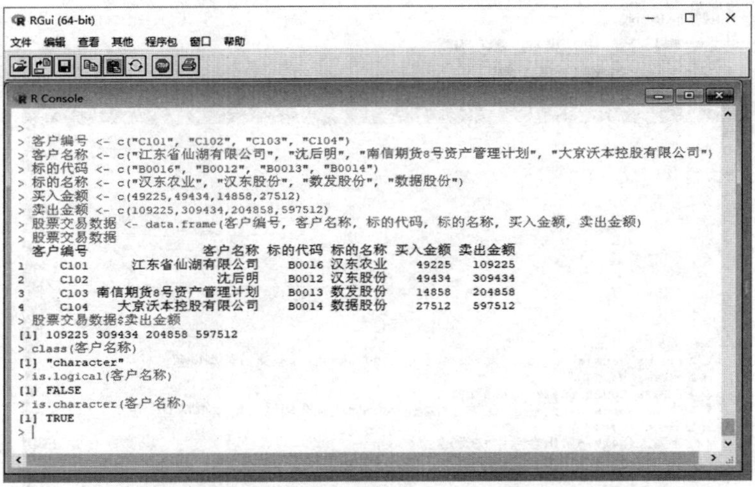

图4-22　R中创建数据框应用示例

4. 变量

在R语言中，变量的相关应用如下：

（1）变量赋值。变量赋值符号是<－，审计人员可以通过“变量名<－表达式”的语句来完成变量赋值操作。

审计人员可以使用ls()函数来显示当前已经创建的对象。

（2）删除变量。审计人员可以使用rm()函数来删除变量。

（3）创建新变量。假设现有数据框Auditee_data，其有两列数据：卖出金额x1、买入金额x2。审计人员拟创建名为“获利金额”的新变量存储“卖出金额”与“买入金额”变量之差，并存储在原有数据框Auditee_data中。其代码如下：

```
Auditee_data<－data.frame(x1=c(20122,120122,201022,230122),x2=c(8122,80122,91022,223012))
Auditee_data
Auditee_data<－data.frame(Auditee_data,获利金额=Auditee_data$x1－Auditee_data$x2)
Auditee_data
```

在R中运行以上代码，其结果示例如图4-23所示。

（4）变量重命名。在R语言中，变量或元素修改名称可以通过names()函数来处理，其格式为：names(被修改的数据框)[被修改的数据框中的变量]。

names()函数可以对被修改的数据框中的变量进行全部修改或部分修改。

例如，假设现有数据框Auditee_data，其有两列数据：卖出金额x1、买入金额x2。审计人员拟创建名为“获利金额”的新变量存储“卖出金额”与“买入金额”变量之差，并存储在原有数据框Auditee_data中。然后，把数据框Auditee_data中的“x1”

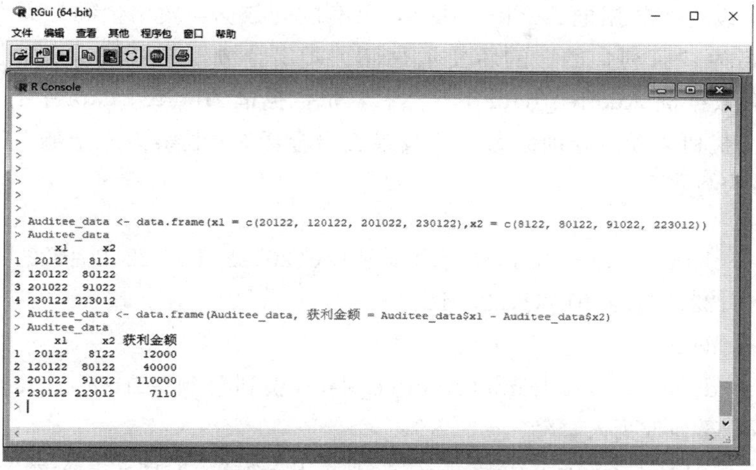

图 4-23 R 中创建新变量应用示例

命名为“卖出金额”，“x2”命名为“买入金额”，其代码示例如下：

```
Auditee_data<-data.frame(x1=c(20122,120122,201022,230122),x2=c(8122,80122,91022,223012))
Auditee_data
Auditee_data<-data.frame(Auditee_data,获利金额=Auditee_data$x1-Auditee_data$x2)
names(Auditee_data)[1]<-"卖出金额"
names(Auditee_data)[2]<-"买入金额"
Auditee_data
```

在 R 中运行以上代码，其结果示例如图 4-24 所示。

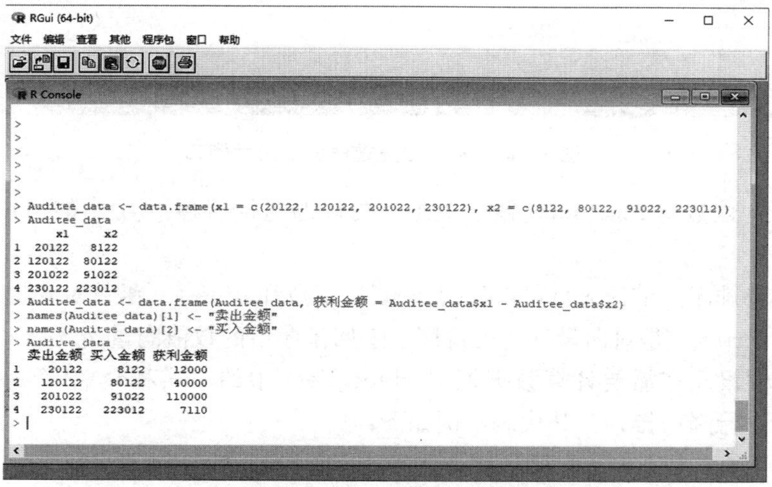

图 4-24 R 中变量重命名应用示例一

又如，假设现有数据框 Auditee_data，其有两列数据：卖出金额、买入金额。审计人员拟创建名为“获利金额”的新变量存储“卖出金额”与“买入金额”变量之差，并存储在原有数据框 Auditee_data 中。然后，把数据框 Auditee_data 中的“卖出金额”“买入金额”“获利金额”分别命名为“股票卖出金额”“股票买入金额”“股票获利金额”，其代码示例如下：

```
Auditee_data<-data.frame(卖出金额=c(20122,120122,201022,230122),买入金额=c(8122,80122,91022,223012))
Auditee_data
Auditee_data<-data.frame(Auditee_data,获利金额=Auditee_data$卖出金额-Auditee_data$买入金额)
names(Auditee_data)[1:3]<-c("股票卖出金额","股票买入金额","股票获利金额")
Auditee_data
```

在 R 中运行以上代码，其结果示例如图 4 - 25 所示。

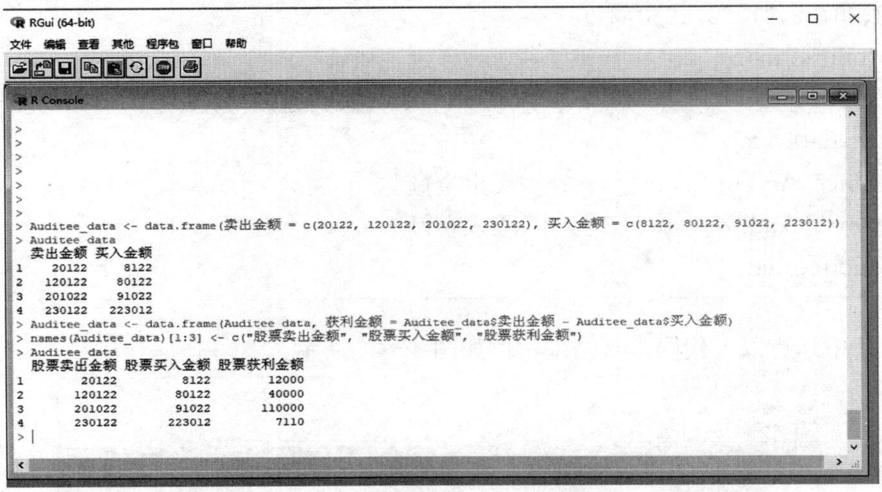

图 4 - 25　R 中变量重命名应用示例二

names() 函数与 rename() 函数类似，可以通过语言包 plyr 中的 rename() 函数修改变量名。

（5）变量排序。审计人员可以使用 sort() 函数和 order() 函数对变量进行排序。其中，sort(x) 是对向量 x 进行排序，返回排序后的数值向量。

例如，假设现在需要计算数据框 Auditee_data 中的“获利金额”，并按“获利金额”中的值进行降序排列，其代码示例如下：

```
Auditee_data<-data.frame(卖出金额=c(20122,120122,201022,230122),买入金额=c(8122,80122,91022,223012))
Auditee_data
Auditee_data<-data.frame(Auditee_data,获利金额=Auditee_data$卖出金额-Auditee_data$买入金额)
Auditee_data<-Auditee_data$获利金额
Auditee_data
sort(Auditee_data,decreasing=TRUE)
```

在 R 中运行以上代码，其结果示例如图 4－26 所示。

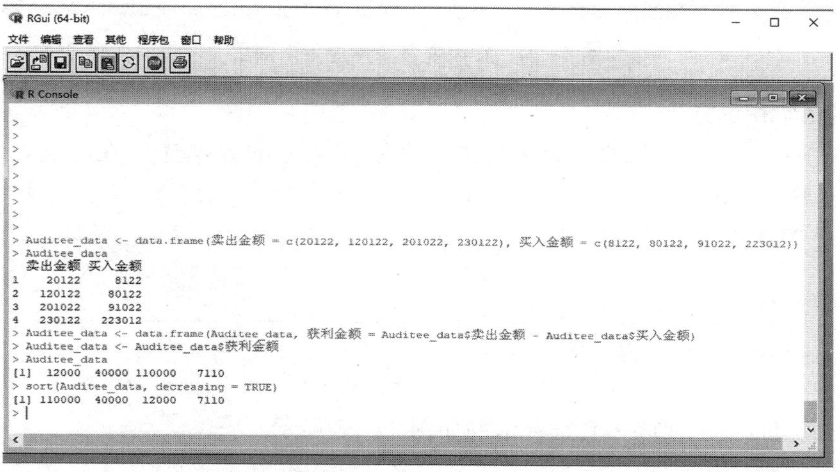

图 4－26　R 中变量排序应用示例一

order(x) 的返回值是对应排名的元素在所在向量中的位置。

例如，假设现在需要计算数据框 Auditee_data 中的"获利金额"，并按"获利金额"降序排列，其代码示例如下：

```
Auditee_data<-data.frame(卖出金额=c(20122,120122,201022,230122),买入金额=c(8122,80122,91022,223012))
Auditee_data
Auditee_data<-data.frame(Auditee_data,获利金额=Auditee_data$卖出金额-Auditee_data$买入金额)
Auditee_data<-Auditee_data$获利金额
Auditee_data
order(Auditee_data,decreasing=TRUE)
```

在 R 中运行以上代码，其结果示例如图 4－27 所示。

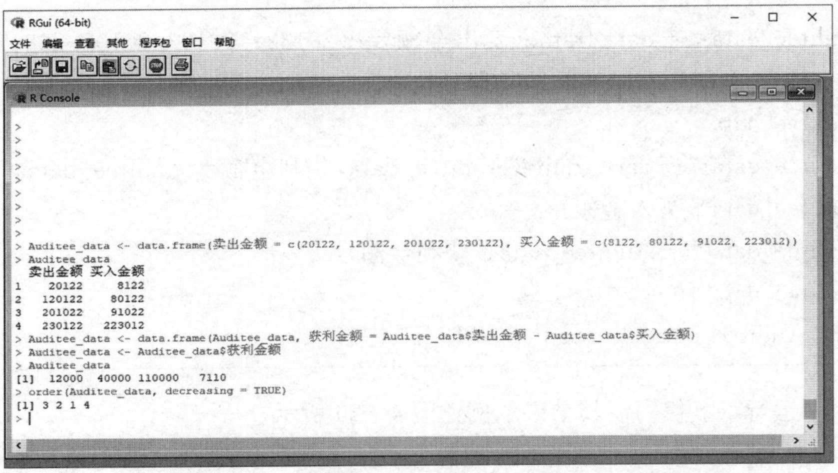

图 4-27 R中变量排序应用示例二

5. 其他常用函数

(1) 连接字符串。有时审计人员需要把不同类型的数据连接在一起，可以采用paste() 函数来完成。

例如，审计人员想创建向量（A1，A2，A3，A4，A5，A6，A7，A8），其代码如下：

```
paste("A",1:8,sep="")
```

在R中运行以上代码，其结果示例如图4-28所示。

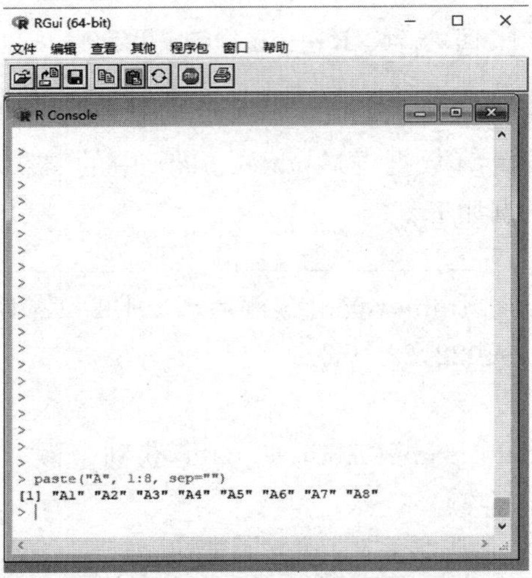

图 4-28 R中连接字符串应用示例一

又如，审计人员想计算数组中各个“买入金额”占全部买入金额的百分比，并使用 data.frame() 函数来创建数据框显示对应的结果，其代码如下：

```
买入金额<－c(1028,20382,30934,1409,53702)　＃创建数值型向量
占全部买入金额的百分比＝paste(round(买入金额/sum(买入金额)＊100,2),"%",sep＝"")
占全部买入金额的百分比
股票买入金额分析<－data.frame(买入金额,占全部买入金额的百分比)
股票买入金额分析
```

在 R 中运行以上代码，其结果示例如图 4－29 所示。

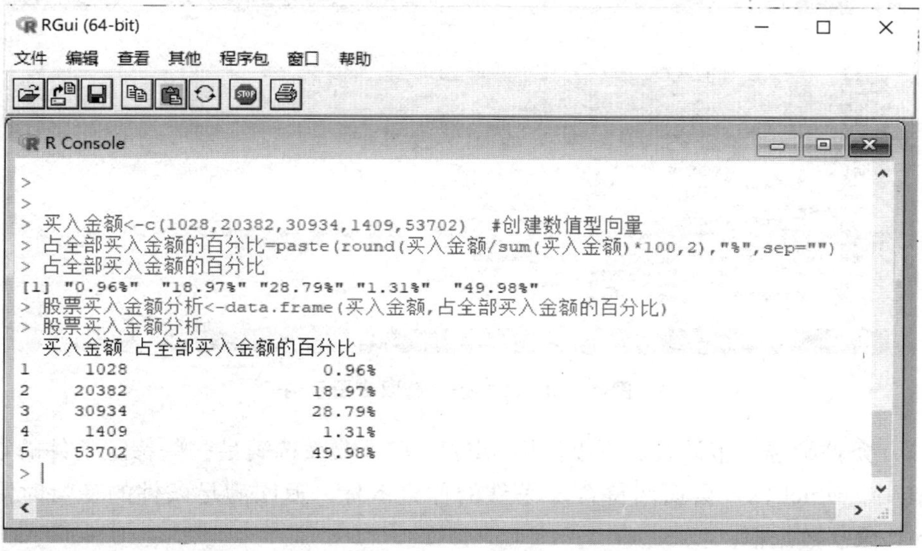

图 4－29　R 中连接字符串应用示例二

(2) 条件选取。有时审计人员需要根据条件选取相关变量进行审计，可以采用 subset() 函数来完成。其中，& 表示“和”，| 表示“或”。

例如，审计人员想查找“买入金额”大于 40 000 或“卖出金额”大于 300 000 的数据，其代码如下：

```
客户编号<－c("C101","C102","C103","C104")
客户名称<－c("江东省仙湖有限公司","沈后明","南信期货 8 号资产管理计划","大京沃本控股有限公司")
标的代码<－c("B0016","B0012","B0013","B0014")
标的名称<－c("汉东农业","汉东股份","数发股份","数据股份")
买入金额<－c(49225,49434,14858,27512)
卖出金额<－c(109225,309434,204858,597512)
股票交易数据<－data.frame(客户编号,客户名称,标的代码,标的名称,买入金额,卖出金额)
```

```
股票交易数据
筛选后的股票交易数据<-subset(股票交易数据,买入金额>40000|卖出金额>300000)  #选取买入金额大于40000或卖出金额大于300000的所有行
筛选后的股票交易数据
```

在 R 中运行以上代码，其结果示例如图 4－30 所示。

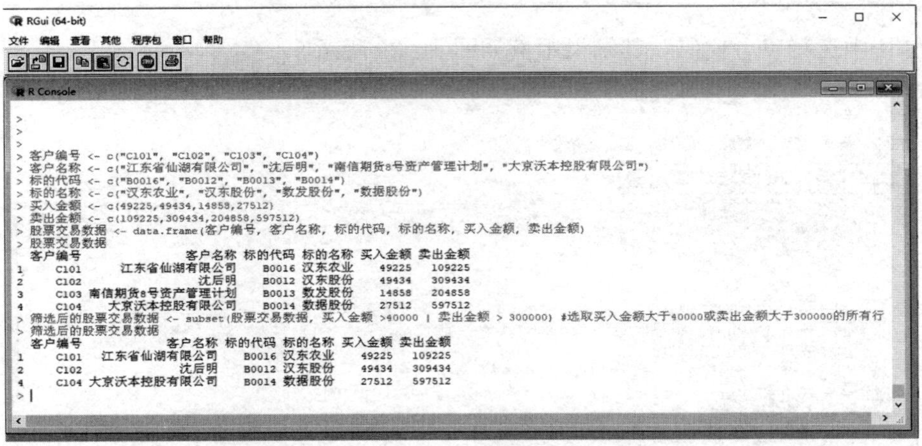

图 4－30 R 中条件选取应用示例

（3）条件筛选。审计人员可以使用 which() 函数筛选满足一些特定条件的数据记录。其中，which(x) 会返回符合 x 条件的位置下标，返回满足条件的变量时需要在 which 外限制数据框。

例如，审计人员想查找“买入金额”大于 40 000 的数据，其代码如下：

```
买入金额<-c(49225,49434,14858,27512,143434)
which(买入金额>40000)
买入金额[which(买入金额>40000)]
```

在 R 中运行以上代码，其结果示例如图 4－31 所示。

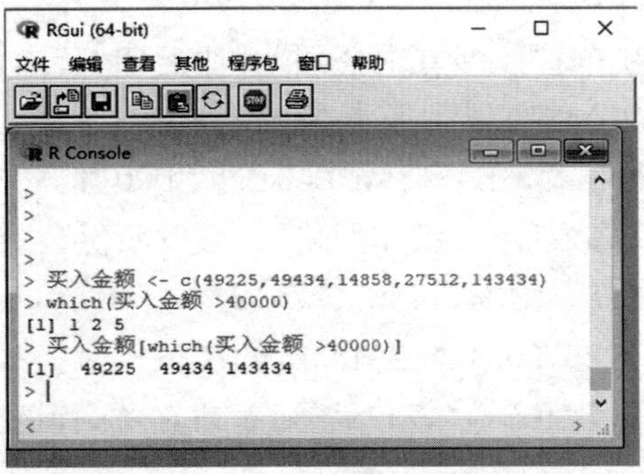

图 4－31 R 中条件筛选应用示例

（4）结果输出。审计人员若想把相关分析结果输出到文件，可以使用以下语句：

```
write.csv(要输出的数据,file="保存文件的路径及文件名")
```

例如，审计人员想把所创建的“股票交易数据”文件以 CSV 格式保存到 D 盘“大数据审计”下的“分析结果”文件夹中，并把文件命名为“股票交易数据”，其代码示例如下：

```
客户编号<-c("C101","C102","C103","C104")
客户名称<-c("江东省仙湖有限公司","沈后明","南信期货 8 号资产管理计划","大京沃本控股有限公司")
标的代码<-c("B0016","B0012","B0013","B0014")
标的名称<-c("汉东农业","汉东股份","数发股份","数据股份")
买入金额<-c(49225,49434,14858,27512)
卖出金额<-c(109225,309434,204858,597512)
股票交易数据<-data.frame(客户编号,客户名称,标的代码,标的名称,买入金额,卖出金额)
股票交易数据
write.csv(股票交易数据,file="D:/大数据审计/分析结果/股票交易数据.csv")
```

在 R 中运行以上代码，其结果示例如图 4-32 和图 4-33 所示。

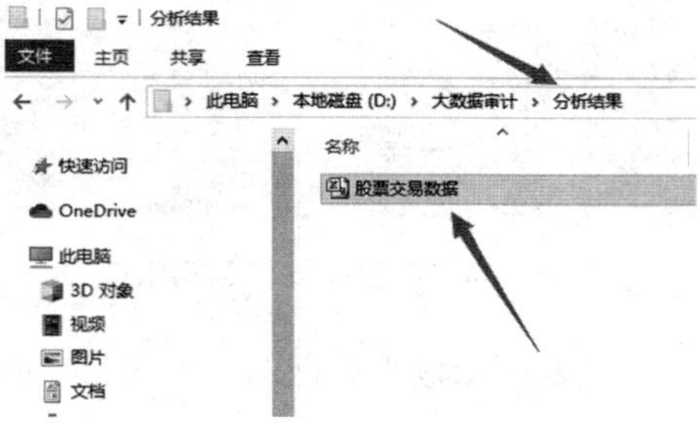

图 4-32　R 中结果输出应用示例一

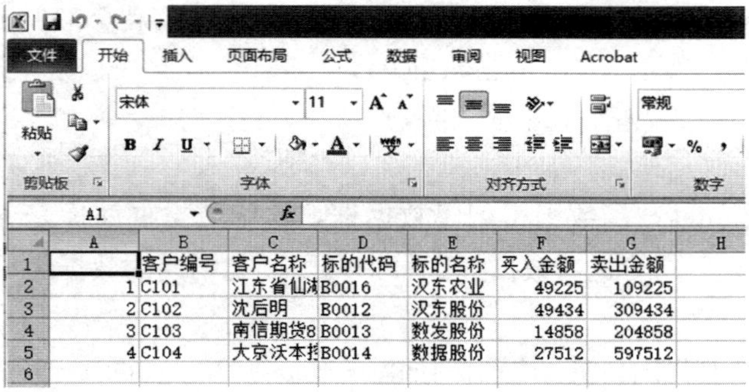

图 4-33　R 中结果输出应用示例二

关于如何把生成的图片输出为相关文件的内容将在第 5 章进行分析。

4.2.4 R 数据操作功能

1. R 数据采集

（1）全部数据采集方法示例。

1）直接输入数据。在 R 中，审计人员可以直接创建表，然后采用 edit() 函数调用一个允许手动输入数据的文本编辑器并输入数据，从而完成被审计数据的输入。

假设现有某股票交易数据，如图 4－34 所示。需要把该数据采集到 R 中。

A	B	C	D	E	F	G
客户编号	客户全称	标的代码	标的名称	获利金额	买入金额	卖出金额
C001	江东省仙湖有限公司	B0016	大发科技	2150.00	109275465.00	109277615.00
C001	江东省仙湖有限公司	B0019	在同资本	2720.00	360909.99	363629.99
C001	江东省仙湖有限公司	B0020	江科财富	50000.00	52857168.00	52907168.00
C001	江东省仙湖有限公司	B0069	江发可到	30000.00	95322726.11	95352726.11
C001	江东省仙湖有限公司	B0100	明东花业	2016.00	2807155.57	2809171.57
C001	江东省仙湖有限公司	B0121	明江约业	10000.00	25915216.78	25925216.78
C001	江东省仙湖有限公司	B0122	江汉银行	5620.00	173062802.40	173068422.40
C001	江东省仙湖有限公司	B0208	汉东银行	200.00	55050946.11	55051146.11
C001	江东省仙湖有限公司	B0219	江发油气	7676.00	7592915.25	7600591.25
C001	江东省仙湖有限公司	B0222	江汉油气	1360.00	200118572.80	200119932.80
C001	江东省仙湖有限公司	B0352	汉东农业	290.00	41361781.06	41362071.06
C001	江东省仙湖有限公司	B0518	汉发农业	1360.00	45929799.39	45931159.39
C001	江东省仙湖有限公司	B0712	汉东控股	920.00	521751605.50	521752525.50
C001	江东省仙湖有限公司	B0759	江发控股	1520.00	9349247.50	9350767.50
C001	江东省仙湖有限公司	B0816	江汉控股	1360.00	27440132.94	27441492.94
C001	江东省仙湖有限公司	B1121	汉东股份	1885.00	37575411.11	37577296.11
C001	江东省仙湖有限公司	B1258	汉杂股份	29839.50	172718422.20	172748261.70
C001	江东省仙湖有限公司	B1318	汉本股份	2318036.75	1713967198.00	1716285234.75
C001	江东省仙湖有限公司	B1318	汉本股份	3132135.08	3905368.00	7037503.08
C001	江东省仙湖有限公司	B1318	汉本股份	678774.50	13603030.06	14281804.56
C001	江东省仙湖有限公司	B1608	数据股份	7527585.62	386081706.15	393609291.77
C001	江东省仙湖有限公司	B1908	数发股份	20000.00	9121185.23	9141185.23
C001	江东省仙湖有限公司	B2100	在发股份	4785.90	3633868.50	3638654.40
C001	江东省仙湖有限公司	B2114	大发股份	2620.00	275717.89	278337.89
C001	江东省仙湖有限公司	B2125	无东股份	3360.20	2384456.67	2387816.87
C001	江东省仙湖有限公司	B2252	江同资本	63080.00	164740439.96	164803519.96
C001	江东省仙湖有限公司	B2314	无为资本	10000.00	1016642.77	1026642.77
C001	江东省仙湖有限公司	B2341	无发资本	7500.00	431136.44	438636.44
C001	江东省仙湖有限公司	B2615	无成资本	100000.00	12339799.41	12439799.41
C009	江汉省流熵金属有限公司	B0352	汉东农业	59497204.00	80443510.29	139940714.29
C009	江汉省流熵金属有限公司	B1121	汉东股份	1670.00	601475.25	603145.25
C009	江汉省流熵金属有限公司	B1258	汉杂股份	100000.00	67114012.07	67214012.07
C009	江汉省流熵金属有限公司	B1318	汉本股份	7520.00	1930051.15	1937571.15
C009	江汉省流熵金属有限公司	B1608	数据股份	2720.00	489724156.86	489726876.86
C009	江汉省流熵金属有限公司	B1908	数发股份	540.60	371057.06	371597.66
C009	江汉省流熵金属有限公司	B2100	在发股份	241450.00	70576660.63	70818110.63
C009	江汉省流熵金属有限公司	B2114	大发股份	4430.80	358498.61	362929.41

图 4－34 某股票交易数据示例

基于 R，可以编写创建表以及调用输入数据的文本编辑器的代码，其代码示例如下：

```
Auditee_data<－data.frame(客户编号＝character(0),客户全称＝character(0),标的代码＝character(0),标的名称＝character(0),获利金额＝numeric(0),买入金额＝numeric(0),卖出金额＝numeric(0))
Auditee_data<－edit(Auditee_data)
```

其中，data.frame() 函数用于创建数据框，这些数据框就像是 R 中的表，由行和列组成。与 Matrix 不同的是，数据框中每个列可以是不同的数据类型，而 Matrix 中必须是相同的。

在 R 中运行以上代码，其结果示例如图 4－35 所示。在图 4－35 中，审计人员可以根据需要输入和编辑图 4－34 所示的数据。

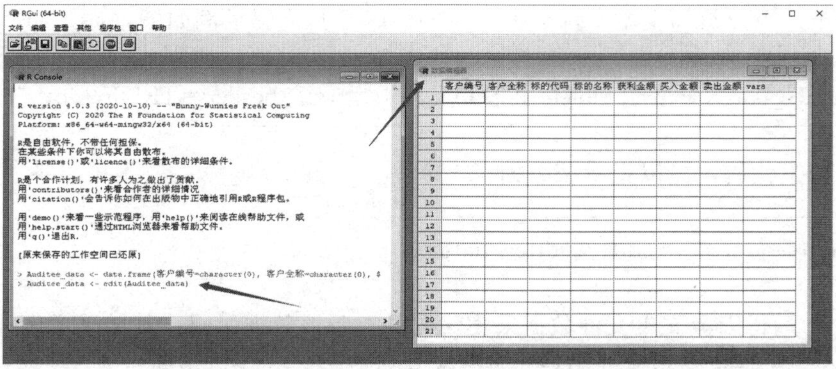

图 4 - 35　R 中直接输入数据示例

2）文本文件数据采集。如果审计人员需要把文本文件数据采集到 R 中进行分析，可以采用 read.table() 函数来完成，其主要语法格式如下：

```
read.table(file,header=TRUE/FALSE,sep="")
```

以上代码中的相关参数说明如下：

file 参数为要读取的数据文件名称，如果 file 参数中给定的文件名不是绝对路径，则表示数据文件名存在于当前 R 的工作目录中。

header 参数用来说明数据文件中是否有标题行。如果 header 设置为 TRUE，则把所采集数据的第一行数据设置为数据各字段的标题。

sep 参数是用来指定分隔数据的分隔符。默认 sep=""。默认情况下，read.table() 函数以空白作为数据的分隔符。若读取以“,”为分隔符的 TXT 或 CSV 文件，则需要指定 sep=","。

【例 4-1】 假设现有某股票交易数据，如图 4-36 所示。需要把该数据采集到 R 中。

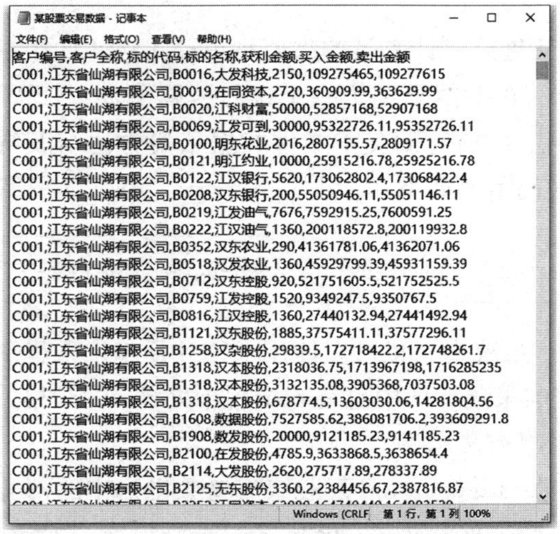
某股票交易数据 - 记事本
文件(F) 编辑(E) 格式(O) 查看(V) 帮助(H)
客户编号,客户全称,标的代码,标的名称,获利金额,买入金额,卖出金额
C001,江东省仙湖有限公司,B0016,大发科技,2150,109275465,109277615
C001,江东省仙湖有限公司,B0019,在同资本,2720,360909.99,363629.99
C001,江东省仙湖有限公司,B0020,江科财富,50000,52857168,52907168
C001,江东省仙湖有限公司,B0069,江发可到,30000,95322726.11,95352726.11
C001,江东省仙湖有限公司,B0100,明东花业,2016,2807155.57,2809171.57
C001,江东省仙湖有限公司,B0121,明江约业,10000,25915216.78,25925216.78
C001,江东省仙湖有限公司,B0122,江汉银行,5620,173062802.4,173068422.4
C001,江东省仙湖有限公司,B0208,汉东银行,200,55050946.11,55051146.11
C001,江东省仙湖有限公司,B0219,江发油气,7676,7592915.25,7600591.25
C001,江东省仙湖有限公司,B0222,江汉油气,1360,200118572.8,200119932.8
C001,江东省仙湖有限公司,B0352,汉东农业,290,41361781.06,41362071.06
C001,江东省仙湖有限公司,B0518,汉发农业,1360,45929799.39,45931159.39
C001,江东省仙湖有限公司,B0712,汉东控股,920,521751605.5,521752525.5
C001,江东省仙湖有限公司,B0759,江发控股,1520,9349247.5,9350767.5
C001,江东省仙湖有限公司,B0816,江汉控股,1360,27440132.94,27441492.94
C001,江东省仙湖有限公司,B1121,汉东股份,1885,37575411.11,37577296.11
C001,江东省仙湖有限公司,B1258,汉杂股份,29839.5,172718422.2,172748261.7
C001,江东省仙湖有限公司,B1318,汉本股份,2318036.75,1713967198,1716285235
C001,江东省仙湖有限公司,B1318,汉本股份,3132135.08,3905368,7037503.08
C001,江东省仙湖有限公司,B1318,汉本股份,678774.5,13603030.06,14281804.56
C001,江东省仙湖有限公司,B1608,数据股份,7527585.62,386081706.2,393609291.8
C001,江东省仙湖有限公司,B1908,数发股份,20000,9121185.23,9141185.23
C001,江东省仙湖有限公司,B2100,在发股份,4785.9,3633868.5,3638654.4
C001,江东省仙湖有限公司,B2114,大发股份,2620,275717.89,278337.89
C001,江东省仙湖有限公司,B2125,无东股份,3360.2,2384456.67,2387816.87
Windows (CRLF 第 1 行，第 1 列 100%

图 4 - 36　文本文件格式的某股票交易数据示例

基于R，可以编写文本文件数据采集的代码，其代码示例如下：

```
Auditee_data<-read.table("某股票交易数据.txt",header=TRUE,sep=",")
```

输入以下代码，可以查看该数据。

```
Auditee_data<-edit(Auditee_data)
```

在R中运行以上文本文件数据采集代码并查看该数据代码，其结果示例如图4-37所示。注："某股票交易数据.txt"需要放在所设置的工作目录中。

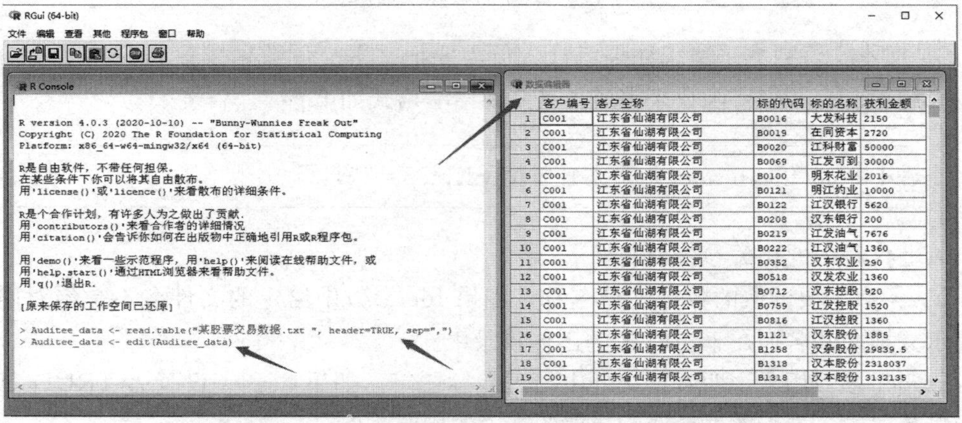

图4-37 R中文本文件格式的某股票交易数据采集示例

3）数据库管理系统中数据的采集。R语言中有多种面向关系型数据库管理系统（database management system，DBMS）的接口，其中，通过R语言的RODBC包访问数据库是采集数据库管理系统中数据的常用方法。限于篇幅，本书不对该方法进行详细分析。

4）其他类型数据采集。审计人员若需要把Excel格式的数据采集到R中，最简单的方式就是将Excel格式的数据导出为一个逗号分隔文件（CSV）或文本文件（TXT）格式的数据，然后采用前面描述的文本文件数据采集方法将其导入R中。其中，CSV文件格式数据采集的代码示例如下：

```
Auditee_data<-read.table("某股票交易数据.csv",header=TRUE,sep=",")
```

另外，在Windows系统中，也可以使用RODBC包来采集Excel格式的数据。

对XML格式数据的采集，R中也有若干用于处理XML格式数据的包。

（2）部分列数据采集方法示例。

1）假设需要读取Auditee_data（某股票交易数据）中的部分数据，例如第2～5列数据，并把读取的部分数据保存为Auditee_data_part，其代码示例如下：

```
Auditee_data<-read.table("某股票交易数据.txt",header=TRUE,sep=",")
Auditee_data_part<-Auditee_data[c(2:5)]
```

输入以下代码，可以查看以上结果数据。

```
Auditee_data_part
```

或输入以下代码，可以查看、编辑以上结果数据。

```
Auditee_data<-edit(Auditee_data_part)
```

在 R 中运行以上文本文件数据采集代码和查看、编辑该数据的代码，其结果示例如图 4-38 所示。

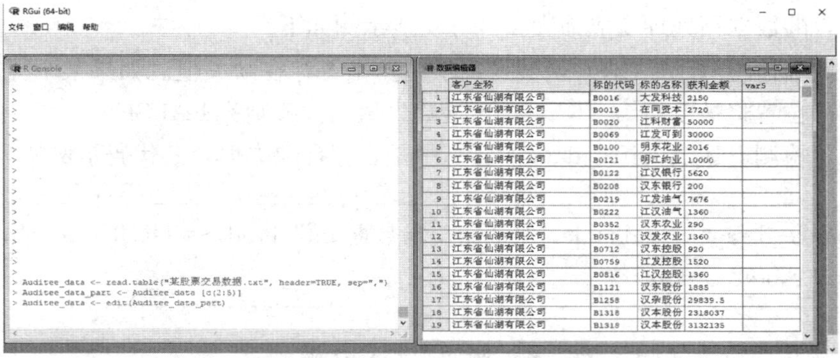

图 4-38　R 中部分列数据采集方法示例一

2）假设需要读取 Auditee_data 中的部分数据，例如第 1 列、第 2 列和第 5 列数据，并把读取的部分数据保存为 Auditee_data_part，其代码示例如下：

```
Auditee_data<-read.table("某股票交易数据.txt",header=TRUE,sep=",")
Auditee_data_part<-Auditee_data[c(1,2,5)]
```

输入以下代码，可以查看以上结果数据。

```
Auditee_data_part
```

或输入以下代码，可以查看、编辑以上结果数据。

```
Auditee_data<-edit(Auditee_data_part)
```

在 R 中运行以上文本文件数据采集代码和查看、编辑该数据的代码，其结果示例如图 4-39 所示。

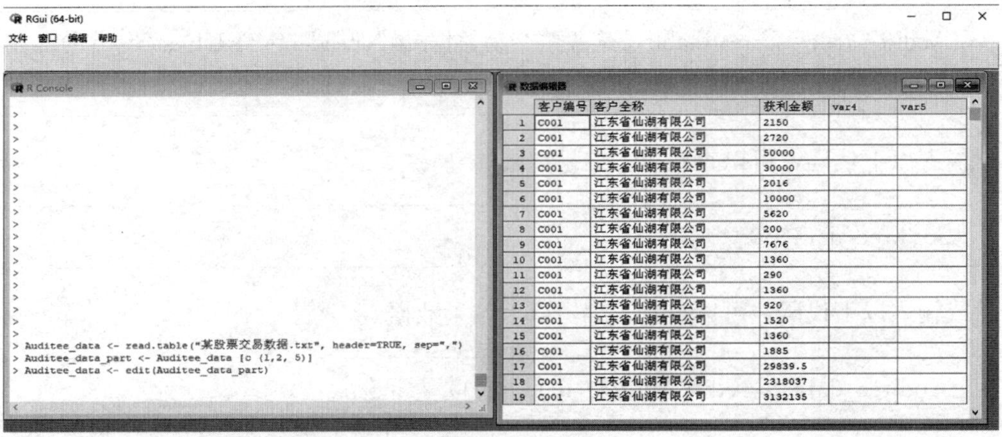

图 4-39 R 中部分列数据采集方法示例二

2. R 数据预处理

R 语言的数据预处理功能强大，部分功能示例如下。

（1）缺失值检测。is.na() 函数可用于检测是否存在缺失值。如果某个元素是缺失值，相应的位置将被改写为 TRUE，不是缺失值的位置则为 FALSE。

例如，检测上述 Auditee_data 的各列中是否存在缺失值，其代码示例如下：

```
Auditee_data<-read.table("某股票交易数据.txt",header=TRUE,sep=",")
is.na(Auditee_data)
```

在 R 中运行以上代码，其结果示例如图 4-40 所示。

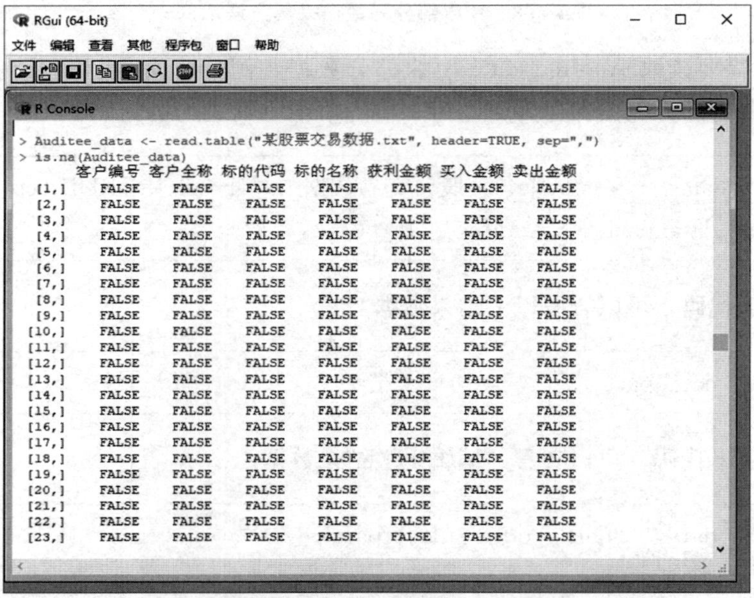

图 4-40 R 中缺失值检测应用示例一

又如，检测上述 Auditee_data 的第 2～3 列中是否存在缺失值，其代码示例如下：

```
Auditee_data<-read.table("某股票交易数据.txt",header=TRUE,sep=",")
is.na(Auditee_data[2:3])
```

在 R 中运行以上代码，其结果示例如图 4 - 41 所示。

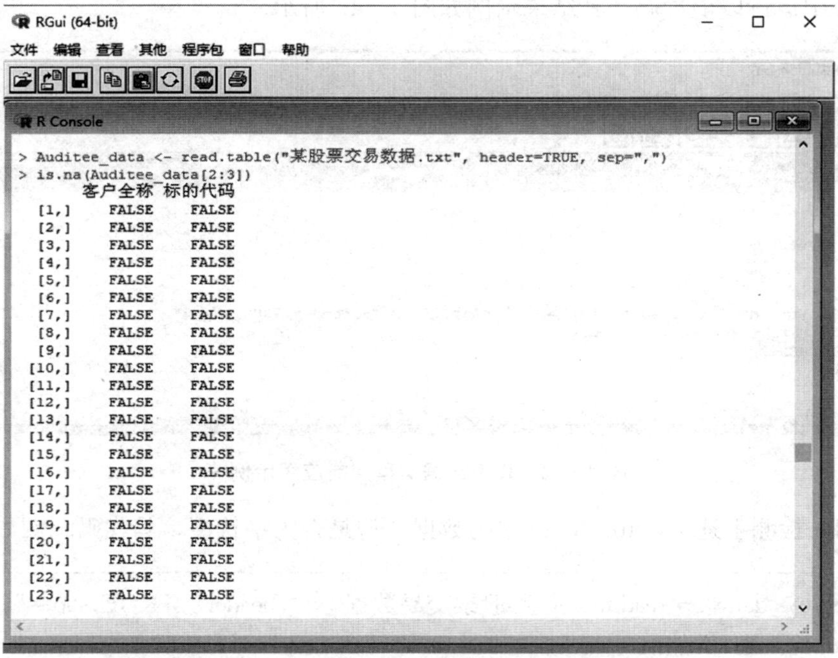

图 4 - 41　R 中缺失值检测应用示例二

(2) 数据类型判断和转换。R 中提供了一系列用来判断某个对象的数据类型和将其转换为另一种数据类型的函数。主要数据类型判断和转换函数如表 4 - 1 所示。

表 4 - 1　主要数据类型判断和转换函数

类型	类型判断函数	类型转换函数
数据框（data frame）	is.data.frame()	as.data.frame()
字符型（character）	is.character()	as.character()
数值类型（numeric）	is.numeric()	as.numeric()
逻辑型（logical）	is.logical()	as.logical()
矩阵（matrix）	is.matrix()	as.matrix()
向量（vector）	is.vector()	as.vector()
因子（factor）	is.factor()	as.factor()
…	…	…

表 4 - 1 中，is.data.frame() 函数用来判断数据类型是否为数据框，如果是，则返回 TRUE，如果不是，则返回 FALSE；as.data.frame() 函数用来将其参数转换为数据

框类型。其他数据类型判断和转换函数类似。

例如，检测上述 Auditee_data 中的数据类型是否为数据框，其代码示例如下：

```
Auditee_data<-read.table("某股票交易数据.txt",header=TRUE,sep=",")
is.data.frame(Auditee_data)
```

在 R 中运行以上代码，其结果示例如图 4-42 所示。

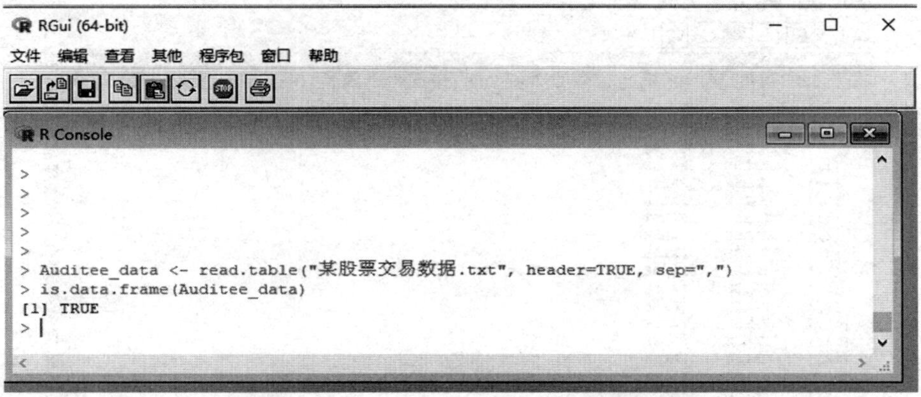

图 4-42　R 中数据类型判断应用示例一

又如，检测上述 Auditee_data 中的数据类型是否为字符型，其代码示例如下：

```
Auditee_data<-read.table("某股票交易数据.txt",header=TRUE,sep=",")
is.character(Auditee_data)
```

在 R 中运行以上代码，其结果示例如图 4-43 所示。

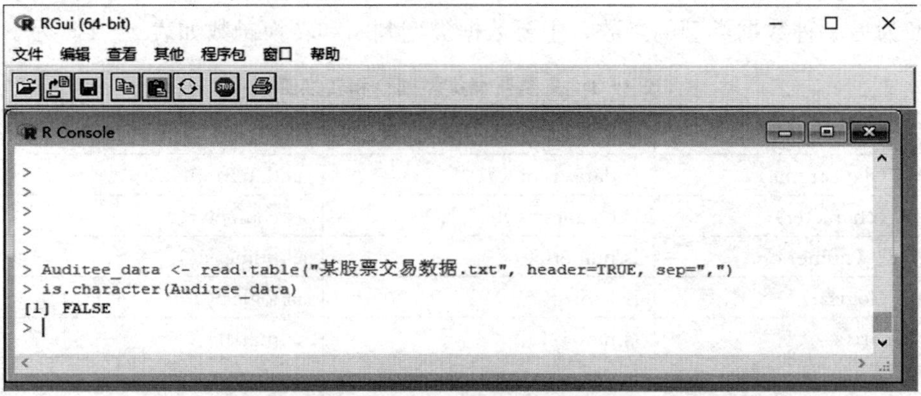

图 4-43　R 中数据类型判断应用示例二

再如，把上述 Auditee_data 中的数据类型更改为字符型，其代码示例如下：

```
Auditee_data<-read.table("某股票交易数据.txt",header=TRUE,sep=",")
Auditee_data<-as.character(Auditee_data)
```

在 R 中再次运行“is.character(Auditee_data)”代码，检测上述 Auditee_data 中的数据类型是否为字符型，其结果示例如图 4-44 所示。

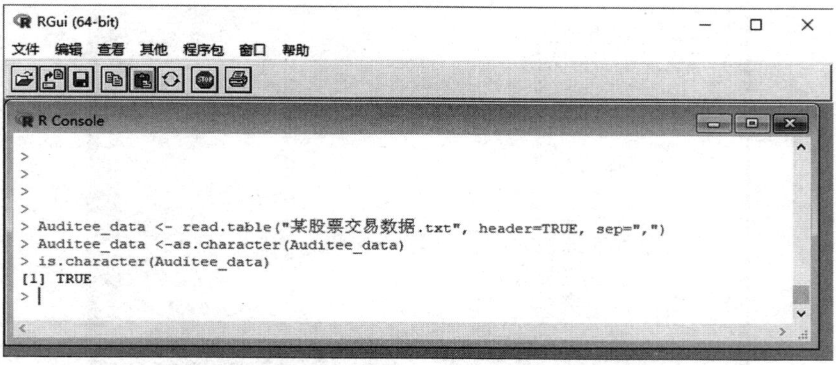

图 4-44　R 中数据类型判断应用示例三

3. R 数据分析

本节简要介绍如何在 R 中使用 SQL 语句操作数据框。关于如何在 R 中进行数据可视化分析的应用将在第 5 章详细分析。

(1) sqldf 包安装。审计人员若想在 R 中使用 SQL 语句操作数据框，则需要安装 sqldf 包，其操作代码如下：

```
install.packages("sqldf")
```

执行以上语句，即可完成安装操作。若不能成功安装，可以重新打开 R，选择其他 CRAN 镜像站点进行安装。

(2) SQL 语句操作数据框应用。假设审计人员拟读入“某股票交易数据.txt”，并希望从该数据中查找客户编号为“C009”的客户所购股票的获利情况，查询结果要求显示客户编号、客户全称、获利金额这三列数据。其代码示例如下：

```
Auditee_data<-read.table("某股票交易数据.txt",header=TRUE,sep=",")
library(sqldf)
select_auditee_data<-sqldf("select 客户编号,客户全称,获利金额 from
Auditee_data where 客户编号='C009' order by 获利金额",row.names=TRUE)
select_auditee_data
```

在 R 中运行以上代码，其结果示例如图 4-45 所示。

假设审计人员拟读入“某股票交易数据.txt”，并希望从该数据中查找获利金额大于 100 000 000 的数据，查询结果要求显示客户编号、客户全称、获利金额这三列数

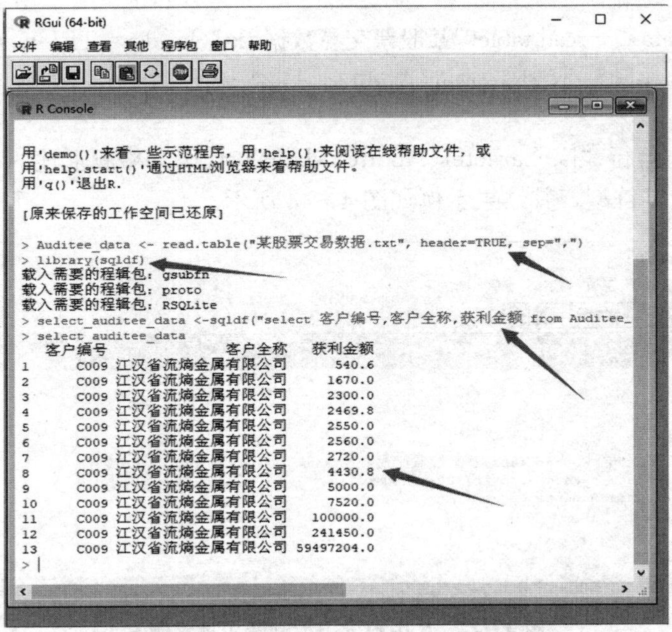

图4-45 R中使用SQL语句操作数据框应用示例一

据，并按获利金额升序排列。其代码示例如下：

```
Auditee_data<-read.table("某股票交易数据.txt",header=TRUE,sep=",")
library(sqldf)
select_auditee_data<-sqldf("select 客户编号,客户全称,获利金额 from
Auditee_data where 获利金额>100000000 order by 获利金额",row.names=TRUE)
select_auditee_data
```

在R中运行以上代码，其结果示例如图4-46所示。

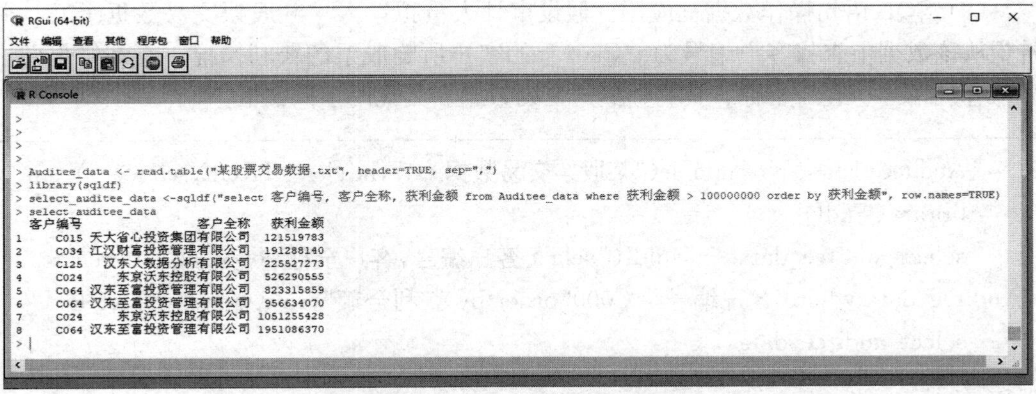

图4-46 R中使用SQL语句操作数据框应用示例二

（3）查询结果保存。审计人员可以把查询结果输出到文件中进行保存，其语句如下：

```
write.csv(要输出的数据,file="保存文件的路径及文件名")
```

例如，审计人员想把查询结果以 CSV 格式保存到 D 盘“大数据审计”下的“分析结果”文件夹中，并将文件命名为“查询结果”，其代码示例如下：

```
Auditee_data<-read.table("某股票交易数据.txt",header=TRUE,sep=",")
library(sqldf)
select_auditee_data<-sqldf("select * from Auditee_data where 获利金额>
1000000 order by 获利金额",row.names=TRUE)
write.csv(select_auditee_data,file="D:/大数据审计/分析结果/查询结果.csv")
```

在 R 中运行以上代码，其操作运行示例如图 4－47 所示，其查询结果示例如图 4－48 和图 4－49 所示。

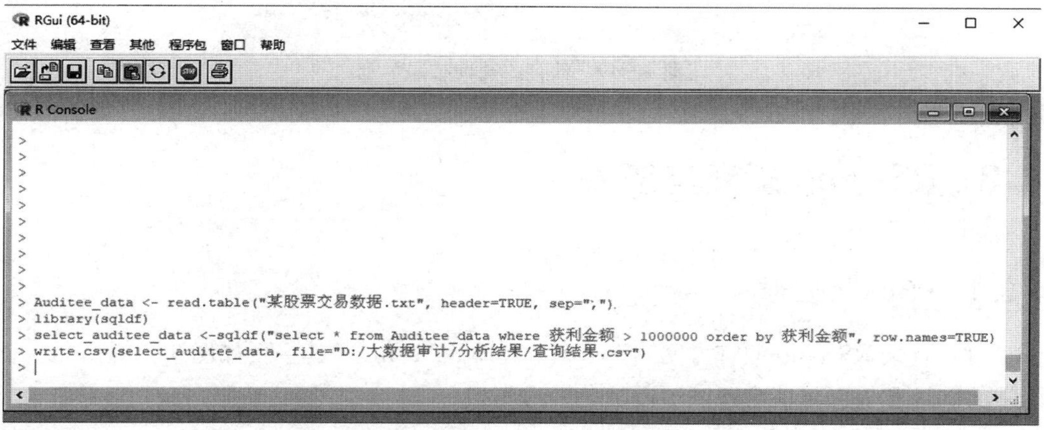

图 4－47　R 中查询结果保存操作运行示例

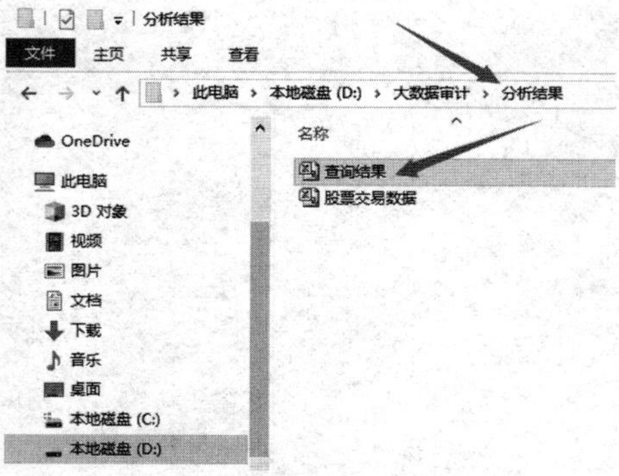

图 4－48　保存在文件夹中的查询结果示例

	A	B	C	D	E	F	G	H
1		客户编号	客户全称	标的代码	标的名称	获利金额	买入金额	卖出金额
2	78	C013	滁州吕票	B0100	明东花业	1015367	33102985	34118352
3	298	C041	连云港∫	B1108	江汉股份	1035483	65826754	66862237
4	502	C125	汉东大数	B0069	江发可到	1202741	804845.7	2007586
5	438	C110	张林肯	B0016	大发科技	1322352	17013899	18336251
6	473	C111	武汉牛牛	B0122	江汉银行	1322352	46736455	48058807
7	96	C013	滁州吕票	B1908	数发股份	1504281	2.22E+08	2.23E+08
8	67	C010	沈后明	B2114	大发股份	1628630	477436.5	2106067
9	280	C039	江东科技	B2125	无东股份	2060118	8978193	11038311
10	544	C135	汉东审计	B1118	江东股份	2199391	6189148	8388539
11	453	C110	张林肯	B0816	江汉控股	2207710	1112550	3320260
12	518	C125	汉东大数	B1118	江东股份	2251273	470524.4	2721798
13	18	C001	江东省仙	B1318	汉本股份	2318037	1.71E+09	1.72E+09
14	302	C041	连云港∫	B1318	汉本股份	2430935	7847567	10278503
15	524	C125	汉东大数	B1258	汉杂股份	2907965	9222719	12130684
16	188	C033	刘小长	B0020	江科财富	2945291	40410366	43355657
17	557	C145	汉发数据	B0222	江汉油气	3070296	10646.63	3080943
18	19	C001	江东省仙	B1318	汉本股份	3132135	3905368	7037503
19	50	C010	沈后明	B0208	汉东银行	3153311	38834707	41988018
20	190	C033	刘小长	B0100	明东花业	3153311	1.17E+09	1.18E+09
21	499	C125	汉东大数	B0019	在同资本	3200741	1.31E+08	1.35E+08
22	516	C125	汉东大数	B1108	江汉股份	3216572	4275477	7492049
23	564	C145	汉发数据	B1121	汉东股份	3358659	66381220	69739879
24	478	C111	武汉牛牛	B0518	汉发农业	3460275	4836814	8297089
25	177	C032	大京沃本	B1908	数发股份	3539794	34519905	38059699
26	460	C110	张林肯	B1908	数发股份	3731727	49385700	53117427
27	352	C045	汉东市瑞	B2252	江同资本	4745697	18072.07	4763769

图 4-49　保存的查询结果示例

4.3　RStudio 安装与应用

4.3.1　RStudio 安装

（1）登录 RStudio 的官方网站 https://rstudio.com/，其主页如图 4-50 所示（该网站的网址和界面可能会不断更新变化）。

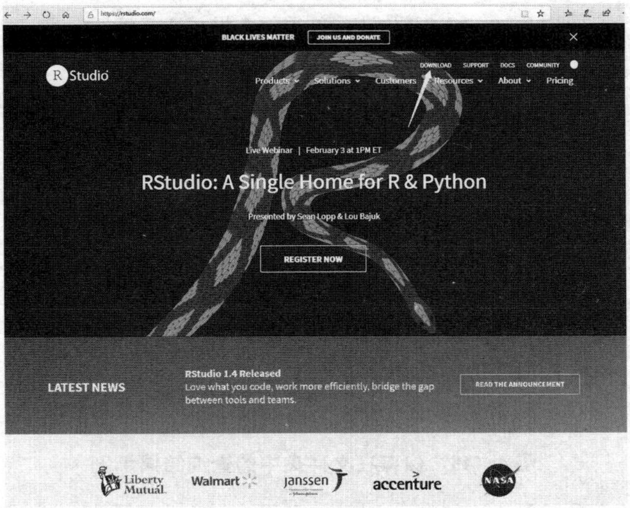

图 4-50　RStudio 官方网站主页示例

（2）点击“DOWNLOAD”，进入如图 4 - 51 所示的版本选择界面，可以选择 RStudio 的相关版本。假设下载免费版，选择“Free”版，点击“DOWNLOAD”，进入如图 4 - 52 所示的下载界面，可以下载所需要的最新版本 RStudio。

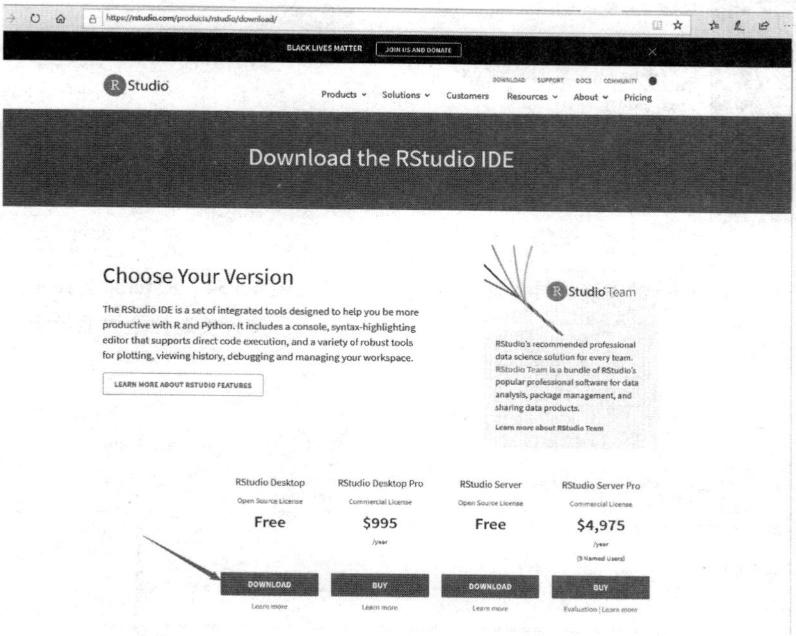

图 4 - 51　RStudio 的版本选择界面示例

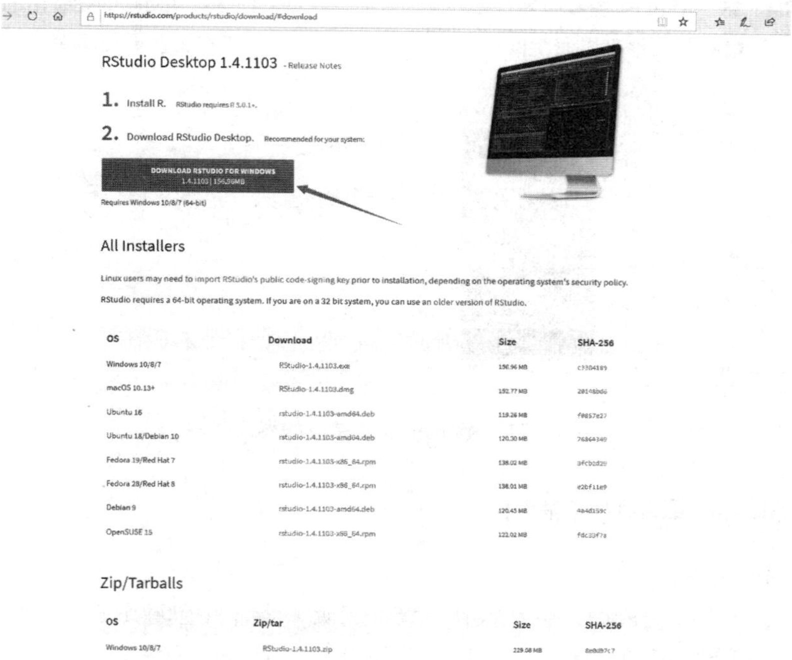

图 4 - 52　RStudio 下载界面示例

（3）运行所下载的 RStudio，进入如图 4－53 所示的安装引导界面。根据安装引导，即可完成 RStudio 的安装，其过程如图 4－54 至图 4－57 所示。

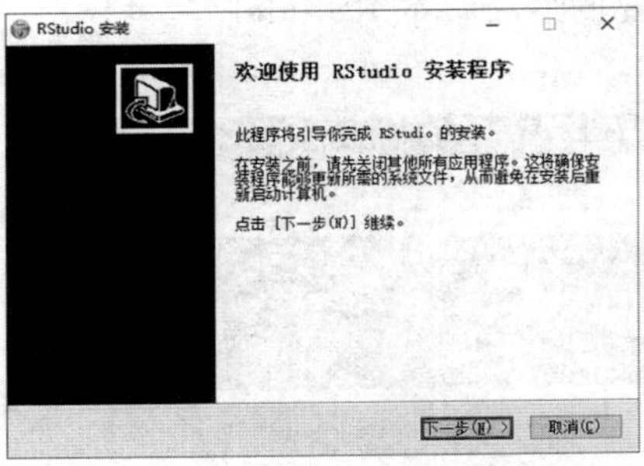

图 4－53　RStudio 的安装引导界面示例

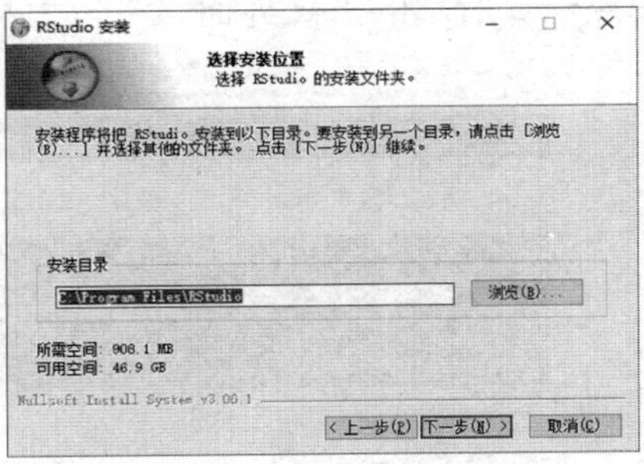

图 4－54　RStudio 安装中的选择安装位置界面示例

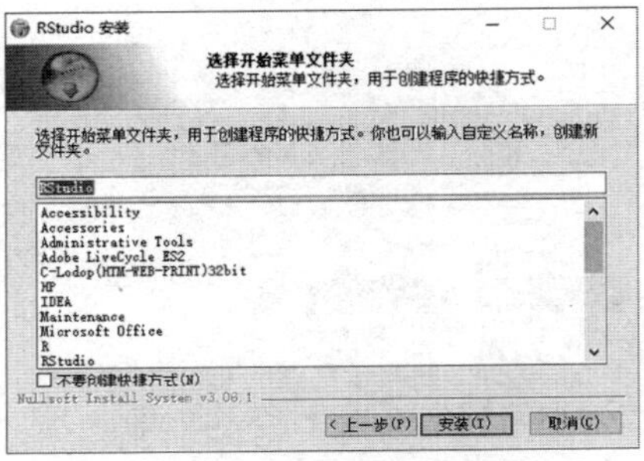

图 4－55　RStudio 安装中的选择开始菜单文件夹界面示例

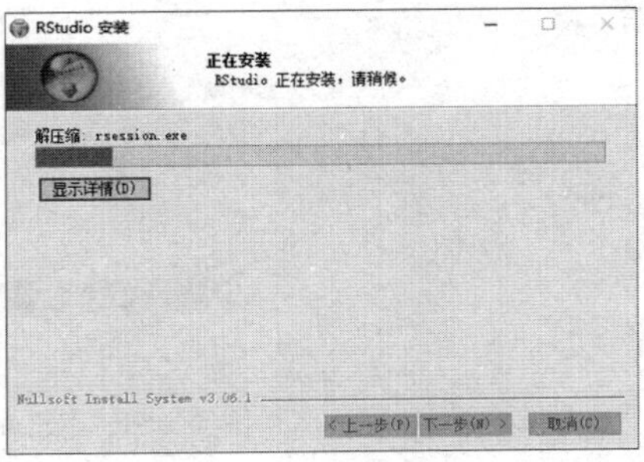

图 4－56　RStudio 安装中的正在安装界面示例

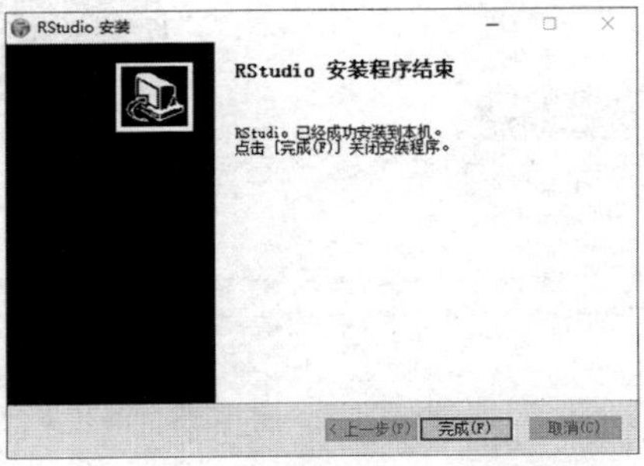

图 4－57　RStudio 安装完成的界面示例

4.3.2　RStudio 基本功能简介

1. RStudio 主界面

在 RStudio 安装完成后，会在操作系统“开始”菜单中创建 RStudio 程序组。通过操作系统“开始”菜单运行 RStudio，即可打开 RStudio 的主窗口，其主界面如图 4－58 所示。

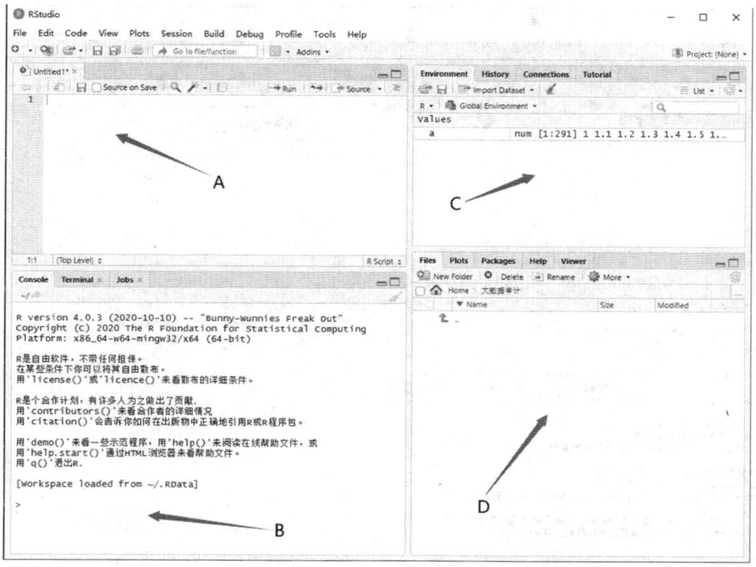

图 4－58　RStudio 主界面示例

在 RStudio 的主界面中，A 窗口为代码编辑窗口，提供 RStudio 代码的编辑、查找、替换、运行等功能；B 窗口为控制台窗口，显示代码的运行过程；C 窗口为工作空间与历史信息窗口，提供 RStudio 运行环境中涉及的各种变量（如数据集 Data、值 Value 和自定义函数 Function 等）、历史命令、数据文件的导入导出等功能；D 窗口提供文件目录、绘图、包管理、帮助窗口等功能。

2. 工作目录

（1）设定当前的工作目录。与 R 软件类似，审计人员可以使用命令 setwd("") 设定当前的工作目录。例如，设置当前的工作目录为“D:/大数据审计”，则可以使用以下代码：

```
setwd("D:/大数据审计")
```

注：在 setwd("") 命令中路径使用斜杠“/”。

在 RStudio 中运行以上代码，其结果示例如图 4－59 所示。

审计人员也可以通过 RStudio 的菜单“Session”→“Set Working Directory”→“Choose Directory…”来设置当前的工作目录，如图 4－60 所示。

（2）查看当前的工作目录。审计人员如果想知道当前的工作目录，可以使用函数 getwd() 来查看。在 RStudio 中运行函数 getwd() 的结果示例如图 4－61 所示。

如果用户需要读入一个不在当前工作目录下的文件，则需在调用语句中写明完整的路径。需要注意的是，这些目录名和文件名前后需要使用引号。

3. 包

（1）包的安装。与 R 软件类似，当需要安装某一个包时，可以使用命令 install.packages()。如果不加参数直接执行 install.packages()，将显示一个 CRAN 镜像站点

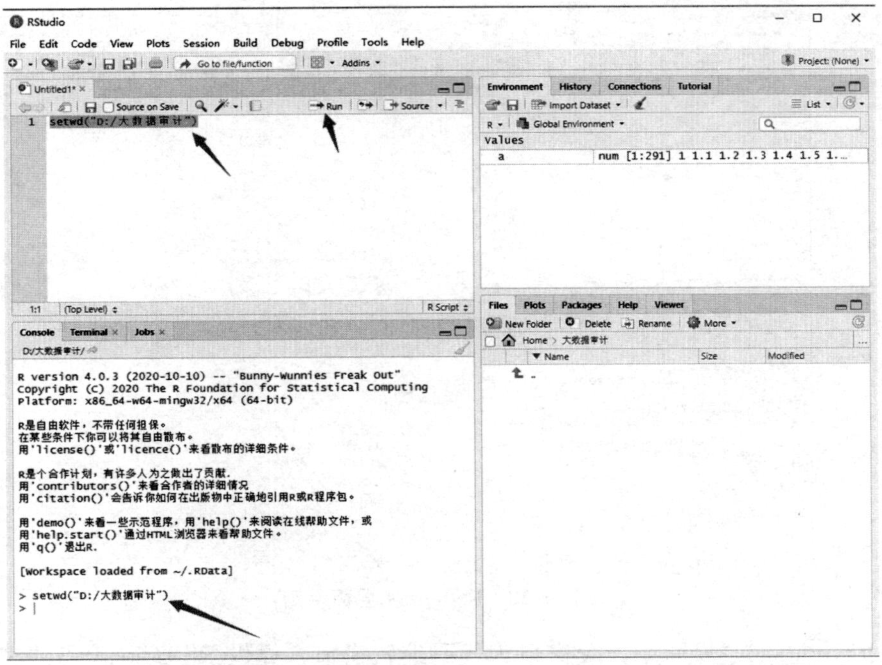

图4-59 RStudio中使用函数设置当前工作目录示例

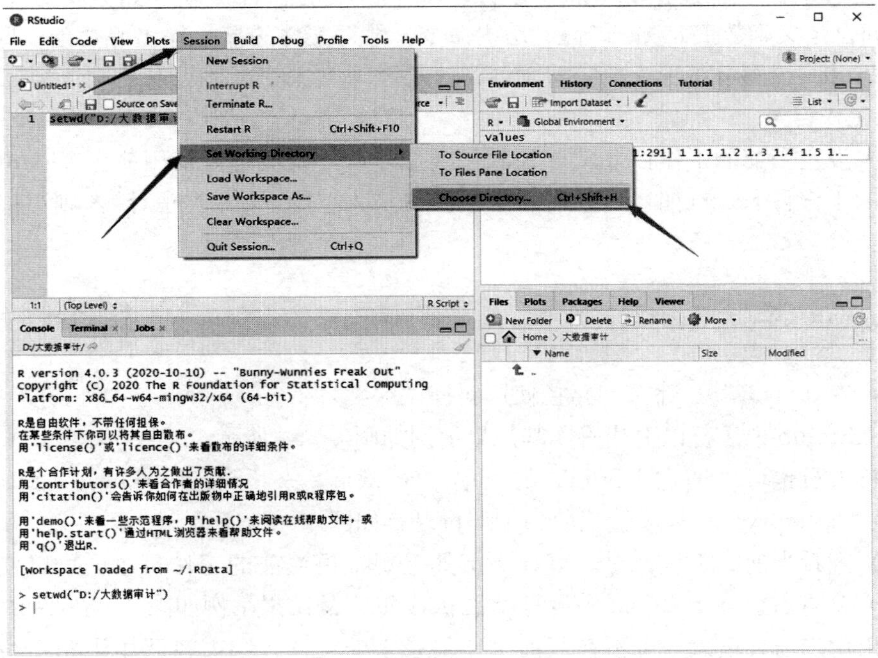

图4-60 RStudio中通过菜单设置当前工作目录示例

的列表，如图4-62所示。审计人员选择某一个镜像站点之后，将能看到所有可用包的列表，审计人员可以从中选择所需要的包进行下载和安装，其示例如图4-62所示。

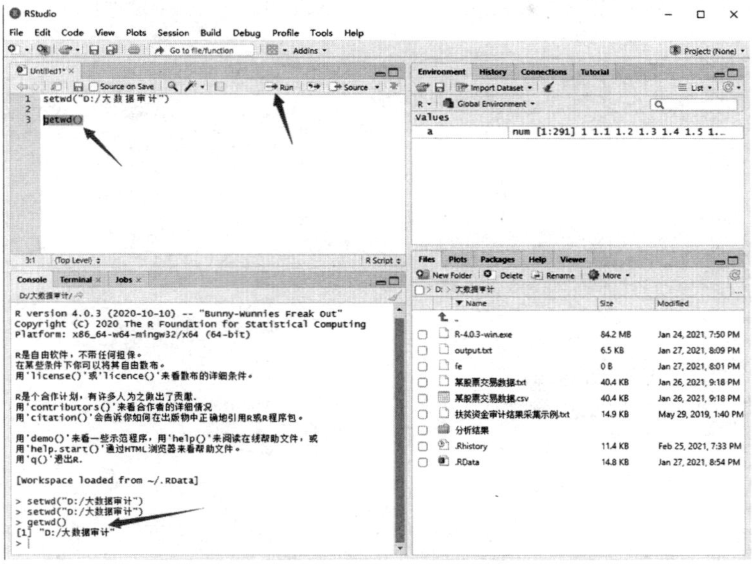

图 4-61　RStudio 中查看当前工作目录示例

图 4-62　RStudio 中执行 install. packages( ) 结果示例

以 R 语言中的绘图软件包 ggplot2 为例，在 RStudio 中安装的示例如图 4 - 63 所示。

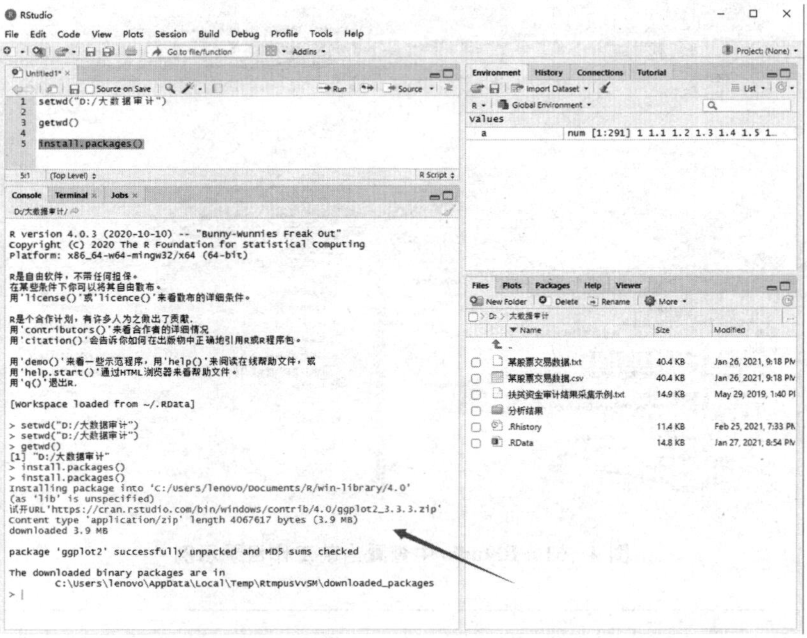

图 4 - 63　RStudio 中包的安装示例

（2）包的加载。在完成包的安装之后，如果要在 RStudio 中使用该包，还需要使用 library() 命令加载这个包。在一个会话中，包只需加载一次。例如，要使用绘图软件包 ggplot2，则需要执行命令 library(ggplot2)，该包的加载示例如图 4 - 64 所示。需要注意的是，在加载一个包之前必须已经安装这个包。

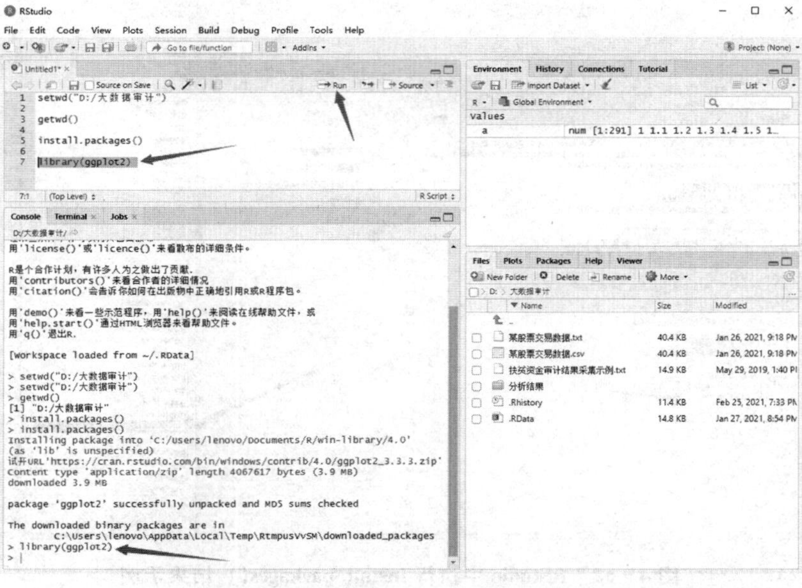

图 4 - 64　RStudio 中包的加载示例

（3）包的更新。在 RStudio 中可以使用 update.packages() 命令更新语言包。

4.3.3　RStudio 软件环境下 R 语言的基本应用

本部分结合 RStudio 软件，简要介绍 R 语言语法的基本应用。

1. 基本数学运算应用示例

以算术运算为例，如前所述，在 R 语言中，基本的算术运算包括：+（加）、－（减）、*（乘）、/（除）、^（乘方）、x%%y（求余）、x%/%y（整除）等。

```
7+3
7-3
7*3
7/3
7^3
9%%2
9%/%2
```

在 RStudio 中运行以上代码，其结果示例如图 4-65 所示。

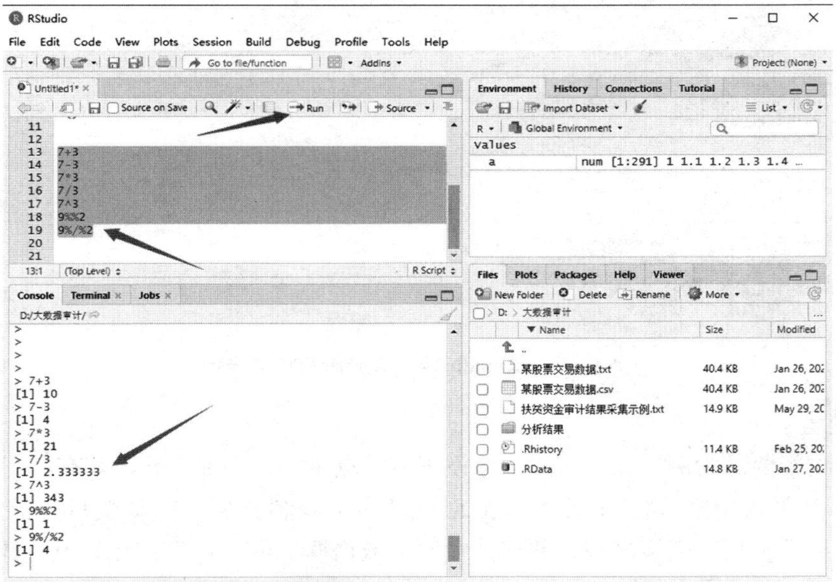

图 4-65　RStudio 中算术运算应用示例

其他操作与 R 软件类似，不再重复演示。

2. 数据结构创建应用示例

以创建数据框为例，如前所述，审计人员使用 data.frame() 函数来创建数据框，并显示相关数据，其代码如下：

```
客户编号<-c("C101","C102","C103","C104")
客户名称<-c("江东省仙湖有限公司","沈后明","南信期货8号资产管理计划","大京沃本控股有限公司")
标的代码<-c("B0016","B0012","B0013","B0014")
标的名称<-c("汉东农业","汉东股份","数发股份","数据股份")
买入金额<-c(49225,49434,14858,27512)
卖出金额<-c(109225,309434,204858,597512)
股票交易数据<-data.frame(客户编号,客户名称,标的代码,标的名称,买入金额,卖出金额)
股票交易数据
股票交易数据$卖出金额
```

在RStudio中运行以上代码，其结果示例如图4-66所示。

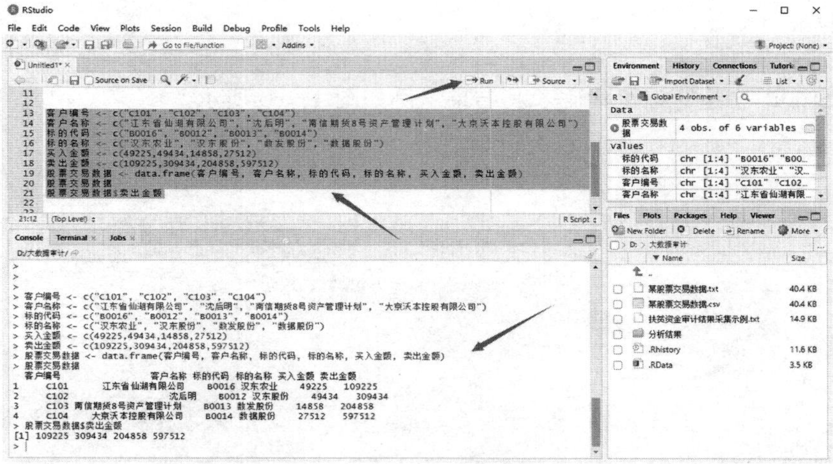

图4-66 RStudio中创建数据框应用示例

3. 变量

以创建新变量为例，如前所述，假设现有数据框Auditee_data，其有两列数据：卖出金额x1、买入金额x2。审计人员拟创建名为“获利金额”的新变量存储“卖出金额”与“买入金额”变量之差，并存储在原有数据框Auditee_data中，其代码如下：

```
Auditee_data<-data.frame(x1=c(20122,120122,201022,230122),x2=c(8122,80122,91022,223012))
Auditee_data
Auditee_data<-data.frame(Auditee_data,获利金额=Auditee_data$x1-Auditee_data$x2)
Auditee_data
```

在 RStudio 中运行以上代码，其结果示例如图 4-67 所示。

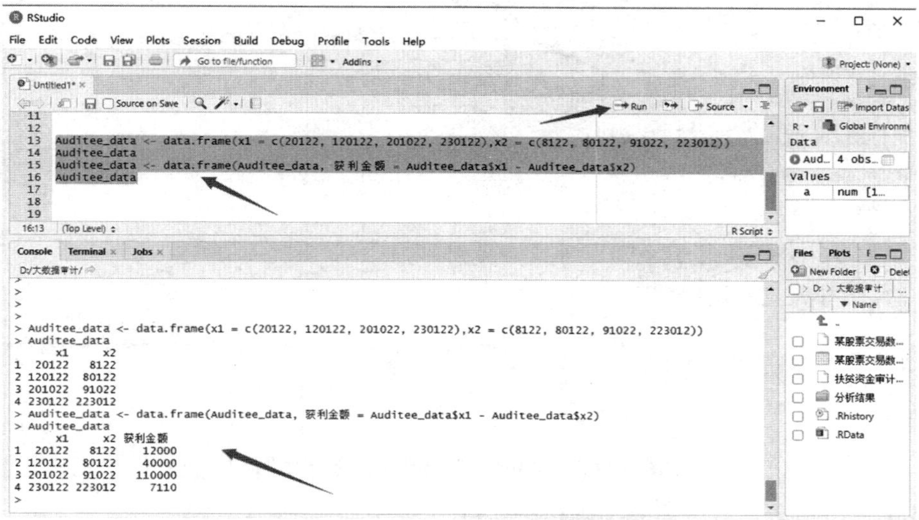

图 4-67　RStudio 中创建新变量应用示例

其他操作不再重复演示。

4.3.4　RStudio 数据操作功能

1. RStudio 数据采集

（1）全部数据采集方法示例。

1）直接输入数据。如前所述，假设现有某股票交易数据，需要把该数据采集到 RStudio 中。

基于 R 语言，可以编写创建表以及调用输入数据的文本编辑器的代码，其代码示例如下：

```
Auditee_data<－data.frame(客户编号=character(0),客户全称=character(0),标的代码=character(0),标的名称=character(0),获利金额=numeric(0),买入金额=numeric(0),卖出金额=numeric(0))
Auditee_data<－edit(Auditee_data)
```

在 RStudio 中运行以上代码，其结果示例如图 4-68 所示。在图 4-68 中，审计人员可以根据需要输入和编辑数据。

2）文本文件数据采集。如前所述，假设现有文本文件格式的某股票交易数据，需要把该数据采集到 RStudio 中，基于 R 语言，可以编写文本文件数据采集的代码，其代码示例如下：

```
Auditee_data<－read.table("某股票交易数据.txt",header=TRUE,sep=",")
```

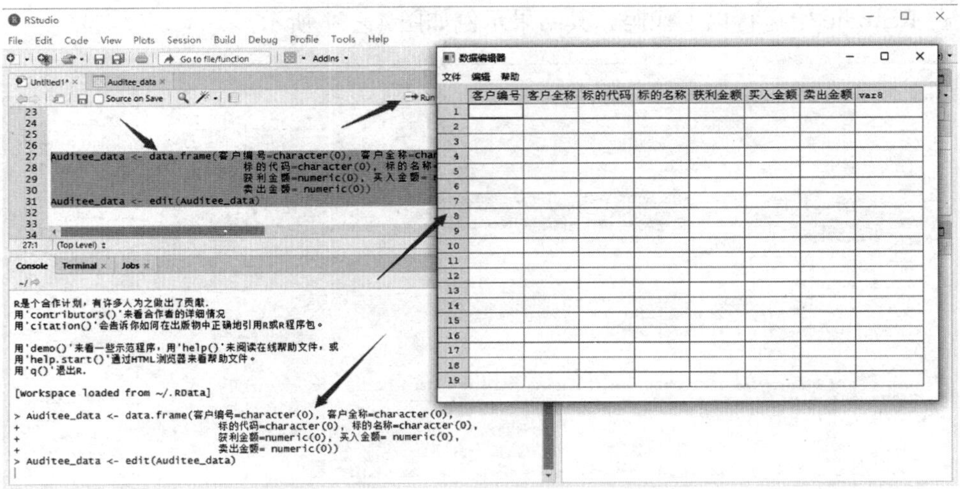

图 4-68　RStudio 中直接输入数据示例

输入以下代码，可以查看、编辑该数据。

```
Auditee_data<-edit(Auditee_data)
```

在 RStudio 中运行以上文本文件数据采集代码并查看、编辑该数据的代码，其结果示例如图 4-69 所示。注：“某股票交易数据 . txt”需要放在所设置的工作目录中。

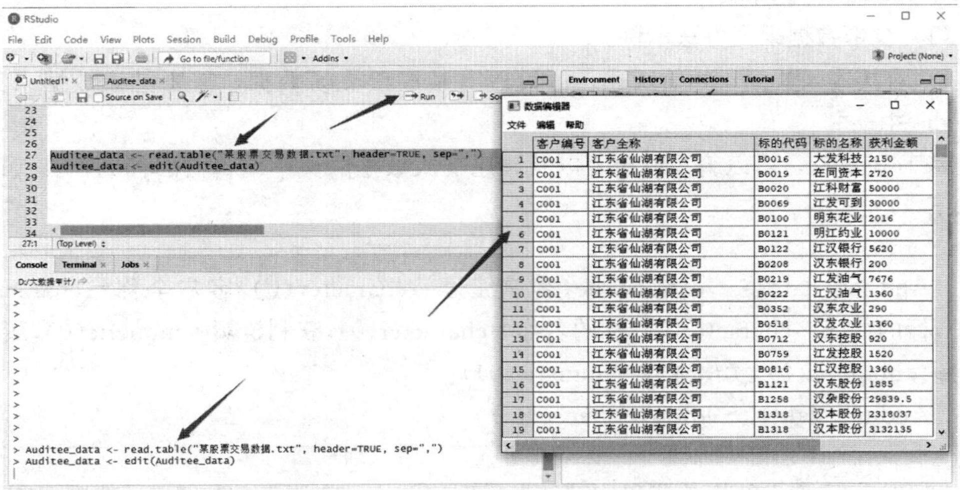

图 4-69　RStudio 中文本文件格式的某股票交易数据采集与查看、编辑示例

3）应用菜单直接采集数据。除了采用与 R 一样的方法采集数据之外，在 RStudio 中也可以采用其他方法开展数据采集，其方法与过程示例如图 4-70 至图 4-73 所示。

（2）部分列数据采集方法示例。假设需要读取 Auditee_data（某股票交易数据）中的部分数据，例如第 2～5 列数据，并把读取的部分数据保存为 Auditee_data_part，其代码示例如下：

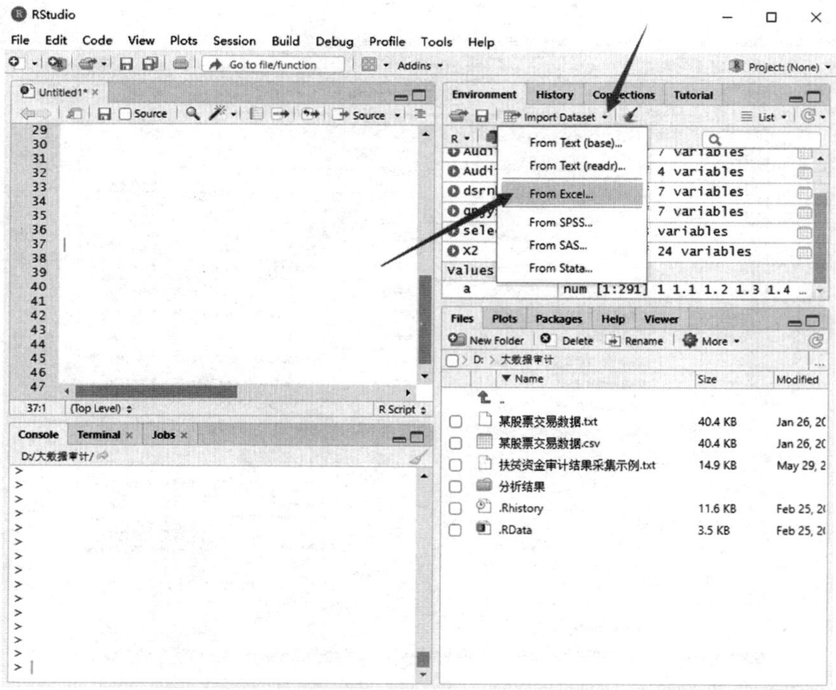

图 4-70　RStudio 集成环境中的数据采集功能示例

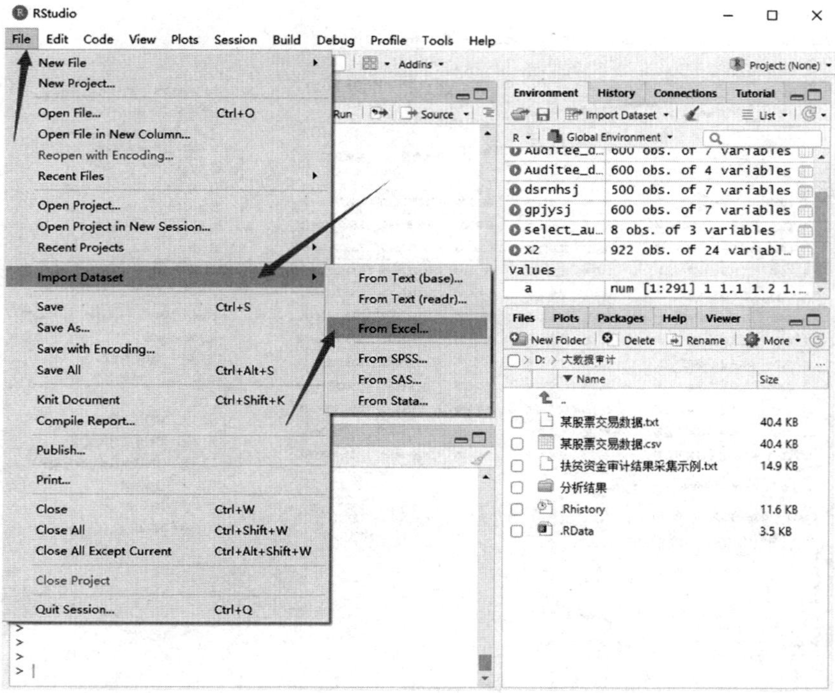

图 4-71　RStudio 主菜单中的数据采集功能示例

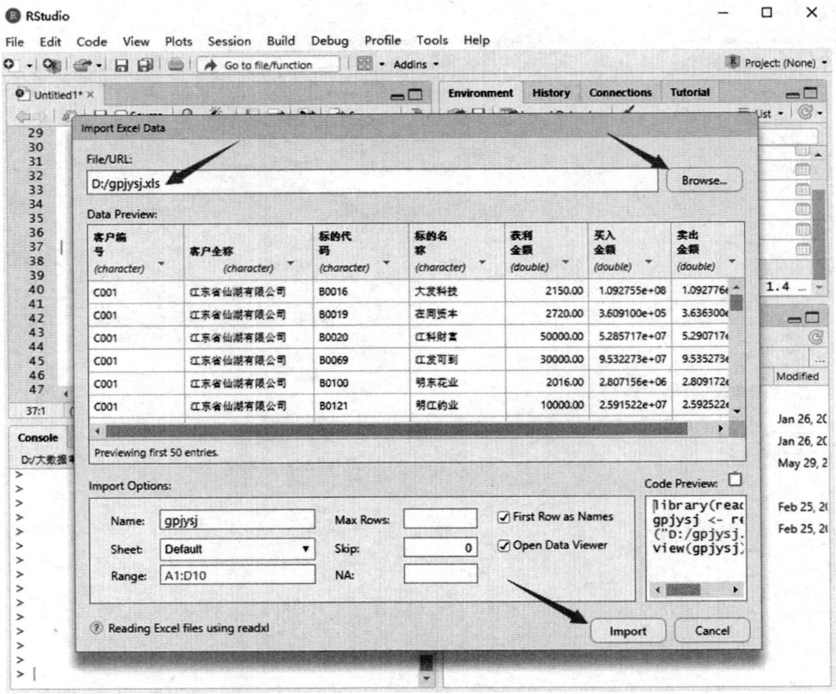

图 4－72　RStudio 数据采集功能主界面示例

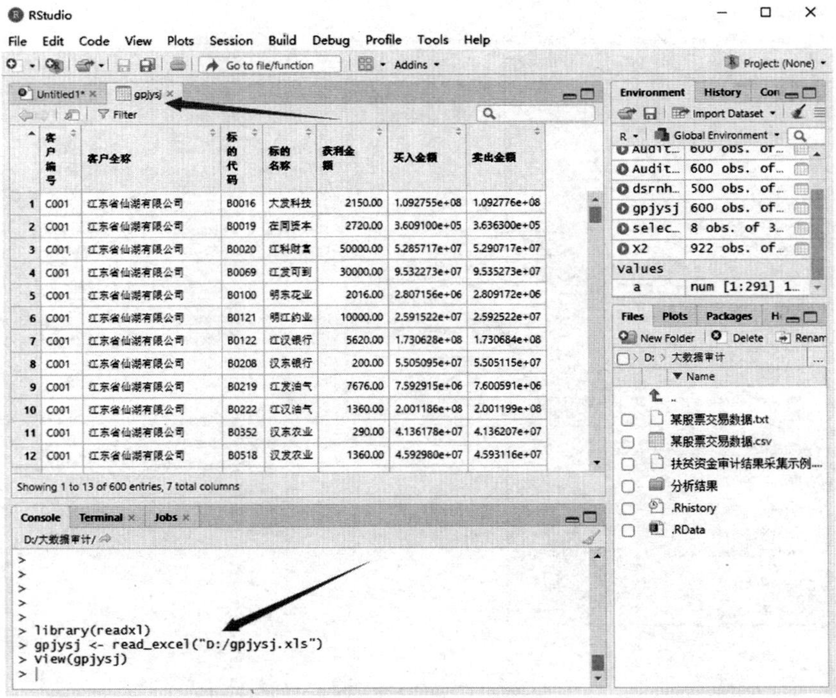

图 4－73　完成数据采集的 RStudio 界面示例

```
Auditee_data<-read.table("某股票交易数据.txt",header=TRUE,sep=",")
Auditee_data_part<-Auditee_data [c(2:5)]
```

输入以下代码，可以查看以上结果数据。

```
Auditee_data_part
```

输入以下代码，可以查看、编辑以上结果数据。

```
Auditee_data<-edit(Auditee_data_part)
```

在 RStudio 中运行以上文本文件数据采集代码并查看、编辑该数据的代码，其结果示例如图 4－74 所示。

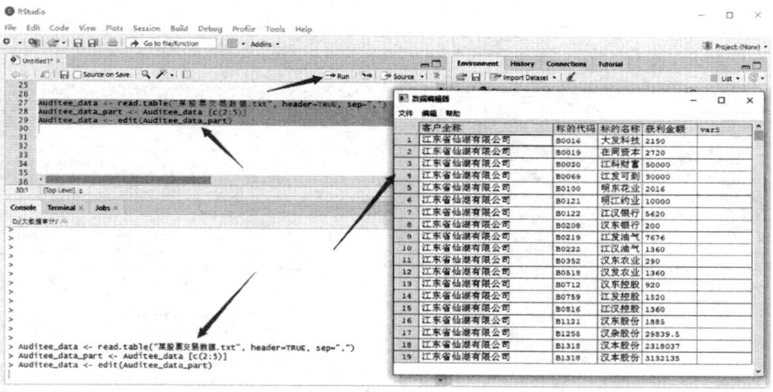

图 4－74　RStudio 中文本文件格式某股票交易数据的部分列数据采集与查看、编辑示例

2. RStudio 数据预处理

RStudio 的数据预处理功能强大，部分功能示例如下。

（1）缺失值检测。例如，检测上述 Auditee_data 的各列中是否存在缺失值，其代码示例如下：

```
Auditee_data<-read.table("某股票交易数据.txt",header=TRUE,sep=",")
is.na(Auditee_data)
```

在 RStudio 中运行以上代码，其结果示例如图 4－75 所示。

（2）数据类型判断和转换。例如，检测上述 Auditee_data 中的数据类型是否为数据框，其代码示例如下：

```
Auditee_data<-read.table("某股票交易数据.txt",header=TRUE,sep=",")
is.data.frame(Auditee_data)
```

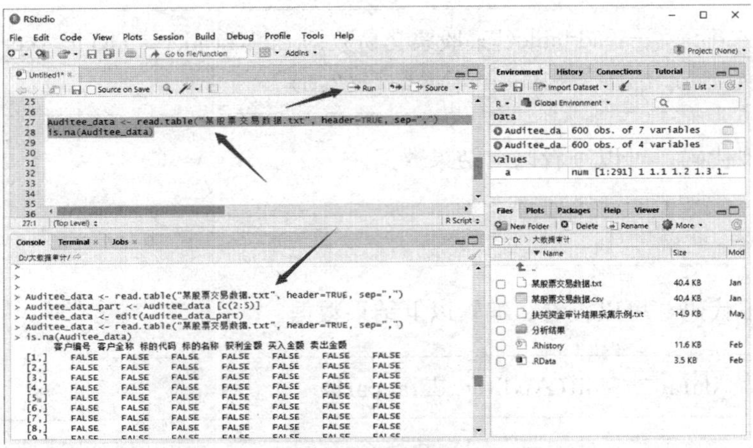

图 4-75 RStudio 中缺失值检测应用示例

在 RStudio 中运行以上代码，其结果示例如图 4-76 所示。

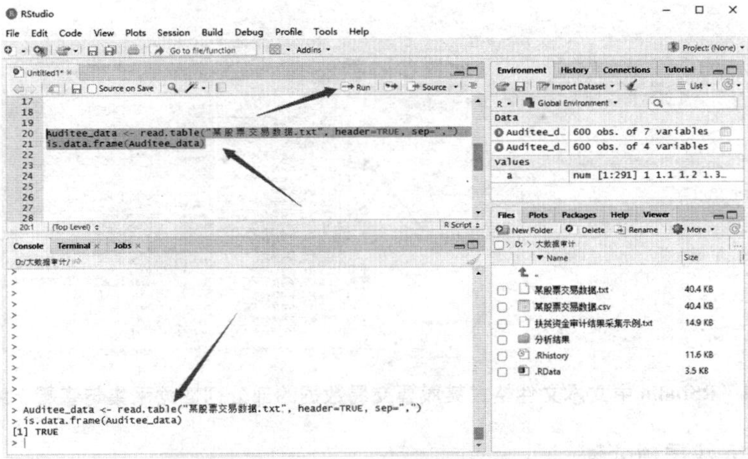

图 4-76 RStudio 中数据类型判断应用示例

3. RStudio 数据分析

本部分简要介绍如何在 RStudio 中使用 SQL 语句操作数据框。关于如何在 RStudio 中进行数据可视化分析的应用将在第 5 章详细分析。

假设审计人员拟读入“某股票交易数据 . txt”，并希望从该数据中查找获利金额大于 100 000 000 的数据，查询结果要求显示客户编号、客户全称、获利金额这三列数据，并按获利金额升序排列。其代码示例如下：

```
Auditee_data<-read.table("某股票交易数据.txt",header=TRUE,sep=",")
library(sqldf)
select_auditee_data<-sqldf("select 客户编号,客户全称,获利金额 from Auditee_data where 获利金额>100000000 order by 获利金额",row.names=TRUE)
select_auditee_data
```

在 RStudio 中运行以上代码，其结果示例如图 4－77 所示。

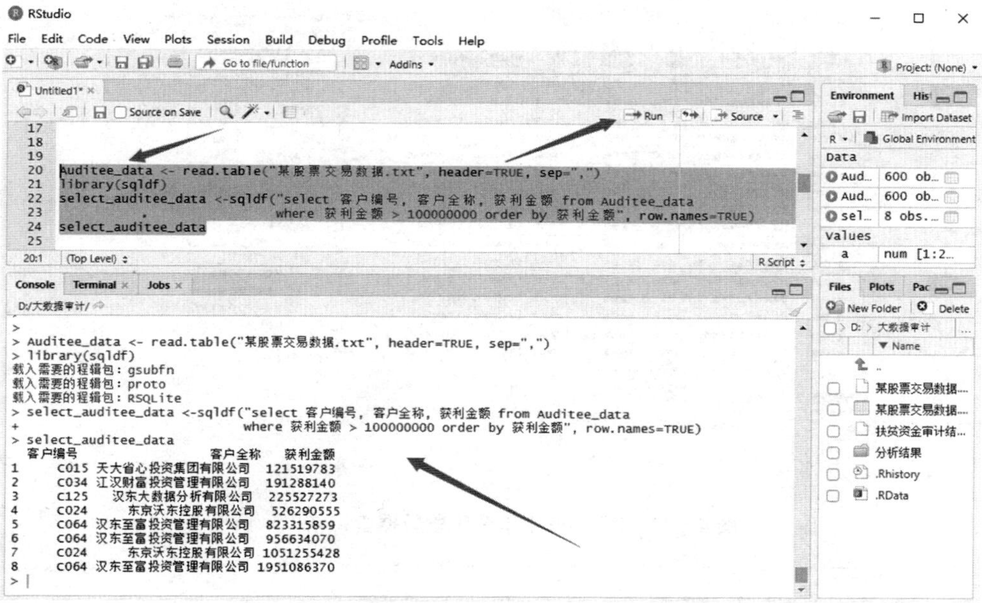

图 4－77　RStudio 中 SQL 语句操作数据框应用示例

在图 4－77 中，分析结果保存在右上窗口中，审计人员可以在左上窗口中查看结果数据，其示例如图 4－78 所示。

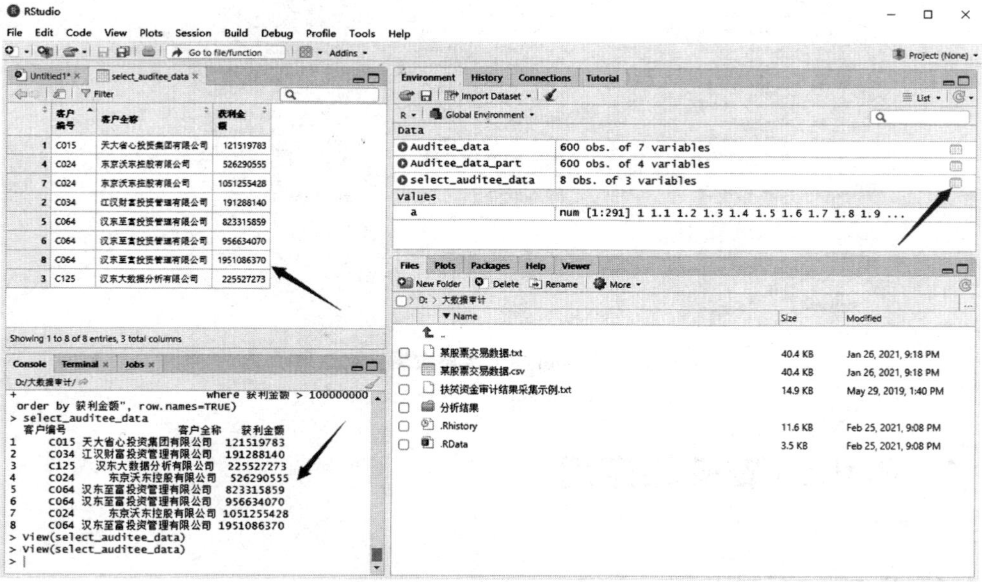

图 4－78　RStudio 中 SQL 语句操作数据框应用分析结果保存与结果数据查看示例

此外，在 RStudio 中，还可以直接在其左上窗口中进行数据查询分析，单个字段和全字段数据查询结果示例分别如图 4－79 和图 4－80 所示。

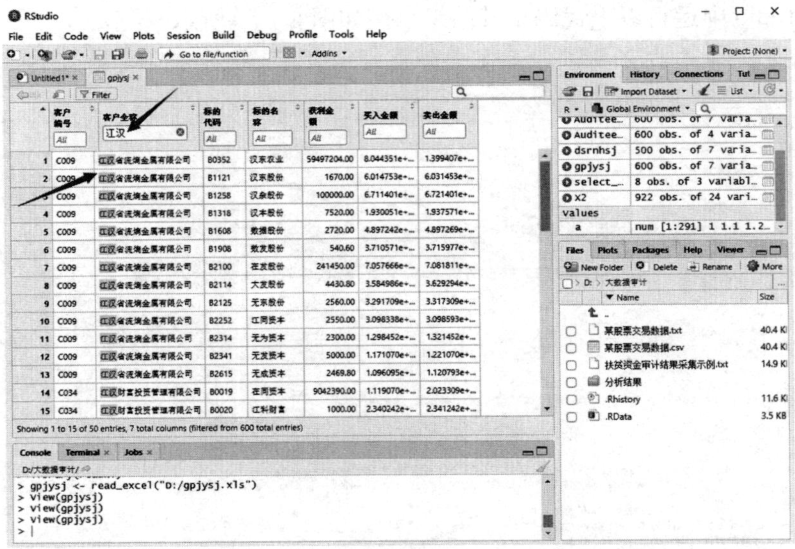

图 4-79　RStudio 中单个字段数据查询结果示例

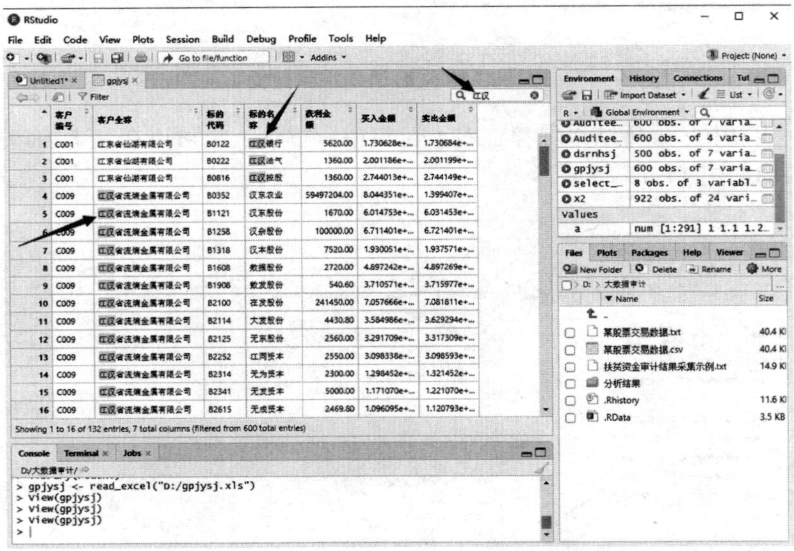

图 4-80　RStudio 中全字段数据查询结果示例

4.4 Python 安装与应用

4.4.1 Python 工具安装

为了便于使用 Python，需要安装 Python 及其集成开发环境工具。下面以集成开发环境工具 PyCharm 为例，介绍怎么先安装 Python，再安装 PyCharm。

（1）安装 Python 解释器。登录 Python 官网下载地址 https://www.python.org/

downloads/，其主页如图4-81所示。

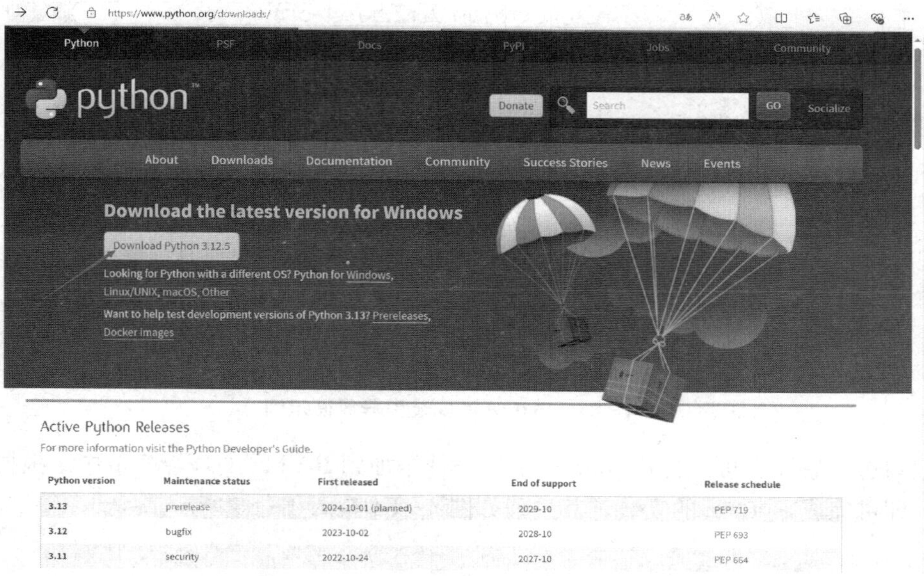

图4-81　Python官方网站主页示例

（2）点击“Download Python”，可直接下载最新版本的Python。也可以在该Python官方网站上查找所需要的相关安装版本，版本选择界面如图4-82所示。

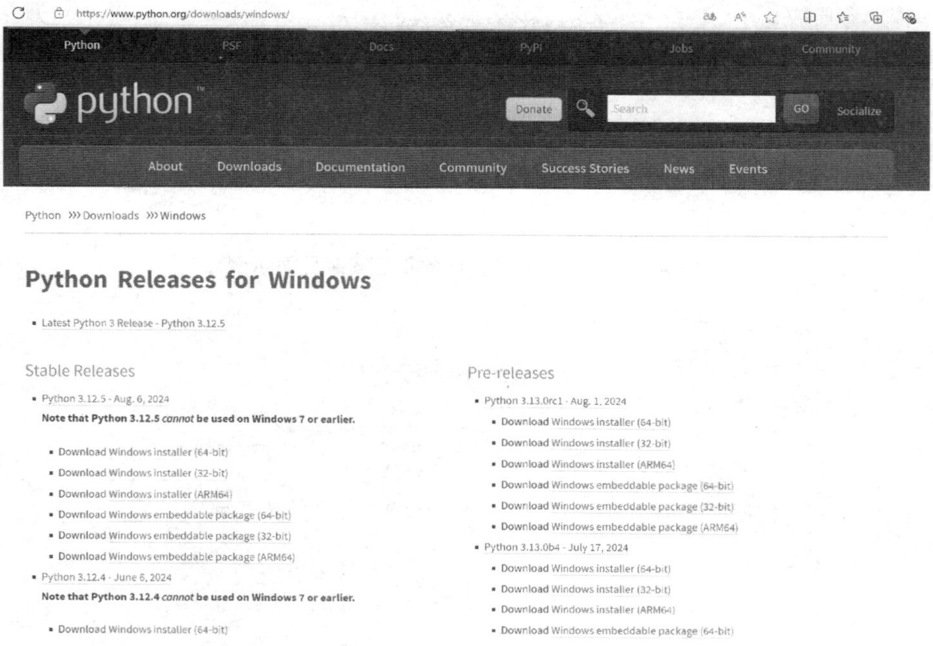

图4-82　Python的版本选择界面示例

（3）运行所下载的Python，进入如图4-83所示的安装引导界面。在图4-83中，可以勾选“Add python. exe to PATH”，这样安装好之后就不用配置环境变量了，如

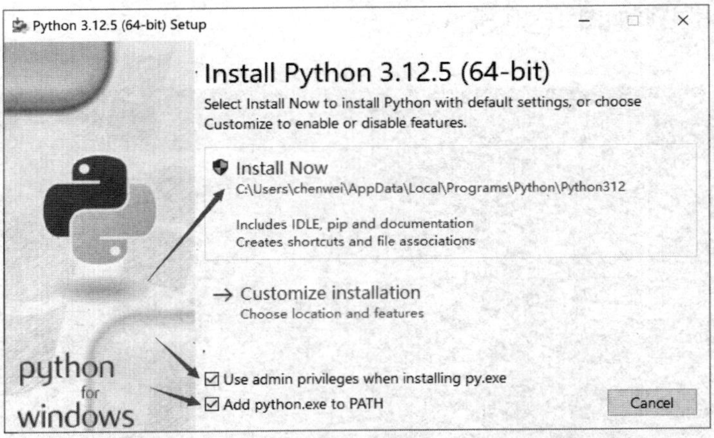

图 4-83　Python 的安装引导界面示例

果忘记勾选，后面也可以再将 python.exe 文件添加到 PATH 的环境变量中。根据安装引导，即可完成 Python 的安装，其过程如图 4-84 至图 4-85 所示。

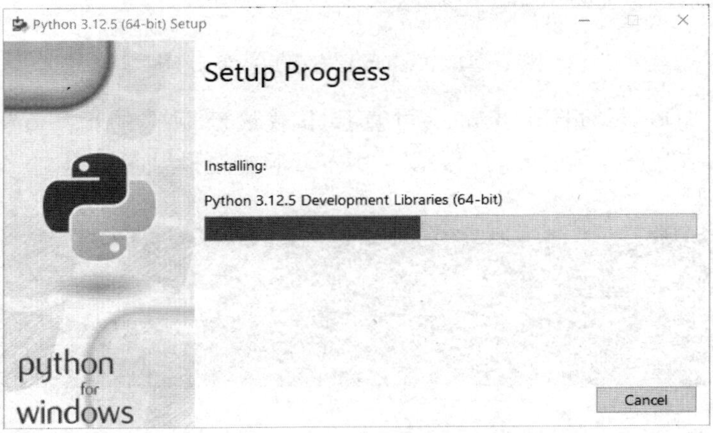

图 4-84　Python 安装中的正在安装界面示例

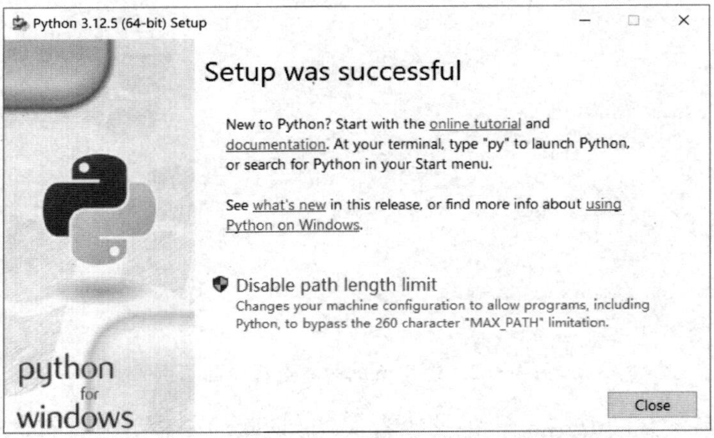

图 4-85　Python 安装完成的界面示例

（4）Python 安装完成之后，在 CMD 命令行中执行 Python 命令，若出现如图 4－86 所示的界面，说明安装成功。

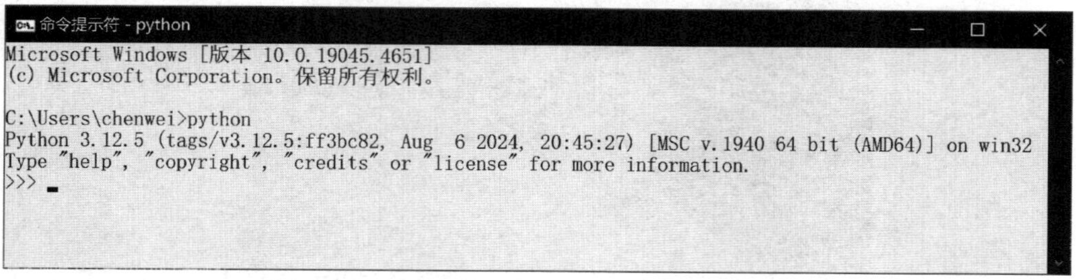

图 4－86　Python 安装成功验证界面示例

在安装 Python 的基础上，为了方便使用，需要安装 Python 的集成开发环境。Python的集成开发环境(IDE）有很多种，本书选择最为流行的 PyCharm。

（1）登录 PyCharm 的官方下载网站 https://www.jetbrains.com/pycharm/download/，其主页如图 4－87 所示。Pycharm 有两个版本——专业版和社区版，可选择免费的社区版下载。

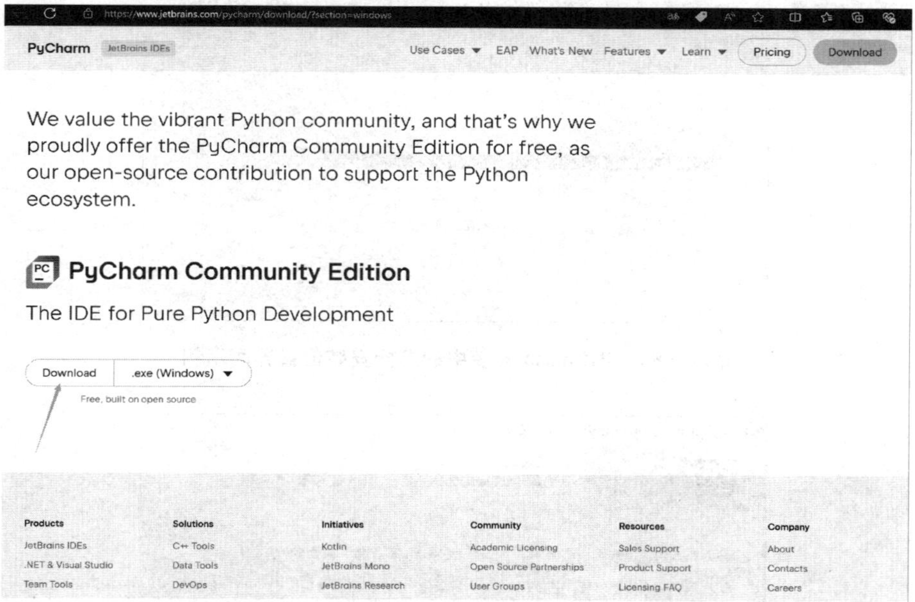

图 4－87　Pycharm 官方网站主页示例

（2）在图 4－87 中点击“Download”，下载 PyCharm。也可以在官方下载网站中选择所需要的 PyCharm 的相关版本进行下载。

（3）以下载的 PyCharm Community Edition 2024.1.6 版本为例，运行所下载的 PyCharm，进入如图 4－88 所示的安装引导界面。根据安装引导，即可完成 PyCharm 的安装，其过程如图 4－89 至图 4－93 所示。

图 4-88　PyCharm 的安装引导界面示例

图 4-89　PyCharm 安装中的选择安装位置界面示例

图 4-90　PyCharm 安装中的安装选项设置界面示例

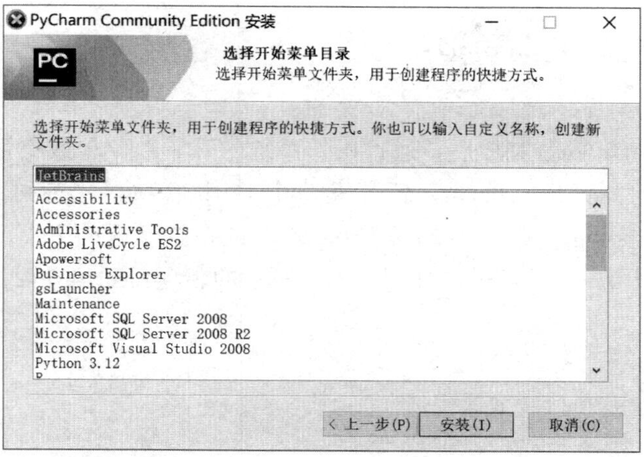

图 4－91　PyCharm 安装中的选择开始菜单文件夹界面示例

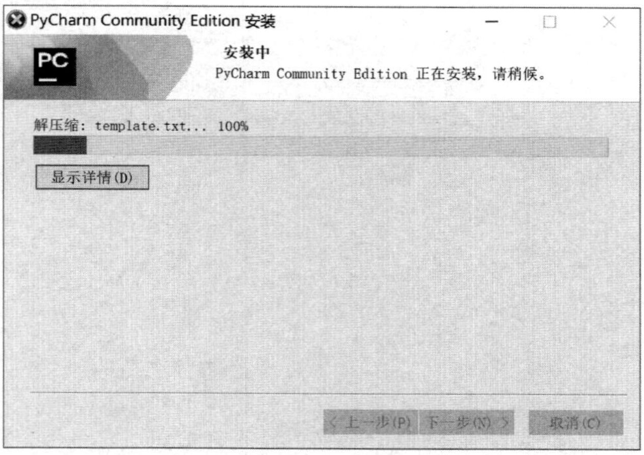

图 4－92　PyCharm 安装中的正在安装界面示例

图 4－93　PyCharm 安装完成的界面示例

4.4.2 PyCharm 基本功能简介

1. 创建 Python 项目

（1）在 PyCharm 安装完成后，通过操作系统“开始”菜单或桌面上的快捷方式运行 PyCharm，即可打开 PyCharm。新开发一个 Python 项目之前可以创建一个环境，打开 PyCharm 直接点击“Create New Project”，或在打开后的 PyCharm 的“File”菜单中点击“New Project…”，进入如图 4-94 所示的新项目创建界面。

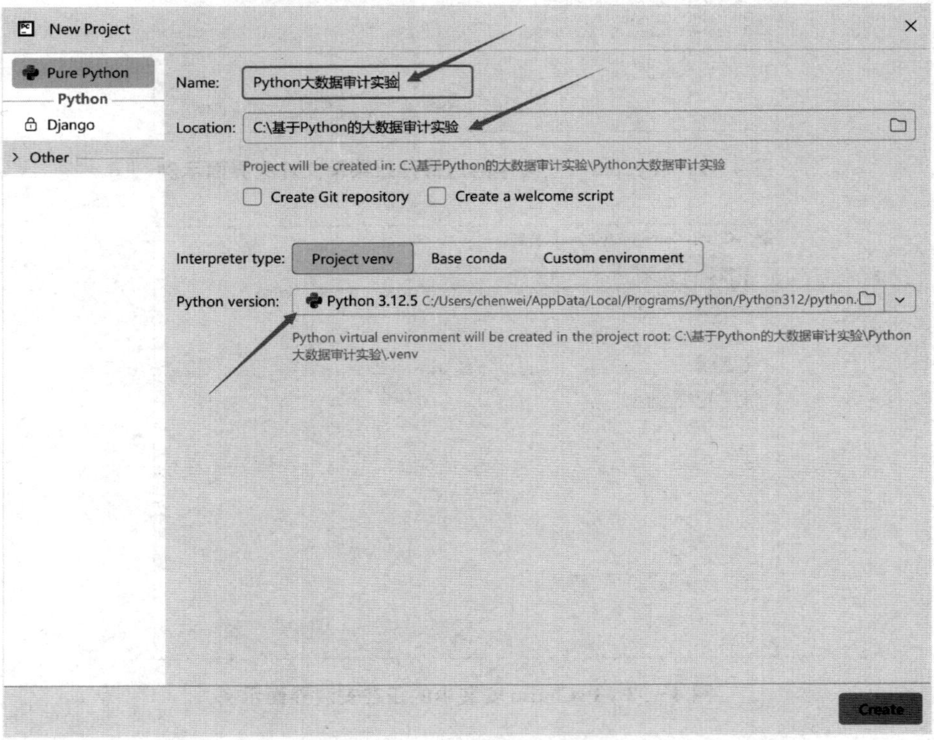

图 4-94 Python 新项目创建界面示例

（2）在图 4-94 中设置项目名称、项目路径相关内容。例如，设置新建的项目名称为“Python 大数据审计实验”，项目路径为“C:\基于 Python 的大数据审计实验”等。然后，点击“Create”，完成项目创建，进入如图 4-95 所示的新项目 IDE 工作界面。以上操作不仅新建了一个项目目录，同时也配置好了 Python 开发环境。

（3）在 PyCharm 的“File”菜单中点击“New”然后选择“Python File”，如图 4-96 所示，然后进入如图 4-97 所示的 Python 文件创建界面，便可以创建所需要的 Python 文件。例如，在图 4-97 中设置新建的 Python 文件名称为“Python 基本应用”，然后点击“Python file”，即可完成 Python 文件“Python 基本应用”的创建，如图 4-98 所示。

通过以上操作便可以完成 Python 项目和文件的创建。

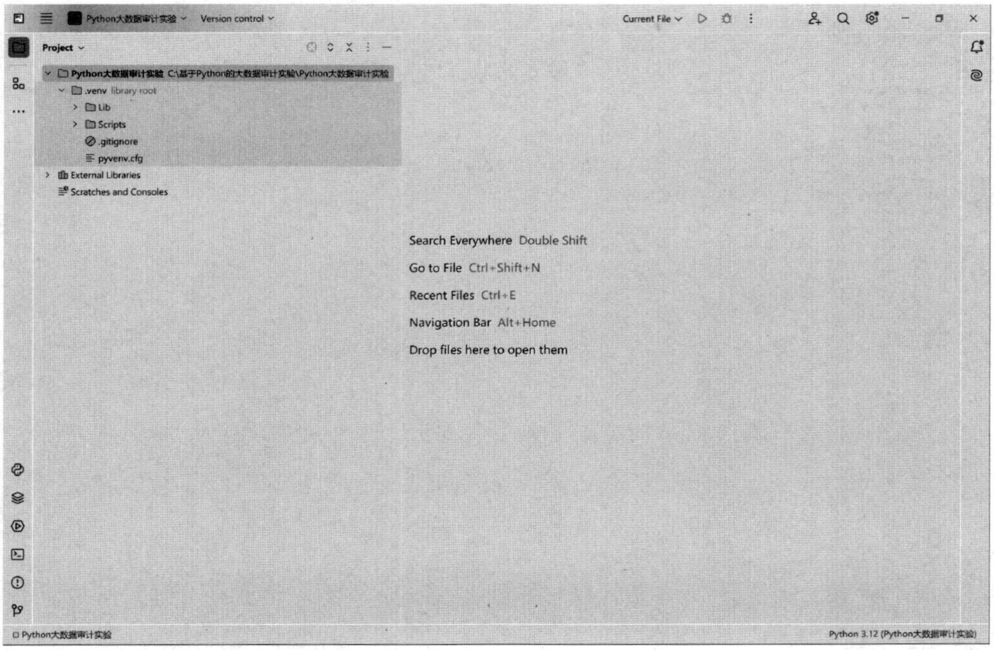

图 4 - 95　Python 新项目 IDE 工作界面示例

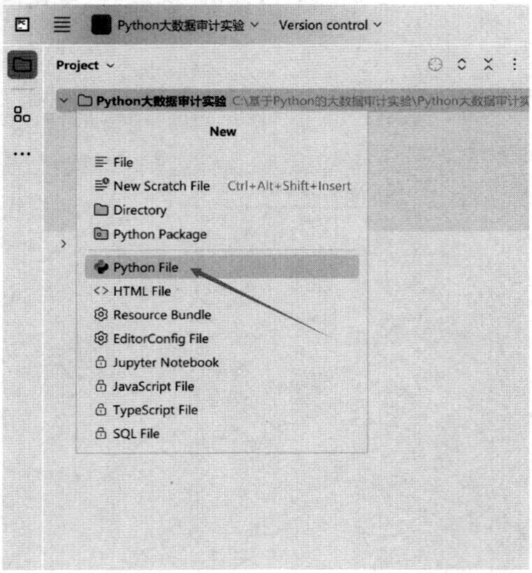

图 4 - 96　Python 新文件创建菜单操作示例

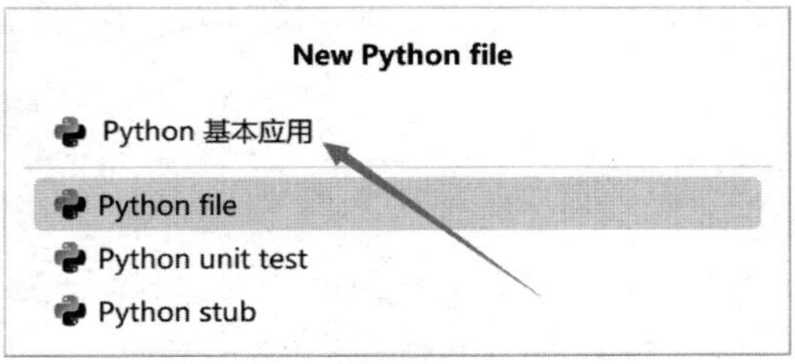

图 4 - 97　Python 文件创建界面示例

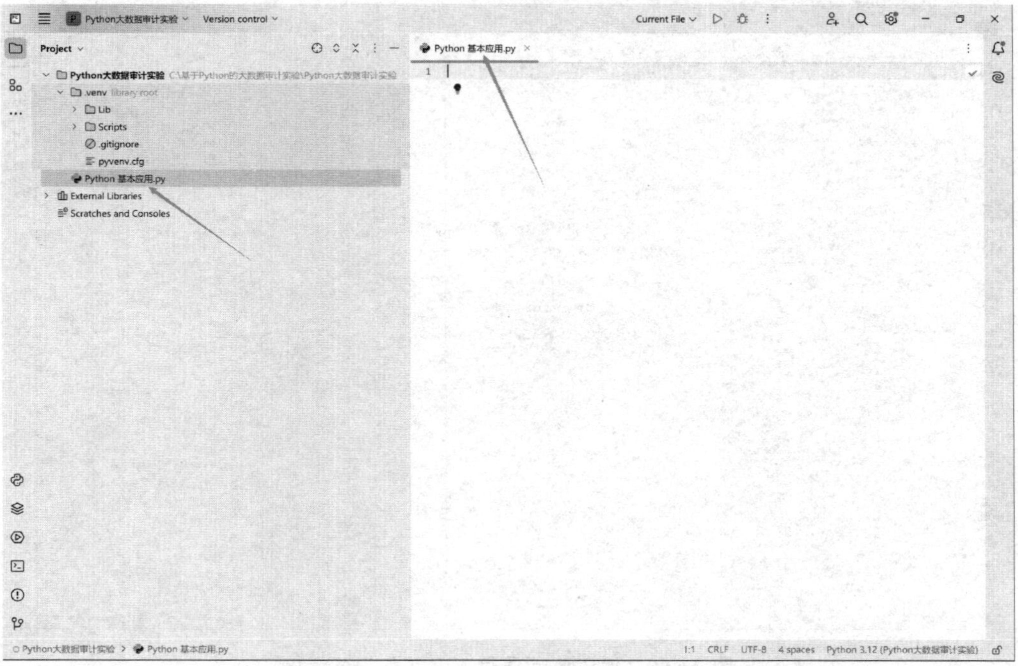

图 4-98　完成 Python 文件创建后的 PyCharm 界面示例

2. PyCharm 主界面

完成 Python 项目和文件创建后的 PyCharm 主界面如图 4-99 所示。

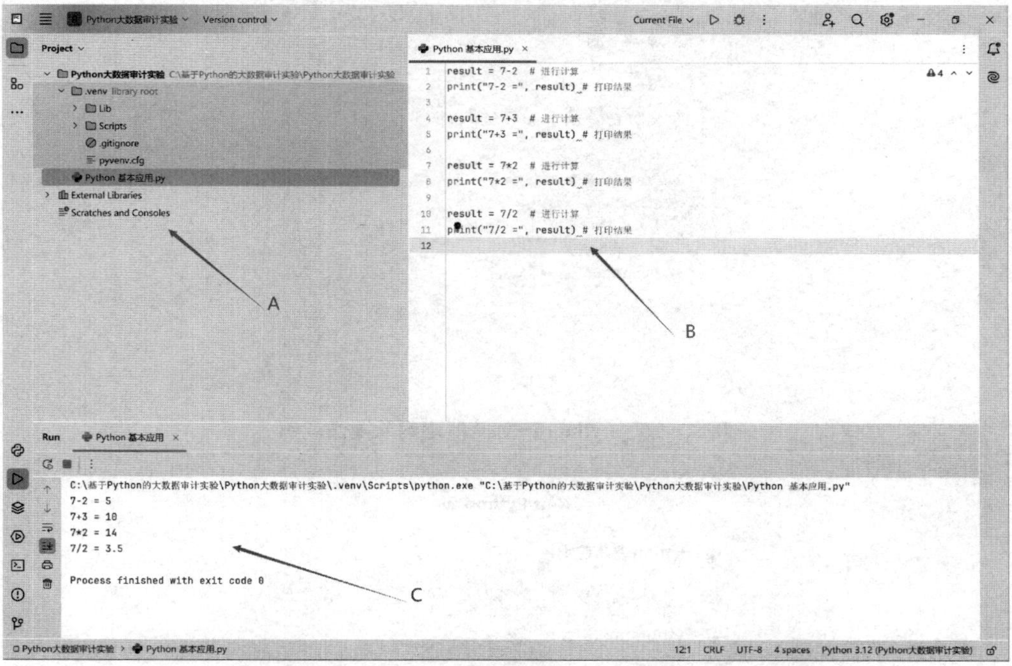

图 4-99　PyCharm 主界面示例

在 PyCharm 的主界面中，A 窗口提供文件目录、绘图、包管理、帮助窗口等功能；B 窗口为代码编辑窗口，提供 Python 代码的编辑、查找、替换等功能；C 窗口显示代码的运行过程、代码运行过程中出现错误的提示等。

3. 第三方库安装

（1）库的安装。Python 有很多第三方库，不同的应用可能需要不同的库。在实际的 Python 项目中用到库时，可以先安装这些库，然后将这些库导入项目中。目前，pip 已经成为主流的库安装工具。主要方法如下：

第一种方法：安装第三方库可以直接使用 CMD（可以用快捷键“Win＋R”打开 CMD，也可以从 Windoes 操作系统的开始菜单中搜索 CMD，然后打开），采用快捷键“Win＋R”打开 CMD 的操作如图 4 - 100 所示。

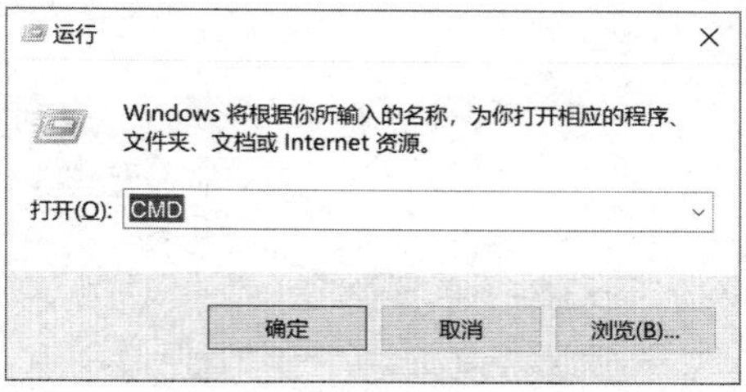

图 4 - 100　采用快捷键打开 CMD 的操作示例

以 Python 中的 pandas 库安装为例，可以在 CMD 中通过 pip 安装 pandas 库，其代码如下：

```
pip install pandas
```

在 CMD 中运行该代码的示例如图 4 - 101 所示。

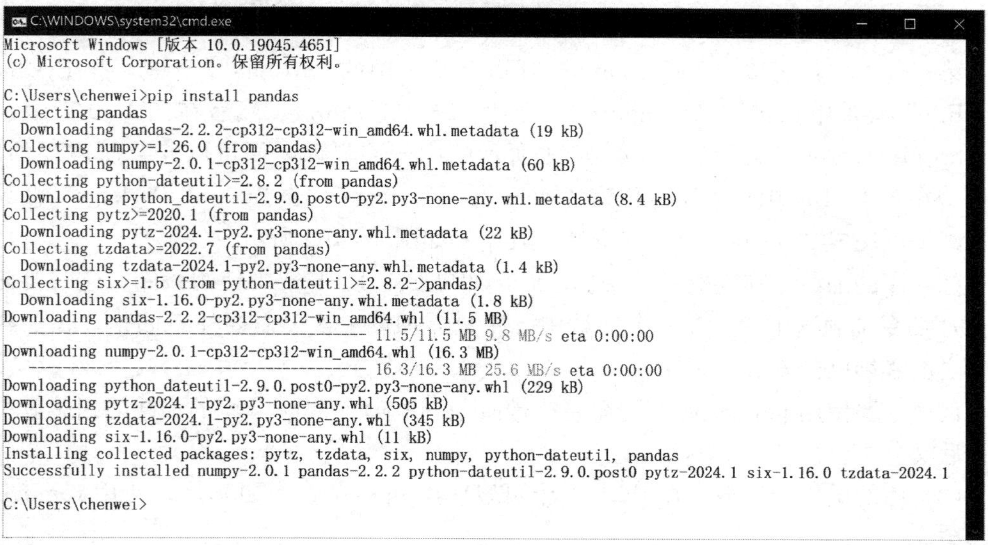

图 4 - 101　在 CMD 中通过 pip 安装 Python 库的示例

第二种方法：安装第三方库可以直接通过 IDE 来安装，以 Python 中的 jieba 库安装为例，可以在 PyCharm 中，切换到 Terminal，然后在 Terminal 中通过 pip 安装 jieba 库，其代码如下：

```
pip install jieba
```

在 PyCharm 中的 Terminal 中运行该代码的示例如图 4－102 所示。

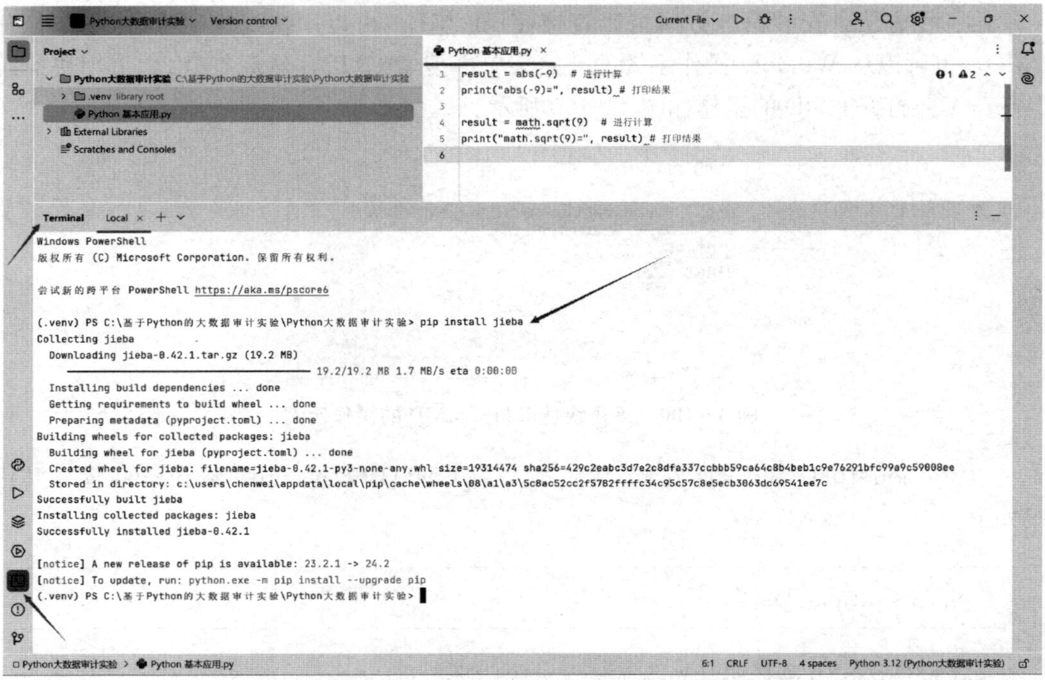

图 4－102　PyCharm 中通过 pip 安装 Python 库的示例

第三种方法：直接在 PyCharm 的“File”菜单中的 Settings 中安装。在 PyCharm 的“File”菜单中点击“Settings…”（如图 4－103 所示），然后在图 4－103 中选择“Python Interpreter”进入如图 4－104 所示的库安装界面，便可以安装所需要的库。例如，在图 4－104 中输入库名称为“wordcloud”，然后点击“Install Package”命令按钮，则可以完成“wordcloud”的安装，其结果如图 4－105 所示。

（2）库的加载。在完成库的安装之后，如果要在 Python 中使用该库，还需要使用 import 命令加载这个库。在一个会话中，库只需加载一次。需要注意的是，在加载一个库之前必须已经安装这个库。

例如，要使用 pandas 库，则需要执行命令 import pandas。库的加载的相关应用将会在后文分析。

（3）库的更新与卸载。在 Python 中可以使用 update 命令更新库，使用 remove 命令卸载库。

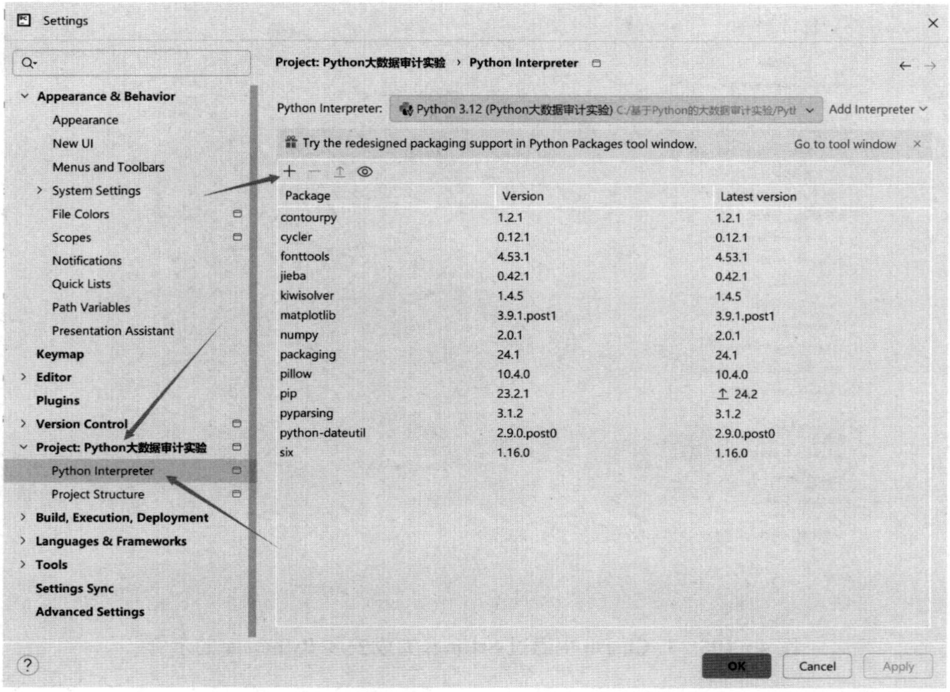

图 4-103　PyCharm 中通过 Settings 安装 Python 库的示例

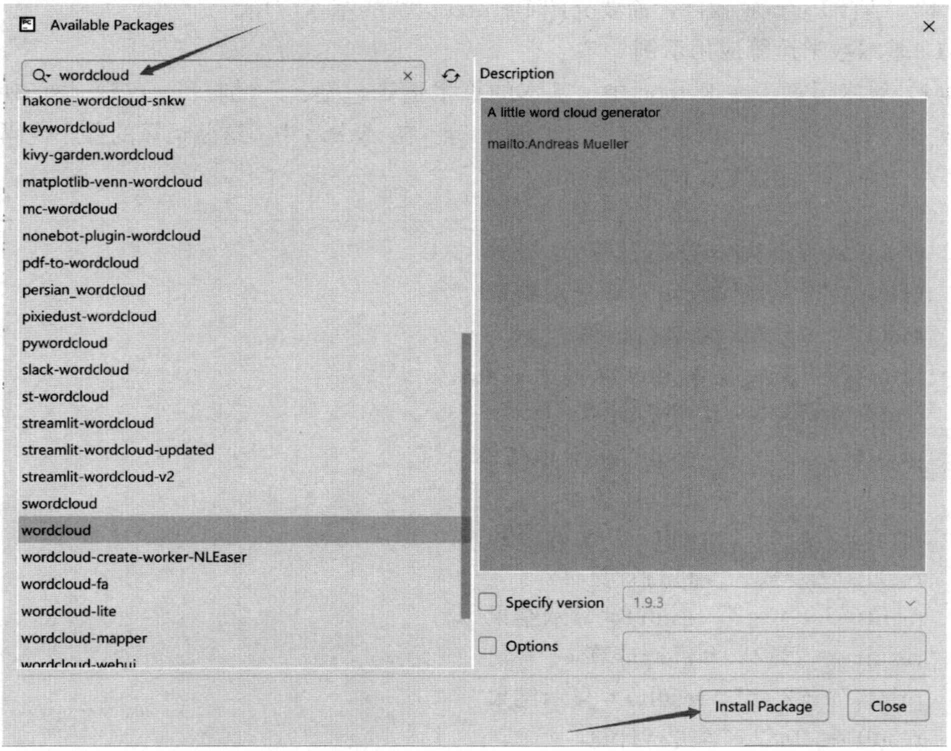

图 4-104　PyCharm 中通过 Settings 安装 Python 库的示例

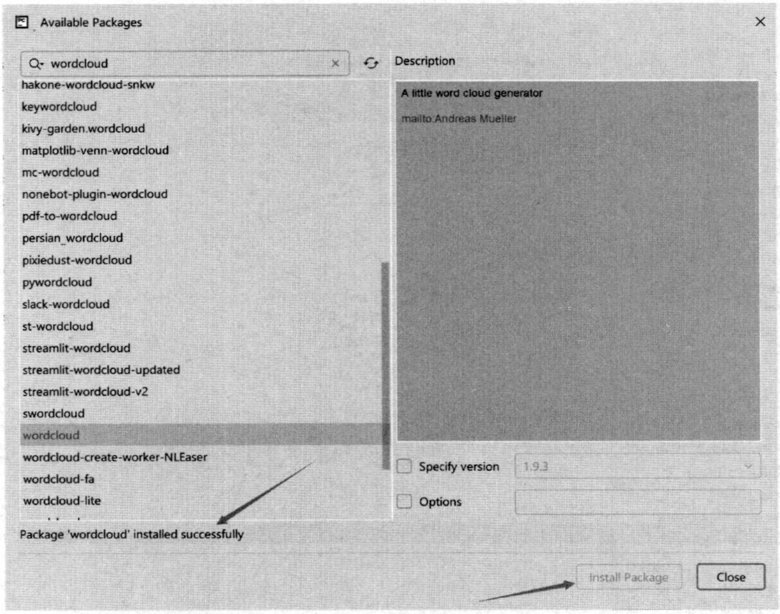

图 4-105 PyCharm 中通过 Settings 完成安装 Python 库的示例

4.4.3 Python 软件环境下 Python 语法的基本应用

本节结合 Python 软件，简要介绍 Python 语法的基本应用。

1. 基本数学运算应用示例

（1）算术运算。在 Python 中，基本的算术运算包括：+（加）、−（减）、*（乘）、/（除）、**（乘方）、x%y（求余）、x//y（整除）等。在 Python 中，这些运算的程序代码如下（#表示注释，#后的文本不会被执行）：

```
result = 7+3   #进行计算
print("7+3 =", result)#显示结果
result = 7-3   # 进行计算
print("7-3 =", result)# 显示结果
result = 7*3   # 进行计算
print("7*3 =", result)# 显示结果
result = 7/3   # 进行计算
print("7/3 =", result)# 显示结果
result = 7**3   #进行计算
print("7**3 =", result)#显示结果
result = 9%2   #进行计算
print("9%2 =", result)#显示结果
result = 9//2   #进行计算
print("9//2 =", result)#显示结果
```

在 Python 的开发工具 PyCharm 中运行以上代码，其结果示例如图 4－106 所示。

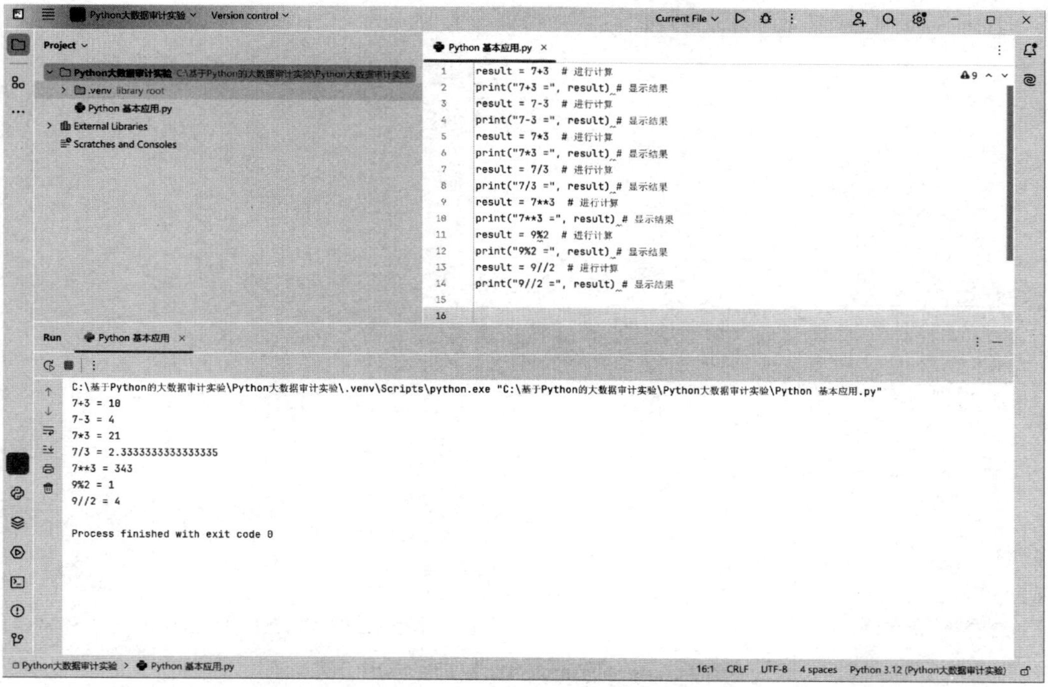

图 4－106　Python 中算术运算应用示例

（2）比较运算。在 Python 中，基本的比较运算包括：＞(大于)、＜(小于)、＞＝(大于等于)、＜＝(小于等于)、＝＝(恒等于)、!＝(不等于) 等，这些两个符号的运算符（＝＝、!＝、＞＝、＜＝）中间不能有空格。在 Python 中，部分比较运算应用的程序代码示例如下：

```
result = 2>5  #进行计算
print("2>5", result)#显示结果
result = 2<5  #进行计算
print("2<5", result)#显示结果
result = 2<=5  #进行计算
print("2<=5", result)#显示结果
result = 2>=5  #进行计算
print("2>=5", result)#显示结果
result = 2==5  #进行计算
print("2==5", result)#显示结果
result = 2!=5  #进行计算
print("2!=5", result)#显示结果
```

在 Python 的开发工具 PyCharm 中运行以上代码，其结果示例如图 4－107 所示。

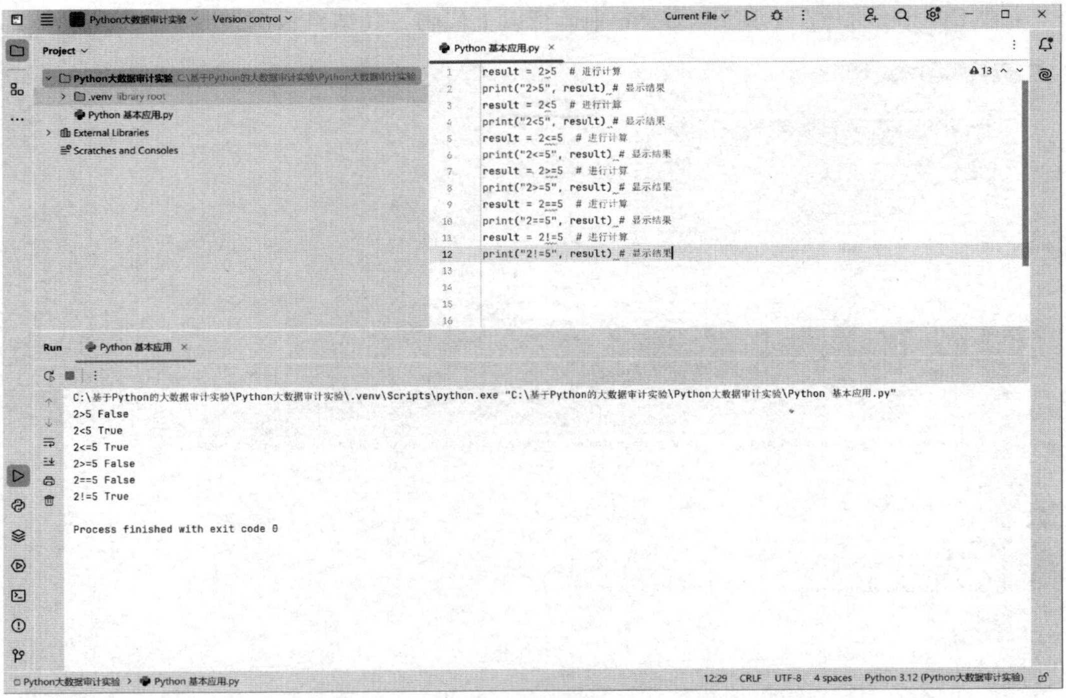

图 4-107　Python 中比较运算应用示例

（3）数学函数。在 Python 中，基本的数学函数包括：abs(x)(计算 x 的绝对值)、math. sqrt(x)(计算 x 的平方根)、round(x，n)（计算 x 四舍五入到 n 位小数的值。如果 n 未提供，则计算 x 四舍五入到最接近的整数)、math. exp(x)(计算 e 的 x 次幂。exp 表示以 e 为底的指数函数)、math.log(x)(计算 x 的自然对数（以 e 为底的对数))、math.log(x，base)（如果提供第二个参数 base，则计算 x 以 base 为底的对数)、三角函数 math.sin(x)(计算 x 的正弦值)、math.cos(x)(计算 x 的余弦值)、math.tan(x)(计算 x 的正切值）等。在 Python 中，部分数学函数应用的程序代码示例如下：

```
import math    #导入 math 模块
result = abs(-9)    #进行计算
print("abs(-9)=", result)#显示结果
result = math.sqrt(9)    #进行计算
print("math.sqrt(9)=", result)#显示结果
result = math.exp(5.2306)    #进行计算
print("math.exp(5.2306)=", result)#显示结果
result = math.log(10, 10)    #进行计算
print("math.log(10, 10)=", result)#显示结果
result = math.log(100, 2)    #进行计算
print("math.log(100, 2)=", result)#显示结果
```

在 Python 的开发工具 PyCharm 中运行以上代码，其结果示例如图 4－108 所示。

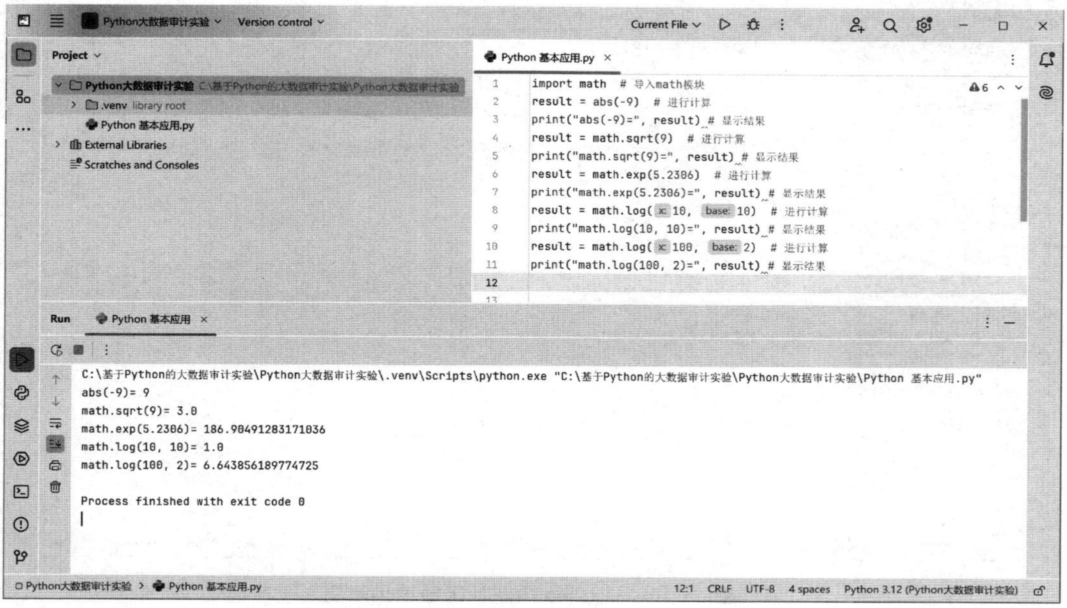

图 4－108　Python 中数学函数应用示例

(4) 统计函数。在 Python 中有许多用于基本统计计算的函数，但并非所有这些函数都直接内置在 Python 的基本库中。Python 的 numpy 库或 pandas 库提供了大量的数学函数操作，如计算平均值、中位数、标准差、方差等。Python 基本库中的函数如 max()（返回给定参数中的最大值）、min()（返回给定参数中的最小值）、sum()（返回给定参数（数字或可迭代对象）的总和）等。在 Python 中，部分基本库中的统计函数应用的程序代码示例如下：

```
买入金额=[49225, 49434, 14858, 27512]
result =max(买入金额)  # 进行计算
print("max(买入金额)=", result)# 显示结果
result =min(买入金额)  # 进行计算
print("min(买入金额)=", result)# 显示结果
result =sum(买入金额)  # 进行计算
print("sum(买入金额)=", result)# 显示结果
```

在 Python 的开发工具 PyCharm 中运行以上代码，其结果示例如图 4－109 所示。

2. 数据类型

在 Python 中，可以处理的变量类型包括：字符型、数值型、日期型、逻辑型(True/False) 等。

审计人员可以使用 type() 函数查看变量类型，也可以采用 isinstance() 函数判断一个对象是否是一个已知的类型。其应用示例将在后文创建数据框中一并列举。

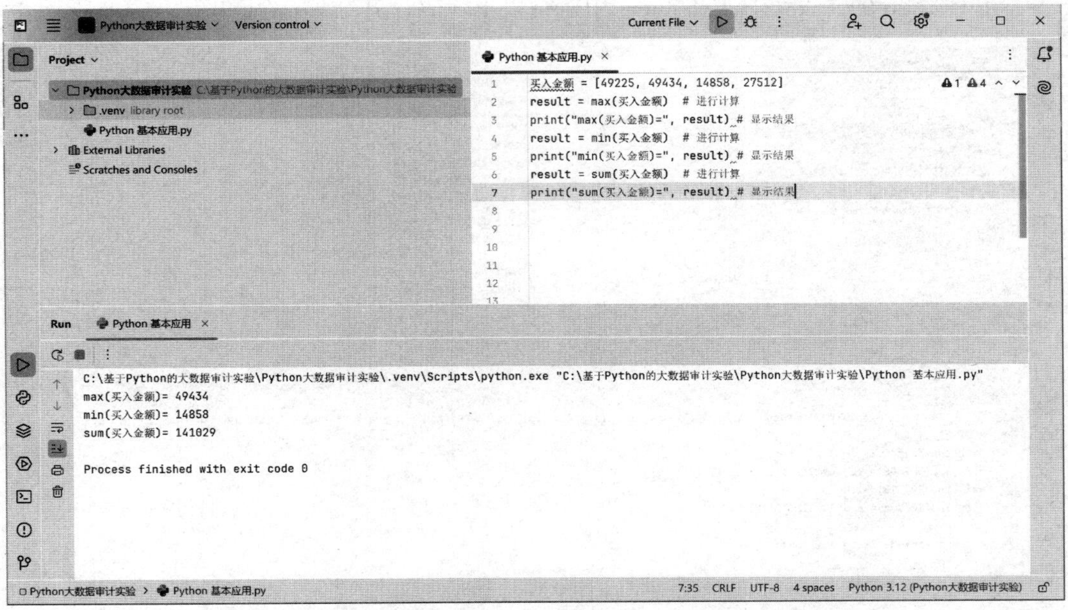

图 4-109 Python 中统计函数应用示例

如果要改变变量类型，可以使用 int()（将值转换为整数(int）类型)、float()（将值转换为浮点数(float）类型)、str()（将值转换为字符串(str）类型）等函数来完成。

3. 数据结构

在 Python 中，用于存储数据的结构包括数据框、数组、向量、矩阵、列表等。

数据框（DataFrame）是 pandas 库中用于存储和操作结构化数据的主要数据结构，它类似于 Excel 或 SQL 中的表，具有行和列。数据框每列可以是不同的数据类型。

numpy 库中的数组（Array）是 Python 中用于高效存储与操作大型多维数组和矩阵的数据结构。数组可以是任意维度的，并且支持大量的数学和科学计算。

在 numpy 中，向量（Vector）通常就是一维数组。numpy 库中的数组通常被视为向量的高级形式，因为它们可以是一维的，也可以是多维的。

在 numpy 中，矩阵（Matrix）是二维数组的特殊形式，但它与普通的二维数组在内部表示上可能有所不同。矩阵主要用于数学和科学计算。

列表（List）是 Python 的内置数据结构，用于存储一系列元素，这些元素可以是不同类型的数据。列表在数值计算方面的效率通常低于 numpy 库中的数组。

以向量和数据框为例，其创建方法简介如下。

（1）向量。审计人员可以使用 array() 函数来创建向量。

例如，创建相关向量，其代码如下：

```
import numpy as np
auditee_data = np.array([1028,20382,30934,1409,53702])    #创建数值型向量
print(auditee_data)   #显示创建的数值型向量
auditee_data=np.array(["买入金额","卖出金额","获利金额"])   #创建字符型向量
print(auditee_data)   #显示创建的字符型向量
auditee_data=np.array([True, False, True])   #创建逻辑型向量
print(auditee_data)   #显示创建的逻辑型向量
```

在 Python 的开发工具 PyCharm 中运行以上代码，其结果示例如图 4-110 所示。

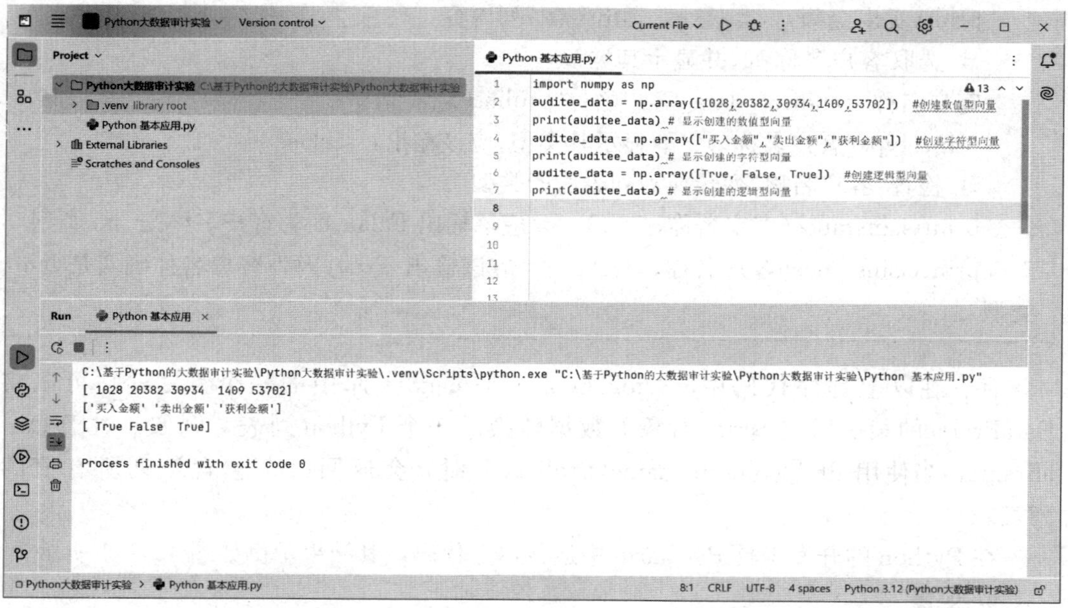

图 4-110　Python 中创建向量应用示例

(2) 数据框。审计人员可以使用 DataFrame() 函数来创建数据框。

假设现在需要创建一个数据框，然后查看某列数据，并综合前文所讲述的数据类型知识，查看并判断某列数据的变量类型，其示例代码如下：

```
import pandas as pd
# 定义数据
auditee_data={
    '客户编号': ["C101", "C102", "C103", "C104"],
```

```
        '客户名称'：["江东省仙湖有限公司"，"沈后明"，"南信期货 8 号资产管理计划"，"大京沃本控股有限公司"]，
        '标的代码'：["B0016"，"B0012"，"B0013"，"B0014"]，
        '标的名称'：["汉东农业"，"汉东股份"，"数发股份"，"数据股份"]，
        '买入金额'：[49225，49434，14858，27512]，
        '卖出金额'：[109225，309434，204858，597512]
    }
    # 使用 pandas 的 DataFrame 构造函数创建数据框
    auditee_data=pd.DataFrame(auditee_data)
    print(auditee_data)  # 显示数据框内容
    卖出金额=auditee_data['卖出金额']  # 选取“卖出金额”列
    print(卖出金额)  # 显示“卖出金额”列内容
    # 选取'客户名称'列,并显示其类型
    客户名称=auditee_data['客户名称'].tolist()
    print(type(客户名称))  #显示其类型,应该输出：<class 'list'>
    # 检查“客户名称”列转换为列表后的类型
    print(isinstance(客户名称，int))  #应该输出 False,因为客户名称是 list 类型
    print(isinstance(客户名称，list))  #应该输出 True,因为客户名称确实是 list 类型
```

注：在以上程序代码中，“.tolist()”是 pandas 库中的一个方法，它可以将 DataFrame的某一列或 Series 对象的数据转换成一个 Python 列表。例如，对于 DataFrame，当使用 df ['column_name'].tolist() 时，会返回一个包含该列所有值的列表。

在 Python 的开发工具 PyCharm 中运行以上代码，其结果示例如图 4-111 所示。

4. 变量

在 Python 中，变量的相关应用如下：

(1) 变量赋值。变量赋值符号是“=”，审计人员可以通过“变量名 = 表达式”的语句来完成变量赋值操作。在 Python 中，变量名可以包含字母、数字和下划线“_”，但不能以数字开头。需要注意的是，Python 中对大小写敏感，例如，变量名 Auditee_data 与 auditee_data 是不同的。在 Python 中，只要代码环境支持 UTF-8 编码，就可以使用中文变量名。

(2) 删除变量。审计人员可以使用 del 语句来删除变量。

(3) 创建新变量。假设现有数据框 auditee_data，其有两列数据：买入金额 x1、卖出金额 x2。审计人员拟创建名为“获利金额”的新变量存储“卖出金额”与“买入金额”变量之差，并存储在原有数据框 auditee_data 中。其代码如下：

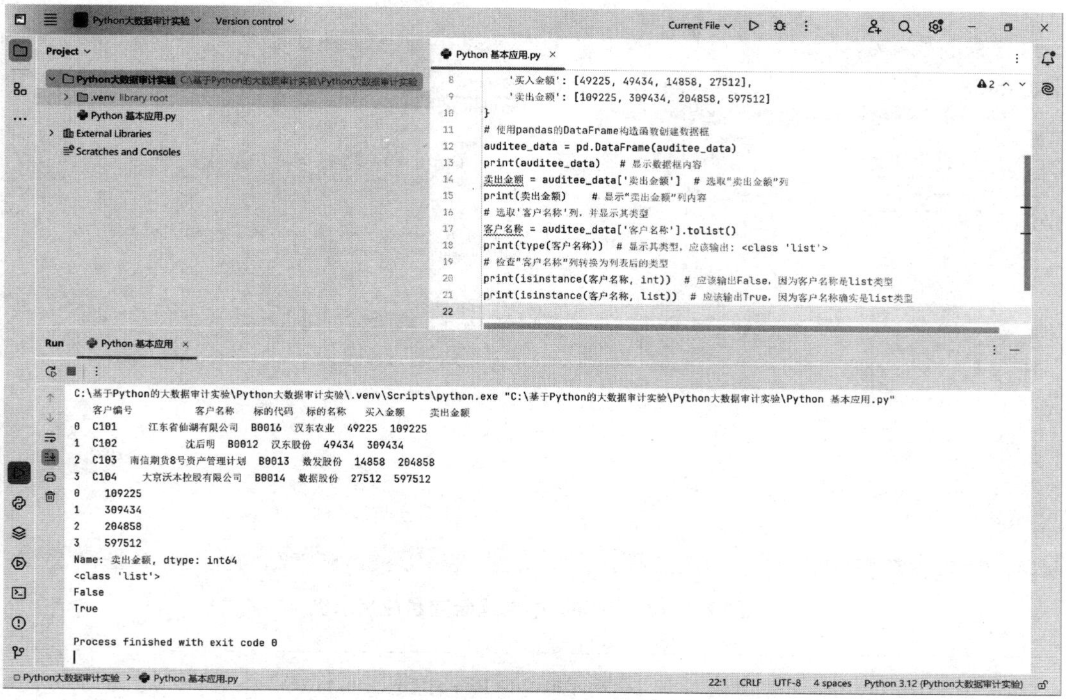

图 4-111　Python 中创建数据框应用示例

```
import pandas as pd  # 导入 pandas 库，并将其简称为 pd
# 假设现有数据框 auditee_data，它有两列：'x1'和'x2'
auditee_data = pd.DataFrame({
    'x1': [49225, 49434, 14858, 27512],   # 买入金额
    'x2': [109225, 309434, 204858, 597512]   # 卖出金额
})
# 创建一个新列'获利金额'，存储'x1'与'x2'之差
auditee_data['获利金额'] = auditee_data['x2'] - auditee_data['x1']
print(auditee_data)   # 显示更新后的 DataFrame
```

在 Python 的开发工具 PyCharm 中运行以上代码，其结果示例如图 4-112 所示。

（4）变量重命名。在 Python 中，变量或元素修改名称可以通过 rename() 函数来处理，它可以对被修改的数据框中的变量进行全部修改或部分修改。

例如，假设现有数据框 auditee_data，其有两列数据：x1 和 x2。审计人员拟创建名为“获利金额”的新变量存储“x1”与“x2”变量之差，并存储在原有数据框 auditee_data 中。然后，把数据框 auditee_data 中的“x1”命名为“买入金额”，“x2”命名为“卖出金额”，其代码示例如下：

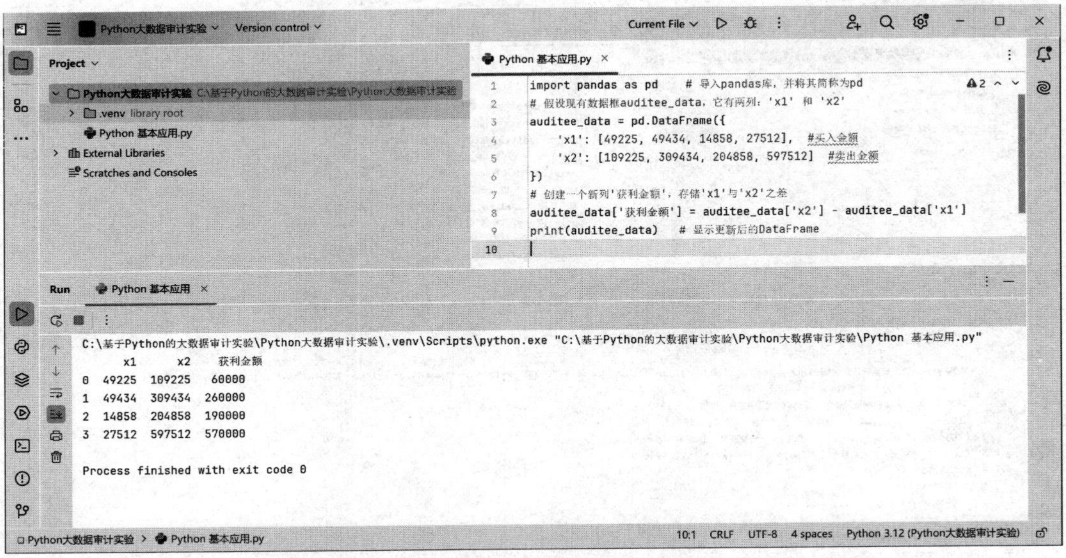

图 4-112 Python 中创建新变量应用示例

```
import pandas as pd        # 导入 pandas 库,并将其简称为 pd
# 假设现有数据框 auditee_data,它有两列:'x1' 和 'x2'
auditee_data = pd.DataFrame({
    'x1': [49225, 49434, 14858, 27512],   #买入金额
    'x2': [109225, 309434, 204858, 597512]   #卖出金额
})
# 创建一个新列'获利金额',存储'x1'与'x2'之差
auditee_data['获利金额'] = auditee_data['x2']-auditee_data['x1']
# 重命名列
auditee_data = auditee_data.rename(columns={'x1': '买入金额', 'x2': '卖出金额'})
print(auditee_data)   # 显示更新后的 DataFrame
```

在 Python 的开发工具 PyCharm 中运行以上代码，其结果示例如图 4-113 所示。

又如，假设现有数据框 auditee_data，其有两列数据：卖出金额、买入金额。审计人员拟创建名为“获利金额”的新变量存储“卖出金额”与“买入金额”变量之差，并存储在原有数据框 auditee_data 中。然后，把数据框 auditee_data 中的“买入金额”“卖出金额”“获利金额”分别命名为“股票买入金额”“股票卖出金额”“股票获利金额”，其代码示例如下：

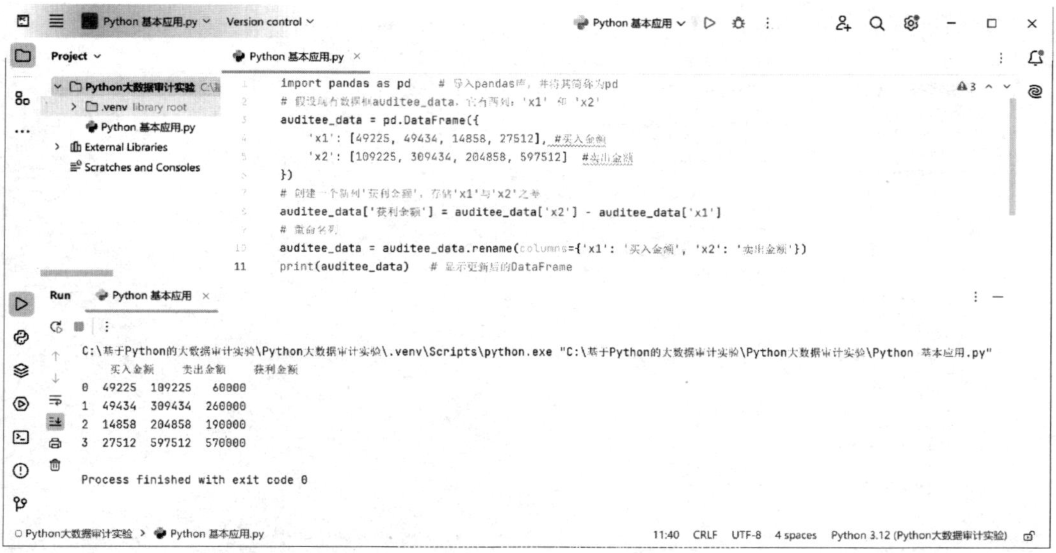

图 4-113　Python 中变量重命名应用示例一

```
import pandas as pd   #导入 pandas 库,并将其简称为 pd
# 假设现有数据框 auditee_data,它有两列:'x1' 和 'x2'
auditee_data = pd.DataFrame({
    'x1': [49225, 49434, 14858, 27512],   #买入金额
    'x2': [109225, 309434, 204858, 597512]   #卖出金额
})
#创建一个新列'获利金额',存储'x1'与'x2'之差
auditee_data['获利金额']=auditee_data['x2']-auditee_data['x1']
#重命名列
auditee_data = auditee_data.rename(columns={'x1': '股票买入金额', 'x2': '股票卖出金额', '获利金额': '股票获利金额'})
print(auditee_data)   #显示更新后的 DataFrame
```

在 Python 的开发工具 PyCharm 中运行以上代码，其结果示例如图 4-114 所示。

(5) 变量排序。在 Python 中，审计人员可以使用 sort_values() 函数对变量进行排序。sort_values(by 要排序的变量，ascending=True/False)，其中，如果 ascending 为 True，则按升序排序；如果为 False，则按降序排序。

例如，假设现有数据框 auditee_data，其有两列数据：卖出金额、买入金额。审计人员拟创建名为“获利金额”的新变量存储“卖出金额”与“买入金额”变量之差，并存储在原有数据框 auditee_data 中。然后，把数据框 auditee_data 中的“卖出金额”“买入金额”“获利金额”分别命名为“股票卖出金额”“股票买入金额”“股票获利金额”，并按“股票获利金额”中的值进行降序排列，其代码示例如下：

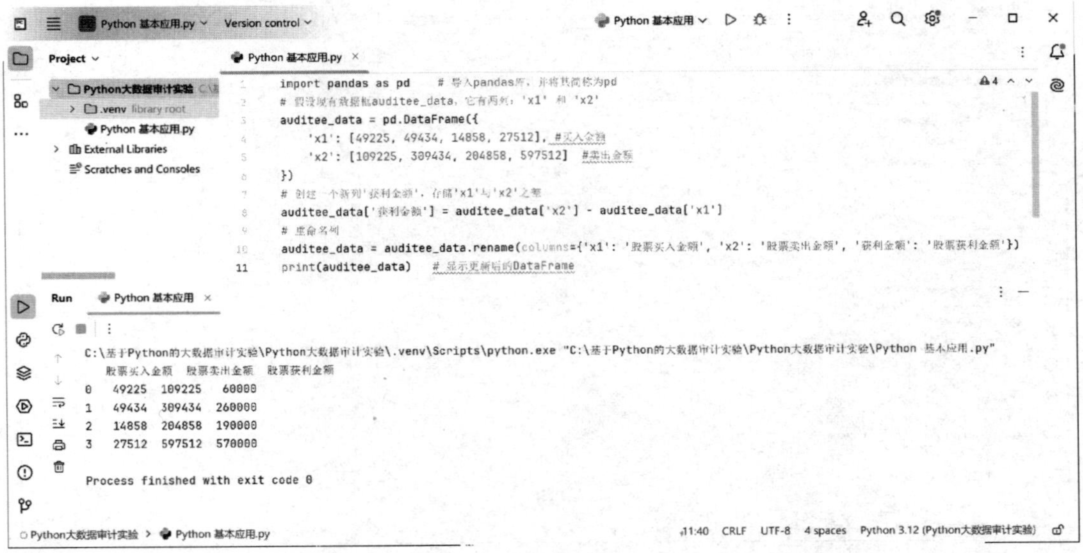

图 4-114 Python 中变量重命名应用示例二

```
import pandas as pd  #导入 pandas 库,并将其简称为 pd
# 假设现有数据框 auditee_data,它有两列:'x1' 和 'x2'
auditee_data = pd.DataFrame({
    'x1': [49225, 49434, 14858, 27512],  #买入金额
    'x2': [109225, 309434, 204858, 597512]  #卖出金额
})
#创建一个新列'获利金额',存储'x1'与'x2'之差
auditee_data['获利金额'] = auditee_data['x2'] - auditee_data['x1']
#重命名列
auditee_data = auditee_data.rename(columns={'x1': '股票买入金额', 'x2': '股票卖出金额', '获利金额': '股票获利金额'})
#按照'股票获利金额'列进行降序排列
auditee_data = auditee_data.sort_values(by='股票获利金额', ascending=False)
print(auditee_data)  #显示更新后的 DataFrame
```

在 Python 的开发工具 PyCharm 中运行以上代码，其结果示例如图 4-115 所示。

5. 其他常用函数

（1）连接字符串。有时审计人员需要把不同类型的数据连接在一起，在 Python 中，可以使用列表推导式来完成。

例如，审计人员想计算数组中各个“买入金额”占全部买入金额的百分比，并使用 DataFrame() 函数来创建数据框显示对应的结果，其代码如下：

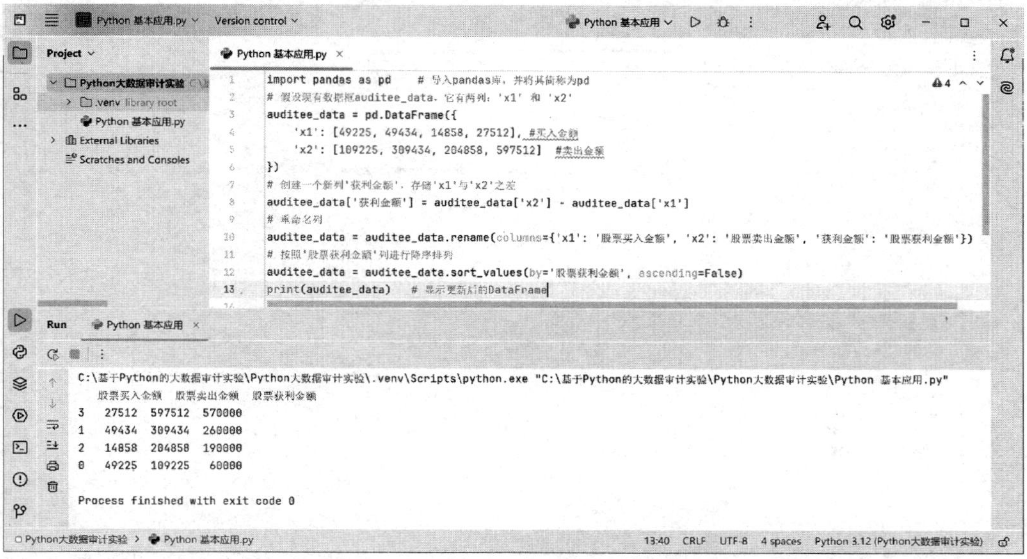

图 4 - 115 Python 中变量排序应用示例

```
import pandas as pd    #导入 pandas 库,并将其简称为 pd
import numpy as np    #导入 numpy 库,并将其简称为 np
#创建数值型向量
买入金额 = np.array([1028, 20382, 30934, 1409, 53702])
总金额 = 买入金额.sum()   #计算总金额
#计算占全部买入金额的百分比,并添加%符号
占全部买入金额的百分比 = [f"{round(amount / 总金额 * 100, 2)}%" for amount in 买入金额]
#创建 DataFrame
股票买入金额分析 = pd.DataFrame({
    '买入金额': 买入金额,
    '占全部买入金额的百分比': 占全部买入金额的百分比
})
print(股票买入金额分析)   #显示 DataFrame
```

在 Python 的开发工具 PyCharm 中运行以上代码，其结果示例如图 4 - 116 所示。

(2) 条件选取。有时审计人员需要根据条件选取相关变量进行审计。例如，审计人员想查找“买入金额”大于 40 000 或“卖出金额”大于 300 000 的数据，其代码如下：

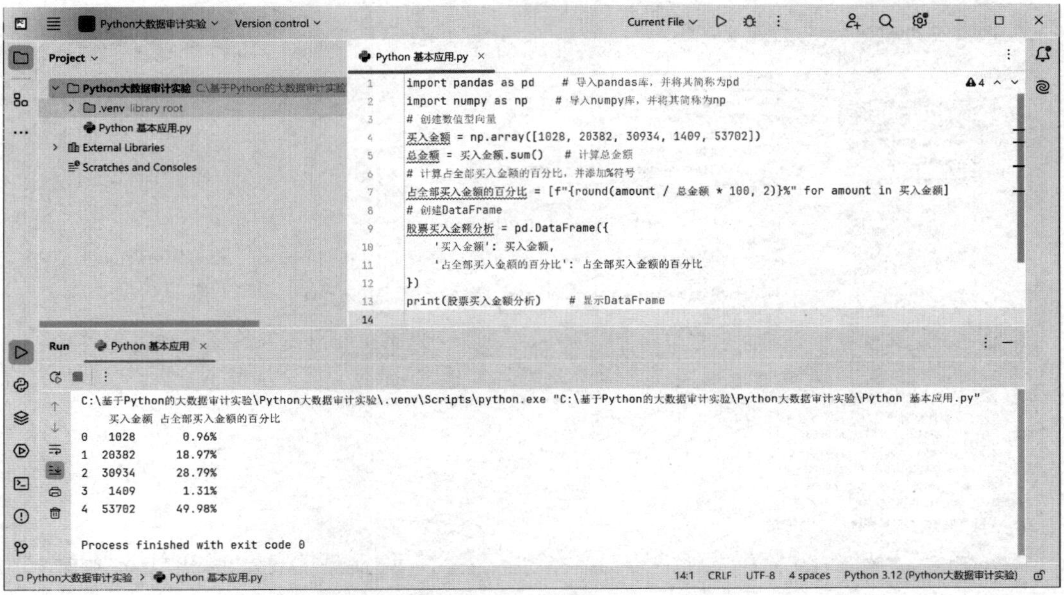

图 4－116 Python 中连接字符串应用示例

```
import pandas as pd
#创建数据
数据 = {
    '客户编号': ["C101", "C102", "C103", "C104"],
    '客户名称': ["江东省仙湖有限公司", "沈后明", "南信期货 8 号资产管理计划", "大京沃本控股有限公司"],
    '标的代码': ["B0016", "B0012", "B0013", "B0014"],
    '标的名称': ["汉东农业", "汉东股份", "数发股份", "数据股份"],
    '买入金额': [49225, 49434, 14858, 27512],
    '卖出金额': [109225, 309434, 204858, 597512]
}
股票交易数据 = pd.DataFrame(数据)  #创建 DataFrame
#显示原始 DataFrame
print("原始股票交易数据:\n", 股票交易数据)  #"\n"是一个换行符,用于添加一个空行,从而使输出更加清晰
#筛选数据:买入金额大于 40000 或卖出金额大于 300000
筛选后的股票交易数据 = 股票交易数据[(股票交易数据['买入金额'] > 40000) | (股票交易数据['卖出金额'] > 300000)]  #其中,& 表示"和",|表示"或"
#显示筛选后的 DataFrame
print("\n 筛选后的股票交易数据:")
print(筛选后的股票交易数据)
```

在 Python 的开发工具 PyCharm 中运行以上代码，其结果示例如图 4－117 所示。

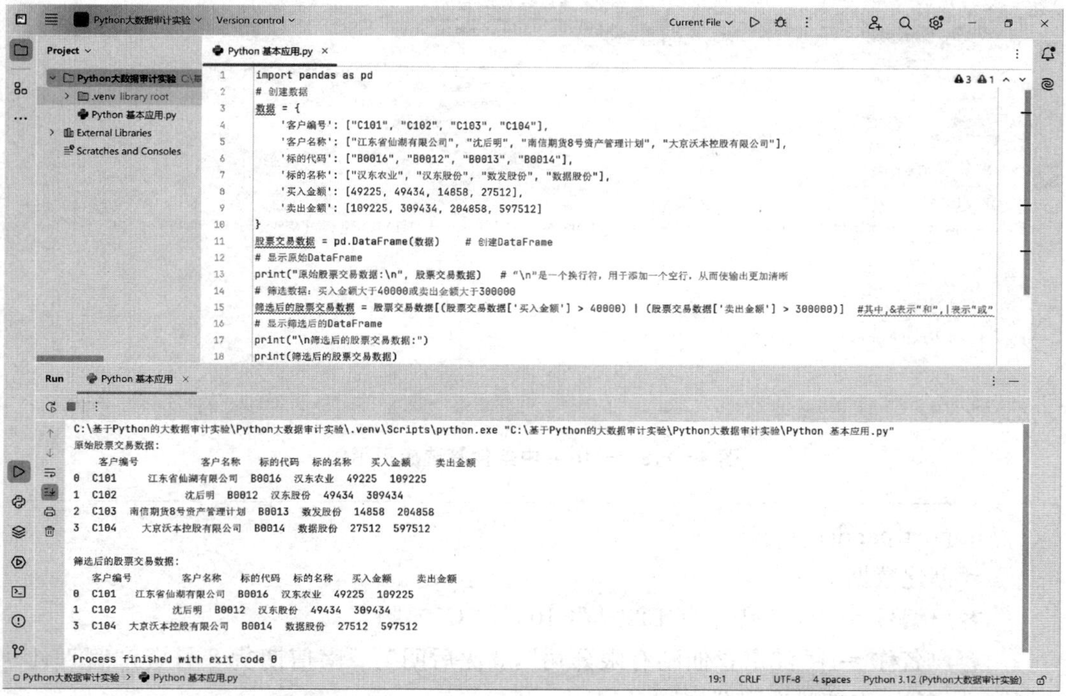

图 4－117　Python 中条件选取应用示例

（3）条件筛选。审计人员可以使用 pandas 的 Series 筛选满足一些特定条件的数据记录。

例如，审计人员想查找“买入金额”大于 40 000 的数据，其代码如下：

```
import pandas as pd
#创建一个 pandas Series 来表示买入金额
买入金额 = pd.Series([49225, 49434, 14858, 27512, 143434])
#可以直接使用布尔索引查找满足条件的值
大于 40000 的金额 = 买入金额[买入金额 > 40000]
print(大于 40000 的金额)  # 显示结果
```

在 Python 的开发工具 PyCharm 中运行以上代码，其结果示例如图 4－118 所示。

（4）结果输出。审计人员若想把相关分析结果输出到文件，可以使用 to_csv() 函数完成。

例如，审计人员想把所创建的“股票交易数据”文件以 CSV 格式保存到 C 盘“基于 Python 的大数据审计实验”下的“分析结果”文件夹中，并把文件命名为“股票交易数据”，其代码示例如下：

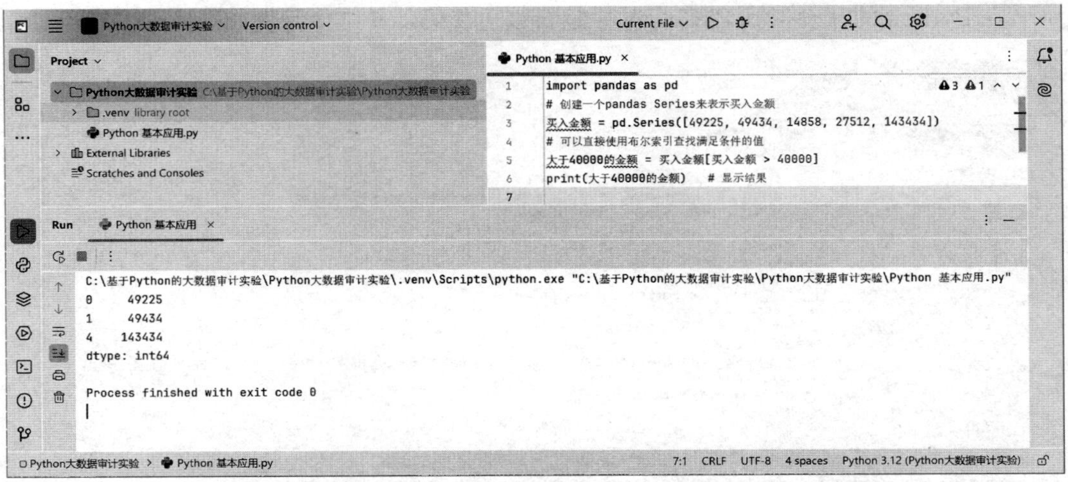

图 4-118　Python 中条件筛选应用示例

```
import pandas as pd
#创建数据
客户编号 = ["C101", "C102", "C103", "C104"]
客户名称 = ["江东省仙湖有限公司", "沈后明", "南信期货 8 号资产管理计划", "大京沃本控股有限公司"]
标的代码 = ["B0016", "B0012", "B0013", "B0014"]
标的名称 = ["汉东农业", "汉东股份", "数发股份", "数据股份"]
买入金额 = [49225, 49434, 14858, 27512]
卖出金额 = [109225, 309434, 204858, 597512]
#使用字典和列表创建 DataFrame
股票交易数据 = pd.DataFrame({
    '客户编号': 客户编号,
    '客户名称': 客户名称,
    '标的代码': 标的代码,
    '标的名称': 标的名称,
    '买入金额': 买入金额,
    '卖出金额': 卖出金额
})
print(股票交易数据)    # 显示 DataFrame
#将 DataFrame 保存为 CSV 文件
股票交易数据.to_csv("C:/基于 Python 的大数据审计实验/分析结果/股票交易数据.csv", index=True, encoding='utf_8_sig')
```

在以上 Python 程序代码中，相关知识点说明如下：

在 to_csv() 函数中，index 这个参数用于指定是否将 DataFrame 的索引导出到 CSV 文件中。index=True 意味着导出索引，即 CSV 文件中将包含 DataFrame 的索引列，index=False 意味着不导出索引，即 CSV 文件中将不包含 DataFrame 的索引列。encoding='utf_8_sig'这个参数指定了文件的编码格式。

在 Python 的开发工具 PyCharm 中运行以上代码，其结果示例如图 4-119 和图 4-120 所示。

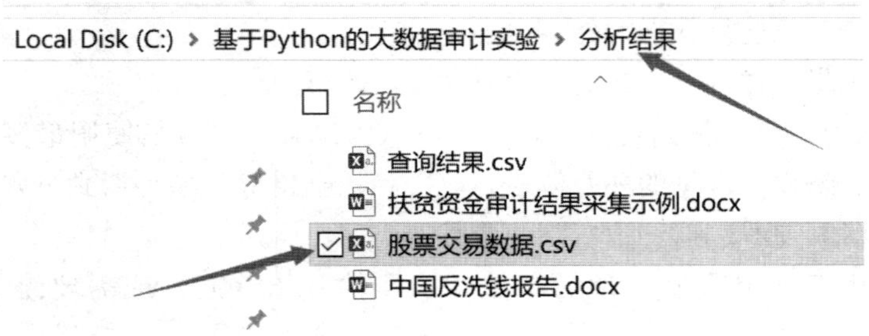

图 4-119　Python 中结果输出应用示例一

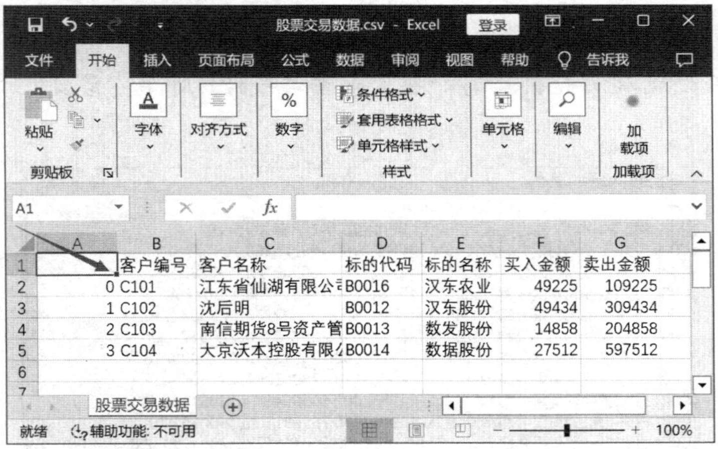

图 4-120　Python 中结果输出应用示例二

关于如何把生成的图片输出为相关文件的内容将在第 5 章进行分析。

4.4.4　Python 数据操作功能

1. Python 数据采集

(1) 全部数据采集方法示例。

1) 直接输入数据。Python 通常用于脚本和自动化任务，Python 并没有直接等价于 R 中 edit() 函数的内置功能，不能像 R 那样提供直接的图形界面交互。

2) 文本文件数据采集。如果审计人员需要把文本文件数据采集到 Python 中进行分析，首先需要把该数据采集过来。在 Python 中，read_csv() 函数是 pandas 库中用于读取 CSV 文件（或类似由逗号分隔的文本文件）并将其转换为 DataFrame 对象的函数。这个函数非常强大且灵活，允许以多种方式定制数据的读取过程。其主要语法格式如下：

```
read_csv('file.csv', header=0,……)
```

read_csv() 函数的参数可以根据需要进行设置，常用的参数说明如下：

'file. csv'是 CSV 文件的路径和文件名。read_csv() 函数会返回一个 DataFrame 对象，可以通过该对象进行数据操作和分析。

header 用于指定作为列名的行，默认为 0，即第一行。

sep 用于指定每行数据内容的分隔符，默认为逗号。逗号是使用最多的分隔符，一般情况下不需要修改。常见的还有制表符（\t）、空格等。如果遇到分隔符不是逗的数据，可以用记事本查看数据，设置 sep 参数。

skiprows 用于指定需要跳过的行数（从文件开始算起）或需要跳过的行号列表（从 0 开始）。

nrows 用于指定需要读取的行数（从文件开始算起）。

在具体应用过程中，read_csv() 函数相关参数可根据需要进行设置，更多的参数设置信息可参考其他网上资源。

【例 4-2】 假设现有某股票交易数据，如图 4-121 所示。需要把该数据采集到 Python 中。

某股票交易数据 - 记事本
文件(F) 编辑(E) 格式(O) 查看(V) 帮助(H)

```
客户编号,客户全称,标的代码,标的名称,获利金额,买入金额,卖出金额
C001,江东省仙湖有限公司,B0016,大发科技,2150,109275465,109277615
C001,江东省仙湖有限公司,B0019,在同资本,2720,360909.99,363629.99
C001,江东省仙湖有限公司,B0020,江科财富,50000,52857168,52907168
C001,江东省仙湖有限公司,B0069,江发可到,30000,95322726.11,95352726.11
C001,江东省仙湖有限公司,B0100,明东花业,2016,2807155.57,2809171.57
C001,江东省仙湖有限公司,B0121,明江约业,10000,25915216.78,25925216.78
C001,江东省仙湖有限公司,B0122,江汉银行,5620,173062802.4,173068422.4
C001,江东省仙湖有限公司,B0208,汉东银行,200,55050946.11,55051146.11
C001,江东省仙湖有限公司,B0219,江发油气,7676,7592915.25,7600591.25
C001,江东省仙湖有限公司,B0222,江汉油气,1360,200118572.8,200119932.8
C001,江东省仙湖有限公司,B0352,汉东农业,290,41361781.06,41362071.06
C001,江东省仙湖有限公司,B0518,汉发农业,1360,45929799.39,45931159.39
C001,江东省仙湖有限公司,B0712,汉东控股,920,521751605.5,521752525.5
C001,江东省仙湖有限公司,B0759,江发控股,1520,9349247.5,9350767.5
C001,江东省仙湖有限公司,B0816,江汉控股,1360,27440132.94,27441492.94
C001,江东省仙湖有限公司,B1121,汉东股份,1885,37575411.11,37577296.11
C001,江东省仙湖有限公司,B1258,汉杂股份,29839.5,172718422.2,172748261.7
C001,江东省仙湖有限公司,B1318,汉本股份,2318036.75,1713967198,1716285235
C001,江东省仙湖有限公司,B1318,汉本股份,3132135.08,3905368,7037503.08
C001,江东省仙湖有限公司,B1318,汉本股份,678774.5,13603030.06,14281804.56
C001,江东省仙湖有限公司,B1608,数据股份,7527585.62,386081706.2,393609291.8
C001,江东省仙湖有限公司,B1908,数发股份,20000,9121185.23,9141185.23
C001,江东省仙湖有限公司,B2100,在发股份,4785.9,3633868.5,3638654.4
C001,江东省仙湖有限公司,B2114,大发股份,2620,275717.89,278337.89
C001,江东省仙湖有限公司,B2125,无东股份,3360.2,2384456.67,2387816.87
```

Windows (CRLF 第 1 行，第 1 列 100%

图 4-121 文本文件格式的某股票交易数据示例

基于 Python，可以编写文本文件数据采集的代码，其代码示例如下：

```
import pandas as pd
#尽管文件扩展名是.txt,但可以使用 pandas 的 read_csv()函数读取文件
auditee_data = pd.read_csv("某股票交易数据.txt", header=0)  #header=0 表示第一行是列名
#查看前几行数据以确认数据被正确读取
print(auditee_data.head())
#查看后 3 行数据以确认数据被正确读取
print(auditee_data.tail(3))
```

在以上 Python 程序代码中，相关知识点说明如下：

print(auditee_data.head()) 用于显示 DataFrame 的前几行数据，有助于审计人员快速检查数据是否已正确加载和解析，通常是返回前 5 行数据。如果想要查看更多或更少的行，可以使用 head(n)（前 n 行）或 tail(n)（后 n 行）方法，其中 n 是想要查看的行数。

在 Python 的开发工具 PyCharm 中运行以上文本文件数据采集代码，其结果示例如图 4-122 所示。

注："某股票交易数据.txt" 需要和程序代码放在同一个工作目录中。

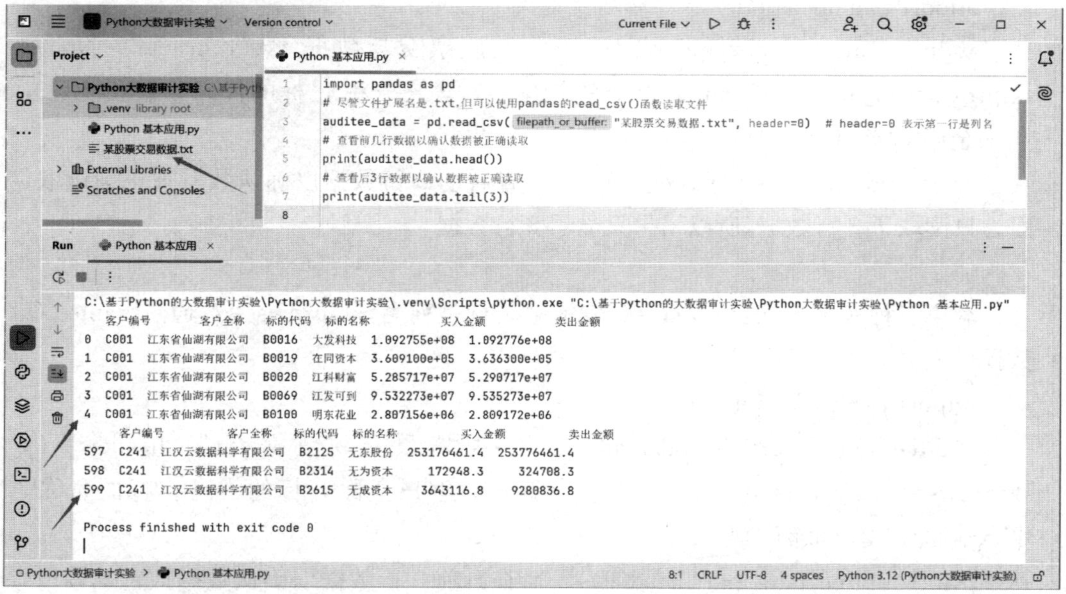

图 4-122　Python 中文本文件格式的某股票交易数据采集示例

3）其他类型数据采集。审计人员若需要把 Excel 格式的数据采集到 Python 中，最简单的方式就是将 Excel 格式的数据导出为一个逗号分隔文件（CSV）或文本文件（TXT）格式的数据，然后采用前面描述的文本文件数据采集方法将其导入 Python 中。

(2) 部分行数据采集方法示例。skiprows 是 Python 的 pandas 库中用于读取文件（如 CSV 等）时跳过指定行数的参数。通过设置 skiprows 可以采集部分行数据。

假设需要读取 auditee_data(某股票交易数据）中的部分数据，例如第 8～15 行共 8 行数据，要求使用文件的第一行作为标题，并把读取的部分数据保存为 auditee_data_part，采用 read_csv() 函数可以完成这一需要，其三种实现方法的代码示例如下：

```
#第一种实现方法:读取文件,跳过前7行(不包括标题行),header=0 确保了第一行(原文件中的第一行)被用作标题
import pandas as pd
auditee_data_part = pd.read_csv("某股票交易数据.txt", header=0, skiprows=range(1, 8), nrows=8)
print(auditee_data_part.head(9))  #查看前9行数据以确认数据被正确读取,因为只读取了8行数据,所以结果只显示8行数据

#第二种实现方法:header=None 表示没有现成的列名,通过 names 参数提供列名,skiprows=8
import pandas as pd
auditee_data_part = pd.read_csv("某股票交易数据.txt", header=None, skiprows=8, nrows=8,names=['客户编号', '客户全称', '标的代码', '标的名称', '买入金额', '卖出金额'])
print(auditee_data_part.head(9))  #查看前9行数据以确认数据被正确读取,因为只读取了8行数据,所以结果只显示8行数据

#第三种实现方法:header=0 表示第一行是列名,skiprows=7,通过 names 参数提供列名
import pandas as pd
auditee_data_part = pd.read_csv("某股票交易数据.txt", header=0, skiprows=7, nrows=8,names=['客户编号', '客户全称', '标的代码', '标的名称', '买入金额', '卖出金额'])
print(auditee_data_part.head(9))  #查看前9行数据以确认数据被正确读取,因为只读取了8行数据,所以结果只显示8行数据
```

在 Python 的开发工具 PyCharm 中运行以上部分列数据采集第一种实现方法代码，其结果示例如图 4-123 所示。

2. Python 数据预处理

Python 的数据预处理功能强大，部分功能示例如下。

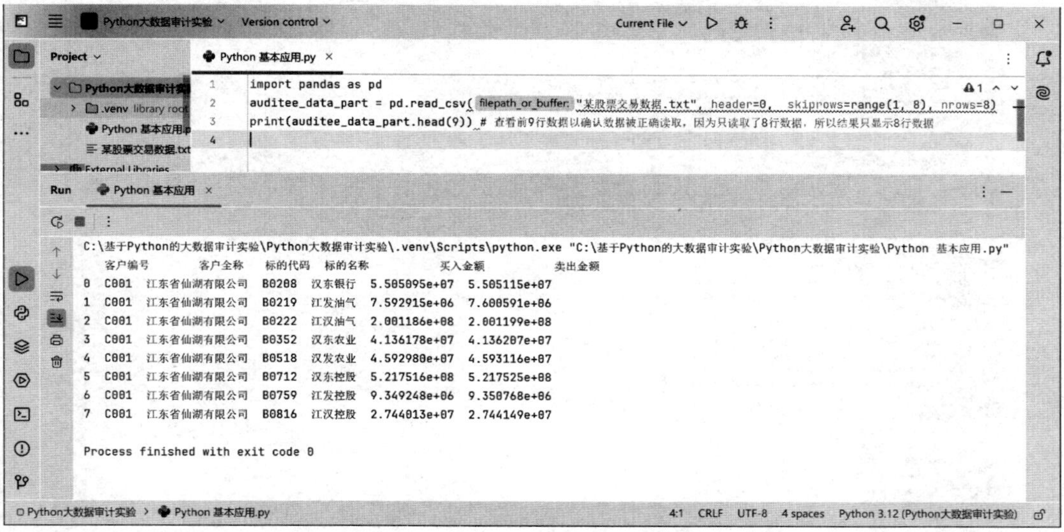

图 4-123　Python 中部分列数据采集方法示例

（1）缺失值检测。在 Python 中，使用 pandas 的 isna() 或 isnull() 函数可用于检测是否存在缺失值。如果某个元素是缺失值，相应的位置将被改写为 TRUE，不是缺失值的位置则为 FALSE。

例如，检测上述 auditee_data 的各列中是否存在缺失值，其代码示例如下：

```
import pandas as pd
#读取 CSV 文件(即使文件扩展名是.txt,只要内容是逗号分隔的就可以)
auditee_data = pd.read_csv("某股票交易数据.txt", header=0, sep=',')
missing_values =auditee_data.isna()   #检查数据中的缺失值,可以使用 isna
()或 isnull()函数
print(missing_values)   #查看包含缺失值的行和列
print(missing_values.any())   #查看哪些列包含缺失值
print(auditee_data[missing_values.any(axis=1)])   #查看包含至少一个缺失
值的所有行
```

在 Python 的开发工具 PyCharm 中运行以上代码，其结果示例如图 4-124 所示。

在 Python 中，可以使用 pandas 的.iloc 检测部分列是否存在缺失值。

例如，检测上述 auditee_data 的第 2～3 列中是否存在缺失值，.iloc 是基于位置的索引，在 Python 中索引从 0 开始，所以 1 是第二列，2 是第三列，1:3 包含起始索引 1 但不包含结束索引 3。因此，其代码示例如下：

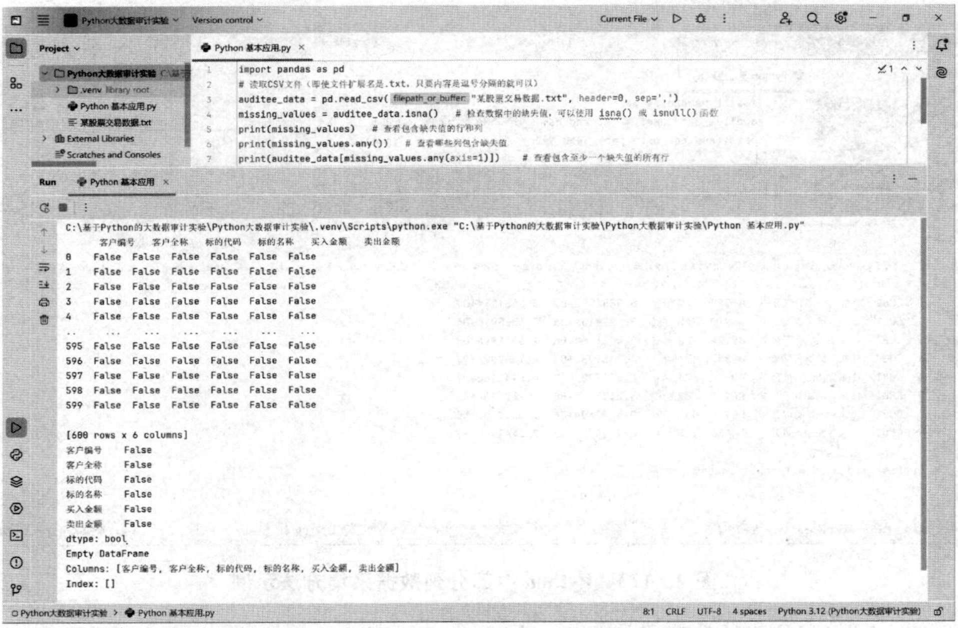

图 4-124 Python 中缺失值检测应用示例一

```
import pandas as pd
auditee_data = pd.read_csv("某股票交易数据.txt", header=0)  # header=0表示第一行是列名
missing_values_in_cols = auditee_data.iloc[:, 1:3].isnull()  # 检查第二列和第三列中是否有缺失值
print(missing_values_in_cols)  # 显示结果
print(missing_values_in_cols.sum())  # 检查有多少缺失值，可以用.sum()函数，来计算每列中缺失值的总数
```

在 Python 的开发工具 PyCharm 中运行以上代码，其结果示例如图 4-125 所示。

（2）数据类型判断和转换。在 Python 中有一些用来判断某个对象的数据类型和将其转换为另一种数据类型的方法。这些方法有：isinstance() 函数在 Python 中用于判断一个对象是否是一个已知的类型，类似于类型检查。这个函数返回一个布尔值（True 或 False），表示被检查的对象是否是指定类型或者是否是该类型的子类型。astype() 函数在 Python 中可以将整个数据结构（DataFrame 或 Series）中的元素从一种数据类型转换为另一种数据类型，它是 pandas 中用于数据类型转换的一个非常有用的函数，包括 astype(str)，astype(int)，astype(float) 等。

在 Python 中，通常不需要检查是否是数据框，如果想做类似的事情，例如，检测上述 auditee_data 中的数据类型是否为数据框，其代码示例如下：

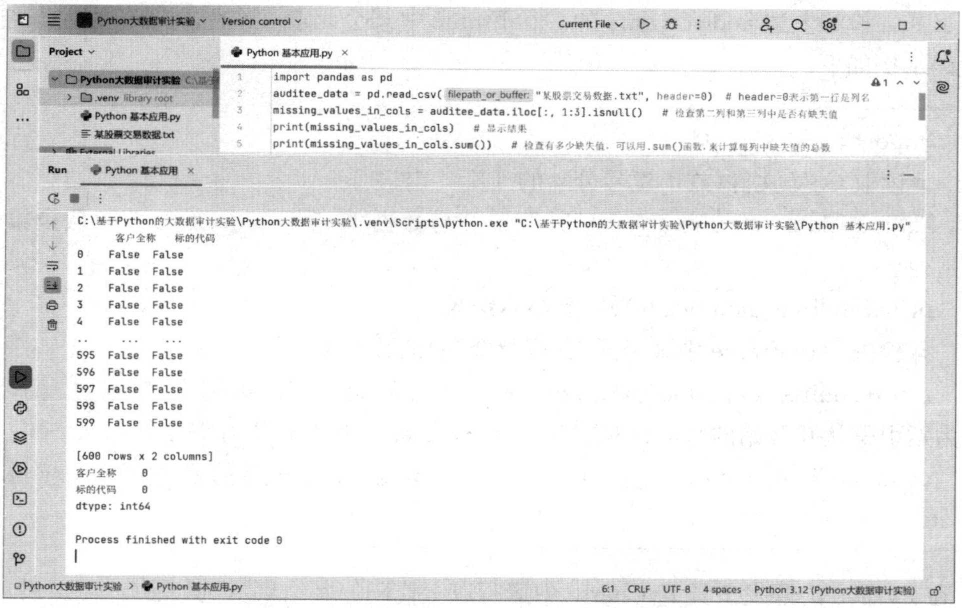

图 4-125 Python 中缺失值检测应用示例

```
import pandas as pd
auditee_data = pd.read_csv("某股票交易数据.txt", header=0)  #读取 CSV 文件(或由逗号分隔的 TXT 文件),假设第一行是列名
if isinstance(auditee_data, pd.DataFrame):
    print("auditee_data 是 pandas 数据框(DataFrame)")
else:
    print("auditee_data 不是 pandas 数据框(DataFrame)")
```

在 Python 的开发工具 PyCharm 中运行以上代码，其结果示例如图 4-126 所示。需要指出的是，上面的 if 语句几乎总是为 True，因为 read_csv() 总是返回一个数据框。

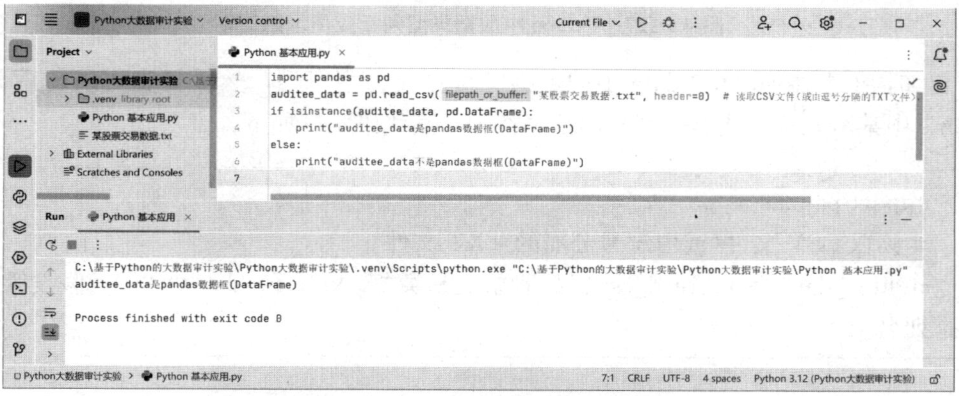

图 4-126 Python 中数据类型判断应用示例一

又如，检测上述 auditee_data 的 DataFrame 中某个元素（或整个列）的数据类型，其代码示例如下：

```
import pandas as pd
#读取 CSV 文件(或由逗号分隔的 TXT 文件)
auditee_data = pd.read_csv("某股票交易数据.txt", header=0)  #假设第一行是列名
print(auditee_data.head())  #显示结果
#检查 DataFrame 中某个元素(或整个列)的数据类型
print(auditee_data.iloc[:, 1].dtype)  #显示第二列的数据类型(通过索引 1,因为索引是从 0 开始的),应该是'object',在 pandas 中通常用于存储字符串
print(auditee_data.iloc[:, 4].dtype)  #显示第五列的数据类型,应该是'float64'
```

在 Python 的开发工具 PyCharm 中运行以上代码，其结果示例如图 4－127 所示。

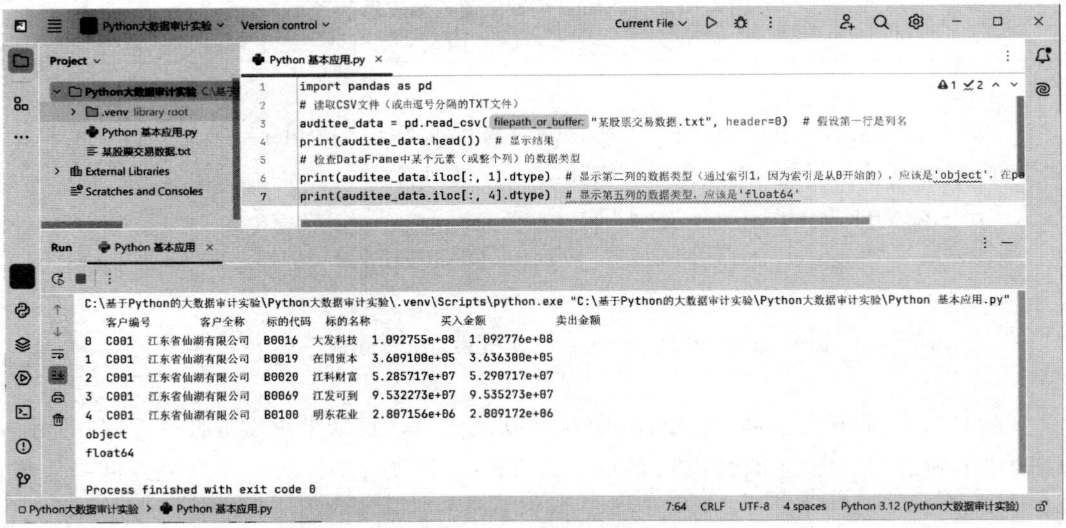

图 4－127 Python 中数据类型判断应用示例二

再如，把上述 auditee_data 中的数据类型更改为字符型，然后检查更改前后 DataFrame 中某个元素（或整个列）的数据类型，其代码示例如下：

```
import pandas as pd
#读取 CSV 文件(或由逗号分隔的 TXT 文件)
auditee_data = pd.read_csv("某股票交易数据.txt", header=0)  #假设第一行是列名
```

```
    #将 DataFrame 中的所有元素转换为字符串类型
    auditee_data_str = auditee_data.astype(str)
    #现在 auditee_data_str 是一个新的 DataFrame,其中所有元素都是字符串类型。注意:原始的 auditee_data 没有被修改,如果想要修改它,可以直接赋值给 auditee_data,即 auditee_data = auditee_data.astype(str)
    print(auditee_data_str.head())  #查看转换后的 DataFrame 的前几行以确认结果
    #检查 DataFrame 中某个元素(或整个列)的数据类型
    print(auditee_data.iloc[:, 4].dtype)  #显示更改前第五列的数据类型,应该是'float64'
    print(auditee_data_str.iloc[:, 4].dtype)  #显示更改后第五列的数据类型,应该是'object'
```

在以上 Python 程序代码中，相关知识点说明如下：

> dtype 的数据类型有'float64','int64','object'(通常用于字符串或其他 Python 对象)等。
>
> iloc[:, n]是 DataFrame 和 Series 对象的一个属性,用于基于整数位置的索引,其中,“:”在 iloc 的第一个位置(行索引的位置)中使用,表示选择所有行,“n”在 iloc 的第二个位置(列索引的位置)中使用,表示选择第 n+1 列。

在 Python 的开发工具 PyCharm 中运行以上代码，其结果示例如图 4－128 所示。

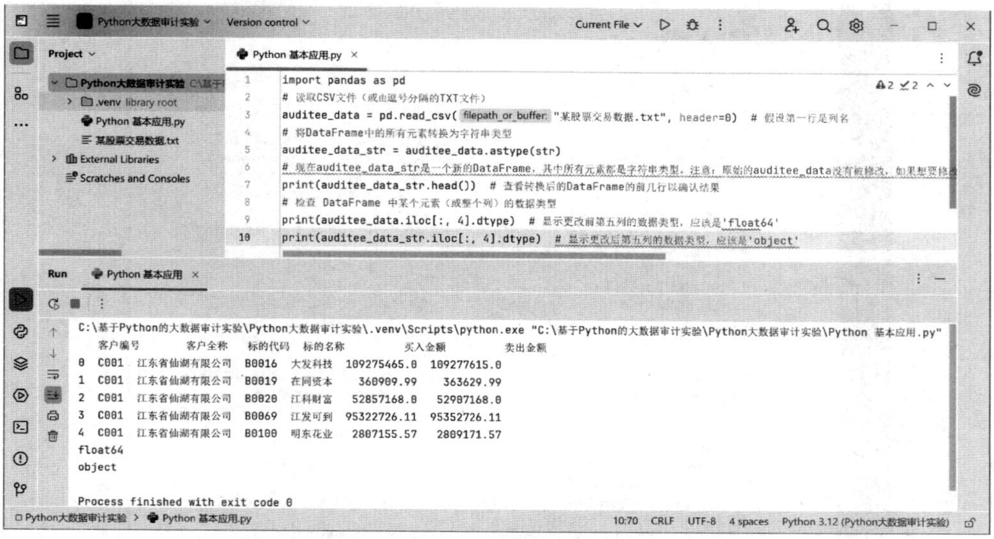

图 4－128　Python 中数据类型更改与判断应用示例

(3) PDF 格式文件转化成文本格式文件。大数据环境下，不仅需要分析结构化数据，还需要分析非结构化数据。例如，为了便于对 PDF 格式的文件进行分析，可以把 PDF 格式文件转化成文本格式文件。下面根据审计的需要，以把 PDF 格式文件转化成文本格式文件为例，介绍大数据审计数据预处理方法，更多的大数据审计数据预处理方法请结合审计实际需要选择。

【例 4－3】 现有某被审计单位提供的关于该单位使用的云平台情况的 PDF 格式文件数据“阿里云用户协议 . pdf”，如图 4－129 和图 4－130 所示。为了便于后续审计使用，现需要将该 PDF 格式文件转化成文本格式文件，保存到 C 盘“基于 Python 的大数据审计实验”下的“分析结果”文件夹中，并把文件命名为“阿里云用户协议”。

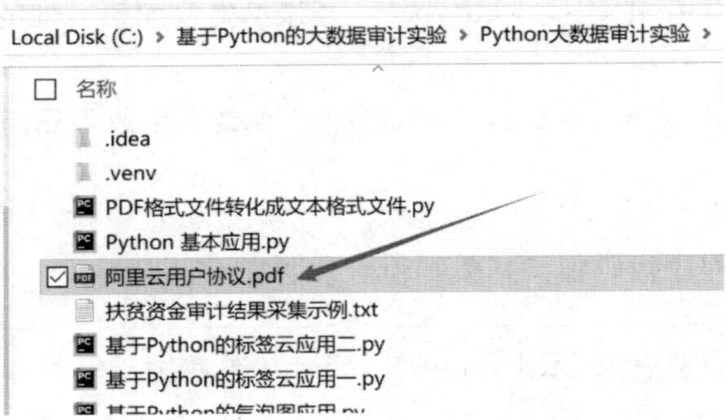

图 4－129 文件夹中需要转换的 PDF 文件

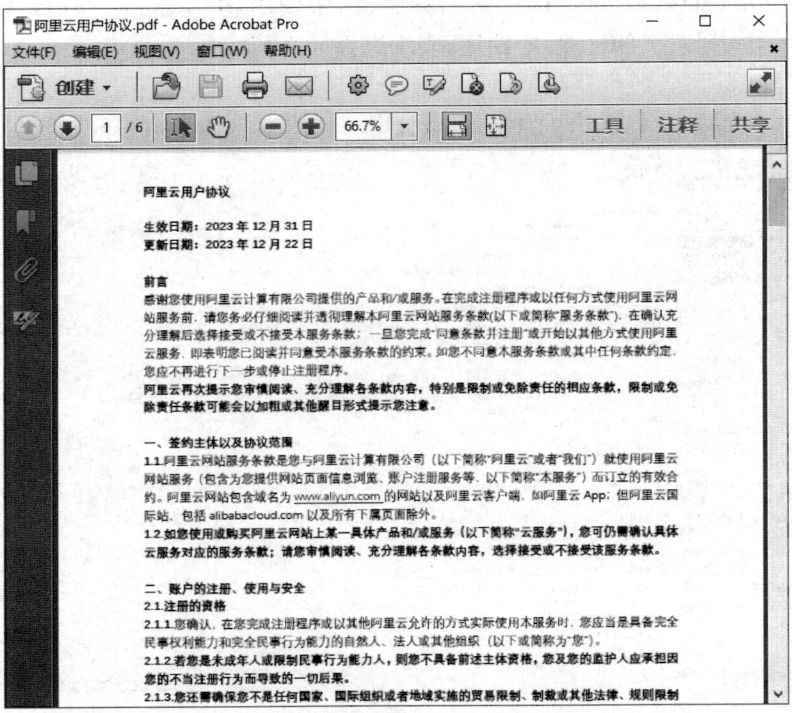

图 4－130 需要转换的 PDF 文件示例

针对以上需要，其 Python 代码示例如下：

首先，需要安装 pdfplumber 库（如果没有安装的话）：

```
pip install pdfplumber
import pdfplumber  #导入 pdfplumber 库,该库用于处理 PDF 文件,如提取文本、图像等
#加载 PDF 文件,使用 with 语句和 pdfplumber.open()函数打开 PDF 文件。这种方式的好处是文件会在 with 语句块结束时自动关闭,无须手动调用.close()方法
with pdfplumber.open("阿里云用户协议.pdf")as pdf:
    #初始化一个空列表来存储所有页面的文本
    all_auditee_text = []
    #遍历 PDF 中的每一页。pdf.pages 是一个生成器,每次迭代返回 PDF 中的一个页面对象
    for page in pdf.pages:
        #提取当前页的文本,对于每一页,使用 page.extract_text()方法提取页面上的文本。如果 PDF 文件中的文本是以图片形式嵌入的,或者使用了 PDF 的某些特性(如透明度、重叠文本等),则可能无法完全或准确地提取文本
        auditee_text = page.extract_text()
        #如果文本不为空,则添加到列表中
        if auditee_text:
            #将所有页面的文本合并为一个长字符串
            all_auditee_text.append(auditee_text)
    #在遍历完所有页面后,使用"\n".join(all_auditee_text)将 all_auditee_text 列表中的所有文本合并为一个长字符串
    full_auditee_text = "\n".join(all_auditee_text)
#保存为 TXT 文件
with open("C:\\基于 Python 的大数据审计实验\\分析结果\\阿里云用户协议.txt", "w",
                    encoding="utf-8")as file:file. write(full_auditee_text)
```

在 Python 的开发工具 PyCharm 中运行以上代码，如图 4-131 所示。

运行结果如图 4-132 和图 4-133 所示。

3. Python 数据分析

在 Python 中，pandas 库提供了非常强大的类似 SQL 查询功能的数据操作功能，包括数据读取、筛选、排序和写入等，可以很方便地对数据进行分析。因此，对于简单的场景，可以直接使用 pandas 的 DataFrame 进行数据分析。其中，对于简单的条件查询，可以通过 query() 函数使用字符串形式的表达式来过滤 DataFrame 的行，但不支持复杂的 SQL 语法（如 JOIN，GROUP BY 等）。对于排序，可以采用sort_values()

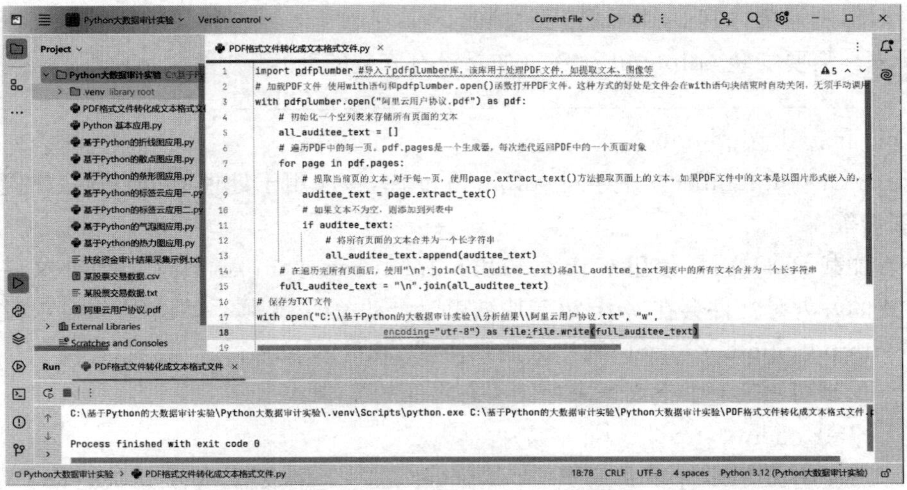

图 4－131 基于 Python 的转换操作示例

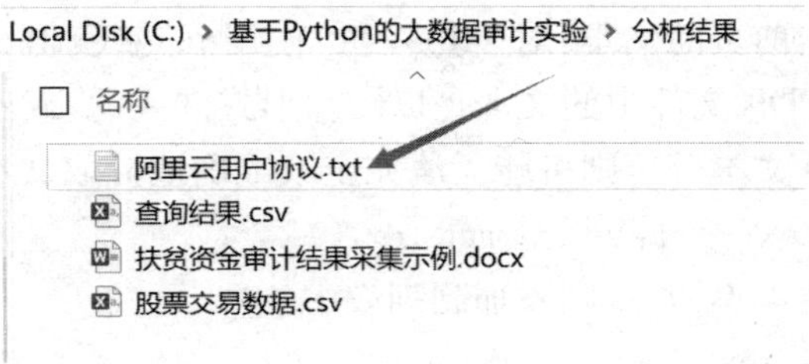

图 4－132 C 盘中转换后的文本文件示例

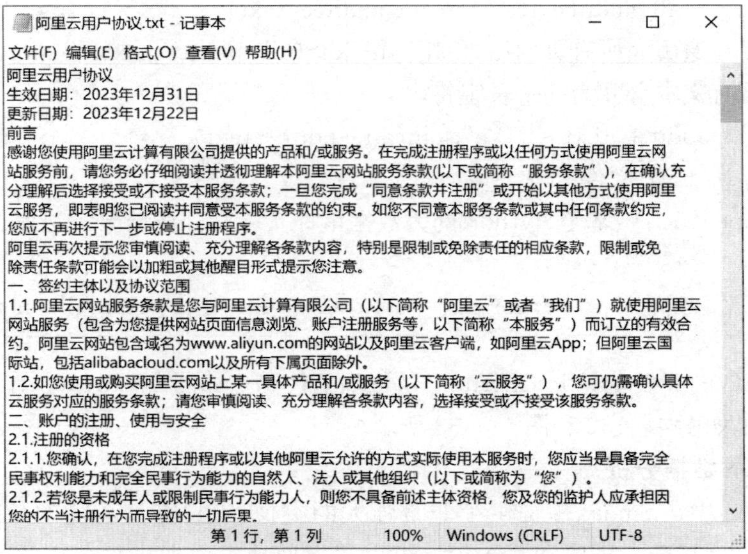

图 4－133 转换后的文本文件示例

函数根据一列或多列来排序。下面给出部分数据分析应用案例。关于如何在 Python 中进行数据可视化分析的应用将在第 5 章详细分析。

(1) 数据筛选分析。假设审计人员拟读入“某股票交易数据.txt”，并希望从该数据中查找客户编号为“C009”的客户所购股票的获利情况，查询结果要求显示客户编号、客户全称、获利金额这三列数据。其代码示例如下：

```
import pandas as pd
#尝试读取 CSV 文件
try:
    auditee_data = pd.read_csv("某股票交易数据.txt", header=0)
    #header=0 表示第一行是列名
    print("数据加载成功!")
except Exception as e:
    print(f"读取文件时发生错误:{e}")
#如果需要,可以在这里添加错误处理代码,比如使用默认数据或退出程序
#检查前几行数据以确保正确加载
print("原始数据预览:")
print(auditee_data.head())
#计算获利金额(卖出金额 - 买入金额)
auditee_data['获利金额'] = auditee_data['卖出金额'] - auditee_data['买入金额']
#使用 pandas 的 query 方法来执行查询
select_auditee_data =auditee_data.query("客户编号 == 'C009'")
#显示过滤后的结果
print("\n 过滤后的数据:")
print(select_auditee_data[['客户编号', '客户全称', '获利金额']])
#如果需要,还可以显示出过滤后的数据行数,以确认查询结果
print(f"\n 查询结果共有 {len(select_auditee_data)} 行数据。")
```

在以上 Python 程序代码中，相关知识点说明如下：

“\n”是一个换行符，用于添加一个空行，使输出更加清晰。

try-except 语句在 Python 中用来处理可能发生的异常，try 块下的代码是尝试执行的代码块，如果当前的语句成功，那么程序将执行 try 块中的下一条语句。“except Exception as e:”块用于捕获 try 块中发生的任何异常。其中，Exception 是一个基类，几乎所有的异常都是它的子类，因此这个 except 块可以捕获几乎所有类型的异常。当 try 块中的代码引发异常时，Python 会立即停止执行 try 块中的剩余代码，并查找匹配的 except 块来处理该异常。在这个 except 块中，e 变量被用来存储捕获到的异常对象。然后，它使用 print 函数和 f-string 来输出一条错误消息，其中包含异常的类型和描述（{e} 会被替换为异常对象的字符串表示）。

在 Python 中可以使用 f-string（格式化字符串字面量（Formatted String Literals））来嵌入表达式值，f-string 允许在字符串中嵌入表达式，在字符串内部可以

使用大括号 {} 来包含表达式，这些表达式将在字符串被创建时求值，并将其结果转换为字符串表示形式，然后插入原始字符串中。f-string 允许直接在字符串中嵌入表达式的结果，无须使用加号（+）或其他字符串连接方法，这样可以使构建包含变量值或表达式结果的字符串变得更加简洁和易读。在大括号 {} 内部，可以放置任何有效的 Python 表达式。

len() 是 Python 的一个内置函数，用于获取一个对象中元素的数量。本例中，len（select_auditee_data）将返回 select_auditee_data 数据框中的行数。

在 Python 的开发工具 PyCharm 中运行以上代码，其结果示例如图 4－134 所示。

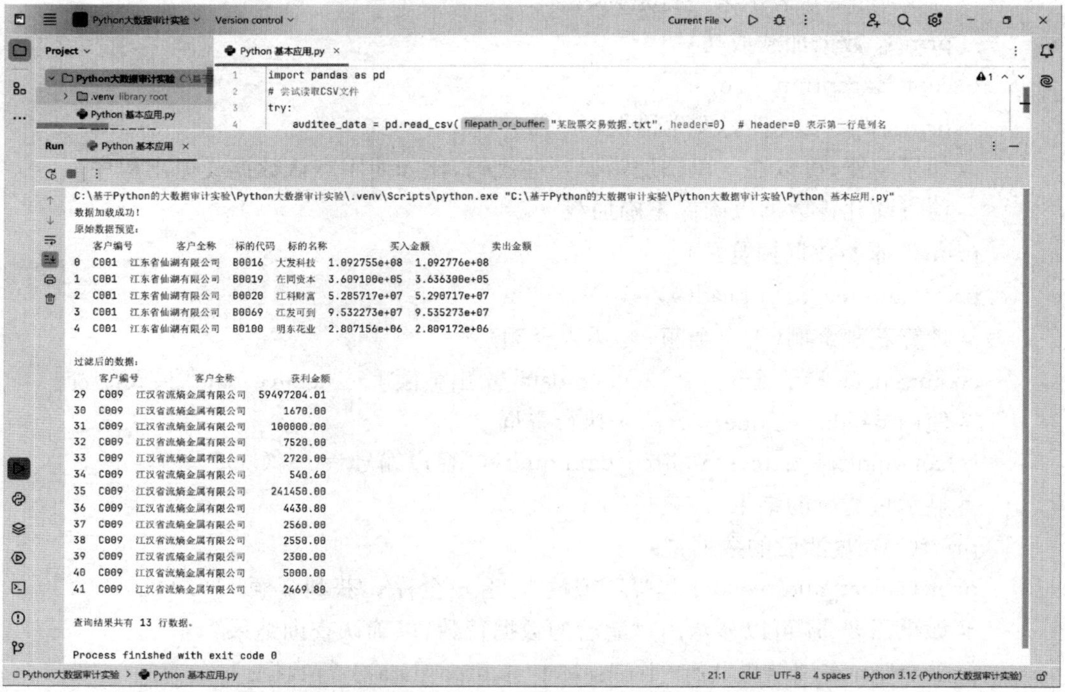

图 4－134 Python 数据分析应用示例一

（2）数据筛选并排序分析。假设审计人员拟读入“某股票交易数据.txt”，并希望从该数据中查找获利金额大于 100 000 000 的数据，查询结果要求显示客户编号、客户全称、获利金额这三列数据，并按获利金额降序排列。其代码示例如下：

```
代码示例一(使用 query()函数和 sort_values()函数)：
import pandas as pd
#读取 CSV 文件
auditee_data = pd.read_csv("某股票交易数据.txt", header=0)
# header=0 表示第一行是列名
```

```
#计算获利金额(卖出金额 － 买入金额)
auditee_data['获利金额'] = auditee_data['卖出金额'] － auditee_data['买入金额']
#使用 pandas 的 query 方法来执行查询,并过滤出获利金额大于 1 亿元的数据。注意:query 方法不需要在列名上加引号,除非列名包含空格或特殊字符
filtered_data = auditee_data.query('获利金额 > 100000000')
#对过滤后的数据进行排序,注意这里不使用 inplace=True,因为想要返回排序后的 DataFrame
sorted_data = filtered_data.sort_values(by='获利金额', ascending=False)
#选择客户编号、客户全称、获利金额列
se lect_auditee_data = sorted_data[['客户编号', '客户全称', '获利金额']]
#显示结果
print(select_auditee_data)

代码示例二(使用 sort_values()函数,不使用 query()函数):
import pandas as pd
#读取 CSV 文件
auditee_data = pd.read_csv("某股票交易数据.txt", header=0)
#header=0 表示第一行是列名
#计算获利金额(卖出金额 － 买入金额)
auditee_data['获利金额'] = auditee_data['卖出金额'] － auditee_data['买入金额']
#选择客户编号、客户全称、获利金额列,并过滤出获利金额大于 1 亿元的记录
select_auditee_data = auditee_data[(auditee_data['获利金额'] > 100000000)][['客户编号', '客户全称', '获利金额']]
#根据获利金额进行排序
select_auditee_data.sort_values(by='获利金额', inplace=True, ascending=False)
#显示结果
print(select_auditee_data)
```

在以上 Python 程序代码中，相关知识点说明如下：

对于 sort_values() 函数，by 这个参数用于指定排序所依据的列名。

inplace 这个参数用于指定排序操作是否直接在原始 DataFrame 上进行。当 inplace=True 时，排序后的结果会替换原始 DataFrame，不会返回新的 DataFrame。如果想要保留原始 DataFrame 不变，得到一个排序后的新 DataFrame，可以将 inplace 设置为 False（这是默认值），并将排序后的结果赋值给一个新的变量。

ascending 这个参数用于指定排序的顺序。当 ascending=True 时，数据会按照升序排列；当 ascending=False 时，数据会按照降序排列。

在 Python 的开发工具 PyCharm 中运行以上代码示例二，其结果示例如图 4－135 所示。

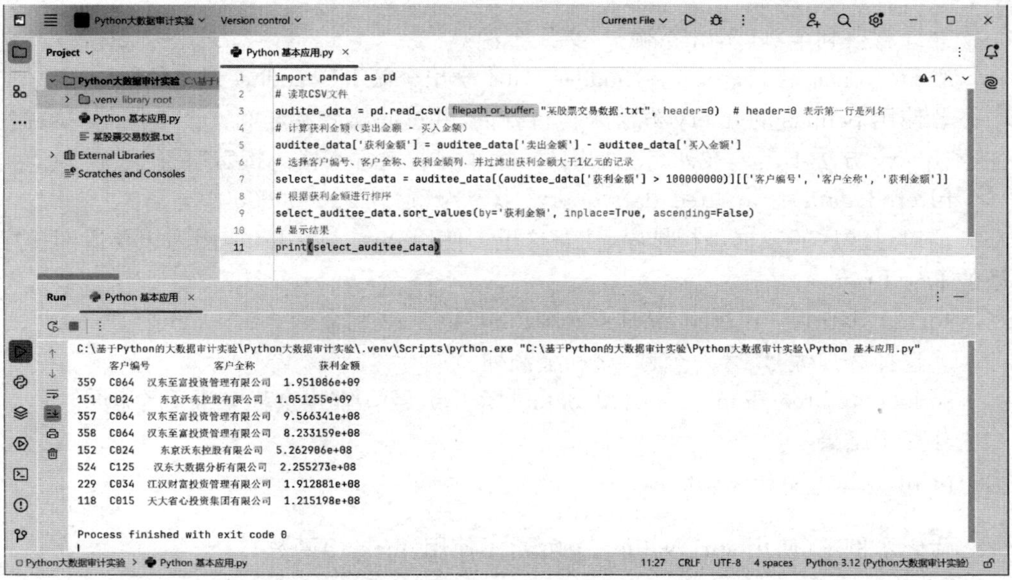

图 4－135　Python 数据分析应用示例二

（3）保存查询结果。如前文所述，审计人员若想把相关查询分析结果输出到文件中进行保存，可以使用 to_csv() 函数完成。

例如，审计人员想把以上案例中的查询结果以 CSV 格式保存到 C 盘“基于 Python 的大数据审计实验”下的“分析结果”文件夹中，并把文件命名为“查询结果”，其代码示例如下：

```
import pandas as pd
#读取 CSV 文件
auditee_data = pd.read_csv("某股票交易数据.txt", header=0)
#header=0 表示第一行是列名
#计算获利金额(卖出金额 - 买入金额)
auditee_data['获利金额'] = auditee_data['卖出金额'] - auditee_data['买入金额']
#选择客户编号、客户全称、获利金额列,并过滤出获利金额大于 1 亿元的数据
select_auditee_data = auditee_data[(auditee_data['获利金额'] > 100000000)][['客户编号', '客户全称', '获利金额']]
#根据获利金额进行排序
select_auditee_data.sort_values(by='获利金额', inplace=True, ascending=False)
#把查询结果写入到 CSV 文件中
select_auditee_data.to_csv(r'C:/基于 Python 的大数据审计实验/分析结果/查询结果.csv', index=True, encoding='utf_8_sig')
#index=True 是导出索引,即 CSV 文件中将包含 DataFrame 的索引列。encoding='utf_8_sig'用于指定文件的编码格式
```

在 Python 的开发工具 PyCharm 中运行以上代码，其查询结果保存操作运行示例如图 4－136 所示，其查询结果示例如图 4－137 和图 4－138 所示。

图 4－136　Python 中查询结果保存操作运行示例

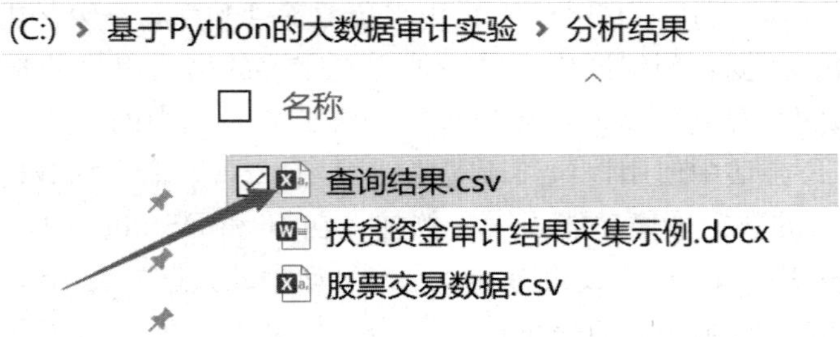

图 4－137　保存在文件夹中的查询结果示例

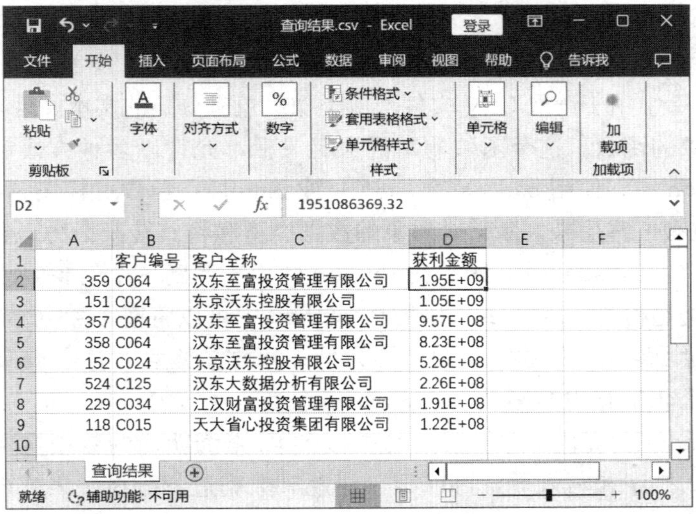

	A	B	C	D
1		客户编号	客户全称	获利金额
2	359	C064	汉东至富投资管理有限公司	1.95E+09
3	151	C024	东京沃东控股有限公司	1.05E+09
4	357	C064	汉东至富投资管理有限公司	9.57E+08
5	358	C064	汉东至富投资管理有限公司	8.23E+08
6	152	C024	东京沃东控股有限公司	5.26E+08
7	524	C125	汉东大数据分析有限公司	2.26E+08
8	229	C034	江汉财富投资管理有限公司	1.91E+08
9	118	C015	天大省心投资集团有限公司	1.22E+08

图 4－138　保存的查询结果示例

4.5 本章小结

为了使读者掌握R语言和Python，本章以R和RStudio为R语言工具，介绍了R语言相关工具的安装和使用，并以这些工具为例，分析了R语言的基本语法与应用案例；以PyCharm为Python开发工具，介绍了Python相关工具的安装和使用，并以PyCharm为例，分析了Python的基本语法与应用案例。

登录R的官方网站https://www.r-project.org/，可以下载安装R。

R一般采用交互方式工作，文字下的“＞”符号是R的命令提示符，在“＞”符号后的是光标。在“＞”命令提示符后输入命令，按回车键后就会输出结果。主窗口同时也是部分运算结果的输出窗口，有些运算结果会输出在新建的窗口中。

R语句由函数和赋值构成。R使用“＜－”，而不是传统的“＝”作为赋值符号。

工作空间（workspace）是指R当前的工作环境，它存储着用户定义的对象（向量、矩阵、函数、数据框、列表）。

工作目录（working directory）是R用来读取文件和保存结果的默认目录。

包是R函数、数据、预编译代码以一种定义完善的格式组成的集合。包的安装是指从某个CRAN镜像站点下载所需要的包，并将其放入库中的过程。在完成包的安装之后，如果要在R会话中使用该包，还需要使用library()命令加载这个包。

R和RStudio的数据采集功能强大，例如，在R和RStudio中，审计人员可以直接创建表，然后采用edit()函数调用一个允许手动输入数据的文本编辑器并输入数据，从而完成被审计数据的输入。如果审计人员需要把文本文件数据采集到R和RStudio中进行分析，可以采用read.table()函数来完成。RStudio还可以通过菜单完成数据采集。R和RStudio的数据预处理和数据分析功能强大，例如，在R和RStudio中可以使用SQL语句操作数据框等。

Python有强大的数据采集、数据预处理和数据分析功能。在Python中，read_csv()函数是pandas库中用于读取CSV文件（或类似由逗号分隔的文本文件）并将其转换为DataFrame对象的函数。这个函数非常强大且灵活，允许以多种方式定制数据的读取过程。在Python中，使用pandas的isna()或isnull()函数可检测是否存在缺失值。在Python中也有一些用来判断某个对象的数据类型和将其转换为另一种数据类型的方法。这些方法有：isinstance()函数在Python中用于判断一个对象是否是一个已知的类型，类似于类型检查。astype()函数在Python中可以将整个数据结构（DataFrame或Series）中的元素从一种数据类型转换为另一种数据类型，它是pandas中用于数据类型转换的一个非常有用的函数，如astype(str)，astype(int)，astype(float)等。在Python中，pandas库提供了非常强大的类似SQL查询功能的数据操作功能，包括数据读取、筛选、排序和写入等，可以很方便地对数据进行分析。因此，对于简单的场景，可以直接使用pandas的DataFrame进行数据分析。其中，对于简单的条件查询，可以通过query()函数使用字符串形式的表达式来过滤DataFrame的行，但不支持复杂的 SQL 语法（如 JOIN，GROUP BY 等）。对于排序，可以采用 sort_values() 函数根据一列或多列来排序。

关于如何采用 R 语言和 Python 软件工具开展数据可视化分析的应用将在第 5 章进行详细分析。

通过本章的学习，可以为后面学习大数据审计方法的应用打下基础。

思考题

1. 谈一谈 R 语言和 Python 的哪些运算功能可以用于审计工作。
2. 谈一谈如何采用 R 和 RStudio 采集数据和分析数据。
3. 谈一谈如何采用 Python 采集数据和分析数据。
4. 谈一谈 R 语言和 Python 软件工具在数据分析功能上有什么不同？
5. 相比商业软件，R 语言和 Python 软件工具有何优点？

第 5 章

大数据可视化分析技术

本章学习目标

- 深入体会大数据可视化分析技术的重要性
- 掌握如何把大数据可视化分析技术应用于审计
- 掌握如何应用 R 实现大数据可视化分析技术
- 掌握如何应用 RStudio 实现大数据可视化分析技术
- 掌握如何应用 Python 实现大数据可视化分析技术

5.1 引　言

如前所述，大数据可视化分析技术是一类重要的大数据审计技术。上一章介绍了 R 语言及其常用的工具 R，Rstudio 以及 Python 等的应用。本章以 R，RStudio，Python 为工具，介绍大数据可视化分析技术的应用。通过本章的学习，能够掌握如何应用大数据可视化工具开展大数据审计。

5.2 大数据可视化分析技术概述

5.2.1 大数据可视化分析技术的重要性

人类非常擅长通过视觉获取有用信息，一图胜千言。现代数据分析也日益依赖通过呈现图形来揭示含义和表达结果。常用的审计数据分析方法虽然能有效地对电子数据进行审计，但枯燥的数字和分析结果严重影响了审计效率以及审计人员对审计工作的热情，且难以帮助审计人员从审计大数据中发现被审计单位电子数据中的关系、规律和趋势，而可视化分析技术可以提供直观、简洁的机制表示大量的审计信息，这有助于定位重要的数据。另外，可视化分析技术提供的多窗口、交互式、可视化图形界面便于审计人员直观、综合、灵活地进行分析处理，获得评价结果。因此，可视化分析技术应用于审计数据分析可以降低审计人员的工作强度，提高审计效率，具有重要的理论和应用价值。

以某海关进口报关单数据为例，基于可视化分析技术的审计数据分析结果示例如图 5－1 所示。通过对图 5－1 所示的可视化分析结果进行分析，审计人员可以更轻松地发现报关单数据中的可疑数据，然后采用一定的方法对可疑数据进行审计判断，从而发现审计线索，获得审计证据。

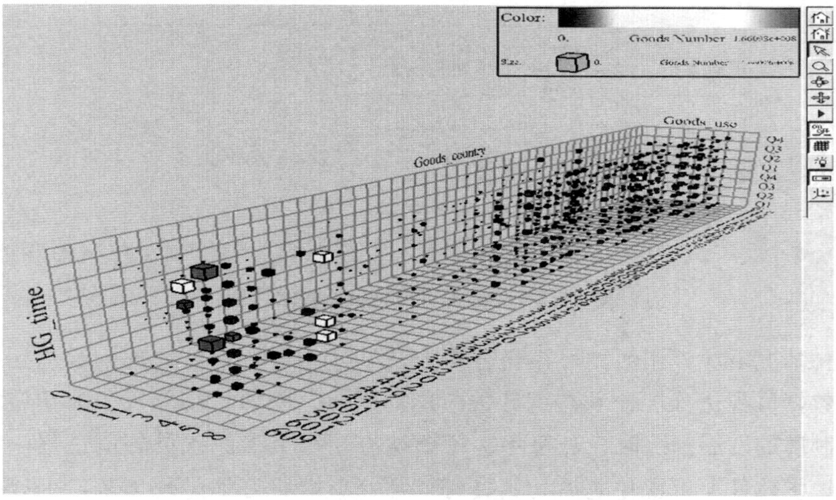

图 5－1　某海关进口报关单数据的可视化分析结果

5.2.2　大数据可视化分析技术原理

大数据环境下，数据可视化分析技术尤为重要。大数据分析结果往往难以解释。通过可视化分析技术将大数据转换成易于理解、易于呈现的图形和图表，对于用户理解大数据以及大数据分析结果非常重要。另外，通过大数据可视化分析，对大数据以及大数据分析结果还可能有额外的、更好的探索和结果发现。如前所述，国际内部审计师协会在 2017 年发布的《理解与审计大数据》指南中，把可视化作为大数据的一个重要特点。

信息技术的发展促进了可视化分析技术的发展，可视化界面有助于对海量复杂数据进行分析。大数据环境下，采集来的审计数据在数量和复杂度上都为审计数据分析带来巨大挑战，数据可视化分析方式有助于审计人员探索、分析和解释复杂的海量数据。

一般来说，采用可视化分析技术进行大数据分析的流程为：通过某种可视化分析软件将被审计大数据转化为审计人员可以分析、观察的图形和图像。然后，审计人员结合自己的审计背景知识，发挥人类视觉系统高通量的特性，通过视觉系统对可视化分析形成的图形和图像进行分析、观察和认知，从总体上系统地理解和分析被审计大数据的内涵和特征。另外，审计人员可以交互地改变可视化分析软件的设置，改变输出的可视化图形和图像，从不同的方面获得对被审计大数据的理解，从而全面地分析被审计大数据。概括来说，大数据可视化分析技术原理如图5-2所示。

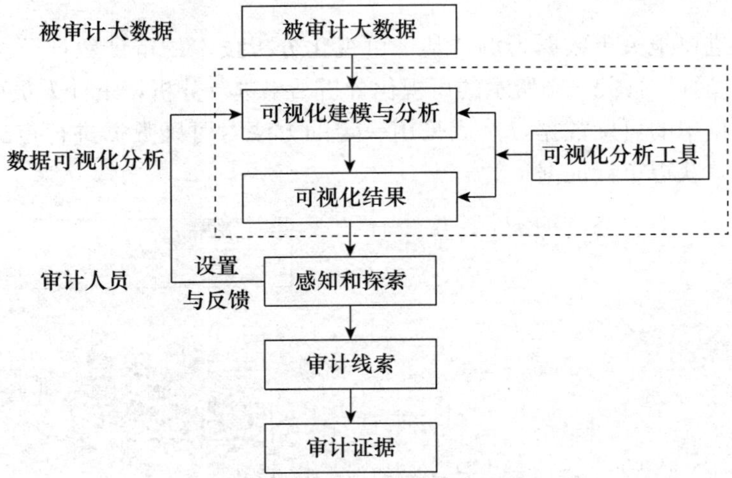

图5-2 大数据可视化分析技术原理

在何种情况下应该用何种可视化分析方法，才能够让审计数据分析达到最佳的效果，是大数据可视化分析技术在审计中应用的重点。例如，在分析我国新型农村社会养老保险制度的发展情况时，对每年、每个地方、每个参保人员的信息逐一计算，并将数据在地图软件上可视化之后，其具有的特点就能很好地显现出来，审计人员即可轻松看出全国各地新型农村社会养老保险制度近年来的发展变化情况。

5.3 基于R的大数据可视化分析技术审计应用

常见的大数据可视化分析技术有：条形图、折线图、饼图、散点图、气泡图、雷达图、地区分布图、树地图、热力图等。

如前所述，为了实现以上可视化分析技术，很多软件工具被开发出来。目前，常用的大数据可视化分析工具主要包括：

（1）开源的、可编程的工具，如R语言，Python，D3. js，Processing.js等；

（2）商业软件工具，如Power BI，Tableau，Qlikview，SAS，SAP Business Object水晶易表，IBM Cognos等。

如前所述，R语言常用的工具包括R，RStudio等，二者都是比较简单的、开源的大数据可视化分析软件。本节根据审计的需要，先以R为例，分析散点图、气泡图、折线图、条形图、热力图、标签云等数据可视化技术在审计中的应用。

5.3.1　基于 R 的散点图应用

1. 散点图分析方法简介

散点图可以用于表示 x，y 轴坐标之间数据的变化关系，借助可视化分析工具，x，y 轴坐标之间数据的变化关系可以被可视化地分析并展示出来。

2. 散点图分析方法应用

散点图分析方法在审计工作中具有一定的用途，例如，在金融审计中，通过散点图分析，审计人员可以分析客户购买股票的情况，从而判断客户购买股票的类型是否比较单一。

【例 5-1】 假设现有某股票交易数据，如图 5-3 所示。需要在 R 中采用散点图对该数据进行分析。

客户编号,客户全称,标的代码,标的名称,获利金额,买入金额,卖出金额
C001,江东省仙湖有限公司,B0016,大发科技,2150,109275465,109277615
C001,江东省仙湖有限公司,B0019,在同资本,2720,360909.99,363629.99
C001,江东省仙湖有限公司,B0020,江科财富,50000,52857168,52907168
C001,江东省仙湖有限公司,B0069,江发可到,30000,95322726.11,95352726.11
C001,江东省仙湖有限公司,B0100,明东花业,2016,2807155.57,2809171.57
C001,江东省仙湖有限公司,B0121,明江约业,10000,25915216.78,25925216.78
C001,江东省仙湖有限公司,B0122,江汉银行,5620,173062802.4,173068422.4
C001,江东省仙湖有限公司,B0208,汉东银行,200,55050946.11,55051146.11
C001,江东省仙湖有限公司,B0219,江发油气,7676,7592915.25,7600591.25
C001,江东省仙湖有限公司,B0222,江汉油气,1360,200118572.8,200119932.8
C001,江东省仙湖有限公司,B0352,汉东农业,290,41361781.06,41362071.06
C001,江东省仙湖有限公司,B0518,汉发农业,1360,45929799.39,45931159.39
C001,江东省仙湖有限公司,B0712,汉东控股,920,521751605.5,521752525.5
C001,江东省仙湖有限公司,B0759,江发控股,1520,9349247.5,9350767.5
C001,江东省仙湖有限公司,B0816,江汉控股,1360,27440132.94,27441492.94
C001,江东省仙湖有限公司,B1121,汉东股份,1885,37575411.11,37577296.11
C001,江东省仙湖有限公司,B1258,汉杂股份,29839.5,172718422.2,172748261.7
C001,江东省仙湖有限公司,B1318,汉本股份,2318036.75,1713967198,1716285235
C001,江东省仙湖有限公司,B1318,汉本股份,3132135.08,3905368,7037503.08
C001,江东省仙湖有限公司,B1318,汉本股份,678774.5,13603030.06,14281804.56
C001,江东省仙湖有限公司,B1608,数据股份,7527585.62,386081706.2,393609291.8
C001,江东省仙湖有限公司,B1908,数发股份,20000,9121185.23,9141185.23
C001,江东省仙湖有限公司,B2100,在发股份,4785.9,3633868.5,3638654.4
C001,江东省仙湖有限公司,B2114,大发股份,2620,275717.89,278337.89
C001,江东省仙湖有限公司,B2125,无东股份,3360.2,2384456.67,2387816.87

图 5-3　文本文件格式的某股票交易数据示例

审计人员根据这一需要，可以采用 R 语言编写散点图分析代码，分析以上股票交易数据，其代码示例如下：

```
    install.packages("ggplot2")   #若已安装 ggplot2 包，则可以省略该行代码
    library(ggplot2)   #加载 ggplot2 包
    Auditee_data<-read.table("某股票交易数据.txt",header=TRUE,sep=",")
#读取数据
    ggplot(Auditee_data,aes(x=客户编号,y=标的代码))+
    geom_point(size=0.9,color="blue")+
    labs(title="客户购买股票情况分析结果")+
```

```
theme_bw()+
theme(plot.title=element_text(face="bold",colour="red",size=18,hjust=0.5))+
theme(panel.grid=element_blank())
```

在 R 中运行以上代码，散点图分析结果示例如图 5－4 所示。

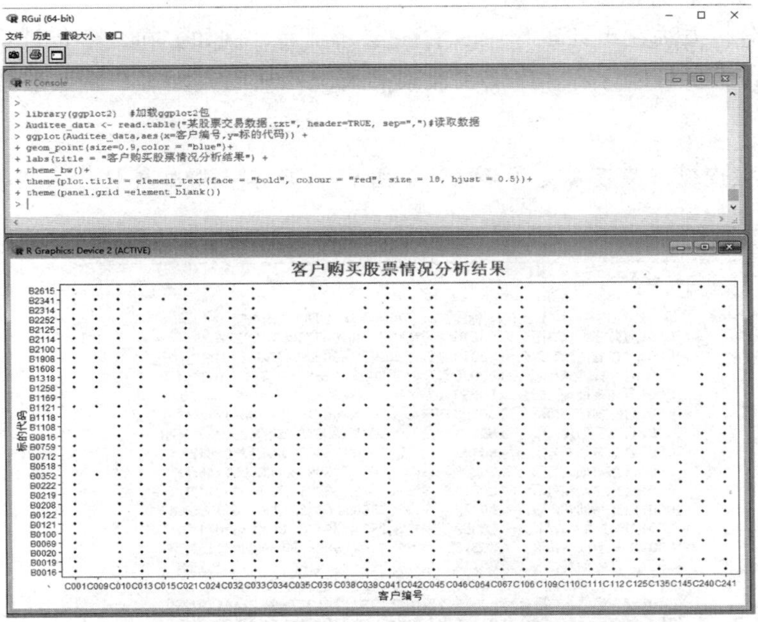

图 5－4　基于 R 的某股票交易数据散点图分析结果示例

在图 5－4 中，x 轴表示被分析的客户编号，y 轴表示被分析的客户购买股票的代码。由图 5－4 不难发现：客户编号为 C024，C038，C046，C064 的客户购买股票的类型比较单一。

3. 散点图分析代码关键内容分析

以上代码中的关键内容分析如下：

（1）基本图形生成。由 ggplot2 所生成的图形一般包括三个重要组成部分：

1）被审计数据；

2）数据列之间的映射（aesthetic mappings）；

3）数据分析结果的可视化图形（一般使用 geom() 函数）。

采用 ggplot() 函数分析两列数据的相关性，并生成散点图的代码结构如下：

```
ggplot(被审计数据,aes(x=数据列 1,y=数据列 2))+
geom_point()
```

在以上代码中，第一行代码为将数据源“被审计数据”和映射 aes() 放在 ggplot() 函数中，然后通过“+”添加图层 geom_point()（散点图）。其中，“数据列 1”和“数据列 2”是数据源“被审计数据”中的数据列。

由于 aes() 中的前两个参数默认为 x，y 轴的映射，因此以上代码也可简写为：

```
ggplot(被审计数据,aes(数据列 1,数据列 2))+
geom_point()
```

在本例中，生成散点图的代码也可简写为：

```
ggplot(Auditee_data,aes(客户编号,标的代码))+
geom_point()
```

(2) 图形优化。为了更好地表达审计分析结果，在审计数据分析的过程中有时需要对分析结果的图形颜色、大小和形状等进行设置，这些操作可以通过设置 aes() 函数参数来实现。相关情况分析如下。

1) 假设所生成的散点图中的散点拟根据不同的“标的代码”生成不同的颜色，则相应的代码示例如下：

```
library(ggplot2)  #加载 ggplot2 包
Auditee_data<-read.table("某股票交易数据.txt",header=TRUE,sep=",")
#读取数据
ggplot(Auditee_data,aes(x=客户编号,y=标的代码,colour=标的代码))+
geom_point()
```

在 R 中运行以上代码，生成的散点图分析结果示例如图 5-5 所示。①

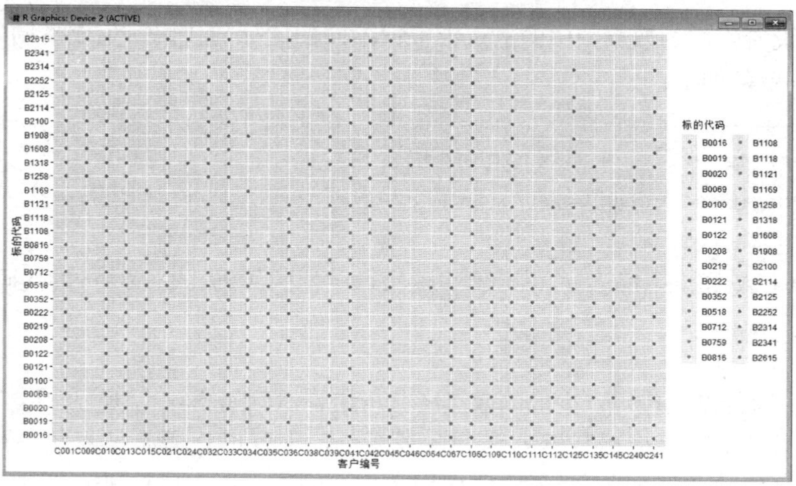

图 5-5　基于 R 的某股票交易数据不同颜色散点图分析结果示例

---

① 本书黑白印刷，散点图中无法显示颜色。读者可自己运行代码查看结果。下同。

2）假设所生成的散点图中的散点拟根据不同的“标的代码”生成不同的大小，则相应的代码示例如下：

```
library(ggplot2)   #加载 ggplot2 包
Auditee_data<-read.table("某股票交易数据.txt",header=TRUE,sep=",")
#读取数据
ggplot(Auditee_data,aes(x=客户编号,y=标的代码,size=标的代码))+
geom_point()
```

在 R 中运行以上代码，生成的散点图分析结果示例如图 5-6 所示。

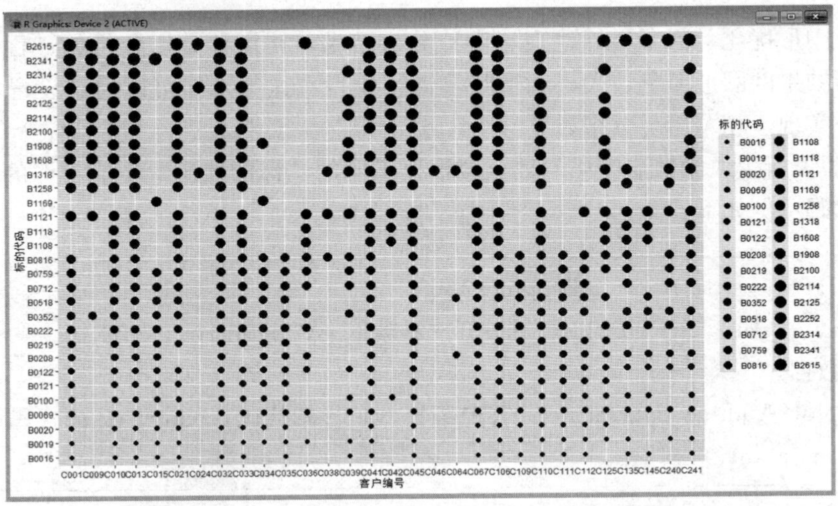

图 5-6 基于 R 的某股票交易数据不同大小散点图分析结果示例

3）假设所生成的散点图中的散点拟根据不同的“标的代码”生成不同的形状，则相应的代码示例如下：

```
library(ggplot2)   #加载 ggplot2 包
Auditee_data<-read.table("某股票交易数据.txt",header=TRUE,sep=",")
#读取数据
ggplot(Auditee_data,aes(x=客户编号,y=标的代码,shape=标的代码))+
geom_point()
```

在 R 中运行以上代码，生成的散点图分析结果示例如图 5-7 所示。

4）如果并不需要根据数据列区分多种颜色，也可以将所有散点统一生成一种颜色。这可以通过设置 geom() 函数参数来实现。例如，所生成的散点图中的散点拟全部设置为蓝色，则相应的代码示例如下：

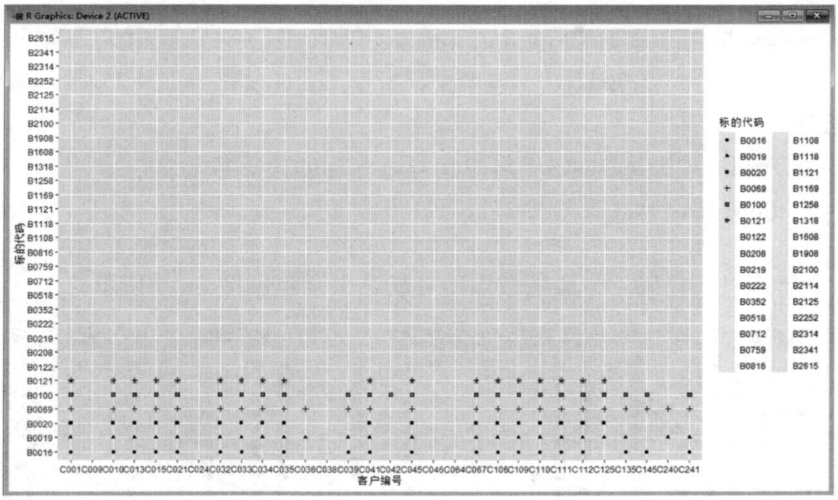

图 5-7　基于 R 的某股票交易数据不同形状散点图分析结果示例

```
    library(ggplot2)  #加载 ggplot2 包
    Auditee_data<-read.table("某股票交易数据.txt",header=TRUE,sep=",")
#读取数据
    ggplot(Auditee_data,aes(x=客户编号,y=标的代码))+
    geom_point(color="blue")
```

在 R 中运行以上代码，生成的散点图分析结果示例如图 5-8 所示。

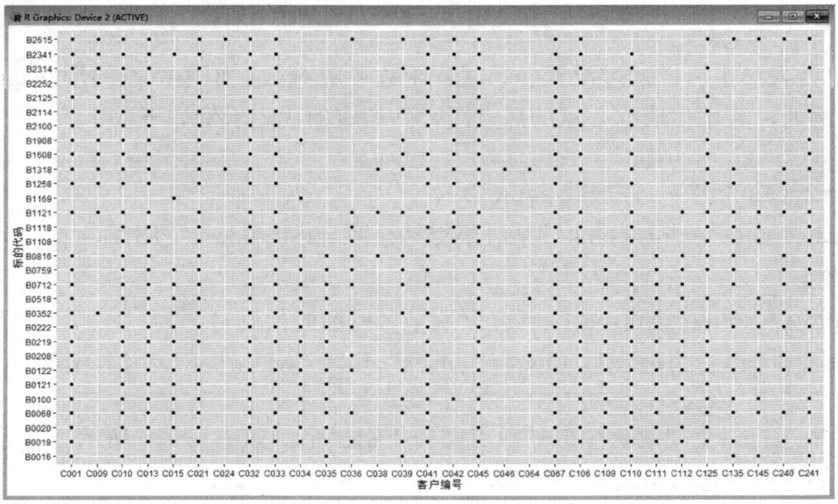

图 5-8　基于 R 的某股票交易数据相同颜色散点图分析结果示例

5）如果需要设置所生成的散点图中散点的大小，可以通过设置 geom() 函数参数实现。例如，所生成的散点图中散点的大小拟全部设置为 size=4.9，则相应的代码示例如下：

```
library(ggplot2)  #加载 ggplot2 包
Auditee_data<-read.table("某股票交易数据.txt",header=TRUE,sep=",")
#读取数据
ggplot(Auditee_data,aes(x=客户编号,y=标的代码))+
geom_point(size=4.9,color="blue")
```

在 R 中运行以上代码，生成的散点图分析结果示例如图 5-9 所示。

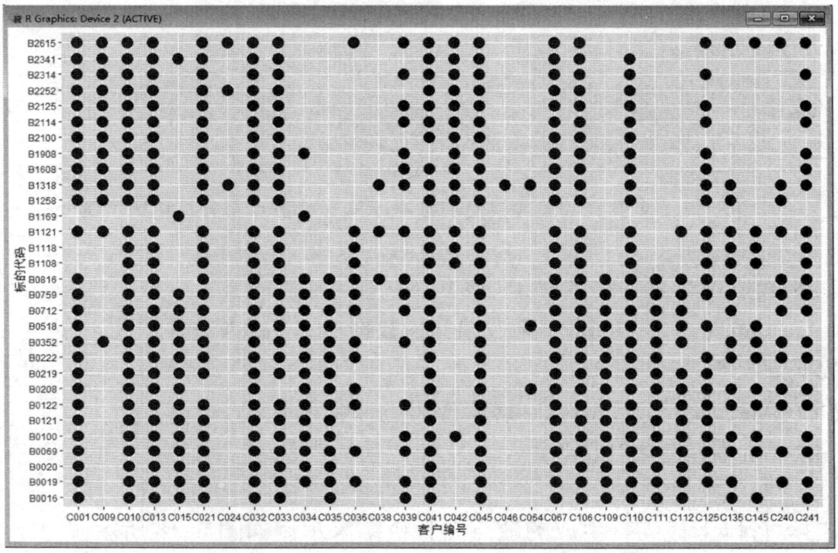

图 5-9　散点图中散点大小设置结果示例

6）审计人员也可以通过设置 geom() 函数参数对散点图中散点的形状实现更复杂的设置。例如，若想生成空心点的散点图，则相应的代码示例如下：

```
library(ggplot2)  #加载 ggplot2 包
Auditee_data<-read.table("某股票交易数据.txt",header=TRUE,sep=",")
#读取数据
ggplot(Auditee_data,aes(x=客户编号,y=标的代码))+
geom_point(shape=21,colour="black",fill="white",size=5,stroke=5)
```

在 R 中运行以上代码，生成的散点图分析结果示例如图 5-10 所示。

更多的设置信息可参阅相关资料。

7）如果需要在所生成的散点图中设置标题等信息，可以通过设置 labs() 函数参数来实现。

labs() 函数主要有以下三个用途：设置图片的标题（title）、子标题（subtitle）、引用（caption）。

labs() 函数的语法格式如下：

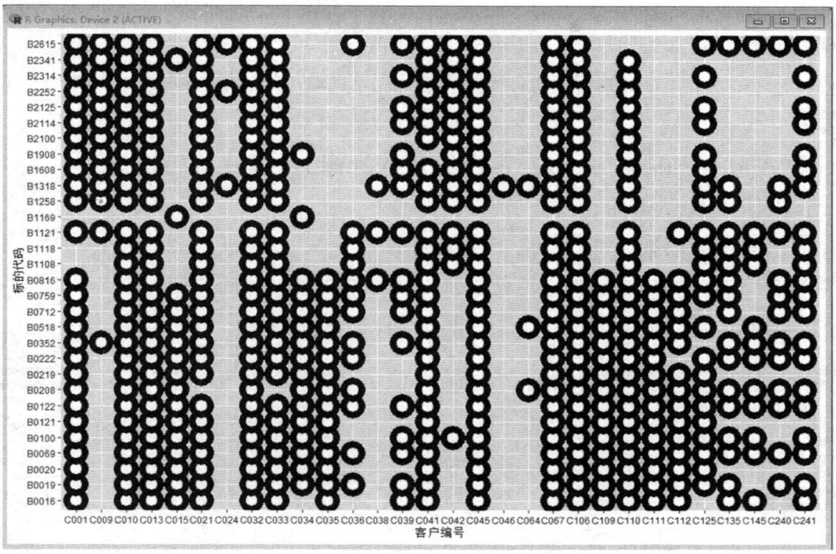

图 5 - 10　散点图中复杂形状散点设置结果示例

```
labs(title="标题",subtitle="子标题",caption="引用")
```

其示例如图 5 - 11 所示。

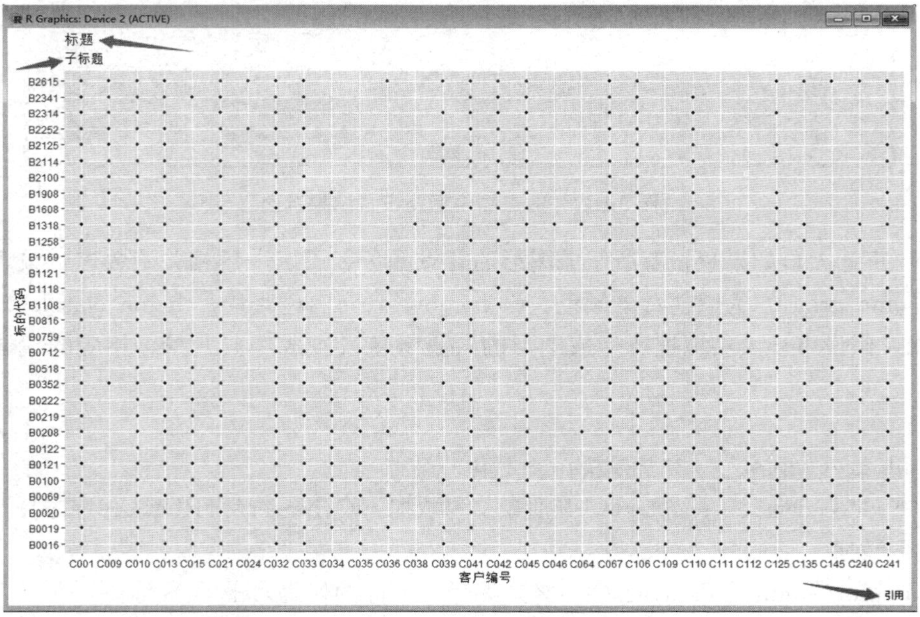

图 5 - 11　散点图中标题设置示例

例如，若想在所生成的散点图中把标题设置为“客户购买股票情况分析结果”，则相应的代码示例如下：

```
    library(ggplot2)  ＃加载 ggplot2 包
    Auditee_data＜－read.table("某股票交易数据.txt",header＝TRUE,sep＝",")
＃读取数据
    ggplot(Auditee_data,aes(x＝客户编号,y＝标的代码))＋
    geom_point(size＝0.9,color＝"blue")＋
    labs(title＝"客户购买股票情况分析结果")
```

在R中运行以上代码，生成的散点图分析结果示例如图5－12所示。

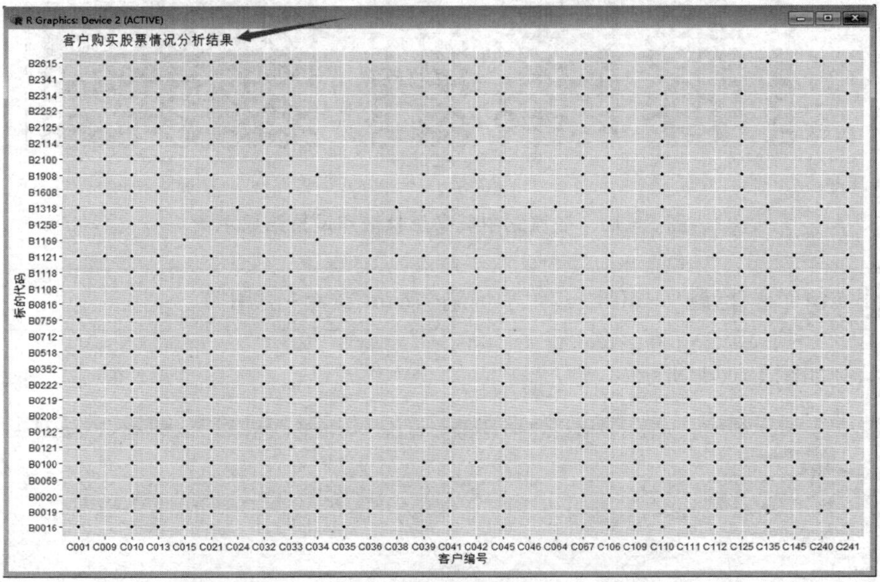

图5－12　散点图中标题设置结果示例

8）审计人员如果想设置所生成图形的背景颜色，可以采用相关函数进行设置，其中，theme_grey()为默认背景颜色，theme_bw()为白色背景，theme_classic()为经典背景。假设审计人员拟把所生成图形的背景颜色设置成经典背景，相应的代码示例如下：

```
    library(ggplot2)  ＃加载 ggplot2 包
    Auditee_data＜－read.table("某股票交易数据.txt",header＝TRUE,sep＝",")
＃读取数据
    ggplot(Auditee_data,aes(x＝客户编号,y＝标的代码))＋
    geom_point(size＝0.9,color＝"blue")＋
    labs(title＝"客户购买股票情况分析结果")＋
    theme_classic()
```

在R中运行以上代码，生成的散点图分析结果示例如图5－13所示。

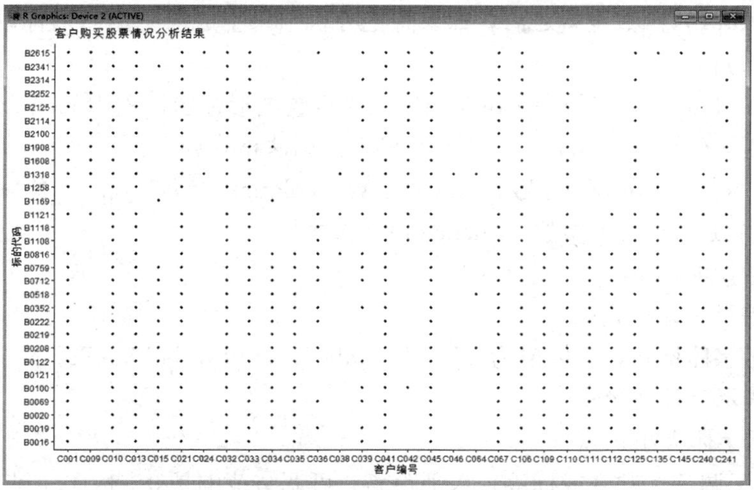

图 5-13 散点图中图形经典背景设置结果示例

假设审计人员拟把所生成图形的背景颜色设置成白色背景，相应的代码示例如下：

```
  library(ggplot2)  #加载 ggplot2 包
  Auditee_data<-read.table("某股票交易数据.txt",header=TRUE,sep=",")
#读取数据
  ggplot(Auditee_data,aes(x=客户编号,y=标的代码))+
  geom_point(size=0.9,color="blue")+
  labs(title="客户购买股票情况分析结果")+
  theme_bw()
```

在 R 中运行以上代码，生成的散点图分析结果示例如图 5-14 所示。

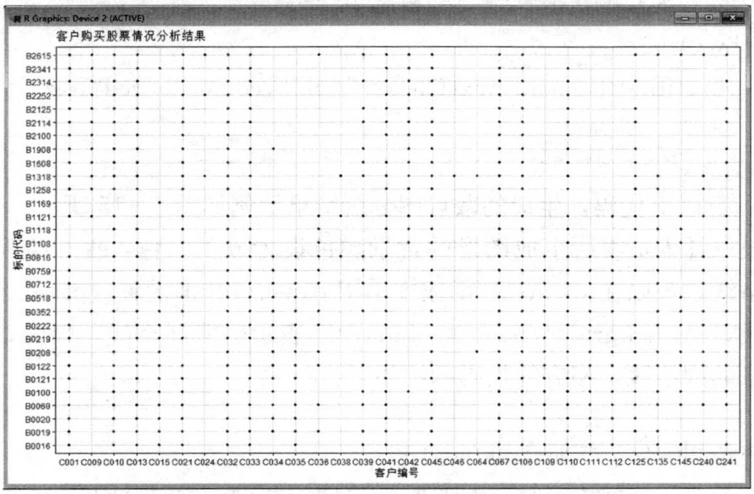

图 5-14 散点图中图形白色背景设置结果示例

9）在 geom() 函数设置之后，如果想把分析结果生成漂亮的图形标题，可以采用 theme() 函数进行设置。

其中，在 theme() 函数中，plot.title 用来设置图形标题，采用 element_text() 函数可以进行更多的设置。element_text() 函数的语法格式如下：

element_text（family＝参数，face＝参数，colour＝参数，size＝参数，hjust＝参数，vjust＝参数，angle＝参数，lineheight＝参数）

相关参数说明如下：

family 表示字体样式；

face 表示字体格式，可取值为"plain","italic","bold","bold. italic"；

colour 表示字体颜色；

size 表示字体大小；

hjust 用于调整标题（或标签）水平距离，可调整范围是 0～1，0.5 表示正中间；

vjust 用于调整标题（或标签）与绘图之间的垂直间距，可调整范围是 0～1；

angle 用于调整字体的倾斜度，可调整范围是 0～360；

lineheight 表示线条高度。

例如，把所生成的散点图中标题“客户购买股票情况分析结果”的字体格式设置为粗体（"bold"），字体颜色设置为红色（"red"），字体大小设置为 18，字体水平距离设置为居中（0.5），则相应的代码如下：

```
library(ggplot2)  #加载 ggplot2 包
Auditee_data<-read.table("某股票交易数据.txt",header=TRUE,sep=",")
#读取数据
ggplot(Auditee_data,aes(x=客户编号,y=标的代码))+
geom_point(size=0.9,color="blue")+
labs(title="客户购买股票情况分析结果")+
theme_bw()+
theme(plot.title=element_text(face="bold",colour="red",size=18,hjust=
0.5))
```

在 R 中运行以上代码，生成的散点图分析结果示例如图 5-15 所示。

10）假设审计人员将所生成图形的背景颜色设置成了白色，现在拟隐藏所生成图形背景的网格线，可以在 theme() 函数中采用 panel.grid 来设置，panel.grid 用来设置绘图区网格线，“panel.grid＝element_blank()”表示隐藏网格线。因此，为了隐藏所生成图形背景的网格线，相应的代码示例如下：

```
library(ggplot2)  #加载 ggplot2 包
Auditee_data<-read.table("某股票交易数据.txt",header=TRUE,sep=",")
#读取数据
```

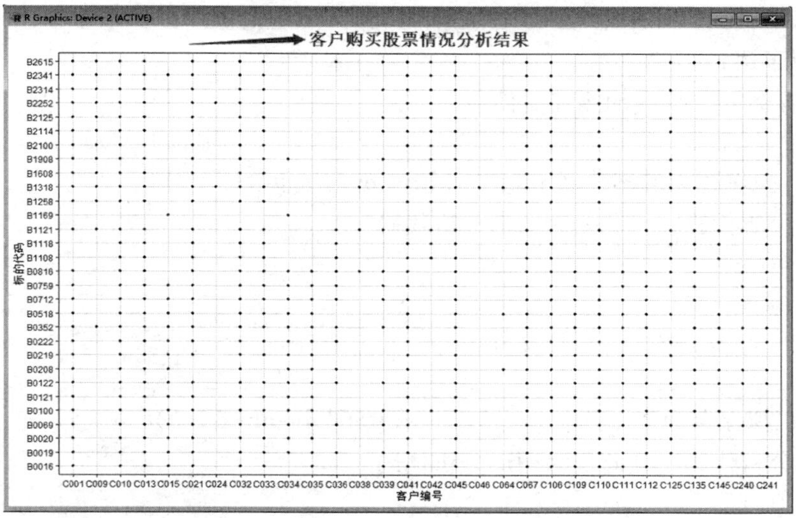

图 5－15　散点图中标题优化设置结果示例

```
ggplot(Auditee_data,aes(x=客户编号,y=标的代码))+
geom_point(size=0.9,color="blue")+
labs(title="客户购买股票情况分析结果")+
theme_bw()+
theme(plot.title=element_text(face="bold",colour="red",size=18,hjust=
0.5))+
theme(panel.grid=element_blank())
```

在 R 中运行以上代码，生成的散点图分析结果示例如图 5－16 所示。

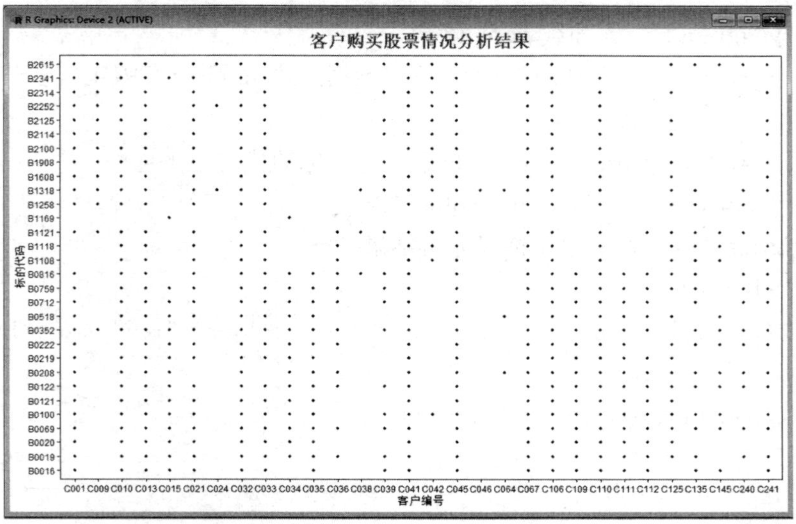

图 5－16　散点图中图形背景网格线隐藏设置结果示例

（3）图形输出。如果审计人员拟把采用 ggplot2 包的图形分析结果输出为图片，则可以使用以下语句。

1）保存为 png 格式的图片文件：

```
png("拟保存为的图片名.png",width=800,height=700)
图形分析代码   #此处为图形分析代码
dev.off()
```

2）保存为 jpeg 格式的图片文件：

```
jpeg("拟保存为的图片名.jpeg",width=800,height=700)
图形分析代码   #此处为图形分析代码
dev.off()
```

3）保存为 bmp 格式的图片文件：

```
bmp("拟保存为的图片名.bmp",width=800,height=700)
图形分析代码   #此处为图形分析代码
dev.off()
```

例如，审计人员想把股票交易数据散点图分析结果保存为名为“客户购买股票情况分析结果”的 jpeg 格式图片文件，其代码示例如下：

```
jpeg("客户购买股票情况分析结果.jpeg",width=800,height=700)   #保存成jpeg格式图片文件
library(ggplot2)   #加载ggplot2包
Auditee_data<-read.table("某股票交易数据.txt",header=TRUE,sep=",")
#读取数据
ggplot(Auditee_data,aes(x=客户编号,y=标的代码))+
geom_point(size=0.9,color="blue")+
labs(title="客户购买股票情况分析结果")+
theme_bw()+
theme(plot.title=element_text(face="bold",colour="red",size=18,hjust=0.5))+
theme(panel.grid=element_blank())
dev.off()
```

在 R 中运行以上代码，图形输出应用程序运行示例如图 5-17 所示，图形输出结果示例如图 5-18 所示。

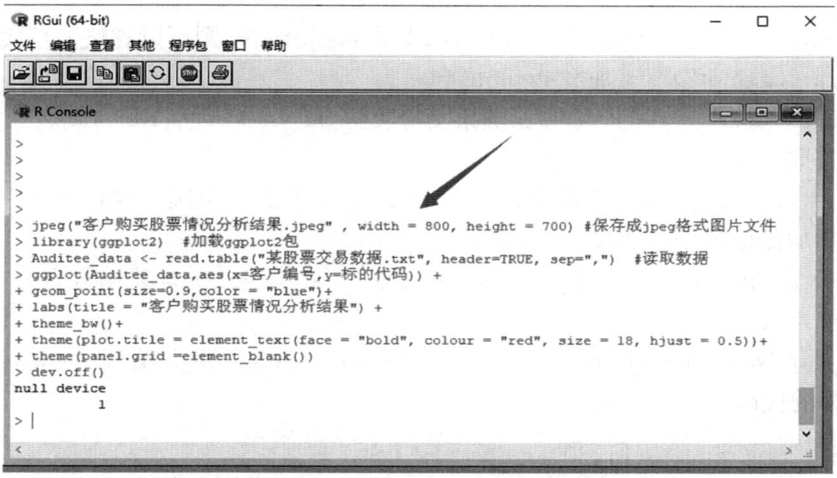

图 5-17　图形输出应用程序运行示例

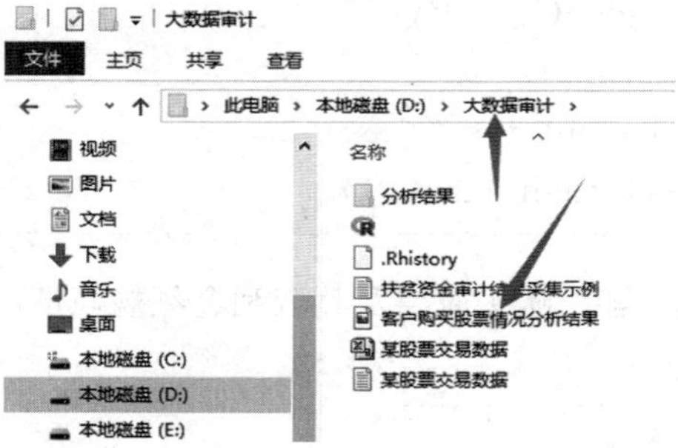

图 5-18　图形输出结果示例

5.3.2　基于 R 的气泡图应用

1. 气泡图分析方法原理分析

气泡图可以用于表示 x，y 轴坐标之间数据的变化关系，并可以通过图中气泡的大小来直观感受其所表示的数值大小。气泡图类似于散点图，可以像彩色散点图一样给点上色，不同之处是气泡图允许在图表中额外加入一个表示大小的变量进行对比。

2. 气泡图分析方法的实现

气泡图分析方法在审计工作中具有一定的用途。一些图形可以帮助审计人员分析客户购买股票的类型是否比较单一，但不能整体了解客户购买股票的获利情况。而通过气泡图，审计人员可以整体了解客户购买股票的获利情况。

【例 5-2】　仍以前面所述的某股票交易数据为例，如图 5-3 所示，现需要在 R 中采用气泡图对该数据进行分析。

审计人员根据这一需要，可以采用 R 语言编写气泡图分析代码，分析以上股票交易数据，其代码示例如下：

```
    install.packages("ggplot2")   #若已安装 ggplot2 包,则可以省略该行代码
    library(ggplot2)   #加载 ggplot2 包
    Auditee_data<-read.table("某股票交易数据.txt",header=TRUE,sep=",")
#读取数据
    hlje=Auditee_data$卖出金额-Auditee_data$买入金额   #计算获利金额或
直接利用原始数据中的字段
    New_auditee_data<-data.frame(Auditee_data,hlje)   #采用数据框,增加计
算出的新字段
    ggplot(New_auditee_data,aes(New_auditee_data$客户编号,New_auditee_
data$标的代码))+
    scale_size(range=c(1,30),guide=FALSE)+
    geom_point(aes(size=New_auditee_data$hlje),color="blue",alpha=0.5)+
    labs(title="客户获利金额分析结果")+
    xlab("客户编号")+ylab("标的代码")+
    theme_bw()+
    theme(plot.title=element_text(hjust=0.5))+
    theme(panel.grid=element_blank())
```

在 R 中运行以上代码，客户购买股票及其获利金额规模情况分析结果示例如图 5-19 所示。

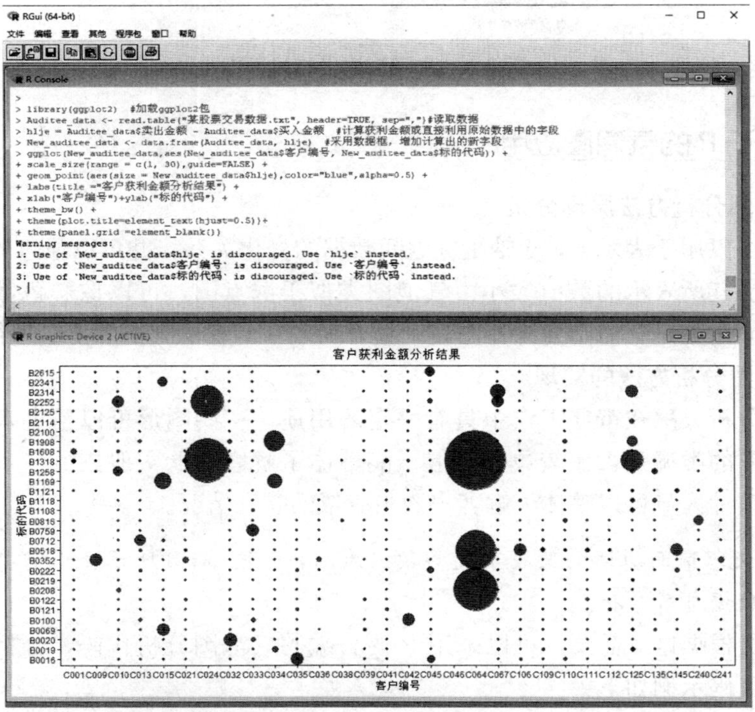

图 5-19 基于 R 的某股票交易数据气泡图分析结果示例

在图 5-19 中，x 轴表示被分析的客户编号，y 轴表示被分析的客户购买股票的代码，气泡图的大小表示获利金额规模情况。由图 5-19 不难发现：客户编号为 C024 和 C064 的客户购买股票的类型比较单一，且购买的股票获利金额较大（如标的为 B1318 的股票），这些客户数据是审计人员关注的重点。

若审计人员希望更好地观察股票获利情况与客户购买股票代码的对应关系，也可以不隐藏所生成图形背景的网格线，这时只需要删除代码“theme(panel.grid=element_blank())”即可。其完整代码示例如下：

```
library(ggplot2)  #加载 ggplot2 包
Auditee_data<-read.table("某股票交易数据.txt",header=TRUE,sep=",")
#读取数据
hlje=Auditee_data$卖出金额-Auditee_data$买入金额  #计算获利金额或
直接利用原始数据中的字段
New_auditee_data<-data.frame(Auditee_data,hlje)  #采用数据框,增加计
算出的新字段
ggplot(New_auditee_data,aes(New_auditee_data$客户编号,New_auditee_
data$标的代码))+
scale_size(range=c(1,30),guide=FALSE)+
geom_point(aes(size=New_auditee_data$hlje),color="blue",alpha=0.5)+
labs(title="客户获利金额分析结果")+
xlab("客户编号")+ylab("标的代码")+
theme_bw()+
theme(plot.title=element_text(hjust=0.5))
```

在 R 中运行以上代码，客户购买股票及其获利金额规模情况分析结果示例如图 5-20 所示。

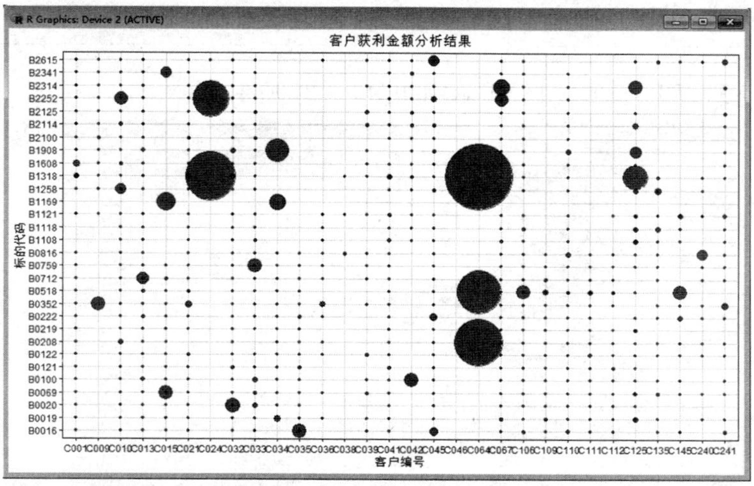

图 5-20　基于 R 的某股票交易数据气泡图分析结果示例（有背景网格线）

3. 气泡图分析代码关键内容分析

以上代码中的关键内容分析如下：

（1）选择数据框中的字段。审计人员在进行数据分析时，若需要选择数据框 DataFrame中某个字段（假设名为 Column）中的数据，可以采用以下方式：

1）DataFrame $ OneColumn；

2）DataFrame[,"OneColumn"]；

3）DataFrame[["OneColumn"]]。

在例 5－2 中，审计人员为了计算获利金额，需要从数据框 Auditee_data 读取“卖出金额”和“买入金额”进行计算。以从数据框 Auditee_data 读取“卖出金额”为例，可以采用“Auditee_data $ 卖出金额”来表示，也可以采用“Auditee_data[["卖出金额"]]”或“Auditee_data[,"卖出金额"]”来表示。

（2）增加新字段。审计人员如果要在原始的数据中增加一列新的数据，可以采用数据框 data. frame 来完成，其语法格式如下：

```
data.frame[,新字段]
```

在例 5－2 中，需要增加一列新字段，用来表示计算出的获利金额，其代码如下：

```
New_auditee_data<－data.frame(Auditee_data,hlje)
```

也可以采用以下代码来完成：

```
New_auditee_data<－data.frame(,hlje)
```

在完成增加一列新的数据操作之后，可以采用以下代码来显示结果：

```
edit(New_auditee_data)
```

在 R 中运行以上代码，其结果示例如图 5－21 所示。

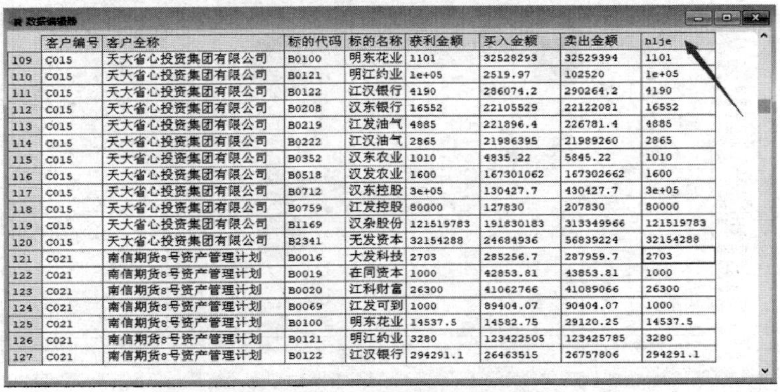

	客户编号	客户全称	标的代码	标的名称	获利金额	买入金额	卖出金额	hlje
109	C015	天大省心投资集团有限公司	B0100	明东花业	1101	32528293	32529394	1101
110	C015	天大省心投资集团有限公司	B0121	明江约业	1e+05	2519.97	102520	1e+05
111	C015	天大省心投资集团有限公司	B0122	江汉银行	4190	286074.2	290264.2	4190
112	C015	天大省心投资集团有限公司	B0208	汉东银行	16552	22105529	22122081	16552
113	C015	天大省心投资集团有限公司	B0219	江发油气	4885	221896.4	226781.4	4885
114	C015	天大省心投资集团有限公司	B0222	江汉油气	2865	21986395	21989260	2865
115	C015	天大省心投资集团有限公司	B0352	汉东农业	1010	4835.22	5845.22	1010
116	C015	天大省心投资集团有限公司	B0518	汉发农业	1600	167301062	167302662	1600
117	C015	天大省心投资集团有限公司	B0712	汉东控股	3e+05	130427.7	430427.7	3e+05
118	C015	天大省心投资集团有限公司	B0759	江发控股	80000	127830	207830	80000
119	C015	天大省心投资集团有限公司	B1169	汉杂股份	121519783	191830183	313349966	121519783
120	C015	天大省心投资集团有限公司	B2341	无发资本	32154288	24684936	56839224	32154288
121	C021	南信期货8号资产管理计划	B0016	大发科技	2703	285256.7	287959.7	2703
122	C021	南信期货8号资产管理计划	B0019	在同资本	1000	42853.81	43853.81	1000
123	C021	南信期货8号资产管理计划	B0020	江科财富	26300	41062766	41089066	26300
124	C021	南信期货8号资产管理计划	B0069	江发可到	1000	89404.07	90404.07	1000
125	C021	南信期货8号资产管理计划	B0100	明东花业	14537.5	14582.75	29120.25	14537.5
126	C021	南信期货8号资产管理计划	B0121	明江约业	3280	123422505	123425785	3280
127	C021	南信期货8号资产管理计划	B0122	江汉银行	294291.1	26463515	26757806	294291.1

图 5－21　基于 R 采用数据框增加新字段操作结果示例

（3）对气泡的相关显示属性进行设置。为了对气泡的大小显示属性进行设置，可以采用以下代码：

```
scale_size(range=c(1,30),guide=FALSE)
```

在以上代码中，scale_size() 用来对 ggplot 的图层尺寸属性进行相关设置。其中，range 用来设置尺寸大小范围，“guide=FALSE”表示不显示气泡图图例大小。如果代码中不加“guide=FALSE”，则示例如图 5-22 所示。

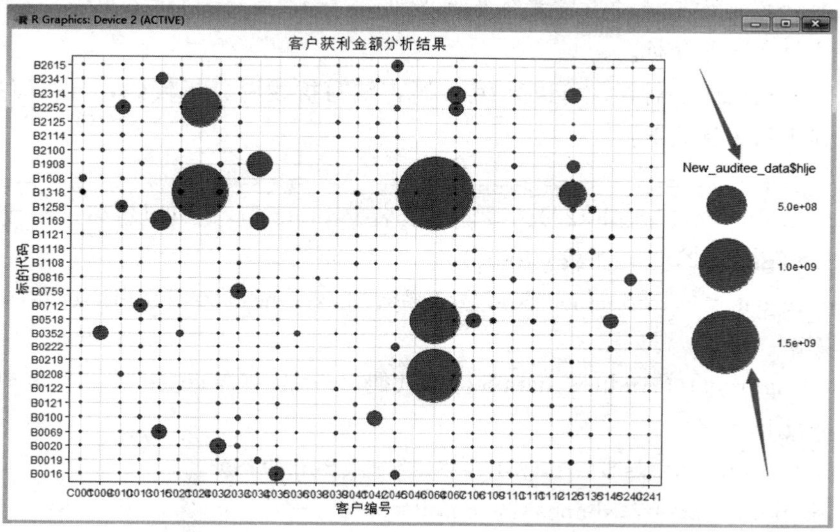

图 5-22　基于 R 的气泡图分析结果示例（代码中无“guide=FALSE”）

（4）对散点（气泡）的大小和颜色进行赋值。为了对散点（气泡）的大小和颜色显示属性进行设置，可以采用以下代码：

```
geom_point(aes(size=New_auditee_data$hlje),color="blue",alpha=0.5)
```

在以上代码中，设置 aes(size=New_auditee_data $ hlje）使气泡显示的大小与“New_auditee_data $ hlje”值的大小一致，通过“color”属性设置气泡的颜色，通过“alpha”属性设置气泡颜色的深浅。

（5）指定坐标轴名称。xlab 和 ylab 分别用来指定 x 轴和 y 轴的名称。

代码中的其他关键内容分析类似于散点图分析代码，本部分不再对其进行重复分析。

5.3.3　基于 R 的折线图应用

1. 折线图分析方法简介

折线图是数据分析中常用的图形之一。把数据表中列或行数据生成折线图，可以直观地显示各个项目数据之间的比较情况。折形图的主要特点是：审计人员可以很容易地看出各个项目数据的大小；容易比较各个项目数据之间的差别。折线图可以显示随时间（根据常用比例设置）变化的连续数据，因此非常适用于显示在相等时间间隔下数据的趋势。

2. 折线图分析方法的实现

折线图分析方法在审计工作中具有一定的用途，例如，在金融审计中，通过折线图分析，审计人员可以分析客户购买股票的情况，从而判断客户购买股票的类型是否比较单一。

【例5-3】 仍以前面所述的某股票交易数据为例，如图5-3所示，现需要在R中采用折线图对该数据进行分析。

审计人员根据这一需要，可以采用R语言编写折线图分析代码，分析以上股票交易数据，其代码示例如下：

```
install.packages("ggplot2")  #若已安装ggplot2包,则可以省略该行代码
library(ggplot2)  #加载ggplot2包
Auditee_data<-read.table("某股票交易数据.txt",header=TRUE,sep=",")
#读取数据
zs<-aggregate(Auditee_data$标的代码,by=list(Auditee_data$客户编号),
FUN=length)
ggplot(zs,aes(x=zs$Group.1,y=zs$x,group=1))+
geom_point(size=3,shape=20,color="red")+
geom_line(colour="blue")+
labs(title="客户购买股票的种类情况分析",x="客户编号",y="购买标的总
数")+
theme_bw()+
theme(plot.title=element_text(hjust=0.5))+
theme(panel.grid=element_blank())+
scale_y_continuous(breaks=seq(0,30,5))
```

在R中运行以上代码，客户购买股票情况折线图分析结果示例如图5-23所示。

在图5-23中，x轴表示被分析的客户编号，y轴表示被分析的客户所购买的股票总数。由图5-23不难发现：客户编号为C024，C038，C046，C064的客户购买股票的类型比较单一，这些客户是审计人员关注的重点。

3. 折线图分析代码关键内容分析

以上代码中的关键内容分析如下：

(1) aggregate() 函数。aggregate() 函数功能强大，它首先将数据进行分组（按行），然后对每一组数据进行函数统计，最后返回统计结果。其应用于数据框data.frame的语法格式如下：

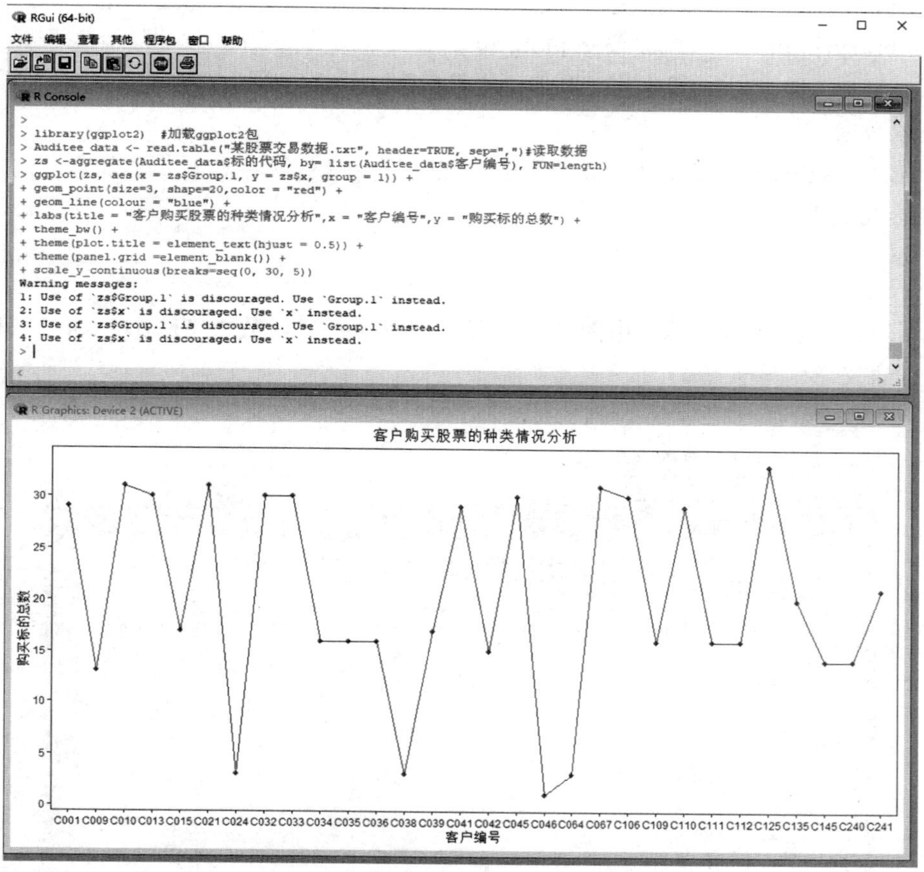

图 5-23　基于 R 的某股票交易数据折线图分析结果示例

```
aggregate(x,by=list(分类变量 1,分类变量 2,…),FUN=参数,…,simplify=
TRUE)
```

其中，x 是待统计的数据对象；by 是分组依据，它由变量名（待统计数据对象中的列）组成 list；by 之后必须是 list，list 中的参数可以包含多个分类变量，得到的就是每个不同分类变量的统计结果，分别表示为 Group.1，Group.2，…。

FUN 是函数，FUN=length 表示根据分组变量统计待统计数据对象的个数。

在例 5-3 中，使用 aggregate() 函数按“客户编号”进行分类，计算所对应的“标的代码”的个数，其代码示例如下：

```
zs<-aggregate(Auditee_data$标的代码,by=list(Auditee_data$客户编号),
FUN=length)
```

（2）aes() 函数。对于 aes(x=zs$Group.1，y=zs$x，group=1) 代码，为了便于理解 aes() 函数中“x=zs$Group.1，y=zs$x”的含义，运行以下代码：

```
    library(ggplot2)   #加载 ggplot2 包
    Auditee_data<-read.table("某股票交易数据.txt",header=TRUE,sep=",")
#读取数据
    zs<-aggregate(Auditee_data$标的代码,by=list(Auditee_data$客户编号),
FUN=length)
    zs
```

其结果如图 5-24 所示。由图 5-24 可以理解 aes() 函数中“zs $ Group.1”和“zs $ x”的含义。

图 5-24 aggregate() 函数的统计结果运算示例

在 aes(x=zs $ Group.1，y=zs $ x，group=1) 代码中，要有“group=1”，是为了将这些类别当作一组分别计算各个类别的占比。

(3) geom_line() 函数。geom_line() 用来绘制线图，在例 5-3 中用于创建折线图。

(4) 审计人员可以使用 scale_y_continuous() 函数设置 y 轴刻度标记，并使用参数 breaks() 控制刻度标记最小值、最大值以及间隔值，例如，设置 y 轴刻度标记最小值为 0，最大值为 20，间隔值为 1，则格式如下：

```
scale_y_continuous(breaks=seq(0,20,1))
```

假设在 R 中编写程序代码，格式如下：

```
library(ggplot2)  #加载 ggplot2 包
Auditee_data<-read.table("某股票交易数据.txt",header=TRUE,sep=",")
#读取数据
zs<-aggregate(Auditee_data$标的代码,by=list(Auditee_data$客户编号),
FUN=length)
ggplot(zs,aes(x=zs$Group.1,y=zs$x,group=1))+
geom_point(size=3,shape=20,color="red")+
geom_line(colour="blue")+
labs(title="客户购买股票的种类情况分析",x="客户编号",y="购买标的总
数")+
theme_bw()+
theme(plot.title=element_text(hjust=0.5))+
theme(panel.grid=element_blank())+
scale_y_continuous(breaks=seq(0,20,1))
```

运行以上代码，结果如图 5 - 25 所示。

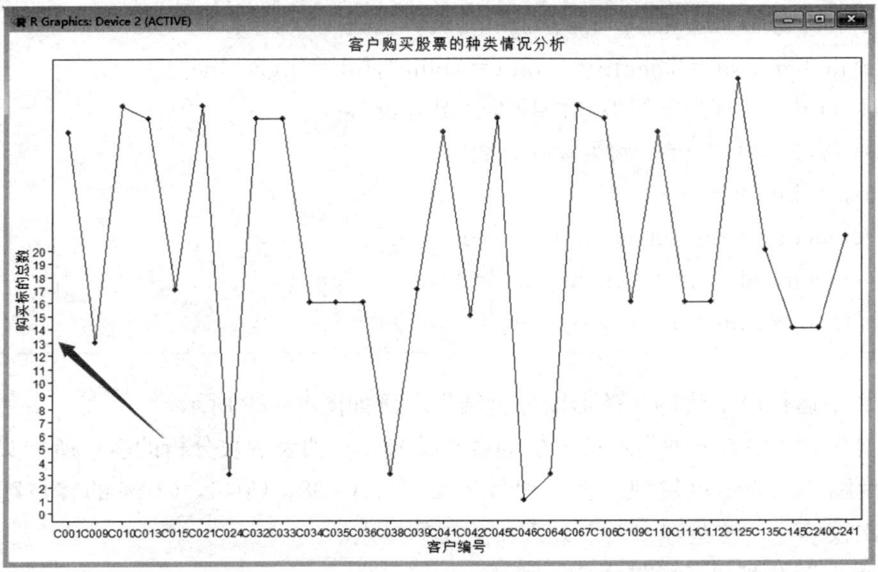

图 5 - 25　scale_y_continuous( ) 函数设置结果示例

(5) 折线图程序代码中的其他程序代码说明详见前面散点图程序代码分析。

5.3.4 基于R的条形图应用

1. 条形图分析方法简介

条形图是数据分析中常用的图形之一。把数据表中列或行数据生成条形图，可以直观地显示各个项目之间的比较情况。条形图的主要优点是：审计人员很容易看出各个项目数据的大小；容易比较各个项目数据之间的差别。

2. 条形图分析方法的实现

条形图分析方法在审计工作中具有一定的用途，例如，在金融审计中，通过条形图，审计人员可以分析客户购买股票的情况，从而判断客户购买股票的类型是否比较单一。

【例5-4】 仍以前面所述的某股票交易数据为例，如图5-3所示，现需要在R中采用条形图对该数据进行分析。

审计人员根据这一需要，可以采用R语言编写条形图分析代码，分析以上股票交易数据，其代码示例如下：

```
install.packages("ggplot2")  #若已安装ggplot2包,则可以省略该行代码
library(ggplot2)  #加载ggplot2包
Auditee_data<-read.table("某股票交易数据.txt",header=TRUE,sep=",")
#读取数据
zs<-aggregate(Auditee_data$标的代码,list(Auditee_data$客户编号),
length)  #按照客户编号分类汇总客户购买股票的种类
ggplot(data=zs,aes(x=zs$Group.1,y=zs$x))+
geom_bar(stat="identity",color="blue",fill="lightblue")+
labs(title="客户购买股票的种类情况分析",
x="客户编号",y="购买标的总数")+
theme_bw()+
theme(plot.title=element_text(hjust=0.5))+
theme(panel.grid=element_blank())+
scale_y_continuous(breaks=seq(0,30,5))
```

在R中运行以上代码，条形图分析结果示例如图5-26所示。

在图5-26中，x 轴表示被分析的客户编号，y 轴表示被分析的客户所购买的股票总数。由图5-26不难发现：客户编号为C024，C038，C046，C064的客户购买股票的类型比较单一，这些客户是审计人员关注的重点。

3. 条形图分析代码关键内容分析

在以上代码中，geom_bar() 函数用于创建条形图，其他程序代码的关键内容分析与折线图代码类似。

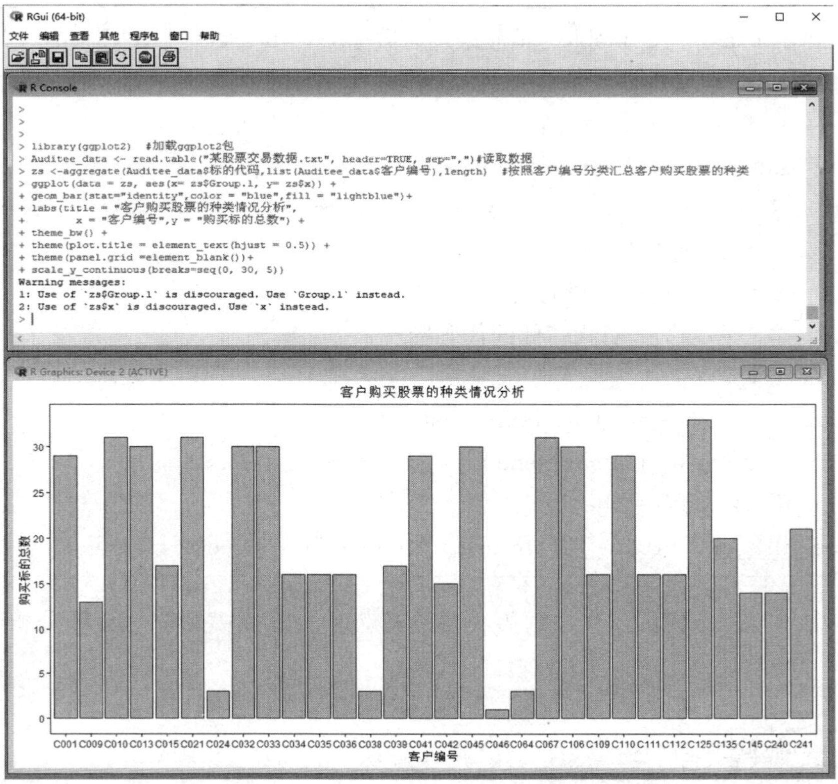

图 5-26　基于 R 的某股票交易数据条形图分析结果示例

5.3.5　基于 R 的热力图应用

1. 热力图分析方法简介

热力图是一种可将变量值用不同的颜色或高亮形式描绘出来的数据可视化技术，它可以非常直观地呈现一些不易理解或表达的数据，如频率、密度、温度等。

2. 热力图分析方法的审计应用

热力图分析方法在审计工作中具有一定的用途，例如，在金融审计中，通过对客户的股票交易数据进行热力图分析，审计人员可以整体了解客户所购买股票的获利情况，从而为下一步的审计工作打下基础。

【例 5-5】　仍以前面所述的某股票交易数据为例，如图 5-3 所示，现需要在 R 中采用热力图对该数据进行分析。

审计人员根据这一需要，可以采用 R 语言编写热力图分析代码，分析以上股票交易数据，其代码示例如下：

```
install.packages("pheatmap")   #若已安装 pheatmap 包,则可以省略该行代码
library(pheatmap)
library(ggplot2)
```

```
Auditee_data<-read.table("某股票交易数据.txt",header=TRUE,sep=",")
#读取数据
hlje=Auditee_data$卖出金额-Auditee_data$买入金额
New_auditee_data<-data.frame(Auditee_data,hlje)
ggplot(New_auditee_data,aes(x=New_auditee_data$客户编号,y=New_
auditee_data$标的代码))+
labs(title="客户获利金额分析结果")+
xlab("客户编号")+ylab("标的代码")+
theme_bw()+
theme(plot.title=element_text(hjust=0.5))+
theme(panel.grid.major=element_blank())+
geom_tile(aes(fill=hlje))+
scale_fill_gradient(low="lightgreen",high="Dark red")
```

在 R 中运行以上代码，客户购买股票及其获利金额规模情况热力图分析结果示例如图 5 - 27 所示。

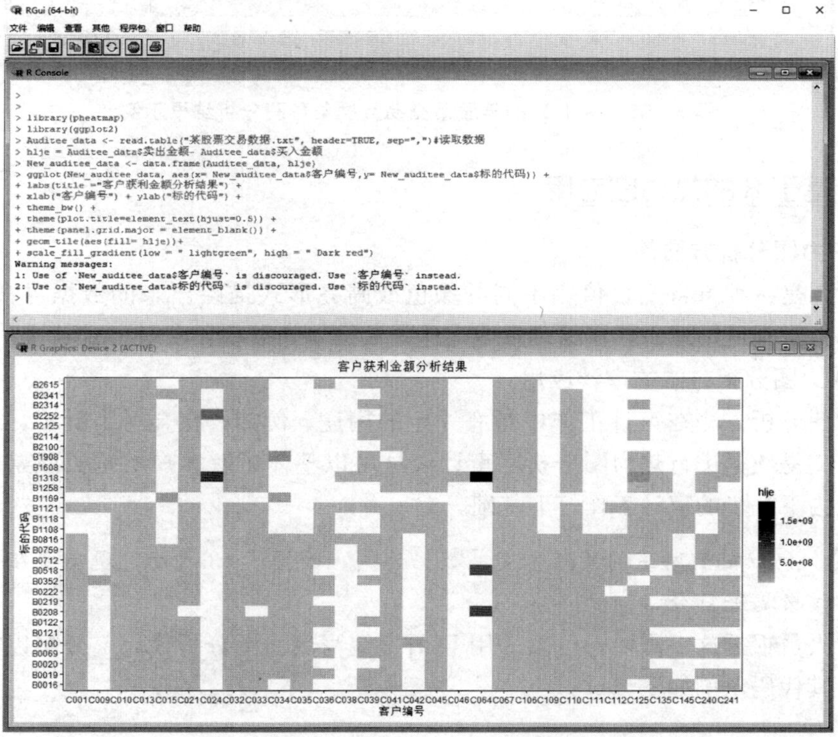

图 5 - 27　基于 R 的某股票交易数据热力图分析结果示例

在图 5 - 27 中，x 轴表示被分析的客户编号，y 轴表示被分析的客户所购买股票的代码（标的代码）。在图 5 - 27 中，颜色的深浅可以清晰地表达出每个客户所购买的每只股票的获利金额的大小。由图 5-27 不难发现：编号为 C024 和 C064 的客户购买的股票获利较大（如标的代码为 B1318 的股票），这些客户数据是审计人员关注的重点。

3. 热力图分析代码关键内容分析

以上代码中的关键内容分析如下：

（1）安装和调用 pheatmap 包。为了进行热力图分析，需要安装 pheatmap 包，审计人员可以采用 install.packages() 完成安装，然后采用 library() 对其进行调用，其代码示例如下：

```
install.packages("pheatmap")
library(pheatmap)
```

（2）为了生成热力图，可以在 ggplot2 中使用 geom_tile() 来构建。热力图就是一堆方块，根据其值赋予不同的颜色，使用 aes() 的参数 fill 即可表示填充颜色，其格式如下：

```
geom_tile(aes(fill=value))
```

审计人员可以使用 scale_fill_gradient() 进行颜色标度，如果采用双色梯度，可以使用参数 low 与 high 控制此梯度两端颜色，控制颜色由低到高，在低与高之间渐变，例如：

```
scale_fill_gradient(low="lightgreen",high="Dark red")
```

在 R 中，相应的代码示例如下：

```
library(pheatmap)
library(ggplot2)
Auditee_data<-read.table("某股票交易数据.txt",header=TRUE,sep=",")
#读取数据
hlje=Auditee_data$卖出金额-Auditee_data$买入金额
New_auditee_data<-data.frame(Auditee_data,hlje)
ggplot(New_auditee_data,aes(x=New_auditee_data$客户编号,y=New_
auditee_data$标的代码))+
labs(title="客户获利金额分析结果")+
xlab("客户编号")+ylab("标的代码")+
theme_bw()+
theme(plot.title=element_text(hjust=0.5))+
theme(panel.grid.major=element_blank())+
geom_tile(aes(fill=hlje))+
scale_fill_gradient(low="lightgreen",high="Dark red")
```

在R中运行以上代码，生成的热力图分析结果示例如图5-27所示。

审计人员在使用scale_fill_gradient()进行颜色标度时，也可以使用参数limits=c(范围下限，范围上限）控制填充颜色的值的范围，需要注意的是：在所生成的热力图中，小于“范围下限”与大于“范围上限”的值都没有颜色（即都是灰色）。

在例5-4中，假设审计人员拟查找获利在100 000和10 000 000 000之间的数据，然后按热度进行显示，小于100 000与大于10 000 000 000的值都没有颜色（即都是灰色），其代码如下：

```
scale_fill_gradient(limits=c(100000,10000000000))
```

在R中，相应的完整代码示例如下：

```
library(pheatmap)
library(ggplot2)
Auditee_data<-read.table("某股票交易数据.txt",header=TRUE,sep=",")
#读取数据
hlje=Auditee_data$卖出金额-Auditee_data$买入金额
New_auditee_data<-data.frame(Auditee_data,hlje)
ggplot(New_auditee_data,aes(x=New_auditee_data$客户编号,y=New_
auditee_data$标的代码))+
labs(title="客户获利金额分析结果")+
xlab("客户编号")+ylab("标的代码")+
theme_bw()+
theme(plot.title=element_text(hjust=0.5))+
theme(panel.grid.major=element_blank())+
geom_tile(aes(fill=hlje))+
scale_fill_gradient(low="lightgreen",high="Dark red",limits=c(100000,
10000000000))
```

在R中运行以上代码，生成的热力图分析结果示例如图5-28所示。

（3）假设审计人员将所生成图形的背景颜色设置成了白色，如果审计人员想隐藏所生成图形背景的网格线（但不移除背景颜色和边界线），可以在theme()函数中采用panel.grid来设置。panel.grid用来设置绘图区网格线，其中，panel.grid.major用来设置绘图区主网格线，panel.grid.minor用来设置绘图区次网格线，“panel.grid.major=element_blank()”表示隐藏主网格线，“panel.grid.minor=element_blank()”表示隐藏次网格线。

如果审计人员不想隐藏所生成图形背景的网格线，相应的代码示例如下：

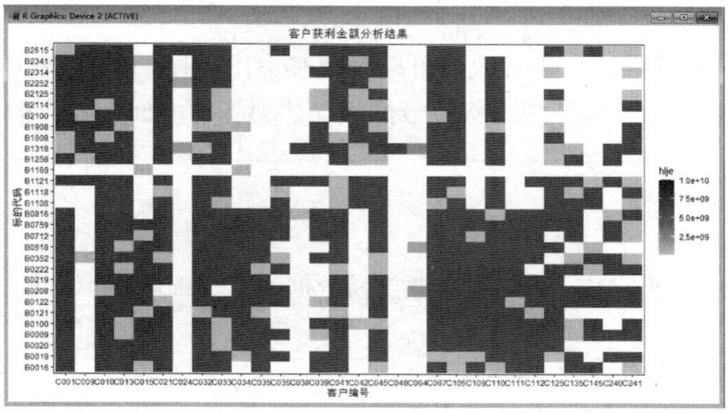

图 5-28　scale_fill_gradient( ) 中颜色标度设置范围参数的热力图分析结果示例

```
    library(pheatmap)
    library(ggplot2)
    Auditee_data<-read.table("某股票交易数据.txt",header=TRUE,sep=",")
#读取数据
    hlje=Auditee_data$卖出金额-Auditee_data$买入金额
    New_auditee_data<-data.frame(Auditee_data,hlje)
    ggplot(New_auditee_data,aes(x=New_auditee_data$客户编号,y=New_
    auditee_data$标的代码))+
    labs(title="客户获利金额分析结果")+
    xlab("客户编号")+ylab("标的代码")+
    theme_bw()+
    theme(plot.title=element_text(hjust=0.5))+
    #theme(panel.grid.major=element_blank())+
    geom_tile(aes(fill=hlje))+
    scale_fill_gradient(low="lightgreen",high="Dark red")
```

在 R 中运行以上代码，生成的热力图分析结果示例如图 5-29 所示。

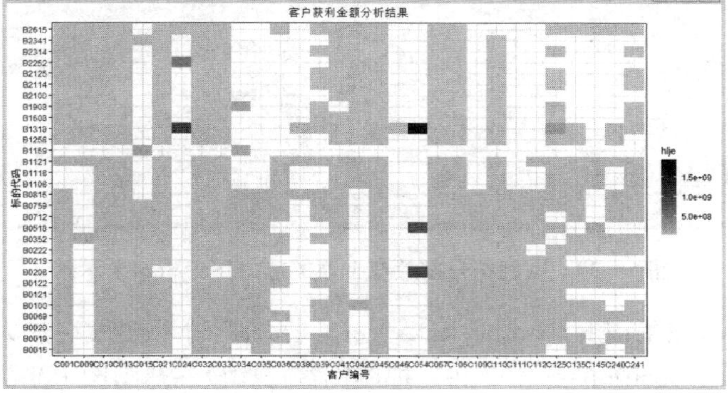

图 5-29　不隐藏图形背景网格线的热力图分析结果示例

（4）图例设置。

1）图例摆放位置设置。审计人员可以设置热力图中图例的摆放位置，例如，可以采用 legend. position＝"top" 把图例符号摆放在热力图的上面，相应的代码示例如下：

```
library(pheatmap)
library(ggplot2)
Auditee_data<－read.table("某股票交易数据.txt",header＝TRUE,sep＝",")
#读取数据
hlje＝Auditee_data$卖出金额－Auditee_data$买入金额
New_auditee_data<－data.frame(Auditee_data,hlje)
ggplot(New_auditee_data,aes(x＝New_auditee_data$客户编号,y＝New_
auditee_data$标的代码))＋
labs(title＝"客户获利金额分析结果")＋
xlab("客户编号")＋ylab("标的代码")＋
theme_bw()＋
theme(plot.title＝element_text(hjust＝0.5))＋
theme(panel.grid.major＝element_blank())＋
theme(legend.position＝"top")＋
geom_tile(aes(fill＝hlje))＋
scale_fill_gradient(low＝"lightgreen",high＝"Dark red")
```

在 R 中运行以上代码，生成的热力图分析结果示例如图 5－30 所示。

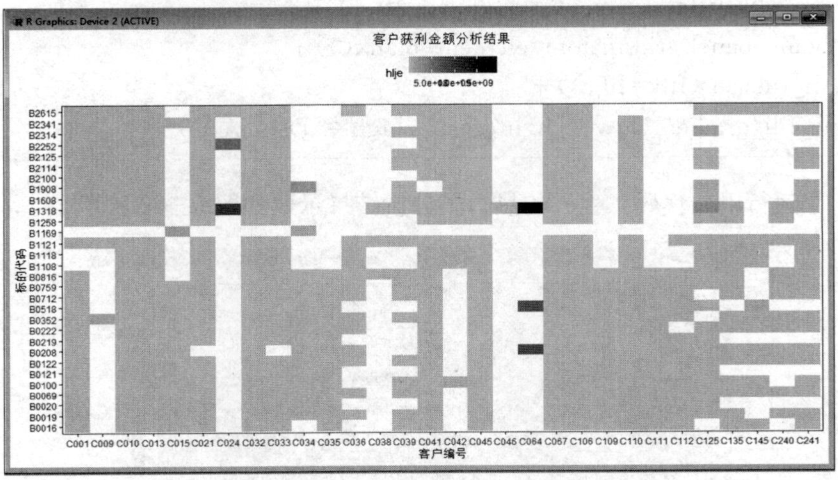

图 5－30　图例符号摆放在上面的热力图分析结果示例

审计人员也可以采用 legend.position＝c() 把图例符号摆放在热力图的其他位置，例如，采用 legend.position＝c(.92,.9) 把图例符号摆放在热力图上坐标为（92，9）的位置，相应的代码示例如下：

```
library(pheatmap)
library(ggplot2)
Auditee_data<-read.table("某股票交易数据.txt",header=TRUE,sep=",")
#读取数据
hlje=Auditee_data$卖出金额-Auditee_data$买入金额
New_auditee_data<-data.frame(Auditee_data,hlje)
ggplot(New_auditee_data,aes(x=New_auditee_data$客户编号,y=New_
auditee_data$标的代码))+
labs(title="客户获利金额分析结果")+
xlab("客户编号")+ylab("标的代码")+
theme_bw()+
theme(plot.title=element_text(hjust=0.5))+
theme(panel.grid.major=element_blank())+
theme(legend.position=c(.92,.9))+
geom_tile(aes(fill=hlje))+
scale_fill_gradient(low="lightgreen",high="Dark red")
```

在 R 中运行以上代码，生成的热力图分析结果示例如图 5－31 所示。

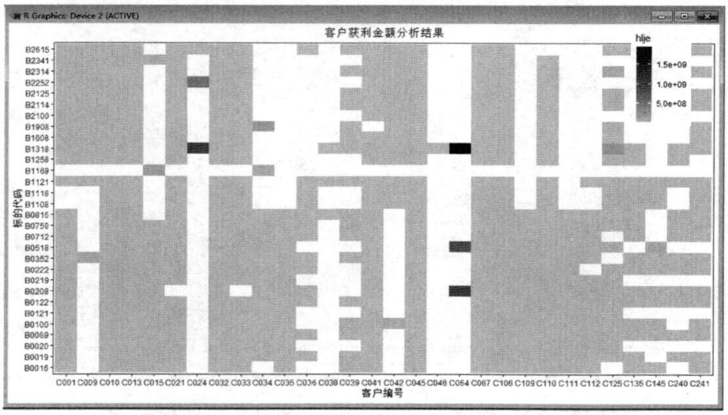

图 5－31　图例符号摆放在其他位置的热力图分析结果示例

2）图例标题修改设置。审计人员可以修改热力图中的图例标题，例如，如果需要将图例标题修改成“获利金额”，可以采用 labs(fill="获利金额") 来完成，相应的代码示例如下：

```
library(pheatmap)
library(ggplot2)
Auditee_data<-read.table("某股票交易数据.txt",header=TRUE,sep=",")
#读取数据
```

```
hlje=Auditee_data$卖出金额-Auditee_data$买入金额
New_auditee_data<-data.frame(Auditee_data,hlje)
ggplot(New_auditee_data,aes(x=New_auditee_data$客户编号,y=New_
auditee_data$标的代码))+
labs(title="客户获利金额分析结果")+
xlab("客户编号")+ylab("标的代码")+
theme_bw()+
theme(plot.title=element_text(hjust=0.5))+
theme(panel.grid.major=element_blank())+
theme(legend.position=c(.92,.9))+
labs(fill="获利金额")+
geom_tile(aes(fill=hlje))+
scale_fill_gradient(low="lightgreen",high="Dark red")
```

在R中运行以上代码，生成的热力图分析结果示例如图5-32所示。

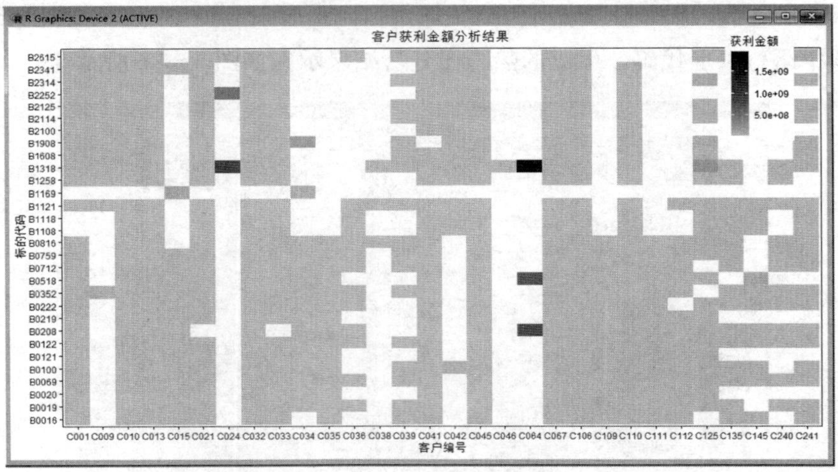

图5-32 修改图例标题的热力图分析结果示例

3）图例标题移除设置。审计人员可以设置热力图中是否有图例标题，例如，如果不需要图例标题，可以采用 guides(fill=guide_legend(title=NULL)) 移除图例标题，相应的代码示例如下：

```
library(pheatmap)
library(ggplot2)
Auditee_data<-read.table("某股票交易数据.txt",header=TRUE,sep=",")
#读取数据
hlje=Auditee_data$卖出金额-Auditee_data$买入金额
```

```
New_auditee_data<－data.frame(Auditee_data,hlje)
ggplot(New_auditee_data,aes(x=New_auditee_data$客户编号,y=New_
auditee_data$标的代码))+
labs(title="客户获利金额分析结果")+
xlab("客户编号")+ylab("标的代码")+
theme_bw()+
theme(plot.title=element_text(hjust=0.5))+
theme(legend.position="top")+
guides(fill=guide_legend(title=NULL))+
geom_tile(aes(fill=hlje))+
scale_fill_gradient(low="lightgreen",high="Dark red")
```

在 R 中运行以上代码，生成的热力图分析结果示例如图 5－33 所示。

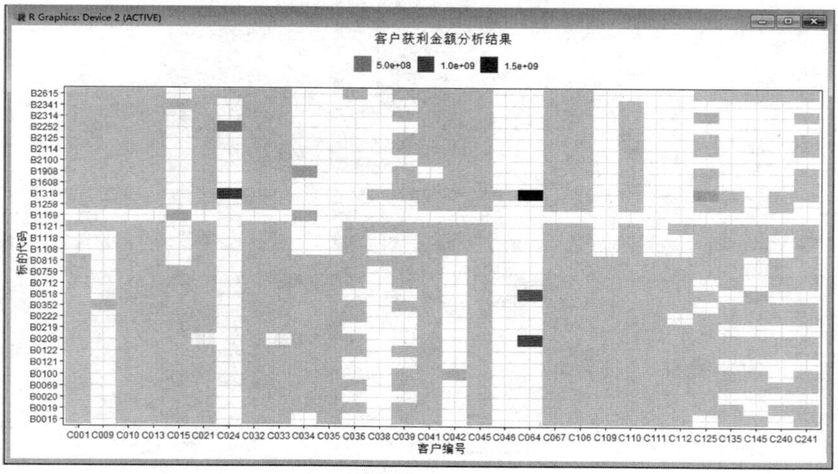

图 5－33　移除图例标题的热力图分析结果示例

4）图例符号隐藏设置。审计人员可以设置热力图中是否有图例符号，例如，如果不需要图例符号，可以采用 legend.position="none"隐藏图例符号，相应的代码示例如下：

```
library(pheatmap)
library(ggplot2)
Auditee_data<－read.table("某股票交易数据.txt",header=TRUE,sep=",")
#读取数据
hlje=Auditee_data$卖出金额－Auditee_data$买入金额
New_auditee_data<－data.frame(Auditee_data,hlje)
```

```
ggplot(New_auditee_data,aes(x=New_auditee_data$客户编号,y=New_
auditee_data$标的代码))+
labs(title="客户获利金额分析结果")+
xlab("客户编号")+ylab("标的代码")+
theme_bw()+
theme(plot.title=element_text(hjust=0.5))+
theme(panel.grid.major=element_blank())+
theme(legend.position="none")+   #去除图例
geom_tile(aes(fill=hlje))+
scale_fill_gradient(low="lightgreen",high="Dark red")
```

在R中运行以上代码，生成的热力图分析结果示例如图5-34所示。

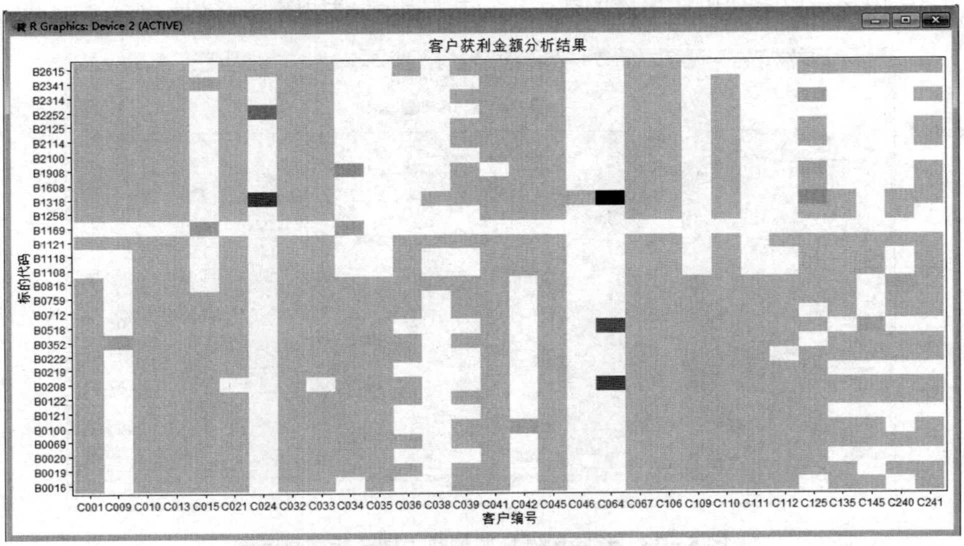

图5-34　隐藏图例符号的热力图分析结果示例

5）坐标线设置。审计人员可以设置热力图中的坐标线，例如，把坐标线设置成红色，可以采用theme(axis.line=element_line(colour="red"))，相应的代码示例如下：

```
library(pheatmap)
library(ggplot2)
Auditee_data<-read.table("某股票交易数据.txt",header=TRUE,sep=",")
#读取数据
hlje=Auditee_data$卖出金额-Auditee_data$买入金额
New_auditee_data<-data.frame(Auditee_data,hlje)
```

```
ggplot(New_auditee_data,aes(x=New_auditee_data$客户编号,y=New_
auditee_data$标的代码))+
labs(title="客户获利金额分析结果")+
xlab("客户编号")+ylab("标的代码")+
theme_bw()+
theme(plot.title=element_text(hjust=0.5))+
theme(panel.grid.major=element_blank())+
theme(legend.position="none")+   #去除图例
theme(axis.line=element_line(colour="red"))+   #设置坐标线
geom_tile(aes(fill=hlje))+
scale_fill_gradient(low="lightgreen",high="Dark red")
```

在 R 中运行以上代码，生成的热力图分析结果示例如图 5-35 所示。

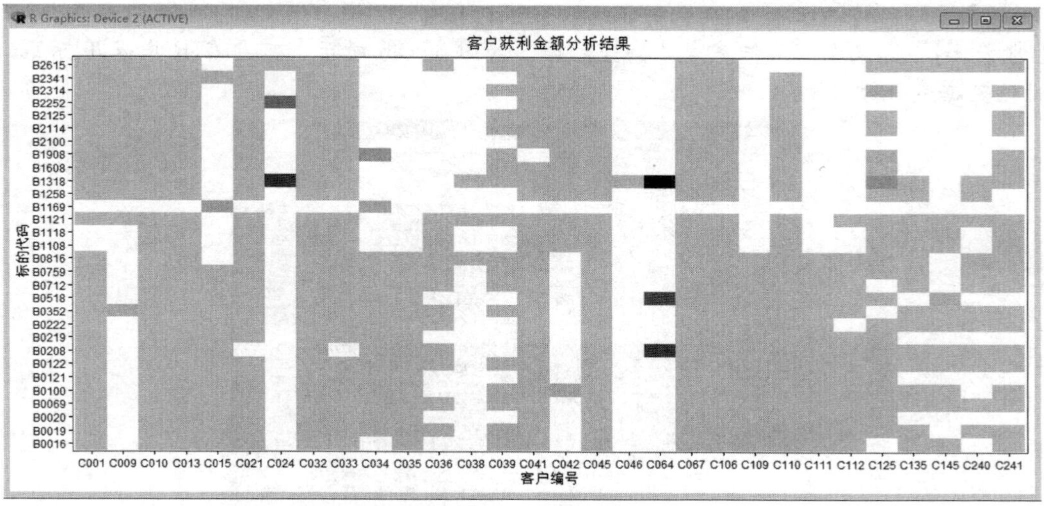

图 5-35　热力图的坐标线设置结果示例

知识拓展

theme()函数内含参数简介

5.3.6　基于 R 的标签云应用

1. 标签云分析方法简介

文本数据是大数据时代非结构化数据的典型代表。文本可视化的意义在于能够将文本中蕴含的语义特征（例如词频、重要程度、动态演化规律、逻辑结构等）直观地展示出来。标签云（tag cloud）就是一种典型的文本可视化技术，它由一组相关的标签以及与标签相对应的权重组成。其中，权重值的大小决定标签的字体大小、颜色或其他视觉效果。通过标签云，可以对被分析文本数据中的关键词根据词频或其他规则排序，按照一定规律进行布局排列，用大小、颜色等图形属性对关键词进行可视化。

实现标签云分析的主要步骤包括：（1）分词；（2）统计词频；（3）根据词频自动设置颜色深浅、字体大小并进行可视化展示。

2. 标签云分析方法应用

标签云分析方法在审计工作中具有一定的用途，通过对被审计文本数据进行标签云可视化分析，可以整体把握被审计文本数据的主要内容。例如，大数据环境下大量的文本数据使审计人员分析的难度越来越大，传统的浏览和筛选等方法无法满足大数据环境下非结构化数据审计的需要。将文本中的内容或规律以视觉符号的形式展示给审计人员，有助于审计人员利用视觉感知的优势来快速获取大数据中蕴含的重要信息，从而发现审计线索。

【例 5-6】 假设现有某扶贫审计公告数据，如图 5-36 所示。需要在 R 中采用标签云对该数据进行分析。

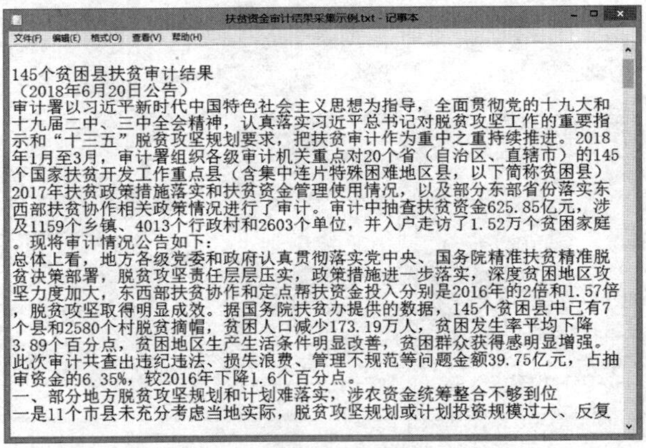

扶贫资金审计结果采集示例.txt - 记事本

文件(F) 编辑(E) 格式(O) 查看(V) 帮助(H)

145个贫困县扶贫审计结果
（2018年6月20日公告）
审计署以习近平新时代中国特色社会主义思想为指导，全面贯彻党的十九大和十九届二中、三中全会精神，认真落实习近平总书记对脱贫攻坚工作的重要指示和“十三五”脱贫攻坚规划要求，把扶贫审计作为重中之重持续推进。2018年1月至3月，审计署组织各级审计机关重点对20个省（自治区、直辖市）的145个国家扶贫开发工作重点县（含集中连片特殊困难地区县，以下简称贫困县）2017年扶贫政策措施落实和扶贫资金管理使用情况，以及部分东部省份落实东西部扶贫协作相关政策情况进行了审计。审计中抽查扶贫资金625.85亿元，涉及1159个乡镇、4013个行政村和2603个单位，并入户走访了1.52万个贫困家庭。现将审计情况公告如下：
总体上看，地方各级党委和政府认真贯彻落实党中央、国务院精准扶贫精准脱贫决策部署，脱贫攻坚责任层层压实，政策措施进一步落实，深度贫困地区攻坚力度加大，东西部扶贫协作和定点帮扶资金投入分别是2016年的2倍和1.57倍，脱贫攻坚取得明显成效。据国务院扶贫办提供的数据，145个贫困县中已有7个县和2580个村脱贫摘帽，贫困人口减少173.19万人，贫困发生率平均下降3.89个百分点，贫困地区生产生活条件明显改善，贫困群众获得感明显增强。此次审计共查出违纪违法、损失浪费、管理不规范等问题金额39.75亿元，占抽审资金的6.35%，较2016年下降1.6个百分点。
一、部分地方脱贫攻坚规划和计划难落实，涉农资金统筹整合不够到位
一是11个市县未充分考虑当地实际，脱贫攻坚规划或计划投资规模过大、反复

图 5-36　某扶贫审计公告数据示例

审计人员根据这一需要，可以采用 R 语言编写标签云分析代码，分析以上扶贫审计公告数据，其代码示例如下：

```
install.packages("jiebaR")  #若已安装 jiebaR 包,则可以省略该行代码
install.packages("wordcloud2")  #若已安装 wordcloud2 包,则可以省略该行代码
library(jiebaR)
library(wordcloud2)
Auditee_data<-scan("扶贫资金审计结果采集示例.txt",sep='\n',what='',fileEncoding = "GBK")  #读取数据
```

```
preseg <- worker()
seg<-segment(Auditee_data,preseg)
seg<-table(seg)
seg<-sort(seg,decreasing=TRUE)[1:100]
wordcloud2(seg)  #绘制标签云
```

在 R 中运行以上代码，标签云分析运行情况示例如图 5 - 37 所示。

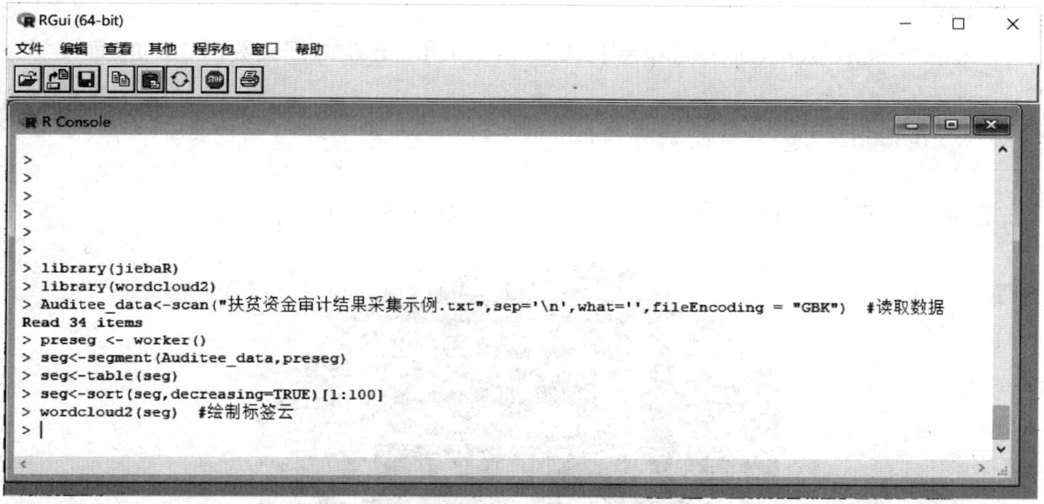

图 5 - 37　基于 R 的标签云分析运行情况示例

以上扶贫审计公告数据的标签云分析结果示例如图 5 - 38 所示。

图 5 - 38　某扶贫审计公告数据的标签云分析结果示例

对以上标签云分析代码也可以进一步优化，如去除字符长度小于 2 的词语、去除数字等，从而使分析结果更有意义。其代码示例如下：

```
library(jiebaR)
library(wordcloud2)
```

```
Auditee_data<-scan("扶贫资金审计结果采集示例.txt",sep='\n',what='',
fileEncoding = "GBK")  #读取数据
preseg <-worker()
seg<-segment(Auditee_data,preseg)
seg<-seg[nchar(seg)>1]  #去除字符长度小于2的词
seg<-table(seg)
seg<-seg[!grepl('[0-9]+',names(seg))]  #过滤数字
seg
seg<-sort(seg,decreasing=TRUE)[1:100]  #获得词频数前100的词
seg
wordcloud2(seg)  #绘制标签云
```

在R中运行以上代码，标签云分析结果示例如图5-39所示。

图5-39　优化后的某扶贫审计公告数据的标签云分析结果示例

3. 标签云分析代码关键内容分析

以上代码中的关键内容分析如下：

(1) 安装和调用jiebaR包和wordcloud2包。为了进行标签云分析，需要安装jiebaR包和wordcloud2包，其中，jiebaR包是R语言的中文分词包，wordcloud2包是标签云分析包。审计人员可以采用install.packages()完成安装，然后采用library()对其进行调用，其代码示例如下：

```
install.packages("jiebaR")
install.packages("wordcloud2")
library(jiebaR)
library(wordcloud2)
```

在R中运行以上包安装代码，其结果示例如图5-40所示。

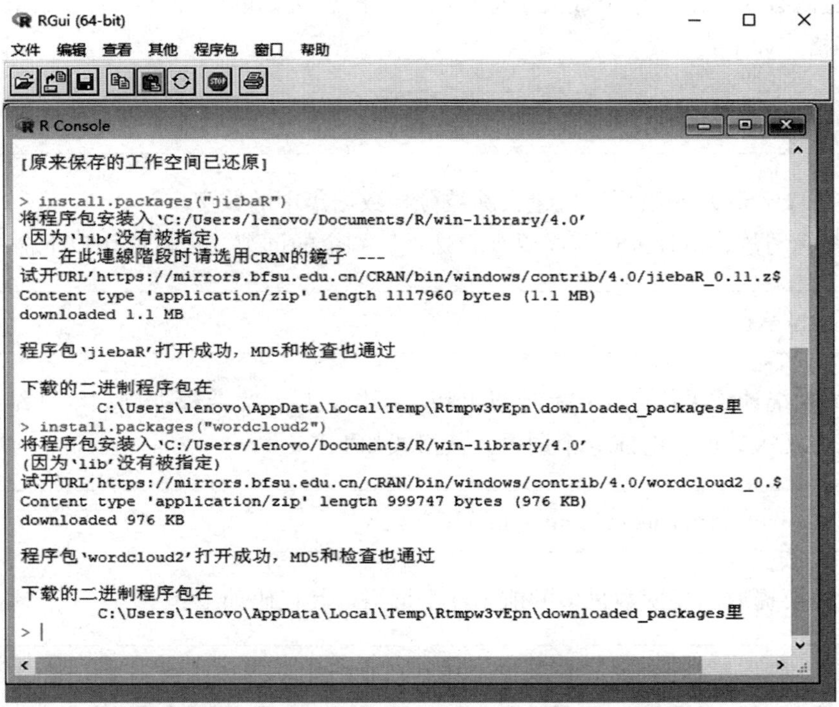

图 5-40　R 中 jiebaR 包和 wordcloud2 包安装结果示例

(2) 数据处理。

1) 分词。为了对被审计文本数据进行标签云分析，需要先进行分词操作，可以使用 qseg[] 函数来完成，其格式如下：

```
txt<-qseg[被审计文本数据]
```

2) 字符长度过滤。在完成分词操作之后，为了对字符长度小的字符进行过滤，假设字符长度需要大于 n，可以使用 txt[nchar(txt)>n] 函数来完成，例如，拟去除字符长度小于 2 的词语，其格式如下：

```
txt<-txt[nchar(txt)>1]
```

其中，nchar() 函数用来返回字符长度。注意不能使用 length() 函数，length() 函数用来返回字符数量。

3) 统计词频。在完成字符长度过滤操作之后，需要对每个词出现的频率进行统计，可以使用 table() 函数来完成，其格式如下：

```
txt<-table(txt)
```

其中，table() 函数用于统计每个不同元素的出现次数。

4）过滤数字。由于单个数值字符在词云中无意义，审计人员可以对数值字符进行过滤。其格式如下：

```
txt<-txt[!grepl('[0-9]+',names(txt))]
```

其中，!grepl() 函数用于批量去除被分析数据集中的数字。

5）查看词数。审计人员若需要查看处理后剩余的词数，可以使用以下命令：

```
length(txt)
```

6）词频统计结果排序。在完成以上相关操作之后，需要根据词频统计结果降序排序，提取出现次数最多的前 n 个词语。其格式如下：

```
txt<-sort(txt,decreasing=TRUE)[1:n]
```

假设需要提取出现次数最多的前 100 个词语，其代码如下：

```
txt<-sort(txt,decreasing=TRUE)[1:100]
```

审计人员可以查看前 n 个词频最高的词语。

（3）绘制标签云。在完成数据处理后，审计人员可以采用 wordcloud2() 函数完成标签云的绘制。

wordcloud2() 函数更复杂的参数设置示例如下：

```
wordcloud2(data,size=1.2,fontFamily=NULL,fontWeight='normal',
color='random-light',backgroundColor="gray",shape='pentagon')
```

主要参数说明如下。

1）data：表示标签云生成数据，它包含具体词语以及频率。

2）size：用来设置字体大小，默认值为 1。一般来说，该值越小，生成的形状轮廓越明显。

3）fontFamily：用来设置字体，例如“宋体”“微软雅黑”等。

4）fontWeight：用来设置字体粗细，主要包含“normal”“bold”“600”。

5）color：用来设置字体颜色色系，可以选择“random-dark”和“random-light”。

6）backgroundColor：用来设置背景颜色，该参数支持 R 语言中的常用颜色，如“blue”“gray”等，但不能支持更加具体的颜色选择，如“blue 10”。

7）shape：用来设置标签云形状，默认是“circle”，即圆形。也可以选择更多的标签云形状，如“star”（星形）、“diamond”（钻石）、“cardioid”（苹果形或心形）、“triangle”（三角形）、“pentagon”（五边形）等。

5.4　基于 RStudio 的大数据可视化分析技术审计应用

本节在上一节的基础上，以 RStudio 为例，分析散点图、气泡图、折线图、条形图、热力图、标签云等数据可视化技术在审计中的应用。

5.4.1　基于 RStudio 的散点图应用

仍以前面所述的某股票交易数据为例，如图 5－3 所示，现需要在 RStudio 中采用散点图对该数据进行分析。

审计人员根据这一需要，可以采用 R 语言编写散点图分析代码，分析以上股票交易数据，其代码示例如下：

```
install.packages("ggplot2")  #若已安装 ggplot2 包,则可以省略该行代码
library(ggplot2)  #加载 ggplot2 包
Auditee_data<-read.table("某股票交易数据.txt",header=TRUE,sep=",")
#读取数据
ggplot(Auditee_data,aes(y=标的代码,x=客户编号))+
  geom_point(size=0.9,color="blue")+
  labs(title="客户购买股票情况分析结果")+
  theme_bw()+
  theme(plot.title=element_text(face="bold",colour="red",size=18,hjust=0.5))+
  theme(panel.grid=element_blank())
```

在 RStudio 中运行以上代码，散点图分析结果示例如图 5－41 所示。

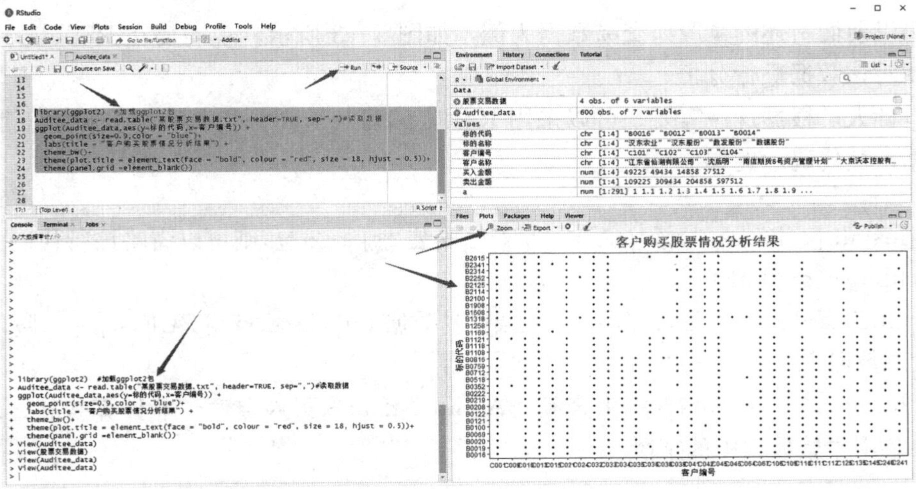

图 5－41　基于 RStudio 的某股票交易数据散点图分析结果示例

点击“Zoom”按钮，就可以看到更清晰的分析结果，如图5-42所示。

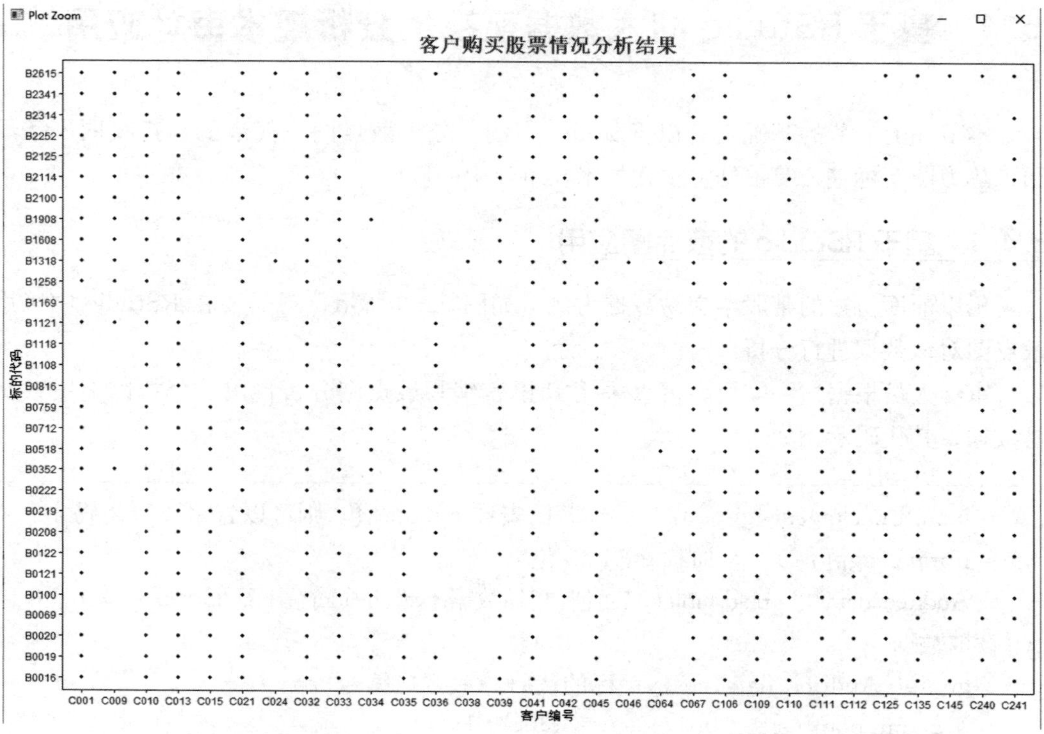

图5-42 基于RStudio的某股票交易数据散点图更清晰的分析结果示例

在图5-42中，x轴表示被分析的客户编号，y轴表示被分析的客户购买股票的代码。由图5-42不难发现：客户编号为C024，C038，C046，C064的客户购买股票的类型比较单一。

5.4.2 基于RStudio的气泡图应用

仍以前面所述的某股票交易数据为例，如图5-3所示，现需要在RStudio中采用气泡图对该数据进行分析。

审计人员根据这一需要，可以采用R语言编写气泡图分析代码，分析以上股票交易数据，其代码示例如下：

```
install.packages("ggplot2")  #若已安装ggplot2包,则可以省略该行代码
library(ggplot2)
Auditee_data<-read.table("某股票交易数据.txt",header=TRUE,sep=",")
#读取数据
hlje=Auditee_data$卖出金额-Auditee_data$买入金额  #计算获利金额或
直接利用原始数据中的字段
```

```
New_auditee_data<-data.frame(Auditee_data,hlje)   #采用数据框,增加计算出的新字段
ggplot(New_auditee_data,aes(客户编号,标的代码))+
  scale_size(range=c(1,30),guide=FALSE)+
  geom_point(aes(size=hlje),color="blue",alpha=0.5)+
  labs(title="客户获利金额分析结果")+
  xlab("客户编号")+ylab("标的代码")+
  theme_bw()+
  theme(plot.title=element_text(hjust=0.5))+
  theme(panel.grid=element_blank())
```

在 RStudio 中运行以上代码，客户购买股票及其获利金额规模情况分析结果示例如图 5 - 43 所示。

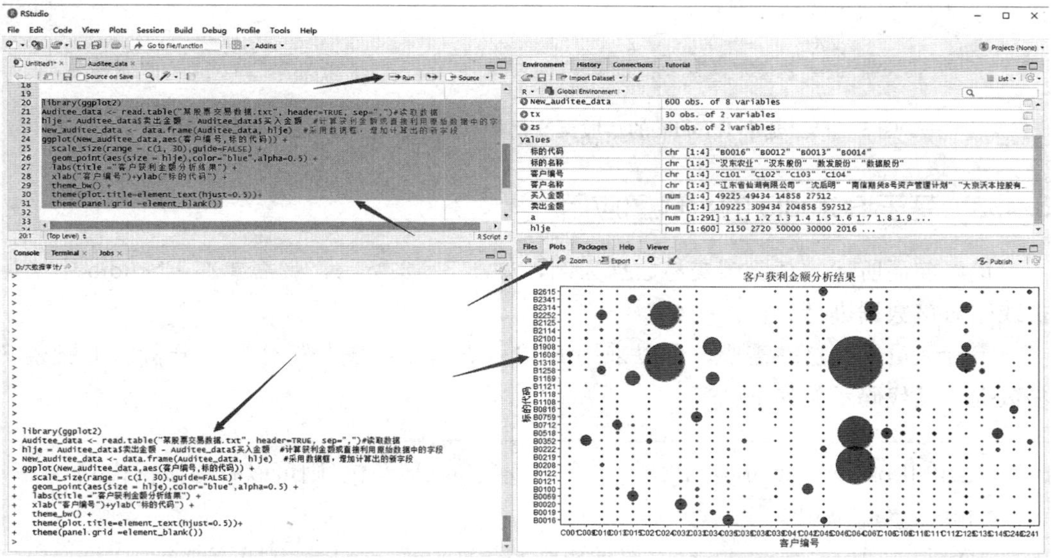

图 5 - 43　基于 RStudio 的某股票交易数据气泡图分析结果示例

在图 5 - 43 中，x 轴表示被分析的客户编号，y 轴表示被分析的客户购买股票的代码，气泡的大小表示获利金额规模情况。由图 5 - 43 不难发现：客户编号为 C024 和 C064 的客户购买股票的类型比较单一，且购买的股票获利较大（如标的为 B1318 的股票），这些客户数据是审计人员关注的重点。

在图 5 - 43 中，点击“Zoom”按钮，就可以看到更清晰的分析结果，如图 5 - 44 所示。

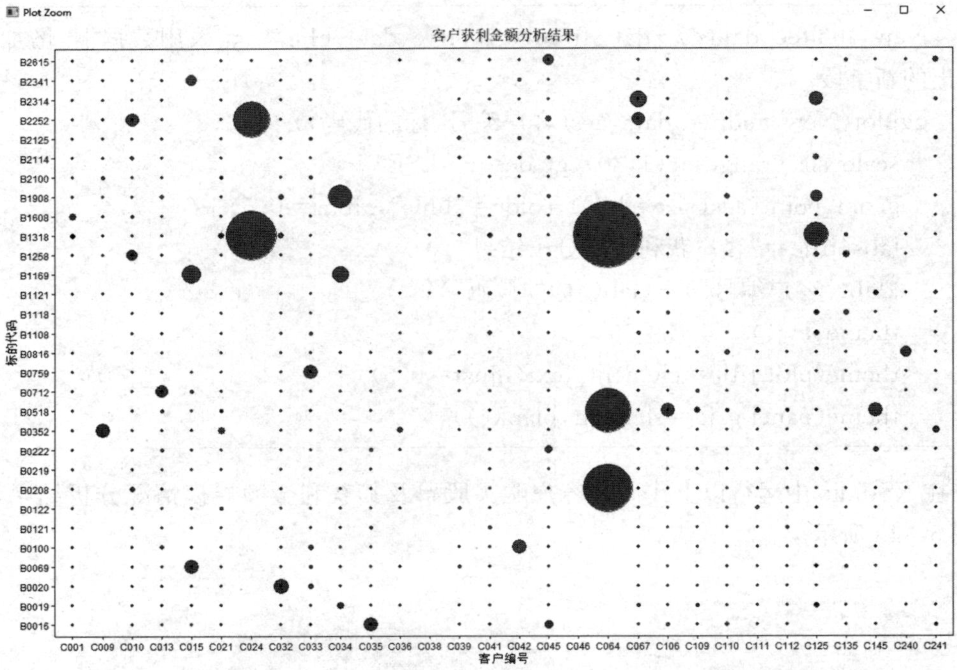

图 5-44　基于 RStudio 的某股票交易数据气泡图更清晰的分析结果示例

5.4.3　基于 RStudio 的折线图应用

仍以前面所述的某股票交易数据为例，如图 5-3 所示，现需要在 RStudio 中采用折线图对该数据进行分析。

审计人员根据这一需要，可以采用 R 语言编写折线图分析代码，分析以上股票交易数据，其代码示例如下：

```
install.packages("ggplot2")  #若已安装 ggplot2 包,则可以省略该行代码
library(ggplot2)
Auditee_data<-read.table("某股票交易数据.txt",header=TRUE,sep=",")
#读取数据
zs<-aggregate(Auditee_data$标的代码,by=list(Auditee_data$客户编号),
FUN=length)
ggplot(zs,aes(x=zs$Group.1,y=zs$x,group=1))+
  geom_point(size=3,shape=20,color="red")+
  geom_line(colour="blue")+
  labs(title="客户购买股票的种类情况分析",x="客户编号",y="购买标的总
数")+
  theme_bw()+
```

```
theme(plot.title=element_text(hjust=0.5))+
theme(panel.grid=element_blank())+
scale_y_continuous(breaks=seq(0,30,5))
```

在 RStudio 中运行以上代码，客户购买股票情况的折线图分析结果示例如图 5－45 所示。

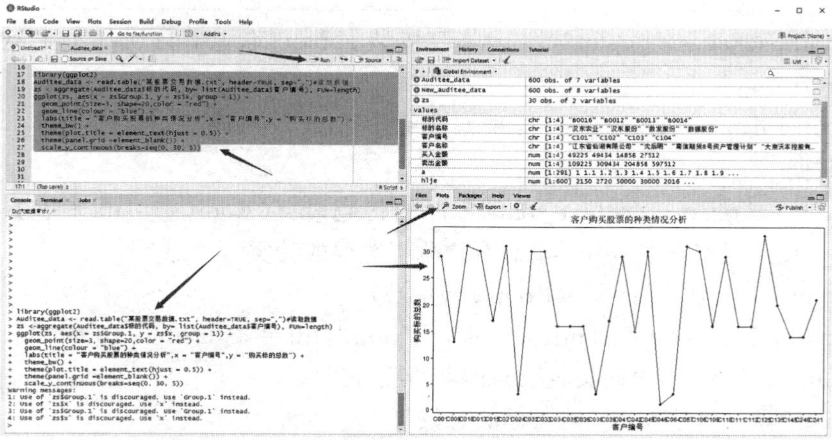

图 5－45　基于 RStudio 的某股票交易数据折线图分析结果示例

在图 5－45 中，x 轴表示被分析的客户编号，y 轴表示被分析的客户所购买的股票总数。由图 5－45 不难发现：客户编号为 C024，C038，C046，C064 的客户购买股票的类型比较单一，这些客户是审计人员关注的重点。

在图 5－45 中，点击“Zoom”按钮，就可以看到更清晰的分析结果，如图 5－46 所示。

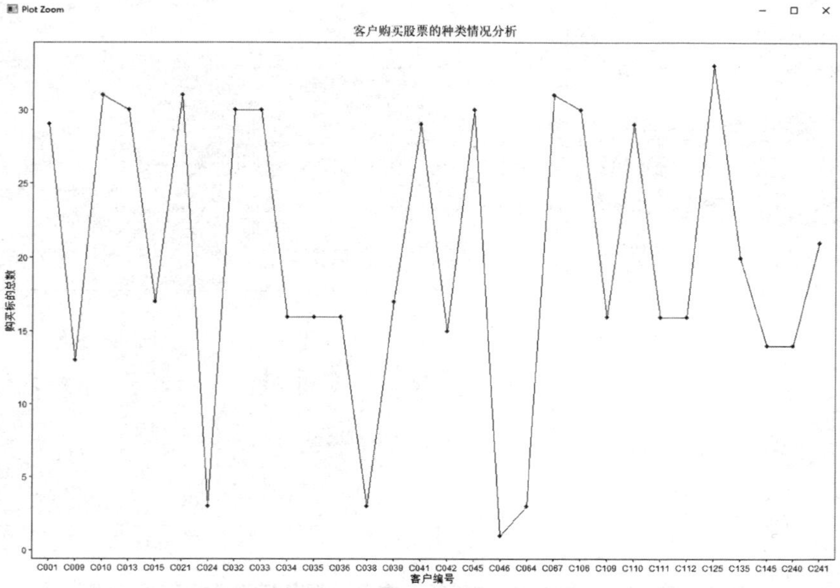

图 5－46　基于 RStudio 的某股票交易数据折线图更清晰的分析结果示例

5.4.4 基于 RStudio 的条形图应用

仍以前面所述的某股票交易数据为例，如图 5-3 所示，现需要在 RStudio 中采用条形图对该数据进行分析。

审计人员根据这一需要，可以采用 R 语言编写条形图分析代码，分析以上股票交易数据，其代码示例如下：

```
install.packages("ggplot2")  #若已安装 ggplot2 包,则可以省略该行代码
library(ggplot2)
Auditee_data<-read.table("某股票交易数据.txt",header=TRUE,sep=",")
#读取数据
tx<-aggregate(Auditee_data$标的代码,list(Auditee_data$客户编号),
length)  #按照客户编号分类汇总客户购买股票的种类
ggplot(data=tx,aes(x=Group.1,y=x))+
  geom_bar(stat="identity",color="blue",fill="lightblue")+
  labs(title="客户购买股票的种类情况分析",
  x="客户编号",y="购买标的总数")+
  theme_bw()+
  theme(plot.title=element_text(hjust=0.5))+
  theme(panel.grid=element_blank())+
  scale_y_continuous(breaks=seq(0,30,5))
```

在 RStudio 中运行以上代码，条形图分析结果示例如图 5-47 所示。

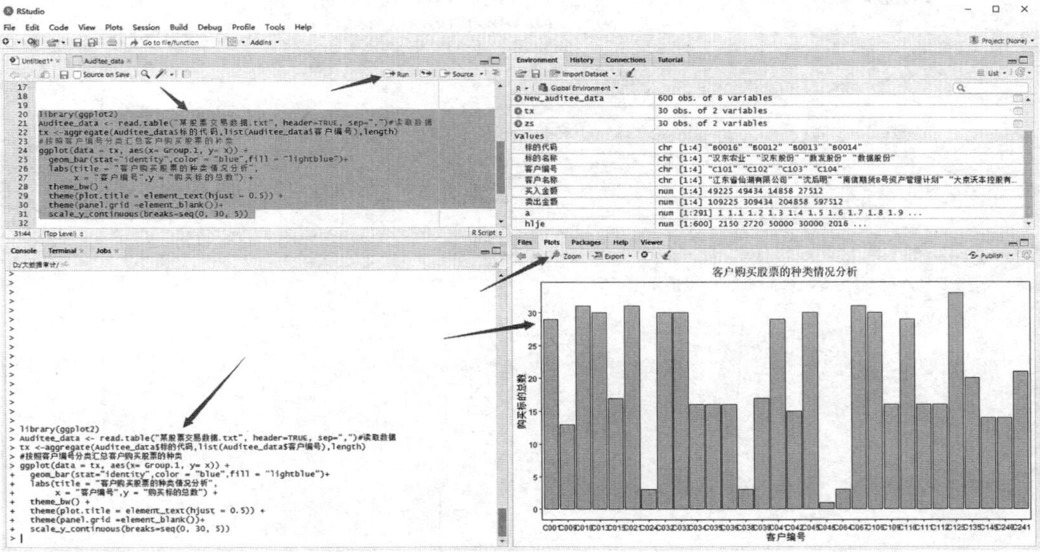

图 5-47 基于 RStudio 的某股票交易数据条形图分析结果示例

在图 5－47 中，x 轴表示被分析的客户编号，y 轴表示被分析的客户所购买的股票总数。由图 5－47 不难发现：客户编号为 C024，C038，C046，C064 的客户购买股票的类型比较单一，这些客户是审计人员关注的重点。

在图 5－47 中，点击"Zoom"按钮，就可以看到更清晰的分析结果，如图 5－48 所示。

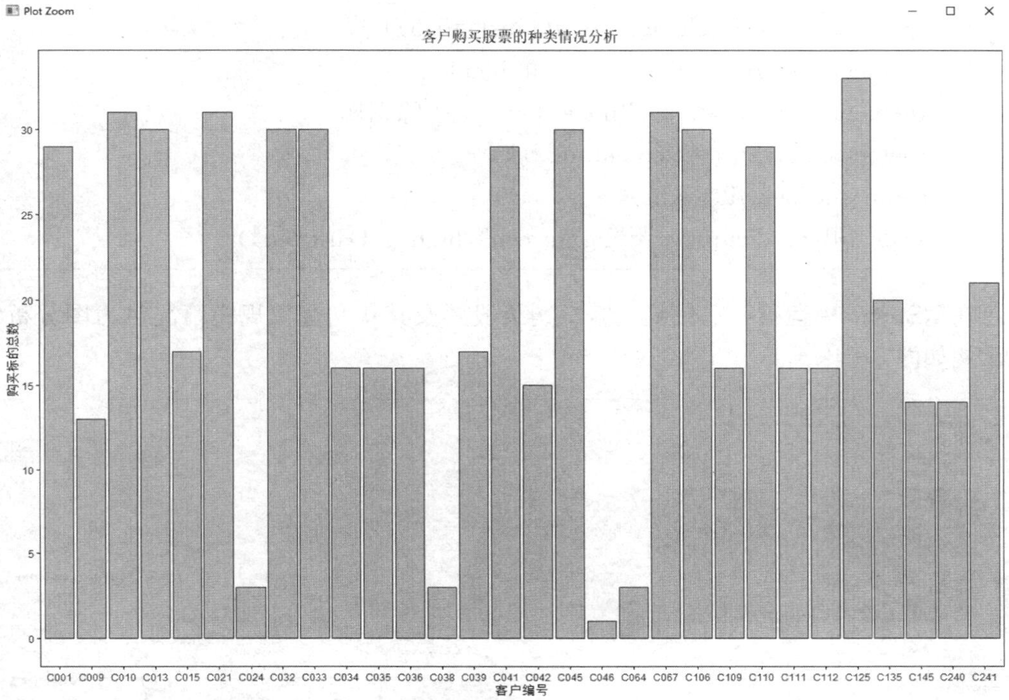

图 5－48　基于 RStudio 的某股票交易数据条形图更清晰的分析结果示例

5.4.5　基于 RStudio 的热力图应用

仍以前面所述的某股票交易数据为例，如图 5－3 所示，现需要在 RStudio 中采用热力图对该数据进行分析。

审计人员根据这一需要，可以采用 R 语言编写热力图分析代码，分析以上股票交易数据，其代码示例如下：

```
    install.packages("pheatmap")    #若已安装 pheatmap 包，则可以省略该行代码
    library(pheatmap)
    library(ggplot2)
    Auditee_data<-read.table("某股票交易数据.txt",header=TRUE,sep=",")
#读取数据
    hlje=Auditee_data$卖出金额-Auditee_data$买入金额
    New_auditee_data<-data.frame(Auditee_data,hlje)
```

```
ggplot(New_auditee_data,aes(x=客户编号,y=标的代码))+
  labs(title="客户获利金额分析结果")+
  xlab("客户编号")+ylab("标的代码")+
  theme_bw()+
  theme(plot.title=element_text(hjust=0.5))+
  theme(panel.grid.major=element_blank())+
  theme(legend.position="none")+   #去除图例
  theme(axis.text.x=element_text())+
  geom_tile(aes(fill=hlje))+
  scale_fill_gradient(low="lightgreen",high="Dark red")
```

在 RStudio 中运行以上代码，客户购买股票及其获利金额规模情况热力图分析结果示例如图 5-49 所示。

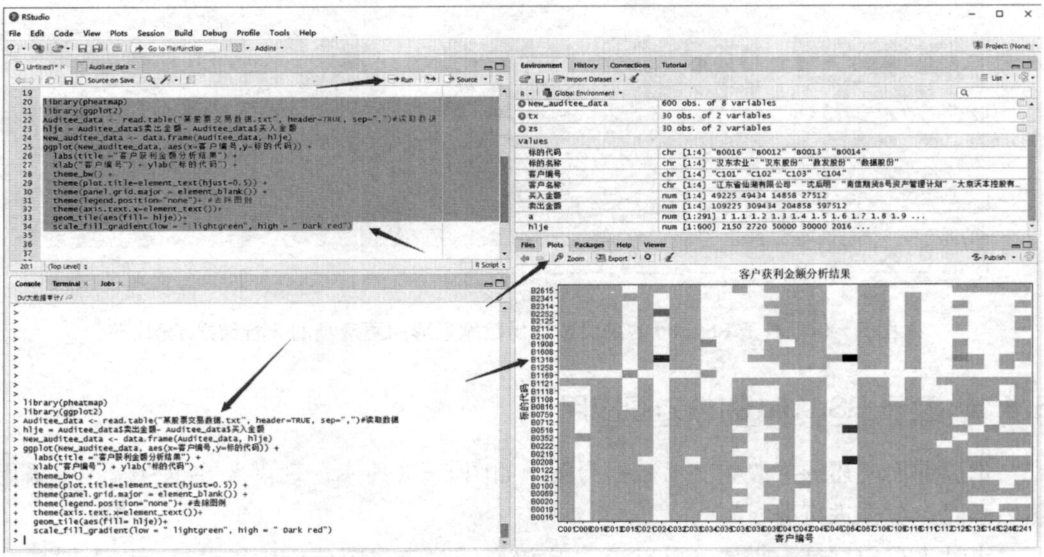

图 5-49　基于 RStudio 的某股票交易数据热力图分析结果示例

在图 5-49 中，x 轴表示被分析的客户编号，y 轴表示被分析的客户所购买股票的代码（标的代码）。在图 5-49 中，颜色的深浅可以清晰地表达出每个客户所购买的每只股票的获利金额的大小。由图 5-49 不难发现：客户编号为 C024 和 C064 的客户购买的股票获利较大（如标的为 B1318 的股票），这些客户数据是审计人员关注的重点。

在图 5-49 中，点击“Zoom”按钮，就可以看到更清晰的分析结果，如图 5-50 所示。

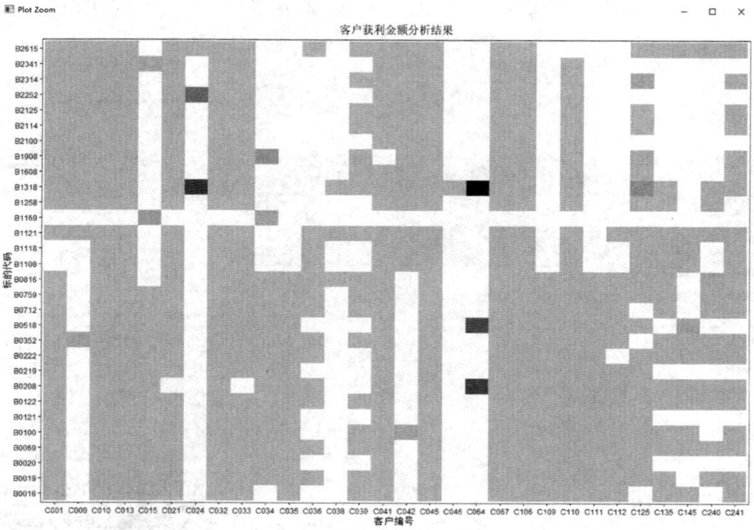

图 5-50 基于 RStudio 的某股票交易数据热力图更清晰的分析结果示例

5.4.6 基于 RStudio 的标签云应用

以前面的某扶贫审计公告数据分析为例，如图 5-36 所示。现需要在 RStudio 中采用标签云对该数据进行分析。

审计人员根据这一需要，可以采用 R 语言编写标签云分析代码，分析以上扶贫审计公告数据，其代码示例如下：

```
install.packages("jiebaR")  #若已安装 jiebaR 包,则可以省略该行代码
install.packages("wordcloud2")  #若已安装 wordcloud2 包,则可以省略该行代码
library(jiebaR)
library(wordcloud2)
Auditee_data<-scan("扶贫资金审计结果采集示例.txt",sep='\n',what='',fileEncoding = "GBK")  #读取数据
preseg<-worker()
seg<-segment(Auditee_data,preseg)
seg<-seg[nchar(seg)>1]  #去除字符长度小于 2 的词
seg<-table(seg)
seg<-seg[!grepl('[0-9]+',names(seg))]  #过滤数字
seg
seg<-sort(seg,decreasing=TRUE)[1:100]  #获得词频数前 100 的词
seg
wordcloud2(seg)  #绘制标签云
```

在 RStudio 中运行以上代码，标签云分析结果示例如图 5－51 所示。

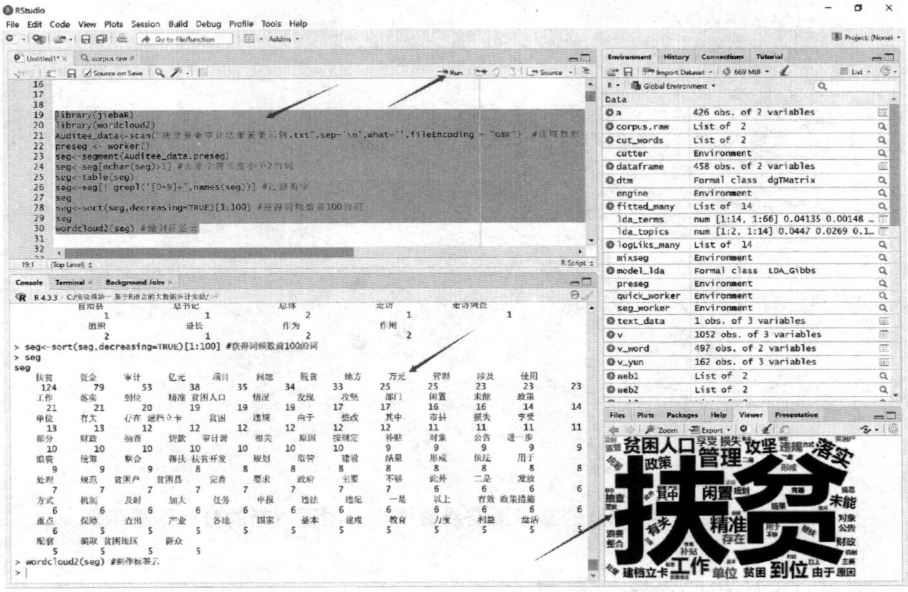

图 5－51　基于 RStudio 的标签云分析结果示例

在图 5－51 中，点击“Zoom”按钮，就可以看到更清晰的分析结果，如图 5－52 所示。

图 5－52　基于 RStudio 的标签云更清晰的分析结果示例

5.5　基于 Python 的大数据可视化分析技术审计应用

本节在上一节的基础上，以 Python 为例，分析散点图、气泡图、折线图、条形图、热力图、标签云等数据可视化技术在审计中的应用。

5.5.1 基于 Python 的散点图应用

仍以前面所述的某股票交易数据为例，如图 5-3 所示，现需要在 Python 中采用散点图对该数据进行分析。

审计人员根据这一需要，可以采用 Python 编写散点图分析代码，分析上述股票交易数据。首先，需要确保已经安装了 pandas 和 matplotlib 库。如果没有安装，可以通过 pip 安装：

pip install pandas matplotlib # 安装方法详见第 4 章

然后在 Python 的开发工具中运行以下代码：

```
import pandas as pd
import matplotlib.pyplot as plt
auditee_data = pd.read_csv('某股票交易数据.csv', encoding='gbk') # 读取数据,注意设置 encoding='gbk'以支持中文
auditee_data.dropna(subset=['客户编号', '标的代码'], inplace=True) # 确保没有 NaN 值影响绘图(可选)
#设置 matplotlib 以支持中文显示
plt.rcParams['font.sans-serif'] = ['SimHei']  #指定默认字体为黑体
plt.rcParams['axes.unicode_minus'] = False  #解决保存图像时负号'-'显示为方块的问题
#绘制散点图
plt.scatter(auditee_data['客户编号'], auditee_data['标的代码'])
#添加标题和轴标签
plt.title('客户编号与标的代码关系散点图')
plt.xlabel('客户编号')
plt.ylabel('标的代码')
plt.grid(True)  #显示网格,可选择使用
plt.xticks(rotation=45)  #将 x 轴标签旋转 45 度,以便更好地显示,可选择使用
#显示图形
plt.show()
#plt.savefig(r'C:/基于 Python 的大数据审计实验/分析结果/分析结果.png')
# 如果需要保存图形,可以运行该代码
```

以在 Python 的开发工具 PyCharm 中运行以上代码为例，散点图分析过程示例如图 5-53 所示。其分析结果如图 5-54 所示。

补充知识：若被审计的数据“某股票交易数据”为文本文件格式，可以采用以下程序读取该数据。

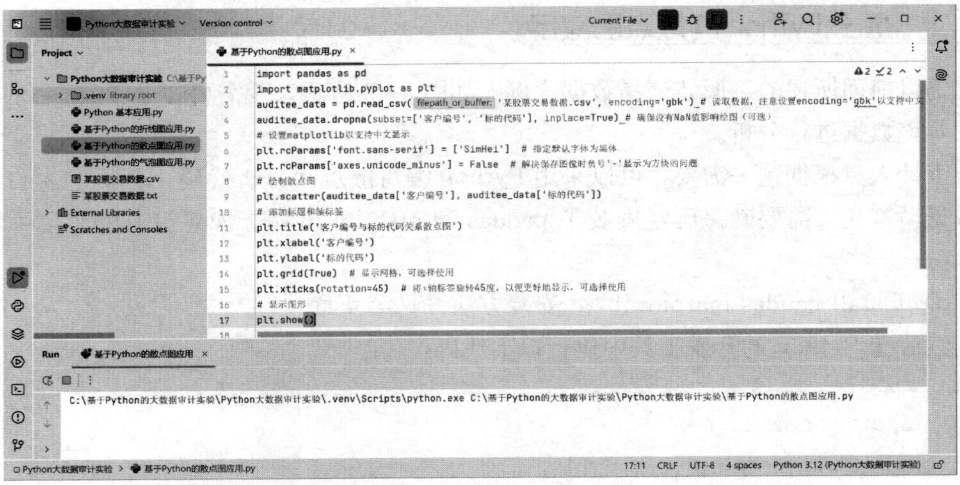

图 5-53　基于 Python 的某股票交易数据散点图分析过程示例

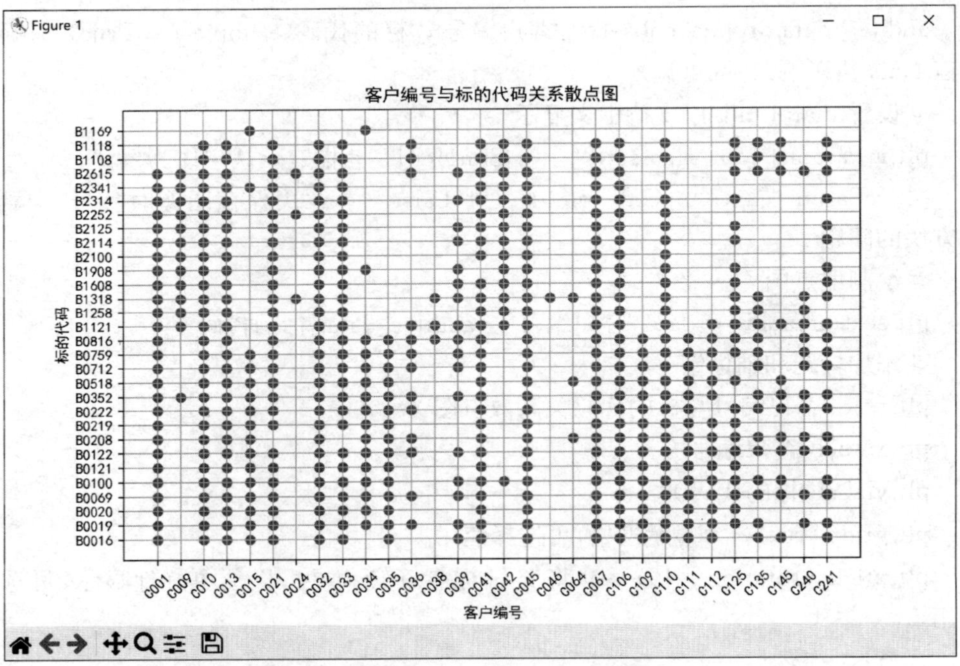

图 5-54　基于 Python 的某股票交易数据散点图分析结果示例

auditee_data = pd.read_csv("某股票交易数据.txt", header=0)　#header=0 表示第一行是列名

另外，可以使用 plt.savefig（'文件名.png'）函数把图表分析结果保存为文件。

在图 5-54 中，x 轴表示被分析的客户编号，y 轴表示被分析的客户购买股票的代码。由图 5-54 不难发现：客户编号为 C024，C038，C046，C064 的客户购买股票的类型比较单一。

5.5.2 基于 Python 的气泡图应用

仍以前面所述的某股票交易数据为例，如图 5-3 所示，现需要在 Python 中采用气泡图对该数据进行分析。

审计人员根据这一需要，可以采用 Python 编写气泡图分析代码，分析以上股票交易数据。首先，需要确保已经安装了 pandas 和 matplotlib 库。如果没有安装，可以通过 pip 安装：

pip install pandas matplotlib # 安装方法详见第 4 章

然后在 Python 的开发工具中运行以下代码：

```
import pandas as pd
import matplotlib.pyplot as plt
import matplotlib.font_manager as font_manager
#设置中文字体支持
plt.rcParams['font.sans-serif'] = ['SimHei']  #指定默认字体为黑体
plt.rcParams['axes.unicode_minus'] = False  #解决保存图像时负号'-'显示为方块的问题
#加载数据
auditee_data = pd.read_csv('某股票交易数据.csv', encoding='gbk')
#计算获利金额(卖出金额 - 买入金额)
auditee_data['获利金额'] = auditee_data['卖出金额'] - auditee_data['买入金额']
#绘制气泡图
plt.figure(figsize=(12, 8))
plt.scatter (auditee_data['客户编号'], auditee_data['标的代码'], s=auditee_
        data['获利金额'] * 0.000001, c=auditee_data['获利金额'],cmap=
        'viridis', alpha=0.7, edgecolors='k')
#设置坐标轴标签和标题
plt.title('股票交易获利气泡图')
plt.xlabel('客户编号')
plt.ylabel('标的代码')
plt.grid(True)  #显示网格,可选择使用
plt.xticks(rotation=45)  #将 x 轴标签旋转 45 度,以便更好地显示,可选择使用
#显示图表
plt.show()
```

在以上 Python 程序代码中，相关知识点说明如下：

在 scatter() 函数中，为了让气泡以更合适的大小显示，可以乘以一个系数，如

0.000001，来调整 s 值的大小；在 scatter() 函数中，c 参数用于指定每个点的颜色值，这些值随后会被 cmap（颜色映射）用来为每个点分配颜色。本程序中使用获利金额作为颜色映射的数据；使用'viridis'颜色映射为气泡着色，设置透明度 alpha=0.7，并指定边缘颜色为黑色（edgecolors='k'）。

以在 Python 的开发工具 PyCharm 中运行以上代码为例，客户购买股票及其获利金额规模情况分析过程示例如图 5-55 所示。其分析结果如图 5-56 所示。

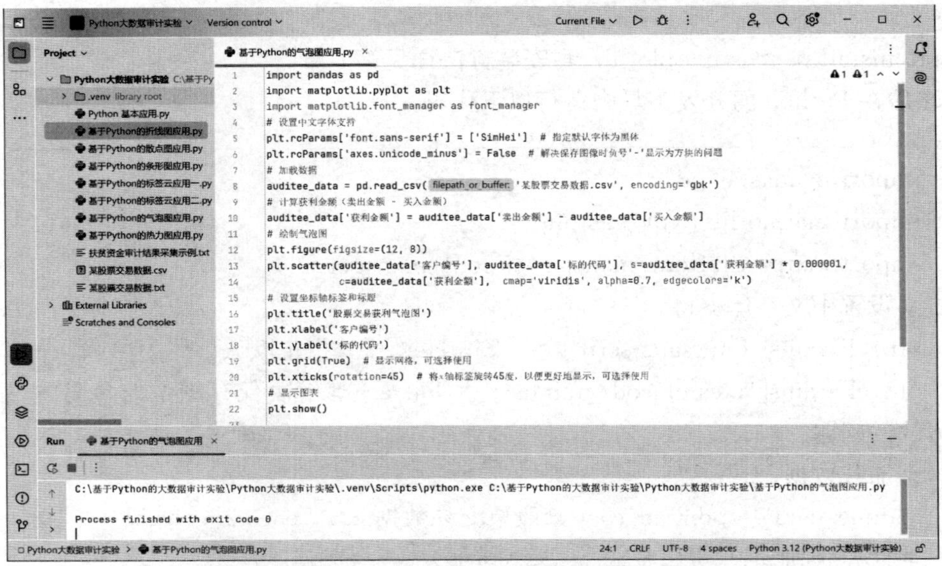

图 5-55　基于 Python 的某股票交易数据气泡图分析过程示例

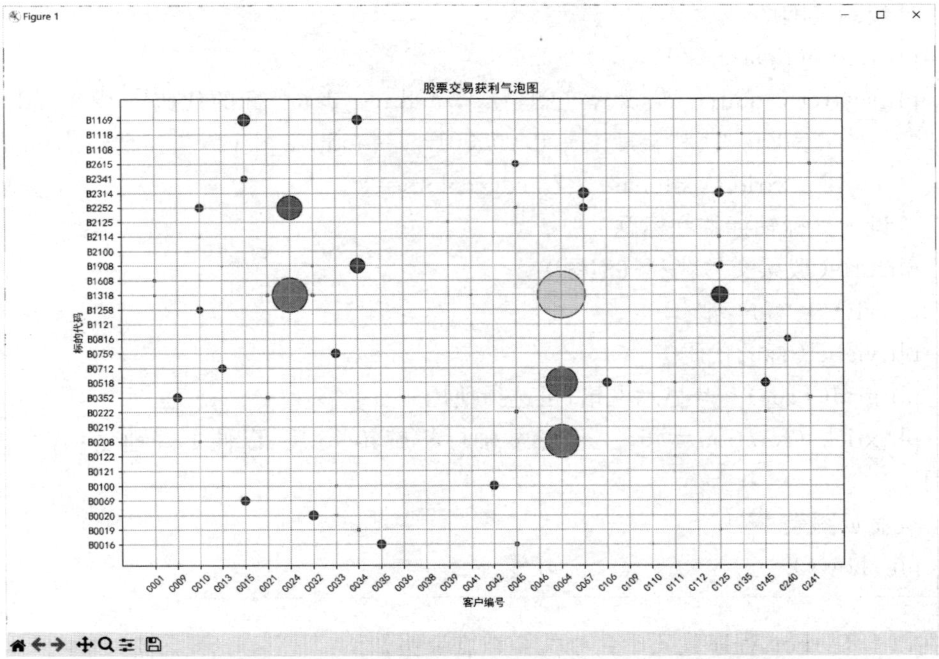

图 5-56　基于 Python 的某股票交易数据气泡图分析结果示例

在图 5-56 中，x 轴表示被分析的客户编号，y 轴表示被分析的客户购买股票的代码，气泡的大小表示获利金额规模情况。由图 5-56 不难发现：客户编号为 C024 和 C064 的客户购买股票的类型比较单一，且购买的股票获利较大（如标的代码为 B1318 的股票），这些客户数据是审计人员关注的重点。

5.5.3　基于 Python 的折线图应用

仍以前面所述的某股票交易数据为例，如图 5-3 所示，现需要在 Python 中采用折线图对该数据进行分析。

审计人员根据这一需要，可以采用 Python 编写折线图分析代码，分析以上股票交易数据。首先，需要确保已经安装了 pandas 和 matplotlib 库。如果没有安装，可以通过 pip 安装：

pip install pandas matplotlib # 安装方法详见第 4 章

然后在 Python 的开发工具中运行以下代码：

```
import pandas as pd
import matplotlib.pyplot as plt
#设置 matplotlib 参数以支持中文显示
plt.rcParams['font.sans-serif'] = ['SimHei']  #指定默认字体为支持中文的字体
plt.rcParams['axes.unicode_minus'] = False  #解决保存图像时负号'-'显示为方块的问题
#读取数据
auditee_data = pd.read_csv('某股票交易数据.csv', encoding='gbk')
#计算每个客户购买的唯一标的代码的数量,使用 groupby 按客户编号分组,然后对每个组的标的代码进行去重并计数
unique_codes_per_customer =auditee_data.groupby('客户编号')['标的代码'].nunique()
#将结果转换回 DataFrame 格式,以便后续绘图(如果需要的话)
unique_codes_auditee_data = unique_codes_per_customer.reset_index(name='购买的不同标的代码数量')
#绘制折线图
plt.figure(figsize=(12, 6))  #设置图形大小
plt.plot(unique_codes_auditee_data['客户编号'], unique_codes_auditee_data['购买的不同标的代码数量'], marker='o')  # 绘制折线图,并添加数据点标记
plt.title('客户编号与购买的不同标的代码数量关系图')  # 设置标题
plt.xlabel('客户编号')  # 设置 x 轴标签
plt.ylabel('购买的不同标的代码数量')  # 设置 y 轴标签
```

```
plt.grid(True)   #显示网格
plt.xticks(rotation=45)   #将 x 轴标签旋转 45 度，以便更好地显示
plt.tight_layout()   #自动调整子图参数，使之填充整个图像区域
plt.show()   #显示图形
```

以在 Python 的开发工具 PyCharm 中运行以上代码为例，客户购买股票情况的折线图分析过程示例如图 5－57 所示。其分析结果如图 5－58 所示。

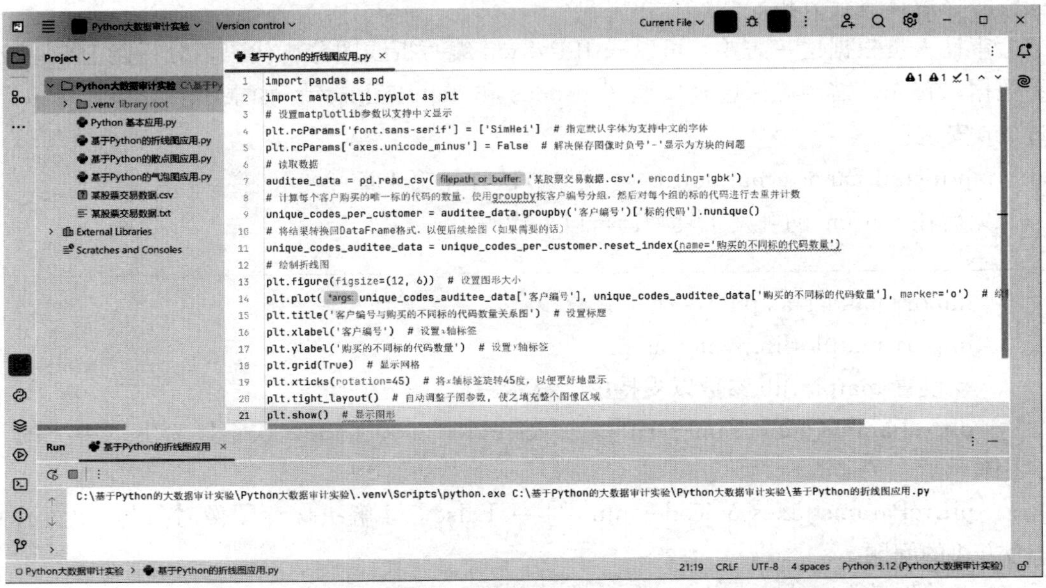

图 5－57　基于 Python 的某股票交易数据折线图分析过程示例

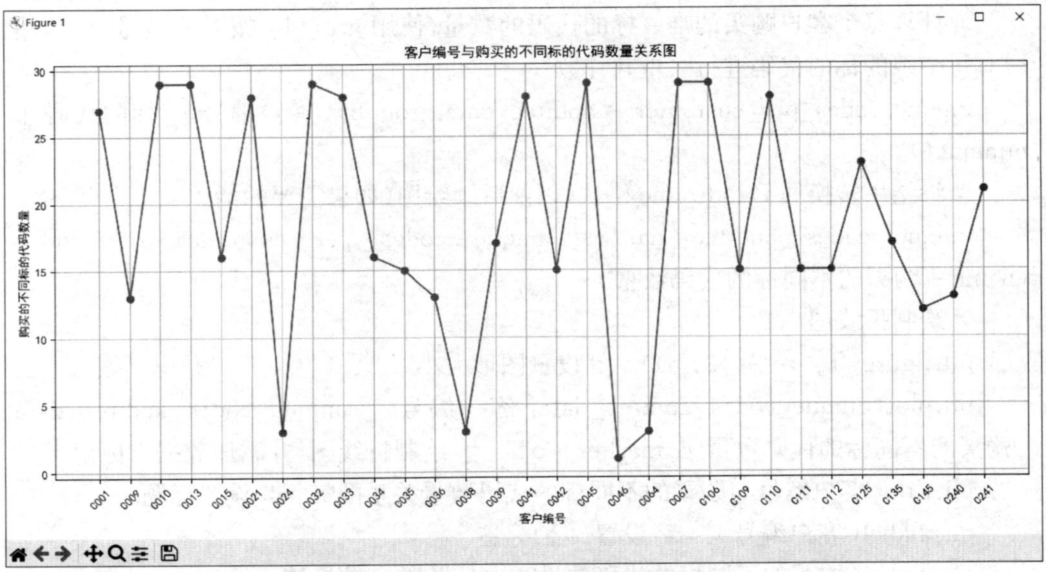

图 5－58　基于 Python 的某股票交易数据折线图分析结果示例

在图 5－58 中，x 轴表示被分析的客户编号，y 轴表示被分析的客户所购买的股票总数。由图 5－58 不难发现：客户编号为 C024，C038，C046，C064 的客户购买股票的类型比较单一，这些客户是审计人员关注的重点。

5.5.4　基于 Python 的条形图应用

仍以前面所述的某股票交易数据为例，如图 5－3 所示，现需要在 Python 中采用条形图对该数据进行分析。

审计人员根据这一需要，可以采用 Python 编写条形图分析代码，分析以上股票交易数据。首先，需要确保已经安装了 pandas 和 matplotlib 库。如果没有安装，可以通过 pip 安装：

pip install pandas matplotlib # 安装方法详见第 4 章

然后在 Python 的开发工具中运行以下代码：

```
import pandas as pd
import matplotlib.pyplot as plt
#设置 matplotlib 参数以支持中文显示
plt.rcParams['font.sans-serif']=['SimHei']  #指定默认字体为支持中文的字体
plt.rcParams['axes.unicode_minus'] = False  #确保负号能够正确显示(尽管在此例中不太需要)
#读取数据
auditee_data = pd.read_csv('某股票交易数据.csv', encoding='gbk')
#计算每个客户购买的唯一标的代码的数量
unique_codes_per_customer =auditee_data.groupby('客户编号')['标的代码'].nunique()
#将结果转换回 DataFrame 格式,并设置索引名称为'客户编号'(如果还未设置)
unique_codes_auditee_data = unique_codes_per_customer.reset_index(name='购买的不同标的代码数量')
#print(unique_codes_auditee_data.head())  #可以运行该程序查看计算结果
#生成条形图
plt.figure(figsize=(12, 6))  #设置图形大小
plt.bar(unique_codes_auditee_data['客户编号'], unique_codes_auditee_data['购买的不同标的代码数量'], color='skyblue')  # 生成条形图
plt.title('客户编号与购买的不同标的代码数量关系图')  # 设置标题
plt.xlabel('客户编号')  # 设置 x 轴标签
plt.ylabel('购买的不同标的代码数量')  # 设置 y 轴标签
plt.xticks(rotation=45, ha='right')  #将 x 轴标签旋转 45 度,并设置水平对齐方式为右对齐
```

```
plt.tight_layout()   #自动调整子图参数,使之填充整个图像区域
plt.show()   #显示图形
```

以在 Python 的开发工具 PyCharm 中运行以上代码为例，条形图分析过程示例如图 5-59 所示。其分析结果如图 5-60 所示。

图 5-59 基于 Python 的某股票交易数据条形图分析过程示例

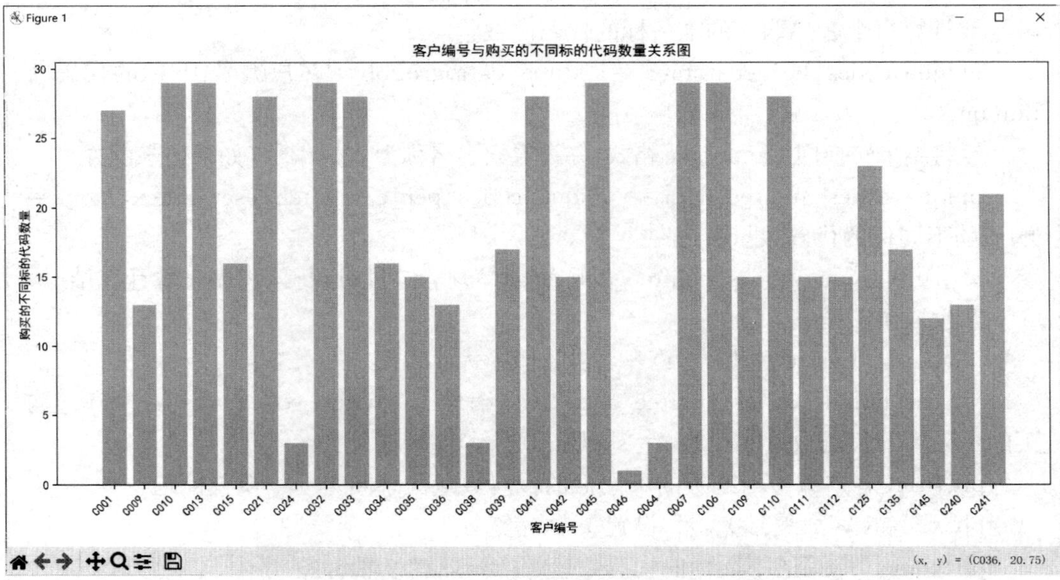

图 5-60 基于 Python 的某股票交易数据条形图分析结果示例

在图 5-60 中，x 轴表示被分析的客户编号，y 轴表示被分析的客户所购买的股票

总数。由图 5－60 不难发现：客户编号为 C024，C038，C046，C064 的客户购买股票的类型比较单一，这些客户是审计人员关注的重点。

5.5.5　基于 Python 的热力图应用

仍以前面所述的某股票交易数据为例，如图 5－3 所示，现需要在 Python 中采用热力图对该数据进行分析。

审计人员根据这一需要，可以采用 Python 编写热力图分析代码，分析以上股票交易数据。首先，需要确保已经安装了 pandas，seaborn 和 matplotlib 库。如果没有安装，可以通过 pip 安装：

pip install pandas seaborn matplotlib # 安装方法详见第 4 章

然后在 Python 的开发工具中运行以下代码：

```
import pandas as pd    # pandas 库用于数据处理和分析
import seaborn as sns    # seaborn 是基于 matplotlib 的高级绘图库,提供了更高级的接口和更美观的图表
import matplotlib.pyplot as plt    # matplotlib.pyplot 是用于绘图的库
#读取数据
auditee_data = pd.read_csv('某股票交易数据.csv', encoding='gbk')
#计算获利金额
auditee_data['获利金额'] = auditee_data['卖出金额'] - auditee_data['买入金额']
#使用 pivot_table 函数将 DataFrame 重塑为一个透视表,其中'客户编号'作为列索引(x 轴),'标的代码'作为行索引(y 轴),'获利金额'作为值,并通过 sum 函数聚合(即计算每个客户在每个标的上的总获利金额)
pivot_table =auditee_data.pivot_table(index='标的代码', columns='客户编号', values='获利金额', aggfunc='sum')
pivot_table = pivot_table.sort_index(ascending=False)    #按照其索引进行降序排序
#定义了一个从绿色到红色的颜色列表 colors,然后使用 LinearSegmentedColormap.from_list()函数根据这个颜色列表创建一个名为'green_to_red'的颜色映射cmap,用于热力图的颜色显示。颜色从绿色渐变到红色,可以直观地表示获利金额从低到高的变化
from matplotlib.colors import LinearSegmentedColormap
colors = [(0, 1, 0), (1, 0.5, 0), (1, 0, 0)]   # 绿色到红色
cmap = LinearSegmentedColormap.from_list('green_to_red', colors, N=256)
#设置 matplotlib 参数以支持中文显示
plt.rcParams['font.sans-serif'] = ['SimHei']   #指定默认字体为黑体,支持中文显示
plt.rcParams['axes.unicode_minus'] = False   #确保负号能够正确显示
```

```
    # 使用 sns.heatmap()函数生成热力图，其中 pivot_table 作为数据源，cmap 参数设置前面创建的颜色映射，fmt=".2f"用于格式化热力图中的数值，保留两位小数。cbar_kws 字典用于设置颜色条的标签为'获利金额'
    plt.figure(figsize=(12, 8))
    sns.heatmap(pivot_table, cmap=cmap, fmt=".2f", cbar_kws={'label': '获利金额'})
    plt.title('客户获利金额分析结果')
    plt.xlabel('客户编号')  # 注意这里的标签实际上对应的是 x 轴(列索引)
    plt.ylabel('标的代码')  # 这里的标签对应 y 轴(行索引)
    #显示图形
    plt.show()
```

以在 Python 的开发工具 PyCharm 中运行以上代码为例，客户购买股票及其获利金额规模情况热力图分析过程示例如图 5-61 所示。其分析结果如图 5-62 所示。

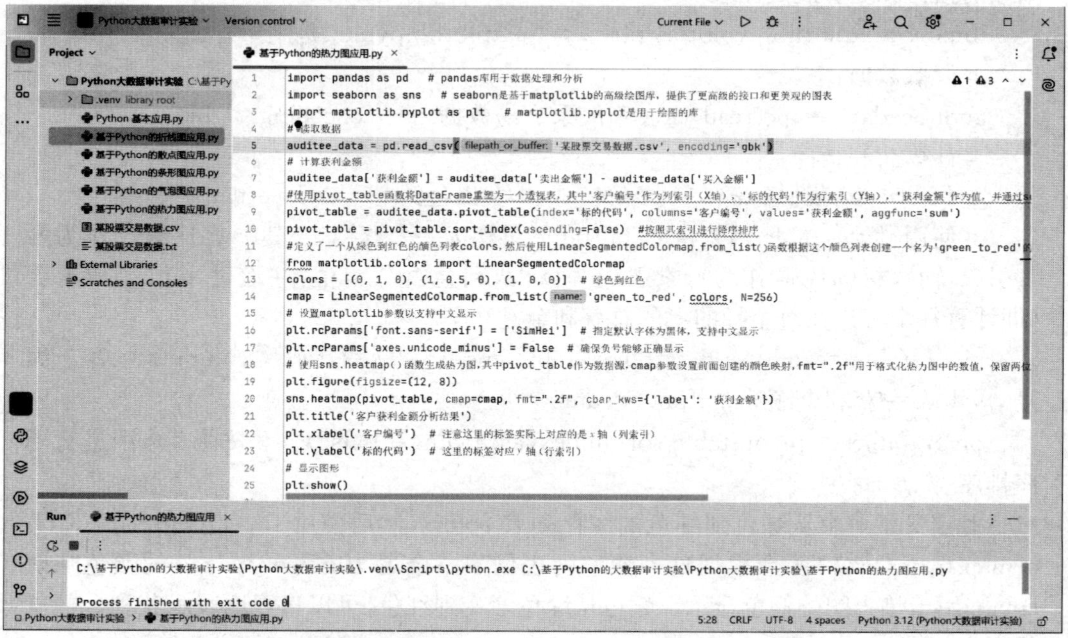

图 5-61　基于 Python 的某股票交易数据热力图分析过程示例

在图 5-62 中，x 轴表示被分析的客户编号，y 轴表示被分析的客户所购买股票的代码（标的代码）。在图 5-62 中，颜色的深浅可以清晰地表达出每个客户所购买的每只股票的获利金额的大小。由图 5-62 不难发现：客户编号为 C024 和 C064 的客户购买的股票获利较大（如标的代码为 B1318 的股票），这些客户是审计人员关注的重点。

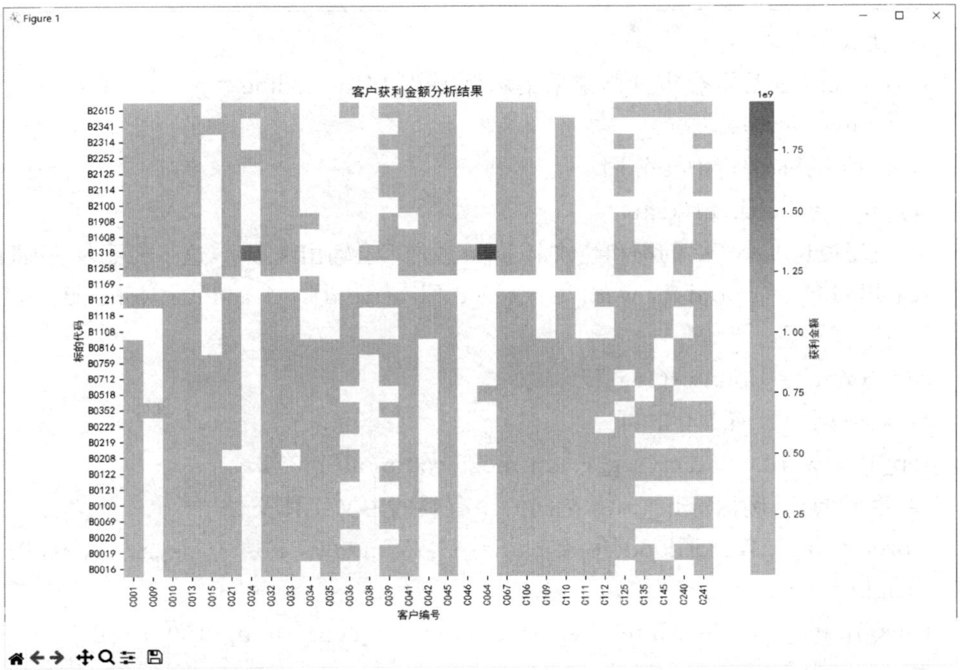

图 5－62　基于 Python 的某股票交易数据热力图分析结果示例

5.5.6　基于 Python 的标签云应用

仍以前面的某扶贫审计公告数据分析为例，如图 5－36 所示。现需要在 Python 中采用标签云对该数据进行分析。

审计人员根据这一需要，可以采用 Python 编写标签云分析代码，分析以上扶贫审计公告数据。

方法一：获取词频数前 100 的词

首先，需要确保已经安装了 jieba 和 wordcloud 等库。如果没有安装，可以通过 pip 安装：

pip install jieba wordcloud matplotlib ＃ 安装方法详见第 4 章

然后在 Python 的开发工具中运行以下代码：

```
import jieba  # jieba 是一个常用的中文文本分词库，它通过内置的词典和算法来识别并分割文本中的词语
from collections import Counter  # Counter 是 Python 标准库 collections 中的一个类，用来统计文本中各个词汇出现的次数
from wordcloud import WordCloud  # WordCloud 是 wordcloud 库中的一个类，用于生成词云图
import matplotlib.pyplot as plt  # matplotlib 是 Python 中一个广泛使用的绘图库，matplotlib.pyplot 是 matplotlib 的一个模块，它可以绘制各种静态、动态、交互式的图表
```

```
# 读取文件内容
with open('扶贫资金审计结果采集示例.txt', 'r', encoding='gbk')as file:
    text = file.read()
# 使用 jieba 进行中文分词
seg_list = jieba.cut(text)
# 过滤掉长度小于 2 的词和纯数字(jieba 通常不会输出纯数字,这一步更多是预防)
seg_filtered = [word for word in seg_list if len(word)> 1 and not word.isdigit()]
# 统计词频
seg_count = Counter(seg_filtered)
# 获取词频数前 100 的词
top_100_words = dict(seg_count.most_common(100))
# 生成词云,确保 font_path 指向一个有效的中文字体文件
wordcloud = WordCloud(font_path='C:/Windows/Fonts/msyh.ttc', width=
800, height=400,
background_color='white').generate_from_frequencies(top_100_words)
# 显示词云
plt.figure(figsize=(10, 5))
plt.imshow(wordcloud, interpolation='bilinear')
plt.axis('off')
plt.show()
```

以在 Python 的开发工具 PyCharm 中运行以上代码为例，标签云分析过程示例如图 5-63 所示。其分析结果如图 5-64 所示。

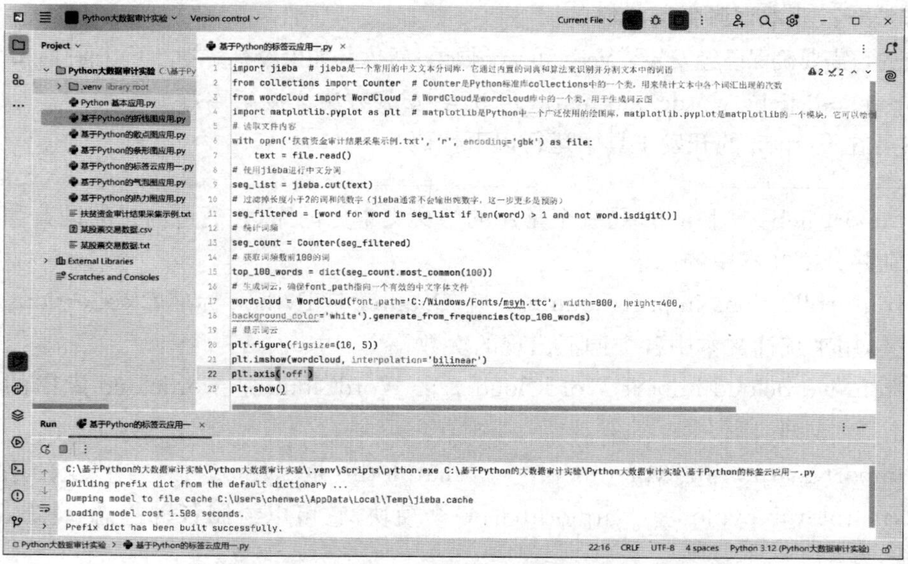

图 5-63　基于 Python 的标签云分析过程示例

图 5－64 基于 Python 的标签云分析结果示例

方法二：筛选出词频出现次数大于 5 的词

首先，需要确保已经安装了 jieba 和 wordcloud 等库。如果没有安装，可以通过 pip 安装：

pip install jieba wordcloud matplotlib # 安装方法详见第 4 章

然后在 Python 的开发工具中运行以下代码：

```
import jieba
from collections import Counter
from wordcloud import WordCloud
import matplotlib.pyplot as plt
import re    # re 为正则表达式库,用于字符串匹配和过滤
#读取文件内容
with open('扶贫资金审计结果采集示例.txt', 'r', encoding='gbk')as file:
    text = file.read()
#使用 jieba 进行中文分词
seg_list = jieba.cut(text)
#过滤掉长度小于 2 的词、字母和数字
seg_filtered =[word for word in seg_list if len(word)>= 2 and re.match('^[\
u4e00-\u9fa5]+$', word)]
#统计词频
seg_count = Counter(seg_filtered)
#筛选出出现次数大于 5 的词
frequent_words = {word: count for word, count in seg_count.items()if count > 5}
#生成词云,确保 font_path 指向一个有效的中文字体文件
wordcloud = WordCloud(font_path='C:/Windows/Fonts/msyh.ttc', width=
800, height=400,
background_color='white').generate_from_frequencies(frequent_words)
#显示词云
```

```
plt.figure(figsize=(10, 5))
plt.imshow(wordcloud, interpolation='bilinear')
plt.axis('off')
plt.show()
```

以在 Python 的开发工具 PyCharm 中运行以上代码为例，标签云分析过程示例如图 5 - 65 所示。其分析结果如图 5 - 66 所示。

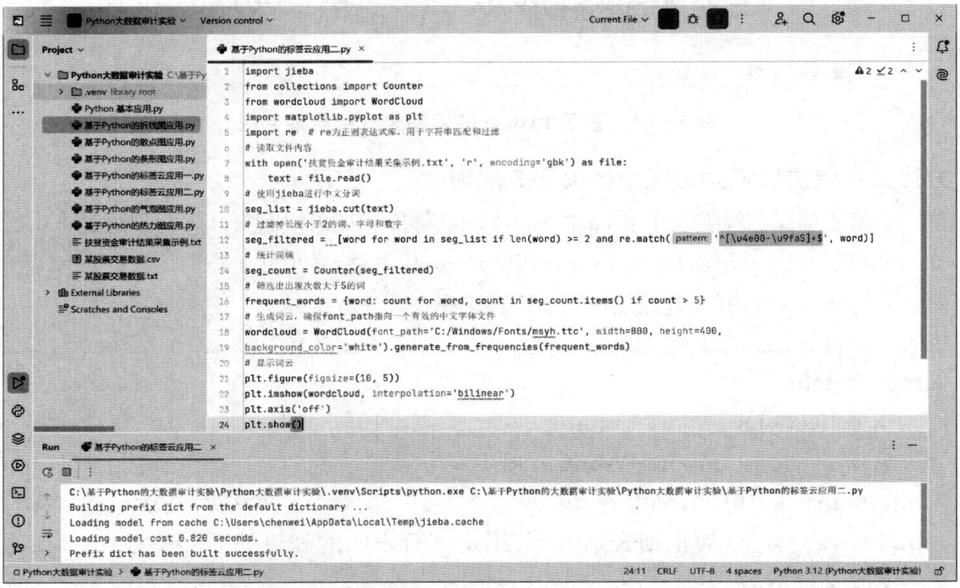

图 5 - 65　基于 Python 的标签云分析过程示例

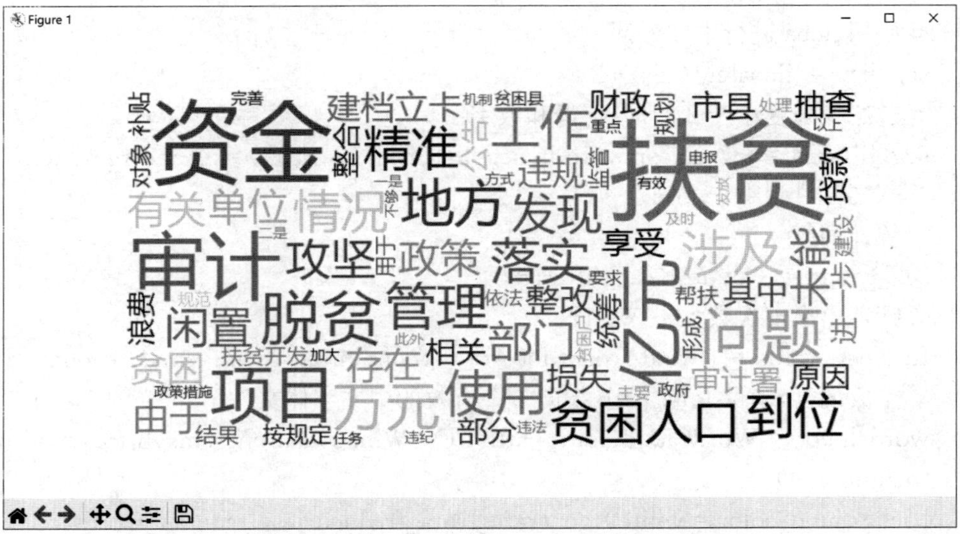

图 5 - 66　基于 Python 的标签云分析结果示例

5.6　大数据可视化分析技术的优势分析

由前面的分析可知，目前信息化环境下的审计方法一般是通过对被审计数据的分析，构建相应的 SQL 语句。然后，通过在一些数据库工具（如 SQL Server 等）或审计软件中运行以上 SQL 语句，查找审计线索。对于数据量小的数据，审计人员也可以基于电子表格软件分析被审计数据，查找审计线索。

相较于大数据可视化分析技术，常用的基于 SQL 的数据查询方法以及基于电子表格软件的数据查询方法存在以下不足：

（1）SQL 查询方法功能有限。SQL 语句作为结构化查询语言，在数据查询方面具有强大的功能，SQL 语句的易理解、易操作、易上手等特点使其近年来一直得到审计人员的广泛应用。但基于 SQL 的数据查询方法分析结果以二维表格形式展示，当结果数据量大时，显示的结果枯燥，而且不形象。另外，SQL 查询分析仅仅是通过排查的方式发现审计线索，在深度发现审计线索特征以及发现复杂隐蔽的审计线索方面尚存在很大的不足。

（2）电子表格软件所能处理的数据量受限。电子表格软件如 Microsoft Excel 等对于一般的电子数据审计非常有效和方便，但对于海量数据的分析和半结构化数据的分析存在一定的不足。另外，电子表格软件的可视化分析功能有限。进入大数据时代，数据量不断增加，数据类型和结构更加复杂，这使得电子表格软件不能满足大数据审计的需要。

（3）目前常用的审计方法是依据相关法律法规以及审计经验对相关问题进行地毯式排查，难以发现复杂隐蔽的问题，以及问题产生的原因和规律，不能从根源上防范问题的发生。

概括来说，三种数据审计方法的优缺点比较分析如表 5-1 所示。

表 5-1　三种数据审计方法的优缺点比较分析

数据审计方法	需要的分析工具及其易获取性	对审计人员是否有较高的专业技术要求	分析结果的易理解性	方法的灵活程度	处理的数据量大小	发现复杂隐蔽的审计线索方面
基于 SQL 的数据查询方法	可以采用专门的审计软件，也可以采用通用数据库软件，容易获取	一般	差	高	取决于所使用的数据库工具或审计软件	一般
基于电子表格软件的数据查询方法	采用电子表格软件，容易获取	不需要	差	一般	小	差
大数据可视化分析技术	需要专门的可视化分析软件，可选择开源或商品化软件，容易获取	一般，取决于使用什么工具	很好	高	大	强

5.7 本章小结

大数据可视化分析技术是一类重要的大数据审计技术。本章以R，RStudio，Python等为工具，介绍了大数据可视化分析技术的应用。

人类非常擅长通过视觉获取有用信息，一图胜千言。现代数据分析也日益依赖通过呈现图形来揭示含义和表达结果。

大数据环境下，数据可视化分析技术尤为重要。大数据的分析结果往往难以解释。通过可视化分析工具将大数据转换成易于理解、易于呈现的图形和图表，对于用户理解大数据以及大数据分析结果非常重要。另外，通过大数据可视化分析，对大数据以及大数据分析结果还可能有额外的、更好的探索和结果发现。

一般来说，采用可视化手段进行大数据分析的流程为：通过某种可视化软件将被审计大数据转化为审计人员可以分析观察的图形和图像。然后，审计人员结合自己的审计背景知识，发挥人类视觉系统高通量的特性，通过视觉系统对可视化的结果图形和图像进行分析、观察和认知，从而从总体上系统地理解和分析被审计大数据的内涵和特征。另外，审计人员可以交互地改变可视化软件的设置，改变输出的可视化图形和图像，从不同的方面获得对被审计大数据的理解，从而全面地分析被审计大数据。

根据审计的需要，本章分别采用R，RStudio，Python等工具，分析了散点图、气泡图、折线图、条形图、热力图、标签云等数据可视化技术在审计中的应用。

通过学习本章的内容，可以掌握大数据可视化分析技术，从而为今后应用大数据可视化分析工具开展大数据审计打下基础。

思考题

1. 谈一谈数据可视化技术对开展大数据审计的重要性。

2. 谈一谈采用可视化手段进行大数据分析的流程。

3. 谈一谈标签云分析方法对大数据审计的数据分析有什么作用。

4. 除了本章谈到的数据可视化分析技术，你还了解哪些数据可视化分析技术？

5. 相比于常用的基于SQL的数据查询方法以及基于电子表格软件的数据查询方法，大数据可视化分析技术有何优点？

第6章

大数据多数据源综合分析技术

本章学习目标

- 掌握大数据多数据源综合分析技术的原理
- 掌握如何应用 SQL 实现大数据多数据源综合分析技术
- 掌握如何把大数据多数据源综合分析技术应用于大数据审计

6.1 引　言

如前所述，大数据多数据源综合分析技术是一类重要的大数据审计技术。本章结合案例，介绍大数据多数据源综合分析技术的原理及应用。通过本章的学习，能够掌握如何应用大数据多数据源综合分析技术开展大数据审计。

6.2 大数据多数据源综合分析技术简介

6.2.1 大数据多数据源综合分析技术的重要性

大数据环境下，被审计单位信息化程度越来越高，可以提供更多、更全面的数据，审计单位可以充分利用从不同单位采集来的各方面数据，建立集中统一的审计数据中心。在此基础上，借助大数据分析技术和更大范围的数据来源，对被审计单位进行系统、全面的分析，以及跨部门的综合分析，从而弥补目前数据分析局限于查找单个问题的缺陷，获得更充分的审计证据，更好地发挥审计的作用。由此，大数据多数据源综合分析技术成为大数据审计的一项重要内容。

6.2.2 大数据多数据源综合分析技术的原理

如前所述，大数据多数据源综合分析技术是通过对采集来的各行各业的各类大数据，采用数据查询等常用方法或其他大数据技术方法，进行相关数据的综合比对和关联分析，从而发现更多隐藏的审计线索。这类技术方法是目前审计领域应用大数据比较成熟和主流的技术方法。

一般来说，采用大数据多数据源综合分析技术进行审计数据分析的流程为：根据审计需要，审计人员结合自己的审计背景知识，借助某种数据分析软件对从不同来源采集的被审计数据进行综合比对和关联分析，发现可疑数据。在分析结果的基础上，审计人员可以对发现的可疑数据做进一步的延伸审计和审计事实确认，最终获得审计证据。

概括来说，大数据多数据源综合分析技术的原理如图6-1所示。

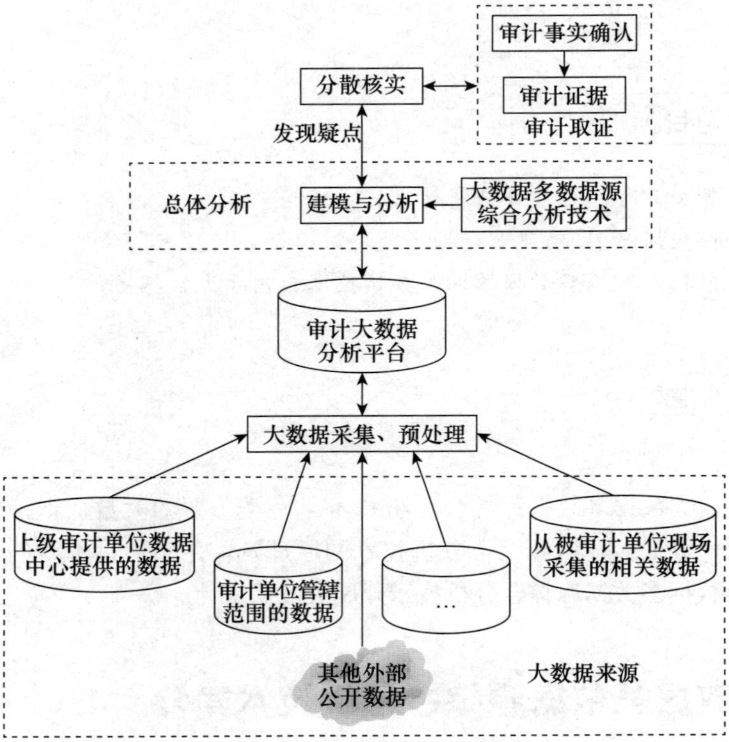

图6-1 大数据多数据源综合分析技术的原理

6.3 大数据多数据源综合分析技术实现方法与工具

6.3.1 SQL基本应用

要实现大数据多数据源综合分析，需要一定的方法与工具。其中，作为一种最容易、最流行、最可行的方法，SQL 与数据库工具为大数据多数据源综合分析技术的实现提供了基础。

SQL 是英文 structured query language 的缩写，意为结构化查询语言。按照美国国家标准协会（American National Standards Institute，ANSI）的规定，SQL 作为关系型数据库管理系统的标准语言使用。SQL 语言可以用来执行各种各样的操作，例如，更新数据库中的数据、从数据库中提取数据等。目前，绝大多数流行的关系型数据库管理系统，如 Oracle，Sybase，Microsoft SQL Server，Microsoft Access 等都采用了 SQL 标准。

由于在实施大数据多数据源综合分析过程中常常会用到 SQL，因此，本部分结合 Microsoft SQL Server 数据库，简要介绍 SQL 的应用，从而为后面的应用打下基础。考虑到 SELECT 语句在审计中应用较为广泛，主要介绍其基本语法及使用。SELECT 语句的基本语法如下：

```
SELECT [ALL|DISTINCT]＜目标列表达式＞[,＜目标列表达式＞]…
FROM ＜表名或视图名＞[,＜表名或视图名＞]…
[WHERE ＜条件表达式＞]
[GROUP BY ＜列名 1＞[HAVING＜条件表达式＞]]
[ORDER BY ＜列名 2＞[ASC|DESC]]
```

下面以某扶贫审计项目为例，介绍 SQL 语句的使用，该项目使用的低收入农户数据（以 500 行数据为例）和财政供养人员数据（以 500 行数据为例）分别如图 6－2 和图 6－3 所示。

年份	户主姓名	户主身份证	姓名	身份证号码	乡镇	类别
2013	王进喜	320722197203217234	王进喜	320722197203217234	江汉省梅花镇西关村	农村低保
2013	王光英	320722197503217235	王光英	320722197503217235	江汉省梅花镇西关村	农村低保
2013	王三运	320722196703217236	王三运	320722196703217236	江汉省梅花镇西关村	农村低保
2013	王洛宾	320722197703217237	王洛宾	320722197703217237	江汉省梅花镇西关村	农村低保
2013	王泽	320722197503217238	王泽	320722197503217238	江汉省梅花镇西关村	农村低保
2013	王家卫	320722197703217239	王家卫	320722197703217239	江汉省梅花镇西关村	农村低保
2013	王筝	320722197503217241	王筝	320722197503217241	江汉省梅花镇西关村	无保户
2013	王家楫	320722197603217242	王家楫	320722197603217242	江汉省梅花镇西关村	农村低保
2013	王思懿	320722197503217243	王思懿	320722197503217243	江汉省梅花镇西关村	农村低保
2013	王树芳	320722197003217244	王树芳	320722197003217244	江汉省梅花镇西关村	农村低保
2013	王昭耀	320722197503217245	王昭耀	320722197503217245	江汉省梅花镇西关村	农村低保
2013	王诤	320722197503217246	王诤	320722197503217246	江汉省梅花镇西关村	农村低保
2013	王冶秋	320722197903217247	王冶秋	320722197903217247	江汉省梅花镇西关村	无保户
2013	王太岚	320722197503217248	王太岚	320722197503217248	江汉省梅花镇西关村	农村低保
2013	王荣鳌	320722197503217249	王荣鳌	320722197503217249	江汉省梅花镇西关村	农村低保
2013	王淡旦	320722197503217251	王淡旦	320722197503217251	江汉省梅花镇西关村	农村低保
2013	王晨梁	320722197503217252	王晨梁	320722197503217252	江汉省梅花镇西关村	农村低保
2013	王严调	320722197503217253	王严调	320722197503217253	江汉省梅花镇西关村	农村低保
2013	王周子	320722197503217254	王周子	320722197503217254	江汉省梅花镇西关村	农村低保
2013	王与许	320722197503217255	王与许	320722197503217255	江汉省梅花镇西关村	农村低保
2013	王麟煌	320722197503217256	王麟煌	320722197503217256	江汉省梅花镇西关村	农村低保
2013	王一惊	320722196603217257	王一惊	320722196603217257	江汉省梅花镇西关村	农村低保
2013	王洋平	320722197503217258	王洋平	320722197503217258	江汉省梅花镇西关村	农村低保
2013	王中齐	320722197503217259	王中齐	320722197503217259	江汉省梅花镇西关村	农村低保
2013	王中鲁	320722196703217261	王中鲁	320722196703217261	江汉省梅花镇西关村	农村低保

图 6－2　低收入农户数据示例

编号	工作单位	工作地址	电话	职务	学历	学位	姓名	身份证	出生日期	工作日期	工资收入	姓别	状态	录用方式	身份
1	江汉省平汉市企业局	江汉省平汉市牛林路5号	0518-87221011	副科	本科	学士	吴仪	320722198611027...	1986-11-02	2014-08-01	7000.00	女	在职	招考录用	公务员
2	江汉省平汉市企业局	江汉省平汉市牛林路5号	0518-87221012	副科	本科	学士	吴珑	320722198611037...	1986-11-03	2014-08-02	7000.00	男	在职	招考录用	事业编制
3	江汉省平汉市企业局	江汉省平汉市牛林路5号	0518-87221013	副科	本科	学士	吴晗	320722198611047...	1986-11-04	2014-08-03	7000.00	男	在职	招考录用	事业编制
4	江汉省平汉市企业局	江汉省平汉市牛林路5号	0518-87221014	副科	本科	学士	吴浩康	320722198611057...	1986-11-05	2014-08-04	7000.00	男	在职	招考录用	事业编制
5	江汉省平汉市企业局	江汉省平汉市牛林路5号	0518-87221015	副科	本科	学士	吴铎	320722198611067...	1986-11-06	2014-08-05	7000.00	女	在职	招考录用	事业编制
6	江汉省平汉市企业局	江汉省平汉市牛林路5号	0518-87221016	副科	本科	学士	吴祖强	320722198611077...	1986-11-07	2014-08-06	7000.00	男	在职	招考录用	事业编制
7	江汉省平汉市企业局	江汉省平汉市牛林路5号	0518-87221017	副科	本科	学士	吴子牧	320722198611087...	1986-11-08	2014-08-07	7000.00	男	在职	招考录用	事业编制
8	江汉省平汉市企业局	江汉省平汉市牛林路5号	0518-87221018	副科	本科	学士	吴奚如	320722198611097...	1986-11-09	2014-08-08	7000.00	男	在职	招考录用	事业编制
9	江汉省平汉市企业局	江汉省平汉市牛林路5号	0518-87221019	副科	本科	学士	吴镇宇	320722198611107...	1986-11-10	2014-08-09	7000.00	女	在职	招考录用	事业编制
10	江汉省平汉市企业局	江汉省平汉市牛林路5号	0518-87221021	副科	本科	学士	吴冶山	320722198611117...	1986-11-11	2014-08-10	7000.00	男	在职	招考录用	公务员
11	江汉省平汉市企业局	江汉省平汉市牛林路5号	0518-87221022	副科	本科	学士	吴士镭	320722198611127...	1986-11-12	2014-08-11	7000.00	男	在职	NULL	公务员
12	江汉省平汉市企业局	江汉省平汉市牛林路5号	0518-87221023	副科	本科	学士	吴祖光	320722198611137...	1986-11-13	2014-08-12	7000.00	男	在职	招考录用	公务员
13	江汉省平汉市企业局	江汉省平汉市牛林路5号	0518-87221024	副科	本科	学士	吴宇森	320722198611144...	1986-11-14	2014-08-13	7000.00	女	在职	招考录用	公务员
14	江汉省平汉市企业局	江汉省平汉市牛林路5号	0518-87221025	副科	本科	学士	吴西	320722198611157...	1986-11-15	2014-08-14	7000.00	女	在职	招考录用	公务员
15	江汉省平汉市企业局	江汉省平汉市牛林路5号	0518-87221026	副科	本科	学士	吴新雄	320722198611167...	1986-11-16	2014-08-15	7000.00	男	在职	招考录用	公务员
16	江汉省平汉市企业局	江汉省平汉市牛林路5号	0518-87221027	副科	本科	学士	吴辰君	320722198611175...	1986-11-17	2014-08-16	7000.00	男	在职	招考录用	公务员
17	江汉省平汉市企业局	江汉省平汉市牛林路5号	0518-87221028	副科	本科	学士	吴学谦	320722198611187...	1986-11-18	2014-08-17	7000.00	女	在职	招考录用	公务员
18	江汉省平汉市企业局	江汉省平汉市牛林路5号	0518-87221029	副科	本科	学士	吴诗敦	320722198611197...	1986-11-19	2014-08-18	7000.00	男	在职	招考录用	公务员
19	江汉省平汉市企业局	江汉省平汉市牛林路5号	0518-87221031	副科	本科	学士	吴纯一	320722198611203...	1986-11-20	2014-08-19	7000.00	女	在职	招考录用	事业编制
20	江汉省平汉市企业局	江汉省平汉市牛林路5号	0518-87221032	副科	本科	学士	吴怀	320722198611217...	1986-11-21	2014-08-20	7000.00	男	在职	招考录用	事业编制
21	江汉省平汉市企业局	江汉省平汉市牛林路5号	0518-87221033	副科	本科	学士	吴作人	320722198611227...	1986-11-22	2014-08-21	7000.00	男	在职	招考录用	事业编制
22	江汉省平汉市企业局	江汉省平汉市牛林路5号	0518-87221034	副科	本科	学士	吴克之	320722198611237...	1986-11-23	2014-08-22	7000.00	男	在职	招考录用	事业编制
23	江汉省平汉市企业局	江汉省平汉市牛林路5号	0518-87221035	副科	本科	学士	吴瞻	320722198611247...	1986-11-24	2014-08-23	7000.00	男	在职	招考录用	事业编制
24	江汉省平汉市企业局	江汉省平汉市牛林路5号	0518-87221036	副科	本科	学士	吴佳尼	320722198611257...	1986-11-25	2014-08-24	7000.00	男	在职	招考录用	公务员
25	江汉省平汉市企业局	江汉省平汉市牛林路5号	0518-87221037	副科	本科	学士	吴卓薇	320722198611267...	1986-11-26	2014-08-25	7000.00	男	在职	招考录用	公务员
26	江汉省平汉市企业局	江汉省平汉市牛林路5号	0518-87221038	副科	本科	学士	吴尚烈	320722198611277...	1986-11-27	2014-08-26	7000.00	女	在职	招考录用	公务员

图 6-3　财政供养人员数据示例

1. 单表查询

（1）选择表中的若干列。

1）查询指定列。SQL 语句中“,”“;”等符号必须在英文状态下输入，否则不能正确执行。

● 查询低收入农户数据中的所有数据，要求显示低收入农户数据中的“姓名”与“身份证号码”，其 SQL 语句示例如下：

```
SELECT 姓名,身份证号码
FROM 低收入农户数据;
```

在 Microsoft SQL Server 数据库中运行以上 SQL 语句，其结果示例如图 6-4 所示。

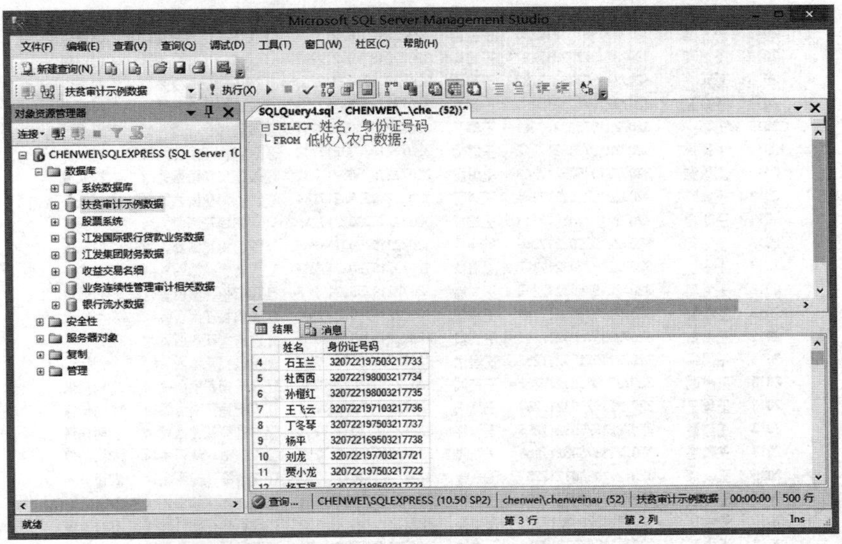

图 6-4　查询指定列示例一

● 查询低收入农户数据中的所有数据，要求显示低收入农户数据中的“姓名”“身份证号码”“乡镇”“类别”，其SQL语句示例如下：

```
SELECT 姓名,身份证号码,乡镇,类别
FROM 低收入农户数据;
```

在Microsoft SQL Server数据库中运行以上SQL语句，其结果示例如图6-5所示。

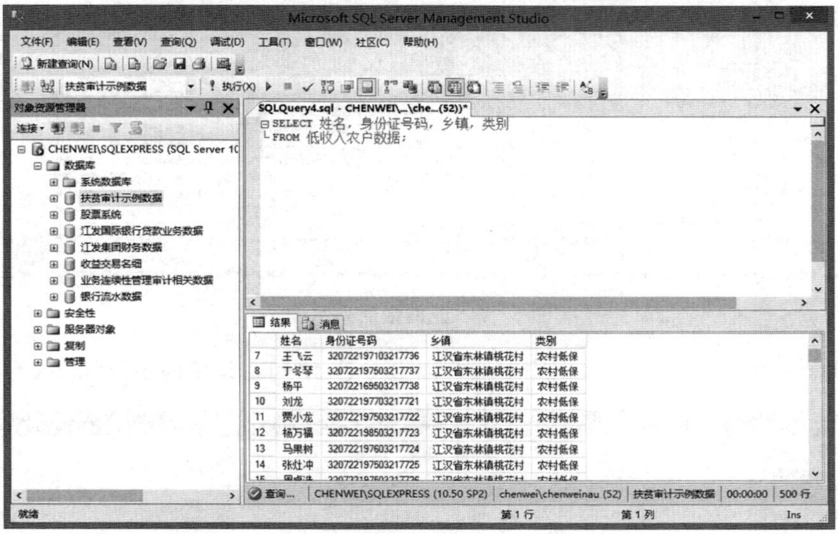

图6-5 查询指定列示例二

2）查询全部列。将表中的所有属性列全部显示出来，有以下两种方法：

① 在SELECT关键字后面列出所有列名。

② 如果列的显示顺序与其在被查询表中的顺序相同，可将<目标列表达式>指定为“*”。

查询表中所有的记录，其SQL语句示例如下：

```
SELECT *
FROM 低收入农户数据;
```

在Microsoft SQL Server数据库中运行以上SQL语句，其结果示例如图6-6所示。

3）查询经过计算的值。查询财政供养人员数据中的所有数据，要求显示财政供养人员数据中的“姓名”以及工资收入扣除每月200元职业年金后的余额，其SQL语句示例如下：

```
SELECT 姓名,工资收入－200
FROM 财政供养人员数据;
```

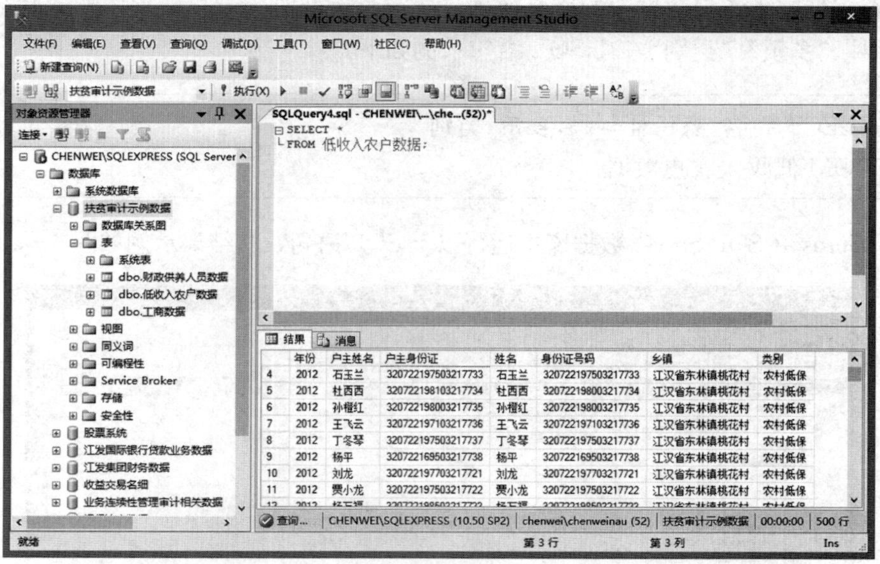

图 6-6　查询全部列示例

在 Microsoft SQL Server 数据库中运行以上 SQL 语句，其结果示例如图 6-7 所示。

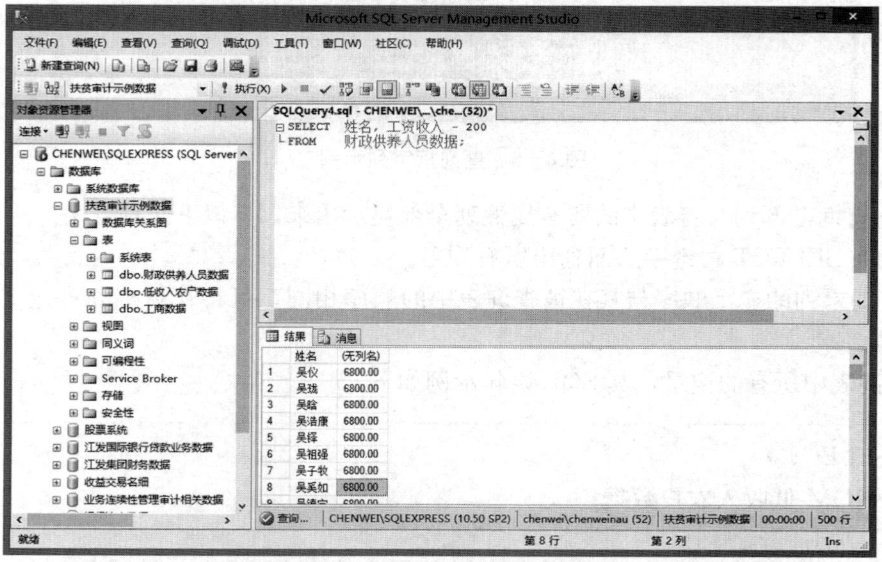

图 6-7　查询经过计算的值示例

4）指定别名改变查询结果的列标题。查询财政供养人员数据中的所有数据，要求显示财政供养人员数据中的“姓名”以及工资收入扣除每月 200 元职业年金后的余额，并把计算出的字段名称改为“实发工资收入”，其 SQL 语句示例如下：

```
SELECT 姓名,工资收入－200 AS 实发工资收入
FROM 财政供养人员数据;
```

在 Microsoft SQL Server 数据库中运行以上 SQL 语句，其结果示例如图 6－8 所示。

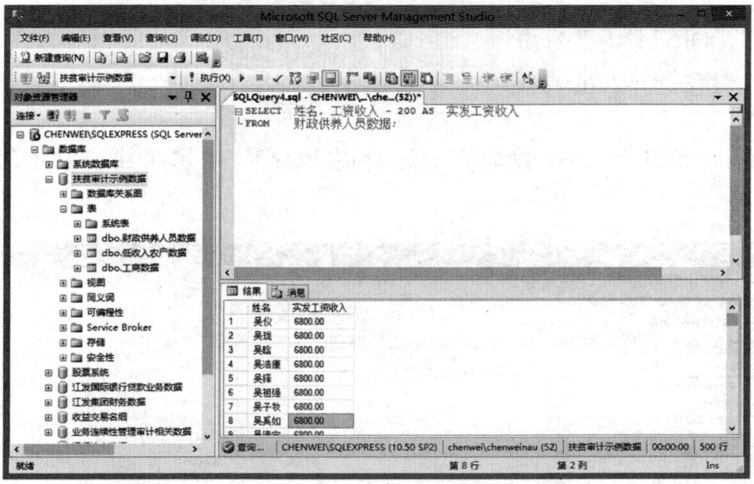

图 6－8 指定别名改变查询结果的列标题示例

注意：在对采集来的数据进行分析时，为了便于审计人员理解，需要更改字段名称，如把用字母表示的字段变成汉字等。

（2）选择表中的若干行。

1）消除取值重复的行。

● 查询财政供养人员数据中“身份”字段的类型，若不消除取值重复的行，其 SQL 语句示例如下：

```
SELECT 身份
FROM 财政供养人员数据;
```

在 Microsoft SQL Server 数据库中运行以上 SQL 语句，其结果示例如图 6－9 所示。

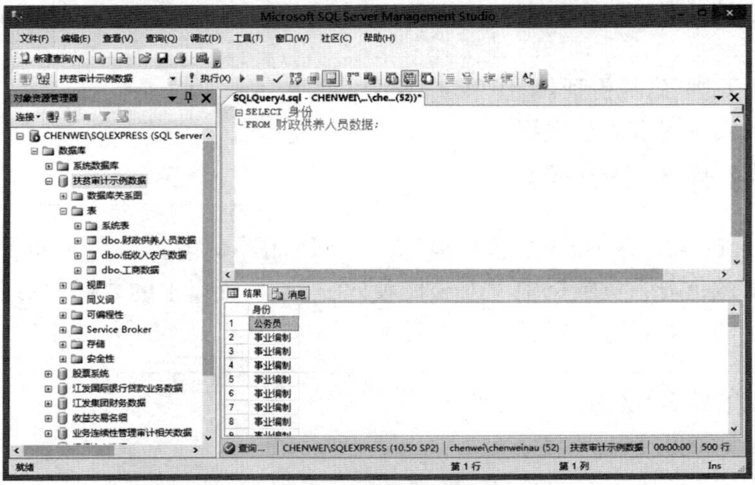

图 6－9 不消除取值重复的行查询示例

● 若消除取值重复的行，其 SQL 语句示例如下：

```
SELECT DISTINCT 身份
FROM 财政供养人员数据;
```

在 Microsoft SQL Server 数据库中运行以上 SQL 语句，其结果示例如图 6－10 所示。

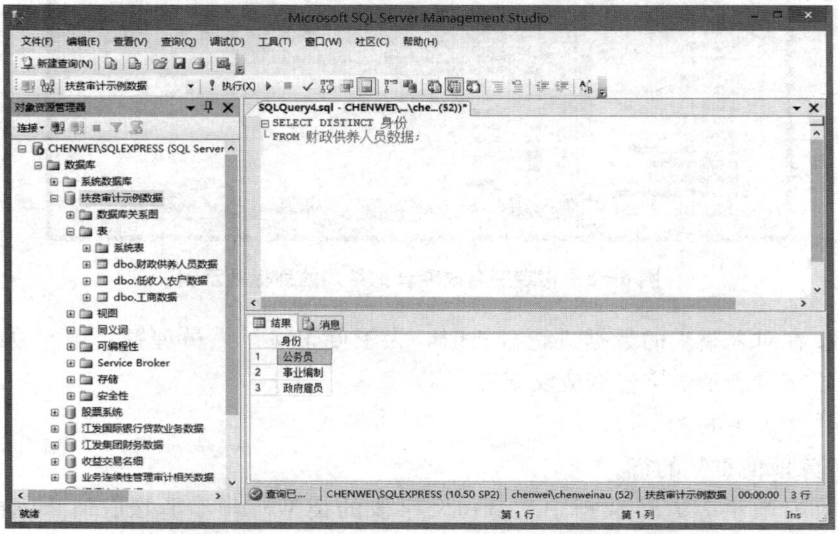

图 6－10 消除取值重复的行查询示例

2）查询满足条件的元组：WHERE 子句。WHERE 子句的条件表达式中可使用的运算符如下。

① 比较运算符：＝，＞，＜，＞＝，＜＝，＜＞，!＞，!＜。

● 查询财政供养人员数据中“身份”为“事业编制”的数据，要求显示财政供养人员数据中的“姓名”“身份证”“工作单位”“身份”，其 SQL 语句示例如下：

```
SELECT 姓名,身份证,工作单位,身份
FROM 财政供养人员数据
WHERE 身份='事业编制';
```

在 Microsoft SQL Server 数据库中运行以上 SQL 语句，其结果示例如图 6－11 所示。

● 查询财政供养人员数据中“工资收入”在 8 000 元以上的数据，要求显示财政供养人员数据中的“姓名”“身份证”“工资收入”，其 SQL 语句示例如下：

```
SELECT 姓名,身份证,工资收入
FROM 财政供养人员数据
WHERE 工资收入>8000;
```

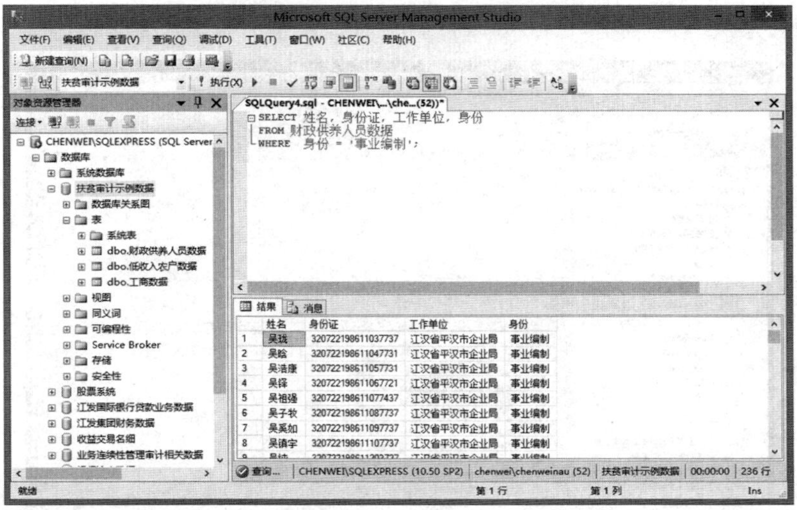

图 6-11　比较运算符应用示例一

在 Microsoft SQL Server 数据库中运行以上 SQL 语句，其结果示例如图 6-12 所示。

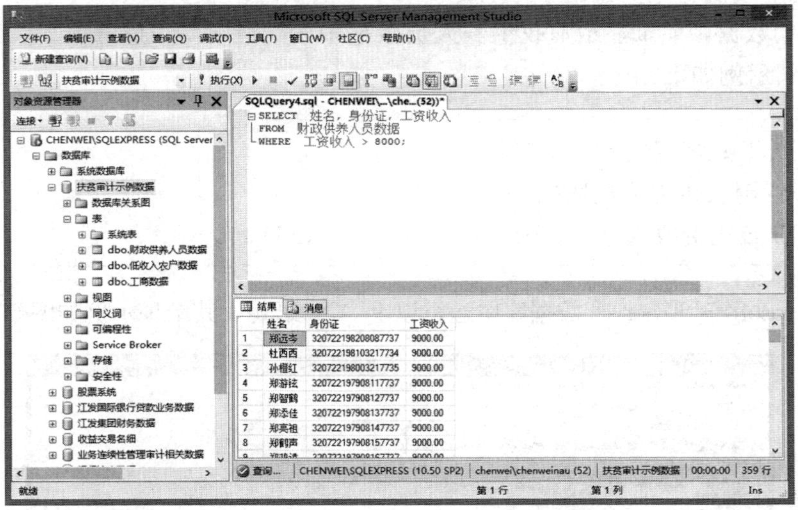

图 6-12　比较运算符应用示例二

② 确定范围：BETWEEN…AND…和 NOT BETWEEN…AND…。

● 查询财政供养人员数据中“工资收入”在 5 000～9 000 元（包括 5 000 元和 9 000元）的数据，要求显示财政供养人员数据中的“姓名”“身份证”“工资收入”，其 SQL 语句示例如下：

```
SELECT 姓名,身份证,工资收入
FROM 财政供养人员数据
WHERE 工资收入 BETWEEN 5000 AND 9000;
```

在 Microsoft SQL Server 数据库中运行以上 SQL 语句，其结果示例如图 6 - 13 所示。

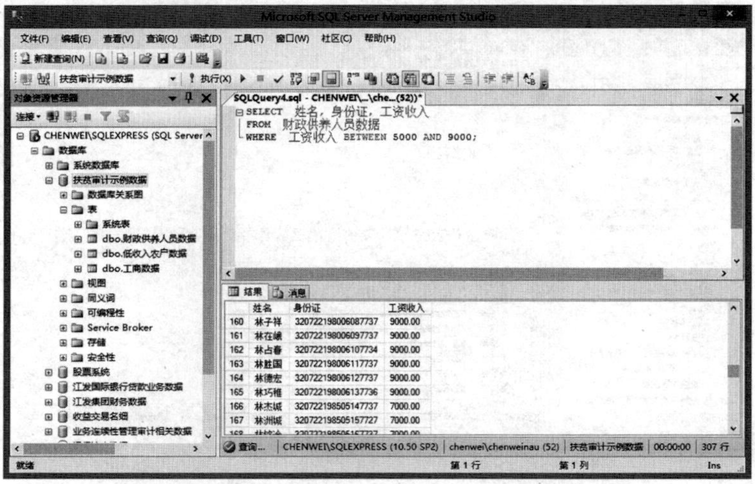

图 6 - 13　确定范围查询示例一

● 查询财政供养人员数据中“工资收入”不在 5 000～9 000 元（不包括 5 000 元和 9 000 元）的数据，要求显示财政供养人员数据中的“姓名”“身份证”“工资收入”，其 SQL 语句示例如下：

```
SELECT 姓名,身份证,工资收入
FROM 财政供养人员数据
WHERE 工资收入 NOT BETWEEN 5000 AND 9000;
```

在 Microsoft SQL Server 数据库中运行以上 SQL 语句，其结果示例如图 6 - 14 所示。

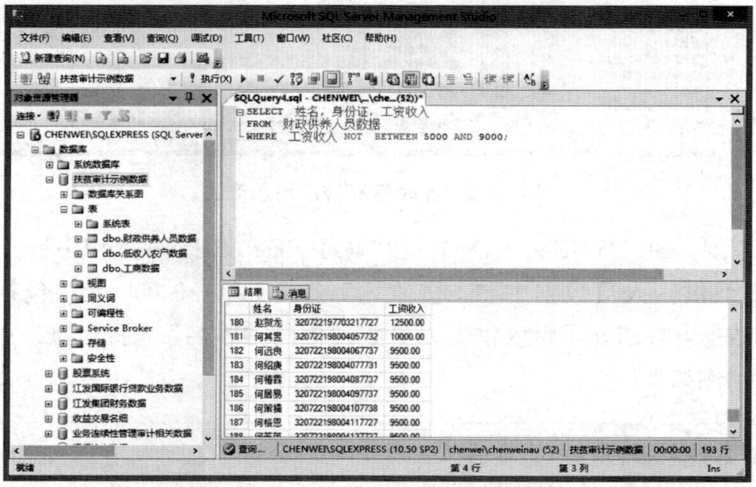

图 6 - 14　确定范围查询示例二

③ 确定集合（集合成员资格确认）运算符。IN 表示查找属性值属于指定集合的元

组，NOT IN 表示查找属性值不属于指定集合的元组。

- 查询财政供养人员数据中“身份”是“事业编制”和“公务员”的数据，要求显示财政供养人员数据中的“姓名”“身份证”“工作单位”“身份”，其 SQL 语句示例如下：

```
SELECT 姓名,身份证,工作单位,身份
FROM 财政供养人员数据
WHERE 身份 IN ('事业编制','公务员');
```

在 Microsoft SQL Server 数据库中运行以上 SQL 语句，其结果示例如图 6－15 所示。

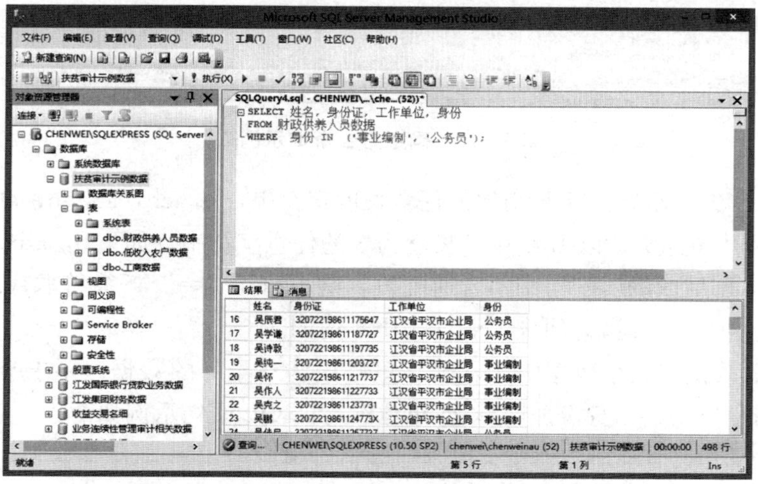

图 6－15　确定集合查询示例一

- 查询财政供养人员数据中“身份”不是“事业编制”和“公务员”的数据，要求显示财政供养人员数据中的“姓名”“身份证”“工作单位”“身份”，其 SQL 语句示例如下：

```
SELECT 姓名,身份证,工作单位,身份
FROM 财政供养人员数据
WHERE 身份 NOT IN ('事业编制','公务员');
```

在 Microsoft SQL Server 数据库中运行以上 SQL 语句，其结果示例如图 6－16 所示。

④ 字符匹配。LIKE 表示字符串的匹配，其一般语法格式如下：

```
[NOT]LIKE'<匹配串>'
```

其含义是查找指定的属性列值与<匹配串>相匹配的元组。<匹配串>可以是一个完整的字符串，也可以含有通配符。在 Microsoft SQL Server 中，%代表任意长度（长度可以为 0）的字符串，_ 代表任一单个字符。例如：

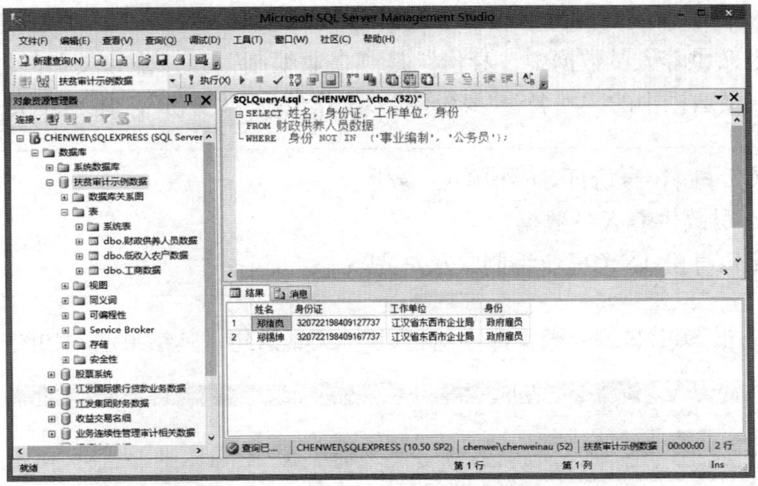

图6-16　确定集合查询示例二

a%b 表示以 a 开头、以 b 结尾的任意长度字符串，如 acb，addgb，ab；

a_b 表示以 a 开头、以 b 结尾、长度为 3 的任意字符串，如 acb，afb。

如果 LIKE 后面的匹配串中不含通配符，则可以用“=”运算符取代 LIKE 谓词，用“!=”或“<>”运算符取代 NOT LIKE 谓词。

● 查询财政供养人员数据中“姓名”里姓氏为“吴”的数据，要求显示财政供养人员数据中的“姓名”“身份证”“工作单位”，其 SQL 语句示例如下：

```
SELECT 姓名,身份证,工作单位
FROM 财政供养人员数据
WHERE 姓名 LIKE '吴%';
```

在 Microsoft SQL Server 数据库中运行以上 SQL 语句，其结果示例如图 6-17 所示。

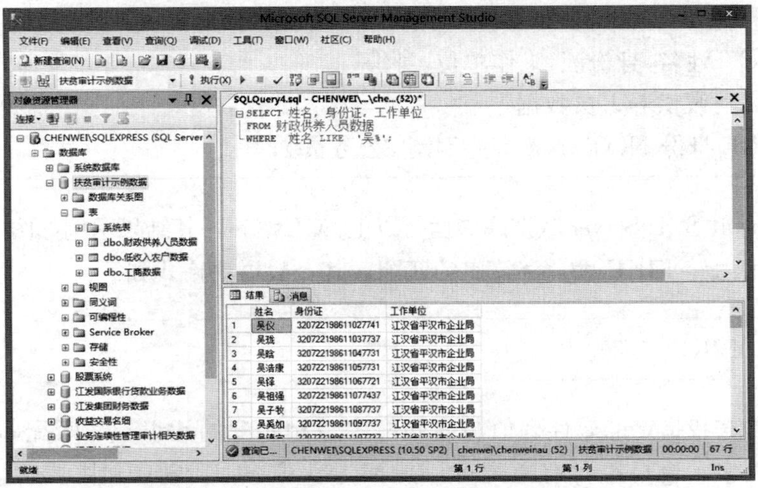

图6-17　字符匹配查询示例一

● 查询财政供养人员数据中"姓名"里姓氏为"吴"且全名为两个汉字的数据，要求显示财政供养人员数据中的"姓名""身份证""工作单位"，其 SQL 语句示例如下：

```
SELECT 姓名,身份证,工作单位
FROM 财政供养人员数据
WHERE 姓名 LIKE '吴_';
```

在 Microsoft SQL Server 数据库中运行以上 SQL 语句，其结果示例如图 6-18 所示。

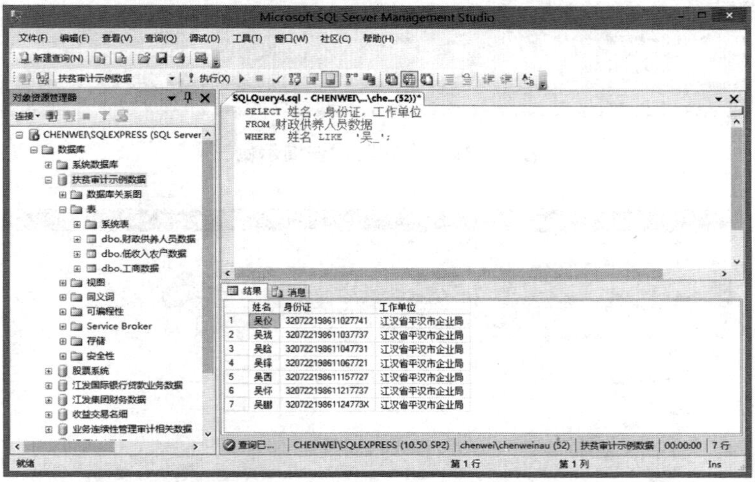

图 6-18　字符匹配查询示例二

● 查询财政供养人员数据中"姓名"里第二个字为"晗"的数据，要求显示财政供养人员数据中的"姓名""身份证""工作单位"，其 SQL 语句示例如下：

```
SELECT 姓名,身份证,工作单位
FROM 财政供养人员数据
WHERE 姓名 LIKE '_晗%';
```

在 Microsoft SQL Server 数据库中运行以上 SQL 语句，其结果示例如图 6-19 所示。

● 查询财政供养人员数据中"姓名"里不姓"吴"的数据，要求显示财政供养人员数据中的"姓名""身份证""工作单位"，其 SQL 语句示例如下：

```
SELECT 姓名,身份证,工作单位
FROM 财政供养人员数据
WHERE 姓名 NOT LIKE '吴%';
```

在 Microsoft SQL Server 数据库中运行以上 SQL 语句，其结果示例如图 6-20 所示。

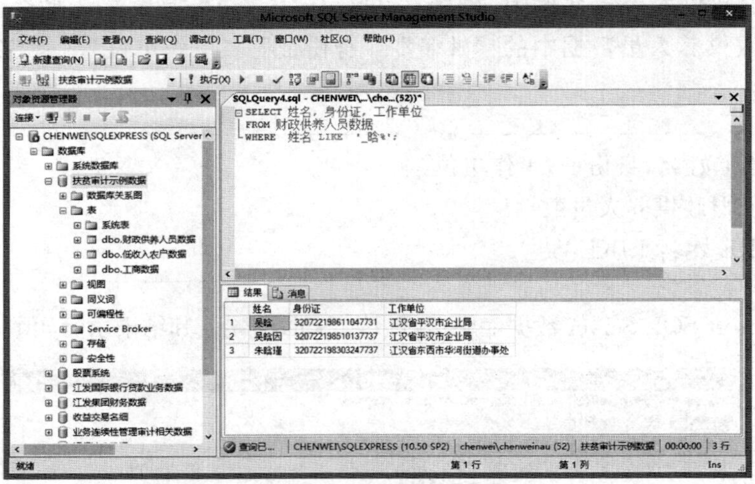

图 6-19　字符匹配查询示例三

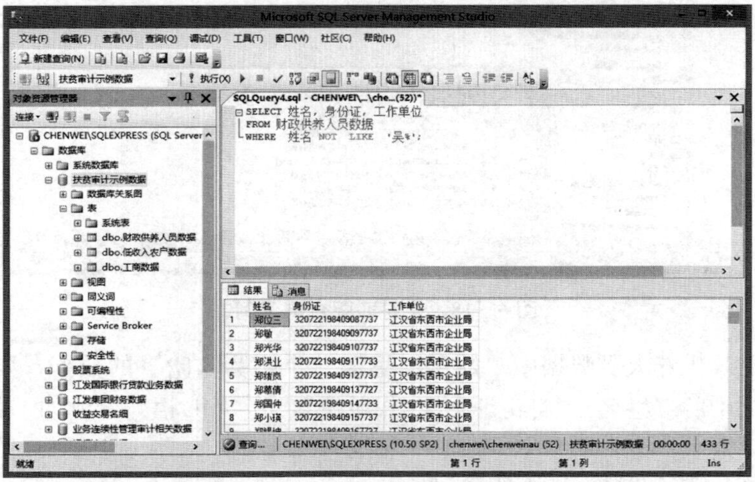

图 6-20　字符匹配查询示例四

⑤ 空值：IS NULL。

查询财政供养人员数据中是否存在“录用方式”为空的数据，要求显示财政供养人员数据中的“姓名”“身份证”“工资收入”“录用方式”，其 SQL 语句示例如下：

```
SELECT 姓名,身份证,工资收入,录用方式
FROM 财政供养人员数据
WHERE 录用方式 IS NULL;
```

在 Microsoft SQL Server 数据库中运行以上 SQL 语句，其结果示例如图 6-21 所示。

⑥多重条件（逻辑运算符）：and，or，NOT（可与其他类别运算符联合使用）。

查询财政供养人员数据中“工资收入”在 8 000 元以上，且“身份”为“事业编

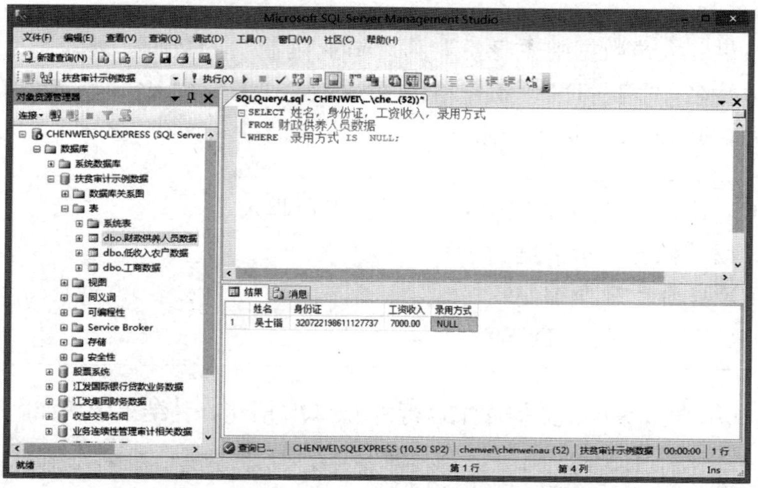

图 6-21　空值查询示例

制”的数据，要求显示财政供养人员数据中的“姓名”“身份证”“工资收入”“身份”，其 SQL 语句示例如下：

```
SELECT 姓名,身份证,工资收入,身份
FROM 财政供养人员数据
WHERE 工资收入>8000 and 身份='事业编制';
```

在 Microsoft SQL Server 数据库中运行以上 SQL 语句，其结果示例如图 6-22 所示。

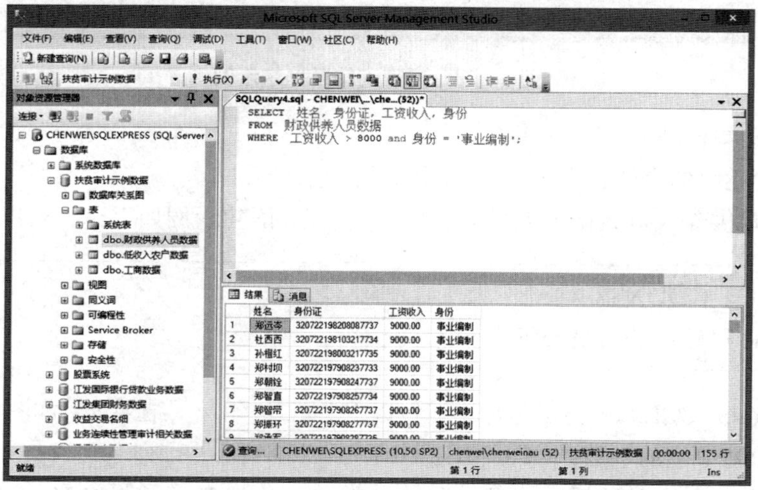

图 6-22　多重条件查询示例

（3）对查询结果排序。使用 ORDER BY 子句对查询结果按照一个或多个属性列的升序（ASC）或降序（DESC）排列，缺省值为升序。

注意：对于空值，若按升序排列，则含空值的元组显示在最后；若按降序排列，

则最先显示。

查询财政供养人员数据中“身份”为“事业编制”的数据，要求显示财政供养人员数据中的“姓名”“身份证”“工作单位”“身份”“工资收入”，查询结果按“工资收入”降序排列，其SQL语句示例如下：

```
SELECT 姓名,身份证,工作单位,身份,工资收入
FROM 财政供养人员数据
WHERE 身份='事业编制'
ORDER BY 工资收入 DESC;
```

在Microsoft SQL Server数据库中运行以上SQL语句，其结果示例如图6-23所示。

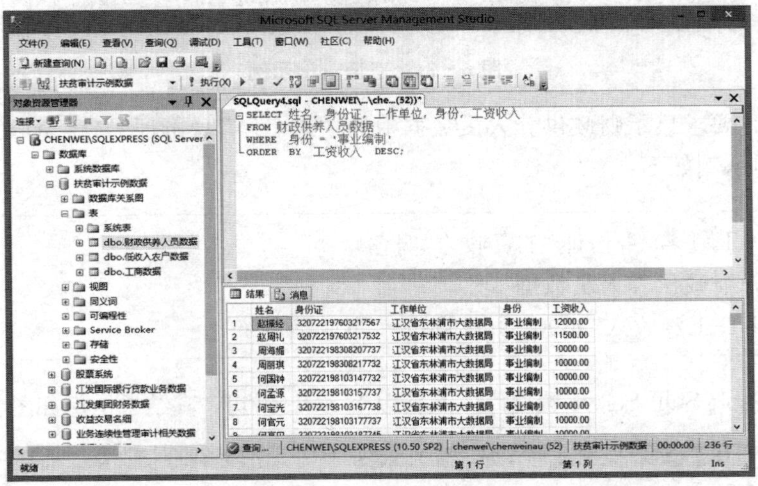

图6-23 对查询结果排序示例

(4) 使用集函数。

1）统计元组的个数：COUNT([DISTINCT|ALL] *)。

查询财政供养人员数据中人员的总数，其SQL语句示例如下：

```
SELECT COUNT(*)
FROM 财政供养人员数据;
```

在Microsoft SQL Server数据库中运行以上SQL语句，其结果示例如图6-24所示。

2）统计列中值的个数：COUNT([DISTINCT|ALL] <列名>)。

查询财政供养人员数据中“身份”的种类数，并把查询结果命名为“身份种类”，其SQL语句示例如下：

```
SELECT COUNT(DISTINCT 身份) AS 身份种类
FROM 财政供养人员数据;
```

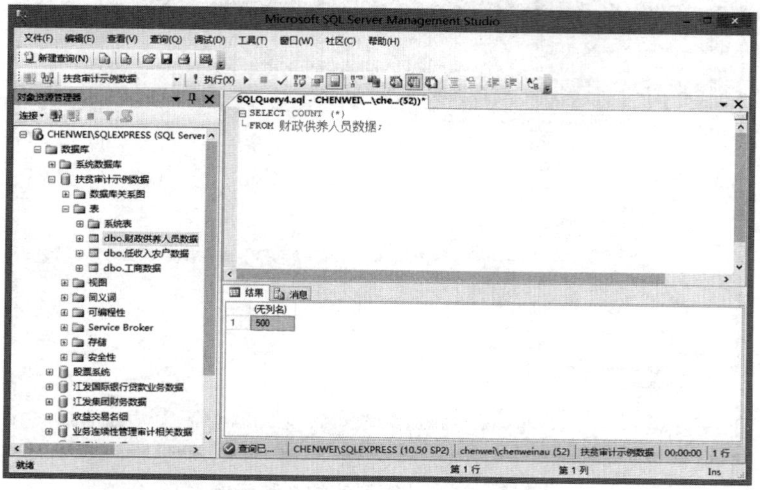

图 6－24　统计元组的个数示例

在 Microsoft SQL Server 数据库中运行以上 SQL 语句，其结果示例如图 6－25 所示。

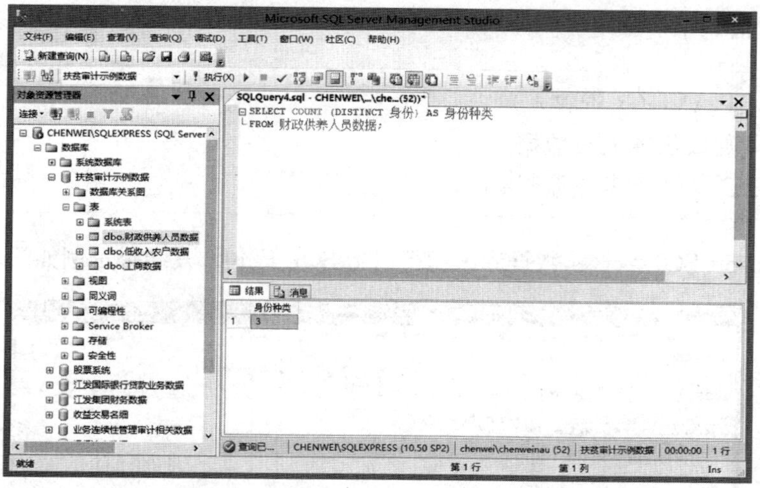

图 6－25　统计列中值的个数示例

3）计算列值的总和（此列必须是数值型）：SUM([DISTINCT|ALL]<列名>)。

查询财政供养人员数据中“身份”为“事业编制”的人员的“工资收入”总和，其 SQL 语句示例如下：

```
SELECT SUM(工资收入)
FROM 财政供养人员数据
WHERE 身份='事业编制';
```

在 Microsoft SQL Server 数据库中运行以上 SQL 语句，其结果示例如图 6－26 所示。

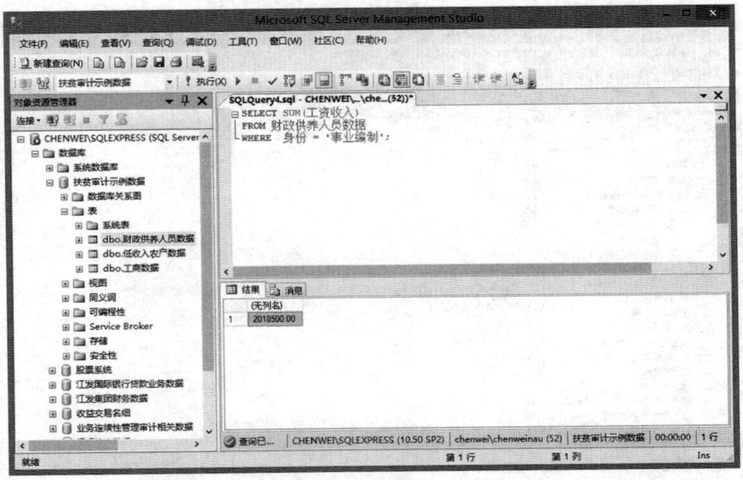

图 6-26 计算列值的总和示例

4）计算列值的平均值（此列必须是数值型）：AVG([DISTINCT|ALL]<列名>)。

查询财政供养人员数据中“身份”为“事业编制”的人员的“工资收入”的平均值，其 SQL 语句示例如下：

```
SELECT AVG(工资收入)
FROM 财政供养人员数据
WHERE 身份='事业编制';
```

在 Microsoft SQL Server 数据库中运行以上 SQL 语句，其结果示例如图 6-27 所示。

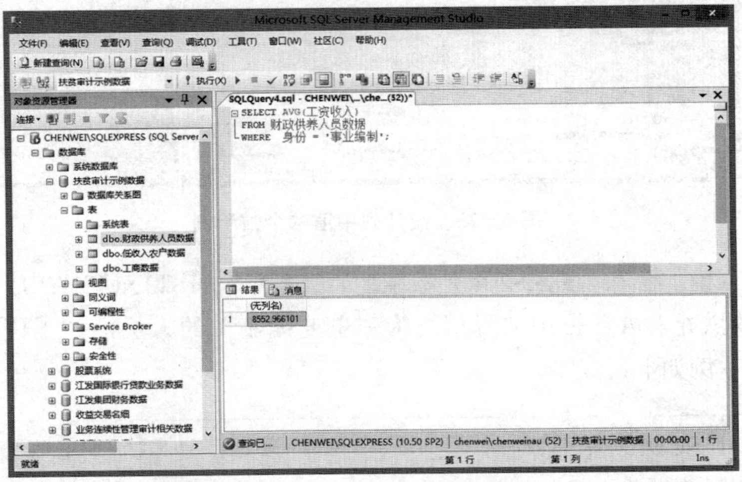

图 6-27 计算列值的平均值示例

5）查询列值中的最大值：MAX([DISTINCT|ALL]<列名>)。

查询财政供养人员数据中“身份”为“事业编制”的人员的“工资收入”的最大值，其 SQL 语句示例如下：

```
SELECT MAX(工资收入)
FROM 财政供养人员数据
WHERE 身份='事业编制';
```

在 Microsoft SQL Server 数据库中运行以上 SQL 语句，其结果示例如图 6-28 所示。

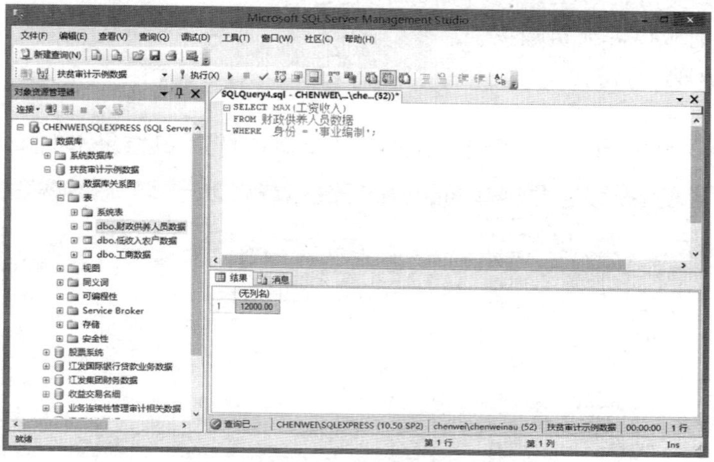

图 6-28　列值中的最大值查询示例

6）查询列值中的最小值：MIN([DISTINCT|ALL]<列名>)。

查询财政供养人员数据中“身份”为“事业编制”的人员的“工资收入”的最小值，其 SQL 语句示例如下：

```
SELECT MIN(工资收入)
FROM 财政供养人员数据
WHERE 身份='事业编制';
```

在 Microsoft SQL Server 数据库中运行以上 SQL 语句，其结果示例如图 6-29 所示。

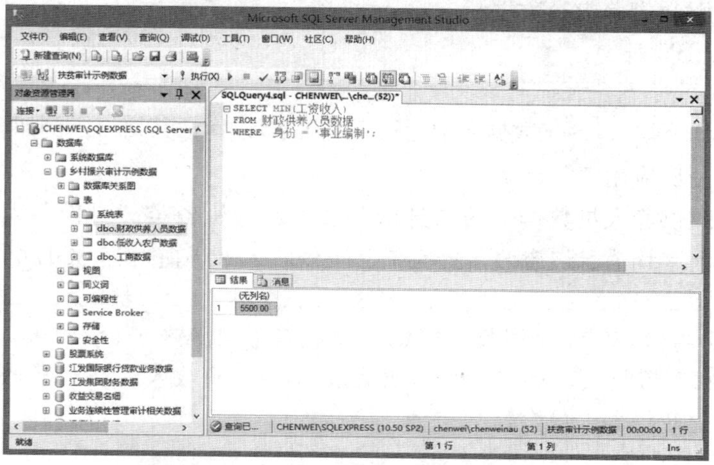

图 6-29　列值中的最小值查询示例

（5）对查询结果分组。GROUP BY 子句将查询结果按某一列或多列值分组，值相等的为一组。

● 查询财政供养人员数据中每种“身份”相应的人员数量，并把查询结果命名为“人员数量”，其 SQL 语句示例如下：

```
SELECT 身份,COUNT(身份) AS 人员数量
FROM 财政供养人员数据
GROUP BY 身份;
```

在 Microsoft SQL Server 数据库中运行以上 SQL 语句，其结果示例如图 6－30 所示。

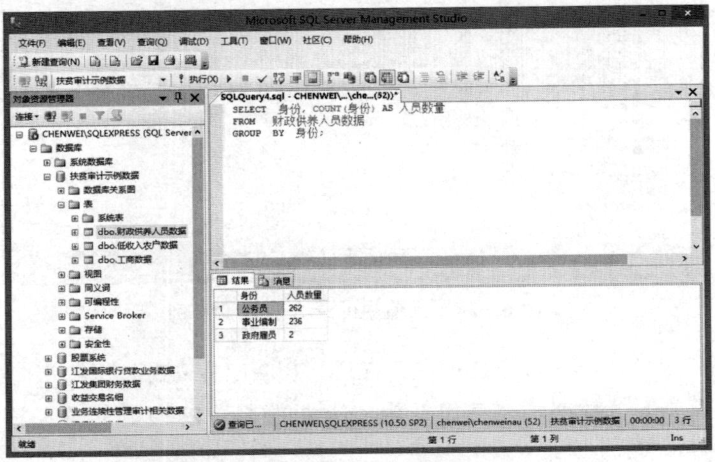

图 6－30 对查询结果分组示例一

● 查询财政供养人员数据中每种“身份”人员的“工资收入”总和，并把查询结果命名为“工资收入总和”，其 SQL 语句示例如下：

```
SELECT 身份,SUM(工资收入) AS 工资收入总和
FROM 财政供养人员数据
GROUP BY 身份;
```

在 Microsoft SQL Server 数据库中运行以上 SQL 语句，其结果示例如图 6－31 所示。

（6）组合分析应用。

● 根据财政供养人员数据中的“身份”字段，分析各类“身份”人员的工资收入总和、工资收入平均值、工资收入最大值、工资收入最小值，其 SQL 语句示例如下：

```
SELECT 身份,SUM(工资收入) AS 工资收入总和,AVG(工资收入) AS 工资收入平均值,MAX(工资收入) AS 工资收入最大值,Min(工资收入) AS 工资收入最小值
FROM 财政供养人员数据
GROUP BY 身份;
```

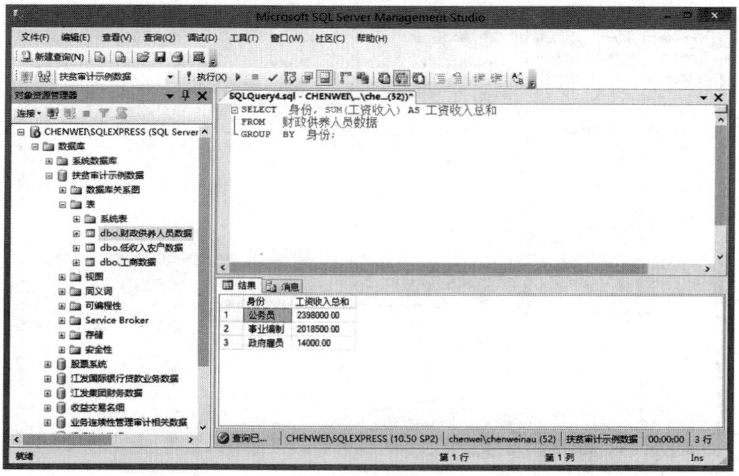

图 6-31　对查询结果分组示例二

在 Microsoft SQL Server 数据库中运行以上 SQL 语句，其结果示例如图 6-32 所示。

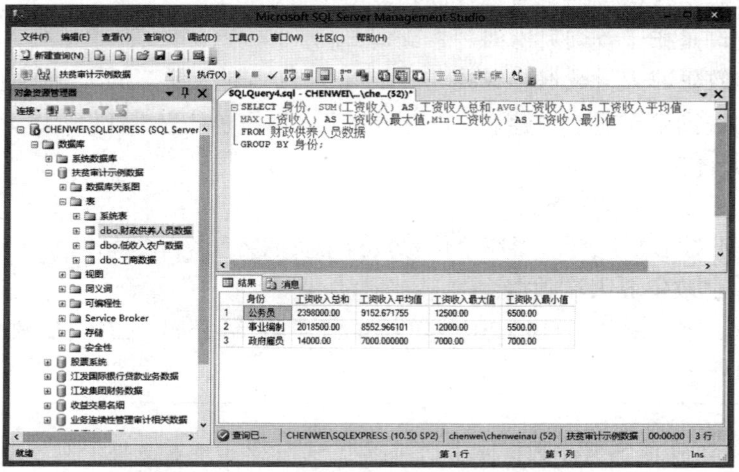

图 6-32　组合分析应用示例一

● 根据财政供养人员数据中的“身份”和“工作单位”两个字段，分析各类“身份”人员的工资收入总和、工资收入平均值、工资收入最大值、工资收入最小值，其 SQL 语句示例如下：

```
SELECT 身份,工作单位,SUM(工资收入) AS 工资收入总和,AVG(工资收入) AS 工资收入平均值,MAX(工资收入) AS 工资收入最大值,Min(工资收入) AS 工资收入最小值
FROM 财政供养人员数据
GROUP BY 身份,工作单位;
```

在 Microsoft SQL Server 数据库中运行以上 SQL 语句，其结果示例如图 6-33 所示。

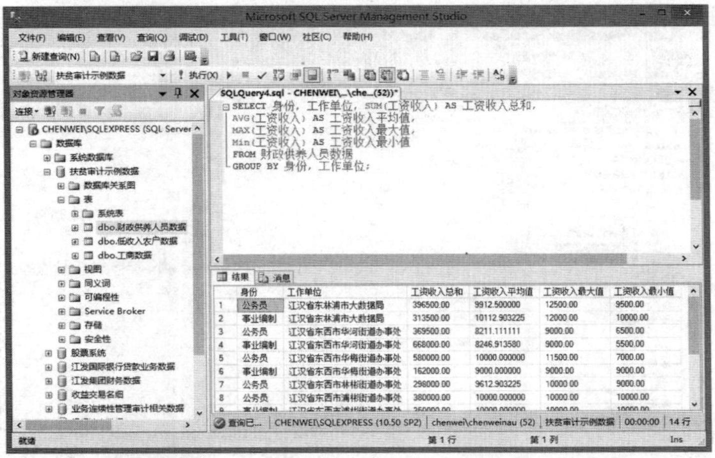

图 6-33　组合分析应用示例二

（7）子查询。子查询是指一个查询是另一个查询的条件。通过子查询可以实现强大的查询功能。子查询包括单值子查询和多值子查询。

单值子查询是指子查询只返回一个数据。相关应用示例如下：

● 根据财政供养人员数据，查找与“姓名”为“刘卫伟”的人是同一个工作单位的所有数据，查询结果显示“姓名”“身份证”“工作单位”“身份”“工资收入”，其 SQL 语句示例如下：

```
SELECT 姓名,身份证,工作单位,身份,工资收入
FROM 财政供养人员数据
WHERE 工作单位=(SELECT 工作单位 FROM 财政供养人员数据 WHERE
姓名='刘卫伟')
```

在 Microsoft SQL Server 数据库中运行以上 SQL 语句，其结果示例如图 6-34 所示。

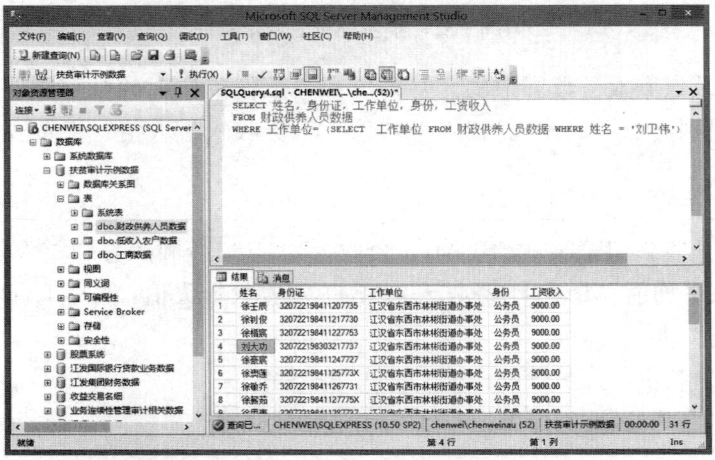

图 6-34　单值子查询示例一

● 根据财政供养人员数据，查找与“姓名”为“刘卫伟”的人不是同一个工作单位的所有数据，查询结果显示“姓名”“身份证”“工作单位”“身份”“工资收入”，其 SQL 语句示例如下：

```
SELECT 姓名,身份证,工作单位,身份,工资收入
FROM 财政供养人员数据
WHERE 工作单位<>(SELECT 工作单位 FROM 财政供养人员数据 WHERE 姓名='刘卫伟')
```

在 Microsoft SQL Server 数据库中运行以上 SQL 语句，其结果示例如图 6-35 所示。

图 6-35 单值子查询示例二

多值子查询是指子查询返回多个数据。相关应用示例如下：

● 根据财政供养人员数据，查找存在“工资收入”大于 10 000 元的工作单位的人员信息，查询结果显示“姓名”“身份证”“工作单位”“身份”“工资收入”，其 SQL 语句示例如下：

```
SELECT 姓名,身份证,工作单位,身份,工资收入
FROM 财政供养人员数据
WHERE 工作单位 IN (SELECT 工作单位 FROM 财政供养人员数据 WHERE 工资收入>10000);
```

在 Microsoft SQL Server 数据库中运行以上 SQL 语句，其结果示例如图 6-36 所示。

● 根据财政供养人员数据，查找不存在“工资收入”大于 10 000 元的工作单位的人员信息，查询结果显示“姓名”“身份证”“工作单位”“身份”“工资收入”，其 SQL 语句示例如下：

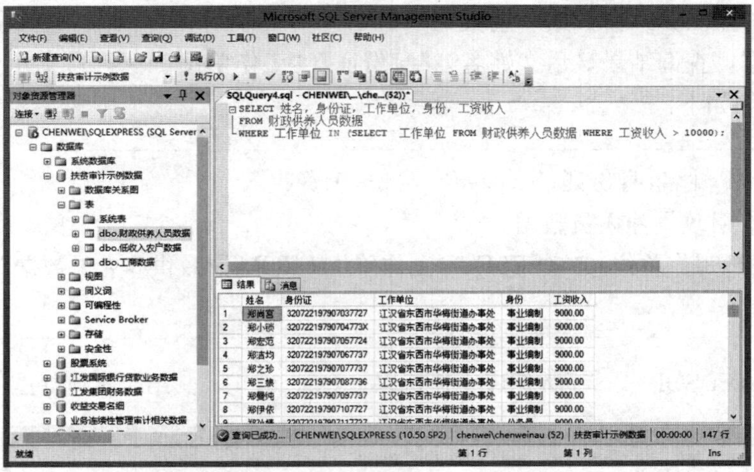

图 6-36　多值子查询示例一

SELECT 姓名，身份证，工作单位，身份，工资收入
FROM 财政供养人员数据
WHERE 工作单位 NOT IN（SELECT 工作单位 FROM 财政供养人员数据
WHERE 工资收入＞10000）；

在 Microsoft SQL Server 数据库中运行以上 SQL 语句，其结果示例如图 6-37 所示。

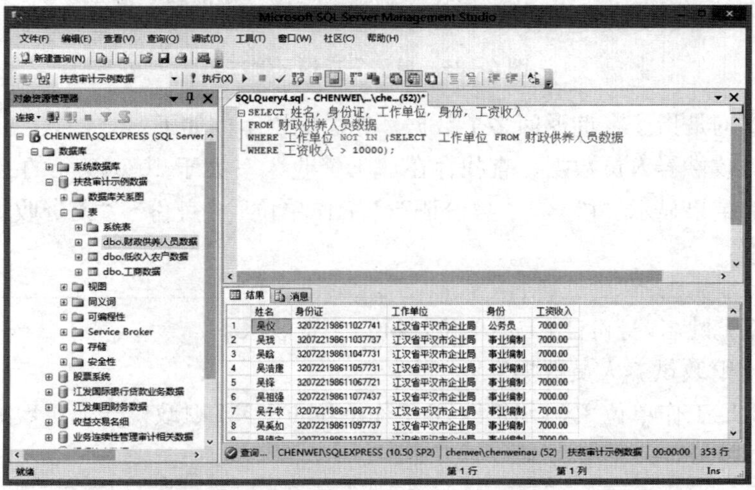

图 6-37　多值子查询示例二

2. 多表查询

当需要获取的数据保存在多张表中时，需要使用多表查询。多表查询一般是先对第一个表和第二个表按照两表做连接查询，然后用查询结果和第三个表做连接查询，以此类推，直到所有的表都连接上为止，最后根据 WHERE 条件过滤数据，并根据

SELECT指定的列返回查询结果。

多表查询可以采用连接查询实现，连接查询主要包括：

(1) 内连接（INNER JOIN 或 JOIN，INNER 可以省略）。

内连接查询是指两个表都满足条件的数据留下。

内连接查询示意图如图 6-38 所示。

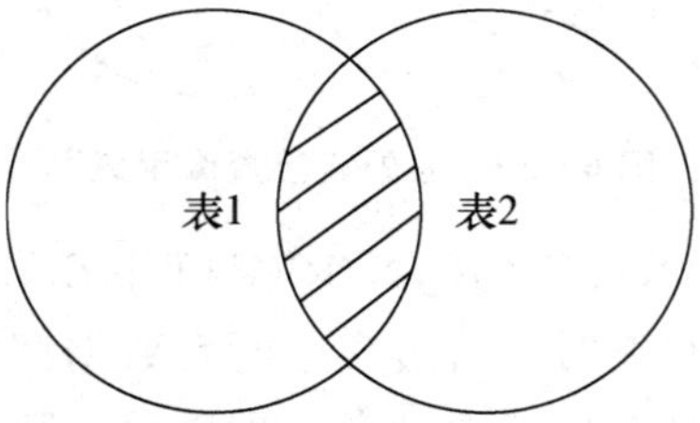

图 6-38　内连接查询示意图

其语法格式如下：

```
SELECT 查询字段
FROM 表 1
JOIN 表 2
ON 表 1.相同字段 1=表 2.相同字段 2(相同字段 1 和相同字段 2 为表 1 和表 2
中内容相同的数据)
WHERE 条件
```

(2) 外连接（OUTER JOIN）。外连接查询可分为：左连接（左外连接）、右连接（右外连接）、全连接（全外连接）。

外连接不只是列出与连接条件相匹配的行，而是列出左边表（左外连接时）、右边表（右外连接时）或两个表（全外连接时）中所有符合查询条件的数据行。

其语法格式如下：

```
SELECT 查询字段
FROM 表 1
LEFT/RIGHT/FULL JOIN 表 2
ON 表 1.相同字段 1=表 2.相同字段 2(相同字段 1 和相同字段 2 为表 1 和表 2
中内容相同的数据)
WHERE 条件
```

1) 左外连接（LEFT OUTER JOIN/LEFT JOIN，OUTER 可以省略）。左外连接查询是指在从两个表中查询时，左边表中所有数据都显示出来，右边表只显示符合条件的数据，如果右边表在左边表中没有匹配数据，则查询结果中对应的值显示为空（NULL）。

左外连接查询示意图如图 6-39 所示。

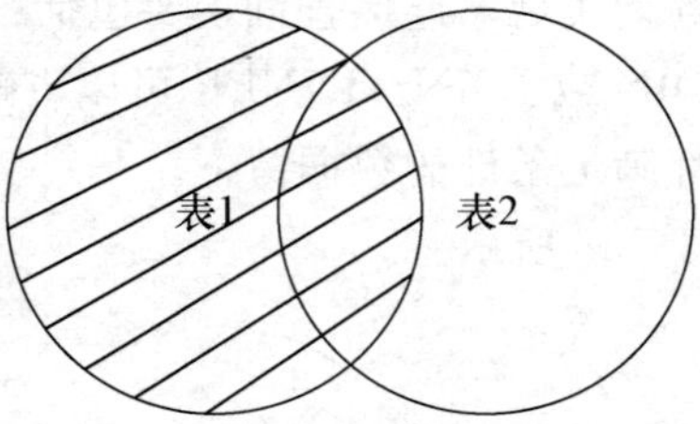

图 6-39　左外连接查询示意图

2）右外连接（RIGHT OUTER JOIN/RIGHT JOIN，OUTER 可以省略）。右外连接查询是指在从两个表中查询时，右边表中所有数据都显示出来，左边表只显示符合条件的数据，如果左边表在右边表中没有匹配数据，则查询结果中对应的值显示为空（NULL）。

右外连接查询示意图如图 6-40 所示。

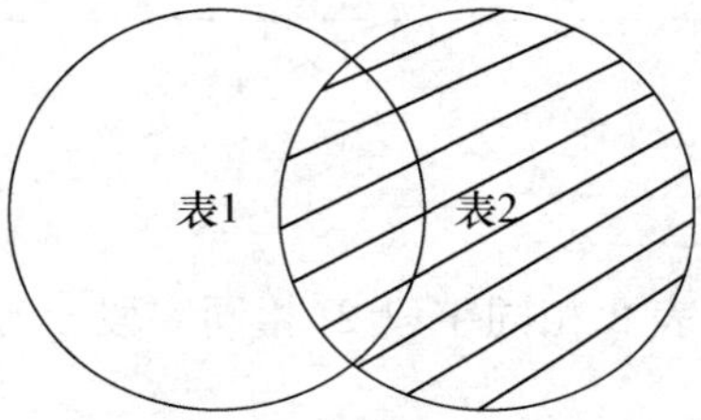

图 6-40　右外连接查询示意图

3）全连接（全外连接）（FULL OUTER JOIN/FULL JOIN，OUTER 可以省略）。全连接查询是指在从两个表中查询时，返回两个连接中所有的记录数据，如果右边表在左边表中没有匹配数据，或左边表在右边表中没有匹配数据，则查询结果中对应的值显示为空（NULL）。

全连接查询示意图如图 6-41 所示。

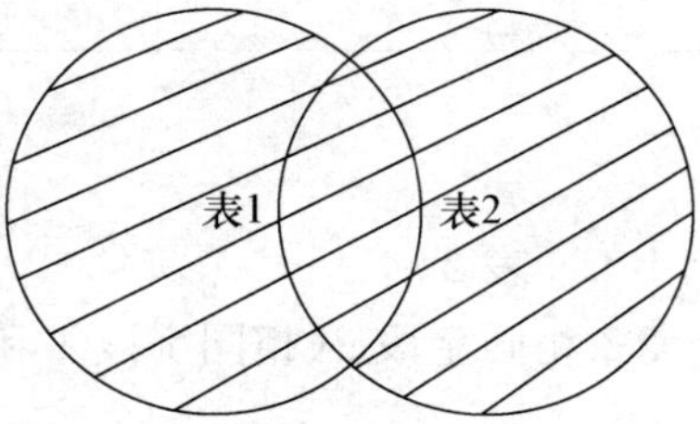

图 6-41　全连接查询示意图

（3）交叉连接（CROSS JOIN）。交叉连接查询是指两个表做笛卡尔积（CROSS JOIN 后加条件只能用 WHERE，不能用 ON），得到的结果集的行数是两个表的行数的乘积。

（4）多表查询应用示例。下面对以上多表查询的应用分别通过示例进行分析。

1）内连接与交叉连接应用示例。

- 根据财政供养人员数据和低收入农户数据，查询低收入农户数据中是否有财政供养人员，并显示两个数据中的全部字段，假设不使用内连接，其 SQL 语句示例如下：

```
SELECT *
FROM 低收入农户数据,财政供养人员数据
WHERE 低收入农户数据.身份证号码=财政供养人员数据.身份证;
```

在 Microsoft SQL Server 数据库中运行以上 SQL 语句，其结果示例如图 6-42 所示。

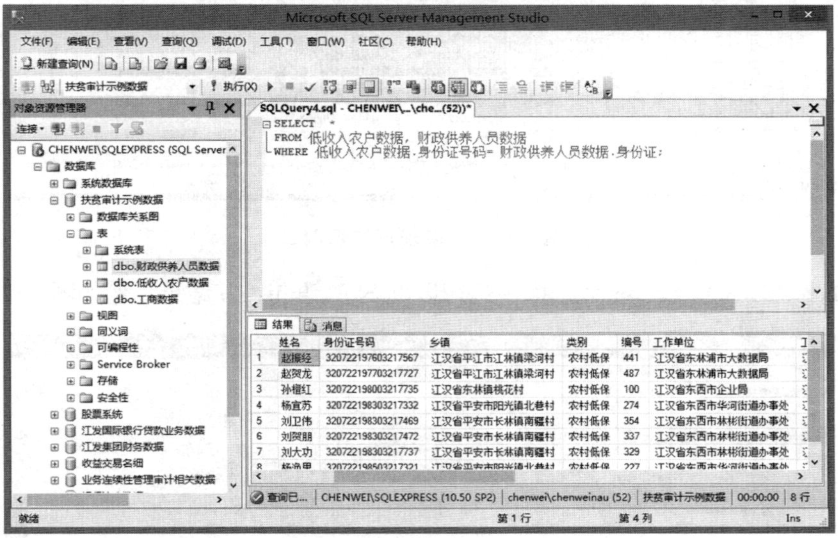

图 6-42　多表查询示例一

- 根据财政供养人员数据和低收入农户数据，查询低收入农户数据中是否有财政供养人员，并显示低收入农户数据中的“姓名”“身份证号码”“类别”字段和财政供养人员数据中的“工作单位”“身份”“工资收入”字段，假设不使用内连接，其 SQL 语句示例如下：

```
SELECT A.姓名,A.身份证号码,B.工作单位,A.类别,B.身份,B.工资收入
FROM 低收入农户数据 AS A,财政供养人员数据 AS B
WHERE A.身份证号码=B.身份证;
```

在 Microsoft SQL Server 数据库中运行以上 SQL 语句，其结果示例如图 6-43 所示。

以上语句也可以采用内连接来实现，其 SQL 语句示例如下：

```
SELECT A.姓名,A.身份证号码,B.工作单位,A.类别,B.身份,B.工资收入
FROM 低收入农户数据 AS A JOIN 财政供养人员数据 AS B
ON A.身份证号码=B.身份证;
```

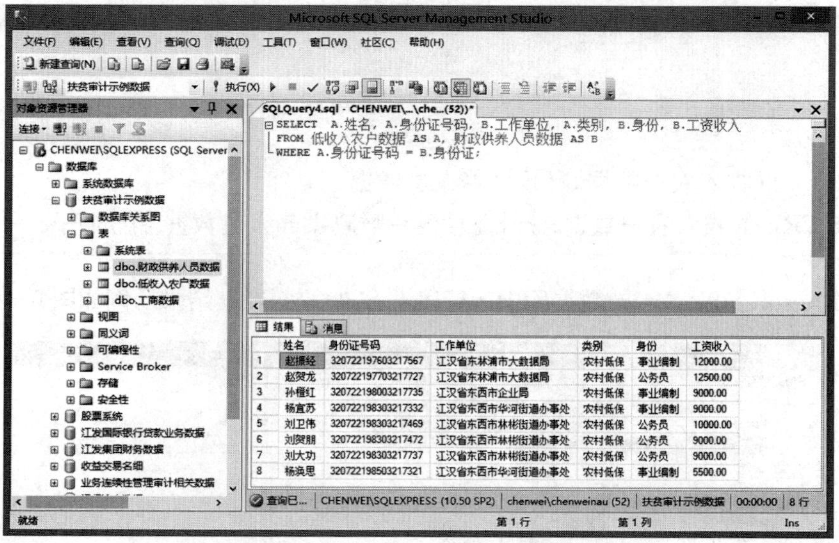

图 6-43　多表查询示例二

在 Microsoft SQL Server 数据库中运行以上 SQL 语句，其结果示例如图 6-44 所示。

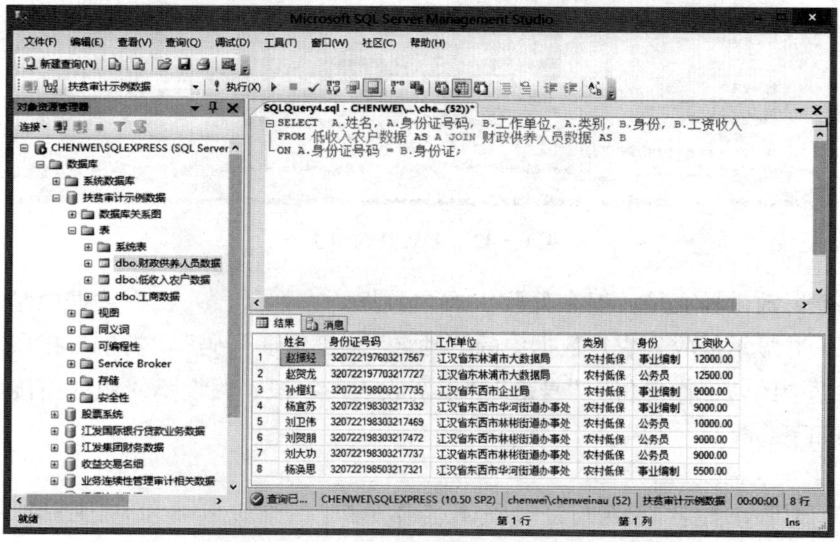

图 6-44　内连接查询示例

以上语句也可以采用交叉连接来实现，其 SQL 语句示例如下：

```
SELECT A.姓名,A.身份证号码,B.工作单位,A.类别,B.身份,B.工资收入
FROM 低收入农户数据 AS A CROSS JOIN 财政供养人员数据 AS B
WHERE A.身份证号码=B.身份证;
```

在 Microsoft SQL Server 数据库中运行以上 SQL 语句，其结果示例如图 6-45 所示（注意：SQL 语句中的关键词不区分大小写）。

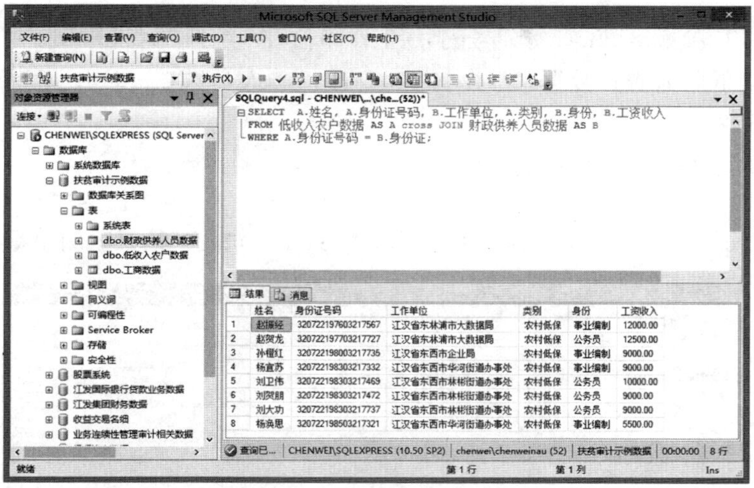

图 6-45　交叉连接查询示例

● 根据财政供养人员数据和低收入农户数据，查询低收入农户数据中是否有“身份”为“公务员”的财政供养人员，并显示低收入农户数据中的“姓名”“身份证号码”“类别”字段和财政供养人员数据中的“工作单位”“身份”“工资收入”字段，假设不使用内连接，其 SQL 语句示例如下：

```
SELECT A.姓名,A.身份证号码,B.工作单位,A.类别,B.身份,B.工资收入
FROM 低收入农户数据 AS A,财政供养人员数据 AS B
WHERE A.身份证号码=B.身份证 AND B.身份='公务员';
```

在 Microsoft SQL Server 数据库中运行以上 SQL 语句，其结果示例如图 6-46 所示。

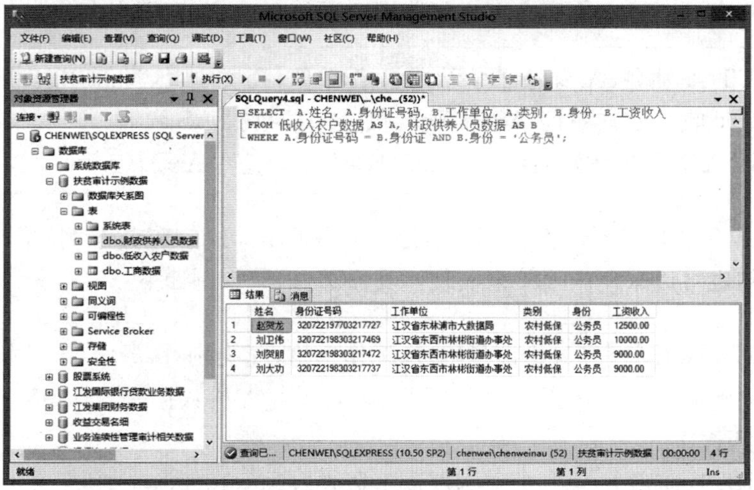

图 6-46　多条件多表查询示例一

以上语句也可以采用内连接来实现，其 SQL 语句示例如下：

```
SELECT A.姓名,A.身份证号码,B.工作单位,A.类别,B.身份,B.工资收入
FROM 低收入农户数据 AS A JOIN 财政供养人员数据 AS B ON A.身份证号码=B.身份证
WHERE B.身份='公务员';
```

在 Microsoft SQL Server 数据库中运行以上 SQL 语句，其结果示例如图 6－47 所示。

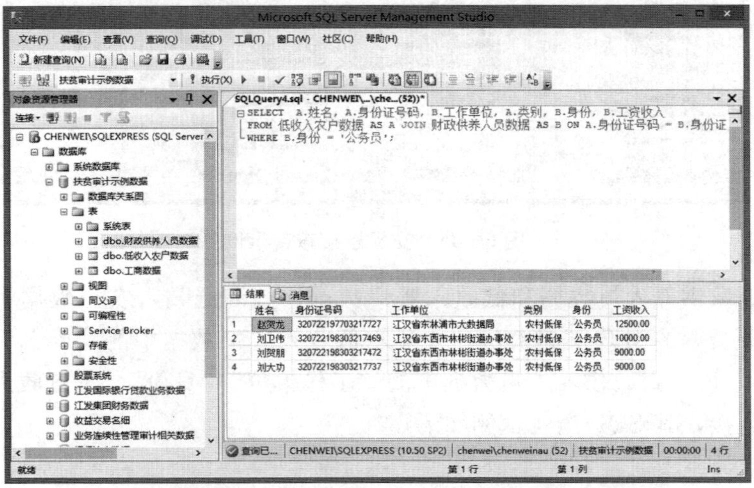

图 6－47　多条件内连接查询示例一

● 根据财政供养人员数据和低收入农户数据，查询低收入农户数据中是否有“身份”为“公务员”且“工资收入”大于等于 10 000 元的财政供养人员，并显示低收入农户数据中的“姓名”“身份证号码”“类别”字段和财政供养人员数据中的“工作单位”“身份”“工资收入”字段，假设不使用内连接，其 SQL 语句示例如下：

```
SELECT A.姓名,A.身份证号码,B.工作单位,A.类别,B.身份,B.工资收入
FROM 低收入农户数据 AS A,财政供养人员数据 AS B
WHERE A.身份证号码=B.身份证 AND B.身份='公务员' AND B.工资收入>=10000;
```

在 Microsoft SQL Server 数据库中运行以上 SQL 语句，其结果示例如图 6－48 所示。以上语句也可以采用内连接来实现，其 SQL 语句示例如下：

```
SELECT A.姓名,A.身份证号码,B.工作单位,A.类别,B.身份,B.工资收入
FROM 低收入农户数据 AS A JOIN 财政供养人员数据 AS B ON A.身份证号码=B.身份证
WHERE B.身份='公务员' AND B.工资收入>=10000;
```

在 Microsoft SQL Server 数据库中运行以上 SQL 语句，其结果示例如图 6－49 所示。

2）外连接应用示例。

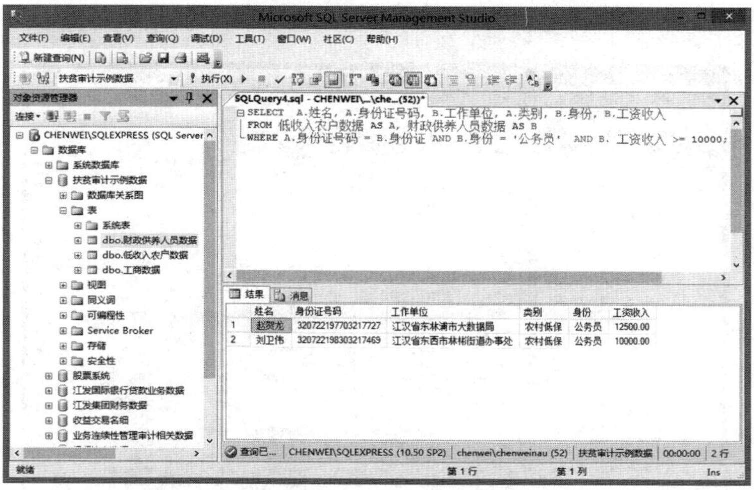

图 6-48　多条件多表查询示例二

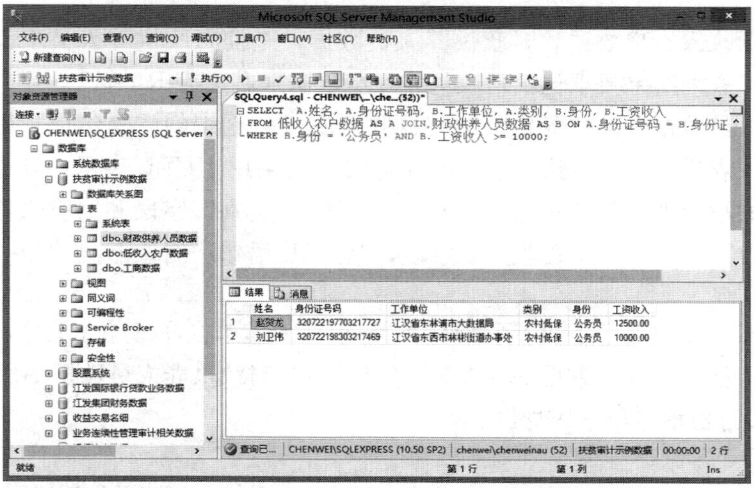

图 6-49　多条件内连接查询示例二

● 根据低收入农户数据和财政供养人员数据，查询低收入农户数据中是否有财政供养人员。其中，查询结果要求包括低收入农户数据（左边表 LEFT）中的所有行，如果低收入农户数据中的“身份证号码”与财政供养人员数据中的“身份证”没有匹配的，则财政供养人员数据（右边表）中的相应查询结果用 NULL 表示，且查询结果要求显示低收入农户数据中的“姓名”“身份证号码”“类别”字段和财政供养人员数据中的“工作单位”“身份”“工资收入”字段，其 SQL 语句示例如下：

```
SELECT A.姓名,A.身份证号码,A.类别,B.工作单位,B.身份,B.工资收入
FROM 低收入农户数据 AS A LEFT JOIN 财政供养人员数据 AS B
ON A.身份证号码=B.身份证;
```

在 Microsoft SQL Server 数据库中运行以上 SQL 语句，其结果示例如图 6－50 所示。

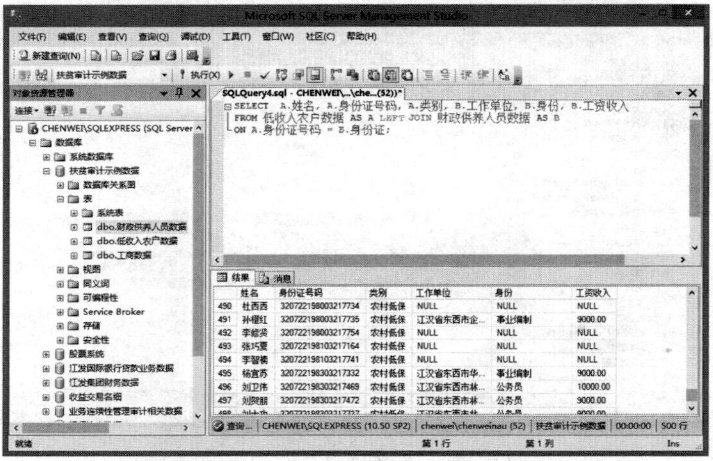

图 6－50　左连接查询示例

● 根据低收入农户数据和财政供养人员数据，查询财政供养人员中是否有低收入农户。其中，查询结果要求包括财政供养人员数据（右边表 RIGHT）中的所有行，如果财政供养人员数据中的“身份证”与低收入农户数据中的“身份证号码”没有匹配的，则低收入农户数据（左边表）中的相应查询结果用 NULL 表示，且查询结果要求显示低收入农户数据中的“姓名”“身份证号码”“类别”字段和财政供养人员数据中的“工作单位”“身份”“工资收入”字段，其 SQL 语句示例如下：

```
SELECT A.姓名,A.身份证号码,A.类别,B.工作单位,B.身份,B.工资收入
FROM 低收入农户数据 AS A RIGHT JOIN 财政供养人员数据 AS B
ON A.身份证号码=B.身份证;
```

在 Microsoft SQL Server 数据库中运行以上 SQL 语句，其结果示例如图 6－51 所示。

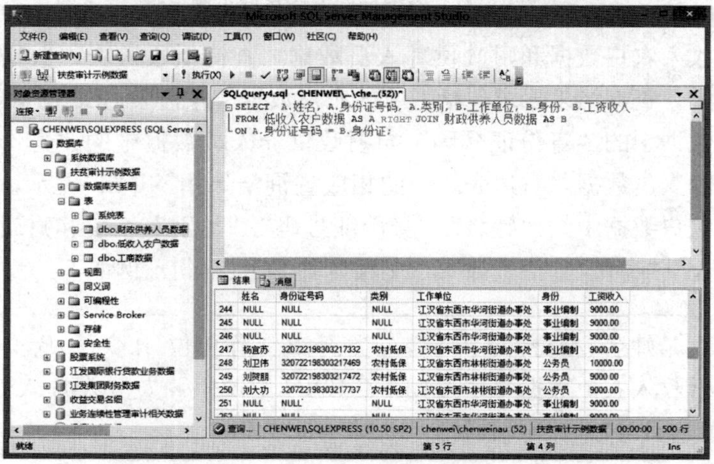

图 6－51　右连接查询示例

● 根据低收入农户数据和财政供养人员数据，查询低收入农户数据中是否有财政供养人员。其中，查询结果要求包括低收入农户数据和财政供养人员数据两个表中的所有行，两表中若没有匹配的查询结果，则相应的字段值用 NULL 表示。此外，查询结果要求显示低收入农户数据中的“姓名”“身份证号码”“类别”字段和财政供养人员数据中的“工作单位”“身份”“工资收入”字段，其 SQL 语句示例如下：

```
SELECT A.姓名,A.身份证号码,A.类别,B.工作单位,B.身份,B.工资收入
FROM 低收入农户数据 AS A FULL JOIN 财政供养人员数据 AS B
ON A.身份证号码=B.身份证;
```

在 Microsoft SQL Server 数据库中运行以上 SQL 语句，其结果示例如图 6－52 所示。

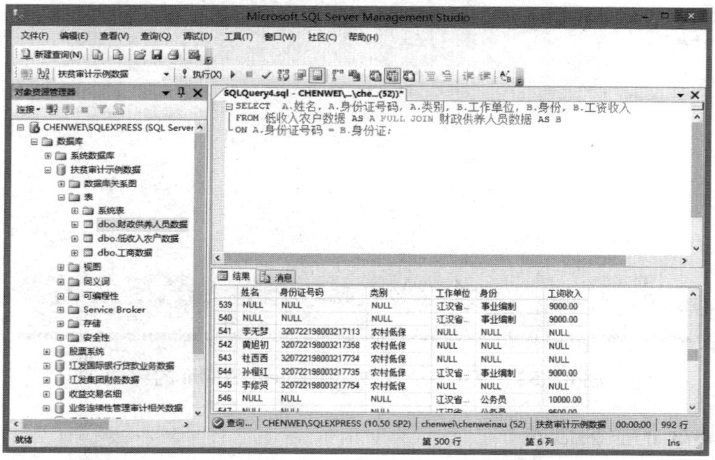

图 6－52　全连接查询示例

6.3.2　关系型数据库工具示例

为了便于掌握 SQL 以及大数据多数据源综合分析技术，本部分以 Microsoft SQL Server 数据库为例，介绍数据库工具。当然，在处理大数据时，可以根据数据量的情况选择合适的数据库工具。

1. SQL Server 概述

SQL Server 是微软公司推出的关系型数据库管理系统，它最初由微软、Sybase 和 Ashton-Tate 三家公司共同开发，于 1988 年推出第一个 OS/2 版本，后来微软公司开始为 Windows NT 平台开发新的 SQL Server 版本。SQL Server 的使用范围包括从运行 Microsoft Windows 98 的个人电脑到运行 Microsoft Windows 2012 的大型多处理器的服务器等多种平台，具有使用方便、伸缩性好，以及与相关软件集成程度高等优点。

目前，SQL Server 已成为数据库管理方面的主流产品之一。考虑到 SQL Server 2008 在审计工作中应用较为普遍，下面以 SQL Server 2008 为例，结合审计应用来介绍其主要功能。在 SQL 查询功能上，SQL Server 其他版本的功能与 SQL Server 2008

版本相似。

在 SQL Server 2008 中，SQL Server Management Studio 是一个集成环境，它将早期版本的 SQL Server 所包含的企业管理器、查询分析器和 Analysis Manager 功能整合到单一的环境中，用于访问、配置、管理和开发 SQL Server 的所有组件。SQL Server Management Studio 的界面如图 6-53 所示。

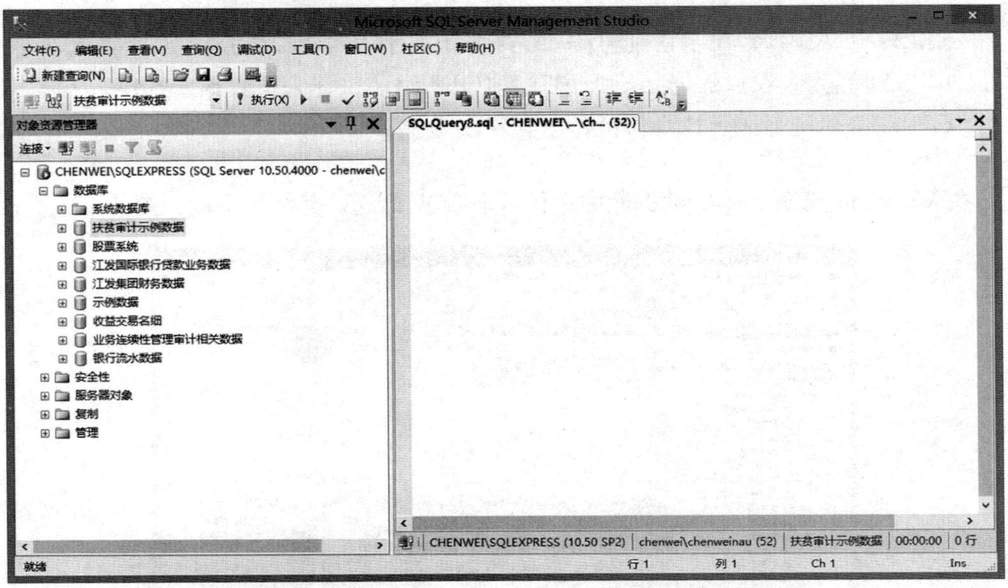

图 6-53 SQL Server Management Studio 的界面

2. SQL Server 的主要版本

为了便于审计人员了解 SQL Server，SQL Server 的主要版本可总结为表 6-1。

表 6-1 SQL Server 的主要版本

年份	版本	支持的操作系统	特点
1988	第一个 OS/2 版本	OS/2	
1992	Windows NT 版本	Windows NT	
1996	SQL Server 6.5	Windows NT	
1998	SQL Server 7.0	Windows NT，Windows 95/98/2000 Professional	该版本在数据存储和数据库引擎方面发生了根本性的变化
2000	SQL Server 2000	Windows Me，Windows 98，Windows NT Workstation 4.0，Windows 2000 Professional，Windows NT Server 4.0，Windows 2000 Server	该版本继承了 SQL Server 7.0 版本的优点，同时增加了许多更先进的功能，包括企业版、标准版、开发版、个人版四个版本
2005	SQL Server 2005	Windows XP，Windows Vista，Windows 7，Windows 2003	该版本是一个全面的数据库平台，使用集成的商业智能（BI）工具提供企业级的数据管理

续表

年份	版本	支持的操作系统	特点
2008	SQL Server 2008	Windows XP，Windows Vista，Windows 7，Windows 2003，Windows 2008	该版本是当时最优秀、最完善的 SQL Server 数据库。可以使用、存储和管理许多数据类型，包括 XML、e-mail、时间/日历、文件、文档等，同时提供丰富的服务集合与数据交互
2012	SQL Server 2012	Windows 7，Windows 8，Windows Server 2008 R2，Windows Server 2008 SP2，Windows Vista SP2	该版本的定位是帮助企业处理每年大量的数据增长，为大数据环境提供支持
2014	SQL Server 2014	Windows 7，Windows 8，Windows Server 2008，Windows Server 2012	微软将该版本定位为混合云平台，它更容易整合 Windows Azure
2016	SQL Server 2016	Windows 8，Windows 10，Windows Server 2008，Windows Server 2012，Windows Server 2016	该版本从本地到云均提供一致的数据平台

3. SQL Server 与电子数据审计相关的主要功能

SQL Server 与电子数据审计相关的主要功能如下：

（1）数据导入和导出。SQL Server 的数据导入和导出功能如图 6 - 54 所示，该功能可以完成审计数据的采集以及分析结果的导出。

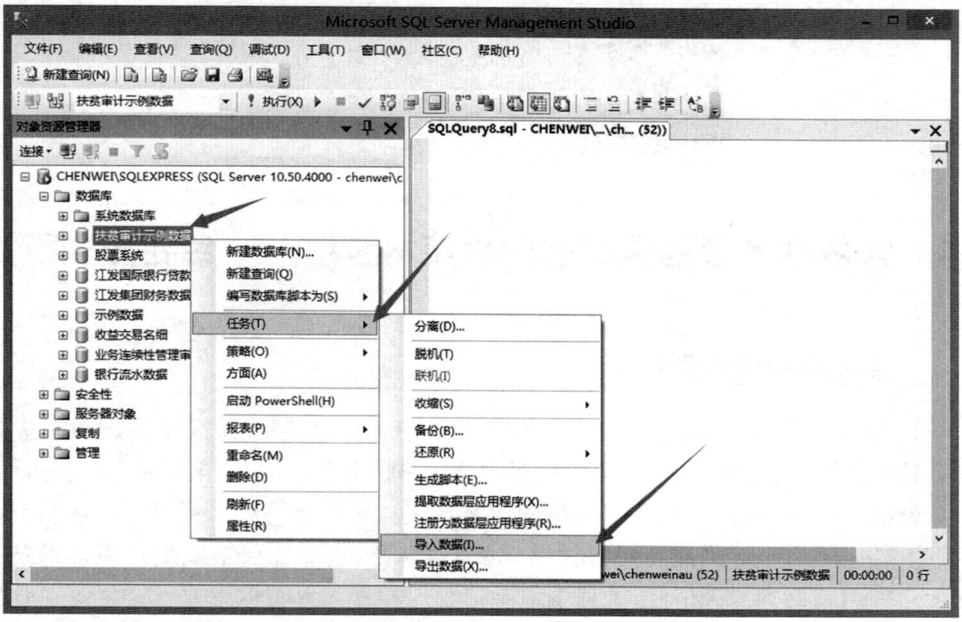

图 6 - 54　SQL Server 的数据导入和导出功能界面

（2）数据查询分析。SQL Server 的数据查询分析功能如图 6 - 55 所示，该功能可以完成审计数据分析。

在图 6 - 55 中，A 用来新建一个查询窗口，B 表示将要对哪个数据库中的数据进行

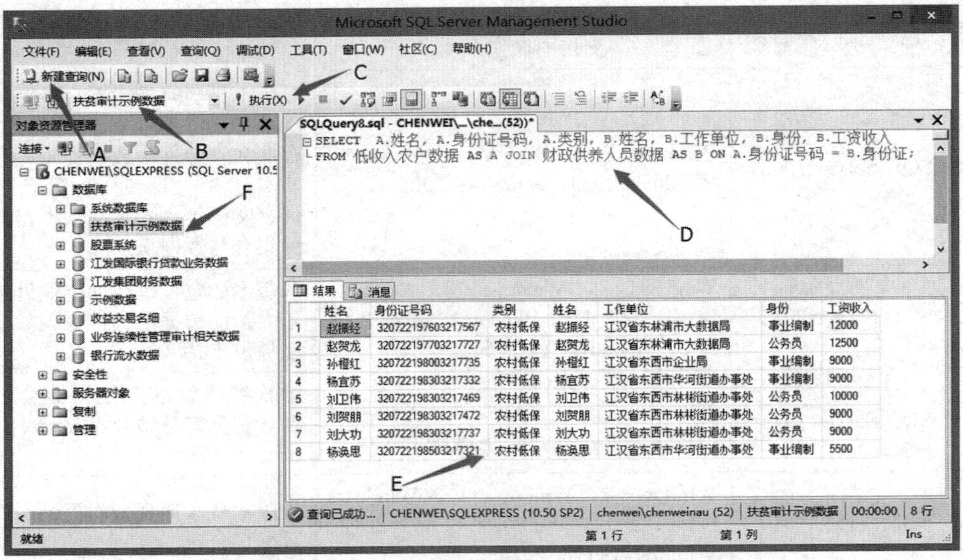

图 6-55　SQL Server 的数据查询分析功能主界面

分析，C 是执行数据查询的命令按钮，D 是数据查询 SQL 语句输入窗口，E 是数据查询结果显示窗口，F 窗口显示当前 SQL Server 中所有的数据库。

阅读材料

Oracle数据库及其查询工具
PL/SQL Developer 8.0简介

6.4　大数据多数据源综合分析技术应用——乡村振兴审计

6.4.1　审计案例背景简介

2018 年 1 月发布的 2018 年中央一号文件《中共中央 国务院关于实施乡村振兴战略的意见》强调“乡村振兴，摆脱贫困是前提”“瞄准贫困人口精准帮扶”。习近平总书记深刻指出：“乡村振兴的前提是巩固脱贫攻坚成果，要持续抓紧抓好，让脱贫群众生活更上一层楼。要持续推动同乡村振兴战略有机衔接，确保不发生规模性返贫，切实维护和巩固脱贫攻坚战的伟大成就。”[①] 2024 年 1 月发布的 2024 年中央一号文件《中共中央 国务院关于学习运用“千村示范、万村整治”工程经验有力有效推进乡村全面振兴的意见》强调“确保不发生规模性返贫”。巩固拓展脱贫攻坚成果是推进乡村全

① 人民时评：脱贫基础更稳固，乡村振兴开新局．（2022-03-03）．中国政府网．

面振兴的底线任务。要落实防止返贫监测帮扶机制，进一步提升防止返贫监测精准性、帮扶实效性。2024 年 7 月 18 日中国共产党第二十届中央委员会第三次全体会议通过的中国共产党第二十届中央委员会第三次全体会议公报强调“巩固拓展脱贫攻坚成果”。

2018 年 8 月审计署印发的《审计署关于在乡村振兴战略实施中加强审计监督的意见》强调，着力监督检查乡村振兴各项政策措施落实情况，打好精准脱贫攻坚战，持续开展跟踪审计，着力揭示责任不落实、机制不完善、方法不恰当、弄虚作假等影响政策措施落实的问题，促进各项政策措施落地生根、不断完善；着力监督检查乡村振兴资金安全和绩效情况。持续加强对中央和地方各级财政安排的脱贫攻坚资金等各类涉农资金的审计监督，着力揭示资金分配管理使用中存在的骗取套取、侵占挪用、贪污私分、挥霍浪费、优亲厚友、雁过拔毛、借机牟利等问题；统筹衔接脱贫攻坚与乡村振兴审计任务。党中央强调，把打好精准脱贫攻坚战作为实施乡村振兴战略的优先任务，推动脱贫攻坚与乡村振兴有机结合相互促进。在脱贫攻坚期内，贫困地区乡村振兴主要任务是脱贫攻坚。省级审计机关要统筹衔接本辖区内脱贫攻坚与乡村振兴审计任务，每年都要统一组织开展乡村振兴审计项目，其中，2020 年以前对贫困县的乡村振兴审计任务主要是脱贫攻坚审计。

江开县是江汉省江展市一个脱贫摘帽的贫困县。近年来，该县把巩固拓展脱贫攻坚成果摆在重要位置，建立健全巩固拓展脱贫攻坚成果长效机制，全力以赴巩固拓展脱贫攻坚成果，全县脱贫攻坚成果巩固成效明显，乡村振兴工作持续推进。为了检查该地脱贫攻坚成果巩固情况，根据江展市审计局 2024 年乡村振兴审计计划安排，现对该地脱贫攻坚成果巩固情况进行审计。重点是审计江开县 2012—2023 年落实“贫困户精准识别”的情况，特别是查找“五有人员”（有国家公职人员、有工商注册登记、有小轿车、有商品房、有农用机械设备）。（本案例中相关名称与数据均为虚构。）

6.4.2　基于大数据多数据源综合分析技术的乡村振兴审计原理分析

1. 开展乡村振兴大数据审计可利用的数据

大数据环境为乡村振兴审计提供了全方位分析的相关数据，一般可对以下数据进行分析。

（1）被审计单位主要内部数据。

1）文本数据。文本数据包括从被审计单位采集来的被审计单位的业务介绍、部门年度工作总结、脱贫攻坚项目情况、审计报告等相关文本数据。通过这些文本数据，审计人员可以了解目前被审计单位的相关业务情况等，便于其开展审计工作。

2）相关脱贫攻坚成果巩固情况数据。从被审计单位采集来的相关脱贫攻坚成果巩固情况数据包括低收入人员名单信息等。通过该数据，可以掌握低收入人员的相关信息等。

（2）被审计单位主要外部数据。

1）工商数据。为了掌握与脱贫攻坚成果巩固情况审计线索有关的公司的股东、法人、投资关系等信息，需要分析相关工商数据。

2）财政数据。为了分析低收入人员名单中是否有财政供养人员，需要分析相关财政数据。

3）税务数据。为了分析低收入人员的纳税情况、房屋交易情况以及车辆购置情况，需要分析相关税务数据。

4）金融数据。为了分析低收入人员的股票账户情况、银行存款情况，在有条件的情况下，经批准授权后，需要分析相关金融数据。

5）农机登记数据。为了分析低收入人员名单中拥有农用机械设备的人员情况，需要分析相关农机登记数据。

6）其他外部相关数据。除了以上被审计单位的相关数据之外，审计人员还可以通过一些大数据工具抓取互联网上的相关公开数据，辅助其判断相关审计线索。

2. 基于大数据多数据源综合分析技术的乡村振兴审计原理分析

针对本案例审计的需要，基于大数据多数据源综合分析技术的乡村振兴审计基本原理是将被审计单位提供的建档立卡低收入人员名单信息等，与相关财政、税务、工商、金融等数据综合分析，从而发现相关审计线索，在此基础上，通过进一步的延伸取证，最终获得审计证据。其原理如图6-56所示。

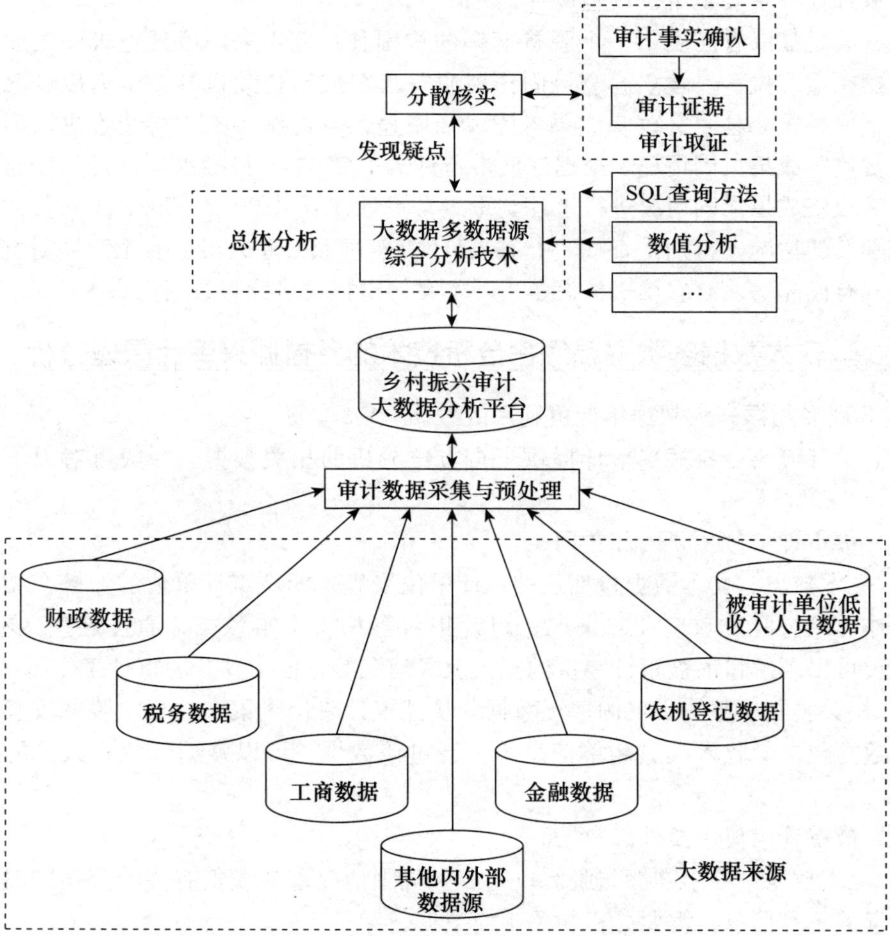

图6-56　基于大数据多数据源综合分析技术的乡村振兴审计基本原理

具体分析过程示例如下：

（1）低收入人员名单信息与工商数据综合分析。可以将采集到的低收入人员名单信息与相关工商投资人、管理层数据进行比对，分析低收入人员名单中是否有某公司的投资人和管理层，以及是否有人注册成立公司。

（2）低收入人员名单信息与财政数据综合分析。可以将采集到的低收入人员名单信息与相关财政供养人员数据进行比对，分析低收入人员名单中是否有财政供养人员（公务员、事业单位人员等）。

（3）低收入人员名单信息与税务数据综合分析。

1）可以将采集到的低收入人员名单信息与税务数据中个人所得税数据等相关数据进行比对，分析是否存在纳税的低收入人员。

2）可以将采集到的低收入人员名单信息与税务数据中房屋契税数据等相关数据进行比对，分析低收入人员名单中人员的房屋交易情况。

3）可以将采集到的低收入人员名单信息与税务数据中车辆购置税数据等相关数据进行比对，分析低收入人员名单中的人员是否有购车记录。

（4）低收入人员名单信息与金融数据综合分析。可以将采集到的低收入人员名单信息与相关金融数据进行比对，分析低收入人员的股票账户情况、银行存款情况（定期余额、活期交易金额等）。

（5）低收入人员名单信息与农机登记数据综合分析。可以将采集到的低收入人员名单信息与相关农机登记数据进行比对，分析低收入人员名单中的人员是否拥有农用机械设备。

6.4.3　基于大数据多数据源综合分析技术的乡村振兴审计操作过程示例

1. 审前准备阶段

（1）下发审计通知书。江展市审计局根据江开县乡村振兴服务中心脱贫攻坚成果巩固情况审计项目的需要，选派张××、刘××、李××、王××、赵××、孙××、钱××7 人，成立审计项目组，其中，张××任组长，刘××任副组长。

在开始审计之前，先向江开县乡村振兴服务中心下发审计通知书。

（2）审前调查。审计人员到达江开县乡村振兴服务中心后，立即开展审计调查。通过对江开县乡村振兴服务中心及相关人员开展座谈会、发放调查表、收集与审计调查相关的会计资料、其他证明材料等，审计人员对江开县乡村振兴服务中心的情况有了较全面的了解。

（3）制订审计实施方案。审计组根据江开县乡村振兴服务中心脱贫攻坚成果巩固情况审计项目的目标，以及审前调查的情况，制订了本项目的审计实施方案。该方案内容如下。

审 计 实 施 方 案

编制日期：2024年5月8日

<table>
<tr><td>局领导批准</td><td colspan="2">陈局长</td><td>业务处负责人审核</td><td>刘处长</td></tr>
<tr><td>审计组组长</td><td colspan="2">张××</td><td>方案编制人</td><td>李××</td></tr>
<tr><td>被审计单位（项目）</td><td colspan="4">江开县脱贫攻坚成果巩固情况审计项目</td></tr>
<tr><td>审计范围</td><td colspan="2">2012年1月至2023年12月精准扶贫相关情况</td><td>审计方式</td><td>现场审计</td></tr>
<tr><td>审计起止日期</td><td colspan="4">2024年5月1日至2024年7月30日</td></tr>
<tr><td rowspan="3">审计人员</td><td>组　长</td><td colspan="3">张××</td></tr>
<tr><td>副组长</td><td colspan="3">刘××</td></tr>
<tr><td>成　员</td><td colspan="3">李××（主审）、王××、赵××、孙××、钱××</td></tr>
</table>

根据审计局《2024年乡村振兴审计工作方案》的规定，按照《中华人民共和国国家审计准则》的要求，审计组在认真进行调查了解的基础上，制订本审计实施方案。

一、审计目标

通过本次审计，全面了解江开县的精准扶贫状况，找出江开县乡村振兴服务中心精准扶贫工作中存在的风险点及管理上的薄弱环节，保证各项精准扶贫管理制度全面落实，提高精准扶贫管理水平。

二、审计的范围

2012—2023年精准扶贫相关情况。

三、审计内容、重点及措施（包括审计事项和审计应对措施）

本次审计的内容主要包括：落实“贫困户精准识别”情况、落实江汉省廉洁从业规定情况等。

本次审计的重点是江开县2012—2023年落实“贫困户精准识别”的情况，特别是查找“五有人员”（有国家公职人员、有工商注册登记、有小轿车、有商品房、有农用机械设备）。

四、审计工作要求（包括项目审计进度安排、审计组内部重要管理事项及职责分工等）

审计组组长：张××，负责主持进点会议，组织审计组成员开展现场检查，确定小组成员的分工；与被审计单位协调重要事项；审核审计通知书、审计实施方案；审定审计报告征求意见书，审核审计报告，把握审计项目质量和进度。副组长刘××协助组长完成相关工作。

主审人：李××，收集、分析被审计单位的有关资料，起草审前分析、审计通知书、审计实施方案；组织审计人员进行现场检查；起草审计报告征求意见书，起草审计报告；组织整理审计项目档案。

审计组成员：钱××、刘××负责审计数据采集与分析；王××、刘××负责该乡村振兴服务中心落实“贫困户精准识别”的情况；赵××和孙××负责该乡村振兴服务中心负责人落实江汉省廉洁从业规定情况。各成员负责编制分工内审计工作底稿、审计取证单，收集相应的资料复印件、情况说明等相关证明材料，对分工审计事项负全部责任。

五、其他有关要求

（1）对重点问题要查深查透，注意发现重大违法违规案件线索以及在管理上具有普遍性的问题，对在审计过程中发现的重大问题，必须在第一时间向组长汇报。

（2）实行审计项目责任制。审计组组长负总责，主审人及成员对分工事项负责。审计人员要严格按照审计实施方案实施审计。

（3）审计结束后应对审计情况进行总结、汇总分析，及时完成审计报告。

（4）严格执行审计纪律。要严于职守，不徇私情，不得接受被审计单位的宴请、娱乐消费，树立和维护审计队伍形象。

（5）做好审计保密工作。对调阅资料按规定手续进行交接，防止审计资料的泄密。

2. 审计实施阶段

在审计实施阶段，审计人员可以采用不同的软件工具，对被审计单位的数据进行采集和分析，从而发现审计线索，获得审计证据。下面以 SQL Server 为例，介绍如何采集数据，如何采用大数据多数据源综合分析技术分析相关数据。

（1）下发审计需求单。由于被审计单位江开县乡村振兴服务中心实施信息化，采用建档立卡系统管理扶贫工作，审计人员必须对其电子数据进行审计，因此审计人员向江开县乡村振兴服务中心分批提交了审计需求单，以获取相关电子数据。其中，关于低收入农户数据的审计需求如下。

1）江开县建档立卡系统中 2012—2023 年的低收入农户数据，数据字段包括：年份、户主姓名、户主身份证、姓名、身份证号码、乡镇、类别。

2）提供以上低收入农户数据的数据字典。

上述 1）中的数据以文本文件格式提供。

根据审计需求单，审计人员从江开县乡村振兴服务中心获取了该县 2012—2023 年的低收入农户数据（数据名称为：低收入农户数据）（见图 6－57）和低收入农户数据的数据字典（见图 6－58）。

图 6－57　江开县乡村振兴服务中心文本文件格式的低收入农户数据

低收入农户数据的数据字典

数据库中的表名：dsrnhsj	中文表名：低收入农户数据
数据库中的字段名	**字段名内涵**
nf	年份
hzxm	户主姓名
hzsfz	户主身份证
xm	姓名
sfzhm	身份证号码
xz	乡镇
lb	类别

图 6－58　江开县乡村振兴服务中心低收入农户数据的数据字典

另外，审计组根据本项目审计的需要，从上级审计部门数据中心分别申请获得了财政供养人员数据和工商数据。其中，财政供养人员数据为 Excel 格式的数据，如图 6 - 59 所示；工商数据为 Access 数据库格式的数据，如图 6 - 60 所示。

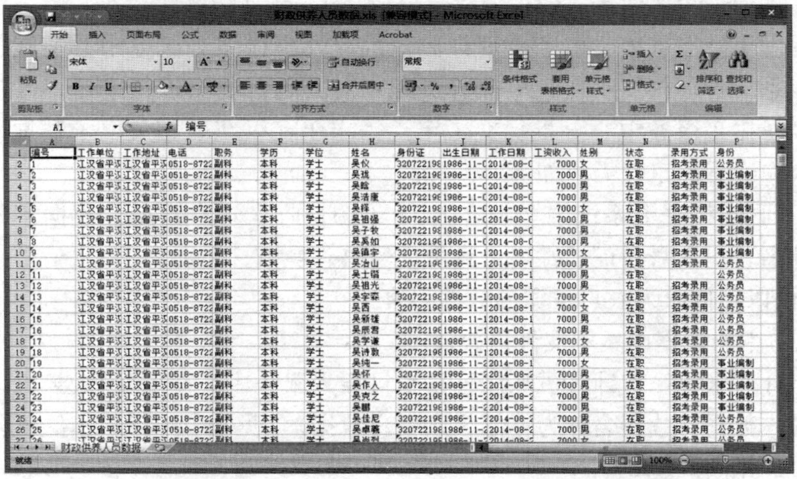

图 6 - 59　财政供养人员数据示例

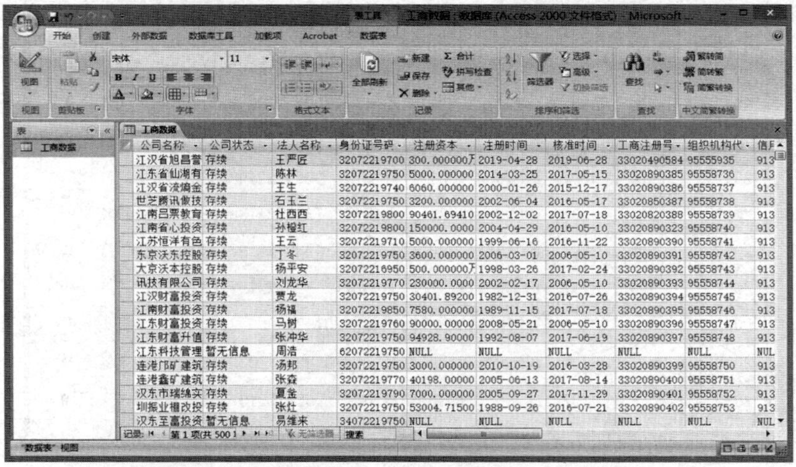

图 6 - 60　工商数据示例

（2）基于 SQL Server 的数据分析示例。下面以 SQL Server 2008 为例，介绍如何采用 SQL Server 对该项目中的相关数据进行审计，其方法及操作过程如下。

1）数据采集。

数据一：文本文件格式的数据采集。以低收入农户数据为例，把该文本文件格式的数据采集到 SQL Server 中的操作过程如下。

①打开 SQL Server Management Studio，选中“数据库”，点击鼠标右键，选择“新建数据库(N)…”，如图 6 - 61 所示，进入 SQL Server 的“新建数据库”界面，如图 6 - 62 所示，新建一个名为“乡村振兴审计示例数据”的数据库。

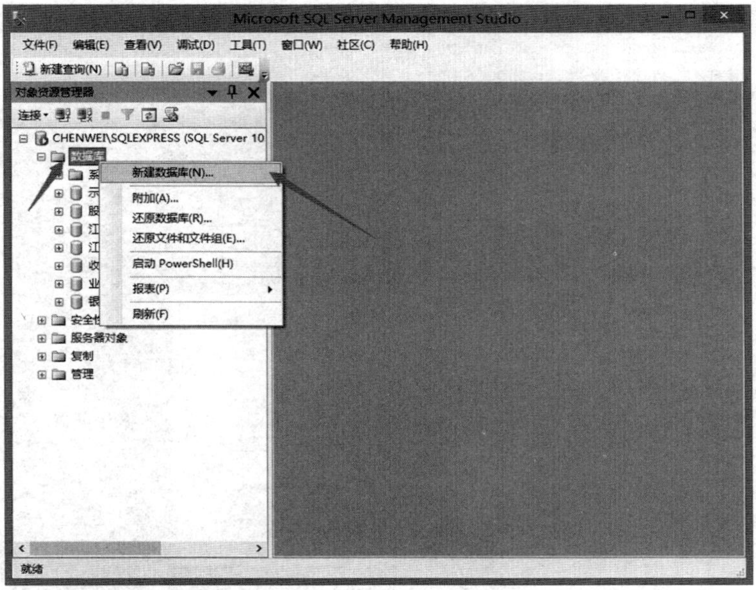

图 6 - 61　新建数据库操作示例

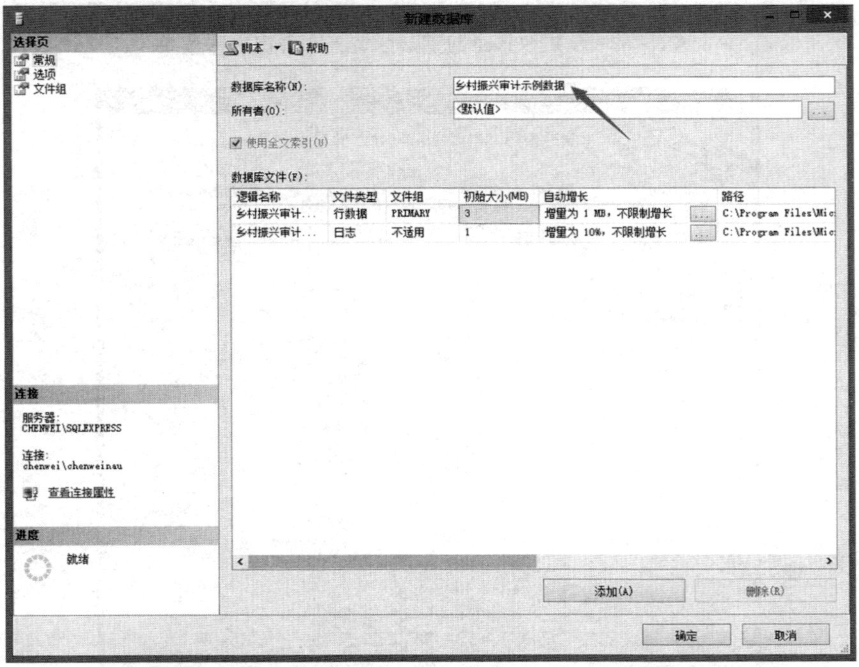

图 6 - 62　新建一个名为“乡村振兴审计示例数据”的数据库示例

②选中该“乡村振兴审计示例数据”数据库，点击鼠标右键，选择“任务（T）”→“导入数据（I）…”，如图 6 - 63 所示，进入 SQL Server 数据库的导入和导出向导界面，如图 6 - 64 所示。

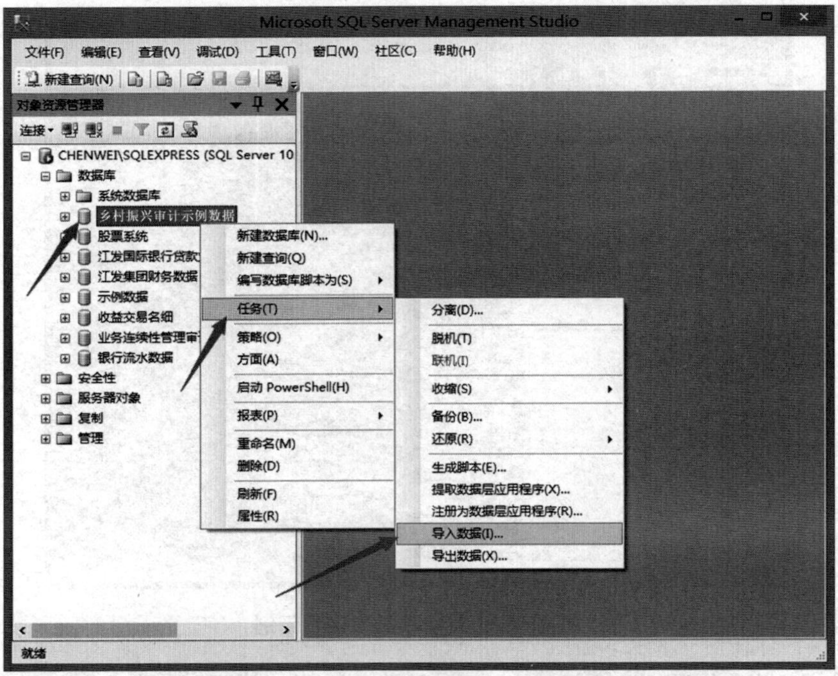

图 6-63　SQL Server 数据库的导入和导出操作菜单

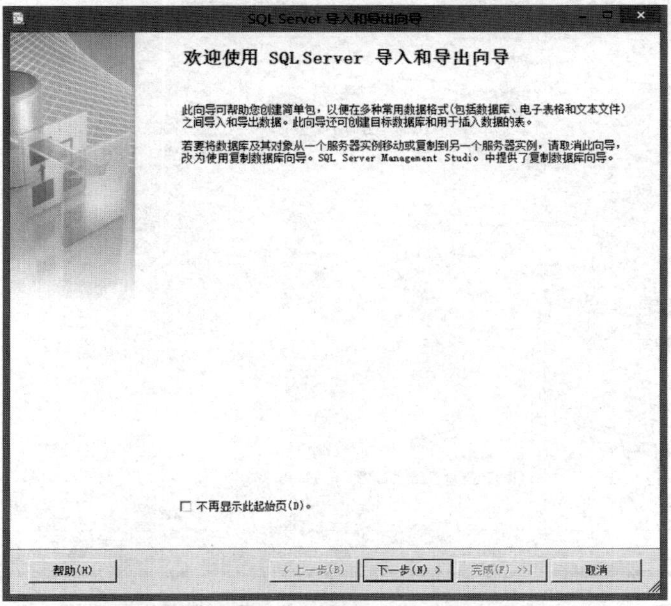

图 6-64　SQL Server 数据库的导入和导出向导界面

③单击“下一步（N）”按钮，进入导入和导出向导。

④如图 6-65 所示，根据向导的提示，在选择数据源界面中选择“平面文件源”。根据后续提示，即可完成文本文件格式数据的采集，其过程如图 6-66 至图 6-71 所示。其中，在图 6-66 中可以对所要采集的文本数据进行设置，例如，去掉文本数据中

字符数据两边的引号“""”，可以选择格式→文本限定符选项卡设置。

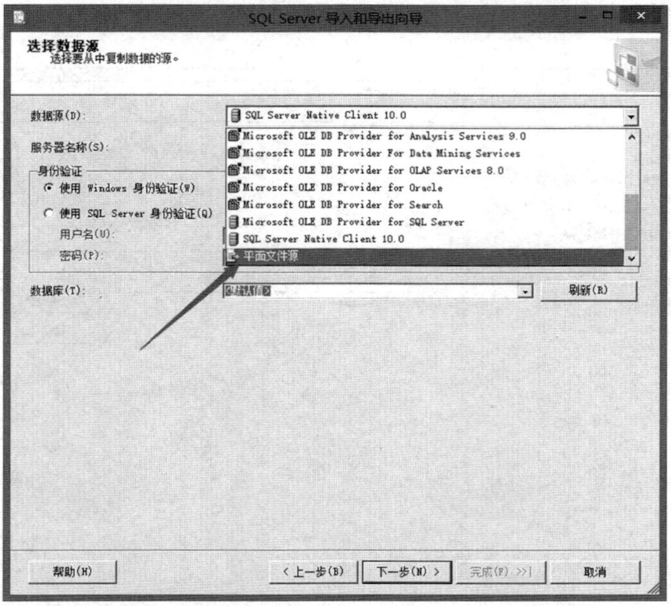

图 6-65　选择所需采集的平面文件源数据源类型

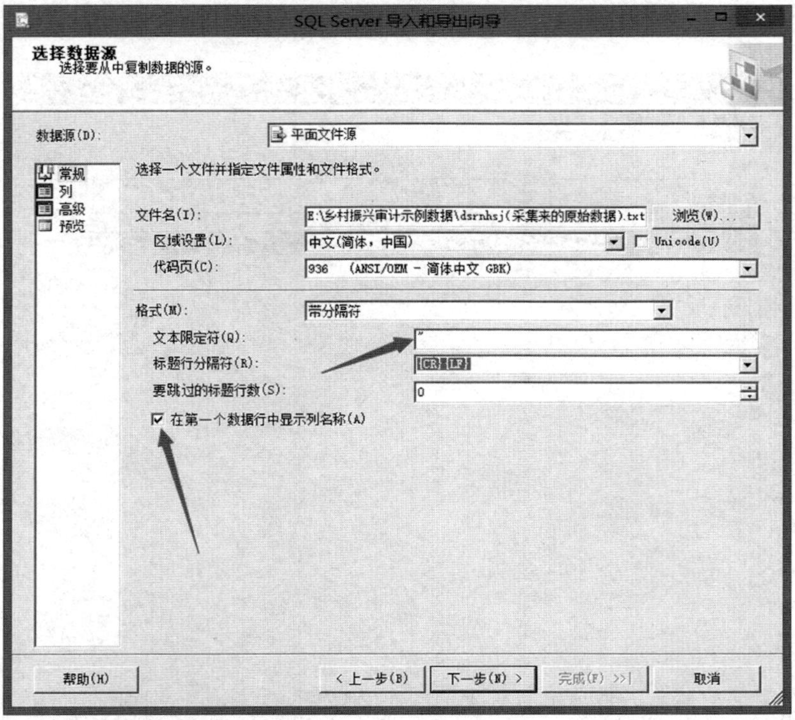

图 6-66　去掉文本数据中字符数据两边的引号的设置

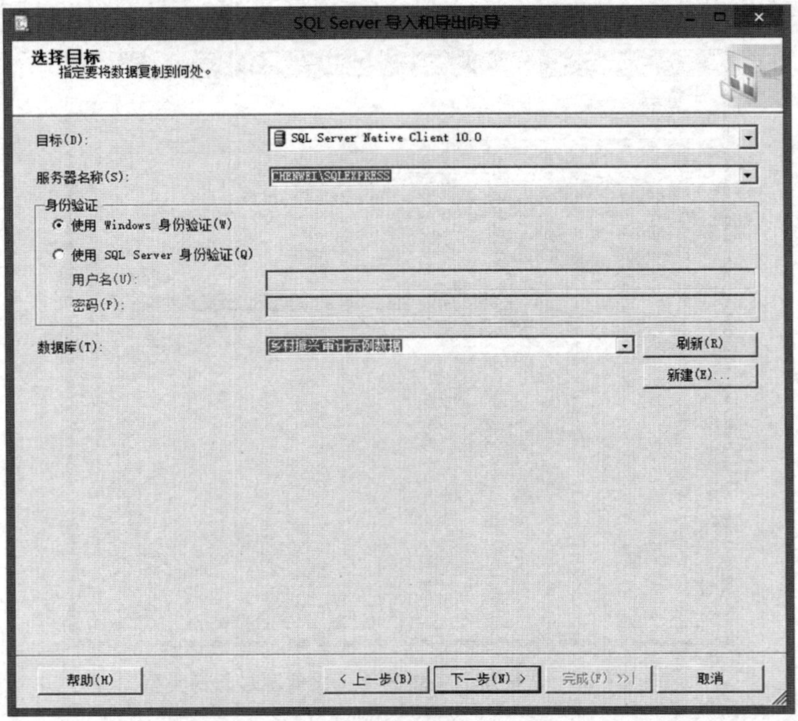

图 6-67　选择目标

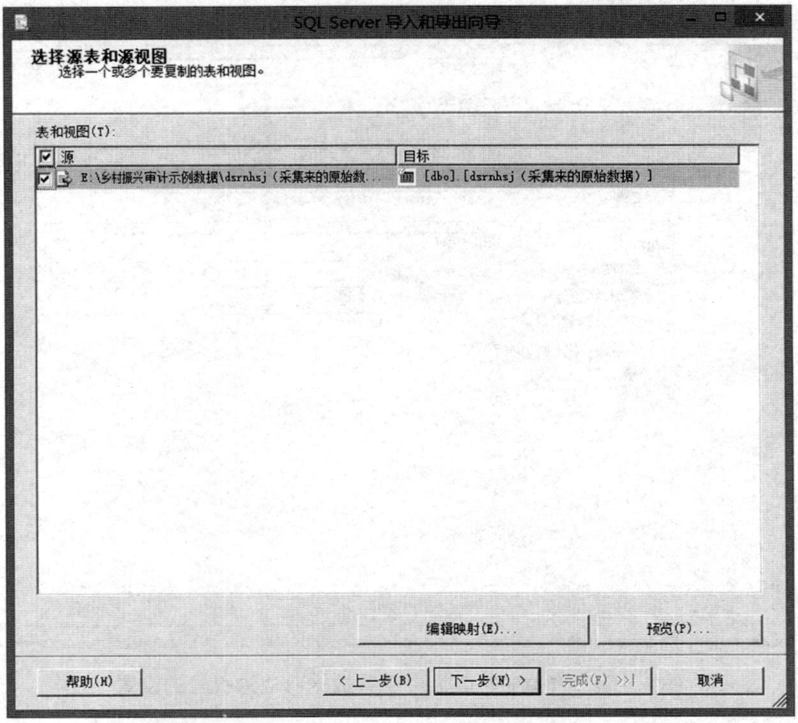

图 6-68　选择源表和源视图

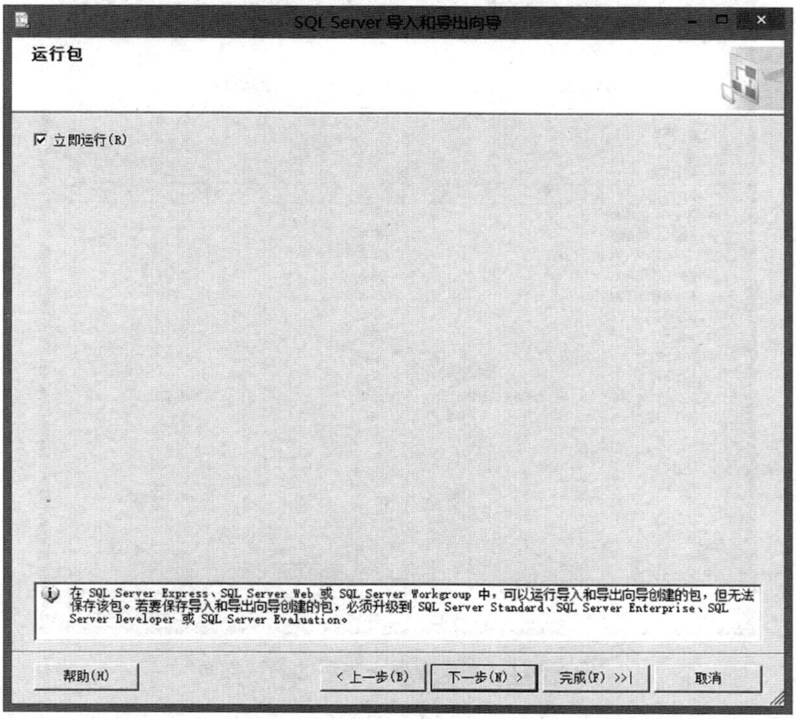

图 6-69　运行包

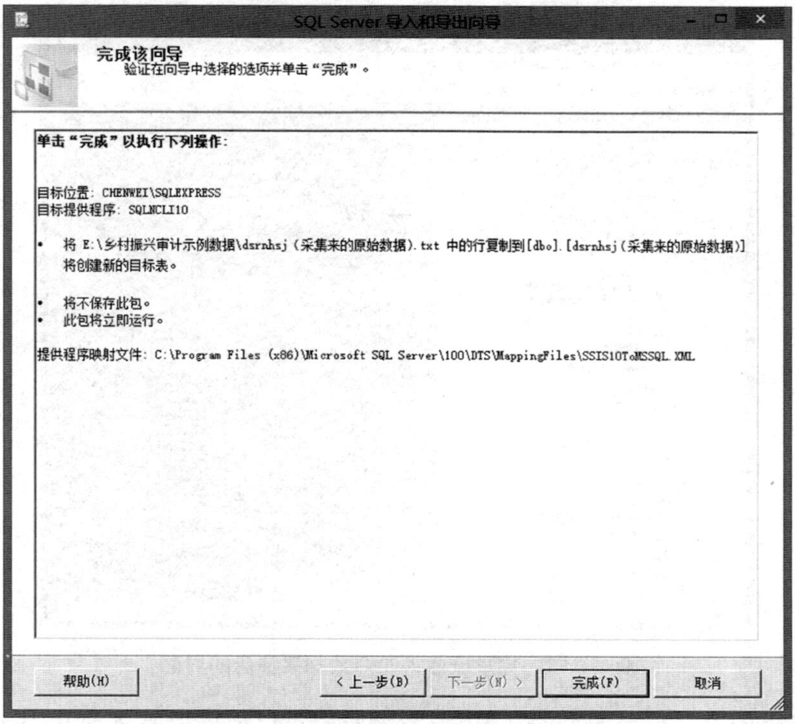

图 6-70　数据采集设置好后的确认操作界面

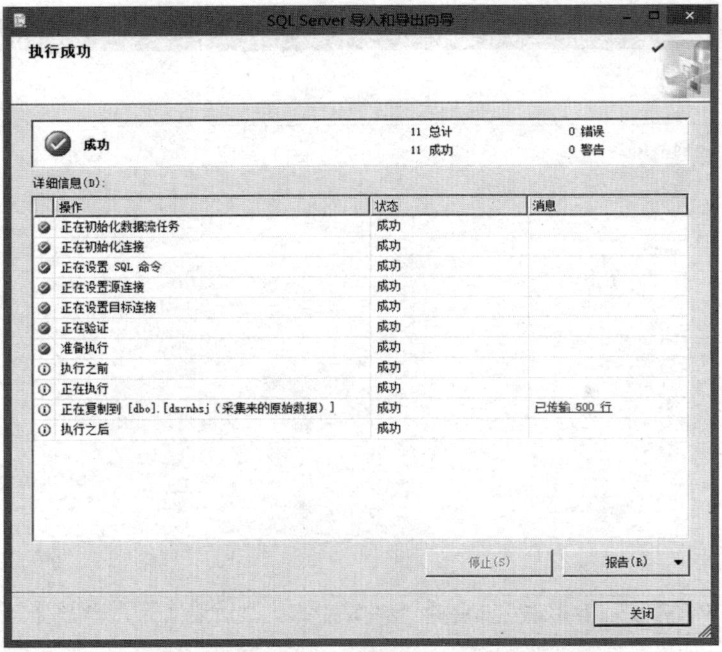

图 6－71　完成数据采集后的确认界面

⑤完成采集后，点击关闭按钮，返回 SQL Server Management Studio 主界面，在主界面点击刷新菜单，就可以看到采集完成的该数据，如图 6－72 所示。

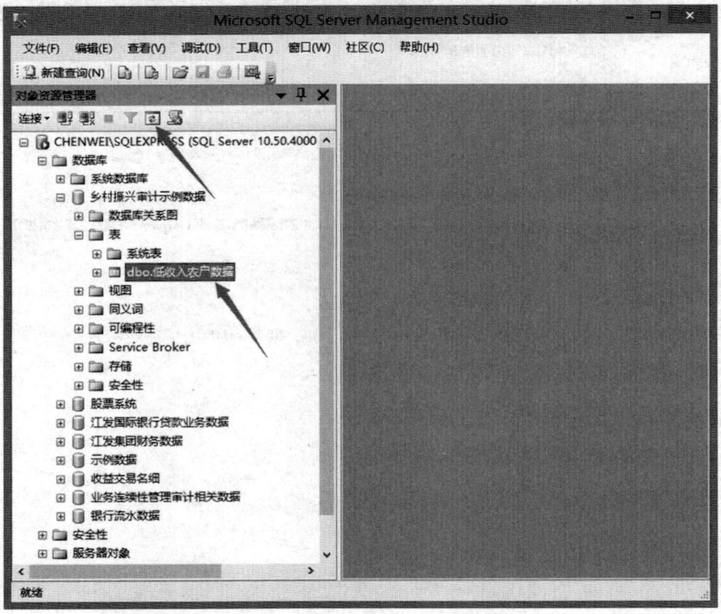

图 6－72　完成低收入农户数据采集后的界面

需要指出的是，对于导入后的文本文件数据，可以根据需要在 SQL Server 数据库中进行修改，例如更改字段类型等，然后对更改后的结果进行保存。当系统不允许保存更改结果时，解决方法如下：

在 SQL Server 2008 数据库的 Management Studio 中，选择“工具”→“选项”，如图 6－73 所示，在选项界面中选择“设计器”→“表设计器和数据库设计器”选项，取消选中“阻止保存要求重新创建表的更改（S）”复选框即可。

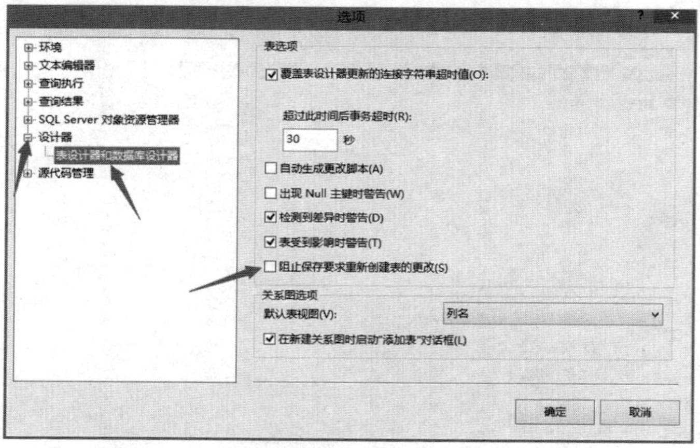

图 6－73　阻止保存要求重新创建表的更改的设置

数据二：Excel 格式的数据采集。以财政供养人员数据为例，把 Excel 格式的数据采集到 SQL Server 中的操作过程如下。

①在 SQL Server 导入和导出向导的“选择数据源”界面中选择“Microsoft Excel”，如图 6－74 所示。根据后续提示，即可完成 Excel 格式数据的采集，其过程如图 6－75 至图 6－81 所示。

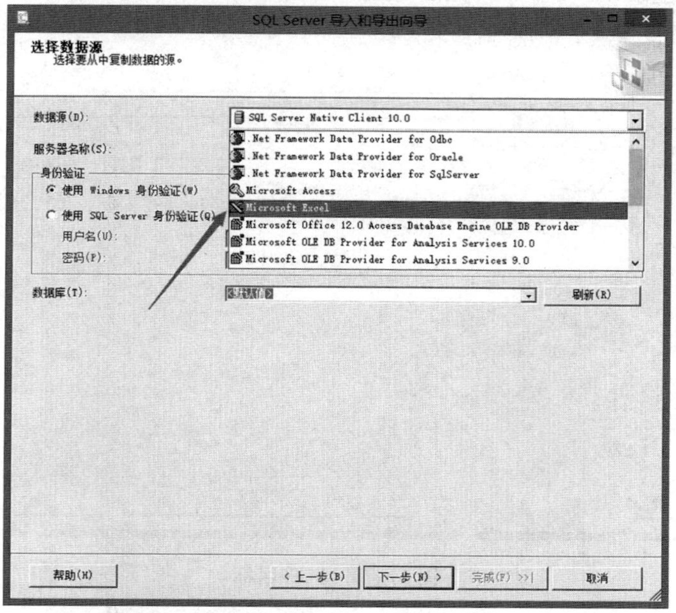

图 6－74　选择所需采集的 Excel 数据源类型

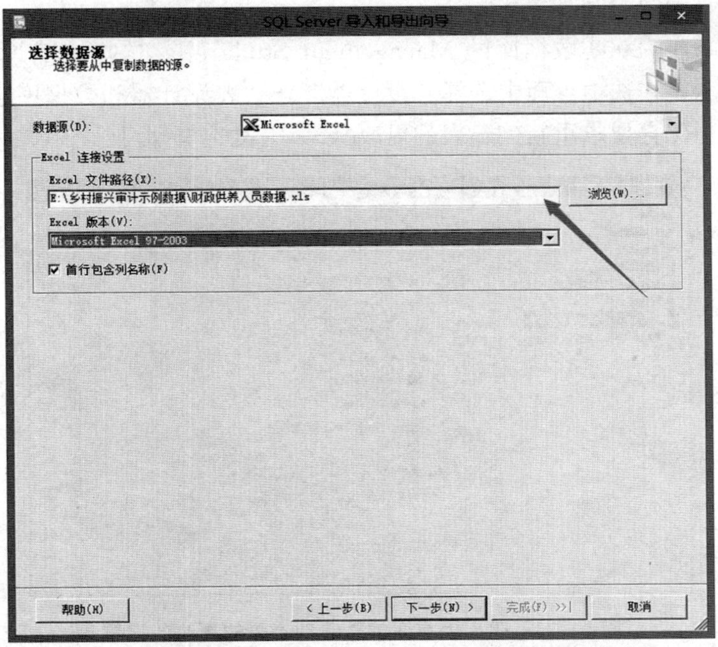

图 6-75　选择所需采集的 Excel 格式的数据文件

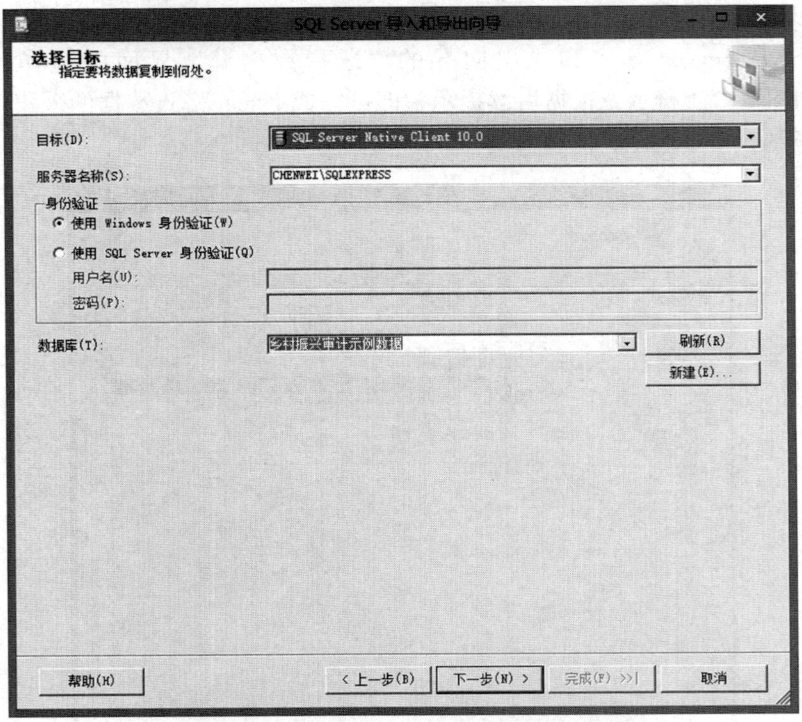

图 6-76　选择目标

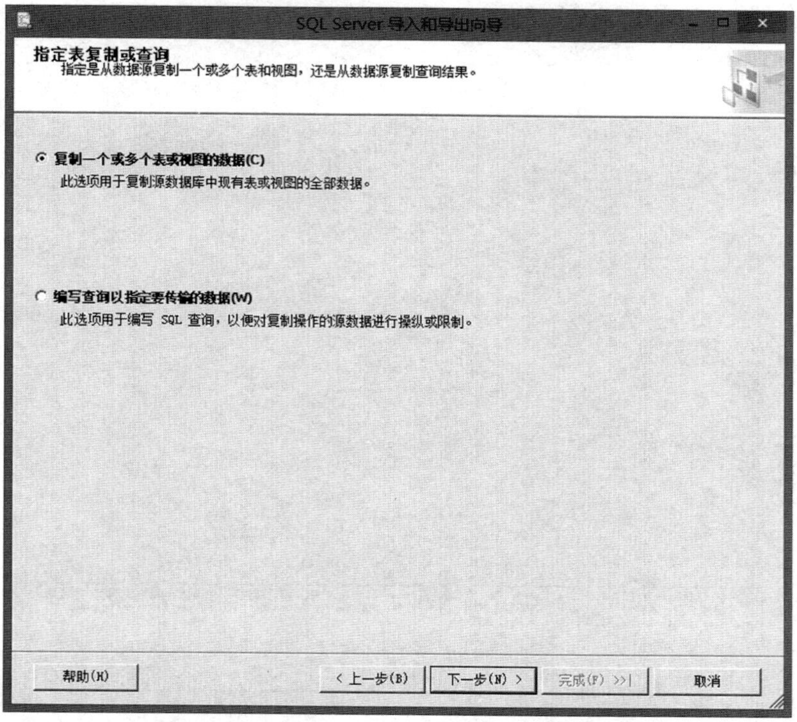

图 6－77　指定表复制或查询

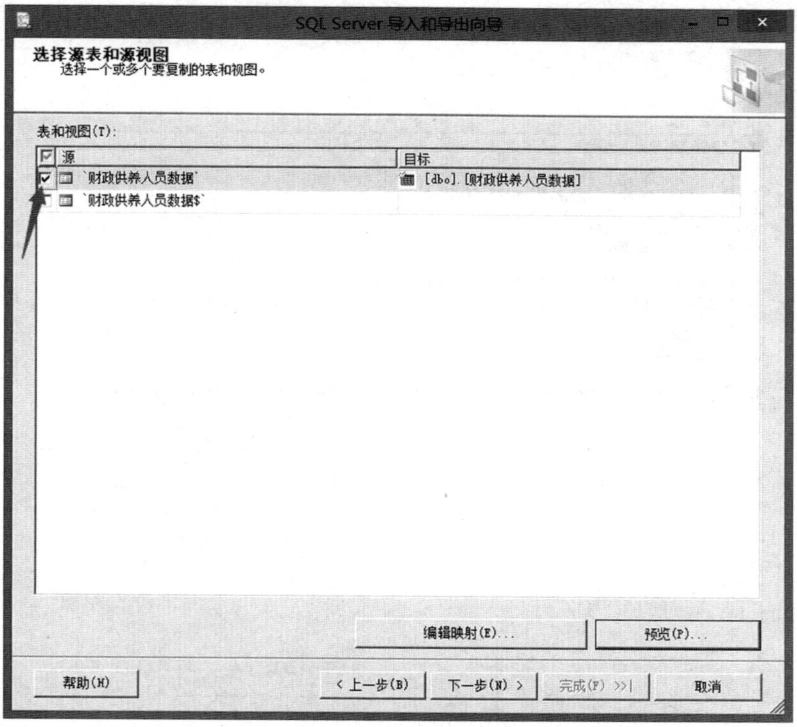

图 6－78　选择源表和源视图

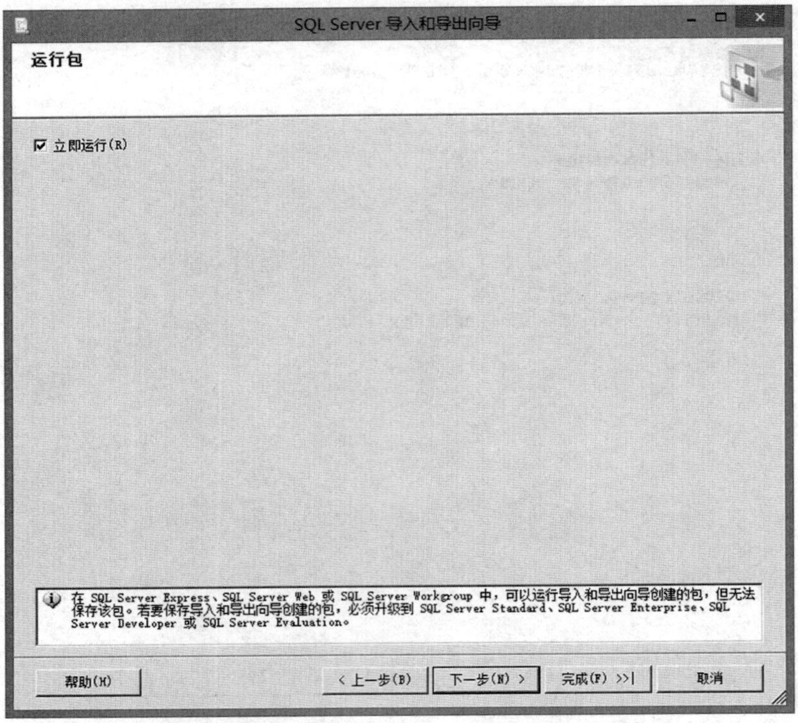

图 6-79　运行包

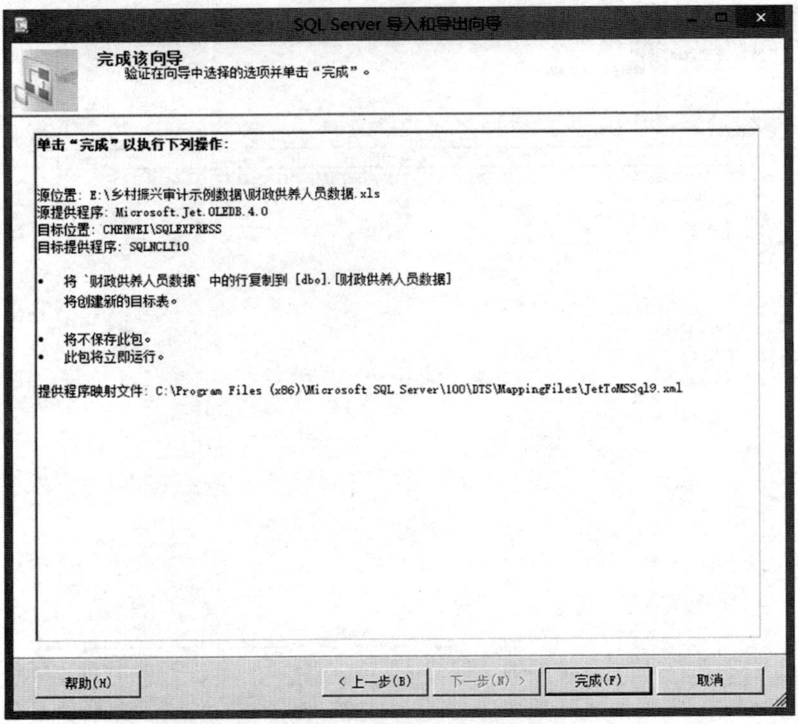

图 6-80　数据采集设置好后的确认操作界面

图 6－81　完成数据采集后的确认界面

②完成采集后，点击关闭按钮，返回 SQL Server Management Studio 主界面，在主界面点击刷新菜单，就可以看到采集完成的该数据，如图 6－82 所示。

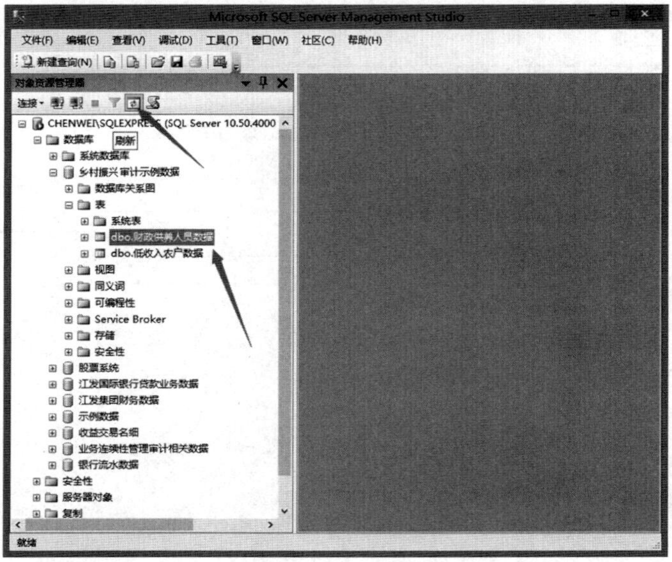

图 6－82　完成财政供养人员数据采集后的界面

数据三：Access 数据库格式的数据采集。以工商数据为例，把 Access 数据库格式的数据采集到 SQL Server 中的操作过程如下。

①在 SQL Server 导入和导出向导的“选择数据源”界面中选择“Microsoft Access”，如图6-83所示。根据后续提示，即可完成Access格式数据的采集，其过程如图6-84至图6-90所示。

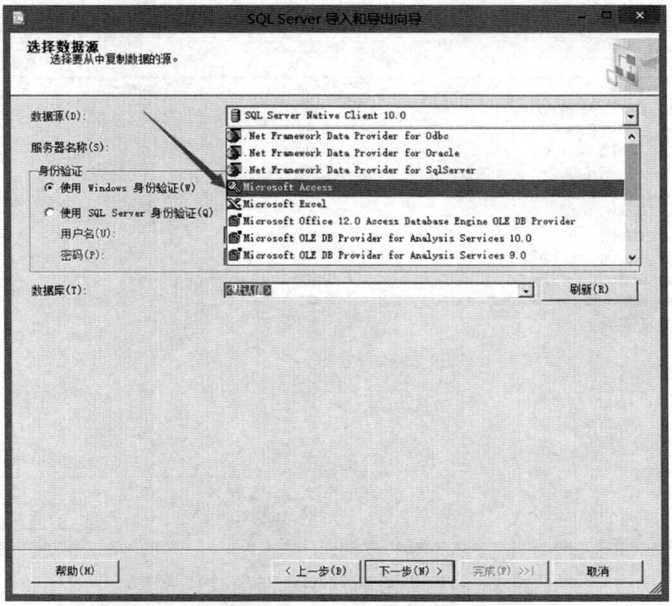

图6-83 选择所需采集的Access数据源类型

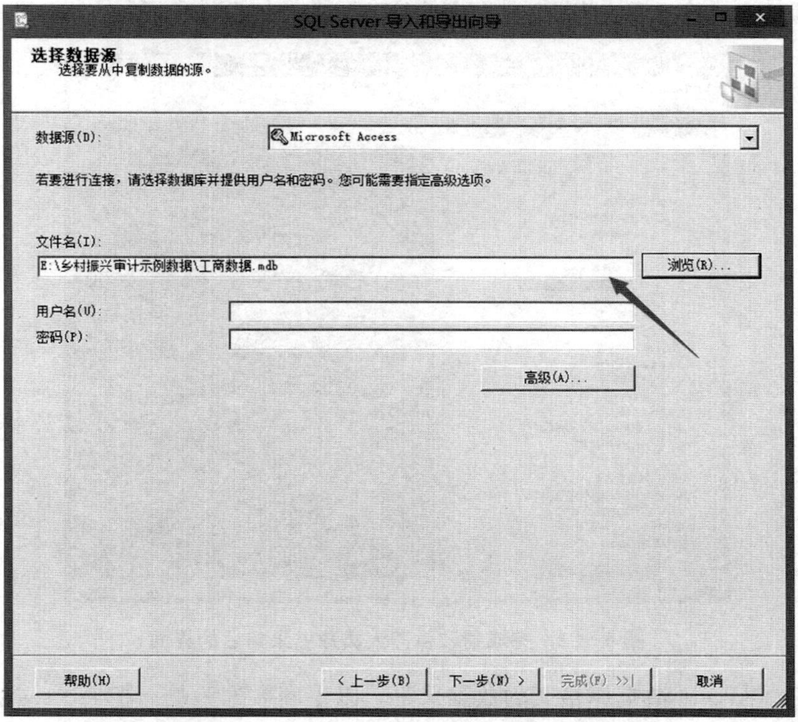

图6-84 选择所需采集的Access数据库格式的数据文件

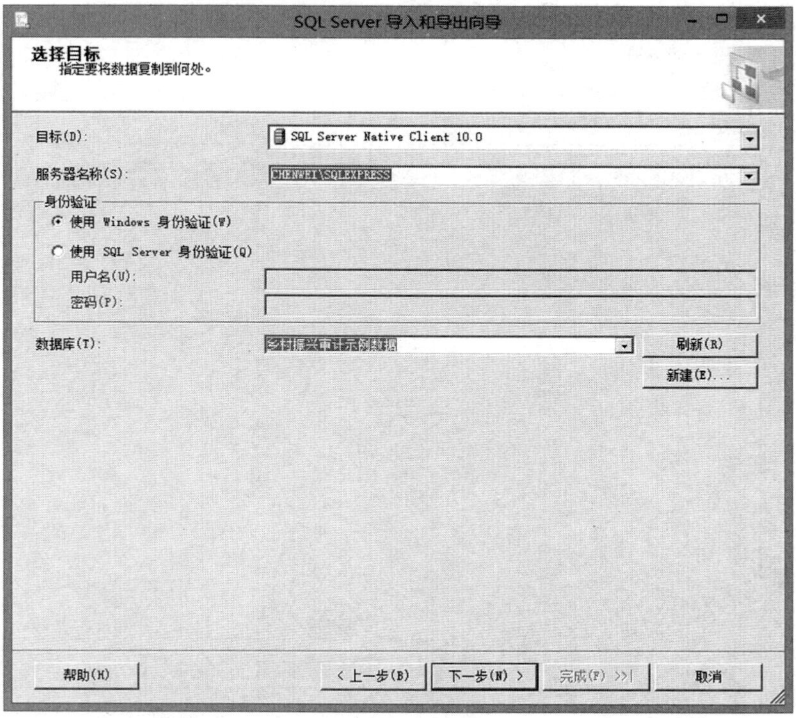

图 6－85　选择目标

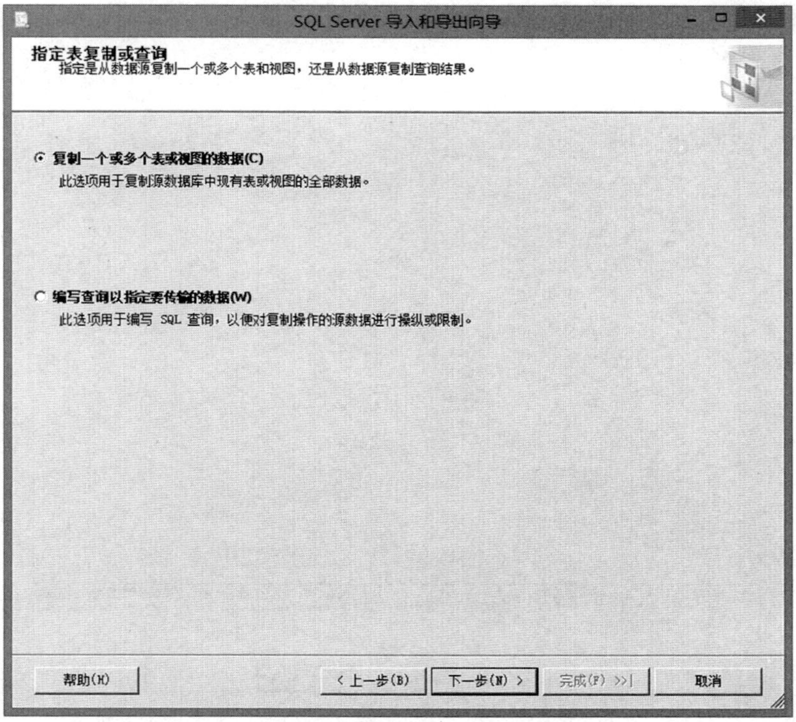

图 6－86　指定表复制或查询

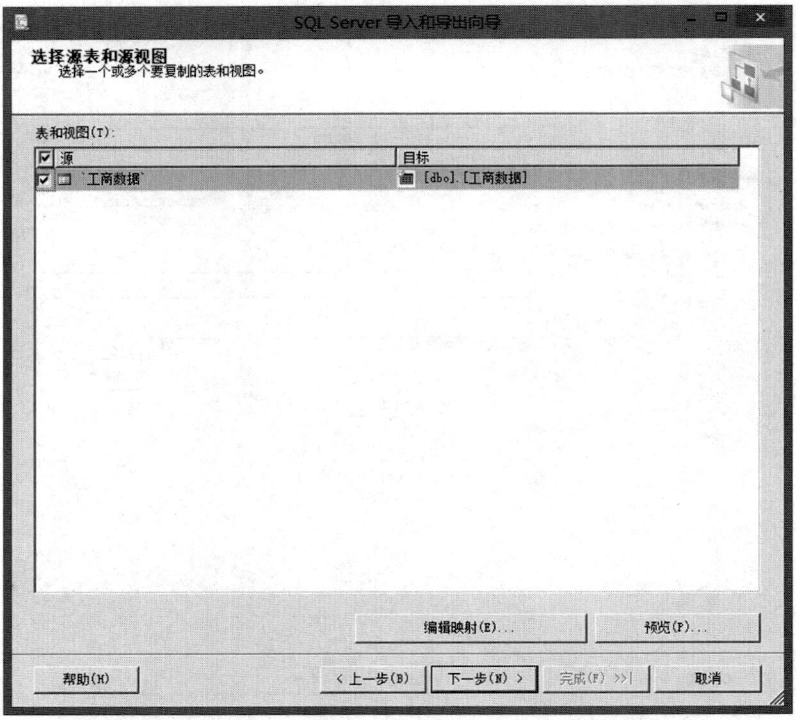

图6-87　选择源表和源视图

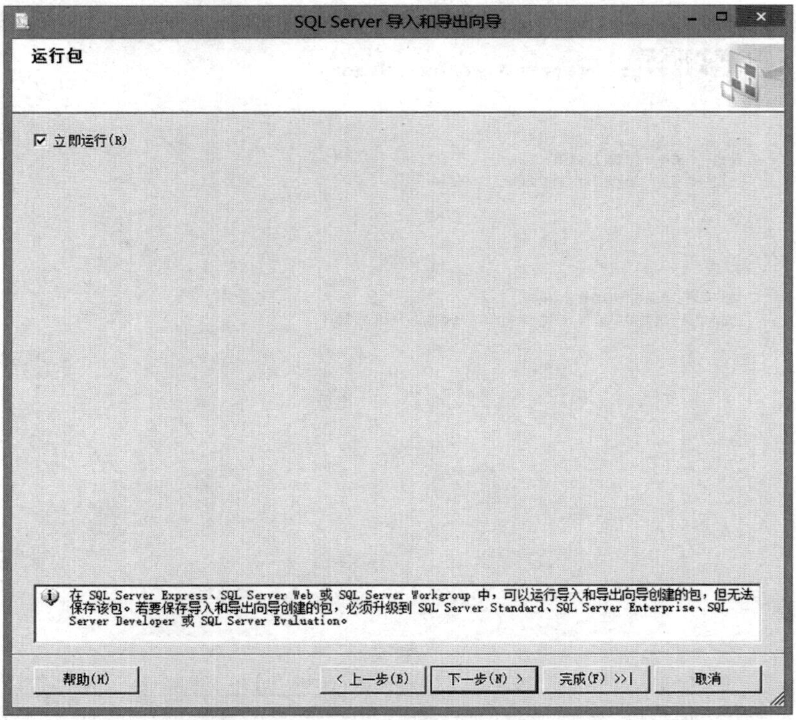

图6-88　运行包

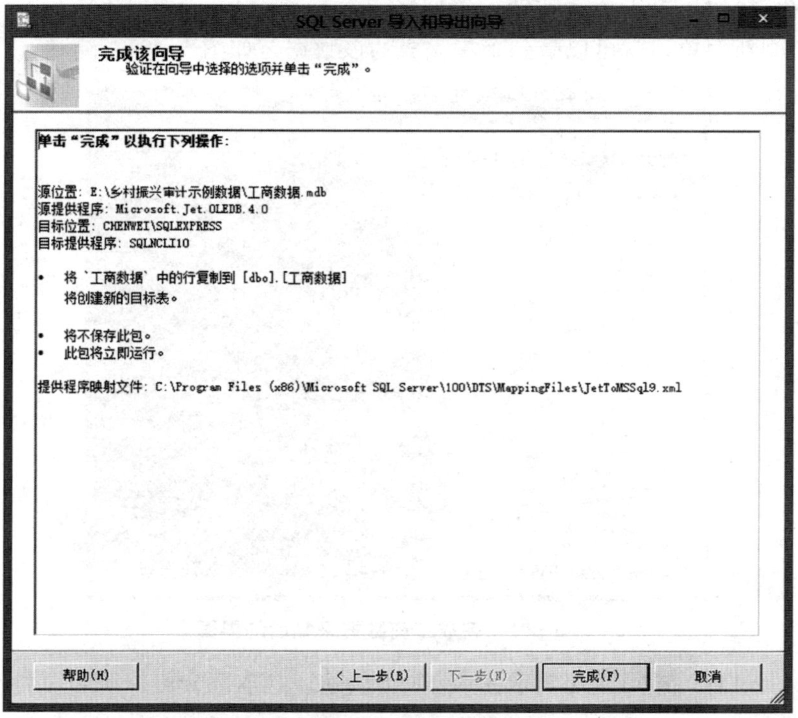

图 6-89 数据采集设置好后的确认操作界面

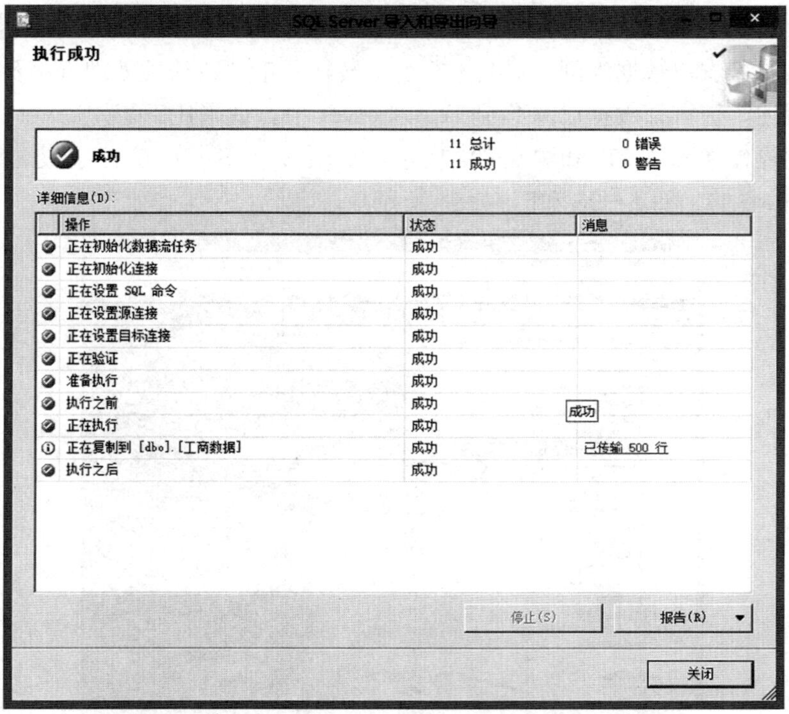

图 6-90 完成数据采集后的确认界面

②完成采集后，点击关闭按钮，返回 SQL Server Management Studio 主界面，在主界面点击刷新菜单，就可以看到采集完成的该数据，如图 6－91 所示。

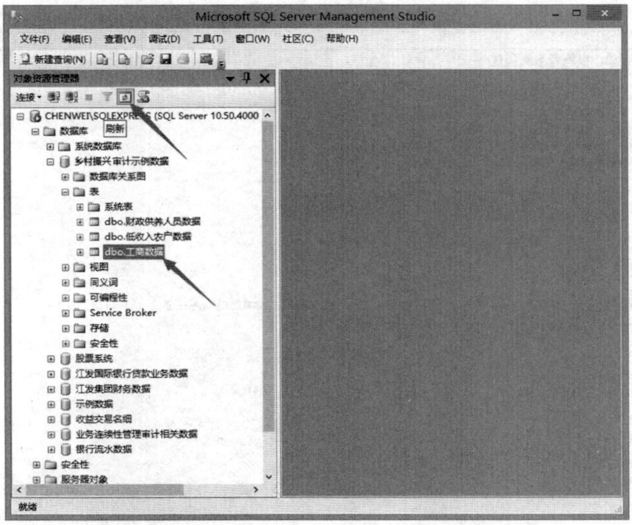

图 6－91　完成工商数据采集后的界面

通过以上过程，即可按照要求完成数据的采集。（本部分可以练习三种不同类型数据的采集。）

2）数据预处理。审计组人员把乡村振兴审计示例数据采集到 SQL Server 中之后，根据需要，可以对这些数据进行预处理。假设财政供养人员数据和工商数据已经过处理，现以低收入农户数据为例，对其进行名称转换的审计数据预处理方法及过程如下：

如前所述，被审计数据已采集到 SQL Server 中，现采用 SQL Server 完成数据表名称转换的操作如图 6－92 和图 6－93 所示，采用 SQL Server 完成字段名称转换的操作分别如图 6－94、图 6－95 和图 6－96 所示。

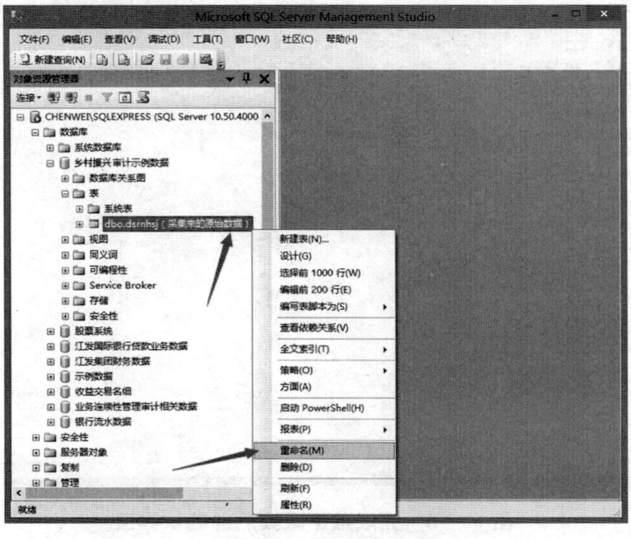

图 6－92　数据表名称转换操作方法示例

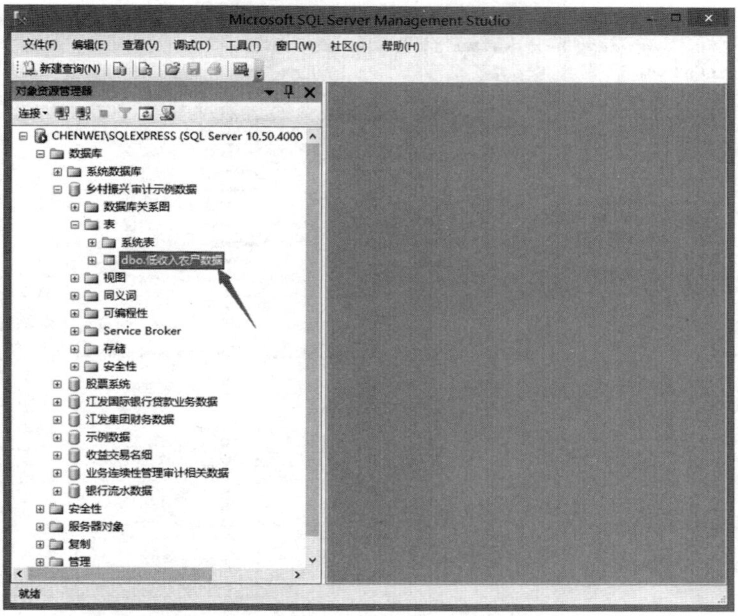

图 6－93　转换后的数据表名称界面

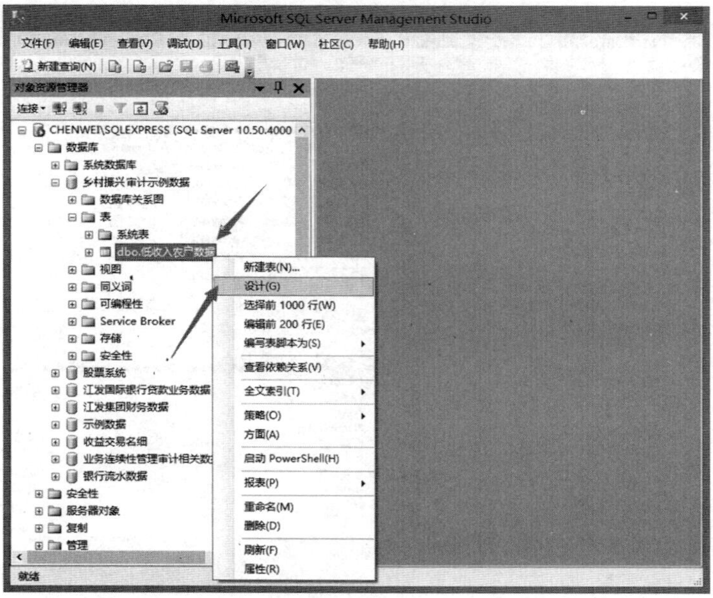

图 6－94　进入字段设计界面

3）数据分析。在完成数据预处理之后，可以采用大数据多数据源综合分析技术，在数据库中运行相关 SQL 语句，对采集来的乡村振兴审计相关数据进行分析，从而查找出精准扶贫相关问题。相关操作过程如下。

①低收入农户数据与财政供养人员数据综合分析。为了检查被审计单位是否做到精准扶贫，审计人员可以通过对低收入农户数据与财政供养人员数据进行综合分析，

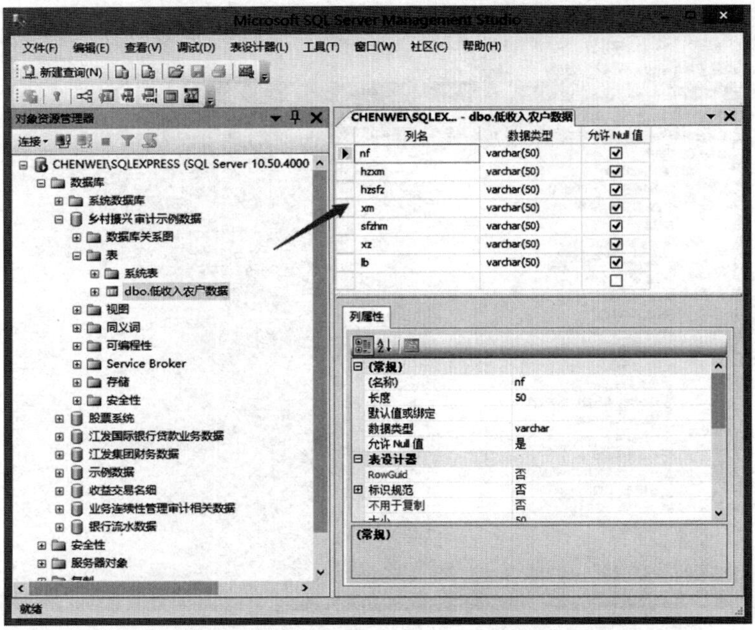

图 6－95　字段名称转换操作示例

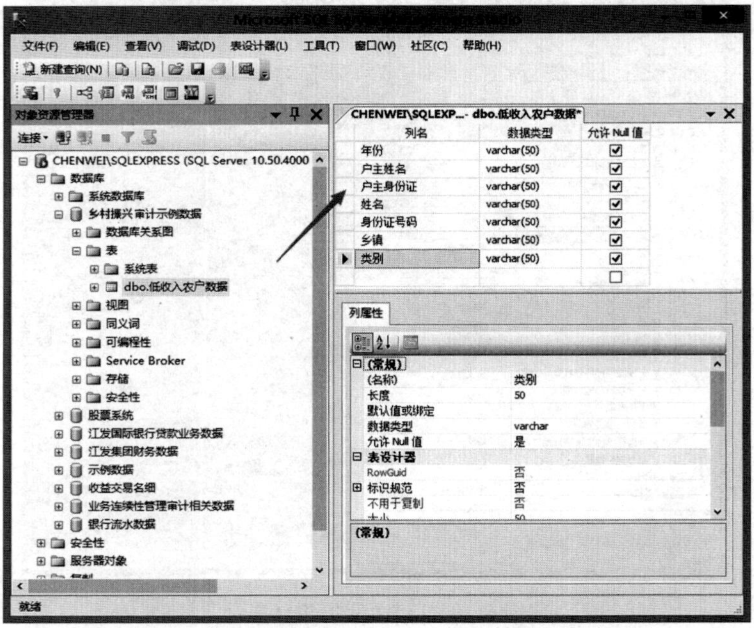

图 6－96　转换后的字段名称界面

分析低收入人员名单中是否有财政供养人员，并显示低收入农户数据中的“姓名”“身份证号码”“类别”字段和财政供养人员数据中的“姓名”“工作单位”“身份”“工资收入”字段，假设使用内连接来完成，相应的 SQL 查询语句如下。

```
SELECT A.姓名,A.身份证号码,A.类别,B.姓名,B.工作单位,B.身份,B.工资收入
FROM 低收入农户数据 AS A JOIN 财政供养人员数据 AS B ON A.身份证号码=B.身份证;
```

在编写 SQL 查询语句时，也可以参照本书第 7 章中的内容，基于大模型工具智能生成 SQL 分析模型。

若采用数据库工具对这些数据进行综合分析，以 Microsoft SQL Server 为例（当数据量大时，可以采用 Oracle 数据库及其 SQL 查询工具 PL/SQL Developer 进行分析），其操作过程与分析结果如下：

- 在 SQL Server 数据库管理工具中，点击“新建查询（N）”，在“查询”窗口中输入相应的 SQL 语句，如图 6－97 所示。

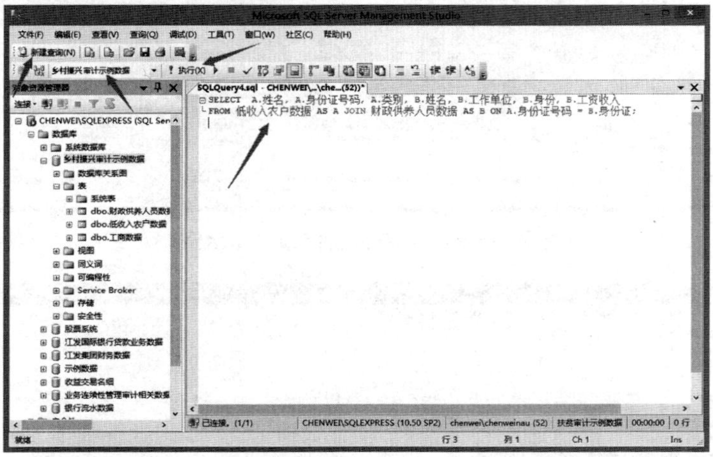

图 6－97 基于 SQL Server 的低收入农户数据与财政供养人员数据综合分析过程示例

- 在图 6－97 所示的界面中点击“执行（X）”按钮，即可得到审计人员所要查找的低收入人员名单中存在的财政供养人员数据，其查询结果如图 6－98 所示。

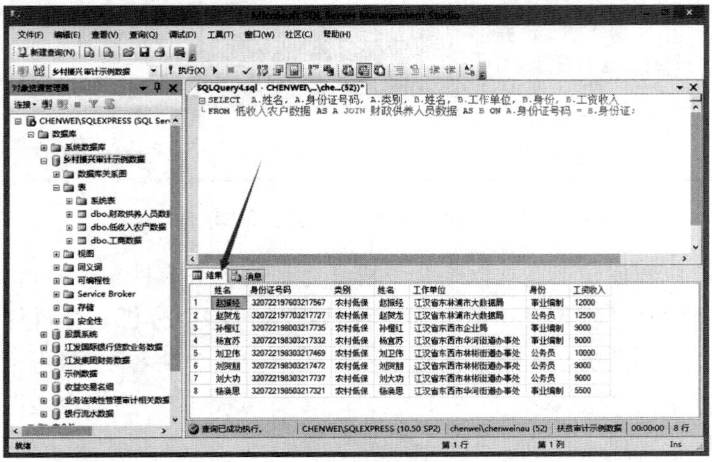

	姓名	身份证号码	类别	姓名	工作单位	身份	工资收入
1	赵振经	320722197603217567	农村低保	赵振经	江汉省东林浦市大数据局	事业编制	12000
2	赵贺龙	320722197703217727	农村低保	赵贺龙	江汉省东林浦市大数据局	公务员	12500
3	孙檑红	320722198003217735	农村低保	孙檑红	江汉省东西市企业局	事业编制	9000
4	杨直苏	320722198303217332	农村低保	杨直苏	江汉省东西市华河街道办事处	事业编制	9000
5	刘卫伟	320722198303217469	农村低保	刘卫伟	江汉省东西市林彬街道办事处	公务员	10000
6	刘贺朋	320722198303217472	农村低保	刘贺朋	江汉省东西市林彬街道办事处	公务员	9000
7	刘大功	320722198303217737	农村低保	刘大功	江汉省东西市林彬街道办事处	公务员	9000
8	杨涣思	320722198503217321	农村低保	杨涣思	江汉省东西市华河街道办事处	事业编制	5500

图 6－98 基于 SQL Server 的低收入农户数据与财政供养人员数据综合分析结果示例

由图6-98可以发现：在该地认定的扶贫对象中，有8人属于财政供养人员，审计人员需要对这些人做进一步的延伸审计，确认其是否符合扶贫建档立卡标准。

以上分析结果可导出到其他文件中，其操作方法示例如图6-99和图6-100所示。假设把分析结果保存为Excel格式文件，其结果示例如图6-101所示。

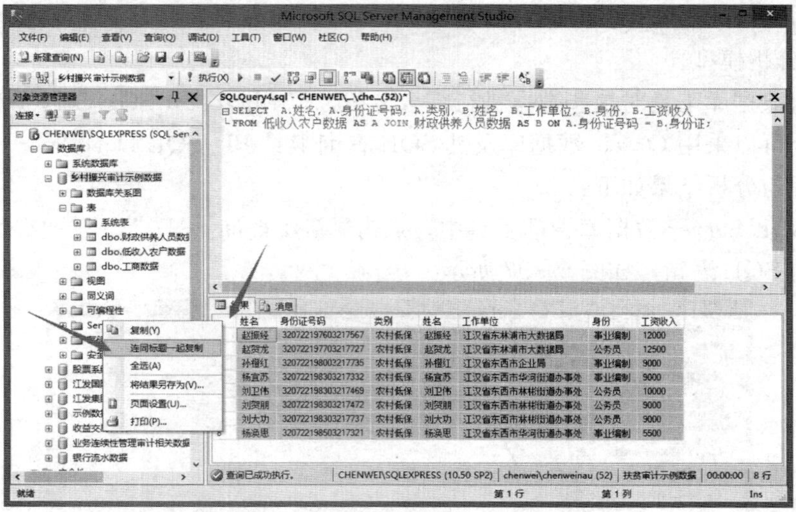

图6-99 复制分析结果操作示例

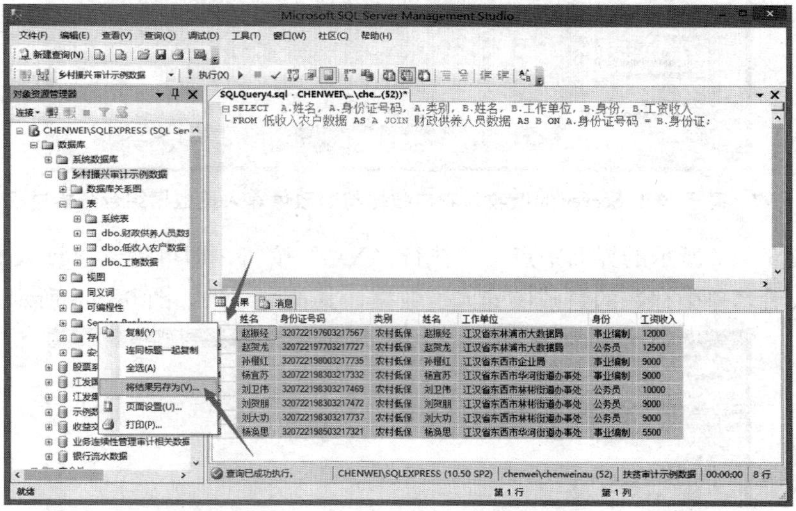

图6-100 分析结果导出操作示例

②低收入农户数据与工商数据综合分析。为了检查被审计单位是否做到精准扶贫，审计人员可以通过对低收入农户数据与工商数据进行综合分析，分析低收入人员名单中是否有注册公司的人员，并显示低收入农户数据中的“姓名”“身份证号码”“类别”字段和工商数据中的“法人名称”“公司名称”“公司状态”“注册资本”“股东”字段，假设使用内连接来完成，相应的SQL查询语句如下。

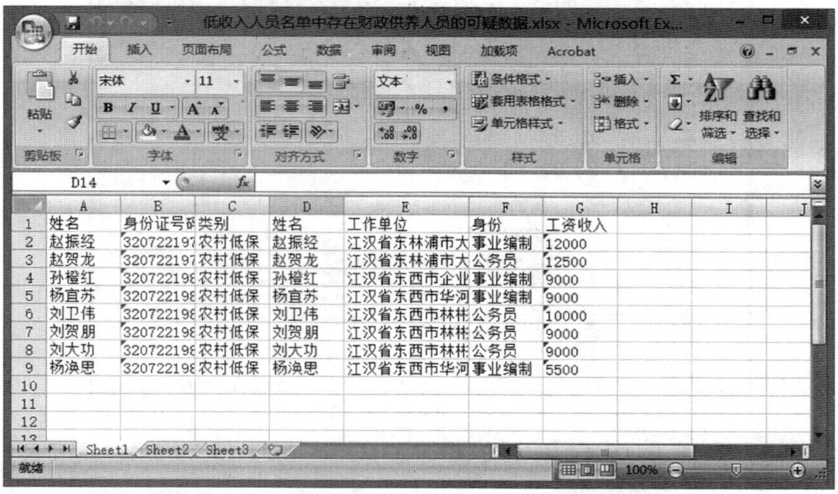

图 6-101　低收入人员名单中存在财政供养人员的可疑数据示例

```
SELECT A.姓名,A.身份证号码,A.类别,B.法人名称,B.公司名称,B.公司状态,B.注册资本,B.股东
FROM 低收入农户数据 AS A JOIN 工商数据 AS B ON A.身份证号码=B.身份证号码;
```

以 Microsoft SQL Server 为例，在图 6-102 所示的界面中输入相应的 SQL 语句，运行该语句，其分析结果如图 6-103 所示。

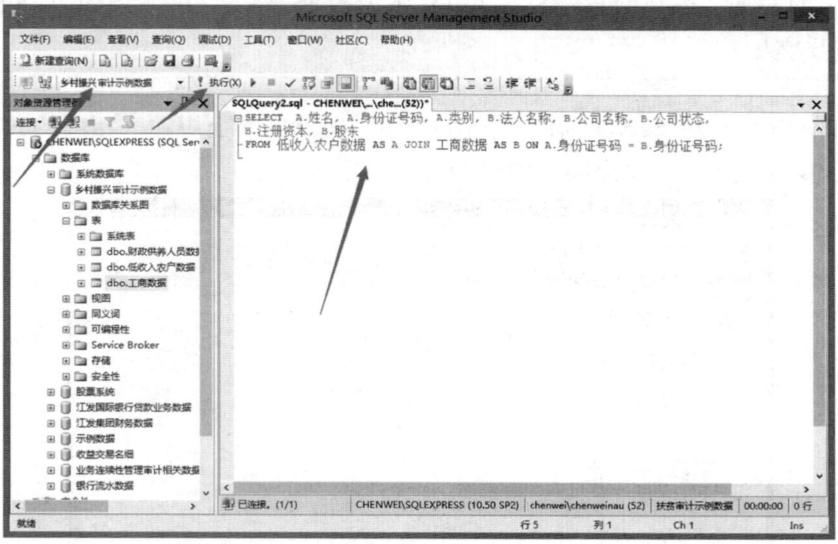

图 6-102　基于 SQL Server 的低收入农户数据与工商数据综合分析过程示例

由图 6-103 可以发现：在该地认定的扶贫对象中，有 5 人注册了公司，审计人员需要对这些人做进一步的延伸审计，确认其是否符合扶贫建档立卡标准。

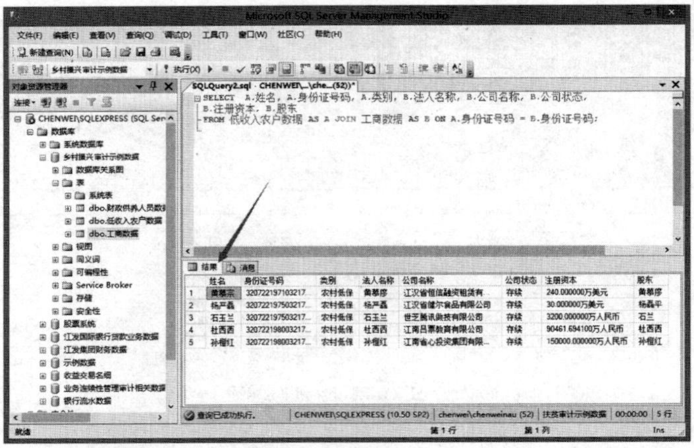

图 6-103 基于 SQL Server 的低收入农户数据与工商数据综合分析结果示例

以上分析结果可导出到相关文件中保存，作为进一步分析的线索。

另外，为了检查被审计单位是否做到精准扶贫，审计人员可以通过对低收入农户数据与工商数据进行综合分析，分析低收入人员名单中是否有注册公司的股东。假设分析结果需要显示低收入农户数据中的“姓名”“身份证号码”“类别”字段和工商数据中的“法人名称”“股东”“公司名称”“公司状态”“注册资本”字段，并且使用内连接来完成，相应的 SQL 查询语句如下。

```
SELECT A.姓名,A.身份证号码,A.类别,B.法人名称,B.股东,B.公司名称,B.公司状态,B.注册资本
FROM 低收入农户数据 AS A JOIN 工商数据 AS B ON B.股东 LIKE '%'+A. 姓名+'%';
```

以 Microsoft SQL Server 为例，在图 6-104 所示的界面中输入相应的 SQL 语句，运行该语句，其分析结果如图 6-105 所示。

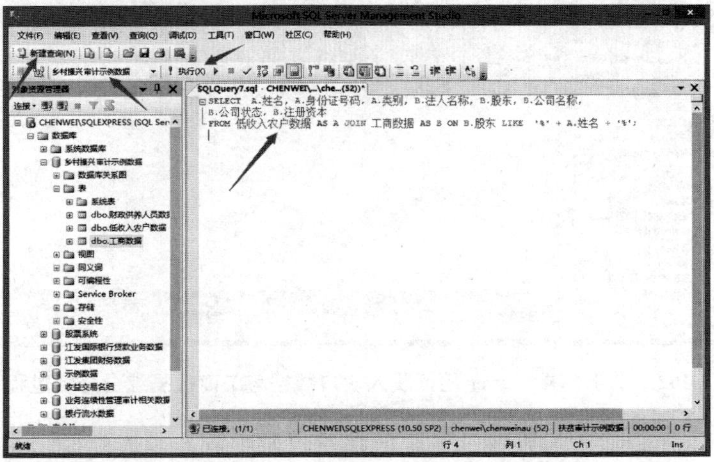

图 6-104 基于 SQL Server 的低收入人员名单中是否有注册公司的股东的分析过程示例

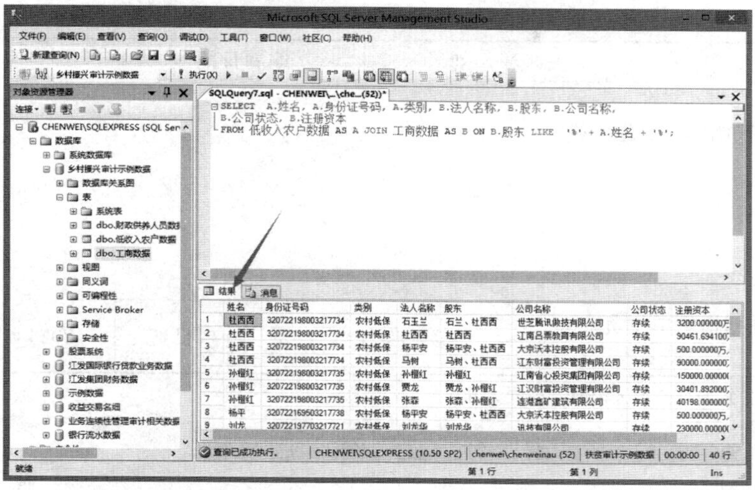

图 6-105 基于 SQL Server 的低收入人员名单中是否有注册公司的股东的分析结果示例

由图 6-105 可以发现：在该地认定的扶贫对象中，有一些人为注册公司的股东，审计人员需要对这些人做进一步的延伸审计，确认是否为姓名重复的人员，若不是姓名重复的人员，再确认其是否符合扶贫建档立卡标准。

以上分析结果可导出到相关文件中保存，作为进一步分析的线索。

同理，为了发现更多类似情况，可以对低收入农户数据与税务数据进行综合分析，对低收入农户数据与金融数据进行综合分析，对低收入农户数据与农机登记数据进行综合分析等。

以上演示采用的是 Microsoft SQL Server 2008 环境，在其他环境下方法类似。

(3) 编写审计取证单与审计工作底稿。前面以 Microsoft SQL Server 为例，介绍了如何对落实“贫困户精准识别”情况的相关数据进行分析。同理，审计人员可以根据审计的需要对其他数据进行分析，例如落实江汉省廉洁从业规定情况，从而发现相应的问题。根据查找出的问题，审计人员就可以编写审计取证单与审计工作底稿。以“贫困户精准识别情况”为例，相关审计取证单与审计工作底稿编写分别如下。

审 计 取 证 单

第 1 页（共 1 页）

项目名称	江开县脱贫攻坚成果巩固情况审计项目
被审计（调查）单位或个人	江开县乡村振兴服务中心
审计（调查）事项	贫困户精准识别情况
审计（调查）事项摘要	2012—2023 年，江开县乡村振兴服务中心未按要求严格落实江汉省精准扶贫规定，在该地认定的扶贫对象中，有 301 人不符合扶贫建档立卡标准，其中有 8 人属于财政供养人员，5 人注册了公司，11 人为注册公司的股东，254 人购买了 265 辆汽车，23 人在县城购买了商品房。 上述做法不符合江汉省《扶贫开发建档立卡暂行管理办法》（2010 年扶贫第 1 号令）第一条“以 2013 年农民人均纯收入 2 736 元（相当于 2010 年 2 300 元不变价）的农村扶贫标准为识别标准”的规定。

续表

审计人员	王×× 刘××		编制日期	2024年7月9日
证据提供单位意见	情况属实，数据准确。 （盖章）			
	证据提供单位负责人（签名）	王发财	日期	2024年7月16日

注：如仅签名并加盖公章无说明，视同无异议。

附件：8页

审 计 工 作 底 稿

索引号：20240801

第1页（共1页）

项目名称	江开县脱贫攻坚成果巩固情况审计项目		
审计（调查）事项	贫困户精准识别情况		
审计人员	王××（手写） 刘××（手写）	编制日期	2024年7月6日
审计过程： 通过对从江开县乡村振兴服务中心采集来的低收入农户数据等数据，以及从上级审计部门数据中心申请获得的财政供养人员数据、工商数据、税务数据等数据进行大数据分析，发现在该地认定的扶贫对象中，有8人属于财政供养人员，5人注册了公司，11人为注册公司的股东，254人购买了265辆汽车，23人在县城购买了商品房。			
审计认定的事实摘要及审计结论： 2012—2023年，江开县乡村振兴服务中心未按要求严格落实江汉省精准扶贫规定，在该地认定的扶贫对象中，有301人不符合扶贫建档立卡标准。 上述做法不符合江汉省《扶贫开发建档立卡暂行管理办法》（2010年扶贫第1号令）第一条"以2013年农民人均纯收入2 736元（相当于2010年2 300元不变价）的农村扶贫标准为识别标准"的规定。			
审核意见： 取证充分，定性准确，予以认可。			
审核人员	李××（手写）	审核日期	2024年7月8日

附件：9页

3. 审计报告阶段

（1）编写审计报告征求意见书。在完成审计取证的基础上，基于以上获得的审计证据，审计人员可以编写审计报告征求意见书，并与被审计单位进行沟通。针对本案例，审计报告征求意见书的主要内容如下。

江 展 市 审 计 局
审计报告征求意见书

审江展局征〔2024〕08 号

江开县乡村振兴服务中心：

我局派出审计组于 2024 年 5 月 1 日至 2024 年 7 月 30 日对你单位脱贫攻坚成果巩固情况进行了审计。根据《中华人民共和国审计法》第四十四条的规定，现将审计组的审计报告送你单位征求意见。请自接到审计报告之日起 10 个工作日内将书面意见送交审计组。如在此期限内未提出书面意见，视同无异议。

附件：审计报告（征求意见稿）

（江展市审计局印章）

2024 年 8 月 18 日

江　展　市　审　计　局

审计报告

（征求意见稿）

被审计单位：江开县乡村振兴服务中心
审计项目：江开县脱贫攻坚成果巩固情况审计

根据《中华人民共和国审计法》第二十二条至第二十七条的规定，我局派出审计组，自 2024 年 5 月 1 日至 2024 年 7 月 30 日，对江开县乡村振兴服务中心进行了脱贫攻坚成果巩固情况审计，主要包括精准扶贫工作、落实江汉省廉洁从业规定等问题，对重要事项进行了必要的延伸和追溯。江开县乡村振兴服务中心及有关单位对其提供的财务会计资料以及其他相关资料的真实性和完整性负责。江展市审计局的责任是依法独立实施审计并出具审计报告。

一、被审计单位基本情况

江开县乡村振兴服务中心是江汉省江展市江开县工作部门，为正科级。江开县乡村振兴服务中心贯彻落实江汉省有关扶贫开发方面的法律法规政策；开展有关扶贫开发政策研究，起草扶贫开发规范性文件，拟订有关政策、规划、计划并组织实施；指导贫困地区的扶贫开发工作，协调解决扶贫开发中的重要问题；组织开展全县贫困人口建档立卡和扶贫开发信息监测工作；负责扶贫项目的监督管理，做好扶贫开发督查检查和考核评估工作。

二、审计评价意见

审计局审计结果表明，江开县乡村振兴服务中心贯彻落实江汉省有关扶贫开发方面的法律法规政策，积极开展有关扶贫开发政策研究，认真组织开展全县贫困人口建档立卡和扶贫开发信息监测工作，较好地完成了扶贫任务。此次重点审计精准扶贫工作、落实江汉省廉洁从业规定等方面情况，发现还存在一些问题。

三、审计发现的主要问题和处理（处罚）意见

（一）精准扶贫方面。

(1) 在江开县乡村振兴服务中心认定的扶贫对象中，有 5 人注册了公司，有 11 人为注册公司的股东。

(2) 在江开县乡村振兴服务中心认定的扶贫对象中，有 8 人属于财政供养人员。

(3) 在江开县乡村振兴服务中心认定的扶贫对象中，有 254 人购买了 265 辆汽车。

(4) 在江开县乡村振兴服务中心认定的扶贫对象中，有 23 人在县城购买了商品房。

（二）落实江汉省廉洁从业规定方面。

2012—2023 年，江开县乡村振兴服务中心未按要求严格落实江汉省廉洁从业规定，存在违规购买高档礼品、招待费超标、会议费超标、违规发放补贴、违规购买保险等问题，涉及总金额 43.49 万元。

四、审计建议

根据上述情况，提出如下建议：

(1) 进一步规范财务管理，严格落实江汉省廉洁从业规定。

(2) 进一步完善江开县乡村振兴服务中心建档立卡系统的日常运行管理。

审计组长：张××（签名）

2024 年 8 月 18 日

(2) 编写审计报告。在以上沟通的基础上，最终形成审计报告。

江　展　市　审　计　局

审 计 报 告

审江展局报〔2024〕16 号

被审计单位：江开县乡村振兴服务中心
审计项目：江开县脱贫攻坚成果巩固情况审计

根据《中华人民共和国审计法》第二十二条至第二十七条的规定，我局派出审计组，自 2024 年 5 月 1 日至 2024 年 7 月 30 日，对江开县乡村振兴服务中心进行了脱贫攻坚成果巩固情况审计，主要包括精准扶贫工作、落实江汉省廉洁从业规定等问题，对重要事项进行了必要的延伸和追溯。江开县乡村振兴服务中心及有关单位对其提供的财务会计资料以及其他相关资料的真实性和完整性负责。江展市审计局的责任是依法独立实施审计并出具审计报告。

一、被审计单位基本情况

江开县乡村振兴服务中心是江汉省江展市江开县工作部门，为正科级。江开县乡村振兴服务中心贯彻落实江汉省有关扶贫开发方面的法律法规政策；开展有关扶贫开发政策研究，起草扶贫开发规范性文件，拟订有关政策、规划、计划并组织实施；指导贫困地区的扶贫开发工作，协调解决扶贫开发中的重要问题；组织开展全县贫困人口建档立卡和扶贫开发信息监测工作；负责扶贫项目的监督管理，做好扶贫开发督查检查和考核评估工作。

二、审计评价意见

审计局审计结果表明，江开县乡村振兴服务中心贯彻落实江汉省有关扶贫开发方面的法律法规政策，积极开展有关扶贫开发政策研究，认真组织开展全县贫困人口建档立卡和扶贫开发信息监测工作，较好地完成了扶贫任务。此次重点审计精准扶贫工作、落实江汉省廉洁从业规定等方面情况，发现还存在一些问题。

三、审计发现的主要问题和处理（处罚）意见

（一）精准扶贫方面。

(1) 在江开县乡村振兴服务中心认定的扶贫对象中，有 5 人注册了公司，有 11 人为注册公司的股东。

(2) 在江开县乡村振兴服务中心认定的扶贫对象中，有 8 人属于财政供养人员。

(3) 在江开县乡村振兴服务中心认定的扶贫对象中，有 254 人购买了 265 辆汽车。

(4) 在江开县乡村振兴服务中心认定的扶贫对象中，有 23 人在县城购买了商品房。

（二）落实江汉省廉洁从业规定方面。

2012—2023 年，江开县乡村振兴服务中心未按要求严格落实江汉省廉洁从业规定，存在违规购买高档礼品、招待费超标、会议费超标、违规发放补贴、违规购买保险等问题，涉及总金额 43.49 万元。

审计中发现的违纪违法问题线索，已依纪依法移送有关部门进一步调查处理。

四、审计建议

根据上述情况，提出如下建议：

(1) 进一步规范财务管理，严格落实江汉省廉洁从业规定。

(2) 进一步完善江开县乡村振兴服务中心建档立卡系统的日常运行管理。

本报告江展市审计局将依法向社会公告。

对本报告指出的问题，请江开县乡村振兴服务中心自收到本报告之日起 60 日内整改完毕。请江开县乡村振兴服务中心在整改期限截止后依法向社会公告整改结果，并将整改结果书面报告江展市审计局。江展市审计局将对整改结果进行检查，并将检查情况向社会公告。

（江展市审计局印章）

2024 年 8 月 28 日

6.5 本章小结

大数据多数据源综合分析技术是一类重要的大数据审计技术。本章结合案例，介绍大数据多数据源综合分析技术的原理及应用。

大数据多数据源综合分析技术是通过对采集来的各行各业的各类大数据，采用数据查询等常用方法或其他大数据技术方法，进行相关数据的综合比对和关联分析，从而发现更多隐藏的审计线索。这类技术方法是目前审计领域应用大数据比较成熟和主流的技术方法。

一般来说，采用大数据多数据源综合分析技术进行审计数据分析的流程为：根据审计需要，借助某种数据分析软件对从不同来源采集来的被审计数据进行综合比对和关联分析，发现可疑数据。然后，审计人员结合自己的审计业务知识，在分析结果的基础上，对发现的可疑数据做进一步的延伸审计和审计事实确认，最终获得审计证据。

要实现大数据多数据源综合分析，需要一定的方法与工具。其中，作为一种最容易、最流行、最可行的方法，SQL 与数据库工具为大数据多数据源综合分析技术的实现提供了基础。

为了便于掌握 SQL 以及大数据多数据源综合分析技术，以某扶贫审计项目数据为例，借助 Microsoft SQL Server 数据库，介绍了 SQL 语句和数据库工具的应用。当然，在处理大数据时，可以根据数据量的情况选择合适的数据库工具。

在以上知识的基础上，以某乡村振兴审计项目为例，系统地介绍了大数据多数据源综合分析技术应用，详细的操作过程包括：

（1）审前准备阶段。如何进行审前准备；如何编写审计通知书；如何编写审计实施方案等文件。

（2）审计实施阶段。如何编写审计需求单；如何把文本文件格式、Excel 格式、Access 数据库格式的三类数据采集到 SQL Server 数据库中；如何进行多数据源综合分析；如何编写审计取证单；如何编写审计工作底稿等审计文书。

（3）审计报告阶段。如何编写审计报告征求意见稿；如何编写审计报告等文件。

通过学习本章的内容，不但可以掌握如何应用大数据多数据源综合分析技术开展大数据审计，还可以熟悉开展审计项目的整个审计流程。

素养提升

乡村振兴的前提是巩固脱贫攻坚成果

习近平总书记深刻指出：“乡村振兴的前提是巩固脱贫攻坚成果，要持续抓紧抓好，让脱贫群众生活更上一层楼。要持续推动同乡村振兴战略有机衔接，确保不发生规模性返贫，切实维护和巩固脱贫攻坚战的伟大成就。”

资料来源：人民时评：脱贫基础更稳固，乡村振兴开新局.（2022-03-03）. 中国政府网.

中国共产党第二十届中央委员会第三次全体会议，于 2024 年 7 月 15 日至 18 日在北京举行。全会分析了当前形势和任务，强调坚定不移实现全年经济社会发展目标。要按照党中央关于经济工作的决策部署，落实好宏观政策，积极扩大国内需求，因地制宜发展新质生产力，加快培育外贸新动能，扎实推进绿色低碳发展，切实保障和改善民生，巩固拓展脱贫攻坚成果。

资料来源：中国共产党第二十届中央委员会第三次全体会议公报.（2024-07-18）. https://www.gov.cn/yaowen/liebiao/202407/content_6963409.htm.

• 着力监督检查乡村振兴各项政策措施落实情况。

紧紧围绕“产业兴旺、生态宜居、乡风文明、治理有效、生活富裕”的总要求，对提升农业发展质量、推进乡村绿色发展、繁荣兴盛农村文化、加强农村基层基础工作、提高农村民生保障水平、打好精准脱贫攻坚战、改革完善农村产权制度和要素市场化配置、强化乡村振兴人才支撑和投入保障等推动乡村全面振兴的各类政策措施落实情况，持续开展跟踪审计，着力揭示责任不落实、机制不完善、方法不恰当、弄虚作假等影响政策措施落实的问题，促进各项政策措施落地生根、不断完善。

• 着力监督检查乡村振兴资金安全和绩效情况。

加大对基层小微权力腐败惩处力度，严肃揭示惠农补贴、集体资产管理、土地征收等领域侵害农民利益的不正之风和腐败问题。持续加强对中央和地方各级财政安排的涉农专项转移补助资金，涉农基建投资，农村基础设施资金，农村教育、就业、社会保障、卫生健康、文化等社会事业发展资金，农村人居环境整治资金，乡村生态保护与修复资金，脱贫攻坚资金等各类涉农资金的审计监督，着力揭示资金分配管理使用中存在的骗取套取、侵占挪用、贪污私分、挥霍浪费、优亲厚友、雁过拔毛、借机牟利等问题。关注乡村振兴相关资金使用和项目安排公告公示制度落实情况，促进畅通群众和社会监督渠道，推动完善乡村财务政务公开透明和阳光化管理。

• 统筹衔接脱贫攻坚与乡村振兴审计任务。党中央强调，把打好精准脱贫攻坚战作为实施乡村振兴战略的优先任务，推动脱贫攻坚与乡村振兴有机结合相互促进。在脱贫攻坚期内，贫困地区乡村振兴主要任务是脱贫攻坚。省级审计机关要统筹衔接本辖区内脱贫攻坚与乡村振兴审计任务，每年都要统一组织开展乡村振兴审计项目，其中，2020 年以前对贫困县的乡村振兴审计任务主要是脱贫攻坚审计。

• 创新技术方法，提升审计成效。各级审计机关应根据农业农村工作特点和乡村振兴审计特点，进一步探索“总体分析、发现疑点、分散核实、系统研究”的数字化审计模式，创新大数据环境下的乡村振兴审计思路和技术方法，提高运用大数据查核问题、评价判断、宏观分析的能力。各省级审计机关要按照审计署统一要求做好数据采集报送工作，进一步加大乡村振兴战略实施相关信息数据的统一采集，强化数据保密安全管理；要坚持“以用为本”，加强对审计人员大数据思维和分析能力的培养，更加注重数据深度挖掘和跨行业、跨部门、跨地区关联分析，更加注重从区域整体和宏观层面进行大数据关联分析，提高审计监督的质量和效果。

资料来源：审计署关于在乡村振兴战略实施中加强审计监督的意见.（2018-08-30）. https://www.gov.cn/zhengce/zhengceku/2019-09/06/content_5427868.htm.

思考题

1. 谈一谈大数据多数据源综合分析技术对开展大数据审计的重要性。

2. 谈一谈大数据多数据源综合分析技术的原理。

3. 多表查询可以采用哪些连接查询实现？这些连接查询之间有什么区别？

4. 除了本章应用的关系型数据库工具，谈一谈你还了解哪些关系型数据库工具。

5. 以本章分析的乡村振兴审计项目为例，概述大数据多数据源综合分析技术的应用操作过程。

第7章

大数据智能分析技术

本章学习目标

- 了解大数据智能分析技术
- 熟悉常用的人工智能技术
- 了解文本文件大数据智能分析技术
- 了解机器学习、社会网络分析等在审计中的应用
- 了解RPA技术及审计机器人知识
- 掌握大模型技术在审计中的基本应用

7.1 引　言

如前所述，大数据智能分析技术是一类重要的大数据审计技术。大数据智能分析技术强调计算机的计算能力和人工智能，例如各类面向大数据的机器学习和数据挖掘方法等。目前关于大数据智能分析技术的研究在审计领域的应用仍不成熟，多是停留在理论研究层面。本章结合案例，介绍大数据智能分析技术的原理及应用。通过本章的学习，可以了解如何应用大数据智能分析技术开展大数据审计。

7.2 大数据智能分析技术概述

7.2.1 大数据智能分析技术的重要性

近年来，审计范围越来越广，审计业务越来越多，被审计单位的环境也越来越复

杂；大数据环境下，被审计单位的数据量快速增长。这都要求审计人员必须在更短的时间内完成更多的工作，并且要更好地完成审计目标。因此，大数据智能分析技术越来越重要。应用人工智能等技术，可以缩短审计数据采集和分析的时间，减少简单重复的劳动；应用人工智能等技术，能够让软件自主学习审计的思维模式，从而使审计人员把更多的精力用于解决关键问题。随着人工智能技术的发展及其在相关行业的应用，审计、会计等领域也迫切需要应用人工智能技术以及各类数据分析算法。

7.2.2 大数据智能分析技术原理

一般来说，采用智能手段进行大数据分析的原理为：根据被审计业务的特点和需要，采用合适的智能算法或软件对被审计大数据进行智能化和自动化分析，发现可疑数据。然后，审计人员结合自己的审计业务知识，对发现的可疑数据做进一步的延伸审计和审计事实确认，最终获得审计证据。

概括来说，大数据智能分析技术原理如图7-1所示。

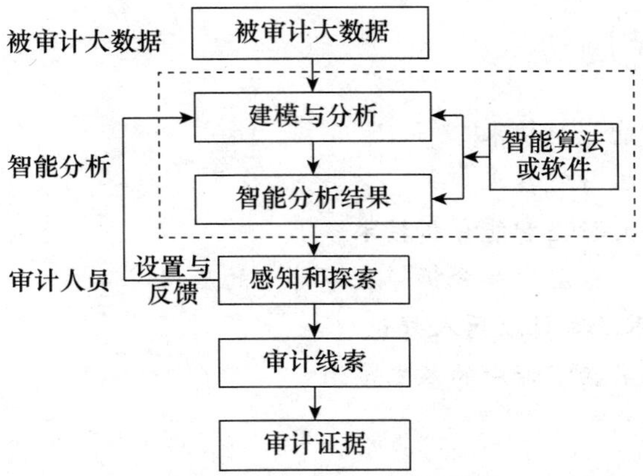

图7-1 大数据智能分析技术原理

在何种情况下应该采用何种智能算法或软件，才能够让审计数据分析达到最佳的效果，是大数据智能分析技术在审计中应用的重点。

7.2.3 大数据、云计算与人工智能之间的关系

大数据、云计算与人工智能等技术之间有着密切的联系，例如，云计算的相关技术可以用来完成大数据存储和计算。人工智能和机器学习方法可以用来完成大数据分析（其中机器学习为人工智能的一个重要分支）。人工智能的应用需要大数据的支持，离开大数据，一些人工智能技术将无法取得好的应用效果。概括来说，大数据、云计算与人工智能三者之间的关系如图7-2所示。

大数据环境下，丰富的审计大数据为应用人工智能技术开展大数据智能分析提供了数据来源；云计算的相关技术为审计大数据存储提供了实现方法，并为大数据智能分析中的审计数据分析计算提供了计算能力基础，保证了大数据智能分析技术的有效实现。

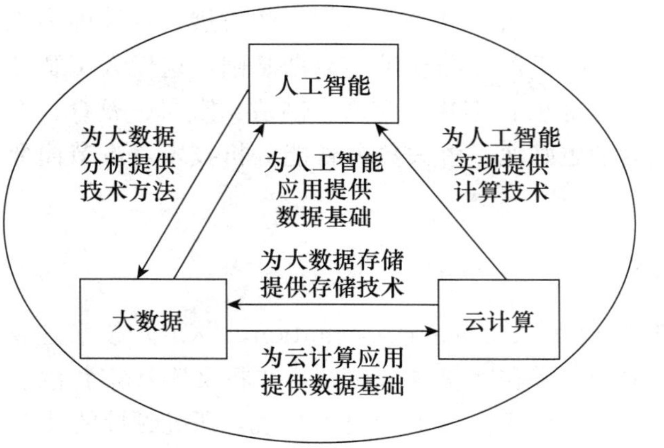

图 7-2　大数据、云计算与人工智能的关系

近年来，随着大数据、云计算，特别是人工智能等信息技术的发展与应用，智能审计（intelligence audit）的研究与应用成为审计领域的热点。更多关于智能审计的知识将在《智能审计》① 一书中进行详细分析。

知识拓展

大数据审计与智能审计的关系

大数据审计强调如何利用大数据开展审计工作，以及面对大数据环境如何开展审计工作，强调的是大数据；智能审计强调如何利用人工智能相关技术开展审计工作，强调的是技术。二者有密切的联系，例如，大数据审计利用大数据开展审计工作的一些技术方法需要人工智能相关技术，即大数据智能分析技术；智能审计在利用人工智能相关技术开展审计时，有些技术也需要大数据的支持，才能更好地发挥人工智能相关技术的优势。

7.3　常用的人工智能技术分析

人工智能（artificial intelligence，AI）是一门研究与开发能够模拟、延伸和扩展人类智能的理论、方法及应用的新的科学，其目的是使智能机器会听（语音识别、机器翻译等）、会说（语音合成、人机对话等）、会看（图像识别、文字识别等）、会学习（机器学习等）、会行动（机器人、自动驾驶等）、会思考（人机对弈、定理证明等）。近年来，人工智能的研究与应用得到广泛的重视。2017 年 7 月，国务院印发《新一代人工智能发展规划》，人工智能成为国家发展战略。2018 年 10 月，习近平总书记在十九届中央政治局第九次集体学习时强调，加快发展新一代人工智能是事关我国能否抓住新一轮科技革命和产业变革机遇的战略问题。②

---

① 陈伟. 智能审计. 北京：机械工业出版社，2021.

② 习近平：加强领导做好规划明确任务夯实基础 推动我国新一代人工智能健康发展.（2018-11-01）. 中国共产党新闻网.

随着互联网、大数据、云计算等信息技术的发展，计算能力大大提高，人工智能算法越来越好，大数据为机器学习提供了数据基础，这使人工智能技术与应用得到快速发展。目前，人工智能已在零售、交通、制造、家居、教育、医疗、金融等行业中得到广泛的应用。为了更好地了解大数据智能分析技术，本节简要介绍常用的人工智能技术。

7.3.1 OCR技术

光学字符识别（optical character recognition，OCR）技术是通过光学技术和计算机技术对纸质材料上的文字和字符进行识别，并将文字和字符内容转换为计算机能够接受、可编辑的电子文本格式。OCR是计算机视觉研究领域的分支之一。

OCR的概念产生于1929年，德国科学家陶谢克（Tausheck）首先提出了OCR的概念。几年后，美国科学家汉德尔（Handel）也提出了利用技术对文字进行识别的想法。

我国在20世纪70年代开始研究数字、英文字母以及符号的识别，70年代末开始研究汉字识别。目前中文印刷体识别技术已比较成熟，例如，对于文字和表格，可以用扫描仪将整页的印刷文稿/表格输入计算机，然后由计算机上的识别软件自动生成可编辑的电子文件，从而替代人工输入汉字和表格的工作。

OCR技术目前已广泛应用于生活中的各个方面，如汽车进入收费站、停车场时车牌自动识别；用手机中的App识别名片、身份证上的信息；阅读资料时，可用OCR将感兴趣的段落自动录入电脑等。

7.3.2 语音识别技术

自动语音识别（automatic speech recognition，ASR）是将人类语音中的内容转换为计算机可读、可编辑的输入。大数据时代的到来使得语音数据受到了人们的广泛重视，自动语音识别可以使人机用户界面更加容易使用。

从人们开始研究语音识别技术至今，语音识别技术的发展已经有70多年的历史。

1952年，贝尔实验室的戴维斯（Davis）等人研制成功了能识别10个英文数字发音的Audry系统，这标志着语音识别技术研究工作的开始。

随着计算机技术的发展，到了20世纪60年代，语音识别技术也取得了进步。

70年代，语音识别技术有了重大突破。

80年代，对语音识别的研究更为彻底，各种语音识别算法被提出。

到了90年代，语音识别技术开始从实验室走向实践。

我国对语音识别的研究开始于20世纪80年代，近年来迅速发展。

7.3.3 语音合成技术

语音合成又称文语转换（text to speech，TTS）技术，它通过自然语言处理等人工智能方法，将计算机自己产生的或外部输入的任意文字信息实时转化为标准流畅的语音并朗读出来，从而实现让机器像人一样开口说话。

目前市场上有很多语音合成的产品，如语音合成助手、PDF Markup Cloud、百度智能云在线语音合成①、讯飞在线语音合成②等。

以百度智能云在线语音合成为例，其语音合成技术功能示例如图 7－3 所示。

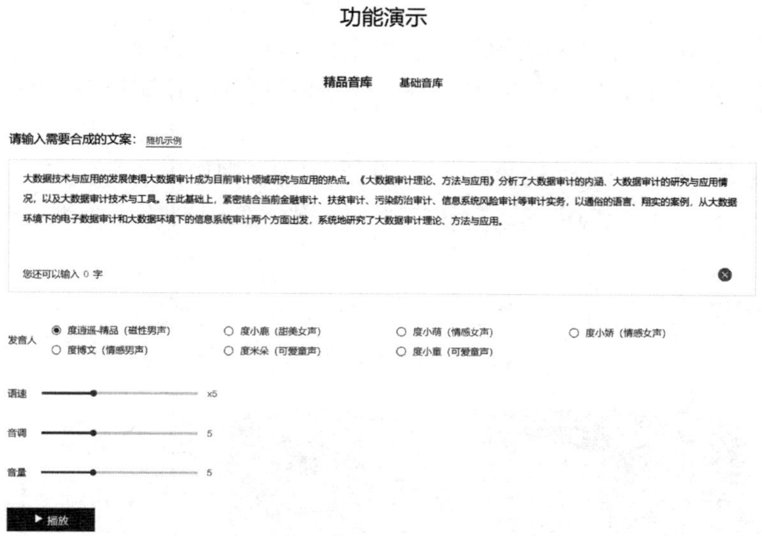

图 7－3　百度智能云在线语音合成技术功能示例

在图 7－3 所示的界面中，把需要语音朗读的文字输入文本框中，执行“播放”，系统就可以把输入的文字朗读出来。另外，还可以根据场景需求对音库的语速、音调、音量进行灵活设置，以满足个性化需求。

以讯飞在线语音合成为例，其语音合成技术功能示例如图 7－4 所示。

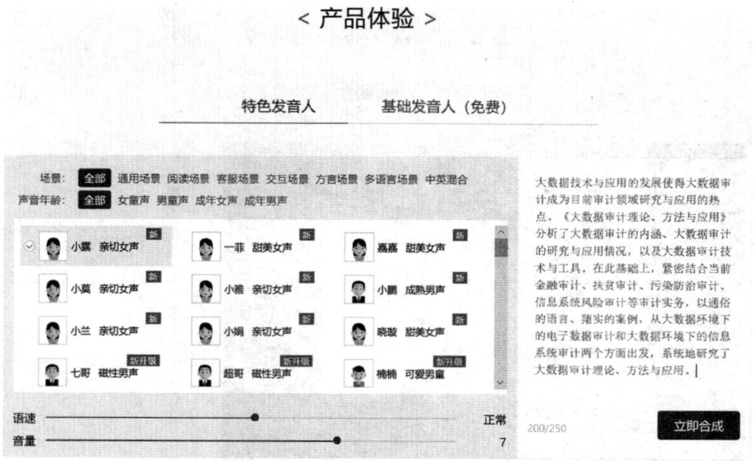

图 7－4　讯飞在线语音合成技术功能示例

---

① https://cloud.baidu.com/product/speech/tts_online?track=cp:nsem|pf:pc|pp:nsem-chanpin-AIzaixianyuyinhecheng|pu:yuyinhecheng-tongyongci|ci:|kw:10014009.

② https://www.xfyun.cn/services/online_tts.

7.3.4 图像识别技术

图像识别技术是指利用计算机对图像进行处理和分析，以识别各种不同图像的技术。

图像识别技术可以用开放应用程序编程接口（application programming interface，API）的方式提供给使用者，使用者通过实时访问和调用应用程序编程接口实现所需要的图像识别。

目前市场上有很多图像识别的产品，如百度智能云图像识别①等。

以百度智能云图像识别中的动物识别为例，其图像识别技术功能示例如图 7－5、图 7－6、图 7－7 所示。

图 7－5　百度智能云图像识别技术功能示例一

图 7－6　百度智能云图像识别技术功能示例二

① https://cloud.baidu.com/product/imagerecognition?track = cp: nsem | pf: pc | pp: nsem-chanpin-tuxiangshibie-xiaoguo|pu:tuxiangshibie-tongyongci|ci:|kw:10028089.

图 7-7　百度智能云图像识别技术功能示例三

在图 7-5、图 7-6、图 7-7 中，把所需识别的图像上传到系统中，系统就可以进行识别，并给出识别的准确度。

图像识别技术对开展审计工作也非常有用，如在审计过程中，审计人员可以采用图像识别技术识别审计对象的资产是否与登记的内容一致。例如，为了验证某一养牛场中牛的品种是否与该单位系统中登记的数据一致，当该养牛场中牛的品种不容易确认时，审计人员可以采集养牛场的相关照片，并采用图像识别技术识别牛的品种，然后与该单位系统中登记的牛的品种数据进行比较，从而发现异常，获得相关审计证据，如图 7-8 所示。

图 7-8　图像识别技术审计应用示例

7.3.5　自然语言处理技术

1. 自然语言处理技术简介

自然语言处理（natural language processing，NLP）是语言学、逻辑学、计算机科学、人工智能等计算机和人类（自然）语言交叉的研究与应用领域，它主要研究如何实现人与计算机之间用自然语言进行有效通信的各种理论和方法。

自然语言处理技术可用于文本相似度计算、信息检索、语音识别、文本分类、机器翻译等方面。用于自然语言处理的平台或工具较多，一般基于 Python，Java，C 或 C++等不同程序设计语言来实现。

2. 自然语言处理技术应用示例——相似度分析方法

目前对于大数据审计来说，自然语言处理技术可以起到一定的辅助分析作用，但尚不能精确地直接发现审计证据。其中，文本相似度计算具有一定的应用价值。

文本相似度常用的计算方法有词频-逆文档频率（term frequency-inverse document frequency，TF-IDF）、潜在语义索引（latent semantic indexing，LSI）、潜在狄利克雷分配（latent dirichlet allocation，LDA）模型、编辑距离计算等。其中 TF-IDF 是最常用的方法，但对于一义多词和一词多义问题，TF-IDF 方法并不能很好地解决，需要采用 LSI 方法来解决。LSI 又称潜在语义分析（LSA），它主要利用奇异值分解（SVD）降维的方法将词项和文本映射到一个新的空间，从而解决一义多词和一词多义问题。LDA 是一种非监督机器学习技术，它是一种文档主题生成模型，可以用来识别大规模文档集（document collection）或语料库（corpus）中潜藏的主题信息，这种方法将每一篇文档视为一个词频向量，将文本信息转化为易于建模的数字信息。

大数据环境下，相似度分析是一种有效的文本数据审计方法。大数据审计环境下，有时需要分析文本数据之间是否相似，成熟可行的方法是 TF-IDF，它是一种常用的自然语言处理方法。TF-IDF 的主要原理是：根据字词在文本中出现的频率和在整个文本库中出现的频率来计算一个字词在整个文本库中的重要程度。如果某个词或短语在一篇文章中出现的频率高，而在其他文本中出现的频率很低，则认为该词或者短语具有很好的代表性，适合用来分类。TF-IDF 可用于比较两个文本文件的相似程度、文本聚类、文本分类等方面。TF-IDF 的计算步骤如下。

（1）计算词频。词频（term frequency，TF）表示某个词在整个文本中出现的频率，其计算公式如下：

$$\text{TF}=\frac{\text{某个词在文本中出现的次数}}{\text{文本中所有词的个数}}$$

（2）计算逆文档频率。文档频率是指某个关键词在整个文本库所有文件中出现的次数。逆文档频率（inverse document frequency，IDF）又称倒文档频率，它是文档频率的倒数，主要用于减弱所有文档中一些常见却对文档影响不大的词语的作用。为防止分母为 0（即词语在文本库中不存在），使用“包含该词的文本数＋1”作为分母。IDF 的计算公式如下：

$$\text{IDF}=\log\left(\frac{\text{文本库中文本的总数}}{\text{包含该词的文本数}+1}\right)$$

（3）计算 TF-IDF。综上，TF-IDF 的计算方法如下：

$$\text{TF-IDF}=\text{TF}\times\text{IDF}$$

不难发现，TF-IDF 值越大，表示该特征词对这个文本的重要性越强。

由以上分析可知，TF-IDF 的优点是能过滤掉一些常见却无关紧要的词语，同时保留影响整个文本的重要词语，该方法简单快速，结果比较符合实际情况；缺点是有时重要的词语可能出现次数并不多，仅仅以词频衡量一个词的重要性还不够全面，另外，这种算法无法体现词语的位置信息。

综上分析，如果同时计算一个文件中所有词组的 TF-IDF，将这些词的 TF-IDF 相加，可以得到整个文本文件的值，从而可用于文本文件的相似度比较。

7.3.6　机器学习

机器学习（machine learning，ML）是实现人工智能的一种方式，是人工智能最前沿的研究领域之一。机器学习就是让机器进行学习，通俗地讲，就是训练一个模型。机器学习有多种方法，常见的有监督学习、非监督学习、强化学习和迁移学习等。机器学习有助于弥补目前常用审计方法的不足。采用机器学习算法，自动地从提供的训练数据中学习，能够让审计方法变得更智能。关于机器学习在审计中的应用将会在后面进行具体分析。

7.3.7　RPA 技术

机器人流程自动化（robotic process automation，RPA）技术是一种新的软件技术，它能根据预先设定的程序和规划，模拟人类与计算机系统的交互过程，自动执行大批量、重复性的任务，并通过遵循简单的规则做出决策，从而实现工作流程自动化。

由于审计是一种劳动密集型的工作，大量、重复的工作占用了审计人员过多的时间。大多数审计工作是成熟、稳定、高重复的任务，以及标准化程度较高的流程，这些任务和流程不需要太多的人工干预，于是审计工作自动化成为一种理想的选择。特别是大数据环境下，被审计单位拥有多个应用系统，审计人员在审计时需要与多个系统进行交互。在审计人员需要频繁访问多个系统的情况下，一些人工操作可能会导致较多的人为错误。RPA 技术的优势是能实现多个应用系统之间的交互，这使得以上审计操作非常适合应用 RPA 技术。

7.3.8　机器人技术

机器人（robot）是自动执行工作的机器装置。它既可以接受人类指挥，又可以运行预先编排的程序，还可以根据用人工智能技术制定的原则纲领行动。

人类第一台真正意义上的机器人——可以自动完成搬运的机械手臂由被誉为“机器人之父”的约瑟夫·恩格尔伯格（Joseph Engelberger）发明制造。

20 世纪 50 年代，恩格尔伯格创立了 Unimation（Universal Animation，意思为“通用自动化”）公司，并于 1959 年研制出世界上第一台工业机器人。1961 年，这台工业机器人应用于通用汽车公司。这个发明彻底改变了现代工业和汽车制造的流程。

1983 年，恩格尔伯格退出工业机器人行业，将 Unimation 公司卖给了西屋公司。

1984年，恩格尔伯格又创建了TRC公司，开始研发服务机器人。1988年，恩格尔伯格推出了世界上第一台服务机器人HelpMate。

从目前的审计应用来看，审计机器人还没有设计成为一种自动执行审计工作的机器装置，设计与实现机器装置式审计机器人还面临一定的挑战。RPA技术的出现为实现审计机器人带来了机遇，关于目前基于RPA技术的审计机器人的应用将会在后面进行分析。

随着机器人技术的发展，今后可以采用机器装置式审计机器人帮助完成相关审计工作，审计机器人示例如图7-9所示。

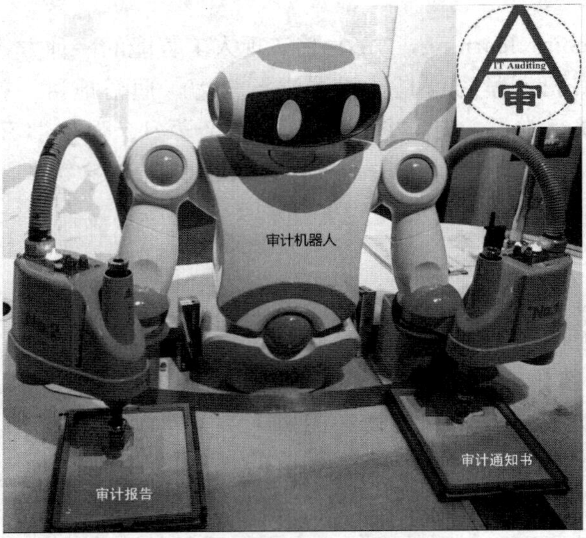

图7-9 机器装置式审计机器人实现示例

7.3.9 社会网络分析技术

1. 社会网络分析方法概述

网络指的是各种关联，社会网络就是社会关系所构成的一种结构关系，一个社会网络由一些特定范围的行动者以及行动者之间的关系组成，它可以反映行动者之间的社会关系。社会网络分析（social network analysis，SNA）是对社会网络的关系结构及其属性加以分析的一套规范和方法，它基于信息学、数学、社会学、管理学、心理学等多学科的融合理论和方法，为理解人类各种社会关系的形成、行为特点以及信息传播的规律提供一种可计算的分析方法。社会网络分析采用的方式和方法从概念上有别于传统的统计分析和数据处理方法，它是研究一组行动者的关系的方法，所关注的焦点是关系和关系的模式。

2. 社会网络分析方法的实现

目前，社会网络分析已在市场营销、广告、企业招聘、跟踪预测流感的暴发、预测票房等方面得到应用，一些流行的大数据可视化分析工具，如R语言，Python，Pajek，Gephi等也具有强大的社会网络分析功能。因此，大数据环境下，可以借助社会网络分析方法开展大数据审计，发现相关审计线索。

对于社会网络分析方法，审计人员没有必要研究太多的理论，采用R语言，Python，Pajek，Gephi等工具实现该方法完成审计数据分析并发现审计线索是关键。相关社会网络分析工具简介如下。

（1）Pajek。Pajek在斯洛文尼亚语中意为蜘蛛。Pajek在Windows环境下运行，是一种大型复杂网络分析工具，可用于目前所存在的各种复杂非线性网络的分析和可视化操作。基于Pajek的社会网络分析应用示例如图7－10所示。

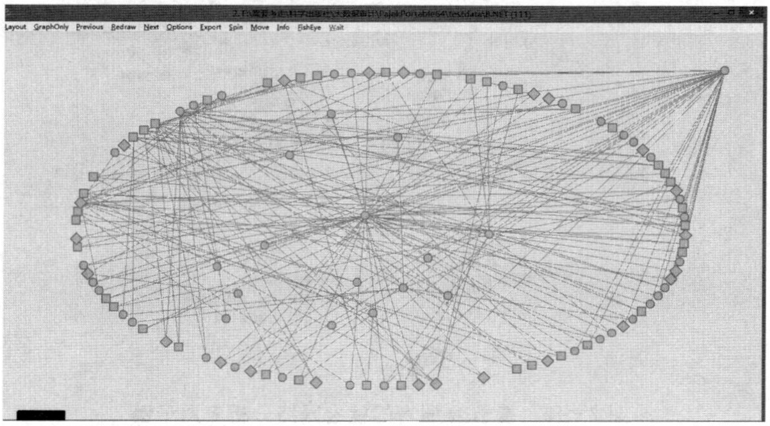

图7－10　基于Pajek的社会网络分析应用示例

（2）Gephi。Gephi是一款开源、免费、跨平台的复杂网络分析软件，它基于Java虚拟机（java virtual machine，JVM），允许开发者开发新程序，创建新功能。Gephi可以用于社会网络分析、探索性数据分析、可视化分析等方面。基于Gephi的社会网络分析应用示例如图7－11所示。

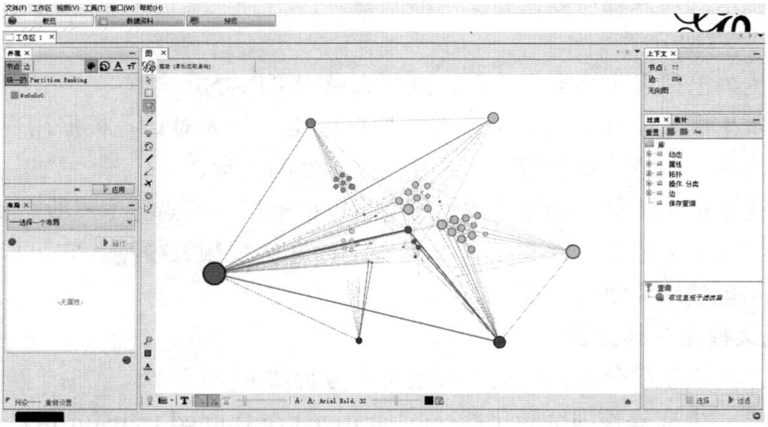

图7－11　基于Gephi的社会网络分析应用示例

（3）R语言。除了采用Pajek，Gephi等工具之外，审计人员也可以采用开源工具R语言实现基于社会网络的审计数据分析，其分析应用示例如图7－12所示。

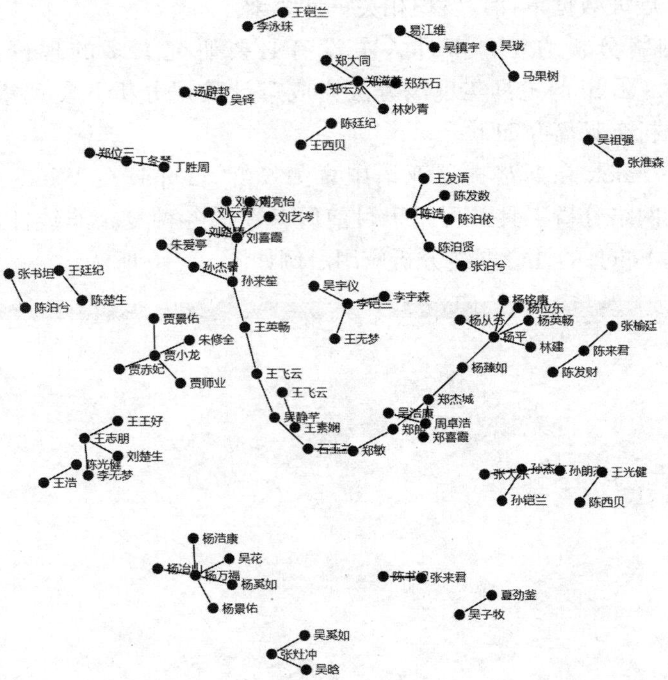

图7-12 基于R语言的社会网络分析应用示例

7.3.10 人工智能大模型技术

1. 人工智能大模型概述

大模型是大规模语言模型（large language model）的简称，它是指参数量大、结构复杂的人工智能模型。传统的人工智能模型一般只能处理少量数据、简单的问题，大模型可以用来处理大规模数据和复杂的问题。

2. 常见大模型分类

目前国内外已研发了多类大模型，这些大模型可以分成三类：

（1）文本生成大模型。文本生成大模型可以用来与人对话，根据用户的描述编写代码、创作内容，生成、编辑具有创意性或技术性的文章。

（2）图像生成大模型。图像生成大模型可以根据用户的描述生成所需要的图像。

（3）视频生成大模型。视频生成大模型也称文生视频大模型，它可以用来根据用户的文本提示创建所需要的视频。

3. 常见大模型工具分析

根据以上大模型的分类，常见大模型工具分析如下。

（1）GPT。生成式预训练转化器（generative pre-trained transformer，GPT）是美国开放人工智能研究中心（OpenAI）推出的一种基于 Transformer 架构的文本生成大模型。它可以生成自然语言文本，回答用户问题，与用户进行对话等，可以用于聊天机器人、问答系统等应用。GPT 从 GPT-1 发展到 GPT-4。其中，GPT-4 是一种更加先进的大模型，具有更加丰富的语言理解和生成能力。

(2) ChatGPT。交谈用的生成式预训练转化器（chat generative pre-trained transformer，ChatGPT）是美国开放人工智能研究中心在GPT模型的基础上进行微调和细化的版本，它更适合对话生成任务。它能够通过理解和学习人类的语言进行对话，还能根据聊天的上下文进行互动，真正像人类一样聊天交流，甚至能完成撰写邮件、视频脚本、文案、翻译、代码等任务。

(3) DALL-E。DALL-E是美国开放人工智能研究中心推出的一种图像生成大模型，可以根据用户给定的描述生成相应的图像。

(4) Sora。Sora是美国开放人工智能研究中心推出的人工智能文生视频大模型，它基于Transformer架构，可以深度模拟真实物理世界，根据用户的文本指令创建现实且富有想象力的逼真视频。它甚至可以根据静态图像生成视频，让图像内容动起来。

(5) 文心一言。文心一言（英文名为：ERNIE Bot）是百度研发的一个基于中文的大模型，它可以用于文本生成、语言理解、知识问答等多种任务，能够与用户进行对话互动、问题回答、内容创作、多模态生成等方面。

(6) DeepSeek。DeepSeek（杭州深度求索人工智能基础技术研究有限公司）推出的DeepSeek系列人工智能大模型引发了广泛的关注。DeepSeek开发的产品包括DeepSeek网页版、DeepSeek App等，研发的系列大模型包括DeepSeek-R1、DeepSeek-V3等。DeepSeek大模型可以帮助完成写代码、读文件、生成各种创意内容等。

(7) 其他大模型。除了以上大模型之外，Google公司推出了大模型Gemini，阿里云推出了大模型“通义千问”，腾讯推出了通用大模型“腾讯混元”，字节跳动公司推出了大模型豆包和即梦AI，北京月之暗面科技有限公司推出了大模型Kimi等。

7.4 文本文件大数据智能分析

由于目前被审计单位信息化程度较高，信息系统复杂，需要采集和审计的各类数据较多，且不仅仅是数据库中的结构化电子数据，还包括一些政策文件、项目信息、董事会会议记录、董事会会议决议、总经理办公会记录、会议决议单、办公会通知、办公文件，以及内部控制手册、信息系统使用手册等非结构化材料。传统的人工审阅方法不能适应大数据环境的需要，例如，审计人员在审计过程中需要审阅大量的文件，如办公文件、会议决议文件、贷款合同、租赁协议、财务报表等。这些文件的审阅和分析需要花费审计人员大量的时间和精力。

因此，如何采用人工智能技术对文本格式的非结构化数据进行文本文件智能审计越来越重要。根据目前人工智能技术的发展现状和审计业务的实际需要，文本文件智能审计应用示例如下。

(1) 文档智能对比。在纸质材料文字识别的基础上，通过在不同版本、纸质和电子版被审计材料间自动完成内容对比，发现相关差异，并自动生成对比结果分析报告，供审计人员进行专业判断。

(2) 文档智能审核。根据不同行业特点，通过个性化设置相关规则，自动识别文档中的错误，以及文档中潜在的法律风险，并自动生成识别结果分析报告，供审计人员进行专业判断。通过自动提取被审计单位文档内容的关键信息，协助审计人员完成内容一致性检查等工作，让审计过程更高效。

（3）印章智能分析。通过对文档扫描件或者图片中的印章内容信息进行检测和一致性比对等分析，自动发现相关舞弊信息，并自动生成分析结果报告，供审计人员进行专业判断。

7.5 基于机器学习的大数据智能分析技术

7.5.1 什么是机器学习

学习能力是人类智能的根本特征，人类通过学习来提高和增强自己的能力。机器学习是实现人工智能的一种方式，是人工智能最前沿的研究领域之一，它是研究如何使用计算机模拟或实现人类学习活动的科学。

人工智能与机器学习之间的关系如图7-13所示。

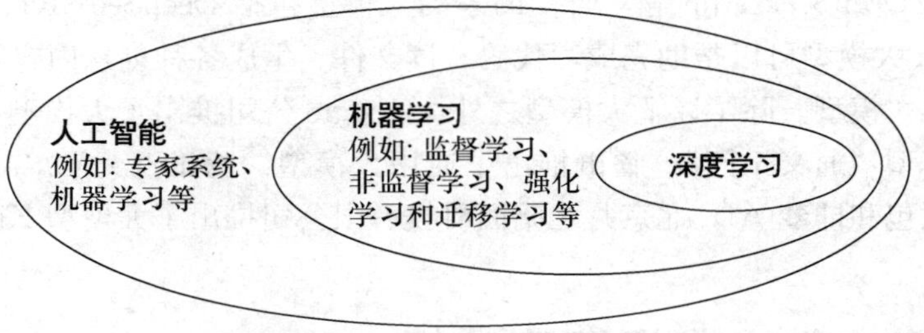

图7-13 人工智能与机器学习之间的关系

简单地讲，机器学习就是让机器通过从大量的训练数据中学习，建立一个更加准确的模型，通过这个模型可以对新的数据进行预测。

例如，在对江发制造集团有限公司（简称江发集团）开展企业领导人经济责任审计的项目中，审计人员在审计该公司领导2013—2016年落实江汉省廉洁从业规定情况时，根据相关规定，审查在餐费、高尔夫、购物、酒、烟、会议、补贴、保险、中介、咨询等方面的经费使用情况。所以我们有了一个简单的判断标准：使用在餐费、高尔夫、购物、酒、烟、会议、补贴、保险 、中介、咨询等方面的相关费用是违反廉洁从业规定的。

7.5.2 一般计算机审计方法

如果审计人员采用计算机进行分析，会编写这样的规则：

```
IF（被审计单位财务数据摘要中包含餐费）THEN
违反廉洁从业规定
ELSE
没有违反廉洁从业规定
```

其原理如图 7－14 所示。

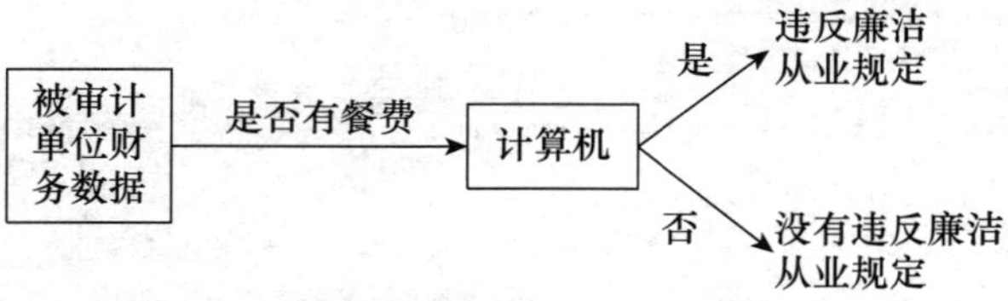

图 7－14　违反廉洁从业规定审计的一般审计方法示例

审计人员会使用这样的规则来查找违反廉洁从业规定的情况。

假设采用数据库工具分析江发财务数据表电子数据中有无“餐费”方面的数据，审计人员会编写这样的 SQL 分析语句（以 SQL Server 数据库为例）：

```
SELECT *
FROM 江发财务数据表
WHERE 摘要 like '%餐费%';
```

在 SQL Server 数据库中运行以上 SQL 语句，可以很容易地查找出江发财务数据表电子数据中有无“餐费”方面的数据。其操作过程如下。

（1）在 SQL Server 数据库管理工具中，单击“新建查询（N）”，在查询窗口中输入相应的 SQL 语句，如图 7－15 所示。

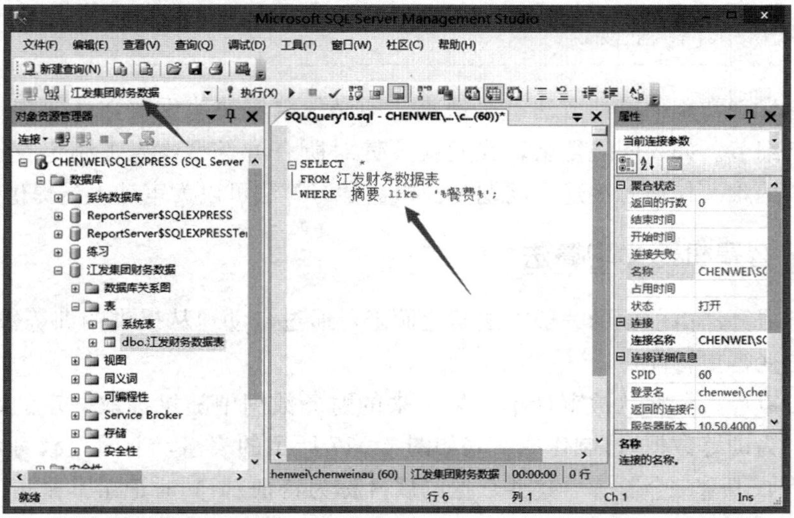

图 7－15　输入 SQL 语句之后的 SQL Server 查询视图

（2）单击“执行（X）”按钮，即可得到审计人员所要查找的“餐费”数据，其查询结果如图 7－16 所示。

如果在查找违反廉洁从业规定的过程中有了新的发现，审计人员就不得不人工修改这个规则。例如，审计人员发现查出的被审计单位财务数据摘要里包含餐费的数据中，有些是正常的工作餐（假设工作餐的特征是金额比较小），没有违反廉洁从业规

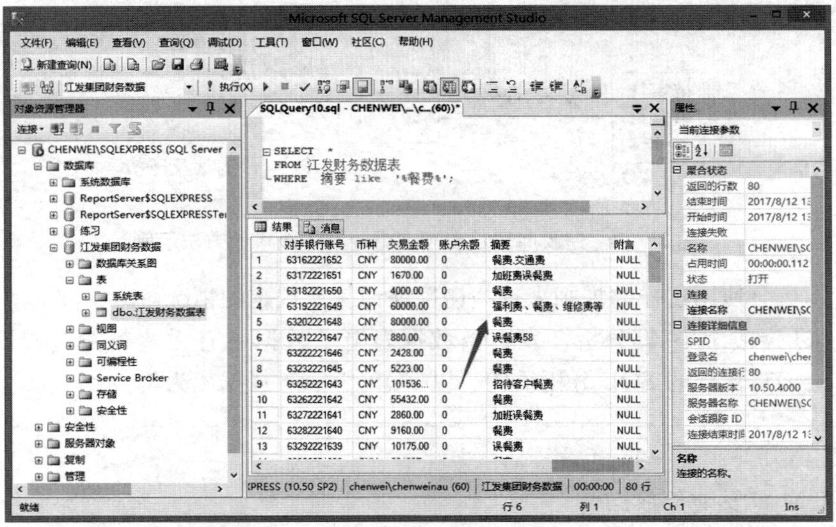

图 7－16 “餐费”数据查询结果界面

定，审计人员就需要修改规则：

IF（被审计单位财务数据摘要中包含餐费 and 餐费不是工作餐） 违反廉洁从业规定 ELSE 没有违反廉洁从业规定

我们会发现常用的审计方法有个缺点，即必须搞清楚违反廉洁从业规定的所有因素中的复杂细节。如果问题复杂，我们就要针对所有的类型，人工制定查询规则，这就变得非常困难。如何解决这个问题呢？机器学习算法可以为审计人员提供解决办法。

7.5.3 什么是机器学习算法

机器学习算法由前面的一般方法演化而来，通过自动地从提供的训练数据中学习，让审计方法变得更智能。

例如，审计人员在从被审计单位采集来的财务数据中随机抽取一定的数据（在机器学习中称为训练数据），制作成一张如图 7－17 所示的表格，上面记载每个财务数据的属性，例如用途、金额等（这些数据的属性称为特征），同时记录其是否为违反廉洁从业规定的数据（称为标签）。

审计人员将训练数据提供给一台机器，该机器就会学习到一个关于财务数据的特征与其是否为违反廉洁从业规定的数据之间关系的模型。

审计人员在开展廉洁从业规定审计时，将新的数据输入这个训练好的模型，模型会直接输出其是否为违反廉洁从业规定的数据。

有了这个机器学习模型，审计人员在开展廉洁从业规定审计时，根本无须考虑那些数据分析规则的具体细节。只需要将被审计数据的物理属性输入这个模型，就可以

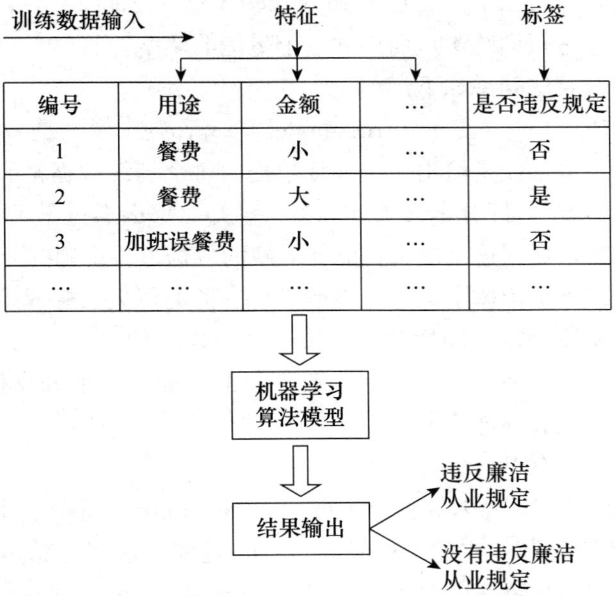

编号	用途	金额	…	是否违反规定
1	餐费	小	…	否
2	餐费	大	…	是
3	加班误餐费	小	…	否
…	…	…	…	…

图 7-17 基于机器学习算法的智能审计方法

直接知道其是否为违反廉洁从业规定的数据。

更重要的是，审计人员可以让这个模型随着应用时间越变越好（称为强化学习），即当该模型读入更多的训练数据时，它就会更准确，并且在做出错误的预测之后进行自我修正。

另外，审计人员可以用同样的机器学习算法来训练不同的模型，例如，可以使用同样的机器算法来预测高尔夫、购物、酒、烟、会议、补贴、保险 、中介、咨询等方面的经费使用情况的模型，从而更全面、更准确地完成廉洁从业规定审计。

7.5.4 机器学习的分类

机器学习有多种学习方法，常见的包括监督学习、非监督学习、强化学习和迁移学习等。

1. 监督学习

简单地讲，监督学习就是预先对计算机要学习的训练数据进行分类，训练数据中既有特征（feature)，又有标签（label)，通过训练让计算机找到特征和标签之间的联系，在此基础上，当告诉计算机要分析的新数据的特征时，计算机自己可以判断出该数据的标签。

例如，审计人员若想训练计算机如何识别一条财务数据是否违反廉洁从业规定，就先拿出几十万条财务数据，凡是违反廉洁从业规定的数据，就告诉计算机其违反了廉洁从业规定；凡是没有违反廉洁从业规定的数据，就告诉计算机其没有违反廉洁从业规定。经过一段监督学习的过程之后，如果审计人员再让计算机分析被审计数据，它就能识别出该数据是否违反廉洁从业规定。

我们可以把监督学习定义为：已知输入和输出结果之间的关系，采用已有的训练数据集根据这种关系进行训练，从而得到一个最优的模型。

监督学习常用的算法列举如下。

（1）决策树。决策树（decision tree model），又称判定树，是一种机器学习中的监督学习方法。简单地讲，就是给出一组训练数据，每个训练数据都有一组属性（特征）和一个分类结果（标签），即分类结果（标签）已知，那么通过学习这些训练数据，就可以得到一个决策树，使用这个决策树能够对新的数据进行正确的分类。

概括来说，可以把决策树定义为：决策树是一种类似二叉树或多叉树的树形结构，用于对离散和连续属性进行预测性建模。决策树用样本的属性作为节点，用属性的取值作为分支，其中每个内部节点表示一个属性上的判断，每个分支代表一个判断结果的输出，每个叶节点代表一种分类结果。

常见的决策树算法有 ID3，C4.5 和 C5.0 等。

（2）K-近邻算法。K-近邻算法（k-nearest neighbor，KNN）是由科弗（Cover）和哈特（Hart）于 1968 年提出的。通俗地讲，K-近邻算法就是给定一个训练数据集，对新的输入实例，在训练数据集中找到与该实例最邻近的 K 个实例，这 K 个实例的多数属于某个类别，就把该输入实例分类到这个类别中。

具体来说，它的工作原理如下：

第一，给定一个测试数据；

第二，计算它到训练数据的距离；

第三，选取离测试数据最近的 K 个训练数据；

第四，选出在这 K 个数据中出现最多的类别，就是对测试数据预测的类别。

例如，在图 7－18 中，假设五角和三角图形为训练数据，正方形为测试数据。计算正方形到其他图形的距离，选取离正方形最近的 K 个图形。

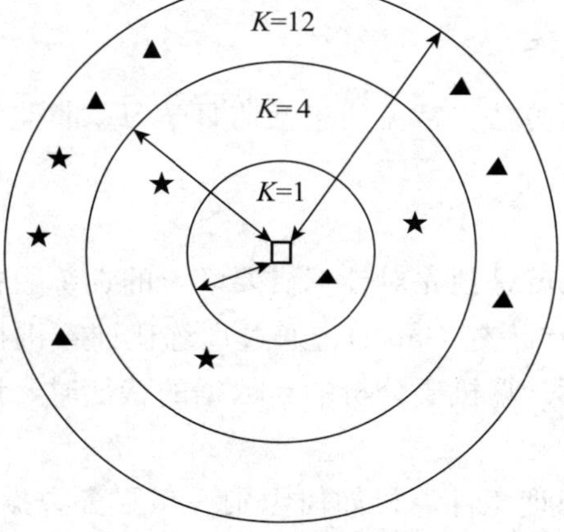

图 7－18　K-近邻算法示例

选取 K 个图形中同种图形最多的类，如 $K=1$ 时，K 个图形均为三角图形，那么预测结果就和三角图形是一类；$K=4$ 时，K 个图形中有 3 个五角图形和 1 个三角图形，那么预测结果就和五角图形是一类；$K=12$ 时，K 个图形中有 5 个五角图形和 7 个三角图形，那么预测结果就和三角图形是一类。

（3）朴素贝叶斯算法。朴素贝叶斯算法是一种基于概率论的算法，在做决策时要求分类器给出一个最优的类别猜测结果，同时给出这个猜测的概率估计值。

朴素贝叶斯算法通过已给定的训练集，以特征词之间相互独立作为前提假设，学习从输入到输出的联合概率分布，再基于学习到的模型，输入 X，求出使得后验概率最大的输出 Y。

朴素贝叶斯算法已广泛应用于文字识别、图像识别等方面。采用朴素贝叶斯算法可以将一种未知的文字或图像，根据已有的分类规则进行分类，最终达到分类的目的。

2. 非监督学习

简单地讲，非监督学习就是没有预先对计算机要学习的训练数据进行分类，没有监督计算机的学习过程。

例如，审计人员若想训练计算机区分正常的财务数据和违反廉洁从业规定的财务数据，就先拿出几十万条正常的财务数据和违反廉洁从业规定的财务数据，但并不告诉计算机哪些是正常的财务数据，哪些是违反廉洁从业规定的财务数据。

经过一段非监督学习的过程之后，计算机就能把输入的数据按照相似性分成两个大类（即正常的财务数据和违反廉洁从业规定的财务数据），从而区分二者。计算机是按照财务数据的特征进行的分类。

我们可以把非监督学习定义为：非监督学习就是让计算机根据类别未知（没有被标记，没有标签）的训练样本解决模式识别中的各种问题。通俗地讲，我们不知道数据集中数据、特征之间的关系，而是要让计算机根据聚类或一定的模型得到数据之间的关系。相比于监督学习，非监督学习就像是自学，让机器学会自己做事情。

非监督学习可以广泛地应用于智能审计数据分析过程。例如，在“反洗钱”审计中，审计人员可以通过用户行为的特征对这些用户进行分类，发现行为异常的用户，再深入分析他们的行为到底哪里不一样，是否属于违法洗钱的范畴。虽然我们不知道通过非监督学习对用户行为进行分类意味着什么，但是通过这种分类，可以快速排除行为正常的用户，更有针对性地对异常行为进行深入分析。

非监督学习常用的算法列举如下。

（1）聚类（clustering）算法。简单地说，聚类就是一种自动分类的方法，聚类的目的是把相似的东西聚在一起。在监督学习中，我们很清楚每一个分类是什么，但聚类不同，我们并不清楚聚类后的每个分类分别代表什么含义。

以 K-均值聚类算法（k-means clustering algorithm，KMCA）为例，K-均值聚类是最简单也最常用的聚类算法之一。K-均值聚类算法就是先随机选取 K 个对象作为初始的聚类中心，然后计算每个对象与各个初始聚类中心之间的距离，并把每个对象分配给距离它最近的聚类中心。此时，聚类中心以及分配给它们的对象就形成一个聚类。当全部对象都被分配到各个聚类中心之后，每个聚类中心会根据聚类中现有的对象被重新计算。这个过程将不断重复，直到满足某个终止条件。终止条件可以是没有（或最小数目）对象被重新分配给不同的聚类，没有（或最小数目）聚类中心再发生变化等。

非监督学习中的聚类算法应用非常广泛，例如，谷歌新闻按照内容结构的不同有财经、娱乐、体育等不同的类别。

在智能审计中，审计人员可以采用聚类算法，按照财务数据摘要字段的内容，把财务数据分成高尔夫、购物、酒、烟、会议、补贴、保险、中介、咨询等不同的类别。

（2）降维（demensionality reduction）算法。降维是为了在尽可能保存相关结构的同时降低数据的复杂度。

以主成分分析（principal component analysis，PCA）为例，这是一种经典的降维算法。它通过将一个矩阵中的样本数据投影到一个新的空间中，使原来多个变量的复杂因素归结成几个主要成分，从而使问题变得简单，得到的结果更加科学有效。PCA在1901年由皮尔逊（Pearson）提出，1933年霍特林（Hotelling）对PCA做了改进推广。

3. 强化学习

什么是强化学习？例如，审计人员想训练计算机识别财务数据是否为违反廉洁从业规定的数据，一开始，计算机不知道怎样去查找，只是随机地查找。但是，一旦计算机准确识别出被审计财务数据中的一条违反廉洁从业规定的数据，审计人员就给予计算机一个奖励；一旦计算机错误识别出被审计财务数据中的一条违反廉洁从业规定的数据，审计人员就给予计算机一个惩罚。这样一来，经过大量的训练之后，计算机就学会了如何识别财务数据是否为违反廉洁从业规定的数据。

4. 迁移学习

例如，让计算机学会识别财务数据是否为违反廉洁从业规定的数据之后，又希望其学会识别类似的业务。这时，不需要让计算机从零开始学，计算机可以将之前学到的技能迁移过来。这就是迁移学习。

7.6 大数据智能分析技术应用：基于社会网络分析的金融科技系统用户管理风险审计

7.6.1 案例背景简介

近年来，金融业务和模式不断创新，以网上银行、电子银行、手机银行、直销银行、微信银行以及多种第三方支付方式为代表的新金融业务和模式快速发展。随着金融行业信息化技术的广泛应用，信息科技风险成为金融行业关注的重点。目前，大数据、人工智能、云计算等技术的应用和发展使得金融单位信息化程度越来越高，信息化应用范围越来越广，对信息化的依赖程度越来越高，使用的应用系统越来越多，业务系统也越来越复杂。金融科技的快速发展和广泛应用增加了风险识别的难度，创新审计方法成为必然。金融科技环境下，目前常用的信息系统（信息科技）审计方法，如访谈、现场观察、文档查看、抽样、穿行测试等已不能完全满足需要，仅靠现有的审计方法很难发现潜在的相关信息系统风险，信息科技风险审计方法需要不断创新。

本案例以金融科技系统用户管理风险审计为例，分析如何采用社会网络分析技术开展金融科技风险审计。

为了审计金融科技系统用户管理风险，需要从被审计单位信息管理部门采集相关操作用户信息等数据。通过审计这些数据，可以掌握目前该被审计单位所有应用系统中的操作用户情况，例如用户状态、用户相关信息等。在某金融科技系统用户管理风险审计中，假设现已获得相关数据，其用户信息数据如表 7－1 所示。

表 7－1　某金融科技系统用户信息数据示例

数据库中的表名：Fintech_User. operators	中文表名：金融科技系统用户信息表
数据库中的字段名	字段名内涵
operator_no	用户编号
op_branch_no	操作分支机构
operator_kind	用户类型
operator_name	用户姓名
id_kind	证件类别
id_no	证件号码
operator_card	操作卡号
operator_depart	用户所属部门
registe_date	登记日期
cancel_date	注销日期
oper_status	用户状态
…	…

7.6.2　常用审计方法的不足

用户及权限管理是信息系统运行管理中的一项重要内容，它要求“应保证只有经授权的用户才能访问，防止非授权访问”。因此，在开展信息系统运行管理审计时，审计人员需要检查业务系统能否保证只有经授权的用户才能访问，能否防止非授权访问。对于金融科技系统审计来说，审计人员可以通过分析金融科技系统中是否存在操作用户有多个账号的情况，以及这些账号是否都可以正常使用等达到防范相关金融科技风险的目的。

传统环境下，被审计单位信息化程度低，应用系统较少，操作用户较少，因此，对于用户及权限管理审计只需要做简单的访谈或现场察看被审计单位的应用系统即可。但随着金融科技的广泛应用，目前被审计单位信息化程度高，应用系统较多，一些单位应用系统多达几百个，甚至上千个，另外，操作用户也较多。因此，金融科技系统的用户及权限管理是一个重要挑战。目前常用的审计方法存在以下不足。

重号分析是数值分析中的一种常用方法，它用来查找被审计数据某个字段（或某些字段）中是否存在重复的数据。通过重号分析方法，审计人员可以查找被审计单位应用系统中是否存在用户拥有多个账号的情况。以审计软件 IDEA 举例，重号分析方法应用的结果示例如图 7－19 所示。

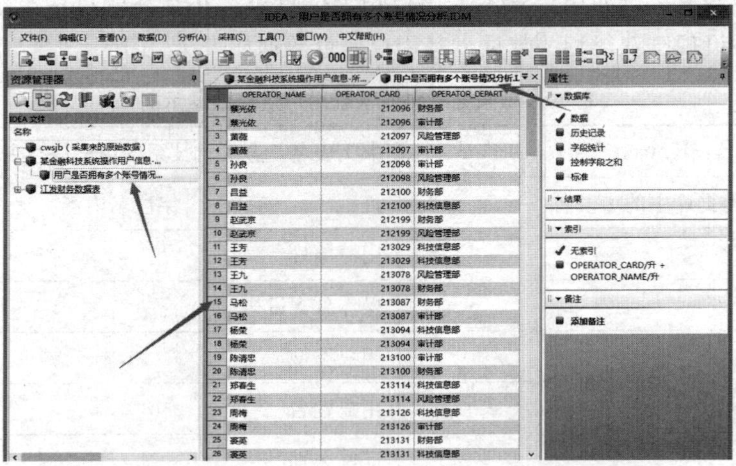

图 7－19　基于 IDEA 的操作用户信息数据重号分析结果示例

对于重号分析方法，也可以采用 SQL 语句实现。以 Microsoft Access 数据库软件为例，采用 SQL 语句进行重号分析的结果示例如图 7－20 所示。

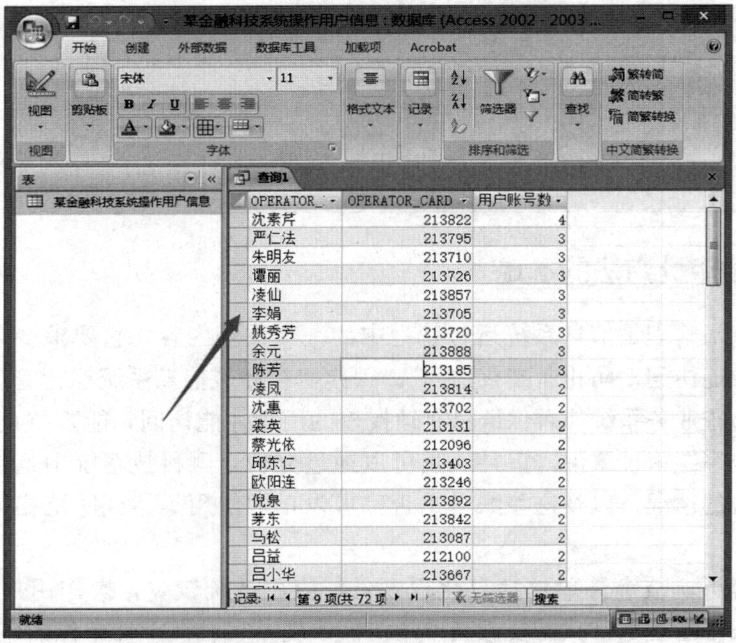

图 7－20　基于数据库工具的操作用户信息数据重号分析结果示例

由图 7－19 和图 7－20 不难看出：常用的重号分析方法虽然也能查找被审计单位信息系统中的操作用户是否存在一人拥有多个账号的情况，但不能很清楚、形象地展示出拥有多个账号的操作用户分别分布在哪些部门、操作用户与所在部门的关系，以及对于每一个操作用户，其拥有的多个账号是否都可以正常使用等详细信息。

7.6.3　基于社会网络分析的金融科技系统用户管理风险审计方法原理

基于社会网络分析的金融科技系统用户管理风险审计方法原理可简单描述为：采集被审计金融科技系统的全单位操作用户信息等数据，采用社会网络分析工具对全单位操作用户信息等相关结构化数据进行建模和整体分析，通过对社会网络分析的可视化结果图形和图像进行分析和观察，从总体上识别操作用户与所在部门之间的相互关系，从而发现是否存在用户属于不同部门的审计线索。在此基础上，进行延伸分析，例如，通过对全单位操作用户信息数据进行分析，了解同时属于不同部门的用户的账号状态，确认其两个或多个账号是否都可以正常使用。通过对以上发现的异常数据做进一步的延伸审计和审计事实确认，最终获得审计证据。

综上分析，基于社会网络分析的金融科技系统用户管理风险审计方法原理如图 7－21 所示。

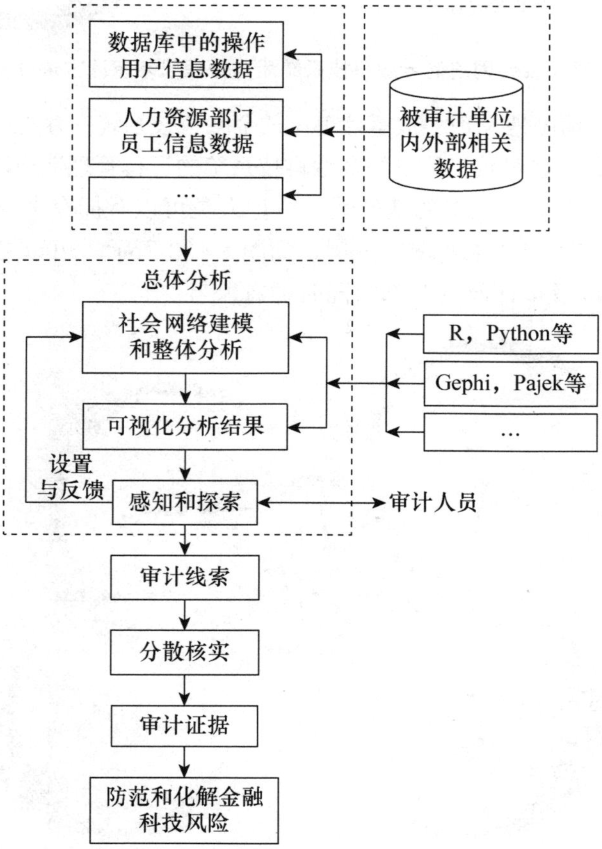

图 7－21　基于社会网络分析的金融科技系统用户管理风险审计方法原理

7.6.4 基于社会网络的金融科技系统用户管理风险整体分析

为了从整体上掌握金融科技系统中是否存在操作用户在多个部门拥有用户账号的情况，基于前面的分析，我们采用社会网络分析方法对全单位操作用户信息数据进行分析，整体动态分析结果的一个示例如图 7－22 所示。

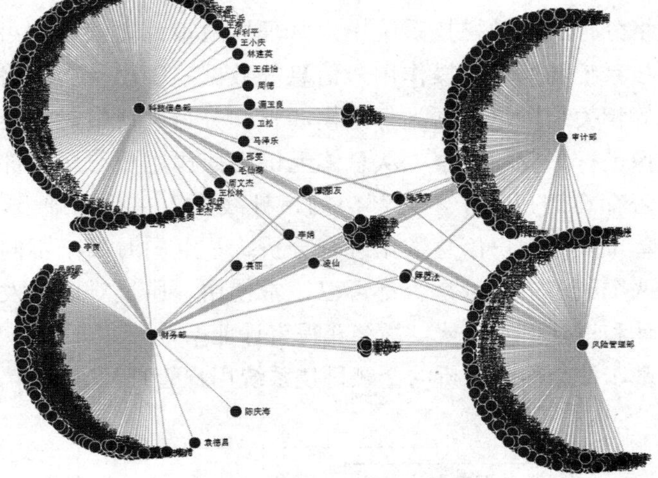

图 7－22　基于社会网络的金融科技系统用户管理风险审计方法分析结果示例

由图 7－22 可以清晰地发现：被审计单位的金融科技系统中存在多名操作用户在多个部门拥有账号的情况，这对被审计单位金融科技系统的运行管理造成潜在的风险隐患。

在图 7－22 所示的分析结果的基础上，审计人员可以对拥有多个账号的操作用户做进一步观察。以操作用户“朱明友”为例，如图 7－23 所示，可以发现该操作用户在科技信息部、财务部以及审计部三个部门同时拥有账号。

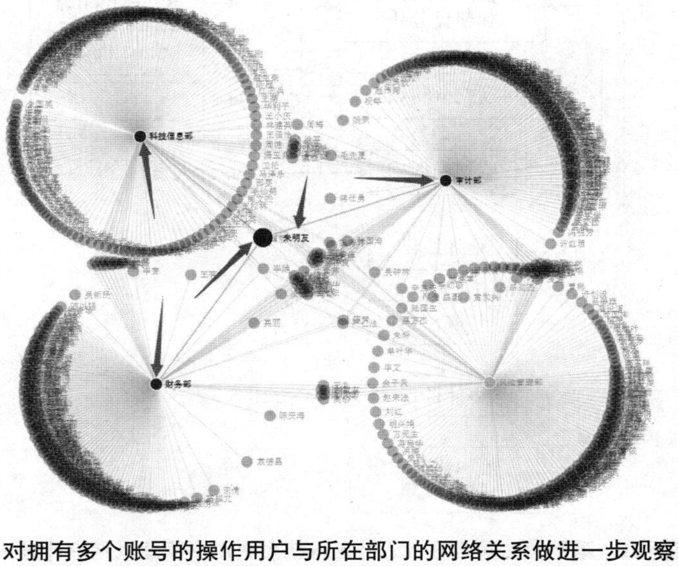

图 7－23　对拥有多个账号的操作用户与所在部门的网络关系做进一步观察结果示例

7.6.5　拥有多个账号的操作用户的具体信息可视化分析

为了进一步分析这些在多个部门拥有账号的操作用户的具体信息，如拥有的多个账号是否都可以正常使用，我们采用散点图可视化分析方法对操作用户信息数据做进一步的分析，了解拥有多个账号的操作用户的账号状态情况，其中的一个分析结果示例如图 7-24 所示。在图 7-24 中，x 轴为拥有多个账号的操作用户，y 轴为操作用户所在部门，散点的形状表示用户账号的状态（0 表示用户账号可以正常使用，1 表示用户账号已冻结（暂停使用），2 表示用户账号已注销）。

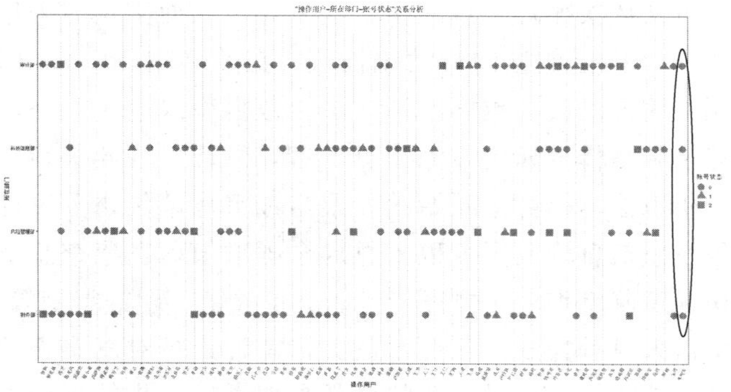

图 7-24　“操作用户-所在部门-账号状态”关系分析示例

由图 7-24 可以清晰地发现：被审计单位金融科技系统中存在多名操作用户在多个部门拥有多个均能正常使用的用户账号的情况（散点为圆形），这对被审计单位金融科技系统的运行管理造成潜在的风险隐患。以操作用户“朱明友”为例，其在科技信息部、财务部以及审计部三个部门同时拥有用户账号，且三个用户账号的状态均为可以正常使用（散点为圆形）。

7.7　大数据智能分析技术应用：基于 RPA 的发票审计机器人

7.7.1　基于 RPA 的发票审计机器人原理

随着审计信息化的普及，计算机在审计中的广泛应用大大提高了审计工作效率，但当审计人员进行财务审计时，有时仍然需要查看大量的原始发票。根据《中华人民共和国发票管理办法》，发票是指在购销商品，提供或者接受服务以及从事其他经营活动中，开具、收取的收付款凭证。发票内容一般包括票头、字轨号码、联次及用途、客户名称、银行开户账号、商（产）品名称或经营项目、计量单位、数量、单价，以及大小写金额、经手人、单位印章、开票日期等。当需要对原始发票进行分析时，相关发票有时还是需要大量的时间进行手工录入，然后才能分析。这严重影响了审计工作的效率。大数据和 RPA 技术的发展为解决这一问题提供了机遇。研究如何把 RPA 技术应用于发票审计具有重要的意义。本部分结合大数据与 RPA 技术的研究与应用现状，介绍如何采用 RPA 技术实现发票审计机器人的应用，从而实现发票相关数据的自动化与智能化审计。

针对发票审计的实际需要，结合 RPA 技术的原理和目前的审计方法，可以设计基于 RPA 的发票审计机器人。概括来说，基于 RPA 的发票审计机器人的实现原理可简单描述为：从被审计单位内外部采集相关原始发票数据（扫描各类原始纸质发票，或采集相关原始电子发票，特别是财务共享环境下，被审计单位已经完成相关原始纸质发票的电子化，这为审计工作提供了方便）；采用 RPA 中的 OCR 识别技术自动对发票进行识别，然后把识别的发票数据自动保存到指定的数据库或电子表格软件中，RPA 软件可以用同样的方法依次循环处理完全部的发票，从而实现对采集来的电子发票或纸质发票扫描件等非结构化数据的自动化处理；在此基础上，采用 RPA 软件进行设计，实现自动采用常用方法或大数据审计方法对数据库或电子表格软件中的相关结构化发票数据进行建模和整体分析的发票审计流程，从而发现相关审计线索。可实现的发票数据自动化分析方法包括：把原始的发票与被审计单位财务软件中的数据进行比较分析；把增值税发票信息输入国家税务总局全国增值税发票查验平台以辨别发票真伪，同时根据公司规章制度查出违规报销（如重复报销、超额报销等）。整个发票审计流程由发票审计机器人自动完成。在此基础上，审计人员对发票审计机器人发现的相关审计线索进行延伸核实。通过对发现的异常数据做进一步的延伸审计和审计事实确认，最终获得审计证据。

综上分析，大数据环境下基于 RPA 技术的发票审计机器人的工作原理如图 7-25 所示。

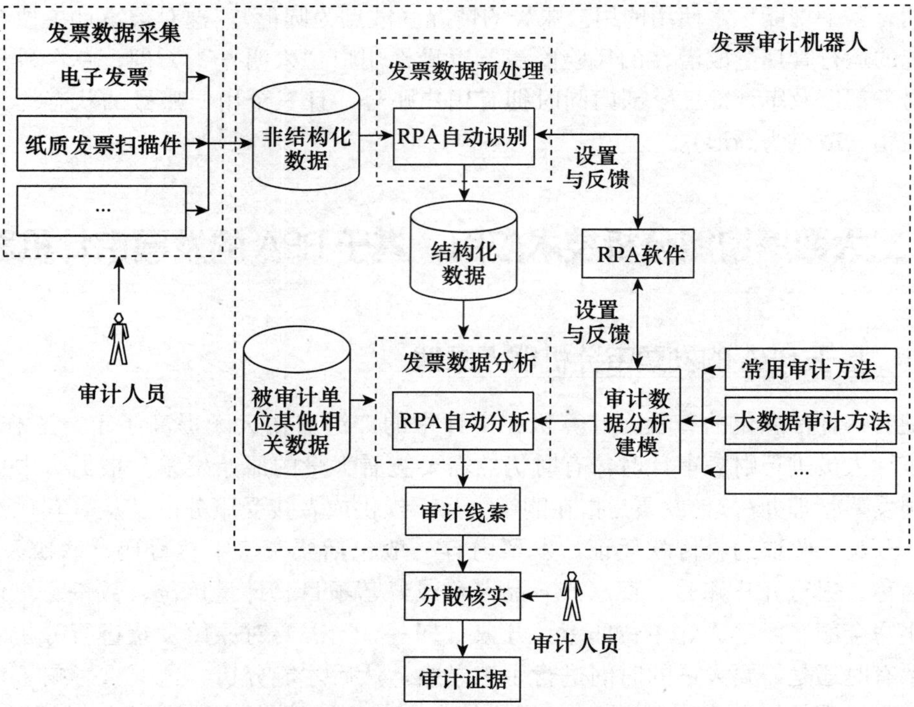

图 7-25 大数据环境下基于 RPA 技术的发票审计机器人的工作原理

7.7.2 常用审计模式与审计机器人审计模式的比较

不难发现，基于 RPA 技术的发票审计机器人可以有效地提高审计效率。概括来说，目前常用审计模式与审计机器人审计模式的比较如图 7-26 所示。

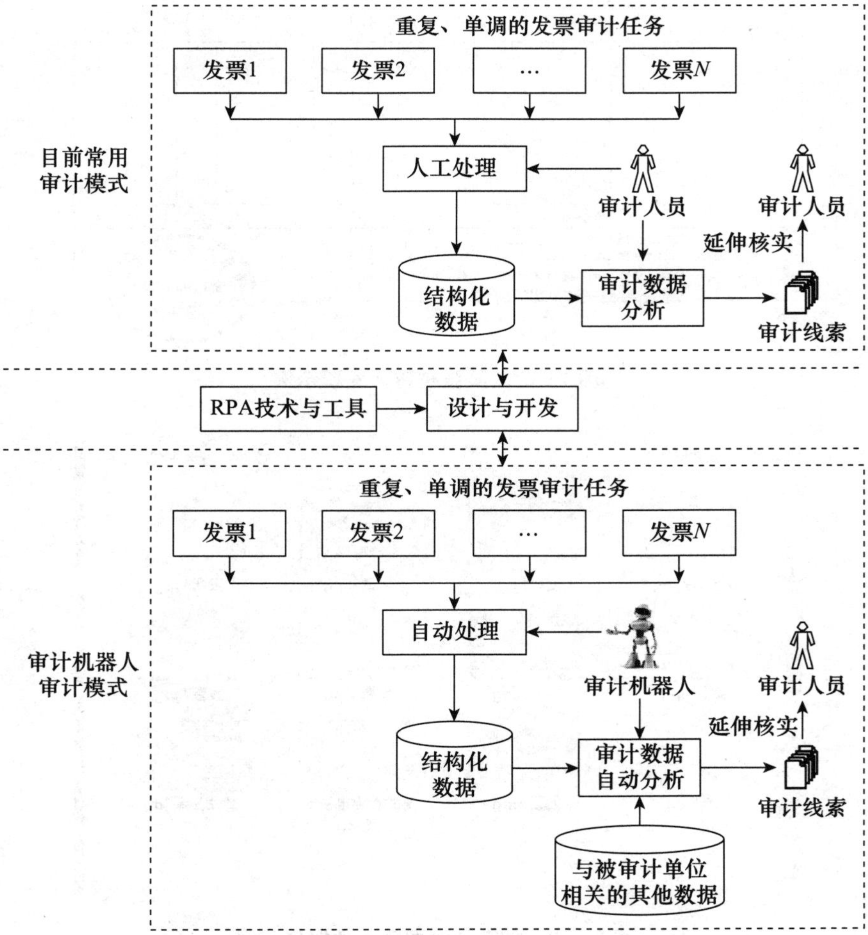

图 7-26 目前常用审计模式与审计机器人审计模式的比较

7.7.3 基于 RPA 的发票审计机器人应用案例

1. 案例背景简介

为了对财务数据进行分析，有时需要从被审计单位获得原始的发票数据。通过审计这些原始的发票数据，可以发现相关审计线索。另外，也可以将这些原始的发票数据与被审计单位信息系统中的财务数据进行比较分析，从而确定被审计单位信息系统中财务数据的真实性。在某单位经济责任审计中，假设现已获得相关财务发票数据，这些发票的示例如图 7-27 和图 7-28 所示。现需要把大量的发票输入 Excel 中，然后对这些发票数据进行分析。为了提高审计效率和审计质量，决定开发发票审计机器人来自动处理。

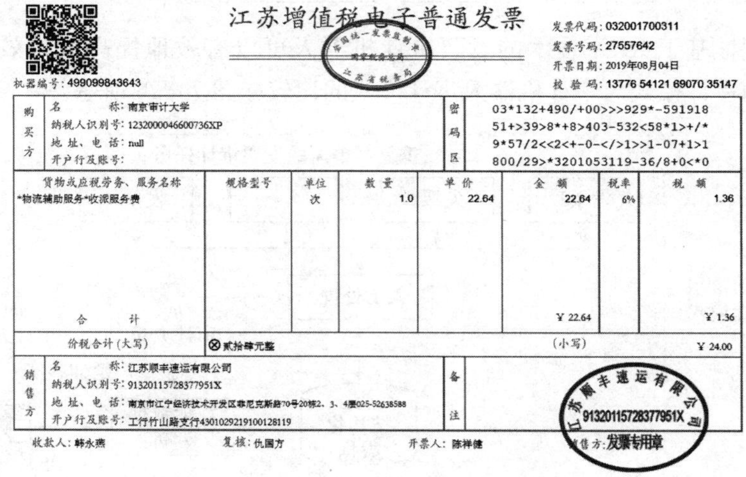
江苏增值税电子普通发票

发票代码：032001700311
发票号码：27557642
开票日期：2019年08月04日
校 验 码：13776 54121 69070 35147

机器编号：499099843643

购买方	名　称：南京审计大学 纳税人识别号：12320000466007736XP 地址、电话：null 开户行及账号：	密码区	03*132+490/+00>>>929*-591918 51+>39>8*+8>403-532<58*1>+/* 9*57/2<<2<+-0-</>1>>1-07+1>1 800/29>*3201053119-36/8+0<*0

货物或应税劳务、服务名称	规格型号	单位	数量	单价	金额	税率	税额
*物流辅助服务*收派服务费		次	1.0	22.64	22.64	6%	1.36
合　计					¥22.64		¥1.36
价税合计（大写）	⊗贰拾肆元整				（小写）		¥24.00

销售方	名　称：江苏顺丰速运有限公司 纳税人识别号：91320115728377951X 地址、电话：南京市江宁经济技术开发区菲尼克斯路70号20栋2、3、4层025-52638588 开户行及账号：工行竹山路支行4301029219100128119	备注	

收款人：韩永燕　复核：仇国方　开票人：陈祥健　销售方：（章）

图 7-27　某张被审计发票示例

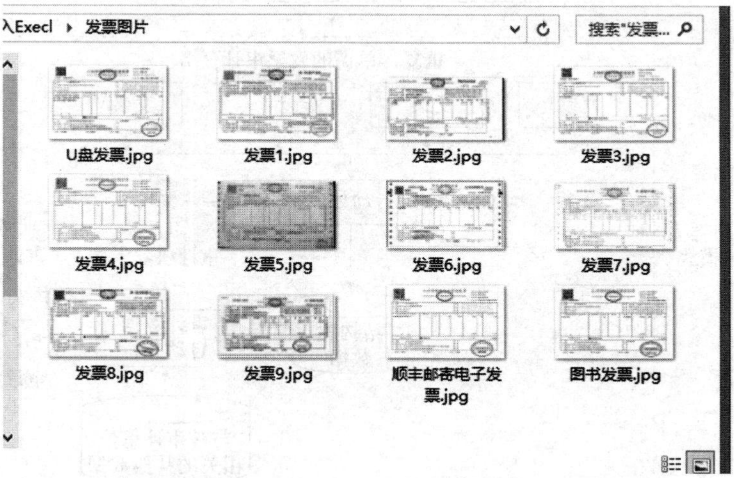

图 7-28　被审计发票图片数据集示例

2. 基于 RPA 的发票审计机器人设计与实现

根据基于 RPA 的发票审计机器人实现原理，可以采用某 RPA 技术设计发票审计机器人。基于 RPA 的发票审计机器人设计示例如图 7-29 所示。

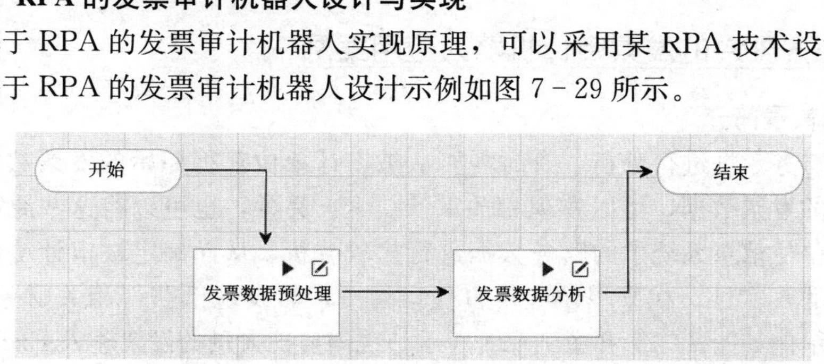

图 7-29　基于 RPA 的发票审计机器人设计示例

在发票审计机器人设计的基础上，根据相关业务规则，在 RPA 软件中对发票数据预处理和发票数据分析环节进行可视化参数设置，完成发票数据的自动化预处理和发票数据的自动化分析，关键步骤分析如下。

（1）基于 RPA 的发票数据自动化预处理。为了对非结构化的电子发票数据进行分析，需要将其转化成结构化数据，以 RPA 软件 UiBot 为例，基于 RPA 的发票数据自动化预处理可视化参数设置示例如图 7 - 30 所示。

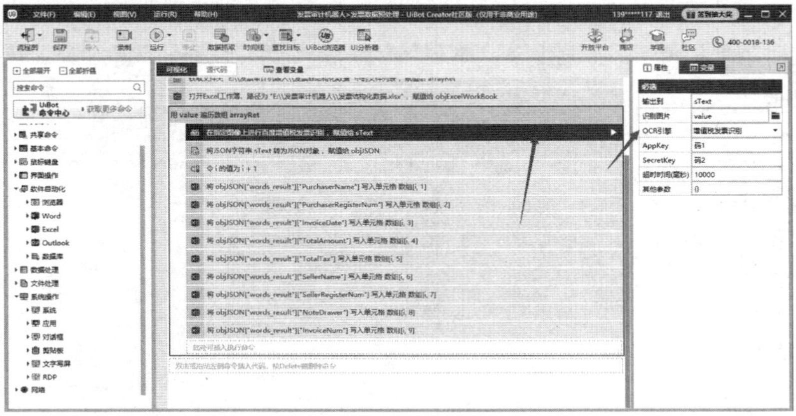

图 7 - 30　基于 RPA 的发票数据自动化预处理可视化参数设置示例

（2）基于 RPA 的发票数据自动化分析。基于以上预处理的数据，选择合适的审计数据分析方法，或与其他来源数据共同分析，并在该 RPA 软件中应用这些方法，实现对以上预处理后的数据（Excel 中的发票数据）的自动分析，从而发现相关审计线索。例如，分析发票数据中“购买方名称”字段为“南京审计大学”，且“金额”字段数值大于 100 的数据，以 RPA 软件 UiBot 为例，基于 RPA 的发票数据自动化分析可视化参数设置示例如图 7 - 31 所示。

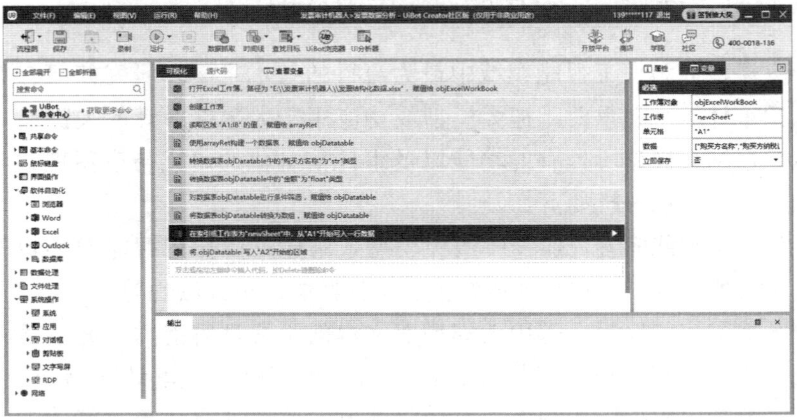

图 7 - 31　基于 RPA 的发票数据自动化分析可视化参数设置示例

同理，可以设计其他数据自动化分析工作流程，从而实现更多的发票数据自动化分析。例如，把以上预处理后的数据（Excel 中的发票数据）与从被审计单位财务软件中采集来的数据进行比较，找出在以上预处理后的数据（Excel 中的发票数据）中存在，但在从被审计单位财务软件中采集来的数据中不存在的数据。

3. 基于 RPA 的发票审计机器人运行

在设计完成基于 RPA 的发票审计机器人的全部工作流程之后，按图 7－29 所示的流程运行该发票审计机器人，就可以自动完成全部审计工作，并把分析结果保存到指定电子表格中，供审计人员做进一步的延伸取证，从而获得相关审计证据，完成审计任务。例如，基于 RPA 的发票数据自动化预处理部分结果示例如图 7－32 所示。

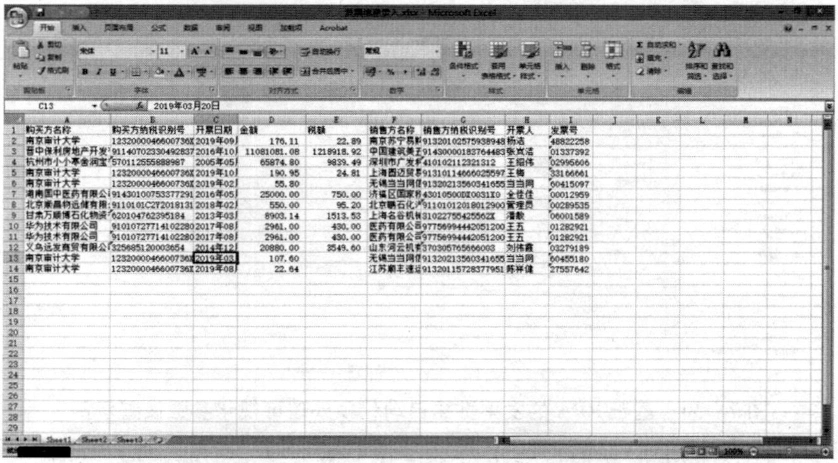

图 7－32　基于 RPA 的发票数据自动化预处理部分结果示例

7.8　人工智能大模型技术在大数据审计中的应用

7.8.1　大模型在大数据审计中的可行应用分析

目前，大模型成为人工智能领域中最为流行的技术之一，研究如何有效利用大模型开展大数据审计越来越重要。把大模型成功应用于大数据审计的关键是真正找到好的应用场景。根据大模型所具有的功能以及审计信息化的研究与应用现状，大数据审计中可行的大模型应用分析如下：

（1）审计知识智能问答。通过应用大模型，构建审计知识智能问答功能，可以帮助审计人员了解所需的相关审计业务知识、审计经验、审计法规等。

（2）审计文书智能编写。运用大模型对文本的学习理解能力，通过学习历史审计文书的模板、撰写格式、撰写风格和分析逻辑等，可以创建审计文书智能编写功能，帮助审计人员智能生成审计通知书、审计实施方案、审计取证单、审计工作底稿、审计报告等审计文书。

（3）SQL 分析模型智能生成。编写 SQL 分析模型对被审计单位电子数据进行分析是目前审计信息化电子数据审计中最常使用的方法。编写 SQL 的技术门槛影响了电子数据审计的广泛应用。大模型具有SQL代码生成功能，可以根据审计人员数据分析的需要，生成SQL语句，审计人员无须了解SQL语言语法结构、数据库技术以及相关编程知识也可轻松实现审计数据分析的SQL建模，完成审计数据分析工作。因此，通过应用大模型，创建SQL分析模型智能生成功能，可以帮助审计人员智能生成所需要的SQL分析模型。

(4) 审计方法程序代码智能生成。在开展电子数据审计时，为了实现对相关问题的智能分析，需要采用相关软件如Python，R语言等编写所需的程序代码。编写复杂的程序代码通常需要一定的技术水平，这影响了电子数据审计的广泛应用。大模型具有多种编程语言代码生成能力，可以根据审计人员数据分析的需要，生成审计方法程序代码，完成审计数据分析工作。因此，通过应用大模型，创建审计方法程序代码智能生成功能，可以帮助审计人员智能生成所需要的审计方法程序代码。

(5) 审计方案智能设计。可以将大模型应用于电子数据审计思路分析及方案设计等场景。结合历史电子数据审计案例、电子数据审计内容等知识库，大模型能够自动根据历史审计经验及知识库给出审计思路、审计数据分析方案等，从而为审计人员提供辅助支持，快速、准确、全面地发现审计线索，获得审计证据，提升审计效率。

(6) 审计信息化智能教育培训。为了提高审计人员的审计能力，对审计人员和相关专业学生开展审计信息化专业教育培训非常重要。大模型能够智能生成审计信息化教育培训所需要的测试题库，从而为相关教学工作提供辅助支持，提升审计信息化专业教育培训效率。另外，还可以采用大模型做“助教”，为学员提供个性化的课程知识分析与指导，提供知识答疑和解题辅导服务。

7.8.2 文心一言和DeepSeek大模型在大数据审计中的应用案例

根据前文研究的大模型在审计中的可行应用场景，本部分以审计知识智能问答、SQL分析模型智能生成、审计方法程序代码智能生成为例，分析大模型在大数据审计中的具体应用。考虑到在实际应用过程中数据的安全性和大模型工具的易获得性，应用案例选择国产大模型文心一言和DeepSeek作为大模型工具。

(1) 审计知识智能问答。在第6章的乡村振兴审计案例中，为了检查被审计单位是否做到精准扶贫，假设审计人员已经采集到了当地认定的贫困人员名单数据，审计人员想了解怎么采用大数据技术从该贫困人员名单数据中识别出假的贫困人员。为了得到相关审计经验，可以采用大模型工具帮助完成。以文心一言大模型为例，审计人员可以在该工具中以文本方式输入自己的需求，需求文本示例如下：

在精准扶贫审计中，审计人员已经采集到了当地认定的贫困人员名单数据，怎么采用大数据技术从该贫困人员名单数据中识别出假的贫困人员？

基于文心一言大模型的精准扶贫审计知识智能问答应用示例如图7-33所示。

在精准扶贫审计中，审计人员已经采集到了当地认定的贫困人员名单数据，怎么采用大数据技术从该贫困人员名单数据中识别出假的贫困人员？

在精准扶贫审计中，审计人员已经采集到了当地认定的贫困人员名单数据，要采用大数据技术从这些数据中识别出假的贫困人员，可以遵循以下步骤：

一、数据整合与清洗

1. **数据整合**：
   - 将贫困人员名单数据与多个来源的数据进行整合，包括但不限于房产、车辆、财政供养人员、公积金缴纳、企业工商登记、个人所得税缴纳、社会保险缴纳等数据库。这些数据源能够全面反映贫困人员的经济状况。
   - 使用数据交换平台或API接口，确保数据的实时性和准确性。
2. **数据清洗**：
   - 去除重复项、错误项和无关项，确保数据的纯净度。
   - 对关键字段（如身份证号码、姓名等）进行标准化处理，以便进行准确的关联比对。

二、构建数据分析模型

1. **定义分析指标**：
   - 根据精准扶贫政策的要求，定义一系列关键指标，如家庭收入、财产总值、消费水平、社会保障状况等。
   - 这些指标将作为判断贫困人员真实性的重要依据。
2. **构建分析模型**：
   - 利用大数据分析工具（如Hadoop、Spark等）和机器学习算法（如决策树、随机森林等），构建贫困人员真实性识别模型。
   - 模型将综合考虑多个指标和数据源，对贫困人员名单进行深度分析。

三、数据分析与识别

1. **关联比对**：
   - 将贫困人员名单数据与整合后的数据进行关联比对，查找不符合贫困标准的信息。
   - 例如，检查贫困人员是否拥有房产、车辆等高价值资产；是否缴纳了高额的税费或社保费用；是否在工商部门有注册企业等。
2. **异常检测**：
   - 通过数据分析模型自动检测异常数据。这些异常数据可能包括收入异常偏高、财产状况与贫困身份不符等。
   - 对于检测到的异常数据，进行人工复核和确认。

四、实地核查与反馈

1. **实地核查**：
   - 对于疑似假的贫困人员，审计人员需要进行实地核查，以进一步确认其贫困身份的真实性。
   - 实地核查可以包括走访贫困人员家庭、查看相关证件和资料、与贫困人员面谈等。
2. **反馈与处理**：
   - 将核查结果及时反馈给相关部门和领导。
   - 对于确认的假贫困人员，按照相关规定进行处理，如取消其贫困资格、追回已发放的扶贫资金等。

五、总结与改进

1. **总结分析**：
   - 对整个识别过程进行总结分析，找出存在的问题和不足。
   - 分析假贫困人员产生的原因和背景，提出针对性的改进措施。
2. **优化模型**：
   - 根据总结分析的结果，对数据分析模型进行优化和改进。
   - 提高模型的准确性和效率，以便更好地服务于精准扶贫审计工作。

通过以上步骤，审计人员可以充分利用大数据技术从贫困人员名单数据中识别出假的贫困人员，为精准扶贫政策的精准实施提供有力支持。同时，这也有助于提高扶贫资金的使用效率和公平性，确保扶贫政策真正惠及贫困人群。

参考 4 条信息源

1. 老河口市通报5起运用大数据对精准扶贫政策落实监督检查典型… 中国共产党襄阳市纪律检查委…
2. 大数据技术与扶贫 搜狐网
3. "真伪"贫困户一目了然!看大数据精准扶贫的贵州经验 天眼新闻
4. 放大招!… 的大数据… 腾讯网

图 7－33 基于文心一言大模型的精准扶贫审计知识智能问答应用示例

图 7－33 所示的文心一言大模型工具回答结果告诉审计人员对该问题的审计思路：将贫困人员名单数据与多个来源的数据进行整合，包括但不限于房产、车辆、财政供养人员、公积金缴纳、企业工商登记、个人所得税缴纳、社会保险缴纳等数据库。这些数据源能够全面反映贫困人员的经济状况。将贫困人员名单数据与整合后的数据进行关联比对，查找不符合贫困标准的信息。例如，检查贫困人员是否拥有房产、车辆等高价值资产，是否缴纳了高额的税费或社保费用，是否在工商部门有注册企业等。

以上回答结果可供审计人员参考使用。对于不满意的回答结果，审计人员可以与文心一言大模型工具做进一步的交流，直到得到满意的答案。

同理，以 DeepSeek 大模型为例，审计人员可以在该工具中以文本方式输入自己的需求，基于 DeepSeek 大模型的精准扶贫审计知识智能问答应用示例如图 7－34 所示。

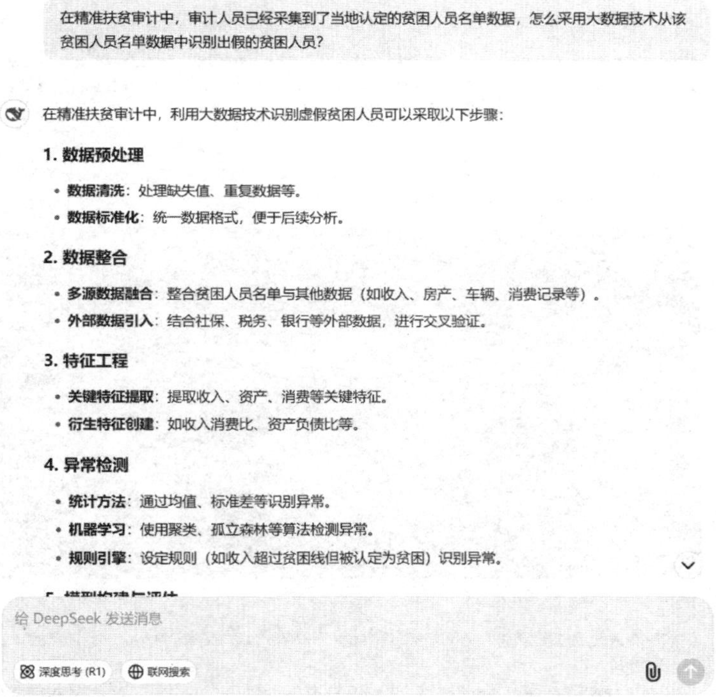

图 7－34　基于 DeepSeek 大模型的精准扶贫审计知识智能问答应用示例

图 7－34 所示的 DeepSeek 大模型工具回答结果告诉审计人员对该问题的审计思路如下：

多源数据融合：整合贫困人员名单与其他数据（如收入、房产、车辆、消费记录等）。

外部数据引入：结合社保、税务、银行等外部数据，进行交叉验证。

以上回答结果可供审计人员参考使用。对于不满意的回答结果，审计人员还可以与 DeepSeek 大模型工具做进一步的交流，从而得到满意的答案。

（2）SQL 分析模型智能生成。在第 6 章的“大数据多数据源综合分析技术应用——乡村振兴审计”案例中，为了检查被审计单位是否做到精准扶贫，审计人员可以对低收入农户数据与工商数据进行综合分析，分析低收入人员名单中是否有注册公司的人员。审计人员需要编写相应的SQL分析模型，可以采用大模型工具帮助完成。以文心一言大模型为例，审计人员可以在该工具中以文本方式输入自己的需求（需求表达越专业、越清晰，大模型给出的SQL分析模型越准确），需求文本示例如下：

> 现有贫困人员名单数据和工商数据，表名分别为“低收入农户数据”和“工商数据”。其中，“低收入农户数据”里包括姓名、身份证号码、类别等字段，“工商数据”里包括法人名称、身份证号码、公司名称、公司状态、注册资本、股东等字段。你作为技术专家，请给我写个SQL分析模型，用来查找贫困人员名单数据中是否有人注册了公司。

基于文心一言大模型的乡村振兴审计SQL分析模型智能生成应用示例如图7-35所示。

现有贫困人员名单数据和工商数据，表名分别为“低收入农户数据”和“工商数据”。其中，“低收入农户数据”里包括姓名、身份证号码、类别等字段，“工商数据”里包括法人名称、身份证号码、公司名称、公司状态、注册资本、股东等字段。你作为技术专家，请给我写个SQL分析模型，用来查找贫困人员名单数据中是否有人注册了公司。

基于您提供的表名“低收入农户数据”和“工商数据”，以及这两个表中包含的字段，以下是一个SQL分析模型的示例，用于查找贫困人员名单数据中是否有人注册了公司：

sql　复制代码

```sql
SELECT DISTINCT
    lh.姓名 AS 贫困人员姓名,
    lh.身份证号码 AS 贫困人员身份证号码,
    bd.公司名称 AS 注册公司名称,
    bd.公司状态 AS 公司当前状态
FROM
    低收入农户数据 lh
INNER JOIN
    工商数据 bd ON lh.身份证号码 = bd.身份证号码
-- 可选：如果您只想看到活跃的公司（即未注销、未吊销、未清算的公司）
-- WHERE bd.公司状态 NOT IN ('注销', '吊销', '清算中')
ORDER BY
    lh.姓名;
```

在这个查询中，我做了以下几点：

1. **使用表别名**：为了提高查询的可读性和简洁性，我为“低收入农户数据”表设置了别名 lh，为“工商数据”表设置了别名 bd。
2. INNER JOIN：使用 INNER JOIN 来连接两个表，基于它们的共同字段 身份证号码 进行匹配。这意味着查询结果将只包含那些在两个表中都有匹配项的记录，即贫困人员同时也是某个公司的法人或股东（假设身份证号码可以直接关联到股东信息，或者至少在某些情况下是这样）。
3. SELECT DISTINCT：使用 DISTINCT 来确保结果集中的每一行都是唯一的，防止因为同一个人注册了多家公司而导致的结果重复。
4. **可选的WHERE子句**：我提供了一个可选的 WHERE 子句，用于过滤出那些公司状态为“未注销”、“未吊销”和“未清算”的记录。如果您对公司状态没有特定要求，可以省略这个子句。
5. ORDER BY：使用 ORDER BY 对结果进行排序，这里按照贫困人员的姓名进行排序，以便于查看。

请注意，这个查询假设 身份证号码 字段在两个表中都是唯一的，或者至少对于贫困人员来说，他们在“低收入农户数据”表中的 身份证号码 与在“工商数据”表中作为法人或股东的 身份证号码 是匹配的。如果实际情况不是这样（例如，如果“工商数据”表中的 身份证号码 可能指向多个股东，并且您只关心法人），那么您可能需要调整查询来适应您的具体需求。

另外，请确保在实际执行此查询之前，您的数据库环境已经正确设置了表名和字段名，因为这些名称是区分大小写的（取决于您的数据库系统）。如果表名或字段名包含特殊字符或空格，您可能需要使用适当的引号来包围它们。但是，在您的例子中，表名和字段名看起来都是标准的，所以应该不需要这样做。

图7-35 基于文心一言大模型的乡村振兴审计SQL分析模型智能生成应用示例

图 7－35 中文心一言大模型智能生成的部分 SQL 分析模型如下：

```
SELECT DISTINCT
    lh.姓名 AS 贫困人员姓名,
    lh.身份证号码 AS 贫困人员身份证号码,
    bd.公司名称 AS 注册公司名称,
    bd.公司状态 AS 公司当前状态
FROM
    低收入农户数据 lh
INNER JOIN
    工商数据 bd ON lh.身份证号码=bd.身份证号码
```

审计人员可以参照图 7－35 中文心一言大模型智能生成的 SQL 分析模型，在数据库工具中修改并运行该 SQL 分析模型，完成相应的审计数据分析工作，应用示例如图 7－36 所示。

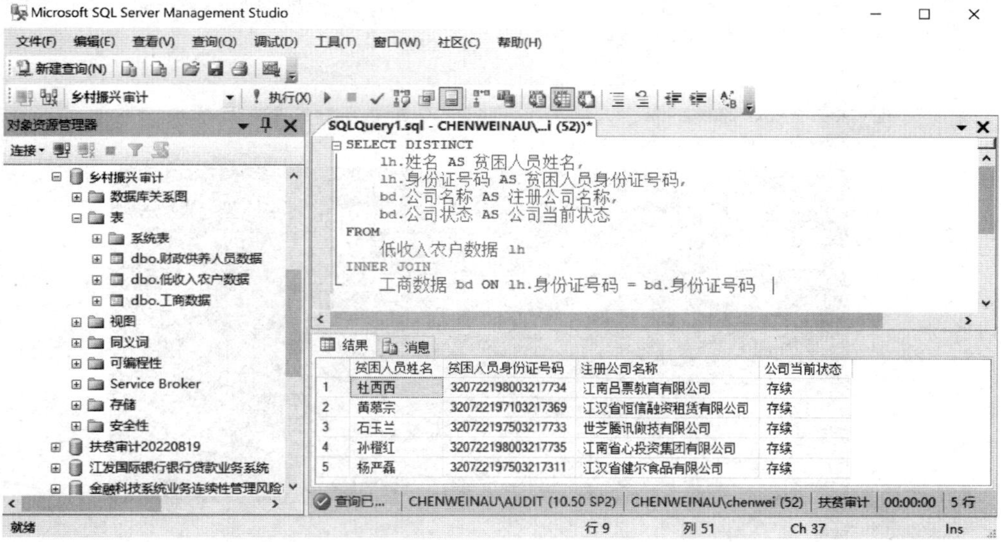

图 7－36　文心一言大模型生成的乡村振兴审计 SQL 分析模型应用示例

同理，以 DeepSeek 大模型为例，审计人员可以在该工具中以文本方式输入自己的需求，基于 DeepSeek 大模型的乡村振兴审计 SQL 分析模型智能生成应用示例如图 7－37所示。

图 7－37 中 DeepSeek 大模型智能生成的 SQL 分析模型如下：

```
SELECT
    p.姓名 AS 贫困人员姓名,
    p.身份证号码 AS 贫困人员身份证号码,
```

```
    p.类别 AS 贫困人员类别,
    b.法人名称 AS 公司法人名称,
    b.公司名称 AS 公司名称,
    b.公司状态 AS 公司状态,
    b.注册资本 AS 注册资本,
    b.股东 AS 公司股东
FROM
    低收入农户数据 p
JOIN
    工商数据 b
ON
    p.身份证号码 = b.身份证号码;
```

图7-37 基于DeepSeek大模型的乡村振兴审计SQL分析模型智能生成应用示例

审计人员可以参照图 7－37 中 DeepSeek 大模型智能生成的 SQL 分析模型，在数据库工具中运行该 SQL 分析模型，完成相应的审计数据分析工作，应用示例如图 7－38 所示。

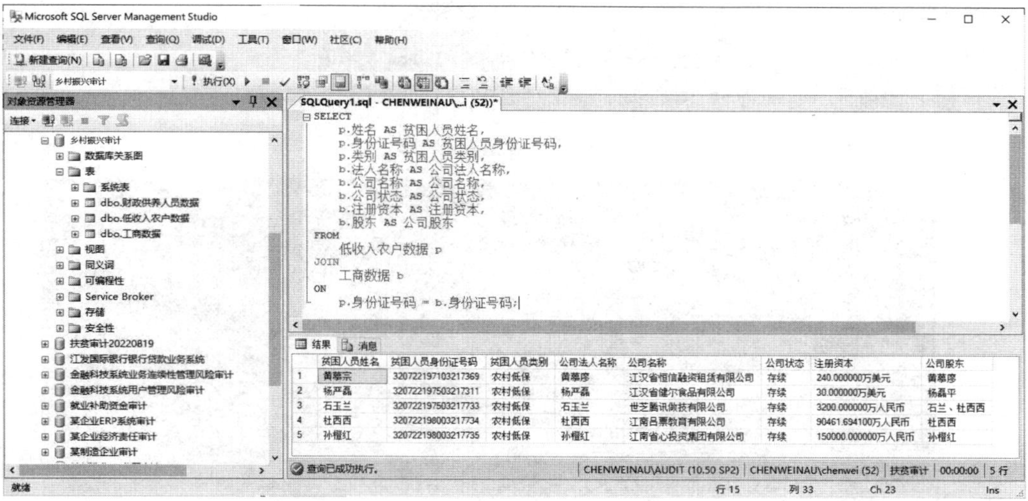

图 7－38　DeepSeek 大模型生成的乡村振兴审计 SQL 分析模型应用示例

在应用大模型工具时，一般来说，审计人员的需求表达越专业、越清晰，大模型给出的结果就越准确。本案例中，若审计人员输入以下需求：

请给我写个 SQL 语句，用来查找贫困人员名单数据中是否有人注册了公司。

文心一言大模型工具给出的答案示例如图 7－39 所示。

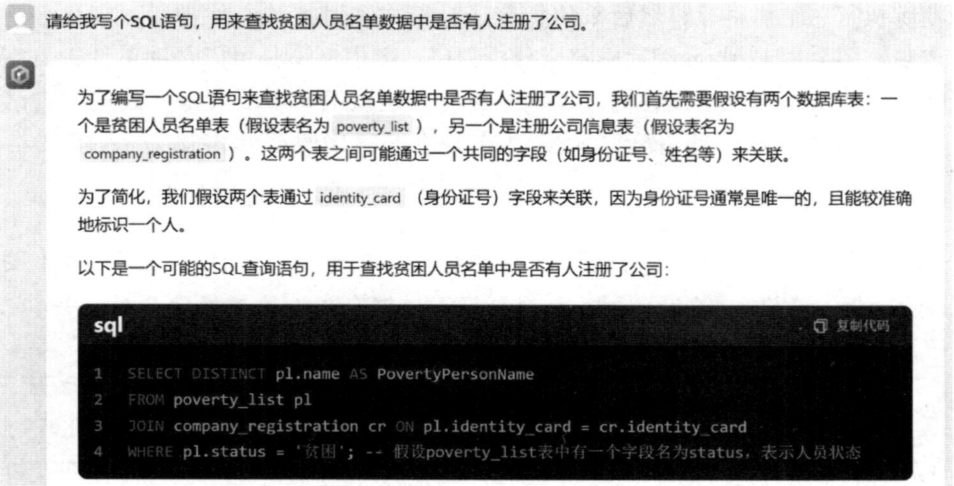

图 7－39　需求表达不清晰情况下文心一言大模型智能问答应用示例

DeepSeek 大模型工具给出的答案示例如图 7－40 所示。

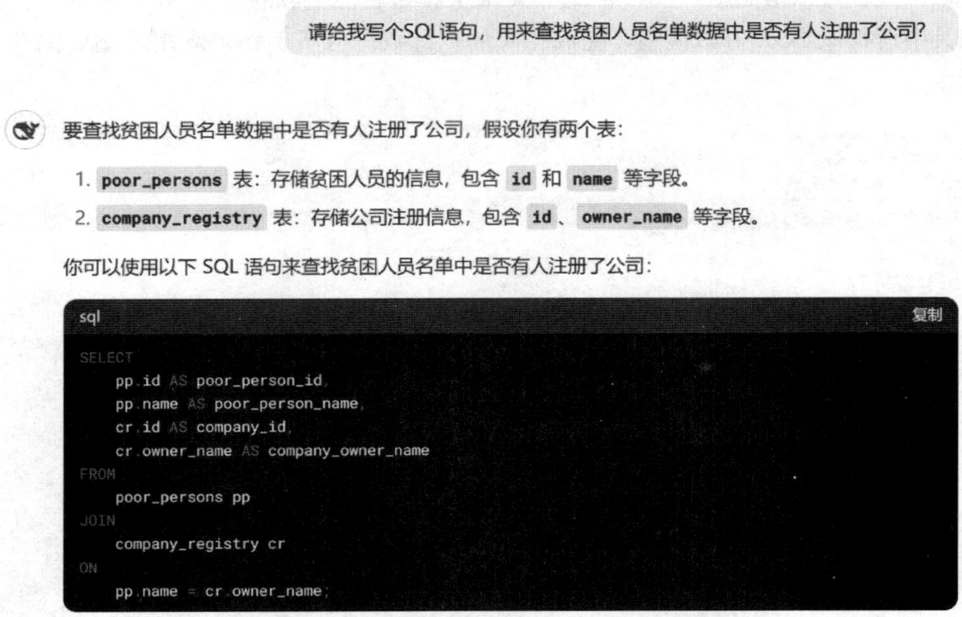

请给我写个SQL语句，用来查找贫困人员名单数据中是否有人注册了公司？

要查找贫困人员名单数据中是否有人注册了公司，假设你有两个表：

1. poor_persons 表：存储贫困人员的信息，包含 id 和 name 等字段。
2. company_registry 表：存储公司注册信息，包含 id 、owner_name 等字段。

你可以使用以下 SQL 语句来查找贫困人员名单中是否有人注册了公司：

sql 复制

```sql
SELECT
    pp.id AS poor_person_id,
    pp.name AS poor_person_name,
    cr.id AS company_id,
    cr.owner_name AS company_owner_name
FROM
    poor_persons pp
JOIN
    company_registry cr
ON
    pp.name = cr.owner_name;
```

图 7-40 需求表达不清晰情况下 DeepSeek 大模型智能问答应用示例

由图 7-39 和图 7-40 的结果不难发现：在应用大模型工具时，若审计人员的需求表达不够清晰，大模型工具给出的答案就不够清晰，不能很好地满足审计人员的需要。

（3）审计方法程序代码智能生成。假设在某商业银行金融科技风险审计中，为了从整体上把握被审计银行业务连续性计划的年度应急演练执行情况等，快速发现可疑数据，审计人员可以采集相关文件，如被审计单位的业务连续性计划相关制度、年度应急演练执行总结材料等，然后采用标签云分析方法对这些文件进行可视化分析。现审计人员需要采用 Python 编写标签云分析程序，大模型工具可以帮助审计人员完成这一任务。以文心一言大模型为例，审计人员可以在该工具中以文本方式输入自己的需求（需求表达越专业、越清晰，大模型给出的程序代码就越准确），需求文本示例如下：

> 我需要对一个名为“业务连续性计划相关制度示例”的 PDF 格式的文件进行标签云分析，请给我写一段 Python 程序实现对这个文件的标签云分析，要求去除字符长度小于 2 的词。

基于文心一言大模型的 Python 程序代码智能生成应用示例如图 7-41 所示。

审计人员可以参照图 7-41 中文心一言大模型智能生成的 Python 标签云分析程序代码，在 Python 工具中修改并运行该标签云分析程序代码，则可以生成“业务连续性计划相关制度示例”的标签云分析结果，应用示例如图 7-42 所示。

我需要对一个名为"业务连续性计划相关制度示例"的PDF格式的文件进行标签云分析，请给我写一段Python程序实现对这个文件的标签云分析，要求去除字符长度小于2的词。

为了从PDF文件中提取文本、去除字符长度小于2的词，并创建标签云，我们可以使用 PyPDF2 （或 PyMuPDF / fitz 作为替代，因为它在处理某些PDF时可能更可靠）来提取文本， jieba 进行中文分词， wordcloud 来创建标签云，以及 matplotlib 来显示结果。

以下是一个完整的Python程序示例：

python 复制代码

```python
import jieba
from collections import Counter
from wordcloud import WordCloud
import matplotlib.pyplot as plt
from PyPDF2 import PdfFileReader

# 定义一个函数来从PDF中提取文本
def extract_text_from_pdf(file_path):
    with open(file_path, 'rb') as file:
        reader = PdfFileReader(file)
        text = ''
        for page_num in range(reader.getNumPages()):
            page = reader.getPage(page_num)
            text += page.extractText()
    return text

# PDF文件路径
pdf_file_path = '业务连续性计划相关制度示例.pdf'

# 提取文本
text = extract_text_from_pdf(pdf_file_path)

# 中文分词，并去除长度小于2的词
words = jieba.lcut(text)
words = [word for word in words if len(word) >= 2]

# 假设我们有一个停用词列表，这里我们创建一个空的作为示例
# 你可以从网上下载一个中文停用词列表，然后加载它
stopwords = set()  # 这里应该是你加载的停用词集合

# 去除停用词
words = [word for word in words if word not in stopwords]

# 计算词频
word_counts = Counter(words)

# 生成标签云
# 注意：确保你有合适的字体文件，比如simhei.ttf，用于支持中文
# 如果没有，请下载并替换为相应的字体文件路径
font_path = 'simhei.ttf'  # 这里需要指定中文字体路径
wordcloud = WordCloud(font_path=font_path,
                      width=800, height=600,
                      min_font_size=10,
                      background_color='white',
                      stopwords=None,
                      min_word_length=2,
                      collocations=False).generate_from_frequencies(word_counts)

# 显示标签云
plt.figure(figsize=(8, 6))
plt.imshow(wordcloud, interpolation='bilinear')
plt.axis('off')
plt.tight_layout(pad=0)
plt.show()
```

在运行此程序之前，请确保已经安装了所有必要的库（如果尚未安装，请使用 pip install 命令安装）：

bash 复制代码

```bash
pip install PyPDF2 jieba wordcloud matplotlib
```

另外，确保你的系统中有一个支持中文的字体文件（如 simhei.ttf ），并将其路径替换到 font_path 变量中。如果你的系统中没有这个字体文件，你可以从网上下载一个，或者尝试使用其他支持中文的字体文件。

图 7 - 41 基于文心一言大模型的 Python 程序代码智能生成应用示例

图 7－42　文心一言大模型生成的 Python 标签云分析程序代码应用示例

同理，以 DeepSeek 大模型为例，审计人员可以在该工具中以文本方式输入自己的需求，基于 DeepSeek 大模型的 Python 程序代码智能生成应用示例如图 7－43 所示。

图 7－43　基于 DeepSeek 大模型的 Python 程序代码智能生成应用示例

审计人员可以参照图 7－43 中 DeepSeek 大模型智能生成的 Python 标签云分析程序代码，在 Python 工具中运行该标签云分析程序代码（若程序代码在 Python 工具中不能运行，可以把 Python 工具中给出的错误信息输入 DeepSeek 大模型，大模型会给出修正后的程序代码)，则可以生成“业务连续性计划相关制度示例”的标签云分析结果，应用示例如图 7-44 所示。

图 7-44　DeepSeek 大模型生成的 Python 标签云分析程序代码应用示例

7.9　本章小结

大数据智能分析技术是一类重要的大数据审计技术。本章介绍了大数据智能分析技术的原理及应用。

近年来，审计范围越来越广，审计业务越来越多，被审计单位的环境也越来越复杂；大数据环境下，被审计单位的数据量快速增长。这都要求审计人员必须在更短的时间内完成更多的工作，并且要更好地完成审计目标。因此，大数据智能分析技术越来越重要。

一般来说，采用智能手段进行大数据分析的原理为：根据被审计业务的特点和需要，审计人员结合自身的审计业务知识，采用某种智能算法或软件对被审计大数据进行智能化和自动化分析，发现可疑数据。然后，对发现的可疑数据做进一步的延伸审计和审计事实确认，最终获得审计证据。

人工智能是一门研究与开发能够模拟、延伸和扩展人类智能的理论、方法及应用的新的科学，其目的是使智能机器会听（语音识别、机器翻译等）、会说（语音合成、人机对话等）、会看（图像识别、文字识别等）、会学习（机器学习等）、会行动（机器人、自动驾驶等）、会思考（人机对弈、定理证明等）。

常用的人工智能技术有 OCR 技术、语音识别技术、语音合成技术、图像识别技术、自然语言处理技术、机器学习、RPA 技术、机器人技术、社会网络分析技术等。

采用人工智能技术对文本格式的非结构化数据进行文本文件智能审计越来越重要。

机器学习是实现人工智能的一种方式，是人工智能最前沿的研究领域之一，它是研究如何使用计算机模拟或实现人类学习活动的科学。简单地讲，机器学习就是让机器从大量的训练数据中学习，建立一个更加准确的模型，通过这个模型可以对新的数据进行预测。机器学习有多种方法，常见的有：监督学习、非监督学习、强化学习和迁移学习等。

基于社会网络分析的金融科技系统用户管理风险审计方法原理可简单描述为：采集被审计金融科技系统的全单位操作用户信息等数据，采用社会网络分析工具对全单位操作用户信息等相关结构化数据进行建模和整体分析，通过对社会网络分析的可视化结果图形和图像进行分析和观察，从总体上识别操作用户与所在部门之间的相互关系，从而发现是否存在用户属于不同部门的审计线索。在此基础上，进行延伸分析，最终获得审计证据。

随着被审计单位信息化的广泛应用和业务的快速发展，研究与应用自动化与智能化的审计方法具有重要的现实价值。本章根据这一需要，介绍了基于RPA的发票审计机器人审计方法。不难发现，采用RPA可以很容易地设计发票审计机器人并实现其应用，而且采用设计好的发票审计机器人可以高效、快速、准确地实现对发票数据的分析。

目前，大模型成为人工智能领域中最为流行的技术之一，研究如何有效利用大模型开展大数据审计越来越重要。本章根据这一需要，分析了大模型在大数据审计中的可行应用场景，并以审计知识智能问答、SQL分析模型智能生成、审计方法程序代码智能生成为例，分析了大模型在大数据审计中的具体应用。

通过本章的内容，可以了解大数据智能分析技术，从而为今后深入学习与应用大数据智能分析技术、开展大数据审计打下基础。

思考题

1. 谈一谈大数据、云计算与人工智能之间的关系。
2. 常用的人工智能技术有哪些？
3. 什么是机器学习？如何将其应用于审计？
4. 如何将社会网络分析、大模型等技术应用于审计？
5. 除本章所提到的大数据智能分析技术之外，还有哪些大数据智能分析技术？

第8章

大数据审计应用案例

本章学习目标

- 了解更多的大数据审计应用案例
- 增强大数据审计思维
- 培养大数据审计能力

8.1 引　言

前面分析了大数据审计的原理以及大数据审计的相关技术，本章将介绍更多的大数据审计案例。通过本章的学习，读者将熟悉更多的大数据审计应用，增强大数据审计思维，培养大数据审计能力。

8.2 基于大数据可视化分析技术的药品加成审计

8.2.1 案例背景分析

新中国成立初期，我国一直实行计划管理模式，公立医院对患者收取低价的医疗服务费和药品成本费（基本接近其成本价格），但这种经营模式造成医院经营亏损。随着社会的发展，医疗服务需求进一步增大，为缓解政府财政对公立医院补助不足的压力，我国于1954年正式启动药品加成政策，但在改革开放以后，这一政策的弊端逐渐凸显，导致了很多不良现象的出现。2016年7月1日，国家发展改革委、国家卫生计生委、人力资源社会保障部、财政部四部委对外发布《推进医疗服务价格改革的意见》，要求各地围绕公立医院综合改革，统筹考虑取消药品加成及当地政府补偿政策，同步调整医疗服务价格。2016 年 11 月 8 日，中共中央办公厅、国务院办公厅转发的《国务院深化医药卫生体制改革领导小组关于进一步推广深化医药卫生体制改革经验的若干意见》指出，所有公立医院取消药品加成，统筹考虑当地政府确定的补偿政策，精准测算调价水平，同步调整医疗服务价格。国家卫生和计划生育委员会表示，2017 年我国城市公立医院全部取消药品加成。

本案例以政府推行取消药品加成政策为背景，探究某公立医院 2013—2016 年度（在此期间，该公立医院已作为国家药品零加成试点医院，此阶段西药已实行零加成）是否仍然存在价格加成的违规现象。基于 R 语言，以该医院中西药价格审计为例，分析大数据可视化分析技术在药品加成审计中的应用。通过对可视化分析结果以及图形所蕴藏的潜在信息的挖掘，深度分析加成药品的特征，为审计人员提供决策依据。

8.2.2 基于大数据可视化分析技术的药品加成审计应用案例

1. 目前常用药品加成审计方法的不足

对于药品加成审计，目前常用的审计方法为：根据分析先编写 SQL 语句，然后在某一数据库工具或审计软件中运行该 SQL 语句并进行分析，如图 8-1 所示。在本例中，相关 SQL 语句示例如下：

```
SELECT 药品名称,生产厂家,零售价,购入价,时间,round((零售价－购入价)/购入价＊100,2) as 加成率
FROM [2013—2016 西药入库数据]
WHERE (零售价－购入价)/购入价＞0
```

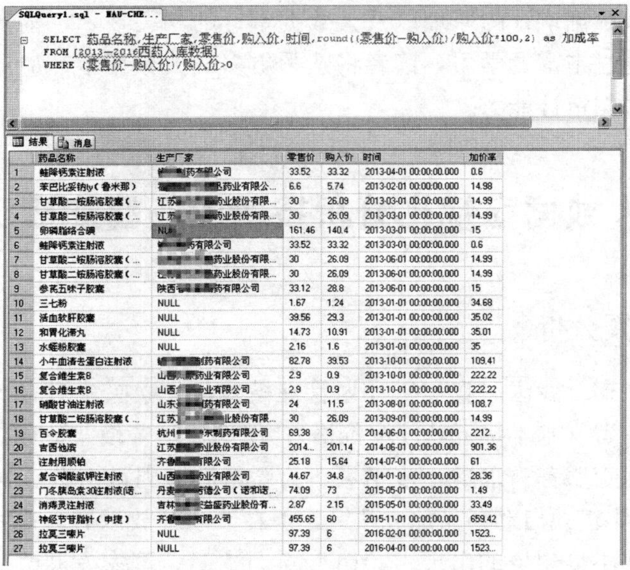

SQLQuery1.sql - HAU-CHE...

```
SELECT 药品名称,生产厂家,零售价,购入价,时间,round((零售价-购入价)/购入价*100,2) as 加成率
FROM [2013—2016西药入库数据]
WHERE (零售价-购入价)/购入价>0
```

结果 消息

	药品名称	生产厂家	零售价	购入价	时间	加价率
1	鲑降钙素注射液	[redacted]药[redacted]公司	33.52	33.32	2013-04-01 00:00:00.000	0.6
2	苯巴比妥钠ty（鲁米那）	[redacted]药业有限公...	6.6	5.74	2013-02-01 00:00:00.000	14.98
3	甘草酸二铵肠溶胶囊（...	江苏[redacted]药业股份有限...	30	26.09	2013-03-01 00:00:00.000	14.99
4	甘草酸二铵肠溶胶囊（...	江苏[redacted]药业股份有限...	30	26.09	2013-03-01 00:00:00.000	14.99
5	卵磷脂络合碘	NU[redacted]	161.46	140.4	2013-03-01 00:00:00.000	15
6	鲑降钙素注射液	[redacted]药有限公司	33.52	33.32	2013-03-01 00:00:00.000	0.6
7	甘草酸二铵肠溶胶囊（...	[redacted]药业股份有限...	30	26.09	2013-06-01 00:00:00.000	14.99
8	甘草酸二铵肠溶胶囊（...	[redacted]药业股份有限...	30	26.09	2013-06-01 00:00:00.000	14.99
9	参芪五味子胶囊	陕西[redacted]药有限公司	33.12	28.8	2013-06-01 00:00:00.000	15
10	三七粉	NULL	1.67	1.24	2013-01-01 00:00:00.000	34.68
11	活血软肝胶囊	NULL	39.56	29.3	2013-01-01 00:00:00.000	35.02
12	和胃化滞丸	NULL	14.73	10.91	2013-01-01 00:00:00.000	35.01
13	水蛭粉胶囊	NULL	2.16	1.6	2013-01-01 00:00:00.000	35
14	小牛血清去蛋白注射液	[redacted]制药有限公司	82.78	39.53	2013-10-01 00:00:00.000	109.41
15	复合维生素B	山[redacted]药业有限公司	2.9	0.9	2013-10-01 00:00:00.000	222.22
16	复合维生素B	山西[redacted]业有限公司	2.9	0.9	2013-10-01 00:00:00.000	222.22
17	硝酸甘油注射液	山东[redacted]药有限公司	24	11.5	2013-08-01 00:00:00.000	108.7
18	甘草酸二铵肠溶胶囊（...	江苏[redacted]业股份有限...	30	26.09	2013-09-01 00:00:00.000	14.99
19	百令胶囊	杭州[redacted]东制药有限公司	69.38	3	2014-06-01 00:00:00.000	2212...
20	吉西他滨	江苏[redacted]药业股份有限公司	2014...	201.14	2014-06-01 00:00:00.000	901.36
21	注射用顺铂	齐鲁[redacted]有限公司	25.18	15.64	2014-07-01 00:00:00.000	61
22	复合磷酸氢钾注射液	山西[redacted]药业有限公司	44.67	34.8	2014-01-01 00:00:00.000	28.36
23	门冬胰岛素30注射液(诺...	丹麦[redacted]药德公司（诺和诺...	74.09	73	2015-05-01 00:00:00.000	1.49
24	消痔灵注射液	吉林[redacted]益盛药业股份有...	2.87	2.15	2015-05-01 00:00:00.000	33.49
25	神经节苷脂针（申捷）	齐鲁[redacted]有限公司	455.65	60	2015-11-01 00:00:00.000	659.42
26	拉莫三嗪片	NULL	97.39	6	2016-02-01 00:00:00.000	1523...
27	拉莫三嗪片	NULL	97.39	6	2016-04-01 00:00:00.000	1523...

图 8-1　基于 SQL 查询的药品加成审计方法示例

但这种方法仅能发现所要查找的问题，不便于审计人员从整体上把握药品加成情况，不能深入分析更多的现象和规律，以及相关原因。审计人员不应仅仅满足于该公立医院关于西药价格的审计结果，而应扩大审计范围，审计其他公立医院是否同样存在药品加成的违规问题，价格加成类药品是否具有相似特征，举一反三，深挖公立医院售卖药品存在的加价问题，为国家取消药品加成政策的实施保驾护航。

2. 整体情况宏观分析

基于以上分析，为了从整体上了解该公立医院 2013—2016 年度是否仍然存在药品加成的违规现象，根据对被审计问题的分析，借助 R 语言进行建模，以加成率的大小定义气泡形状的大小，然后将药品加成情况以气泡大小的形式在图中随机分布，生成的气泡图如图 8 - 2 所示，其中气泡越大，代表该药品加成情况越严重。根据图 8 - 2 中气泡的大小，审计人员可以对该医院 2013—2016 年度药品加成整体情况进行宏观分析，快速、清晰地观察出药品加成情况。

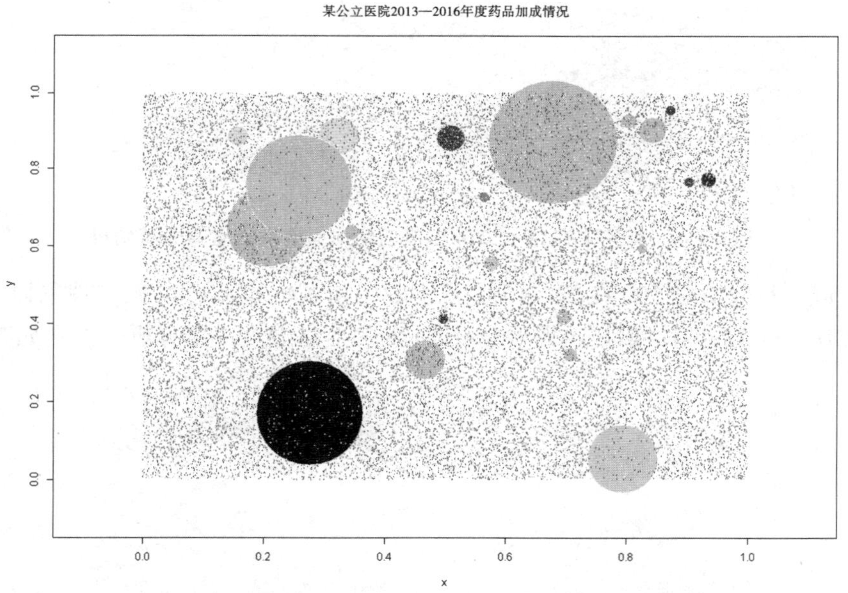

图 8 - 2　某医院 2013—2016 年度药品加成整体情况气泡图

3. 规律深度分析

通过以上对药品加成整体情况进行宏观分析，发现被审计单位存在药品加成问题。这些问题是否有规律可循呢？例如，什么价格的药品容易加成？哪些类型的药品容易加成？被审计单位各年度的药品加成情况如何？等等。对于这些问题，需要做进一步的分析。

（1）加成药品价格分布情况分析。将药品价格（购入价与零售价）作为横坐标，将药品加成率作为纵坐标进行散点图分析，其结果如图 8 - 3 所示。其中，以散点颜色的深浅区分其所属年份，同时，以散点的大小表示药品加成率的大小，散点形状越大，代表该种药品加成越严重。由图 8 - 3 不难发现：

1）大多数散点分散在横坐标上，表明大部分药品不存在加成现象；

2）通过颜色深浅的比对，发现每年均存在药品加成现象；

3）加成药品多集中在购入价较低的区域（靠近纵坐标），且价格低的药品加成率较大；

4）存在一些药品加成率小于零的现象（散点出现在横坐标以下）。

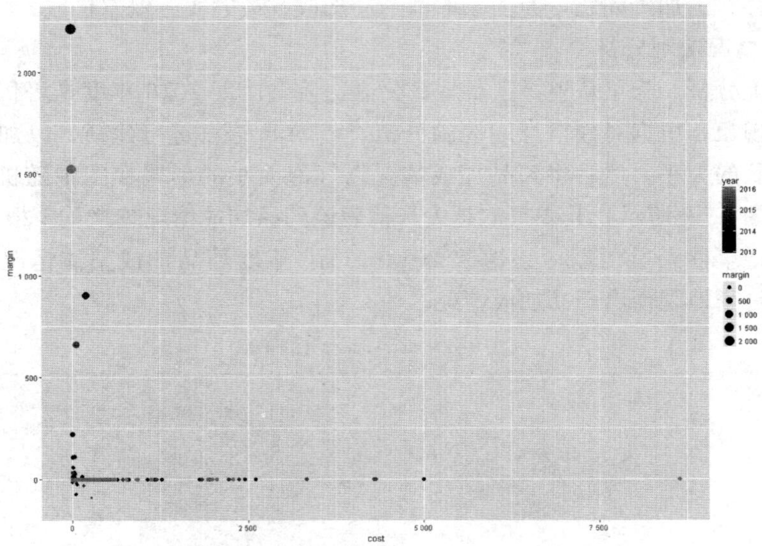

图8-3 某医院2013—2016年度药品加成情况散点图分析结果

为了进一步分析是否存在加成药品多集中在购入价较低的区域的现象以及加成药品多出现在怎样的价格区域，对图8-3所反映的信息做进一步分析，得到如图8-4所示的结果。

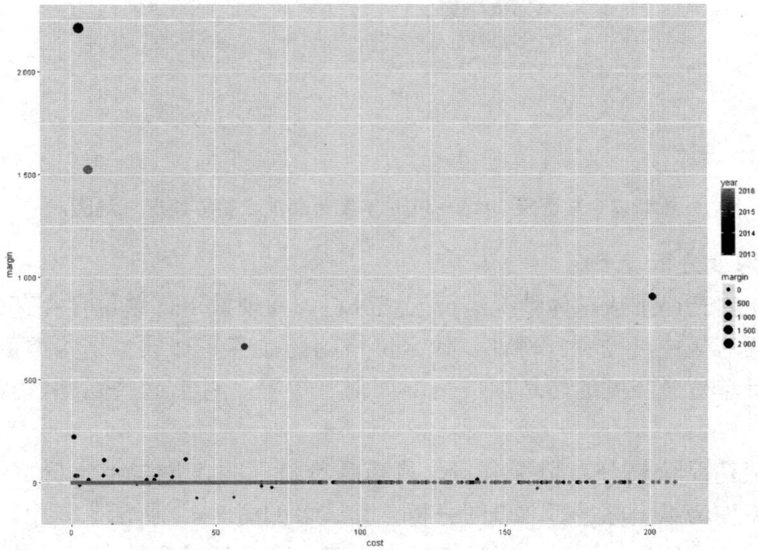

图8-4 某医院2013—2016年度加成药品的购入价范围分析结果

从图 8－4 可直观观察得出，存在加成的药品的购入价大多集中在 100 元以下。因此不难发现，加成药品具有购入价较低的特点。

（2）加成药品的剂型特征。为了探究所有加成药品的剂型特征，可以对加成药品做标签云分析，其结果如图 8－5 所示。由图 8－5 可以清晰地看出各种剂型药品的加成情况，其中，剂型为胶囊和注射液的药品的加成情况最多。因此不难发现，该公立医院 2013—2016 年度存在价格加成的药品剂型以胶囊和注射液居多，审计人员应该对以上类别剂型的药品加强关注。

图 8－5　某公立医院 2013—2016 年度加成药品剂型情况标签云分析结果

（3）药品加成的变化趋势分析。为了分析该公立医院近年执行国家取消药品加成政策的情况，对药品加成的变化趋势进行分析，得到如图 8－6 所示的结果。

由图 8－6 可发现，2013 年加成药品的数量较多，但这些药品的加成率较小，而随

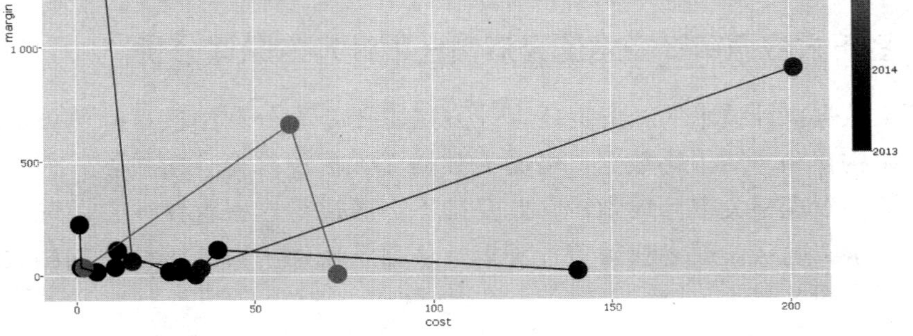

图 8－6　某公立医院 2013—2016 年度药品加成的变化趋势分析结果

着时间的推移，2014年、2015年以及2016年，加成药品种类较少，但其各自的加成率较往年明显偏高。不难发现，从表面上看，作为取消药品加成的试点医院，该公立医院药品价格管理正不断规范化，药品加成的违规现象不断减少，这给审计人员的感觉是该公立医院正在逐渐遵循国家取消药品加成的政策，但实际上该公立医院正通过增加药品加成率的方式变相地进行药品加成。

4. 案例总结

对于本案例，通过以上方法，不仅清晰、直观地发现了该公立医院存在药品加成的情况，而且进一步分析了哪些价格范围的药品容易加成、哪些剂型的药品容易加成、药品加成的变化趋势等，为从根源上解决药品加成问题提供了依据。

8.3 基于大数据审计技术的经济责任审计

8.3.1 研究大数据环境下开展经济责任审计的重要性

经济责任审计是我国目前政府审计的一类重要审计项目。根据2014年发布的《党政主要领导干部和国有企业领导人员经济责任审计规定实施细则》的规定，经济责任审计是指审计机关依法依规对党政主要领导干部和国有企业领导人员经济责任履行情况进行监督、评价和鉴证的行为。经济责任审计应当以领导干部任职期间本地区、本部门（系统）、本单位财政收支、财务收支以及有关经济活动的真实、合法和效益为基础，重点检查领导干部守法、守纪、守规、尽责情况，加强对领导干部行使权力的制约和监督，推进党风廉政建设和反腐败工作，推进国家治理体系和治理能力现代化。由于经济责任审计项目一般规模较大，涉及的审计内容较广，常用的经济责任审计方法不能有效地满足大数据环境下经济责任审计的需要。利用大数据技术提高审计的效率和效果，更好地实现审计全覆盖，对开展经济责任审计项目非常重要。此外，大数据环境下，被审计单位信息化程度高，信息系统复杂，需要采集的各类数据较多，不仅包括数据库中的电子数据，还包括一些非结构化数据。因此，大数据环境下如何开展经济责任审计成为一个重要的研究与应用问题。下面结合大数据与经济责任审计的研究与应用现状，分析基于大数据审计技术的经济责任审计。

8.3.2 基于大数据审计技术的经济责任审计方法原理分析

基于大数据审计技术的经济责任审计方法主要是充分利用被审计单位的内部和外部数据、结构化和非结构化数据，借助大数据多数据源综合分析技术、大数据可视化分析技术等，发现相关审计线索，在此基础上，通过对这些审计线索做进一步的延伸审计和审计事实确认，最终获得审计证据，从而发现经济责任审计中的相关问题。其原理可概括为图8-7。

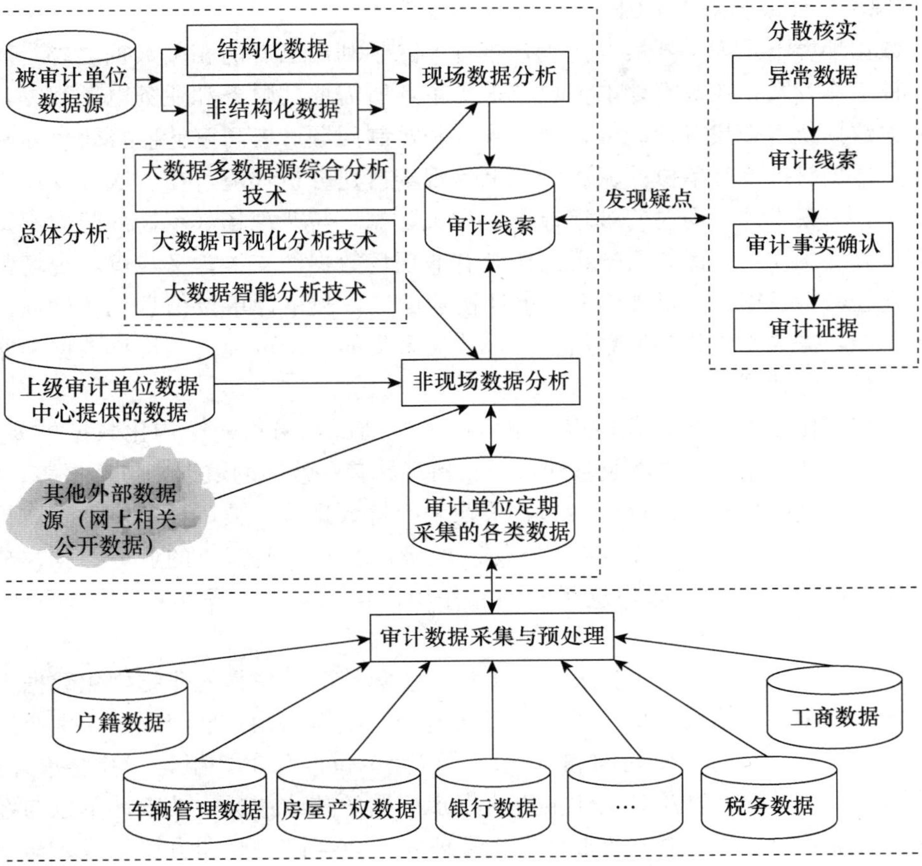

图 8-7　基于大数据审计技术的经济责任审计方法原理

8.3.3　基于大数据审计技术的经济责任审计数据采集

1. 数据来源

大数据环境下，采集审计所需要的数据是开展经济责任审计项目的必要步骤，采集数据的来源主要包括以下四个方面。

（1）上级审计单位数据中心提供的数据。这类数据由上级审计部门根据审计项目的需要，提供给下级开展审计项目的审计部门，下级审计部门一般可通过查询方式使用上级审计部门提供的数据。

（2）审计单位定期采集并上传至上级审计单位或本部门数据中心的各类数据。在开展相关审计项目时，审计单位可以充分利用平时积累的这些数据。

（3）在审计项目实施过程中根据需要采集的各类数据。在开展相关审计项目时，审计单位可以根据项目的需要，从被审计单位依法采集所需要的相关审计数据。

（4）通过大数据工具从互联网上抓取的公开数据。审计人员还可以通过一些大数据工具从互联网上抓取所需要的相关公开数据，或者自动搜索互联网上关于被审计单位的公开报道的风险信息，从而便于进行全方位的大数据分析。

2. 现场审计数据采集范围

大数据环境下，为了开展经济责任审计，除了利用已有的相关数据之外，还需要围绕审计工作方案，在被审计单位现场采集审计所需要的财务和业务电子数据，为积极运用大数据技术查找审计线索、分析体制和机制问题、提高审计监督效率和水平奠定基础。根据对被审计单位的调查，在审计现场搭建分析环境，在访谈和现场观察等的基础上，采集审计所需要的被审计单位相关数据，与非现场（审计部门内部）数据分析同步开展工作，确保数据分析工作既有非现场数据的支撑，又与审计现场紧密结合。目前经济责任审计项目规模大，审计覆盖面广，被审计单位信息化程度高，且信息系统复杂，需要采集的各类数据较多，数据采集的类型可分为结构化数据和非结构化数据，具体包括：

（1）结构化数据。结合各被审计单位的实际情况，采集的结构化数据主要包括：被审计单位共性数据，主要涉及基础管理、相对具有一致性的数据，包括报表、财务、产权、投资、供应商管理、合同管理、采购和销售数据等；被审计单位个性数据，如用于决策、审批、签批等的决策数据，体现经济运行和行业特点的业务数据；与信息系统有关的结构化数据，如信息系统的操作用户信息、用户操作日志等方面的相关数据。

（2）非结构化数据。结合各被审计单位的实际情况，采集的非结构化数据主要包括：被审计单位基本情况、历史沿革、经营范围、组织结构、部门职责、生产经营和改革发展状况、存在的主要问题和风险；被审计单位内部审计报告、社会审计报告、审计机关审计报告等，以及对上述报告所发现问题的整改情况；被审计单位与经营管理决策相关的党组（委）会、董事会、总经理办公会会议纪要和会议记录；与信息系统有关的非结构化数据，如信息系统的开发、测试、运行、安全管理、业务连续性管理等方面的相关文档。

8.3.4 基于大数据审计技术的经济责任审计数据分析

大数据环境下开展经济责任审计时，对采集来的数据需要采用相关方法进行数据分析，从而发现相关审计线索。主要分析思路及内容如下。

1. 总体情况分析

在经济责任审计中，通过财务报表数据分析，可以掌握被审计单位财务收支整体情况；通过结构分析和历年变化趋势分析，可以把握总体情况。对于总体情况分析，可以采用SQL查询等方法来完成。

2. 政策落实情况分析

以“三去一降一补”政策落实情况中的去产能、去杠杆、补短板为例，可以采用大数据多数据源综合分析等技术来完成以下分析。

（1）去产能情况分析。

1）关停企业财政补贴合规性分析。通过分析公共财政预算、政府性基金预算、国有资本经营预算支出情况，关注是否存在违反国家产业政策，对“两高一资”企业进行补贴等问题。通过对环保局环境污染处理处罚台账数据、淘汰落后产能企业与国库集中支付数据进行综合分析，筛选企业在接受处罚或关停的时间范围内领取财政补贴的情况。

2）去产能真实性分析。去产能真实性分析是指分析落后产能企业、关停企业是否存在应关停未关停、骗取财政补贴、重点企业夜间开工生产规避监控等问题。对电力、税收等数据与环保重点监测企业、淘汰落后产能企业、关停企业名单进行综合分析，通过用电和税收趋势反映企业真实经营状态，对于数据分析中发现的已领取关停补贴的企业仍具有较高用电数据或纳税额、重点监控企业夜间用电数据高于白天等审计线索，做进一步的延伸核实，从而获得审计证据。

（2）去杠杆情况分析。通过研究银行贷款是否流向限制性行业、产能过剩行业，是否存在对小微企业、新兴产业信贷支持不足等问题，分析去杠杆政策是否取得实效。通过关联分析地方金融机构贷款余额明细表与相关部门（如经济和信息化委员会）淘汰落后产能企业名单，分析名单内企业获取贷款数据，进一步核实贷款原因和去向，从而发现相关问题。通过分析小微企业贷款统计表，关注将不符合小微企业要求的贷款纳入统计范围的情况，核实金融机构对小微企业支持的真实性。

（3）补短板情况分析。对于补短板情况分析，以审计保障性住房目标责任完成情况为例，需要分析保障性住房分配过程的真实性、合规性，可以对保障性住房分配数据与房产税务数据、工商数据、财政数据进行综合分析，查找持有企业股份或已有房产人员获取保障性住房、重复享受不同类别保障性住房等可疑数据，从而发现相关审计线索，获得审计证据。

3. 自然资源资产管理情况数据分析

在经济责任审计中，通过对各部门的图层数据进行叠加分析，可以发现在限制开发区域或禁止开发区域进行房地产开发、开矿、工业项目建设等问题。例如，将国土资源部门的基本农田数据、林业部门的公益林数据、规划部门的城市规划数据、国家发展改革委的主体功能区数据等图层数据进行叠加，分析出红线范围内大规模建设或占用土地的情况，并通过地理信息技术软件自动计算出占地面积。对疑似违规建设的图层数据调取历年卫星遥感和航拍影像，进一步调查违规占地建设的具体开工年度，筛查特定年度区间的占地建设情况。

4. 企业重大决策

在经济责任审计中，可以采用大数据可视化分析技术分析被审计单位不同年度的会议文件，从而从整体上了解被审计单位的相关会议内容情况。

5. 信息系统运行与管理情况

在经济责任审计中，可以采用大数据多数据源综合分析技术、大数据可视化分析技术等，分析被审计单位在信息系统开发、测试、运行、安全管理、业务连续性管理等方面是否存在风险。

6. 廉洁从业事项分析

在经济责任审计中，为了分析被审计单位领导落实廉洁从业规定情况，可以采用大数据多数据源综合分析技术、大数据可视化分析技术等，分析被审计单位在餐费、高尔夫、购物、酒、烟、会议、补贴、保险、中介、咨询等方面的经费使用情况；为了筛查企业相关人员违反廉洁从业规定经商办企业或为家属经商提供便利的行为，可以采用大数据多数据源综合分析技术，对被审计单位相关人员名单与工商数据进行关联分析，从而发现相关线索；为了分析被审计单位与相关往来单位是否存在利益输送，可以采用社会网络分析技术，分析被审计单位与相关往来单位之间的关系，从而发现相关线索。

8.4 基于大数据可视化分析技术的大气污染防治审计

8.4.1 研究基于大数据可视化分析技术的大气污染防治审计的重要性

党的二十大报告指出，要深入推进环境污染防治。因此，做好污染防治审计成为目前审计领域研究与应用的重点。虽然目前常用的电子数据审计工具（如 SQL Server，Microsoft Excel，AO 审计软件等）与方法（如 SQL 数据查询）等也能帮助分析电子数据，发现污染防治审计线索，满足污染防治审计的基本需要，但它们是依据相关法律法规以及审计经验对相关问题进行地毯式排查，难以发现复杂隐蔽的问题，以及问题产生的原因和规律，不能从根源上防范问题的发生，且分析结果大多以二维表格形式展示，当结果数据量大时，显示的结果枯燥、不形象，不能满足大数据环境下审计发展的需要。随着信息技术的发展，大数据审计成为目前审计领域研究与应用的热点。研究如何应用大数据技术开展污染防治审计具有重要的社会价值和应用价值。党的二十大报告提出，坚持精确治污、科学治污、依法治污，持续深入打好蓝天、碧水、净土保卫战。加强污染物协同控制，基本消除重污染天气。2013 年 9 月 10 日，国务院印发《大气污染防治行动计划》。为保护和改善环境，防治大气污染，保障公众健康，推进生态文明建设，促进经济社会可持续发展，2018 年 10 月 26 日修正的《中华人民共和国大气污染防治法》公布，自 2018 年 10 月 26 日起施行。下面以大气污染防治审计为例，结合大数据技术以及大数据审计的研究与应用现状，介绍基于大数据可视化分析技术的大气污染防治审计方法。

8.4.2 基于大数据可视化分析技术的大气污染防治审计方法原理分析

1. 大数据环境下大气污染防治审计所需的数据

大数据环境为大气污染防治审计提供了相关数据，例如，审计人员可以对以下数据进行分析。

（1）文本数据。这些数据包括被审计单位的业务介绍、部门年度工作总结、批准的相关项目、大气污染防治工作情况的报告、相关审计报告等。通过这些文本数据，审计人员可以了解目前被审计单位的相关业务情况、大气污染防治工作情况等，便于其开展相关审计工作。

（2）空气质量监测数据。这些数据包括空气质量日均值监测数据、国控站点和省控站点 PM2.5 等污染物监测数据等。通过该数据，审计人员可以掌握目前该地区空气质量等相关信息。

（3）站点经纬度信息。这些数据包括国控站点和省控站点的经纬度信息等。审计人员可以使用这些数据来查看国控站点和省控站点的分布情况，确定国控站点和省控站点的位置，从而为相邻站点监测数据分析比较等打下基础。

（4）相关企业用电数据。这些数据用于分析相关企业的生产情况，审计人员可以使用这些数据来分析相关企业与大气污染物排放之间的关系。

（5）相关财务数据。这些数据包括大气污染防治资金使用情况等。审计人员可以使用这些数据来分析被审计单位是否合理使用大气污染防治资金。

（6）其他外部相关数据。除了通过以上方法获得被审计单位的相关数据之外，审计人员还可以通过一些大数据工具抓取环保部门网站上的相关公开空气质量监测数据，便于辅助判断空气质量监测数据的真实性等情况以及开展其他大数据分析。

2. 基于大数据可视化分析技术的大气污染防治审计方法原理

基于大数据可视化分析技术的大气污染防治审计方法原理可概述为：根据对被审计单位的调查，在访谈和现场观察等的基础上，采集被审计单位的内外部相关大数据，如相关财务数据、空气质量监测数据、站点经纬度信息、相关企业用电数据等结构化数据，以及被审计单位批准的相关项目信息、大气污染防治工作情况的报告、部门年度工作总结等非结构化数据。然后，在审计大数据预处理的基础上，采用大数据工具对空气质量监测数据、被审计单位批准的相关项目信息等结构化和非结构化数据进行建模和整体分析。审计人员通过对可视化的分析结果进行观察，快速从被审计大数据信息中发现异常情况（如大气污染防治相关数据变化情况、大气污染防治相关资金使用情况、被审计地区大气污染防治相关信息系统建设使用情况等），获得审计线索。在此基础上，通过对这些异常数据做进一步的延伸审计和审计事实确认，最终获得审计证据。综上分析，基于大数据可视化分析技术的大气污染防治审计方法原理如图 8－8 所示。

8.4.3 基于大数据可视化分析技术的大气污染防治审计方法应用案例

1. 案例背景

本案例以加强大气污染防治、改善大气环境质量为背景，以 A 地 2015—2017 年大气污染防治情况审计为例，介绍大数据可视化分析技术在该类型审计中的应用，从而为今后审计人员在该类型审计中应用大数据审计技术提供技术方法与经验数据。假设现已获得 A 地 2015—2017 年空气质量日均值监测数据、A 地国控站点和省控站点 2017 年 PM2.5 小时监测数据等相关大数据。A 地 2015—2017 年空气质量日均值监测数据情况示例如图 8－9 所示。

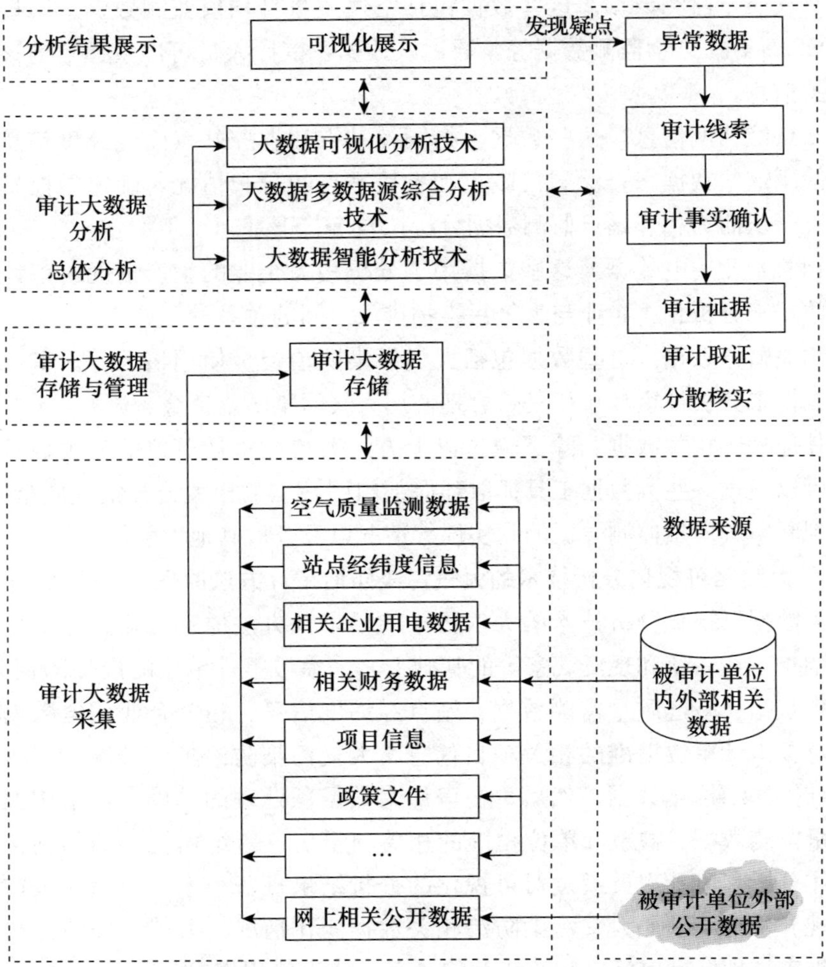

图 8-8　基于大数据可视化分析技术的大气污染防治审计方法原理

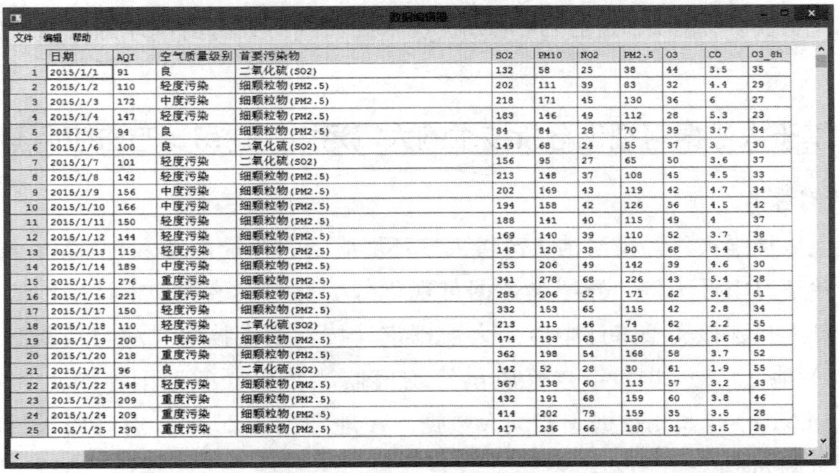

文件　编辑　帮助

	日期	AQI	空气质量级别	首要污染物	SO2	PM10	NO2	PM2.5	O3	CO	O3_8h
1	2015/1/1	91	良	二氧化硫(SO2)	132	58	25	38	44	3.5	35
2	2015/1/2	110	轻度污染	细颗粒物(PM2.5)	202	111	39	83	32	4.4	29
3	2015/1/3	172	中度污染	细颗粒物(PM2.5)	218	171	45	130	36	6	27
4	2015/1/4	147	轻度污染	细颗粒物(PM2.5)	183	146	49	112	28	5.3	23
5	2015/1/5	94	良	细颗粒物(PM2.5)	84	84	28	70	39	3.7	34
6	2015/1/6	100	良	二氧化硫(SO2)	149	68	24	55	37	3	30
7	2015/1/7	101	轻度污染	二氧化硫(SO2)	156	95	27	65	50	3.6	37
8	2015/1/8	142	轻度污染	细颗粒物(PM2.5)	213	148	37	108	45	4.5	33
9	2015/1/9	156	中度污染	细颗粒物(PM2.5)	202	169	43	119	42	4.7	34
10	2015/1/10	166	中度污染	细颗粒物(PM2.5)	194	158	42	126	56	4.5	42
11	2015/1/11	150	轻度污染	细颗粒物(PM2.5)	188	141	40	115	49	4	37
12	2015/1/12	144	轻度污染	细颗粒物(PM2.5)	169	140	39	110	52	3.7	38
13	2015/1/13	119	轻度污染	细颗粒物(PM2.5)	148	120	38	90	68	3.4	51
14	2015/1/14	189	中度污染	细颗粒物(PM2.5)	253	206	49	142	39	4.6	30
15	2015/1/15	276	重度污染	细颗粒物(PM2.5)	341	278	68	226	43	5.4	28
16	2015/1/16	221	重度污染	细颗粒物(PM2.5)	285	206	52	171	62	3.4	51
17	2015/1/17	150	轻度污染	细颗粒物(PM2.5)	332	153	65	115	42	2.8	34
18	2015/1/18	110	轻度污染	二氧化硫(SO2)	213	115	46	74	62	2.2	55
19	2015/1/19	200	中度污染	细颗粒物(PM2.5)	474	193	68	150	64	3.6	48
20	2015/1/20	218	重度污染	细颗粒物(PM2.5)	362	198	54	168	58	3.7	52
21	2015/1/21	96	良	二氧化硫(SO2)	142	52	28	30	61	1.9	55
22	2015/1/22	148	轻度污染	细颗粒物(PM2.5)	367	138	60	113	57	3.2	43
23	2015/1/23	209	重度污染	细颗粒物(PM2.5)	432	191	68	159	60	3.8	46
24	2015/1/24	209	重度污染	细颗粒物(PM2.5)	414	202	79	159	35	3.5	28
25	2015/1/25	230	重度污染	细颗粒物(PM2.5)	417	236	66	180	31	3.5	28

图 8-9　A 地 2015—2017 年空气质量日均值监测数据情况示例

考虑到 R 是比较简单、流行、开源的大数据可视化分析软件，本例以 R 为例，实现大数据可视化分析。

2. 基于地区分布图的相关空气质量数据总体分析

如前所述，热力图是一种可将变量值用不同的颜色或高亮形式描绘出来的数据可视化技术，它可以非常直观地呈现一些不易理解或表达的数据，如频率、密度、温度等。

为了从整体上掌握被审计地区空气质量情况，审计人员有时需要获得环保部门网站上的相关公开空气质量监测数据。在实际的审计工作中，当需要查询大量空气质量监测数据时，审计人员要花费很多的时间和精力，如何批量查询相关数据成为困扰审计人员的一个重要问题。网络爬虫的出现为解决审计人员的这一问题提供了一种可行的方法，审计人员可以通过网络爬虫工具采集该地区相关空气质量监测数据。在此基础上，借助 R 工具，采用热力图进行分析，可以非常直观地从整体上掌握被审计地区空气质量情况。

3. 空气质量变化情况分析

时间序列图是以时间为横轴，变量为纵轴，观察变量随时间变化情况的图形，又称推移图。在大气污染防治审计过程中，审计人员可采用时间序列图有效地分析空气质量变化情况。例如，通过时间序列图分析，可以比较不同时期区域内环境空气质量变化情况，检测该地空气质量是否变差，也可以判断该地大气污染防治有关约束性指标的完成情况，如二氧化硫等排放物控制指标、细颗粒物或可吸入颗粒物年均浓度下降考核指标完成情况等；通过分析六项污染物的浓度变化情况，可以检测该地是否有篡改、伪造监测数据的现象，严格履行监测职责。以该地 2017 年空气质量监测数据分析为例，为了整体把握该地 2017 年的空气质量变化情况，可以采用时间序列图分析 2017 年六项污染物数值变化情况，其分析结果如图 8－10 所示。为了更清晰地观察每一项污染物数值变化情况，六项污染物各自的年度时间序列图分析结果示例如图8－11 所示。其中，六项污染物分别为：二氧化硫（SO_2）、二氧化氮（NO_2）、一氧化碳（CO）、臭氧（O_3）、可吸入颗粒物（PM10）和细颗粒物（PM2.5）。

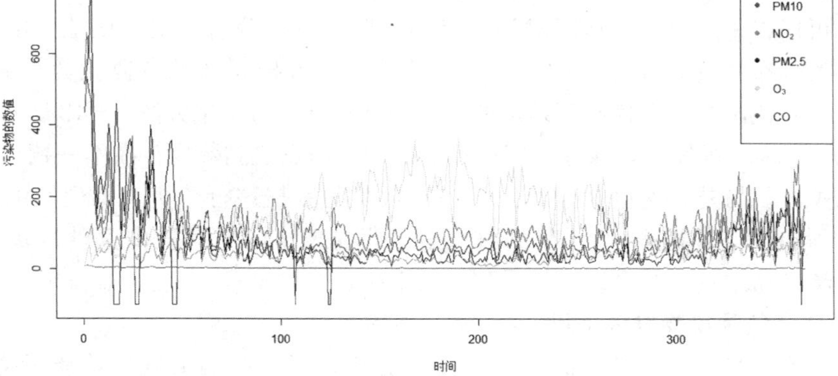

图 8－10　六项污染物时间序列图分析结果

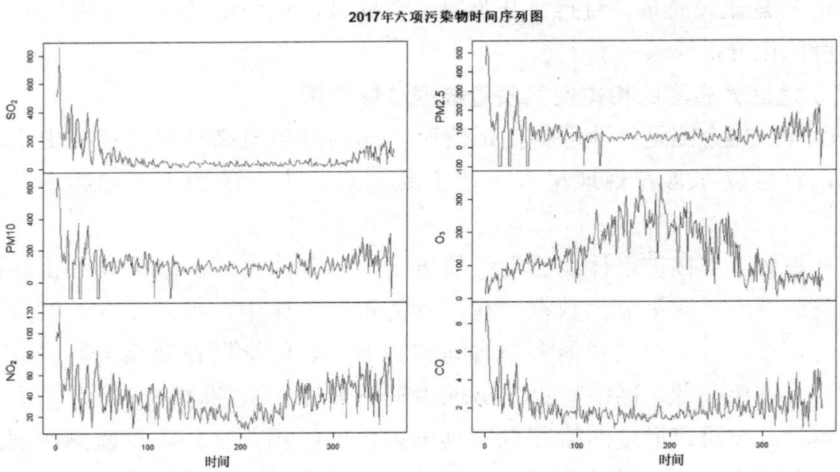

图 8-11　六项污染物各自的年度时间序列图分析结果示例

由图 8-10 可以很容易地查看 2017 年六项污染物在每个时间点的数值大小和变化情况。由图 8-10 和图 8-11 不难发现，除了污染物臭氧在夏季出现数值大幅上升的情况，其余五项污染物的数值均在 1 月和 2 月出现大幅上升情况。其中，在 1 月，二氧化硫的数值甚至达到 800 以上，可吸入颗粒物的数值也出现了 600 以上的情况，空气质量比较恶劣。另外，通过分析结果可以发现，细颗粒物和可吸入颗粒物部分监测数据出现负值，大气污染物排放自动监测设备传输数据异常，需要引起审计人员的注意，应当及时进行调查，从而发现可能影响自动监测数据真实性和准确性问题的线索。

4. 空气质量监测数据异常情况分析

在开展大气污染防治审计时，为了确保环境监测数据准确真实，防止篡改或者伪造监测数据等现象的发生，审计人员需要对照相关法规，详细调查大气污染监测设施和系统建设情况，以及空气质量国控监测点位，检查空气质量自动监测点的数据是否能够真实反映辖区空气质量。为了防止部分地区通过将空气监测站设在公园，或采用棉纱堵塞采样头、向监测设备洒水等方式对空气自动监测站实施干扰，导致监测数据严重失真等问题的发生，审计人员可以对不同部门或不同地区的相邻站点监测数据进行比较分析，从而发现异常监测数据线索，判断监测数据的准确性和真实性。例如，审计人员可以先采用地区分布图对站点经纬度信息进行分析，查看该地区国控站点和省控站点的分布情况。在此基础上，以该地国控和省控相邻站点监测数据分析为例，采用散点图对比国控和省控相邻站点的监测数据，其分析结果如图 8-12 所示。

由图 8-12 不难发现，该地区国控和省控相邻站点监测数据存在不一致，需要审计人员重点关注。另外，通过对该地区国控站点监测数据进行分析，发现监测数据中的异常现象（如该地区的 PM2.5 监测数据是否明显低于同时间段内其他区域的数值），可以进一步判断站点采样系统是否受到人为干扰。

5. 新增大气污染物排放项目分析

为了防治大气污染，基于时间序列图等分析，对一些因大气环境质量持续恶化，二氧化硫、细颗粒物或可吸入颗粒物等浓度长时间“爆表”的地方，需要暂停新增大

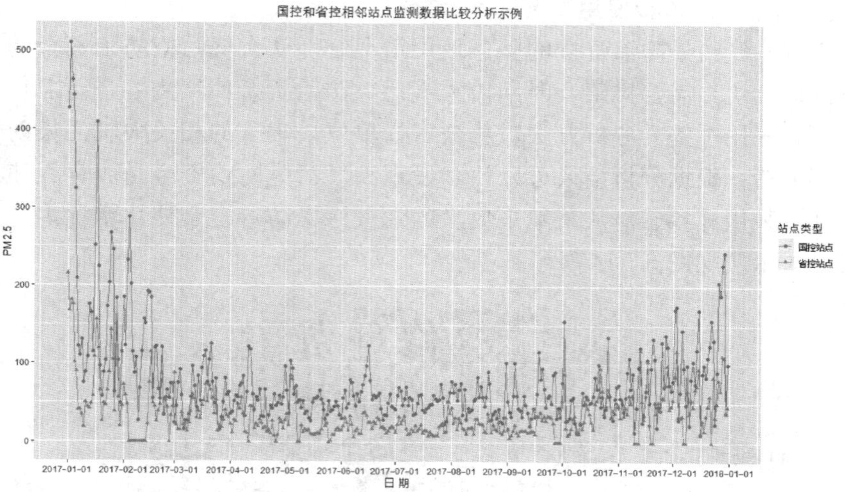

图 8-12　国控和省控相邻站点监测数据的比较分析结果示例

气污染物排放项目的环评审批，严禁核准产能严重过剩行业新增产能项目。因此，审计人员通过对该地批准的相关项目内容进行分析，可以整体分析该地是否存在新增大气污染物排放项目。例如，分析该地批准的相关项目是否存在投向电解铝、钢铁、水泥、平板玻璃等一些高污染、高能耗等落后产能淘汰项目的情况，如果存在，则需要审计人员进一步关注。基于以上分析，以某地大气污染防治审计项目为例，采用标签云分析方法对该地批准的相关项目内容进行分析，其结果示例如图 8-13 所示。图 8-13 的分析结果显示该地批准的相关项目内容中存在“钢铁”“水泥”等关键词，这表明该地批准的相关项目中可能存在属于高污染、高能耗行业的情况，需要审计人员做进一步的延伸分析。

图 8-13　某地批准的相关项目内容标签云分析结果示例

6. 大气污染防治资金使用情况标签云分析

为了掌握大气污染防治资金的整体使用情况，确认大气污染防治资金的使用是否合理、合规和合法，需要对某一时期内大气污染防治资金使用内容进行总体分析。针对这一需要，采用标签云分析方法对从被审计单位采集来的相关大气污染防治资金支出数据进行分析，根据分析结果可以初步发现大气污染防治资金是否存在违规使用的问题。例如，采用标签云对从某地采集来的大气污染防治资金使用情况内容进行综合分析，其结果示例如图8-14所示。

图8-14 某地大气污染防治资金使用情况内容综合分析结果示例

由图8-14的分析结果不难发现，该被审计单位的一部分大气污染防治资金用在了“餐费”“烟酒”等方面。根据这一分析，审计人员可以对这些大气污染防治资金数据做进一步的详细分析，查找所有含有“餐费”“烟酒”等方面的支出，从而发现审计线索。

8.5 基于大数据审计技术的股票内幕交易审计

8.5.1 研究股票内幕交易大数据审计方法的重要性

防范化解金融风险是目前审计领域的一项重点工作。股票内幕交易是金融审计关注的一个重要方面，内幕交易是行为人依据自己所掌握的股票、证券交易的内幕信息，泄露给他人或者加以利用，以实施股票、证券交易非法获利的行为。大数据技术的发展为解决这一问题提供了机遇，研究如何借助大数据审计技术来防范化解金融风险具有重要的理论意义和应用价值。美国证券交易委员会应用大数据技术分析内幕交易和会计欺诈，运用大数据策略监督金融市场活动。虽然目前常用的电子数据审计工具

（如SQL Server，Microsoft Excel，AO审计软件等）与方法（如SQL数据查询）等也能帮助分析电子数据，发现内幕交易线索，满足内幕交易审计的基本需要，但它们难以帮助审计人员从审计大数据中充分发现内幕交易的关系和规律。下面以股票内幕交易大数据审计方法为例，分析大数据审计技术在金融审计中的应用。

8.5.2 股票内幕交易大数据审计方法原理分析

1. 股票内幕交易基本特征分析

根据审计人员的审计经验，一般来说，获利多、购买标的单一、交易间隔时间短的股票交易容易存在内幕交易现象。因此，为了查找股票内幕交易，可以根据内幕交易的这些基本特征，借助大数据审计技术，对采集来的相关股票交易数据进行整体分析，查找具有这些特征的客户信息数据，从而发现相关可疑线索。

2. 股票内幕交易大数据审计所需的数据

（1）被审计单位主要内部数据。大数据环境为股票内幕交易审计提供了全方位分析的相关数据，审计人员一般可以对以下数据进行分析。

1）文本数据。从被审计单位采集其业务介绍、部门年度工作总结、风险分析报告、审计报告等相关文本数据，通过这些文本数据，审计人员可以了解目前被审计单位的相关业务情况、风险等，便于开展相关审计工作。

2）相关股票交易数据。从被审计单位的股票交易数据库中采集相关股票交易数据，通过该数据，审计人员可以掌握目前所有系统中的股票交易等相关信息。

（2）被审计单位主要外部数据。

1）工商数据。为了掌握公司的股东、法人、投资关系等信息，审计人员需要分析相关工商数据。

2）相关银行交易数据。根据对股票交易数据的分析，审计人员可以按照需要查询部分可疑单位或个人的银行交易数据，掌握资金走向。相关银行交易数据可以经批准授权后，由银行提供。

3）公安户籍数据。为了分析相关人员之间的亲属关系，审计人员需要分析相关公安户籍数据。

4）其他外部相关数据。除了通过以上方法获得被审计单位的相关数据之外，审计人员还可以通过一些大数据工具抓取互联网上的公开数据，或者自动搜索网上关于被审计单位公开报道的一些股票重大利好信息等，便于审计人员辅助判断相关内幕交易问题。

3. 股票内幕交易大数据审计方法原理

股票内幕交易大数据审计方法原理可概述为：根据对被审计单位的调查，在访谈和现场观察等的基础上，采集被审计单位的内外部相关信息，如股票交易数据、工商数据、相关银行交易数据、公安户籍数据等结构化数据，相关文本数据（如被审计单位的部门年度工作总结、风险分析报告、审计报告等相关数据）等非结构化数据，以及从外部互联网上公开数据源采集来的相关文本数据。然后，在审计大数据预处理的基础上，根据股票内幕交易特征，采用大数据工具对股票交易数据等相关结构化数据进行建模和整体分析。审计人员通过对可视化的分析结果进行观察，可以快速从被审计大数据信息中发现异常数据，获得审计线索。在此基础上，采用社会网络分析对工商数据进行分析，或采用大数据多数据源综合分析等技术分析相关银行交易数据、公安户籍数据等，通过对这些异常数据做进一步的延伸审计和审计事实确认，最终获得审计证据。综上分析，股票内幕交易大数据审计方法原理如图 8-15 所示。

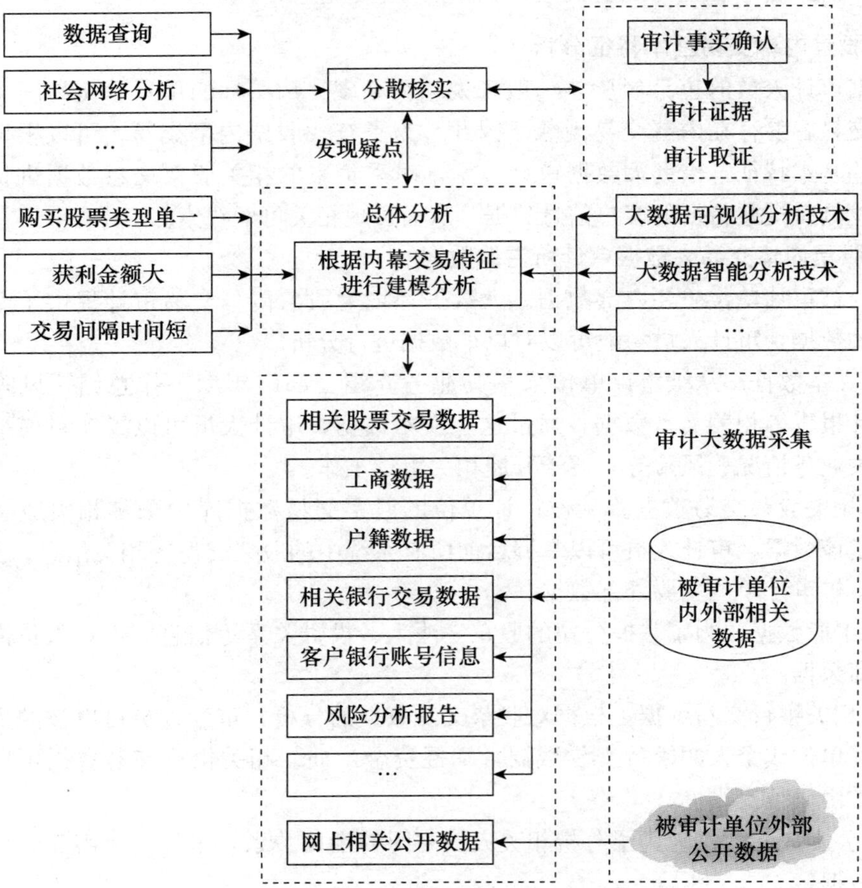

图 8-15　股票内幕交易大数据审计方法原理

8.5.3　股票内幕交易大数据审计方法应用案例

1. 案例背景

为了全面防范化解金融风险，目前在金融审计中既要关注单个被审计金融机构的重大问题和风险点，又要关注全体金融机构、金融产品、金融市场宏观、整体的风险点和问题。本案例以某金融审计项目中证券公司审计为背景，探究该公司 2013—2018 年的股票交易数据中是否存在内幕交易的违规现象。假设现已获得相关大数据，其中，处理后的相关股票交易数据（本案例中相关数据已经过脱密处理，获利金额单位为万元）示例如图 8-16 所示。

客户编号	客户全称	标的代码	标的名称	获利金额
C001	江东省仙湖有限公司	B0016	大发科技	2150.00
C010	沈后明	B0016	大发科技	1900.00
C013	滁州吕票教育有限公司	B0016	大发科技	880.00
C015	天大省心投资集团有限公司	B0016	大发科技	135440.00
C021	南信期货8号资产管理计划	B0016	大发科技	2703.00
C032	大京沃本控股有限公司	B0016	大发科技	1440.00
C033	刘小长	B0016	大发科技	22563.50
C033	刘小长	B0016	大发科技	2530.00
C035	江南财富投资管理有限公司	B0016	大发科技	61322754.08
C035	江南财富投资管理有限公司	B0016	大发科技	2150.00
C039	江东科技管理有限公司	B0016	大发科技	1600.00
C041	连云港邝矿建筑有限公司	B0016	大发科技	1164.00
C045	汉东市瑞绵实业有限公司	B0016	大发科技	16254996.00
C067	汉东至实资管有限公司	B0016	大发科技	1520.00
C106	汉东至发资管有限公司	B0016	大发科技	150000.00
C109	江发至发资管有限公司	B0016	大发科技	900.00

图 8-16　相关股票交易数据示例

2. 总体分析

（1）基于条形图的股票交易数据总体分析。如前所述，条形图分析方法在审计工作中具有一定的用途，例如，在金融审计中，通过条形图分析，审计人员可以分析客户购买股票的情况，从而判断客户购买股票的类型是否比较单一。

根据前面分析的内幕交易的基本特征，为了从整体上了解是否存在内幕交易的违规现象，采用 R 语言实现针对该公司股票交易数据的条形图分析，并对该公司的股票交易数据进行分析，分析结果示例如图 8-17 所示，其中，x 轴表示被分析的客户编号，y 轴表示被分析的客户购买股票的种类总数（购买标的总数）。

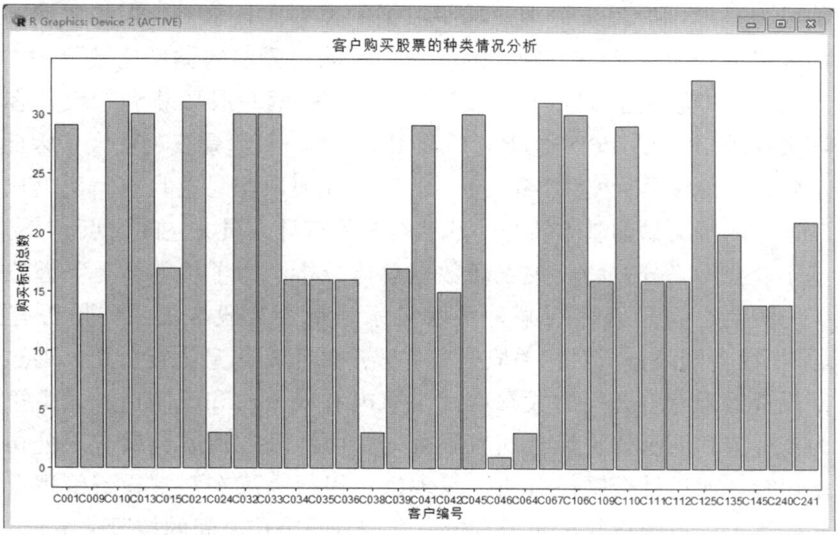

图 8-17　基于条形图的股票交易数据总体分析结果示例

由图 8-17 不难发现，客户编号为 C024，C038，C046，C064 的客户购买股票的类型比较单一，这些客户是审计人员关注的重点。

（2）基于气泡图的股票交易数据总体分析。根据前面分析的内幕交易的基本特征，为了从整体上了解是否存在内幕交易的违规现象，借助R工具进行建模，以购买股票的获利多少定义气泡形状的大小，按交易单位计算所有股票交易的获利情况，并以气泡图的形式展示，其结果如图8-18所示。

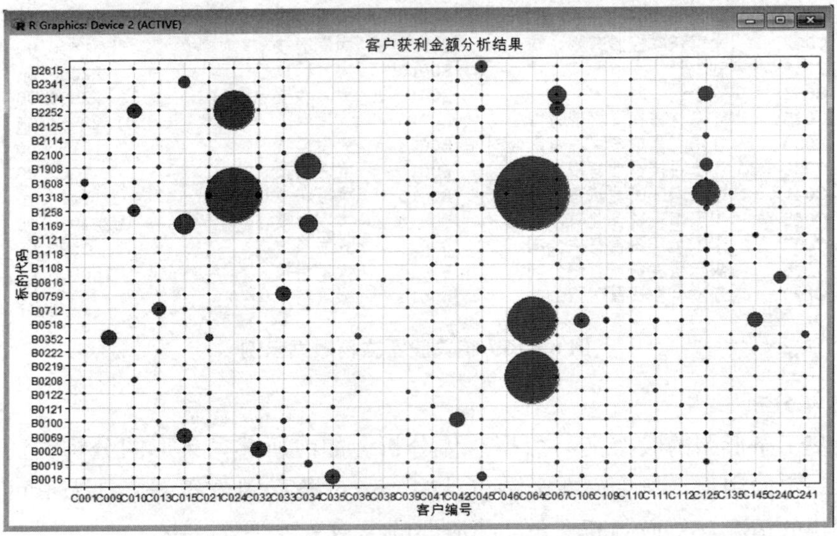

图8-18　基于气泡图的股票交易数据总体分析结果示例

根据图8-18的分析结果，审计人员可以对全部股票交易整体情况做宏观分析，快速、清晰地发现所有交易单位的股票交易获利情况，从而轻松地锁定可疑单位，为后面的分析打下基础。例如，结合图8-17中的条形图分析结果，由图8-18可以发现：尽管客户编号为C038和C046的客户购买股票的类型比较单一，但二者购买的股票获利很小；而客户编号为C024和C064的客户不仅购买股票的类型比较单一，而且客户编号为C024的客户购买的编号为B1318和B2252的两只股票获利较大，客户编号为C064的客户购买的编号为B0208，B0518，B1318的三只股票获利较大。因此，审计人员可以初步判定客户编号为C024和C064的客户在股票交易上具有“类型比较单一且获利较大”这一内幕交易的基本特征，这些客户是审计人员关注的重点。

（3）基于社会网络分析的相关工商数据总体分析。为了从整体上掌握股票交易客户与所购买的股票之间是否存在某种关联关系（是否为股东关系，是否有投资关系等），可以采用社会网络分析对相关股票交易客户的工商信息进行分析。通过分析，发现汉东至富投资管理有限公司的股东为武牛家电有限公司和车制造，武牛家电有限公司的股东为杨林宝和江汉省流熵金属有限公司，而江汉省流熵金属有限公司的股东为滕辉和汉东银行。通过社会网络分析，发现汉东银行为汉东至富投资管理有限公司的股东，由此证实了汉东银行与汉东至富投资管理有限公司之间的控股关系。

通过查询相关股票交易数据得知，汉东至富投资管理有限公司的客户编号为C064，汉东银行的标的代码为B0208。由此可以推测：汉东至富投资管理有限公司（客户编号为C064）在购买汉东银行（标的代码为B0208）股票的过程中，可能存在内幕交易情况。

同理，通过社会网络分析，发现汉本股份为东京沃东控股有限公司的股东，证实了汉本股份与东京沃东控股有限公司之间的控股关系。通过查询相关股票交易数据得知，东京沃东控股有限公司的客户编号为 C024，汉本股份的标的代码为 B1318。由此可以推测：东京沃东控股有限公司（客户编号为 C024）在购买汉本股份（标的代码为 B1318）股票的过程中，可能存在内幕交易情况。

（4）总体分析综合结论。综合条形图、气泡图以及社会网络分析的结果，审计人员进一步判定客户编号为 C024 的东京沃东控股有限公司在购买标的代码为 B1318 的汉本股份股票，以及客户编号为 C064 的汉东至富投资管理有限公司在购买标的代码为 B0208 的汉东银行股票的过程中，可能存在内幕交易情况。

3. 分散核查

通过整体分析，审计人员就可以发现股票内幕交易的相关疑点。对于这些疑点数据，审计人员可以做进一步的分散核查，从而更准确地发现相关审计证据。可采用的方法如下。

（1）分析银行交易数据。借助银行交易数据，审计人员可以基于数据查询方法分析相关可疑客户与标的之间的关联关系，具体过程为：

1）获得相关可疑客户的银行账号信息。基于整体分析，从采集来的被审计单位的客户银行账号信息数据中查找出可疑客户和标的名称的银行账号信息，字段包括：开户基本信息、银行转账基本信息等。

2）分析可疑客户的银行交易数据。基于可疑客户和标的名称的银行账号信息，在获得批准的情况下，借助银行交易数据，分析这些可疑客户的银行交易数据，查看可疑客户的资金来源，确认资金来源人和来源单位与标的名称之间的关联关系（是否为投资关系等）。

（2）分析公安户籍数据。采用社会网络分析，根据相关公安户籍数据，分析相关人员之间的关系。

4. 分析结果

在本案例中，通过以上分析，发现汉东银行与汉东至富投资管理有限公司之间存在资金往来关系，并进一步确认汉东至富投资管理有限公司与汉东银行之间存在内幕交易情况。

8.6　基于大数据审计技术的信息系统审计应用案例：账号及权限管理审计

8.6.1　案例背景分析

1. 采用大数据审计技术开展信息系统审计的重要性

信息系统审计是目前审计信息化的一项重要工作，大数据环境同样对信息系统审计产生了影响。大数据时代的到来使审计工作不得不面临被审计单位的大数据环境。

随着大数据环境的发展，被审计单位信息化程度越来越高，信息化应用范围越来越广，使用的应用系统越来越多，业务系统也越来越复杂。这使得目前常用的信息系统审计方法不能很好地满足大数据环境下信息系统审计的需要，采用大数据审计技术开展信息系统审计成为一种有效的方法。因此，大数据环境下如何开展信息系统审计成为一个重要问题。本节结合目前大数据与信息系统审计的研究与应用现状，介绍大数据环境下的信息系统审计问题。

2. 大数据环境下信息系统审计的主要变化

（1）大数据环境对信息系统审计的需求越来越大。随着大数据环境的发展，信息系统中的数据量越来越大，数据的存储方式也随之不断变化，数据的安全性越来越重要。因此，大数据环境对信息系统审计的需求越来越强。

（2）大数据环境对信息系统审计的技术要求越来越高。随着大数据环境的发展，被审计单位信息化程度越来越高，信息化应用范围越来越广，对信息化的依赖程度越来越高，使用的应用系统越来越多，业务系统也越来越复杂。因此，大数据环境对信息系统审计的技术要求越来越高。

（3）大数据环境下信息系统审计方法需要不断创新。大数据环境下，除了目前常用的信息系统审计方法，如访谈、现场观察、文档查看、抽样、穿行测试等之外，还可以探索如何采用大数据技术开展信息系统审计。

3. 账号及权限管理审计简介

信息系统运行管理审计是信息系统审计的一项重要内容。信息系统运行管理主要是对信息系统的日常运行进行管理。信息系统的日常运行要与信息系统开发和维护分离，确保一个单位信息科技部门内部的岗位制约。其中，信息系统的用户账号及权限管理是信息系统运行管理中的一项重要内容，它要求保证只有经授权的用户才能访问信息系统，防止非授权访问信息系统的情况发生。因此，在开展信息系统运行管理审计时，审计人员需要检查业务系统能否保证只有经授权的用户才能访问信息系统，能否防止非授权访问信息系统。本节以账号及权限管理审计为例，分析大数据环境下如何开展信息系统审计。

传统环境下，被审计单位信息化程度低，应用系统较少，操作用户较少，因此，对于账号及权限管理审计，只需要做简单的访谈或现场察看被审计单位的应用系统即可。但目前大数据环境下，被审计单位信息化程度高，应用系统较多，一些单位的应用系统多达几百个，甚至上千个，另外，信息系统操作（使用）用户较多。因此，信息系统的账号及权限管理是一个重要挑战。特别是对于一些员工流动（离职或单位内部岗位调整等）比较频繁的单位，这种问题更为严重。

4. 账号及权限管理审计的数据来源

大数据环境下，对于复杂信息系统的账号及权限管理审计需要全方位分析相关数据，一般可以对以下数据进行分析。

（1）数据库中的操作用户信息数据。从被审计单位信息管理部门采集相关操作用户信息数据，通过该数据，可以掌握目前该被审计单位所有应用系统中的操作用户情况，例如用户状态、用户相关信息等。

(2) 人力资源部门数据。从被审计单位人力资源部门采集相关员工信息数据，通过该数据，可以掌握目前该被审计单位所有员工变化情况，例如用户离职或单位内部岗位调整等信息。

(3) 系统操作日志数据。从被审计单位信息管理部门采集相关应用系统操作日志数据，通过该数据，可以掌握目前所有应用系统中的员工在该应用系统中的相关操作信息。

(4) 被审计单位内部非结构化数据。除了以上结构化数据之外，还可以从被审计单位采集其部门年度工作总结、风险分析报告、信息系统的相关审计报告等非结构化数据。通过这些文本数据，可以了解被审计单位应用系统发生过哪些风险，便于审计人员判断应用系统的账号及权限管理问题。

(5) 被审计单位外部数据。除了通过以上方法获得被审计单位的内部数据之外，审计人员还可以通过一些大数据工具抓取网上相关公开数据，或者搜索网上关于被审计单位的一些公开报道的风险信息，这些外部数据便于审计人员辅助判断被审计单位在应用系统账号及权限管理方面存在的风险情况。另外，必要的情况下，可以查询相关工商数据、银行数据等信息。

8.6.2　信息系统用户账号及权限管理大数据审计方法原理

根据对被审计单位的调查，在访谈和现场观察等的基础上，采集被审计单位的员工变动信息、全单位操作用户信息、用户操作日志等结构化数据，以及相关会议纪要、部门年度工作总结、风险分析报告、信息系统的相关审计报告等非结构化数据；在审计大数据预处理的基础上，采用大数据审计技术对相关数据进行分析，通过对分析结果进行观察，快速从被审计大数据信息中发现异常数据，获得审计线索。另外，审计人员可以根据需要，对异常数据做细化分析，从不同方面获得对被审计数据的理解，从而全面地分析被审计数据。在此基础上，通过对这些结果数据做进一步的延伸审计和审计事实确认，最终获得审计证据。

综上分析，基于大数据审计技术的信息系统用户账号及权限管理审计方法原理如图 8-19 所示。

8.6.3　基于大数据审计技术的账号及权限管理审计方法应用案例

基于大数据审计技术的账号及权限管理审计的关键环节分析如下。

1. 相关文本数据可视化分析

为了便于审计人员从整体上把握被审计大数据情况，快速发现可疑数据，提高审计效率，要采集相关文本数据，如被审计单位的相关会议纪要、部门年度工作总结、风险分析报告、信息系统的相关审计报告等，以及从网上采集来的被审计单位相关风险信息，采用大数据可视化分析工具对其进行分析，其结果如图 8-20 所示。

由图 8-20 可以发现，被审计单位的信息系统在密码、权限、账号等管理方面一直受到相关部门的重视。另外，通过查阅从网上采集来的被审计单位相关风险信息，发现被审计单位存在多次被相关监管部门通告的情况，因此，信息系统的账号及权限管

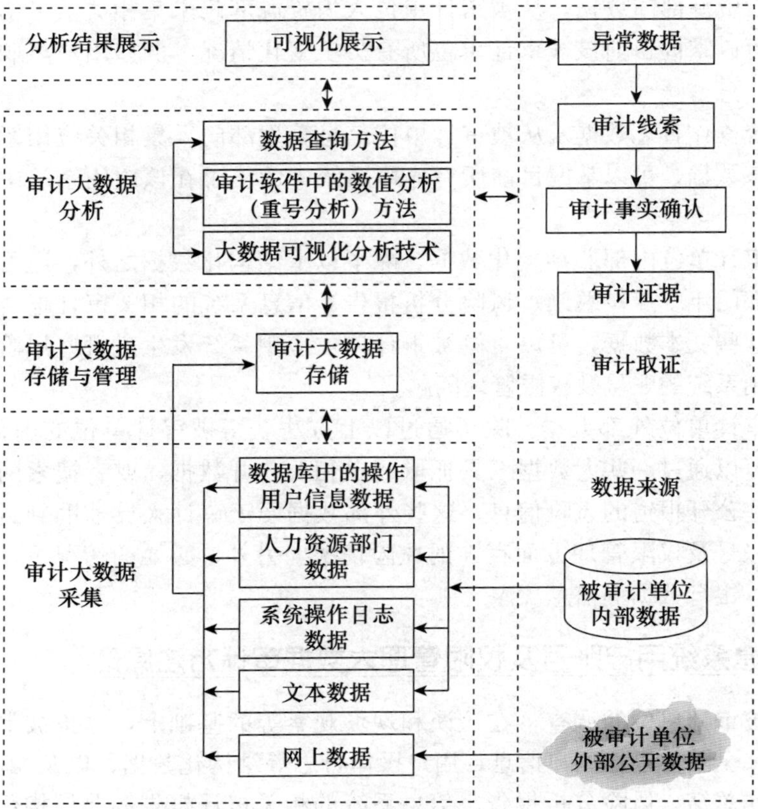

图 8-19　基于大数据审计技术的信息系统用户账号及权限管理审计方法原理

理存在一定的风险。

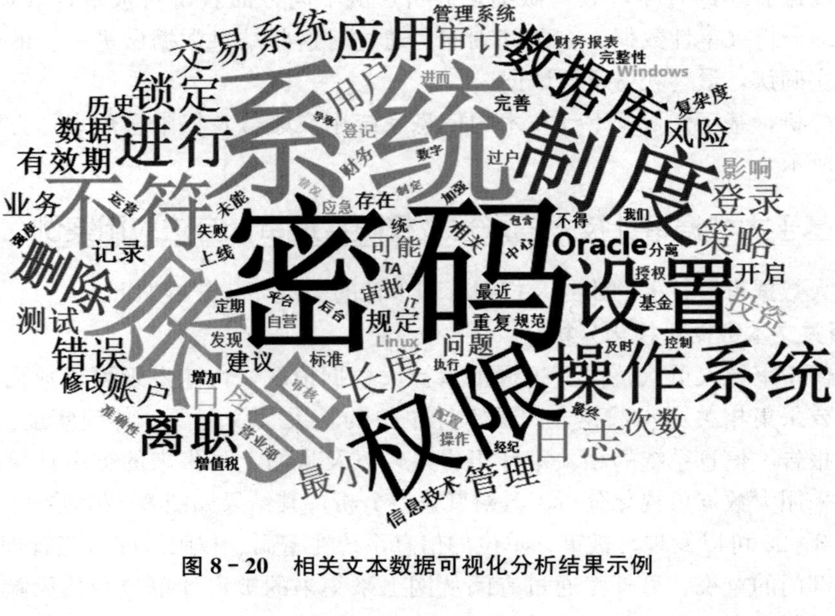

图 8-20　相关文本数据可视化分析结果示例

2. 结构化数据分析

为了进一步分析被审计单位离职、内部调动人员的信息系统权限和账号管理是否存在风险，需要对采集来的被审计单位的人力资源部员工信息、全单位操作用户信息、用户操作日志等结构化数据进行分析。例如，分析该数据中“离职人员用户权限尚未终止情况”方面的数据，相应的 SQL 分析语句分别如下：

```
    SELECT *
    FROM 所有操作用户信息 a,员工离职名单表 b
    WHERE to_number(trim(a.operator_card))=to_number(trim(b.operator_
card))
    and a.oper_status!='2'    #状态 2 表示账号冻结
    and a.oper_status='0'    #状态 0 表示账号正常
    and a.operator_name=b.operator_name;
```

由于数据量大，可以把采集来的被审计单位的人力资源部员工信息、全单位操作用户信息、用户操作日志等结构化数据全部采集到 Oracle 数据库中，并借助 Oracle 数据库的 PL/SQL Developer 进行分析，结果如图 8-21 所示。

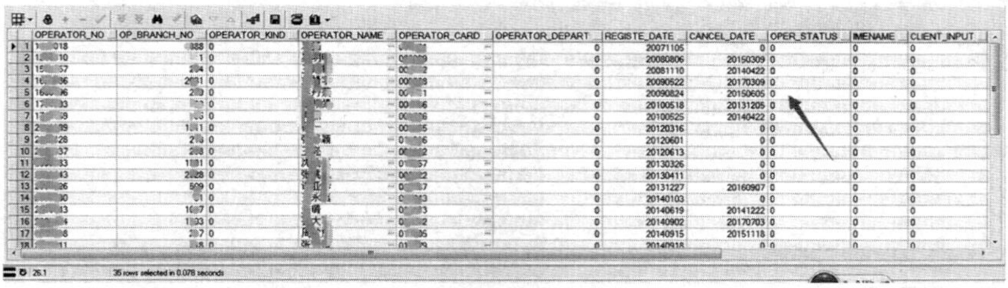

图 8-21　“离职人员用户权限尚未终止情况”数据分析结果示例

由图 8-21 可以发现，被审计单位存在 35 名离职员工的账号及权限尚未终止的情况。为进一步确认这些尚未终止的账号是否仍在使用，考虑到数据量大，仍借助 Oracle 数据库的 PL/SQL Developer 分别分析这些离职但权限尚未终止人员的用户操作日志信息，并把以上日志导出，其中某一员工的用户操作日志信息如图 8-22 所示。结合采集来的被审计单位的人力资源部员工信息，对比该员工的离职时间，发现该员工离职后账号仍在使用（图 8-22 中从箭头指向位置起，红颜色（本书中为字体颜色较浅的）的用户操作日志信息为离职后账号仍在使用的日志信息）。同理，可分析其他离职但权限尚未终止员工的用户操作日志信息。

根据以上分析结果，发现被审计单位存在 33 名离职员工的账号仍在使用的情况。经向被审计单位延伸取证，最终确认除 1 名人员为姓名重复，2 名人员为离职后又复职之外，其余 30 名离职员工的账号仍在正常使用。通过以上过程，不难看出：被审计单位对于离职员工在应用系统中的权限管理缺少有效的控制，这会对被审计单位信息系统的运行管理造成严重的风险隐患。

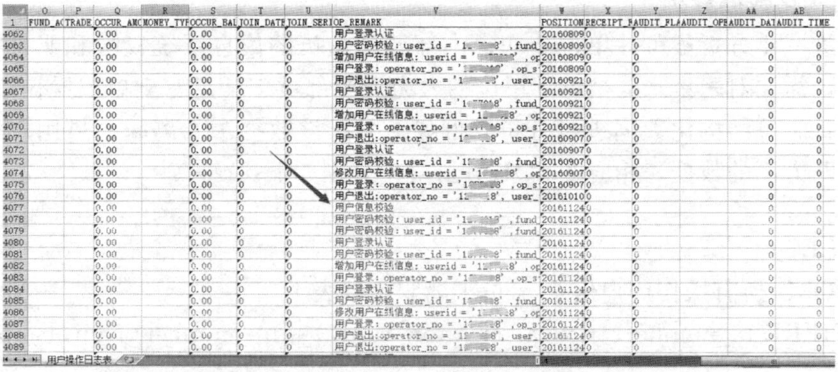

图 8-22　某离职员工的用户操作日志信息数据分析结果示例

同理，审计人员可以分析内部调动人员的用户权限尚未调整情况。

3. 审计软件重号分析

为了进一步确认被审计单位的员工是否存在一人拥有多个账号的情况，采用自主研发的易智通软件（电子数据审计模拟实验室软件）（或采用相关数据库工具进行分析）对采集来的全单位操作用户信息数据进行分析，结果如图 8-23 所示。

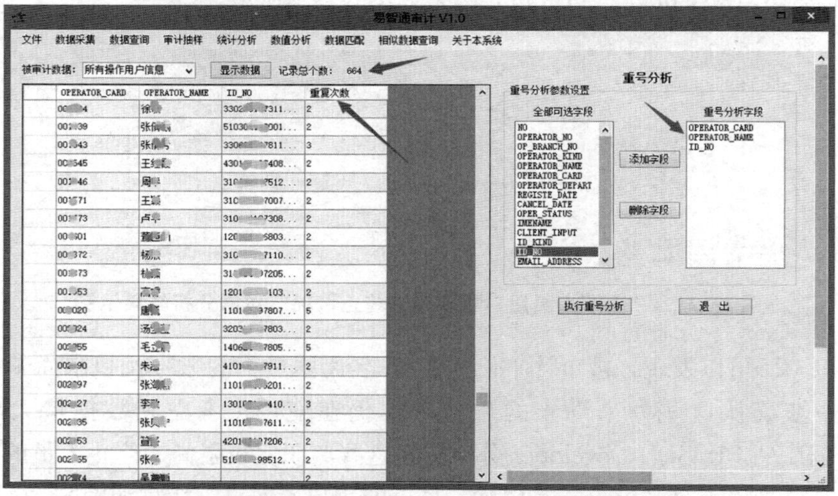

图 8-23　全单位操作用户信息数据重号分析结果示例

由图 8-23 可以发现，被审计单位有 664 名员工拥有多个用户账号，且账号均能正常使用。经向被审计单位延伸取证，最终确认除 128 名员工的多个用户账号需要保留之外，其他 536 名员工的多个用户账号需要修改。不难看出，多名员工拥有多个均能正常使用的用户账号的情况会对被审计单位信息系统的运行管理造成严重的风险隐患。

4. 离职、内部调动人员部门分布情况可视化分析

一般来说，部门人员变动频率比较高的部门的账号及权限管理方法容易出现问题，需要审计人员重点关注。为了进一步分析哪些部门人员变动频率比较高，可以采用大数据可视化分析技术对采集来的离职、内部调动人员数据进行综合分析，结果如图

8－24 所示。

图 8－24　离职、内部调动人员部门分布情况可视化分析结果示例

图 8－24 的分析结果表明，该被审计单位在营业部、信息技术、分公司等部门工作的员工离职和内部调动情况频率较高，建议该被审计单位今后注重对这些部门用户账号及权限的管理。

8.7　本章小结

本书前几章系统地讲解了大数据审计理论及其关键技术，为了更好地理解大数据审计的应用，本章介绍了更多的大数据审计案例。

本章以某医院药品加成审计为例，分析大数据可视化分析技术在药品加成审计中的应用。通过对可视化分析结果以及图形所蕴藏的潜在信息的挖掘，深度分析加成药品的特征，为审计人员提供决策依据。

经济责任审计是我国目前政府审计的一类重要审计项目。大数据环境下如何开展经济责任审计成为一个重要的研究与应用问题。本章结合大数据与经济责任审计的研究与应用现状，分析了基于大数据审计技术的经济责任审计。

大数据技术的发展为大气污染防治审计工作提供了机遇，本章根据这一需要，结合大数据审计的研究与应用现状，介绍了基于大数据可视化分析技术的大气污染防治审计方法，并以某大气污染防治审计项目为例，分析了该方法的应用。

本章结合大数据审计的研究与应用现状，介绍了大数据环境下的内幕交易审计方法，并以某证券公司审计为例，分析了大数据审计方法的应用。

根据大数据环境下开展信息系统审计的需要，本章分析了大数据环境下开展信息系统审计的原理及方法；在此基础上，以信息系统的用户账号及权限管理审计为例，分析了大数据环境下如何开展信息系统审计，如何实施信息系统的用户账号及权限管理审计。

通过本章的学习，可以熟悉更多领域的大数据审计应用，从而增强大数据审计思维，培养大数据审计能力，为今后研究与应用大数据审计打下基础。关于本章案例的详细内容以及更多的大数据审计应用案例，可参见《大数据审计理论、方法与应用》。

思考题

1. 本章的大数据审计应用案例中哪些地方可以应用大模型技术？
2. 大数据环境对信息系统审计有何影响？
3. 除了本章提到的案例之外，你还了解哪些大数据审计应用案例？
4. 谈一谈未来大数据审计的发展趋势。

附录 A

课程实验设计

A.1 实验模块一　基于 R 语言的大数据审计实验

实验一　熟悉 R 语言及其软件 R 和 RStudio

实验目的

熟悉 R 语言及其软件 R 和 RStudio 的操作环境，初步掌握 R 和 RStudio 的使用，为后面的实验打下基础。

实验要求

（1）掌握如何安装、启动 R 和 RStudio。

（2）熟悉 R 和 RStudio 的基本功能。

（3）练习 R 语言的基本应用。

（4）练习 R 和 RStudio 的数据操作功能。

实验内容

（1）熟悉 R。

1）参照本书第 4 章中的内容，安装 R。

2）参照本书第 4 章中的内容，熟悉 R 的基本功能。

3）参照本书第 4 章中的内容，在 R 中练习 R 语言的基本应用。

4）参照本书第 4 章中的内容，练习 R 的数据操作功能。

（2）熟悉 RStudio。

1）参照本书第 4 章中的内容，安装 RStudio。

2）参照本书第 4 章中的内容，熟悉 RStudio 的基本功能。

3）参照本书第 4 章中的内容，在 RStudio 中练习 R 语言的基本应用。

4）参照本书第 4 章中的内容，练习 RStudio 的数据操作功能。

实验二　基于网络爬虫技术的网上数据采集（大数据采集）

实验目的

借助大数据分析工具 R 和 RStudio，掌握基于网络爬虫技术的网上数据采集方法，加深理解大数据审计中的数据采集方法应用。

实验要求

以某扶贫审计公告数据为例，练习如何采用大数据分析工具 R 和 RStudio 实现基于网络爬虫技术的网上数据采集。

实验内容

参照本书第 2 章中的内容，以给定的某扶贫审计公告数据为例（数据名为“某扶贫审计公告数据”，见本书附录 A. 5. 1），该扶贫审计公告数据的网址分别为：

http://www.audit.gov.cn/n5/n25/c123562/content.html;

http://www.audit.gov.cn/n5/n25/c97001/content.html;

http://www.audit.gov.cn/n5/n25/c84959/content.html。

采用 R 和 RStudio 完成数据采集，要求如下：

（1）在电脑 D 盘中新建一个名为“大数据采集”的文件夹。

（2）打开 R，在 R 中编写网络爬虫代码，将以上给定的某扶贫审计公告数据采集到 D 盘下的“大数据采集”文件夹中，并将文本文件命名为“某扶贫审计公告数据1.txt”（要求将以上三个扶贫审计公告数据采集到同一个文本文件中）。

（3）打开 RStudio，在 RStudio 中编写网络爬虫代码，将以上给定的某扶贫审计公告数据采集到 D 盘下的“大数据采集”文件夹中，并将文本文件命名为“某扶贫审计公告数据2.txt”（要求将以上三个扶贫审计公告数据采集到同一个文本文件中）（本内容为选做）。

实验三　PDF 格式文件转化成文本格式文件（大数据预处理）

实验目的

掌握如何采用大数据分析工具 R 和 RStudio 实现不同类型数据之间的转换，加深理解大数据审计中的数据预处理方法应用。

实验要求

以某 PDF 格式的文件数据为例，练习如何采用大数据分析工具 R 和 RStudio 将其转换成文本格式文件。

实验内容

参照本书第 2 章中的内容，以给定的某 PDF 格式文件数据（数据名为“某 PDF 格式文件数据”，见本书附录 A. 5. 2）为例，采用 R 将其转换成文本格式文件，要求如下。

（1）在电脑 D 盘中新建一个名为“大数据预处理”的文件夹，将“某 PDF 格式文件数据”存放到该文件夹中。

（2）打开 R，在 R 中编写转换代码，将“某 PDF 格式文件数据”转换成名为“某 PDF 格式文件数据转化结果1.txt”的文本文件，并将该文本文件保存在 D 盘下名为

“大数据预处理”的文件夹中。

(3) 自行选择另一个 PDF 格式文件数据，在 R 中编写转换代码，将该 PDF 格式文件数据转换成名为“其他 PDF 格式文件数据转化练习结果 1. txt”的文本文件，并将该文本文件保存在 D 盘下名为“大数据预处理”的文件夹中。

(4) 打开 RStudio，在 RStudio 中编写转换代码，将“某 PDF 格式文件数据”转换成名为“某 PDF 格式文件数据转化结果 2. txt”的文本文件，并将该文本文件保存在 D 盘下名为“大数据预处理”的文件夹中（本内容为选做）。

(5) 自行选择另一个 PDF 格式文件数据，在 RStudio 中编写转换代码，将该 PDF 格式文件数据转换成名为“其他 PDF 格式文件数据转化练习结果 2. txt”的文本文件，并将该文本文件保存在 D 盘下名为“大数据预处理”的文件夹中（本内容为选做）。

实验四 基于大数据可视化分析技术的大数据审计实验（文本数据分析）

实验目的

掌握如何采用大数据分析工具 R 和 RStudio 实现标签云分析，加深理解大数据可视化分析技术在大数据审计中的应用。

实验要求

以某文本文件数据为例，练习如何采用大数据分析工具 R 和 RStudio 实现标签云分析。

实验内容

参照本书第 5 章中的内容，以实验二和实验三生成的文本文件“某扶贫审计公告数据 1. txt”和“某 PDF 格式文件数据转化结果 1. txt”为例，采用 R 和 RStudio 完成该文本文件数据的标签云分析，要求如下。

(1) 在电脑 D 盘中新建一个名为“文本数据分析”的文件夹，将文本文件“某扶贫审计公告数据 1. txt”和“某 PDF 格式文件数据转化结果 1. txt”存放到该文件夹中。

(2) 打开 R，在 R 中编写转换代码，对“某扶贫审计公告数据 1. txt”和“某 PDF 格式文件数据转化结果 1. txt”数据进行标签云分析，生成前 50 个出现频率最高的词的标签云分析结果。将该分析结果分别另存为名为“某扶贫审计公告数据标签云分析结果 1”和“某 PDF 格式文件数据转化结果标签云分析结果 1”的图片文件，保存在 D 盘下名为“文本数据分析”的文件夹中。

(3) 打开 RStudio，在 RStudio 中编写转换代码，对“某扶贫审计公告数据 1. txt”和“某 PDF 格式文件数据转化结果 1. txt”数据进行标签云分析，生成前 50 个出现频率最高的词的标签云分析结果。将该分析结果分别另存为名为“某扶贫审计公告数据标签云分析结果 2”和“某 PDF 格式文件数据转化结果标签云分析结果 2”的图片文件，保存在 D 盘下名为“文本数据分析”的文件夹中。

实验五 基于大数据可视化分析技术的大数据审计实验（结构化数据分析一）

实验目的

掌握如何采用大数据分析工具 R 实现散点图、气泡图、折线图、条形图、热力图等数据可视化分析技术，加深理解大数据可视化分析技术在大数据审计中的应用。

实验要求

以某一股票交易数据为例，练习如何采用大数据分析工具R实现散点图、气泡图、折线图、条形图、热力图等数据可视化分析。

实验内容

参照本书第5章中的内容，以给定的某一股票交易数据（数据名为“某股票交易数据”，见本书附录A.5.3）为例，采用R实现散点图、气泡图、折线图、条形图、热力图等数据可视化分析，要求如下。

（1）在电脑D盘中新建一个名为“结构化数据分析1”的文件夹。

（2）在R中编写分析代码，对该股票交易数据进行散点图分析，其中，x轴表示被分析的客户编号，y轴表示被分析的客户购买股票的总数。将分析结果另存为一个名为“散点图分析结果”的图片文件，保存在电脑D盘下名为“结构化数据分析1”的文件夹中。通过散点图分析，分析客户购买股票的情况，判断哪些客户购买股票的类型比较单一。

（3）在R中编写分析代码，对该股票交易数据进行气泡图分析，其中，x轴表示被分析的客户编号，y轴表示被分析的客户购买股票的代码。将分析结果另存为一个名为“气泡图分析结果”的图片文件，保存在电脑D盘下名为“结构化数据分析1”的文件夹中。通过气泡图分析，分析客户购买股票的情况和获利情况，判断哪些客户购买股票的类型比较单一，以及哪些客户购买股票获利多。

（4）在R中编写分析代码，对该股票交易数据进行折线图分析，其中，x轴表示被分析的客户编号，y轴表示被分析的客户购买股票的总数。将分析结果另存为一个名为“折线图分析结果”的图片文件，保存在电脑D盘下名为“结构化数据分析1”的文件夹中。通过折线图分析，分析客户购买股票的情况，判断哪些客户购买股票的类型比较单一。

（5）在R中编写分析代码，对该股票交易数据进行条形图分析，其中，x轴表示被分析的客户编号，y轴表示被分析的客户购买股票的总数。将分析结果另存为一个名为“条形图分析结果”的图片文件，保存在电脑D盘下名为“结构化数据分析1”的文件夹中。通过条形图分析，分析客户购买股票的情况，判断哪些客户购买股票的类型比较单一。

（6）在R中编写分析代码，对该股票交易数据进行热力图分析，其中，x轴表示被分析的客户编号，y轴表示被分析的客户购买股票的代码。将分析结果另存为一个名为“热力图分析结果”的图片文件，保存在电脑D盘下名为“结构化数据分析1”的文件夹中。通过热力图分析，分析客户购买股票的情况和获利情况，判断哪些客户购买股票的类型比较单一，以及哪些客户购买股票获利多。

实验六　基于大数据可视化分析技术的大数据审计实验（结构化数据分析二）

实验目的

掌握如何采用大数据分析工具RStudio实现散点图、气泡图、折线图、条形图、热力图等数据可视化分析技术，加深理解大数据可视化分析技术在大数据审计中的应用。

实验要求

以某一股票交易数据为例，练习如何采用大数据分析工具 RStudio 实现散点图、气泡图、折线图、条形图、热力图等数据可视化分析。

实验内容

参照本书第 5 章中的内容，以给定的某一股票交易数据（数据名为“某股票交易数据”，见本书附录 A. 5. 3）为例，采用 RStudio 实现散点图、气泡图、折线图、条形图、热力图等数据可视化分析，要求如下。

（1）在电脑 D 盘中新建一个名为“结构化数据分析 2”的文件夹。

（2）在 RStudio 中编写分析代码，对该股票交易数据进行散点图分析，其中，x 轴表示被分析的客户编号，y 轴表示被分析的客户购买股票的代码。将分析结果另存为一个名为“散点图分析结果”的图片文件，保存在电脑 D 盘下名为“结构化数据分析 2”的文件夹中。通过散点图分析，分析客户购买股票的情况，判断哪些客户购买股票的类型比较单一。

（3）在 RStudio 中编写分析代码，对该股票交易数据进行气泡图分析，其中，x 轴表示被分析的客户编号，y 轴表示被分析的客户购买股票的代码。将分析结果另存为一个名为“气泡图分析结果”的图片文件，保存在电脑 D 盘下名为“结构化数据分析 2”的文件夹中。通过气泡图分析，分析客户购买股票的情况和获利情况，判断哪些客户购买股票的类型比较单一，以及哪些客户购买股票获利多。

（4）在 RStudio 中编写分析代码，对该股票交易数据进行折线图分析，其中，x 轴表示被分析的客户编号，y 轴表示被分析的客户购买股票的总数。将分析结果另存为一个名为“折线图分析结果”的图片文件，保存在电脑 D 盘下名为“结构化数据分析 2”的文件夹中。通过折线图分析，分析客户购买股票的情况，判断哪些客户购买股票的类型比较单一。

（5）在 RStudio 中编写分析代码，对该股票交易数据进行条形图分析，其中，x 轴表示被分析的客户编号，y 轴表示被分析的客户购买股票的总数。将分析结果另存为一个名为“条形图分析结果”的图片文件，保存在电脑 D 盘下名为“结构化数据分析 2”的文件夹中。通过条形图分析，分析客户购买股票的情况，判断哪些客户购买股票的类型比较单一。

（6）在 RStudio 中编写分析代码，对该股票交易数据进行热力图分析，其中，x 轴表示被分析的客户编号，y 轴表示被分析的客户购买股票的代码。将分析结果另存为一个名为“热力图分析结果”的图片文件，保存在电脑 D 盘下名为“结构化数据分析 2”的文件夹中。通过热力图分析，分析客户购买股票的情况和获利情况，判断哪些客户购买股票的类型比较单一，以及哪些客户购买股票获利多。

A.2 实验模块二 基于 Python 的大数据审计实验

实验一 熟悉 Python 及其软件 PyCharm

实验目的

熟悉 Python 及其软件 PyCharm 的操作环境，初步掌握 PyCharm 的使用，为后面的实验打下基础。

实验要求

（1）掌握如何安装、启动 PyCharm。

（2）熟悉 PyCharm 的基本功能。

（3）练习 Python 的基本应用。

（4）练习 Python 的数据操作功能。

实验内容

熟悉 PyCharm。

（1）参照本书第 4 章中的内容，安装 PyCharm。

（2）参照本书第 4 章中的内容，熟悉 PyCharm 的基本功能。

（3）参照本书第 4 章中的内容，在 PyCharm 中练习 Python 的基本应用。

（4）参照本书第 4 章中的内容，在 PyCharm 中练习 Python 的数据操作功能。

实验二 PDF 格式文件转化成文本格式文件（大数据预处理）

实验目的

掌握如何采用大数据分析工具 Python（可以选择 PyCharm 等）实现不同类型数据之间的转换，加深理解大数据审计中的数据预处理方法应用。

实验要求

以某 PDF 格式的文件数据为例，练习如何采用大数据分析工具 Python 将其转换成文本格式文件。

实验内容

参照本书第 4 章中的内容，以给定的某 PDF 格式文件数据（数据名为“某 PDF 格式文件数据”，见本书附录 A.5.2）为例，采用 Python 将其转换成文本格式文件，要求如下。

（1）在电脑 D 盘中新建一个名为“大数据预处理”的文件夹，将“某 PDF 格式文件数据”存放到该文件夹中。

（2）打开 PyCharm，在 PyCharm 中编写转换代码，将“某 PDF 格式文件数据”转换成名为“某 PDF 格式文件数据转化结果 Python.txt”的文本文件，并将该文本文件保存在 D 盘下名为“大数据预处理”的文件夹中。

（3）自行选择另一个 PDF 格式文件数据，在 PyCharm 中编写转换代码，将该 PDF

格式文件数据转换成名为“其他自选 PDF 格式文件数据转化练习结果 Python. txt”的文本文件，并将该文本文件保存在 D 盘下名为“大数据预处理”的文件夹中。

实验三 基于大数据可视化分析技术的大数据审计实验（文本数据分析）

实验目的

掌握如何采用大数据分析工具 Python（可以选择 PyCharm 等）实现标签云分析，加深理解大数据可视化分析技术在大数据审计中的应用。

实验要求

以某文本文件数据为例，练习如何采用大数据分析工具 Python（可以选择 PyCharm 等）实现标签云分析。

实验内容

参照本书第 5 章中的内容，以实验二生成的文本文件“某 PDF 格式文件数据转化结果 Python. txt”为例，采用 Python（可以选择 PyCharm 等）完成该文本文件数据的标签云分析，要求如下。

（1）在电脑 D 盘中新建一个名为“文本数据分析”的文件夹，将文本文件“某 PDF 格式文件数据转化结果 Python. txt”存放到该文件夹中。

（2）打开 PyCharm，在 PyCharm 中编写转换代码，对“某 PDF 格式文件数据转化结果 Python. txt”数据进行标签云分析，生成前 50 个出现频率最高的词的标签云分析结果。将该分析结果另存为名为“某 PDF 格式文件数据转化结果 Python 标签云分析结果”的图片文件，保存在 D 盘下名为“文本数据分析”的文件夹中。

实验四 基于大数据可视化分析技术的大数据审计实验（结构化数据分析）

实验目的

掌握如何采用大数据分析工具 Python（可以选择PyCharm等）实现散点图、气泡图、折线图、条形图、热力图等数据可视化分析技术，加深理解大数据可视化分析技术在大数据审计中的应用。

实验要求

以某一股票交易数据为例，练习如何采用大数据分析工具 Python（可以选择 PyCharm等）实现散点图、气泡图、折线图、条形图、热力图等数据可视化分析。

实验内容

参照本书第 5 章中的内容，以给定的某一股票交易数据（数据名为“某股票交易数据”，见本书附录 A. 5. 3）为例，采用 Python 实现散点图、气泡图、折线图、条形图、热力图等数据可视化分析，要求如下。

（1）在电脑 D 盘中新建一个名为“结构化数据 Python 分析”的文件夹。

（2）在 PyCharm 中编写分析代码，对该股票交易数据进行散点图分析，其中，x 轴表示被分析的客户编号，y 轴表示被分析的客户购买股票的代码。将分析结果另存为一个名为“散点图 Python 分析结果”的图片文件，保存在电脑 D 盘下名为“结构化数据 Python 分析”的文件夹中。通过散点图分析，分析客户购买股票的情况，判断哪些客户购买股票的类型比较单一。

（3）在PyCharm中编写分析代码，对该股票交易数据进行气泡图分析，其中，x轴表示被分析的客户编号，y轴表示被分析的客户购买股票的代码。将分析结果另存为一个名为“气泡图Python分析结果”的图片文件，保存在电脑D盘下名为“结构化数据Python分析”的文件夹中。通过气泡图分析，分析客户购买股票的情况和获利情况，判断哪些客户购买股票的类型比较单一，以及哪些客户购买股票获利多。

（4）在PyCharm中编写分析代码，对该股票交易数据进行折线图分析，其中，x轴表示被分析的客户编号，y轴表示被分析的客户购买股票的总数。将分析结果另存为一个名为“折线图Python分析结果”的图片文件，保存在电脑D盘下名为“结构化数据Python分析”的文件夹中。通过折线图分析，分析客户购买股票的情况，判断哪些客户购买股票的类型比较单一。

（5）在PyCharm中编写分析代码，对该股票交易数据进行条形图分析，其中，x轴表示被分析的客户编号，y轴表示被分析的客户购买股票的总数。将分析结果另存为一个名为“条形图Python分析结果”的图片文件，保存在电脑D盘下名为“结构化数据Python分析”的文件夹中。通过条形图分析，分析客户购买股票的情况，判断哪些客户购买股票的类型比较单一。

（6）在PyCharm中编写分析代码，对该股票交易数据进行热力图分析，其中，x轴表示被分析的客户编号，y轴表示被分析的客户购买股票的代码。将分析结果另存为一个名为“热力图Python分析结果”的图片文件，保存在电脑D盘下名为“结构化数据Python分析”的文件夹中。通过热力图分析，分析客户购买股票的情况和获利情况，判断哪些客户购买股票的类型比较单一，以及哪些客户购买股票获利多。

A.3 实验模块三　基于大数据多数据源综合分析技术的大数据审计实验

实验一　基础技能操作

实验目的

结合本书第6章的内容，掌握SQL的基本查询功能，加深理解审计数据分析方法的基本应用。

实验要求

以某乡村振兴审计数据为例，练习如何在SQL Server中采用SQL的基本查询功能来完成审计数据分析。

实验内容

以给定的某乡村振兴审计项目为例，使用低收入农户数据和财政供养人员数据（数据表结构见本书附录A.5.4），练习如何在SQL Server中采用SQL的基本查询功能来完成审计数据分析，要求如下。

(1) 参照本书第 6 章中的内容，打开 SQL Server Management Studio，新建一个名为“乡村振兴审计示例数据”的数据库。

(2) 参照本书第 6 章中的内容，将给定的低收入农户数据和财政供养人员数据采集到 SQL Server 数据库新建的名为“乡村振兴审计示例数据”的数据库中。

(3) 参照本书第 6 章中的内容，在 SQL Server 数据库中编写 SQL 语句，练习单表查询和多表查询。

(4) 在 SQL Server Management Studio 中删除所建的“乡村振兴审计示例数据”数据库。

实验二 基于大数据多数据源综合分析技术的乡村振兴审计综合应用：审前准备

实验目的

结合本书第 6 章中的内容，掌握如何进行审前准备，如何编写审计通知书、审计实施方案等文件，加深对审计基本步骤的理解。

实验要求

(1) 练习如何编写审计通知书。

(2) 练习如何编写审计实施方案。

实验内容

(1) 根据参与实验的人数，成立若干个审计小组，每组 5～6 人，每组人员设置组长、副组长、主审各 1 名。

(2) 结合本书第 6 章中的案例内容，各小组分别编写审计通知书、审计实施方案。

(3) 各小组分别向班级汇报本组的人员分工情况以及审计通知书、审计实施方案。

(4) 指导教师对各小组的材料进行打分评比。

实验三 基于大数据多数据源综合分析技术的乡村振兴审计综合应用：审计实施

实验目的

结合本书第 6 章中的内容，掌握如何采用数据库工具 SQL Server 实现基于大数据多数据源综合分析技术的大数据审计方法，加深理解大数据多数据源综合分析技术在大数据审计中的基本应用；掌握如何编写审计需求单、审计取证单和审计工作底稿等审计文书，加深对审计基本步骤的理解。

实验要求

(1) 练习如何编写审计需求单。

(2) 以某乡村振兴审计数据为例，练习如何采用数据库工具 SQL Server 实现基于大数据多数据源综合分析技术的大数据审计方法。

(3) 练习如何编写审计取证单和审计工作底稿等审计文书。

实验内容

(1) 根据实验二的分组，各小组分别练习如何编写审计需求单，向被审计单位提出数据需要，开展审计数据采集工作。

(2) 指导教师审查各小组编写的审计需求单，然后把乡村振兴审计所需的“低收入农户数据”“财政供养人员数据”“工商数据”等（见本书第6章或本书附录A.5.4）发给各小组。

（3）各小组参照本书第6章中的内容，打开SQL Server Management Studio，新建一个名为“乡村振兴审计示例数据”的数据库。

（4）各小组参照本书第6章中的内容，采用SQL Server数据库工具，把以上数据分别采集到SQL Server数据库新建的名为“乡村振兴审计示例数据”的数据库中，并基于大数据多数据源综合分析技术，在SQL Server数据库中分别分析低收入人员名单中是否有财政供养人员、低收入人员名单中是否有注册公司的人员、低收入人员名单中是否有注册公司的股东。在编写SQL分析模型时，可参照本书第7章中的内容，基于大模型工具智能生成SQL分析模型。

（5）新建一个名为“乡村振兴审计结果”的Excel数据文件，分别将以上分析结果导入该Excel数据文件。

（6）基于数据分析结果，各小组参照本书第6章中的内容，分别练习如何编写审计取证单和审计工作底稿等审计文书。

（7）各小组分别向班级汇报本组的分析过程、审计取证单和审计工作底稿。

（8）指导教师组织对各小组的材料进行打分评比。

实验四　基于大数据多数据源综合分析技术的乡村振兴审计综合应用：审计报告

实验目的

结合本书第6章中的内容，掌握如何编写审计报告征求意见稿、审计报告等审计文书，加深对审计基本步骤的理解。

实验要求

（1）练习如何编写审计报告征求意见稿。

（2）练习如何编写审计报告。

实验内容

（1）在前一实验的基础上，各小组参照本书第6章中的内容，分别练习如何编写审计报告征求意见书。

（2）在审计报告征求意见书的基础上，各小组参照本书第6章中的内容，分别练习如何编写审计报告。

（3）各小组分别向班级汇报本组的审计报告征求意见书、审计报告。

（4）指导教师对各小组的材料进行打分评比。

A.4　实验模块四　大模型在大数据审计中的应用

实验目的

结合本书第7章的内容，掌握大模型在大数据审计中的基本应用，加深理解大模型对大数据审计的作用。

实验要求

以审计知识智能问答、SQL 分析模型智能生成、审计方法程序代码智能生成等为例，练习大模型在大数据审计中的具体应用。

实验内容

（1）参照本书第 7 章中的内容，选择某一大模型工具练习审计知识智能问答。

（2）参照本书第 7 章中的内容，选择某一大模型工具练习 SQL 分析模型智能生成。

（3）参照本书第 7 章中的内容，选择某一大模型工具练习审计方法程序代码智能生成。

A.5 实验所用数据

A.5.1 某扶贫审计公告数据

某扶贫审计项目审计公告数据示例分别如图 A-1、图 A-2、图 A-3 所示。

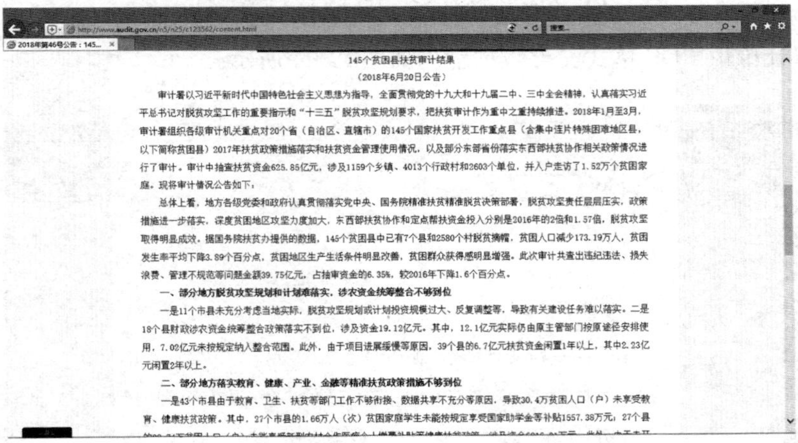

145个贫困县扶贫审计结果

（2018年6月20日公告）

审计署以习近平新时代中国特色社会主义思想为指导，全面贯彻党的十九大和十九届二中、三中全会精神，认真落实习近平总书记对脱贫攻坚工作的重要指示和“十三五”脱贫攻坚规划要求，把扶贫审计作为重中之重持续推进。2018年1月至3月，审计署组织各级审计机关重点对20个省（自治区、直辖市）的145个国家扶贫开发工作重点县（含集中连片特殊困难地区县，以下简称贫困县）2017年扶贫政策措施落实和扶贫资金管理使用情况，以及部分东部省份落实东西部扶贫协作相关政策情况进行了审计。审计中抽查扶贫资金625.85亿元，涉及1159个乡镇、4013个行政村和2603个单位，并入户走访了1.52万个贫困家庭。现将审计情况公告如下：

总体上看，地方各级党委和政府认真贯彻落实党中央、国务院精准扶贫精准脱贫决策部署，脱贫攻坚责任层层压实，政策措施进一步落实，深度贫困地区攻坚力度加大，东西部扶贫协作和定点帮扶资金投入分别是2016年的2倍和1.57倍，脱贫攻坚取得明显成效，据国务院扶贫办提供的数据，145个贫困县中已有7个县和2580个村脱贫摘帽，贫困人口减少173.19万人，贫困发生率平均下降3.89个百分点，贫困地区生产生活条件明显改善，贫困群众获得感明显增强。此次审计共查出违纪违法、损失浪费、管理不规范等问题金额39.75亿元，占抽审资金的6.35%，较2016年下降1.6个百分点。

一、部分地方脱贫攻坚规划和计划难落实，涉农资金统筹整合不够到位

一是11个市县未充分考虑当地实际，脱贫攻坚规划或计划投资规模过大、反复调整等，导致有关建设任务难以落实。二是18个县财政涉农资金统筹整合政策落实不到位，涉及资金19.12亿元。其中，12.1亿元实际仍由原主管部门按原途径安排使用，7.02亿元未按规定纳入整合范围。此外，由于项目进展缓慢等原因，39个县的6.7亿元扶贫资金闲置1年以上，其中2.23亿元闲置2年以上。

二、部分地方落实教育、健康、产业、金融等精准扶贫政策措施不够到位

一是43个市县由于教育、卫生、扶贫等部门工作不够衔接、数据共享不充分等原因，导致30.4万贫困人口（户）未享受教育、健康扶贫政策。其中，27个市县的1.66万人（次）贫困家庭学生未能按规定享受国家助学金等补贴1557.38万元；27个县

图 A-1 某扶贫审计项目审计公告数据示例一

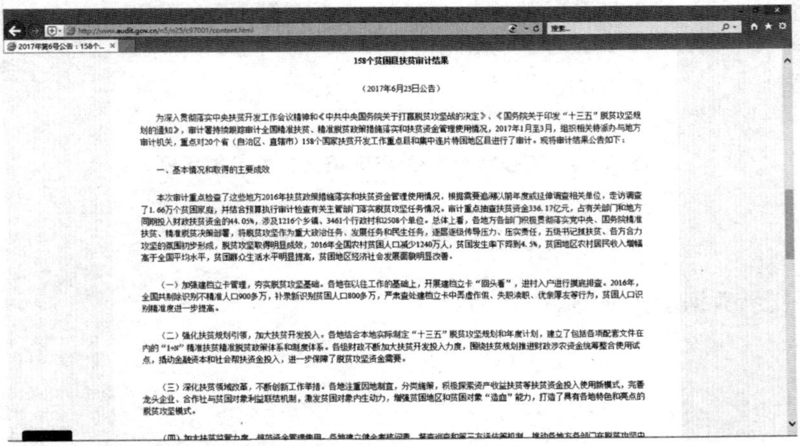

158个贫困县扶贫审计结果

（2017年6月23日公告）

为深入贯彻落实中央扶贫开发工作会议精神和《中共中央国务院关于打赢脱贫攻坚战的决定》、《国务院关于印发“十三五”脱贫攻坚规划的通知》，审计署持续跟踪审计全国精准扶贫、精准脱贫政策措施落实和扶贫资金管理使用情况，2017年1月至3月，组织相关特派办与地方审计机关，重点对20个省（自治区、直辖市）158个国家扶贫开发工作重点县和集中连片特困地区县进行了审计。现将审计结果公告如下：

一、基本情况和取得的主要成效

本次审计重点检查了这些地方2016年扶贫政策措施落实和扶贫资金管理使用情况，根据需要追溯以前年度或延伸调查相关单位，走访调查了1.66万个贫困家庭，并结合预算执行审计检查有关主管部门落实脱贫攻坚任务情况。审计重点抽查扶贫资金336.17亿元，占有关部门和地方同期投入财政扶贫资金的44.05%，涉及1216个乡镇、3461个行政村和2508个单位。总体上看，各地方各部门积极贯彻落实党中央、国务院精准扶贫、精准脱贫决策部署，将脱贫攻坚作为重大政治任务、发展任务和民生任务，逐层逐级传导压力、压实责任，五级书记抓扶贫、各方合力攻坚的氛围初步形成，脱贫攻坚取得明显成效，2016年全国农村贫困人口减少1240万人，贫困发生率下降到4.5%，贫困地区农村居民收入增幅高于全国平均水平，贫困群众生活水平明显提高，贫困地区经济社会发展面貌明显改善。

（一）加强建档立卡管理，夯实脱贫攻坚基础。各地在以往工作的基础上，开展建档立卡“回头看”，进村入户进行摸底排查。2016年，全国共剔除识别不精准人口900多万，补录新识别贫困人口800多万，严肃查处建档立卡中弄虚作假、失职渎职、优亲厚友等行为，贫困人口识别精准度进一步提高。

（二）强化扶贫规划引领，加大扶贫开发投入。各地结合本地实际制定“十三五”脱贫攻坚规划和年度计划，建立了包括各项配套文件在内的“1+N”精准扶贫精准脱贫政策体系和制度体系。各级财政不断加大扶贫开发投入力度，围绕扶贫规划推进财政涉农资金统筹整合使用试点，撬动金融资本和社会帮扶资金投入，进一步保障了脱贫攻坚资金需要。

（三）深化扶贫领域改革，不断创新工作举措。各地注重因地制宜，分类施策，积极探索资产收益扶贫等扶贫资金投入使用新模式，完善龙头企业、合作社与贫困对象利益联结机制，激发贫困对象内生动力，增强贫困地区和贫困对象“造血”能力，打造了具有各地特色和亮点的脱贫攻坚模式。

图 A-2 某扶贫审计项目审计公告数据示例二

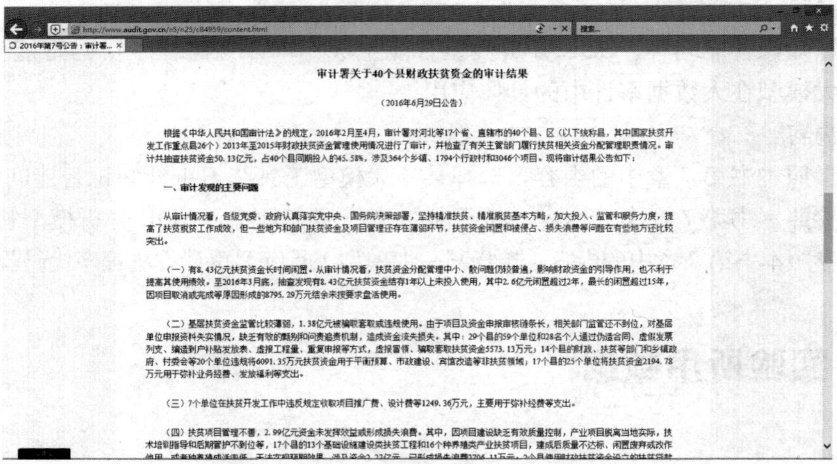

审计署关于40个县财政扶贫资金的审计结果

（2016年6月29日公告）

根据《中华人民共和国审计法》的规定，2016年2月至4月，审计署对河北等17个省、直辖市的40个县、区（以下统称县，其中国家扶贫开发工作重点县26个）2013年至2015年财政扶贫资金管理使用情况进行了审计，并检查了有关主管部门履行扶贫相关资金分配管理职责情况。审计共抽查扶贫资金50.13亿元，占40个县同期投入的45.58%，涉及364个乡镇、1794个行政村和3046个项目。现将审计结果公告如下：

一、审计发现的主要问题

从审计情况看，各级党委、政府认真落实党中央、国务院决策部署，坚持精准扶贫、精准脱贫基本方略，加大投入、监管和服务力度，提高了扶贫脱贫工作成效，但一些地方和部门扶贫资金及项目管理还存在薄弱环节，扶贫资金闲置和被侵占、损失浪费等问题在有些地方还比较突出。

（一）有8.43亿元扶贫资金长时间闲置。从审计情况看，扶贫资金分配管理中小、散问题仍较普遍，影响财政资金的引导作用，也不利于提高其使用绩效。至2016年3月底，抽查发现有8.43亿元扶贫资金结存1年以上未投入使用，其中2.6亿元闲置超过2年，最长的闲置超过15年，因项目取消或完成等原因形成的8795.29万元结余未按要求盘活使用。

（二）基层扶贫资金监管比较薄弱，1.38亿元被骗取套取或违规使用。由于项目及资金申报审核链条长，相关部门监管还不到位，对基层单位申报资料失实情况，缺乏有效的甄别和问责追责机制，造成资金流失损失。其中：29个县的59个单位和28名个人通过伪造合同、虚假发票列支、编造到户补贴发放表、虚报工程量、重复申报等方式，虚报冒领、骗取套取扶贫资金5573.13万元；14个县的财政、扶贫等部门和乡镇政府、村委会等20个单位违规将6091.35万元扶贫资金用于平衡预算、市政建设、宾馆改造等非扶贫领域；17个县的25个单位将扶贫资金2194.78万元用于弥补业务经费、发放福利等支出。

（三）7个单位在扶贫开发工作中违反规定收取项目推广费、设计费等1249.36万元，主要用于弥补经费等支出。

（四）扶贫项目管理不善，2.99亿元资金未发挥效益或形成损失浪费。其中，因项目建设缺乏有效质量控制，产业项目脱离当地实际，技术培训指导和后期管护不到位等，17个县的13个基础设施建设类扶贫工程和16个种养殖类产业扶贫项目，建成后质量不达标、闲置废弃或改作

图 A-3　某扶贫审计项目审计公告数据示例三

A. 5. 2　某 PDF 格式文件数据

某被审计单位 PDF 格式文件数据示例如图 A-4 所示。

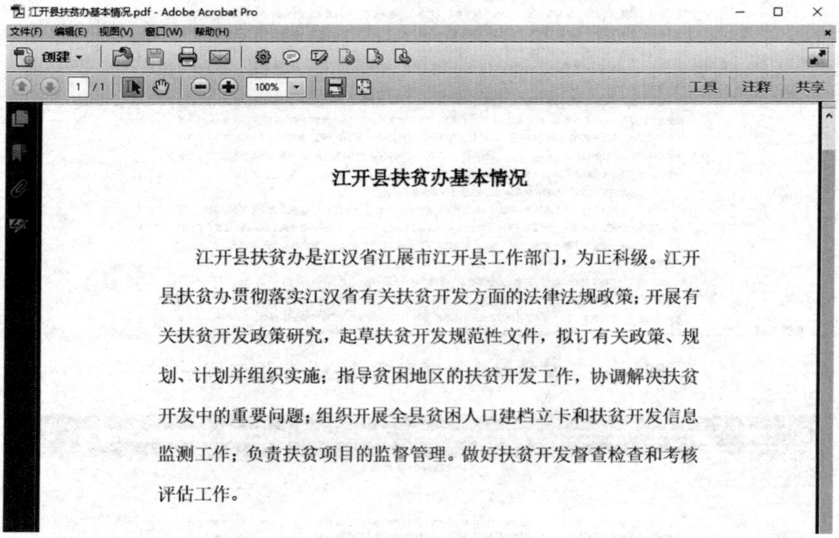

江开县扶贫办基本情况

江开县扶贫办是江汉省江展市江开县工作部门，为正科级。江开县扶贫办贯彻落实江汉省有关扶贫开发方面的法律法规政策；开展有关扶贫开发政策研究，起草扶贫开发规范性文件，拟订有关政策、规划、计划并组织实施；指导贫困地区的扶贫开发工作，协调解决扶贫开发中的重要问题；组织开展全县贫困人口建档立卡和扶贫开发信息监测工作；负责扶贫项目的监督管理。做好扶贫开发督查检查和考核评估工作。

图 A-4　某被审计单位 PDF 格式文件数据示例

A. 5. 3　某股票交易数据

某股票交易数据示例如图 A-5 所示。

A	B	C	D	F	G
客户编号	客户全称	标的代码	标的名称	买入金额	卖出金额
C001	江东省仙湖有限公司	B0016	大发科技	109275465.00	109277615.00
C010	沈后明	B0016	大发科技	7008558.60	7010458.60
C013	滁州吕票教育有限公司	B0016	大发科技	36453764.92	36454644.92
C015	天大省心投资集团有限公司	B0016	大发科技	9869.07	145309.07
C021	南信期货8号资产管理计划	B0016	大发科技	285256.66	287959.66
C032	大京沃本控股有限公司	B0016	大发科技	204551.94	205991.94
C033	刘小长	B0016	大发科技	20565.18	43128.68
C033	刘小长	B0016	大发科技	13739648.13	13742178.13
C035	江南财富投资管理有限公司	B0016	大发科技	400976.02	61723730.10
C035	江南财富投资管理有限公司	B0016	大发科技	1164966.56	1167116.56
C039	江东科技管理有限公司	B0016	大发科技	3504595.63	3506195.63
C041	连云港邝矿建筑有限公司	B0016	大发科技	133065.74	134229.74
C045	汉东市瑞绵实业有限公司	B0016	大发科技	7291814.49	23546810.49
C067	汉东至实资管有限公司	B0016	大发科技	6815040.45	6816560.45
C106	汉东至发资管有限公司	B0016	大发科技	3258056816.01	3258206816.01
C109	江发至发资管有限公司	B0016	大发科技	20696257.37	20697157.37
C110	张林肯	B0016	大发科技	17013898.95	18336250.95
C111	武汉牛牛腊家电有限公司	B0016	大发科技	52857168.00	52858269.00
C112	武牛家电有限公司	B0016	大发科技	4111733081.60	4111737581.60
C135	汉东审计大数据分析有限公司	B0016	大发科技	89909824.63	89959824.63
C145	汉发数据科学有限公司	B0016	大发科技	16328965141.14	16328971193.74
C241	江汉云数据科学有限公司	B0016	大发科技	10809.54	610809.54
C001	江东省仙湖有限公司	B0019	在同资本	360909.99	363629.99
C010	沈后明	B0019	在同资本	76227385.92	76244185.92
C013	滁州吕票教育有限公司	B0019	在同资本	254176848.90	254179276.90
C015	天大省心投资集团有限公司	B0019	在同资本	18938281.53	19018281.53
C021	南信期货8号资产管理计划	B0019	在同资本	42853.81	43853.81
C032	大京沃本控股有限公司	B0019	在同资本	15034032.67	15114032.67
C033	刘小长	B0019	在同资本	983951.17	1083951.17

图 A-5　某股票交易数据示例

A.5.4　某乡村振兴审计示例数据

某乡村振兴审计项目低收入农户数据示例如图 A-6 所示。

年份	户主姓名	户主身份证	姓名	身份证号码	乡镇	类别
2013	王进喜	320722197203217234	王进喜	320722197203217234	江汉省梅花镇西关村	农村低保
2013	王光英	320722197503217235	王光英	320722197503217235	江汉省梅花镇西关村	农村低保
2013	王三运	320722196703217236	王三运	320722196703217236	江汉省梅花镇西关村	农村低保
2013	王洛宾	320722197703217237	王洛宾	320722197703217237	江汉省梅花镇西关村	农村低保
2013	王泽	320722197503217238	王泽	320722197503217238	江汉省梅花镇西关村	农村低保
2013	王家卫	320722197703217239	王家卫	320722197703217239	江汉省梅花镇西关村	农村低保
2013	王筝	320722197503217241	王筝	320722197503217241	江汉省梅花镇西关村	无保户
2013	王家楫	320722197603217242	王家楫	320722197603217242	江汉省梅花镇西关村	农村低保
2013	王思懿	320722197503217243	王思懿	320722197503217243	江汉省梅花镇西关村	农村低保
2013	王树芳	320722197003217244	王树芳	320722197003217244	江汉省梅花镇西关村	农村低保
2013	王昭耀	320722197503217245	王昭耀	320722197503217245	江汉省梅花镇西关村	农村低保
2013	王诤	320722197503217246	王诤	320722197503217246	江汉省梅花镇西关村	农村低保
2013	王冶秋	320722197903217247	王冶秋	320722197903217247	江汉省梅花镇西关村	无保户
2013	王太岚	320722197503217248	王太岚	320722197503217248	江汉省梅花镇西关村	农村低保
2013	王荣鳌	320722197503217249	王荣鳌	320722197503217249	江汉省梅花镇西关村	农村低保
2013	王淡旦	320722197503217251	王淡旦	320722197503217251	江汉省梅花镇西关村	农村低保
2013	王晨梁	320722197503217252	王晨梁	320722197503217252	江汉省梅花镇西关村	农村低保
2013	王严调	320722197503217253	王严调	320722197503217253	江汉省梅花镇西关村	农村低保
2013	王周子	320722197503217254	王周子	320722197503217254	江汉省梅花镇西关村	农村低保
2013	王与许	320722197503217255	王与许	320722197503217255	江汉省梅花镇西关村	农村低保
2013	王麟煌	320722197503217256	王麟煌	320722197503217256	江汉省梅花镇西关村	农村低保
2013	王一惊	320722196603217257	王一惊	320722196603217257	江汉省梅花镇西关村	农村低保
2013	王洋平	320722197503217258	王洋平	320722197503217258	江汉省梅花镇西关村	农村低保
2013	王中齐	320722197503217259	王中齐	320722197503217259	江汉省梅花镇西关村	农村低保
2013	王中鲁	320722196703217261	王中鲁	320722196703217261	江汉省梅花镇西关村	农村低保

图 A-6　某乡村振兴审计项目低收入农户数据示例

某乡村振兴审计项目财政供养人员数据示例如图 A－7 所示。

编号	工作单位	工作地址	电话	职务	学历	学位	姓名	身份证	出生日期	工作日期	工资收入	姓别	状态	录用方式	身份
1	江汉省平汉市企业局	江汉省平汉市牛林路5号	0518-87221011	副科	本科	学士	吴仪	320722198611027...	1986-11-02	2014-08-01	7000.00	女	在职	招考录用	公务员
2	江汉省平汉市企业局	江汉省平汉市牛林路5号	0518-87221012	副科	本科	学士	吴珑	320722198611037...	1986-11-03	2014-08-02	7000.00	男	在职	招考录用	事业编制
3	江汉省平汉市企业局	江汉省平汉市牛林路5号	0518-87221013	副科	本科	学士	吴晗	320722198611047...	1986-11-04	2014-08-03	7000.00	男	在职	招考录用	事业编制
4	江汉省平汉市企业局	江汉省平汉市牛林路5号	0518-87221014	副科	本科	学士	吴浩康	320722198611057...	1986-11-05	2014-08-04	7000.00	男	在职	招考录用	事业编制
5	江汉省平汉市企业局	江汉省平汉市牛林路5号	0518-87221015	副科	本科	学士	吴铎	320722198611067...	1986-11-06	2014-08-05	7000.00	女	在职	招考录用	事业编制
6	江汉省平汉市企业局	江汉省平汉市牛林路5号	0518-87221016	副科	本科	学士	吴祖强	320722198611077...	1986-11-07	2014-08-06	7000.00	男	在职	招考录用	事业编制
7	江汉省平汉市企业局	江汉省平汉市牛林路5号	0518-87221017	副科	本科	学士	吴子牧	320722198611087...	1986-11-08	2014-08-07	7000.00	男	在职	招考录用	事业编制
8	江汉省平汉市企业局	江汉省平汉市牛林路5号	0518-87221018	副科	本科	学士	吴奚如	320722198611097...	1986-11-09	2014-08-08	7000.00	男	在职	招考录用	事业编制
9	江汉省平汉市企业局	江汉省平汉市牛林路5号	0518-87221019	副科	本科	学士	吴镇宇	320722198611107...	1986-11-10	2014-08-09	7000.00	女	在职	招考录用	事业编制
10	江汉省平汉市企业局	江汉省平汉市牛林路5号	0518-87221021	副科	本科	学士	吴冶山	320722198611117...	1986-11-11	2014-08-10	7000.00	男	在职	招考录用	公务员
11	江汉省平汉市企业局	江汉省平汉市牛林路5号	0518-87221022	副科	本科	学士	吴士镭	320722198611127...	1986-11-12	2014-08-11	7000.00	男	在职	NULL	公务员
12	江汉省平汉市企业局	江汉省平汉市牛林路5号	0518-87221023	副科	本科	学士	吴祖光	320722198611137...	1986-11-13	2014-08-12	7000.00	男	在职	招考录用	公务员
13	江汉省平汉市企业局	江汉省平汉市牛林路5号	0518-87221024	副科	本科	学士	吴宇森	320722198611144...	1986-11-14	2014-08-13	7000.00	女	在职	招考录用	公务员
14	江汉省平汉市企业局	江汉省平汉市牛林路5号	0518-87221025	副科	本科	学士	吴西	320722198611157...	1986-11-15	2014-08-14	7000.00	女	在职	招考录用	公务员
15	江汉省平汉市企业局	江汉省平汉市牛林路5号	0518-87221026	副科	本科	学士	吴新雄	320722198611167...	1986-11-16	2014-08-15	7000.00	男	在职	招考录用	公务员
16	江汉省平汉市企业局	江汉省平汉市牛林路5号	0518-87221027	副科	本科	学士	吴辰君	320722198611175...	1986-11-17	2014-08-16	7000.00	男	在职	招考录用	公务员
17	江汉省平汉市企业局	江汉省平汉市牛林路5号	0518-87221028	副科	本科	学士	吴学谦	320722198611187...	1986-11-18	2014-08-17	7000.00	女	在职	招考录用	公务员
18	江汉省平汉市企业局	江汉省平汉市牛林路5号	0518-87221029	副科	本科	学士	吴诗敦	320722198611197...	1986-11-19	2014-08-18	7000.00	男	在职	招考录用	公务员
19	江汉省平汉市企业局	江汉省平汉市牛林路5号	0518-87221031	副科	本科	学士	吴纯一	320722198611203...	1986-11-20	2014-08-19	7000.00	女	在职	招考录用	事业编制
20	江汉省平汉市企业局	江汉省平汉市牛林路5号	0518-87221032	副科	本科	学士	吴怀	320722198611217...	1986-11-21	2014-08-20	7000.00	男	在职	招考录用	事业编制
21	江汉省平汉市企业局	江汉省平汉市牛林路5号	0518-87221033	副科	本科	学士	吴作人	320722198611227...	1986-11-22	2014-08-21	7000.00	男	在职	招考录用	事业编制
22	江汉省平汉市企业局	江汉省平汉市牛林路5号	0518-87221034	副科	本科	学士	吴克之	320722198611237...	1986-11-23	2014-08-22	7000.00	男	在职	招考录用	事业编制
23	江汉省平汉市企业局	江汉省平汉市牛林路5号	0518-87221035	副科	本科	学士	吴郴	320722198611247...	1986-11-24	2014-08-23	7000.00	男	在职	招考录用	事业编制
24	江汉省平汉市企业局	江汉省平汉市牛林路5号	0518-87221036	副科	本科	学士	吴佳尼	320722198611257...	1986-11-25	2014-08-24	7000.00	男	在职	招考录用	公务员
25	江汉省平汉市企业局	江汉省平汉市牛林路5号	0518-87221037	副科	本科	学士	吴卓羲	320722198611267...	1986-11-26	2014-08-25	7000.00	男	在职	招考录用	公务员
26	江汉省平汉市企业局	江汉省平汉市牛林路5号	0518-87221038	副科	本科	学士	吴尚烈	320722198611277...	1986-11-27	2014-08-26	7000.00	女	在职	招考录用	公务员

图 A－7　某乡村振兴审计项目财政供养人员数据示例

某乡村振兴审计项目工商数据示例如图 A－8 所示。

法人名称	身份证号码	注册资本	注册时间	核准时间	工商注册号	组织机构代码	信用识别代码	公司类型	纳税人识别号	行业	营业期限	登记机关	注册地址
王严匠	32072219...	300.0000...	2019-04-28	2019-06-28	33020490584	95555935	91395303587612...	有限责任公...	9133021203355...	通用...	2019-04-28...	江北市江...	江北市江州...
陈林	32072219...	5000.000...	2014-03-25	2017-05-15	33020890385	95558736	91395302587612...	有限责任公...	9133021209553...	渔业	2014-03-25...	江北市江...	江北市江州...
王生	32072219...	6060.000...	2000-01-26	2015-12-17	33020890386	95558737	91395302587612...	有限责任公...	9133021209534...	电气...	2000-01-26...	江南市红...	江南市江州...
石玉兰	32072219...	3200.000...	2002-06-04	2016-05-17	33020850387	95558738	91395302587612...	有限责任公...	9133021209553...	纺织...	2002-06-04...	江南市红...	江南区小庆...
杜西西	32072219...	90461.69...	2002-12-02	2017-07-18	33020820388	95558739	91395302587612...	其他股份有...	9133021209553...	木材...	2009-05-26...	江东市东...	东林镇玉山...
孙榴红	32072219...	150000.0...	2004-04-29	2016-05-10	33020890323	95558740	91395302587612...	股份有限公...	9133021209553...	渔业	2004-04-29...	江西市东...	东林镇玉山...
王云	32072219...	5000.000...	1999-06-16	2016-11-22	33020890390	95558741	91395302587612...	其他有限责...	9133021209223...	批发业	1999-06-16...	江南市红...	江南区西华...
丁冬	32072219...	3600.000...	2006-03-01	2006-05-10	33020890391	95558742	91395302587612...	其他有限责...	9133021209553...	汽车...	2006-02-28...	江南市红...	江南区西华...
杨平安	32072216...	500.0000...	1998-03-26	2017-02-24	33020890392	95558743	91395302587612...	有限责任公...	9133021209553...	房屋...	2003-12-16...	江北市红...	江北区淮北...
刘龙华	32072219...	230000.0...	2002-02-17	2006-05-10	33020890393	95558744	91395302587612...	有限责任公...	9133021209553...	黑色...	2002-02-17...	江北市红...	江北区淮北...
贾龙	32072219...	30401.89...	1982-12-31	2016-07-26	33020890394	95558745	91395302587612...	其他股份有...	9133021209553...	批发业	1982-12-31...	江南市红...	江南区小庆...
杨福	32072219...	7580.000...	1989-11-15	2017-07-18	33020890395	95558746	91395302587612...	有限责任公...	9133021209553...	计算...	1994-01-23...	江南市红...	江南区小庆...
马树	32072219...	90000.00...	2008-05-21	2006-05-10	33020890396	95558747	91395302587612...	有限责任公...	9133021209553...	汽车...	2008-05-21...	南华市安...	安阳区大庆...
张冲华	32072219...	94928.90...	1992-08-07	2017-06-19	33020890397	95558748	91395302587612...	股份有限公...	9133021209553...	渔业	1992-08-07...	南华市安...	安阳区大庆...
周浩	62072219...	NULL	NULL	NULL	NULL	NULL	NULL	NULL	NULL	NULL	NULL	NULL	NULL
汤邦	32072219...	3000.000...	2010-10-19	2016-03-28	33020890399	95558750	91395302587612...	有限责任公...	9133021209553...	计算...	2010-10-19...	江北市江...	江北市江州...
张森	32072219...	40198.00...	2005-06-13	2017-08-14	33020890400	95558751	91395302587342...	股份有限公...	9133021209553...	汽车...	2005-06-13...	江东市江...	江北市江州...
夏鉴	32072219...	7000.000...	2005-09-27	2017-11-29	33020890401	95558752	91395302587612...	有限责任公...	9133021209553...	NULL	2005-09-27...	江东市江...	江北市江州...
张灶	32072219...	53004.71...	1988-09-26	2016-07-21	33020890402	95558753	91395302587639...	其他股份有...	9133021209553...	专业...	1988-09-26...	江北市江...	江北市江州...
易维来	34072219...	NULL	NULL	NULL	NULL	NULL	NULL	NULL	NULL	NULL	NULL	NULL	NULL
孙玺枭	32072219...	8000.000...	2001-06-14	2017-09-21	33020890404	95558755	91395302587612...	股份有限公...	9133021209553...	软件...	2001-06-14...	江南市红...	江南市江州...
梁文军	32072219...	8000.000...	2001-06-14	2017-09-21	33020890405	95558756	91395302587612...	股份有限公...	9133021209553...	汽车...	2001-06-14...	江南市红...	江南市江州...
李俊来	32072219...	1000.000...	2010-03-09	2017-06-15	33020890406	95558757	91395302587612...	有限责任公...	9133021209553...	批发业	2010-03-09...	江南市红...	江南市江州...
李良光	42072219...	NULL	NULL	NULL	NULL	NULL	NULL	NULL	NULL	NULL	NULL	NULL	NULL

图 A－8　某乡村振兴审计项目工商数据示例

附录 B

相关术语表

［1］artificial intelligence（AI），人工智能

［2］American Institute of Certified Public Accountants（AICPA），美国注册会计师协会

［3］auditor office（AO），现场审计实施系统

［4］application programming interface（API），应用程序编程接口

［5］Asian Organization of Supreme Audit Institutions（ASOSAI），亚洲最高审计组织

［6］automatic speech recognition（ASR），自动语音识别

［7］big data，大数据

［8］big data auditing，大数据审计

［9］continuous auditing（CA），持续审计

［10］computer assisted audit（CAA），计算机辅助审计

［11］computer assisted audit techniques（CAATs），计算机辅助审计技术

［12］computer assisted audit tools and techniques（CAATTs），计算机辅助审计工具与技术

［13］Canadian Institute of Chartered Accountants（CICA），加拿大特许会计师协会

［14］China Institute of Internal Audit（CIIA），中国内部审计协会

［15］cloud computing，云计算

［16］The Committee of Sponsoring Organizations of the Treadway Commission（COSO），全美反舞弊性财务报告委员会发起组织

［17］Comprehensive R Archive Network（CRAN），R 综合典藏网

［18］database management system（DBMS），数据库管理系统

［19］database system（DBS），数据库系统

［20］data-oriented online auditing（DOOA），面向数据的联网审计

[21] decision tree model，决策树/判定树

[22] electronic audit evidence（EAE），电子审计证据

[23] electric data auditing，电子数据审计

[24] global technology audit guide（GTAG），全球技术审计指南

[25] Infrastructure as a Service（IaaS），设施服务

[26] integrated development environment（IDE），集成开发环境

[27] intelligence audit，智能审计

[28] Institute of Internal Auditors（IIA），国际内部审计师协会

[29] International Organization of Supreme Audit Institutions（INTOSAI），世界审计组织/最高审计机关国际组织

[30] information system audit（ISA），信息系统审计

[31] Information Systems Audit and Control Association（ISACA），国际信息系统审计与控制协会

[32] *k*-means clustering algorithm（KMCA），*K*-均值聚类算法

[33] *k*-nearest neighbor（KNN），*K*-近邻算法

[34] large language model（LLM），大规模语言模型（简称大模型）

[35] machine learning（ML），机器学习

[36] naive Bayesian model（NBM），朴素贝叶斯模型

[37] natural language processing（NLP），自然语言处理

[38] office automation（OA），办公自动化

[39] optical character recognition（OCR），光学字符识别

[40] open database connectivity（ODBC），开放数据库互连

[41] online auditing，联网审计

[42] Platform as a Service（PaaS），平台服务

[43] principal component analysis（PCA），主成分分析

[44] robotic process automation（RPA），机器人流程自动化

[45] Software as a Service（SaaS），软件服务

[46] social network analysis（SNA），社会网络分析

[47] structured query language（SQL），结构化查询语言

[48] tag cloud，标签云

[49] term frequency-inverse document frequency（TF-IDF），词频-逆文档频率

[50] text to speech（TTS），语音合成/文语转换

[51] web crawler，网络爬虫

[52] extensible markup language（XML），可扩展标记语言

参考文献

[1] 陈伟. 大模型在智能审计中的应用研究. 中国注册会计师，2024（5）：86-90，5.

[2] 陈伟. 智能审计. 北京：机械工业出版社，2021.

[3] 陈伟. 信息系统审计. 北京：高等教育出版社，2020.

[4] 陈伟. 计算机辅助审计原理及应用：大数据审计基础. 4 版. 北京：清华大学出版社，2020.

[5] 陈伟. 基于 RPA 的审计机器人：机遇、挑战与方法. 中国注册会计师，2020（10）：112-115.

[6] 陈伟. 大数据审计理论、方法与应用. 北京：科学出版社，2019.

[7] 陈伟. 基于可视化分析技术的大数据审计案例研究. 中国注册会计师，2019（6）：61-64.

[8] 陈伟. 计算机审计. 3 版. 北京：中国人民大学出版社，2023.

[9] 陈伟. 审计信息化. 2 版. 北京：高等教育出版社，2022.

[10] 陈伟，孟凡菲. 大数据环境下基于 RPA 技术的发票审计机器人应用探讨. 中国审计，2020（18）：61-63.

[11] 陈伟，詹明惠，陈文夏. 基于社会网络分析的金融科技系统用户管理风险审计方法研究. 中国注册会计师，2019（12）：74-78.

[12] 陈伟，居江宁. 基于大数据可视化技术的审计线索特征挖掘方法研究. 审计研究，2018（1）：16-21.

[13] 陈伟，居江宁. 大数据审计：现状与发展. 中国注册会计师，2017（12）：77-81.

[14] 陈伟，Smieliauskas Wally. 大数据环境下的电子数据审计：机遇、挑战与方法. 计算机科学，2016（1）：8-13，34.

[15] 陈伟，李晓鹏，居江宁. 基于大数据技术的信息系统用户及权限管理审计研究. 中国注册会计师，2019（2）：74-79.

[16] 陈伟，张慧汶，周红. 基于 Power BI 和 R 语言组合应用的可视化审计方法. 会计之友，2023 (7)：128-133.

[17] GTAG. Understanding and auditing big data. http://www.theiia.org，2017.

[18] Information Systems Audit and Control Association. http://www.isaca.org，2019.

[19] Lynch C. Big data：How do your data grow?. Nature，2008，455 (7209)：28-29.

[20] Dealing with data. Science，2011，331 (6018)：647-783.

图书在版编目（CIP）数据

大数据审计/陈伟编著. --2 版. --北京：中国人民大学出版社，2025.3. --(高等学校经济管理类主干课程教材). --ISBN 978-7-300-33689-3

Ⅰ. F239.0

中国国家版本馆 CIP 数据核字第 20253FP631 号

智能财会丛书
高等学校经济管理类主干课程教材·审计系列
大数据审计（第 2 版）
陈　伟　编著
Dashuju Shenji

出版发行	中国人民大学出版社		
社　　址	北京中关村大街 31 号	**邮政编码**	100080
电　　话	010－62511242（总编室）		010－62511770（质管部）
	010－82501766（邮购部）		010－62514148（门市部）
	010－62511173（发行公司）		010－62515275（盗版举报）
网　　址	http://www.crup.com.cn		
经　　销	新华书店		
印　　刷	北京溢漾印刷有限公司	**版　　次**	2021 年 8 月第 1 版
开　　本	787 mm×1092 mm　1/16		2025 年 3 月第 2 版
印　　张	24.25 插页 1	**印　　次**	2025 年 9 月第 2 次印刷
字　　数	541 000	**定　　价**	59.00 元

中国人民大学出版社　管理分社

教师教学服务说明

中国人民大学出版社管理分社以出版工商管理和公共管理类精品图书为宗旨。为更好地服务一线教师，我们着力建设了一批数字化、立体化的网络教学资源。教师可以通过以下方式获得免费下载教学资源的权限：

★ 在中国人民大学出版社网站 www.crup.com.cn 进行注册，注册后进入“会员中心”，在左侧点击“我的教师认证”，填写相关信息，提交后等待审核。我们将在一个工作日内为您开通相关资源的下载权限。

★ 如您急需教学资源或需要其他帮助，请加入教师 QQ 群或在工作时间与我们联络。

中国人民大学出版社　管理分社

教师 QQ 群：648333426（工商管理）　114970332（财会）　648117133（公共管理）
教师群仅限教师加入，入群请备注（学校 + 姓名）

联系电话：010-62515782，82501868，82501048，62514760

电子邮箱：glcbfs@crup.com.cn

通讯地址：北京市海淀区中关村大街甲 59 号文化大厦 1501 室（100872）

管理书社　　人大社财会　　公共管理与政治学悦读坊